Garrett Mattingly
Die Armada

SERIE PIPER
Band 533

Zu diesem Buch

Im Sommer 1588 spitzt sich die erste internationale Krise der Neuzeit dramatisch zu: Die Armada Philipps II., des katholischen Königs der Spanier, nimmt Kurs auf England, das vom ›rechten Glauben‹ abgefallen ist. Die sieben Tage, in denen die Seeschlacht um England tobt, machen Weltgeschichte, werden hier doch die Weichen für die Entwicklung Europas in den folgenden Jahrhunderten gestellt. Nicht allein um die religiöse Frage geht es in diesem Kampf, mindestens ebensosehr wird um die politische und wirtschaftliche Vormachtstellung gerungen. Die einzigartige Verflechtung von Politik, Strategie, Diplomatie und Religion führt Mattingly in diesem schon klassisch zu nennenden Buch vor: In seiner brillanten Erzählung erlebt der Leser das Geschehen an den verschiedenen Schauplätzen mit, ob es die Hinrichtung Maria Stuarts in Fotheringhay ist, Philipp II. in seinem einsamen Zimmer im Escorial oder Sir Francis Drake auf der *Revenge*.
»Mattinglys Geschichte der Niederlage der legendenumwobenen ›Großen Armada‹ ist eine auf ihre Art unüberbietbare Leistung der angelsächsischen Historiographie unseres Jahrhunderts. Ein solches Meisterwerk erneut zugänglich zu machen, ist ein wichtiges Stück europäischer Geschichtskultur« (Konrad Repgen in seinem Vorwort).

Garrett Mattingly, geboren 1900, gestorben 1962, war zuletzt Professor für Geschichte an der Columbia University in New York. Neben der »Armada« schrieb er noch zahlreiche fachwissenschaftliche Bücher sowie eine Biographie der Katharina von Aragon und eine Darstellung der Diplomatie in der Renaissance.
Konrad Repgen, geboren 1923, ist Professor für Geschichte an der Universität Bonn.

GARRETT MATTINGLY

DIE ARMADA

Sieben Tage machen Weltgeschichte

Aus dem Englischen von
Curt Meyer-Clason

Mit einem Vorwort
zur Taschenbuchausgabe
von Konrad Repgen

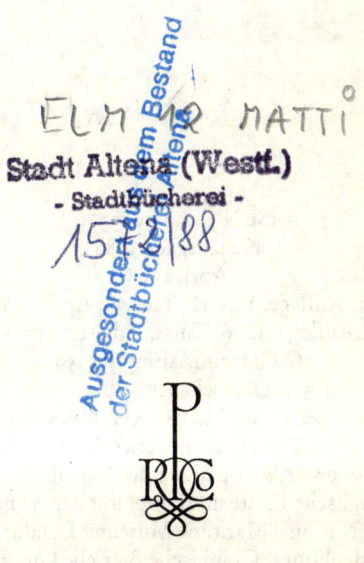

Piper
München Zürich

Die Originalausgabe erschien 1959 unter dem
Titel »The Armada«
bei Houghton Mifflin Co., Boston;
die deutsche Erstausgabe 1960 im R. Piper & Co. Verlag.

ISBN 3-492-10533-5
Neuausgabe 1988
April 1988
3. Auflage, 13.–18. Tausend April 1988
(1. Auflage, 1.–6. Tausend dieser Ausgabe)
© Garrett Mattingly 1959
Deutsche Ausgabe:
© R. Piper GmbH & Co. KG, München 1988
Umschlag: Federico Luci,
unter Verwendung des Gemäldes
»Englische Flotte im Kampf mit der Armada«
(National Maritime Museum, London)
Satz: R. Oldenbourg, Graphische Betriebe GmbH, München
Druck und Bindung: Clausen & Bosse, Leck
Printed in Germany

INHALT

Konrad Repgen:
Garrett Mattingly als Historiker XI

Über den Kalender XIX
Vorwort 11
Der Vorhang hebt sich 15
Einfachheit einer Stadt 21
Verlegenheit einer Königin 30
Das Ende einer fröhlichen Zeit 44
Operationspläne 56
Das bittere Brot 67
Gottes offensichtlicher Ratschluß 85
»Der Wind befiehlt mich hinweg« 99
Ein Bart ist versengt 111
»Nichts von Bedeutung« 129
Faßdauben und Staatsschatz 140
Ein Arm wird abgehackt 149
Der glückliche Tag 166
Der Nutzen des Sieges 178
Das unheilvolle Jahr 192
Die Gesellschaft jener edlen Schiffe 207
»In der Hoffnung auf ein Wunder« 221
Der Tag der Barrikaden (I) 238
Der Tag der Barrikaden (II) 252
Die Unbezwingbare setzt die Segel 265
»Der Vorteil von Zeit und Ort« 277
Eintritt in die Arena 287
Erstmals Blut 297
Ungeheure Mengen Munition 307
In gewaltiger Schlachtordnung 321
Die Höllenbrenner 333
Die Ordnung ist gebrochen 345
Das verspätete Wunder 354

»Ich, euer General«	360
Drake ist gefangen!	370
Die lange Heimreise	382
Das Ende eines großen Mannes	394
Die Winde Gottes	405
Keineswegs bestürzt	411
Epilog	415
Allgemeine Quellenangaben	420
Kapitel-Anmerkungen	425
Register	442

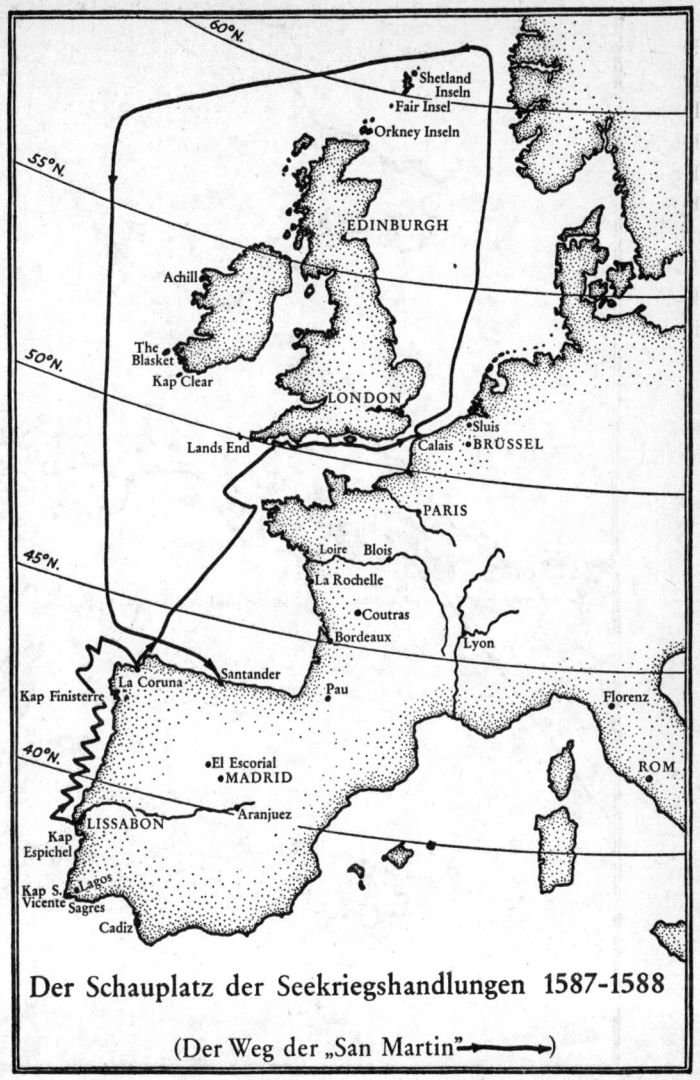

Der Schauplatz der Seekriegshandlungen 1587-1588

(Der Weg der „San Martin")

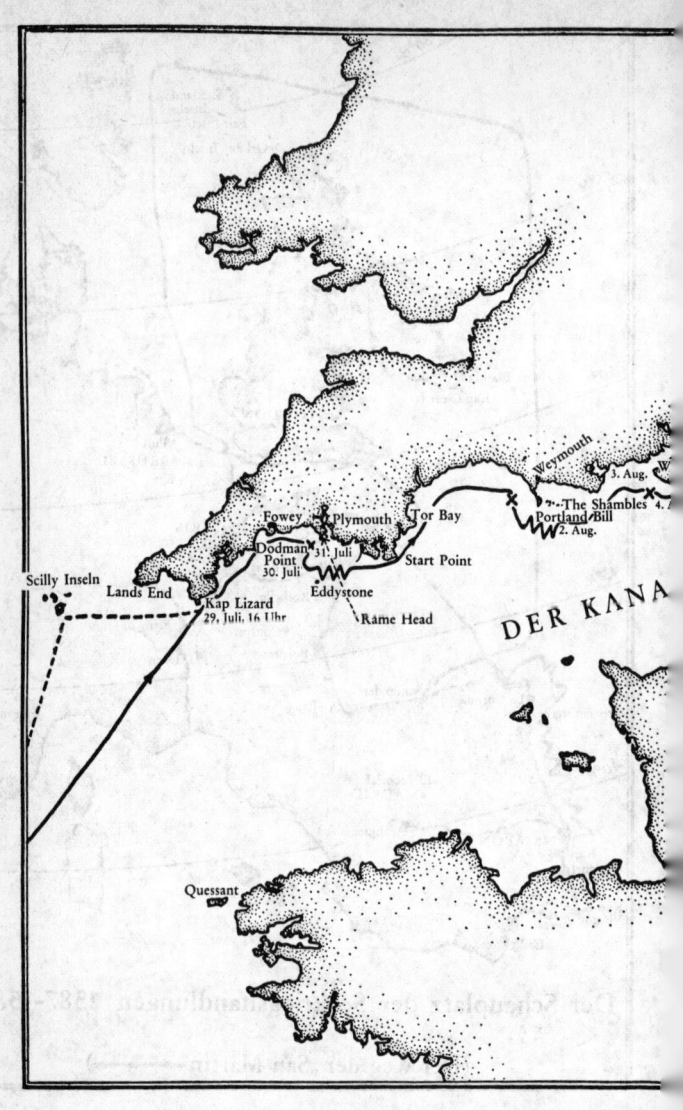

VIII

Die Schlacht in der Meerenge
(29. Juli bis 9. August 1588)

Konrad Repgen

GARRETT MATTINGLY ALS HISTORIKER

Vorwort zur Taschenbuchausgabe

Etwas Vorzügliches und Musterhaftes gilt in den Geisteswissenschaften als »klassisch«. Ein in diesem Sinne klassisches Werk ist Garrett Mattinglys Buch über den gescheiterten spanischen Versuch, 1588 in England Truppen zu landen. Dieser Invasionsversuch mißglückte, als Spaniens Flotte im Kampf um die Seeherrschaft im Kanal unterlag. Mattinglys Geschichte der Niederlage dieser legendenumwobenen »Großen Armada« ist eine auf ihre Art unüberbietbare Leistung der angelsächsischen Historiographie unseres Jahrhunderts. Ein solches Meisterwerk auch dem deutschen Lesepublikum erneut zugänglich zu machen, ist ein wichtiges Stück europäischer Geschichtskultur. Es hat außerdem Aktualität, weil die 400-Jahr-Feier jener Seeschlachten-Woche Ende Juli/Anfang August 1588 vor der Tür steht, die – wie sich im Rückblick ergibt – weltgeschichtlich Epoche gemacht hat, wobei, wie Mattingly richtig betont hat, »die Sage von der Bezwingung der spanischen Armada ebenso wichtig wurde wie das tatsächliche Ereignis – vielleicht noch wichtiger«.

Garrett Mattingly war seit den vierziger Jahren als bedeutender Historiker weltweit bekannt und anerkannt.[*] Er wurde 1900 in Washington, D. C., geboren, entstammte einer nach unseren Begriffen als mittelständisch zu bezeichnenden Familie und genoß dementsprechend eine vorzügliche Ausbildung. Nach Absolvierung der High School an einem der guten nordamerikanischen Colleges, in Kalamazoo (Mich.), wurde er 1918/19 noch Soldat. Danach studierte er in Harvard Geschichte und Anglistik, und er gilt dem heutigen Geschichtsbewußtsein

---

[*] Zu M.s Leben vgl. Dictionary of American Biography. Suppl. VII: 1961–1965. New York 1981, 517f. (Donald R. Kelley) mit weiterer Literatur. Daraus besonders wichtig John H. Hexter, Garret Mattingly, Historian, in der Gedächtnisschrift für G. M., die Charles H. Carter herausgab, London 1966, 13–28.

in den USA als ein Produkt der »goldenen Jahre« dieser berühmten Universität, wo er die akademischen Grade erwarb: 1923 B. A., 1926 M. A. und 1935 Ph. D. Sein wichtigster Lehrer war Roger Bigelow Merriman, eine Autorität für europäische Geschichte des 16. Jahrhunderts, der 1918–1934 mit einem vierbändigen Standardwerk über den Aufstieg des spanischen Weltreichs in der Alten und Neuen Welt bis zum Ende des 16. Jahrhunderts hervortrat. Er lenkte Mattinglys Blick auf die Geschichte der Außenpolitik im Europa des späten 15. bis frühen 17. Jahrhunderts, mit besonderem Nachdruck auf die Außenpolitik West- und Südeuropas.

Trotz des ausgezeichneten amerikanischen Bibliothekwesens kann man solche Studien nicht ohne Heranziehung europäischer Archive und Bibliotheken betreiben. Auch gehört zu der Art von Geschichtsschreibung, wie Mattingly sie lernte, betrieb und lehrte, ein gerüttelt Maß an konkreter Anschauung. Um diese zu gewinnen, verbrachte er die Jahre 1922 bis 1924 weitgehend als Stipendiat in Europa; und er unterbrach seine Lehrtätigkeit (seit 1926 an der Northwestern University in Evanstown/Illinois, seit 1928 an der Long Island University/New York) erneut durch ausgedehnte Archivreisen nach England, Belgien, Frankreich, Spanien, Italien und Österreich. Erste große Frucht dieser Reisen war eine 1940 erschienene Quellen-Dokumentation der englisch-spanischen Beziehungen 1513–1542. Sie erschloß vornehmlich Materialien aus Wien und präsentierte sich als Ergänzungsband der altehrwürdigen Reihe der »State Papers«, mit der das englische Zentralarchiv in London seit 1830 Großbritanniens Außen-, Innen- und Kolonialpolitik des 16. und 17. Jahrhunderts erschließt. Es galt innerhalb der Zunft als eine Auszeichnung, an einem solchen renommierten Unternehmen mitwirken zu dürfen. Mattingly erwies sich als ein gründlicher und erfolgreicher Editor. Das bedeutet: er brachte die geistige Anstrengung auf, in langen Archivstudien größte Vertrautheit mit einem überaus schwierigen und zerstreuten Aktenmaterial zu gewinnen und dieses mit penibler Genauigkeit, bis in die kleinen Einzelheiten des editionstechnischen Details hinein, darzubieten.

Edieren heißt, gelehrte Kärrnerarbeit leisten, und der unmittelbare Adressat solcher Anstrengungen ist eine schmale Gruppe von Spezialisten. Als Historiker mit einer ausgesprochenen literarischen Begabung und Neigung dachte Mattingly jedoch auch in den dreißiger Jahren schon an eine ganz andere Zielgruppe. Sein nächstes Buch, 1941 erschienen, wendete sich nicht nur an Fachleute, sondern an die gesamte geschichtlich interessierte Lebenswelt. Es erzählt die Tragödie der Ehe und des Lebens der Katharina von Aragón (1485–1536), der Tante Karls V., die 1509 Heinrich VIII. von England (1491–1547) geheiratet hatte. Nachdem sie ihm drei Söhne und zwei Töchter geboren hatte, von denen allein Mary Tudor (1516–1558) überlebte, betrieb der König seit 1527 eine kirchliche Nichtigkeitserklärung seiner Ehe. Das sollte ihm den Weg zur Heirat mit seiner attraktiven Mätresse Anna Bouleyn (1507–1536) freimachen. Katharina beharrte auf der Rechtsgültigkeit ihrer Ehe, auch wenn sie schließlich die letzte Etappe ihres Lebens in strenger Haft zubringen mußte. Rom bestätigte 1533/4 ihr Recht. Das führte zum englischen Schisma und zur Errichtung der vom Papst unabhängigen anglikanischen Kirche.

Die Fußnoten sind in der »Katharina von Aragón« auf ein Minimum reduziert, und doch handelt es sich um ein grundgelehrtes Buch. Der Autor beherrscht scheinbar mühelos die Verästelungen des Biographischen und Politischen und weiß außerdem für den Laien durchaus verständlich die komplizierten rechtlichen Kompetenzen und Normen, die Normregelungen und die Sachverhalte, die den Gegenstand des jahrelangen Prozessierens um die Eheschließung von 1509 bildeten, nicht nur einsichtig zu machen, sondern dem Leser so anschaulich zu schildern, als ob er mit am Beratungstisch säße und aus eigener Kenntnis die Raffinesse vertragsrechtlicher Klauseln und Formelkompromisse und die prozessualen Finten und Kniffe der Advokaten einzuschätzen vermöge. Auch die trockenste juristische Sache gewinnt bei Mattingly, der alles Magisterhafte peinlich meidet, Blut und Leben. Die Lebensgeschichte der aragonesischen Prinzessin in England liest sich wie ein Roman.

1942 bis 1945 wurde Mattingly wieder Soldat und kam zur Marine, meist in Stäben in Washington. Aber wenn er dies auch später ironisch herunterspielte, so hat er in diesen Jahren doch offenbar viel von Meer und Seefahrt gelernt, was seiner Geschichte der Armada zugutegekommen ist, die zunächst als ein schnell zu schreibendes kleines Buch geplant war und schließlich ein großes Werk wurde, das ihn siebzehn Jahre hindurch begleitet hat. Zu seinem Kummer fand er nach 1945 keinen Weg zurück nach Harvard. Nach einem Interim in der Erwachsenenbildung ging er 1947 zur New Yorker Columbia University. Dort blieb er und übernahm schließlich eine sehr angesehene Professur für Europäische Geschichte. 1962 starb er, überraschend, während einer Gastprofessur in Oxford/England. Er arbeitete damals an einem größeren Werk über die italienische Renaissance, das sich in der Spur Jacob Burckhardts bewegen sollte.

Neben den üblichen Artikeln und Rezensionen, die – außer den intensiven akademischen Lehrverpflichtungen – vom amerikanischen Professor erwartet werden, schrieb Mattingly in den Nachkriegsjahren zwei Bücher. Jedes ist ein bedeutendes Werk und jedes von ganz unterschiedlichem Charakter.

1955 erschien eine »Renaissance Diplomacy« genannte Geschichte der zwischen 1420 und 1530 entwickelten ständigen diplomatischen Vertretungen. In dieser Institution, deren Veränderungen und Wirksamkeit Mattingly bis in die Zeit des Dreißigjährigen Krieges hinein verfolgt, sieht er ein wesentliches und neues Grundelement der zwischenstaatlichen Beziehungen der sich bildenden nationalen Machtstaaten in ihrer frühmodernen Phase. Diese höchst komprimierte Strukturanalyse – der Text war ursprünglich erheblich länger und wurde, einer Verleger-Forderung entsprechend, um etwa ein Drittel gekürzt – verlangt vom Leser konzentrierteste Aufmerksamkeit; denn das Buch bringt mit zwei Sätzen, wofür andere zwei Seiten benötigen. Es hat sich als Standardwerk schnell durchgesetzt, obgleich es nicht als abstrakt-isolierte Institutionenkunde geschrieben worden ist. Die geistes- und rechtsgeschichtlichen Bezüge bleiben ständig präsent, und die Institution wird mit ihren Trägern, mit ihren Methoden und Zielen, Voraussetzungen und Folgen ereignisgeschichtlich geschildert. Mattingly entwickelt die Geschichte der Diplomatie als Geschichte der Außenpolitik Süd- und Westeuropas über nahezu zwei Jahrtausende hin.

Ohne sich darüber in längere Grundsatzerörterungen zu verlieren, beweist er so am konkreten Beispiel, daß die Geschichte der Strukturen ebenso wie die Geschichte der Ereignisse weder auf die Wie- noch auf die Warum-Fragen reduziert werden darf. Struktur- und Ereignisgeschichte sind keine sich ausschließenden Gegensätze, sondern unentbehrliche Ergänzungen; Analyse ohne erzählende Darstellung ist für die Geschichtsschreibung tödlich, Erzählung ohne Berücksichtigung der strukturellen Vorgegebenheiten oberflächlich. Nur wenn beides zusammenkommt, entfaltet die Geschichtswissenschaft – in ihren wirklichen Leistungen – einen Reiz auch für Nicht-Spezialisten. Sie ist dann das Gegenteil von langweilig.

Wer auch nur wenige Seiten des letzten Buches Mattinglys, der 1959 erschienenen Geschichte der Armada von 1588, liest, wird sich der fesselnden Darstellungstechnik dieses Meisterwerks kaum entziehen können. Man versteht dann, daß der Autor gelegentlich – und natürlich nicht ohne jene Ironie, die zum Umgangston der angelsächsischen Akademikerwelt gehört – bedauert hat, nur Historiker und nicht Romanschriftsteller geworden zu sein. Auch dafür hätte dieser lebensvolle Mensch, der einfach gut schreiben konnte, beste Voraussetzungen mitgebracht, zumal er aufgrund seiner vielfältigen Begabungen und Neigungen über eine breite Bildung verfügte: Er interessierte sich nicht nur für politische Geschichte, Archivalien und Handschriften, für Völker-, Kirchen- und Eherecht, für Zeremoniell und Kleiderstoffe, für Schiffbau, Schieß- und Segeltechnik, für Matrosenleben und Postwesen und dergleichen mehr, sondern auch für schöne Literatur, für Kunst und für Musik. Er war viel gereist und hatte die Welt, die er – auch mit einem ausgesprochenen Sinn für kultiviertes Essen und Trinken – liebte, mit offenen Augen betrachtet. So kannte er aus eigener Anschauung die meisten Häfen und Städte, die Paläste und Plätze, die Schlachtfelder zu Wasser und zu Land, die Schauplatz der von ihm erforschten und beschriebenen Geschehnisse waren. Beim Schreiben müssen ihm die Menschen, von denen er erzählte, geradezu lebendig vor Augen gestanden haben, doch zügelte die methodische Disziplin immerzu die unersetzliche Kraft der Phantasie, so daß er sich keine vorschnellen Rückschlüsse von dem Heute auf das Vorgestern, vom 20. auf das 16. Jahrhundert erlaubte. Andererseits war es für ihn wie für jeden guten Historiker eine bare Selbstverständlichkeit, daß es – Historismus hin und Historismus her – bei allen geschichtlich bedingten Veränderungen, die bis ins Wertgefüge hineinreichen, einen diachronisch unveränderlichen Kern des menschlich Identischen gibt und der eine Grundvoraussetzung aller geschichtlichen Erkenntnis ist. Dieser Kern läßt sich kaum in Formeln fassen, wohl aber durch Erzählung zur Anschauung bringen. Solche Anschauung zu vermitteln, ist genuine – Mattingly würde wohl sagen: die genuine – Aufgabe des Historikers. Er unterscheidet sich vom Dichter durch seine kontrollierbare Bezogenheit auf das nachweisbar Tatsächliche oder Wahrscheinliche der Lebenswirklichkeit.

Die »Armada« ist nicht für die Zunft geschrieben worden, sondern für das geschichtlich interessierte Publikum. Es ist ein gelehrtes Buch eines brillanten Autors, der die Spuren seiner weltläufigen Wissenschaftlichkeit sorgfältig verborgen hält und sich mit den fast provozierend skizzenhaft wirkenden Nachweisungen am Ende des Buches, kapitelweise geordnet, begnügt. Dieses Werk beruht aber auf lebenslanger Forschung und sauberer Handwerklichkeit, auf gründlicher Durchsicht der gedruckten Quellen, auf Erschließung mancher neuer Archivalien und vieler, bis dahin unbeachtet gebliebener Dokumente der zeitgenössischen Tagespublizistik sowie auf der nüchternen Verwertung der neueren Forschung. Wer sich seither mit der Geschichte der Armada von 1588 befassen und wissenschaftliche Ansprüche stellen will, kann Mattingly nicht unberücksichtigt lassen, obgleich dieser nicht an den künftigen Forscher, sondern an den künftigen Leser gedacht hat, als er diese Seeschlachten beschrieb, die ihn nicht nur als bedeutendes Ereignis der Kriegsgeschichte interessierte, sondern als »Brennpunkt der ersten internationalen Krise der modernen Geschichte«.

Eine solche Formulierung würde natürlich unhaltbar, wenn man – was möglich wäre – von einem anderen Begriff des Modernen oder einem anderen Begriff der Krise ausgehen wollte. Aber dies hier ist nicht der geeignete Ort für solche Erörterungen. Was Mattingly will und überzeugend leistet, ist die Einbettung des Militär- und Kriegsgeschichtlichen in die allgemeine Geschichte der Zeit, die weit mehr ist als eine Abfolge außenpolitischer Haupt- und Staatsaktionen; sie wird dargestellt als ein überaus vielfältiges Ganzes. Mattingly schreibt Universalgeschichte. Indem er von einer großen Fülle von Einzelheiten, von Besonderem, erzählt, entsteht ein lebendiges Bild vom Allgemeinen, das in seiner dramatischen Bewegtheit auf höchst kunstvolle Weise dargestellt wird. Denn das Ganze entfaltet sich als Aufeinanderfolge und gelegentliches Nebeneinander von wechselnden Szenen, die wie in einem Drama mit konkreten Ortszuschreibungen und Zeitangaben versehen sind. Der Autor nimmt also den Leser mit einer Art Simultantechnik an die Hand und wandert mit ihm an die diversen Schauplätze im großen Viereck von London – Madrid – Rom und Paris. Er läßt ihn teilnehmen an den Entscheidungen der Täter und den Schicksalen der Opfer, so daß die vergangene Geschichte mit ihren akuten Alternativen von damals noch einmal Gegenwart wird, Gegenwart von praller Plastizität. Mattinglys Geschichte der Großen Armada, die am 18. Februar 1587 einsetzt und mit dem Neujahrstag von 1589 endet, behält deshalb vom Anfang bis zum Ende eine einzigartige Spannung. Es gibt wenig gelehrte Bücher, die so fesselnd komponiert sind. Es gibt aber auch wenig Bücher, welche dem Leser eine solche Fülle an Gelehrsamkeit auf so gleichsam spielerische Weise vermitteln, ohne daß der Autor jemals auch nur im Entferntesten den Zeigefinger des Oberlehrers erheben würde. Er beschreibt den Charakter der beteiligten Männer und Frauen aus den fragmentarischen Einzelheiten des flüchtigen Details, indem er sie handeln und entscheiden, leiden und ertragen läßt. Das will keineswegs wertfrei sein, doch drängt der Verfasser dem Leser seine Urteilskategorien nicht auf, er bleibt in Distanz.

Seine Sympathie gilt offenkundig den Unterliegenden. Man beachte den Respekt, mit dem er die Leistungen des spanischen Flottenchefs Medina Sidonia bewertet, der gegen seinen erklärten Willen die große Armada zu führen hatte. »Auch von Medina Sidonia«, schreibt er zusammenfassend, »spricht man seit einiger Zeit gerne freundlicher..., aber niemand hat bisher behauptet, er habe seine Sache gar nicht besser machen können. Immerhin konnte man anführen, daß das niemand gekonnt hätte... Nicht, daß ein derartiges Urteil ein Trost für Medina Sidonia gewesen wäre. Was er auch tat, es war immer zu wenig. Auch kann es den Toten gleichgültig sein, ob nachfolgende Generationen ihnen Gerechtigkeit angedeihen lassen. Aber den Lebenden sollte daran gelegen sein, wenn auch verspätet, Gerechtigkeit zu üben«. Der Herzog selbst hat bekanntlich alle Schuld auf sich genommen. Aber der Historiker Mattingly verteidigt ihn gegen sich selbst: »Die Engländer hatten bessere Schiffe, bessere Geschütze, einheitlichere und besser geschulte Mannschaften, und sie genossen den erwiesenermaßen entscheidenden Vorteil, in der Nähe ihrer Heimathäfen zu kämpfen. Die Armada war zu schwach und zu schlecht ausgerüstet auf eine unmögliche Mission ausgesandt worden«.

Nicht aber allein die Tatsache des Unterliegens genügt dem sittlichen Bewußtsein Mattinglys als Rechtfertigung. Der lothringische Herzog Heinrich Guise, den der französische König am 23. Dezember 1588 ermorden ließ, ist auch ein »Unterlegener«; doch scheint Mattingly an diesem »vielleicht nur rätselhaft, wie ein so oberflächlicher Egoist so viele Menschen anzuziehen vermochte. Er war der Typ des Abenteurers, der sich auf einen harten Kopf und ein weites Gewissen verläßt, der Typ des Spielers, der seine Grenzen nicht kennt... Guise war zu gierig und zu sorglos gewesen, um bei irgend jemandem den Eindruck zu hinterlassen, daß er der Kirche oder Spanien zu anderen als eigenen Zwecken diente. Vermutlich bedauerte Spanien ihn mehr als Rom, aber Söldner sind zum Verbrauchen da«.

Dieses Urteil von unerbittlicher Härte offenbart, daß Mattinglys Ablehnung oder Zustimmung nicht den konfessionellen Linien folgt, wenngleich auf jeder Seite deutlich wird, daß die alte »schwarze Legende« gegen Spanien und besonders gegen Philipp II., die in der puritanisch geprägten angelsächsischen Welt einmal stark war, bei Mattingly auch nicht die Spur einer Unterstützung findet. Sein Menschenbild orientiert sich nicht am 16. Jahrhundert mit seinen Frontbildungen. Er sucht Verständnis, aber aus der Distanz von heute; er ist skeptisch gegenüber billigem Fortschrittsdenken; er müht sich nüchtern um Gerechtigkeit, nicht – wie es in der zitierten Stelle heißt – wegen der Toten, sondern wegen der Lebenden. So gewinnt er Einsicht und Weisheit. Auch aus diesem Grunde wird sein glänzend geschriebenes Meisterwerk, die »Armada«, dauerhaft als vorzüglich und musterhaft gelten, als ein klassisches Buch der Geschichtsschreibung mit literarischem Anspruch, das gar nicht veralten kann.

ÜBER DEN KALENDER

Alle Zeitangaben in diesem Buch entsprechen, wenn nicht anders angegeben, der neuen Zeitrechnung – d. h. dem Gregorianischen Kalender, der heute allgemein gebräuchlich ist und der, obwohl er erst 1582 von Papst Gregor VIII. eingeführt worden war, um 1587 von den meisten europäischen Staaten bereits benutzt wurde.

England tat dies natürlich nicht. Mit hartnäckigem Konservativismus widersetzten sich die Engländer dieser Neuerung, und ihr Frühjahr begann weiterhin für mehr als ein Jahrhundert am 11. März, anstatt am 21. März wie jenseits des Kanals. Folglich behaupten die englischen Historiker immer, der erste Schlachttag zwischen der englischen und der spanischen Kriegsflotte habe am 21. Juli 1588 stattgefunden, während ihn die Spanier auf den 31. Juli festlegen.

Das bringt jeden Historiker, der teils die Ereignisse in England, teils die Ereignisse auf dem Festland schildert, in Verlegenheit. Manche Historiker umgehen diese Tatsache, indem sie 21./31. Juli schreiben. Die meisten Menschen jedoch finden Zeitangaben ohnehin schon abstoßend genug, ohne ihnen auch noch versteckt in Form von Brüchen begegnen zu müssen. Da in dem folgenden Bericht oft die Ereignisabfolge in England wie auch auf dem Festland von Bedeutung ist, und es zu verwirrend wäre, zwischen den beiden Kalendern hin- und herzupendeln, war ich deshalb gezwungen, zwischen der alten und der neuen Zeitrechnung zu wählen. Ich entschied mich für die neue Zeitrechnung, weil sie der tatsächlichen Jahreszeit entspricht; bei manchen Jahreszeiten nämlich liegt in dem Zeitraum von zehn Tagen wirklich ein Unterschied in der Tageshelligkeit und den Wetterverhältnissen. Diejenigen Leser, die verwirrt sind, Ereignisse in England nach dem kontinentalen System datiert zu finden, können auf das traditionelle Datum kommen, indem sie zehn Tage abziehen. Die Wochentage blieben natürlich gleich. Sonntag war immer noch Sonntag, in Rom wie in London.

G. M.

VORWORT

Der Gedanke, ein Buch über die Bezwingung der spanischen Armada zu schreiben, kam mir — wie er anderen gekommen sein muß — zum ersten Mal im Juni 1940, als die Augen der Welt von neuem auf Englands Küsten und Gewässer blickten. Wenn die Idee mich trotz allem, was bisher über dieses Thema gesagt worden war, lebhaft fesselte, so deshalb, weil ich eine interessante Aufgabe darin sah, den Bericht von der Seeschlacht in jenen weiten europäischen Zusammenhang zu stellen, in dem sie einst gesehen, aus dem sie jedoch in den friedfertigen Jahren vor 1914 gerissen worden war. Für Geister, die sich an T. M. Mahan und den Verfechtern des Empire-Gedankens gebildet hatten, schien die Kernfrage im Jahre 1588 in der Beherrschung der Weltmeere und der Möglichkeit zu ruhen, die neu entdeckten Seewege nach Asien und den Amerikas zu erschließen. Solche Geister hielten es zwar für vernünftig und angebracht, für wirtschaftliche Interessen zu kämpfen, jedoch für widersinnig, ja widerwärtig, wegen der verhältnismäßigen Wertbeständigkeit entgegengesetzter Weltanschauungen einen Streit vom Zaun zu brechen.

Im Jahre 1588 dachte man anders. Für die Menschen der damaligen Zeit war der Zusammenprall der englischen und der spanischen Flotte im Kanal der Anfang von Armageddon, der Beginn eines End- und Todeskampfes zwischen den Mächten des Lichts und den Mächten der Finsternis. Welche Seite die des Lichts, welche die der Finsternis sei — diese Entscheidung hing freilich vom Standort des Betrachters ab; immerhin waren in ganz Europa die Trennungslinien gezogen, und wenn auch die meisten Völker, technisch gesprochen, sich nicht am Kampf beteiligten, so verhielten sie sich deshalb keineswegs neutral. Ganz Europa sah dem Kampf im Kanal mit angehaltenem Atem zu, weil man fühlte, daß von seinem Ausgang nicht nur das Schicksal Englands und Schottlands, Frankreichs und der Niederlande, sondern der gesamten Christenheit abhing. Ideologische Kriege sind revolutionäre Kriege, die über Landesgrenzen hinausgehen, und immer sind sie – zum mindesten in der Absicht und der Vorstellung der Beteiligten – totale Kriege. Diesen Gesichtspunkt zu erkennen, fiel im Jahre 1940 natürlich leichter als etwa im Jahre 1890.

Im Jahre 1940 schwebte mir vor, ein auf den bekannten Standardwerken basierendes Büchlein zu schreiben, das sich mit den verschiedenen Fragen beschäftigen sollte, die tatsächlich oder eingebildetermaßen vom Erfolg des spanischen Versuchs, in England zu landen, abhingen, mithin von der ersten jener Bemühungen kontinentaler Militärmächte, eine europäische Vormacht zu erzwingen, die ein immer wiederkehrendes Vorbild der modernen Geschichte geliefert haben. Bevor ich diese Idee richtig entwickeln konnte, kamen andere Aufgaben dazwischen. Bevor ich zu meinem Einfall zurückkehren konnte, hatte ich die Bekanntschaft mit gewissen Seiten von See- und amphibischen Operationen, sowie mit einigen Gewässern gemacht, welche die Armada durchschifft hatte – freilich nur eine flüchtige, aber immerhin gründlichere Bekanntschaft, als ich sie für einen seßhaften Historiker mittleren Alters möglich gehalten hatte.

Als ich wieder die Zeit fand, über die Probleme der Armada nachzudenken – obwohl mir die Fertigstellung eines Buches über mein Thema im Augenblick nicht mehr dringlich schien – reizte mich nach wie vor die Vorstellung, eine Arbeit zu schreiben, in der die Kampagne nicht nur als See-Duell zwischen Spanien und England, sondern auch als Brennpunkt der ersten großen internationalen Krise der modernen Geschichte darzustellen sei. Da das Vorhaben aber nicht mehr eilig war, beschloß ich ganz von vorne anzufangen. Diesmal wollte ich auf Originalquellen – sei es auf Archive, sei es auf Bücher – zurückgreifen; ich beabsichtigte, möglichst viele von den Orten, die ich zu schildern gedachte, aufzusuchen oder von neuem zu besuchen, nicht etwa, weil ich davon überzeugt war, bei diesem Verfahren der Wahrheit näherzukommen, oder gar, weil ich dadurch erwartete, weltbewegende Entdeckungen zu machen, sondern einfach, weil es die Arbeitsweise ist, die mir am meisten zusagt. Daneben hatten Professor Michael Lewis' unter dem Titel »Armada-Geschütze« in THE MARINER'S MIRROR (Band XXVIII–IX, 1942-3) erschienene glänzende Aufsatzreihe gezeigt, daß ein unbefangenes Auge und eine Handvoll neuer Unterlagen geschichtlichem, der Öffentlichkeit seit langem bekannten Beweismaterial eine neue gewichtige Deutung abzugewinnen vermögen. Auch fragte ich mich nach der Lektüre von Bernard de Voto's THE YEAR OF DECISION (1943) und ACROSS THE WIDE MISSOURI — dessen Manuskript ich zu lesen begann, kurz nachdem ich die Uniform ausgezogen hatte — ob es mir mit etwas Glück nicht gelingen würde, eine Folge von Bilderbogen des ausgehenden sechzehnten Jahrhunderts zu zeichnen, die vielleicht halb so lebendig sein würden wie die aus der Geschichte des westlichen Felsengebirges, die mein Freund De Voto neu aufleben zu lassen verstanden hatte.

Schließlich fand ich zwar keine verblüffend neue Deutung, dafür förderten aber Nachforschungen in unveröffentlichten Schriftstücken und eine neue Prüfung der veröffentlichten Arbeiten neues Beweismaterial zutage, das zwar gewisse übernommene Anschauungen abschwächte, dagegen andere erhärtete. Bei dieser Kleinarbeit tauchte hier und da ein aufschlußreicher, nachklingender Satz oder ein greifbar-plastisches Bild auf, die einer bekannten Version neues Leben einzuflößen vermochten. Wenn meine Fassung auch in der Hauptsache mit der gültigen Auffassung der Wissenschaft übereinstimmt, so hoffe ich, mit manch neuem Streiflicht, mit manch unbekannter Einzelheit den Eindruck von Alltäglichkeit vermieden zu haben.

Da dieses Buch sich nicht an den Fachmann, sondern an den geschichtlich interessierten Leser wendet, habe ich Fußnoten weggelassen. Sollte jedoch der eine oder andere beim Wenden dieser Seiten Neugierde nach den Unterlagen für dieses Urteil oder jene Behauptung verspüren, findet er am Schluß des Buches Kapitel-Anmerkungen über die Hauptquellen, wobei besonders auf die Zeugenaussagen hingewiesen ist, die meine von der üblichen Auffassung abweichenden Anschauungen erhärten.

DER VORHANG HEBT SICH

Fotheringhay, 18. Februar 1587

Zwar hatte Mr. Beale den Vollstreckungsbefehl erst am Sonntagabend gebracht, der Prunksaal in Fotheringhay war jedoch schon am Mittwoch früh, noch ehe seine hohen Fenster aus der Morgendämmerung tauchten, fertig hergerichtet worden. Und wenngleich der Graf von Shrewsbury erst am Vortage zurückgekehrt war, wünschte niemand einen weiteren Verzug. Niemand konnte wissen, was für ein Bote von London unterwegs sein mochte. Und niemand wußte, wer von den anderen schwach werden könnte, wenn man noch einen Tag wartete.

Der Saal war seiner gewohnten Einrichtung entblößt. In der Mitte der Längswand kämpfte ein mächtig loderndes Kaminfeuer gegen die nagende Kälte an. Am oberen Ende des Festgemachs war ein kleines Podium gleich einer Miniaturbühne für fahrende Spieler errichtet worden, vier Meter in den Saal vorspringend, etwa eineinhalb Meter breit und knapp einen Meter hoch. An der einen Seite führten Stufen hinauf, und das frische Lattengerüst war überall sorgfältig mit schwarzen Samt bespannt worden. Auf der Estrade stand in Verlängerung der Treppe ein einziger Sessel mit hoher Rücklehne, gleichfalls schwarz verkleidet, und etwa einen Meter davor lag ein schwarzes Kissen. Neben dem Kissen, aber ein wenig höher, war so etwas wie ein niedriges Bänkchen zu sehen — hier verbarg der Überzug nur schlecht einen gewöhnlichen Hauklotz. Gegen sieben Uhr morgens warfen die Regisseure einen befriedigten Blick auf ihre Arbeit. Die Gefolgsleute des Sheriffs, die in Sturmhaube und Brustharnisch kriegerisch dreinzublicken und ihre Hellebarden stocksteif zu halten trachteten, nahmen ihre Plätze ein, und die erlauchte Versammlung, zweihundert, wenn nicht mehr Ritter und Edelleute aus der Umgebung, die zu dieser frühen Stunde gebieterisch herbeizitiert worden waren, füllte den unteren Teil des Saals.

Die Hauptperson ließ über drei Stunden auf sich warten. Während der mehr als dreißig Jahre, seit sie die Gemahlin eines künftigen Königs von Frankreich am glänzend-gleißnerischen Hof an der Loire geworden war, hatte sie zwar immer wieder versäumt, sich einige der wichtigsten Lehren der Politik anzueignen, dafür aber gelernt, wie man eine Szene beherrscht. Sie trat durch eine Seitentür ein, und bevor sie gesehen wurde, war sie mitten im Saal und schritt, paarweise gefolgt von sechs Mitgliedern ihres Hofstaates, auf die Empore zu, ohne das Gescharre und Gemurmel der die Hälse reckenden Zuschauer eines Blickes zu würdigen, ohne — so schien es — den Beamten, auf dessen Arm ihre Hand ruhte, zu beachten. Sie ging so ruhig einher — wie fromme Seelen denken mochten — als wäre sie auf dem Wege zur Andacht. Nur einen Augenblick, als sie die Stufen erklomm und ehe sie in den schwarzbespannten Sessel sank, schien sie des stützenden Armes zu bedürfen, und wenn ihre Hände zitterten, bevor sie sie im Schoße faltete, so blieb es unbemerkt. Dann, wie um das Beifallsklatschen einer Menge zu beantworten — wenngleich völlige Stille im Saale herrschte — hob sie zum ersten Mal den Kopf der Zuschauerschaft entgegen und lächelte, wie einige nachher wissen wollten.

Fast verschmolz ihre in schwarzen Samt gekleidete Gestalt mit dem Schwarz von Sessel und Podium. Das graue Licht des Wintermorgens dämpfte den Schimmer der weißen Hände, das goldene Glimmen ihres Kopftuches und das rotgoldene Leuchten ihres voll aufgesteckten bräunlichen Haares. Doch vermochte die Versammlung den feinen Spitzensaum an ihrer Kehle und darüber — herzförmiges Blütenblatt gegen den düsteren Hintergrund — das Antlitz mit seinen großen dunklen Augen und dem zarten nachdenklichen Mund deutlich zu unterscheiden. Das war die Frau, für die Rizzio gestorben war, und Darnley, der junge Narr, und Huntley, und Norfolk, und Babington, und tausend Namenlose, die in den Hochmooren und an den Galgen des Nordens ihr Leben hatten lassen müssen. Sie war es, deren sagenhafte Geschichte wie ein Schwert über England geschwebt hatte, seit sie, verfolgt von ihren Untertanen, die Landesgrenze im Galopp überquert hatte. Sie war die letzte gefangene Prinzessin der Ritterromanzen, die Königinwitwe von Frankreich, die verbannte Königin von Schottland, die Erbin des englischen Throns und — wie manch einer der stummen Zeugen des Schauspiels denken mochte — in eben diesem Augenblick war sie Englands rechtmäßige Herrscherin, wenn es nach dem Recht ginge. Sie war

Maria Stuart, Königin der Schotten. Einen Augenblick lang hielt sie alle Blicke gefangen, dann sank sie in die Düsternis ihres Sessels zurück und wandte ihre ernste Unaufmerksamkeit den Richtern zu. Es war ihr nicht unangenehm, daß die Versammlung für niemanden sonst ein Auge hatte.

Die Grafen von Kent und Shrewsbury, die fast unbemerkt mit ihr eingetreten waren, nahmen ihr gegenüber Platz. Mr. Beale stand auf, räusperte sich und raschelte mit dem Pergament der Vollstreckungsurkunde, die er vorzulesen hatte. Er hätte sich nicht zu beunruhigen brauchen, denn es war zweifelhaft, ob überhaupt jemand zuhörte. »Hartnäckiger Ungehorsam ... Aufstachelung zum Aufstand ... gegen Leben und Person Ihrer Geheiligten Majestät ... Hochverrat ... Tod.« Keine Silbe des Wortlauts hätte Maria Stuart oder irgend einen Anwesenden auch nur im geringsten zu beeindrucken vermocht. Jedermann wußte, daß hier nicht ein Verbrechen bestraft wurde. Es handelte sich lediglich um einen weiteren Hieb in einem politischen Duell, das seit Menschengedenken ausgetragen wurde, ja das begonnen hatte, bevor auch nur eine der beiden feindlichen Königinnen das Licht der Welt erblickt hatte. Sechzig Jahre war es her, seit die Parteien sich gebildet hatten, die Partei der alten Religion und die der neuen, und immer hatten sich die eine oder die andere Partei, meist aber beide, einer Laune des Schicksals zuliebe um eine Frau geschart und waren von ihr angeführt worden. So Katharina von Aragon gegen Anna Boleyn, Mary Tudor gegen Elisabeth Tudor, Elisabeth Tudor gegen Maria von Lothringen, und nun seit nahezu dreißig Jahren Elisabeth Tudor gegen Maria Stuart, die Gefangene auf dem Schafott. Der scharfsinnigste Politiker hätte sich nur darüber wundern können, daß England es fast zwei Jahrzehnte hindurch vermocht hatte, diese zwei zu Feindinnen vorbestimmten Frauen auf demselben Boden am Leben zu halten.

Was Elisabeth auch getan haben mochte, Maria Stuart jedenfalls hatte mit allen Mitteln versucht, ihre Cousine in die Knie zu zwingen und zu vernichten. In solch tödlichem Zweikampf wie dem ihrigen gab es keine verbotenen Schläge. Als die Waffen der Gewalt ihren Händen entglitten waren, hatte Maria sich jeder Handhabe bedient, die Schwäche zu greifen versteht: Lüge, Tränen, Ausflüchte, Drohungen und Flehen, sowie das Leben jedweden Mannes, den ihre Kronen, ihre

Schönheit oder ihr Glauben für ihre Sache zu gewinnen vermocht hatten. Letzten Endes hatten sich alle als zweischneidiges Schwert erwiesen; wenn dieses nun aber in ihr eigenes Fleisch schnitt, so hatte sie zuvor Wunden damit geschlagen und das Reich ihrer Cousine aus ihren englischen Gefängnismauern heraus in schlimmere Wirren gestürzt als sie es von ihrem schottischen Thron aus vermocht hatte. Auch beabsichtigte sie, einen letzten Streich zu führen. So wandte sie Mr. Beales abschließenden Ausführungen eine gelangweilte Miene zu.

Der Dekan von Petersborough schien noch beunruhigter als Mr. Beale. Sie ließ ihn seine stammelnde Einleitung dreimal wiederholen, bevor sie ihm geringschätzig ins Wort fiel. »Herr Dekan«, sagte sie, »ich werde sterben, wie ich gelebt habe, im wahren heiligen Glauben der katholischen Kirche. Alles, was Sie dazu zu sagen haben mögen, ist verschwendet, und alle Ihre Gebete, dünkt mich, können mir wenig nützen.«

Dies – dessen war sie sicher – war die eine Waffe, die sich nicht gegen sie richten würde. Sie war in Fotheringhay streng bewacht worden, aber doch nicht so streng, daß sie von den verwegenen, gewitzten Männern, die in Verkleidung heimlich die Kanalhäfen verließen und erreichten, keine Nachricht empfangen hätte. Der Norden – so berichteten sie – war katholisch, desgleichen der Westen; selbst hier, in der Hochburg der Ketzerei, sogar in den Midlands, ja in London, kehrten täglich mehr und mehr Gläubige in den Schoß der alleinseligmachenden Kirche zurück. Solange eine Katholikin Thronerbin war und nach dem Tode ihrer ketzerischen Cousine vermutlich kampflos die Nachfolge antreten würde, hatten sich jene Tausende still verhalten; sollte aber die Ketzerin ihre orthodoxe Nachfolgerin jetzt morden, würden sie sich sicherlich voller Zorn erheben, um all ihre Schandtaten gewaltsam zu tilgen. Auch herrschten katholische Könige über den Meeren, die glühender darauf brannten, die tote Königin der Schotten zu rächen, als sie es jemals getan hatten, um sie am Leben zu erhalten.

Daß Maria eine fromme Katholikin war, gehört zu den wenigen Dingen, über die kein Zweifel besteht, nur genügte es ihr nicht, einfach im Glauben zu sterben. Der Zweikampf würde weitergehen. Jedermann sollte wissen, daß sie nicht nur in ihrem Glauben, sondern auch für ihren Glauben gestorben war. Vielleicht war sie nicht immer sein standhaftester Pfeiler gewesen. Vielleicht hatte ihr undurchsichtiges Ränkespiel ihrer Sache oft mehr geschadet als ihr Glaubenseifer ihr geholfen hatte. Nun sollte der gleißende Schwung des Beils die Last alter Fehler auf immer von ihr nehmen, die geflüsterten Verleumdungen verstummen lassen, nun würde ihr Blut lauter nach Rache an ihren Feinden schreien als ihre Stimme es zu Lebzeiten je vermocht hatte. Jahrelang hatte sie ein zweideutiges Motto geliebt: »Mein Ende ist mein Anfang.« Ihr Märtyrertum konnte Verheißung und Drohung zugleich wahrmachen. Sie mußte nur ihren letzten Trumpf wirksam ausspielen.

So hielt sie denn, als sie den Richtern ihre Herausforderung entgegenschleuderte, ihr Kruzifix sichtbar für den ganzen Saal in die Höhe, und ihre Stimme übertönte triumphierend das Organ des Dekans von Petersborough; höher und immer klarer als seine anschwellenden Worte stieg sie empor und überwölbte mit den geheimnisvoll-beherrschenden Anrufungen des alten Glaubens die jähen englischen Gebetsformeln. Noch eine ganze Minute, nachdem der Priester geendet hatte, klang die Stimme der Königin fort. Jetzt sprach sie Englisch, sie betete für das Volk von England und für die Seele ihrer königlichen Cousine Elisabeth, sie vergab allen ihren Feinden. Dann machten sich ihre Hofdamen einen Augenblick um sie zu schaffen. Das schwarze Samtgewand glitt von ihren Schultern zu Boden und enthüllte ein Unterkleid aus karmesinroter Seide; so trat sie unvermuteter-, anstößigerweise, blutrot vom Scheitel bis zur Sohle gegen den nachtschwarzen Hintergrund, in der Farbe der Märtyrer vor. Still kniete sie nieder und beugte das Haupt auf den kleinen Hackblock. »In manus tuas, domine ...« Zweimal vernahm die Versammlung den dumpfen Schlag des Henkerbeils.

Nun blieb nur noch eine Zeremonie zu erfüllen. Der Scharfrichter hatte den Kopf der Enthaupteten vorzuzeigen und dazu die üblichen Worte zu sprechen. Die maskierte schwarze Gestalt verneigte sich, richtete sich auf und rief mit lauter Stimme: »Lang lebe die Königin!« Aber alles, was er von der gegnerischen Herzkönigin in der Hand hielt, war ein Kopftuch mit einer daran festgesteckten kunstvollen rötlichen Perücke. An den Rand des Schafotts gerollt lag, geschrumpft, welk und grau, der kleine glänzende Schädel, bedeckt von einem spärlichen Silberflaum, das Haupt der Märtyrerin. Maria Stuart hatte es immer verstanden, ihre Feinde in Verlegenheit zu bringen.

EINFACHHEIT EINER STADT

London, 19. Februar 1587

Hinter dem Botenreiter von Fotheringhay flammten Freudenfeuer auf, und als London die Nachricht erfuhr, ließen die Bürger Festglocken erklingen, feuerten Salven ab und erleuchteten jede Straße. Unerträgliche Düsternis war gewichen, eine tiefe Furcht war für immer vergangen. Das Leben Maria Stuarts hatte sich zu einem Schreckgespenst für jeden Londoner entwickelt, zu einer Bedrohung all dessen, was England seit der Thronbesteigung Elisabeths geworden war. Im vergangenen Jahr war das allgemeine Verlangen nach Marias Tod zu einem nie verstummenden Angstschrei geworden. Solange Maria lebte, gab es keine Sicherheit.

Zunächst einmal war Königin Elisabeth an ihrem letzten Geburtstag dreiundfünfzig Jahre alt geworden. Selbst wenn »die beste Partie in ihrem Kirchspiel« noch immer Bewunderer hatte — seit dem Herzog von Anjou waren keine Bewerber mehr aufgetreten — so konnte doch niemand mehr behaupten, daß Elisabeth jemals ein Kind haben würde. Sie war die letzte der Tudors, und ihre Erbin Maria Stuart war zehn Jahre jünger als sie und »noch recht rüstig«. Die Politiker mochten endlose Überlegungen um andere Möglichkeiten für die Krone anstellen, sie würden sich doch nie einigen können, es vermutlich auch gar nicht wollen. Solange Maria lebte, mußte man befürchten, daß sie ihrer Cousine auf den Thron folgen würde. Selbst Marias erbittertste Feinde im Rat der Königin — Leicester und Burghley, Hatton und Walsingham — hatten versucht, sich einen Rückzug in Marias Lager offenzuhalten für den Fall, daß die Königin der Schotten ihre Herrin überleben sollte. Und wenn schon die erklärtesten politischen Führer der protestantischen Partei es für angebracht hielten, Maria ihrer wiederkehrenden Treue zu versichern, so war es nur natürlich, daß Männer geringeren Formats versuchten, Wasser auf zwei Schultern zu tragen und daß die unzufriedenen Lords und Edelleute des Nordens hofften, durch Maria über ihre Feinde zu triumphieren und mit ihr die alte Religion und die alten Zeiten wiederherzustellen. Seit dem Tag der Thronbesteigung Elisabeths hatte in England eine katholische Reaktion geschwelt, die von der Glut feudaler Vorrechte und von örtlichem Konservativismus genährt und von spanischen Drahtziehern und Missionspriestern immer wieder angefacht wurde. Die Ströme von Blut, in denen der Aufstand im Norden von der Regierung erstickt worden war, hatten das Feuer wohl gedämpft, aber nicht zum Erlöschen gebracht; nach wie vor nährte es sich insgeheim von der Hoffnung, daß die rechtmäßige Thronerbin eine Katholikin war. Solange Maria lebte, würde die katholische Partei als potentieller politischer Faktor im Staat nie verschwinden.

Selbst für solche Bewohner Londons, die in den Tagen der alten Königin Maria fröhlich die Messe besucht und dabei allen Abscheu hinuntergeschluckt hatten, den der Gestank der Feuer in Smithfield in ihnen erwecken mochte, selbst für solche Bürger, die von neuem ohne sichtlichen Widerwillen hingehen würden, wenn dies die beste Möglichkeit wäre, um ihre Geschäfte und ihre Familie sicherzustellen, selbst für solche Freisassen und Landedle, die trotz ihres Wohlergehens unter der neuen Ordnung der alten noch immer eine verschwiegene Anhänglichkeit bewahrt hatten, bedeutete das ungestörte Bestehen der katholischen Partei eine fürchterliche Bedrohung. Schottland hatte gezeigt, daß niemals ein katholischer Herrscher an der Spitze eines protestantischen Staates stehen konnte, selbst wenn der ganze religiöse Brauch nicht wie in England unmittelbar von der Krone bestimmt wurde. Und was vor einer Generation möglich gewesen war, als Katharina von Aragons Tochter die Kirche nach Rom zurückgeführt hatte, was nun im neunundzwanzigsten Jahr von Elisabeths Regierung für die entlegeneren Teile des Königreiches zutreffen mochte – das Herz und die Stärke Englands, die südlichen und östlichen Grafschaften, die blühenden Hafenstädte und die mächtige Hauptstadt London waren protestantisch. Allzu viele Lords und Herren hatten ihr politisches Glück der neuen Religion verschrieben; allzu viele Kaufleute und Handelsherren verdienten ihren Lebensunterhalt mit Methoden, denen ein Wechsel der Kirchenregierung vermutlich ein jähes Ende bereiten würde; allzuviele Freibauern und Handwerker hatten in weißgekalkten Kirchen Predigern mit kalvinistischem Bäffchen gelauscht. Eine ganze Generation war mit der Englischen Bibel, mit Cranmers *Gebetbuch* und Foxes *Buch der*

Märtyrer gepäppelt und großgezogen worden; eine ganze Generation war herangewachsen, die Papisten und Spanier und Fremdherrschaft haßte und fürchtete. Wenn Maria Stuart je den Thron besteigen und versuchen sollte, die römisch-katholische Kirche wieder einzusetzen — wie sie es in Anbetracht ihrer eigenen Geschichte und der Eigenart ihrer Umgebung sicherlich zu tun gedachte — so würde es wohl kaum zu örtlichem Aufruhr kommen, wie bei Wyatts kurzer Rebellion, sondern zu einem ausgedehnten, erbitterten Religionskrieg.

Niemand brauchte den Bewohnern von London zu sagen, was ein Bürgerkrieg bedeuten würde. Hundert Jahre lang war England von der Angst heimgesucht worden, daß durch einen einzigen Schwächling im Geschlecht der Tudors die Krone von neuem zum Spielball feindlicher Parteien werden und damit eine Wiederholung der langen Schreckensherrschaft eintreten könne, die wir heute die Rosenkriege nennen. Aber noch der heftigste jener Kämpfe der Barone um den Thron, der erbittertste Streich in der hartnäckigen Fehde der York und Lancaster, deren in Poesie und Prosa niedergeschriebene Chronik sich einer Art besorgter Beliebtheit bei Buchhändlern und auf der Bühne erfreute, würde — das wußte ein jeder — gemessen an den Schrecken eines von religiösem Zwiespalt angefachten Bürgerkrieges kaum mehr als ein bewaffneter Tumult gewesen sein. Die Geschichten von Haarlem und Antwerpen waren allgemein bekannt, und Londons Bürger hatten von zahlreichen fahrenden Kaufleuten und Flüchtlingen gehört, was Flandern und Brabant vor zwanzig Jahren gewesen waren und wie sie jetzt aussahen. Inzwischen ergrauten Männern waren als Kindern die Haare zu Berge gestanden, als sie von den Schrecken der Bartholomäusnacht gehört hatten, und nicht nur Kinder waren erschüttert. Die blutüberschwemmten Gossen von Paris, die in der Loire treibenden Leichen, die rauchschwelende Trostlosigkeit der Normandie, all das war keineswegs Altweibergeschwätz. Kannten auch einige der Bettler, deren Gejammer dem gutherzigen Bürger manchen Pfennig zu entlocken wußte, die Verließe der Inquisition nicht näher als das Gefängnis von Ipswich, so erzählten ihre Stümpfe und Narben doch immer noch weniger als die nackte Wahrheit. So sah man verbissene Gesichter und grimmiges Nicken in der Gemeinde, wenn die Pfarrer daran erinnerten, daß ein Land verflucht war, dessen Bewohner ihrem rechtmäßigen Herrscher den Gehorsam aufsagten und das Schwert gegeneinander zogen, und wenn das Volk den Kopf neigte, um für das Leben Unserer Gnädigen Herrscherin, der Königin Elisabeth, zu beten, so klang verzweifelte Aufrichtigkeit aus ihren Stimmen.

Was das geängstigte und gespaltene sechzehnte Jahrhundert am meisten ersehnte, war Einheit und Frieden, und das ausgeprägteste Sinnbild der sozialen Ordnung, die die Menschen sich wünschten, war die Person des Monarchen. Deshalb war priesterlicher Belehrung zufolge das Leben auch des schlechtesten Fürsten heilig und die Gehorsamspflicht selbstverständlich, ohne Rücksicht auf den Charakter des Herrschers. Allmählich übertrug sich diese äußerste Lehnstreue, die einst der Universalkirche erwiesen worden war, auf die weltlichen Herrscher, und dies als Vorbereitung einer weiteren Übertragung auf eine *Nationalstaat* benannte Abstraktion, sobald diese den Menschen zum Begriff werden sollte. Die blasphemische Lehre von der Göttlichkeit der Könige gewann nicht nur in England, sondern auch im übrigen Europa an Boden: das sechzehnte Jahrhundert war ein Jahrhundert der Monarchen.

Im Augenblick wurde jedoch in England die allgemeine Doktrin vom göttlichen Recht der Könige von einer rein persönlichen Entsprechung überschattet. Englands Elisabeth war — darüber waren sich die Engländer einig — ein Phönix, einzig in ihrer Art und nicht mit gewöhnlichem Maßstab zu messen. Diese Überzeugung war berechtigter als sie wußten. Nie zuvor und danach hat die Geschichte etwas derartiges erlebt wie den fünfundvierzig Jahre währenden Liebesbund zwischen Elisabeth Tudor und dem Volk von England. Man kann heute kaum mit Bestimmtheit sagen, wie er begann, oder alle Wesenszüge deuten, die ihn ausmachten, jedenfalls schwoll er in jenen Jahren zu einer Leidenschaft an, deren glühende Aufrichtigkeit wir nicht bezweifeln dürfen, wie geschraubt und schwülstig ihre Ausdrucksformen uns auch anmuten mögen.

Sicherlich lassen sich auf beiden Seiten Eitelkeit, Berechnung und Selbstsucht feststellen — die wohl notwendigen Begleiterscheinungen jedes Liebeshandels. Wenn es Elisabeth Tudor überhaupt gelingen sollte, England zu regieren — und sie war zum Herrschen geboren wie alle Tudors — so mußte sie vor allem die Liebe ihres Volkes gewinnen, weil diese das einzige war, worauf sie sich stützen konnte. Sie hatte einen bereits wankenden Thron bestiegen. Der Kronschatz war erschöpft, die Währung entwertet, das Volk verarmt, verstört und gespalten. Das Königreich hatte soeben sein letztes Bollwerk auf dem europäischen Kontinent verloren — Calais, letzte Ruhmesblüte der Plantagenets — und konnte sich nicht gut einreden, daß es nicht geschlagen worden sei von den Franzosen. Alle Symptome der Auflösung und Verzweiflung, die das benachbarte Königreich Frankreich in wenigen Jahren in die Anarchie abgleiten lassen sollte, schienen in England in schärferer Form aufzutreten; weniger ernste Demütigungen im Ausland und innere Schwierigkeiten hatten ein Jahrhundert zuvor zum Krieg der weißen und der roten Rose geführt. England hatte keinen Freund oder Verbündeten in ganz Europa, lediglich eine Schar wachsamer Feinde, die nur darauf warteten, beim ersten Zeichen der Schwäche zuzuschlagen und vorerst nur aus gegenseitigem Mißtrauen davor zurückschreckten. Und Elisabeth bestieg den wankenden Thron mit sehr viel geringerem Anrecht darauf als die meisten ihrer Vorgänger, um sich an dem unerhörten Experiment zu versuchen, allein, als unverheiratete Königin zu herrschen. Dabei mußte sie fremde Gefahren abwehren und einen von Habsucht und Ehrgeiz verzehrten Adel, sowie ein Volk in Schach halten, das erwiesenermaßen als das aufsässigste und unbotmäßigste ganz Europas galt, und all das ohne andere Hilfsmittel als ihren angeborenen weiblichen Verstand.

In einer Zeit, in der die starken Monarchien in wirksam zentralisierte Gewaltherrschaften umgewandelt wurden, in der der unfähigste der Valois seine Reichsstände selbst im Augenblick offensichtlicher Schwäche demütigen konnte, mußte Elisabeth mit einer Verfassung regieren, die politische Theoretiker des Kontinents — hätte ihnen der Ausdruck zur Verfügung gestanden — als einen lächerlichen feudalen Anachronismus bezeichnet hätten. Ihr Leben lang war ihre Herrschermacht zweifelhaft und begrenzt, und ihr normales Einkommen war geringer als das, was Philipp II. angeblich allein aus dem Herzogtum Mailand bezog. Sie verfügte weder über ein stehendes Heer, mit Ausnahme einer Handvoll rein dekorativer Leibgardisten, noch über eine reguläre Polizei, außer der Truppe, die ihre praktisch unabhängigen Ortsbehörden aufstellten. Wenngleich in den Jahren ihrer schwersten Gefährdung ihr Sekretär,

Sir Francis Walsingham zu ihrem Schutz einen Nachrichtendienst aufbaute, den einige Historiker mit ehrfürchtiger Scheu als »umfassendes Spionagenetz« bezeichneten, so schrumpft dieses eindrucksvolle Abwehr-System in England bei näherer Betrachtung zu einer Handvoll schlechtbezahlter Agenten unterschiedlicher Befähigung zusammen, deren Bemühungen von zufälligen Gewährsleuten unterstützt und von einem einzigen Beamten zusammengefaßt wurden, der daneben noch einen Großteil von Walsinghams gewöhnlichem Briefwechsel bearbeitete. Es war also ein System, das bis auf den Scharfsinn seiner Leitung und den Eifer seiner freiwilligen Helfer kaum umfassender oder wirksamer war als das, was normalerweise jeder Botschafter für seine persönlichen Informationen unterhielt, eine Einrichtung mithin, die die Regierung von Florenz oder Venedig als unzureichend selbst für die Polizei einer einzelnen Stadt erachtet hätte. Es gab für Elisabeth Tudor keinen Weg, die Engländer mit Gewalt zu regieren. So regierte sie sie denn mit den Künsten, mit denen eine kluge Frau ihren Geliebten gängelt.

Von Anfang an hofierte sie die Menge, setzte sich für sie in Szene und umschmeichelte sie. Für das Volk putzte sie sich auf, machte sich ein wenig unnahbar und umgab sich mit einem glänzenden Hofstaat. Für das englische Volk wurde sie plötzlich liebenswürdig, vertraulich und bezaubernd; für ihre Engländer ließ sie sich alljährlich hunderte von allzulangen Kilometern auf scheußlichen Landstraßen dahinholpern, damit immer mehr ihrer Untertanen sie sehen konnten, für sie ließ sie jahraus jahrein Dutzende wirrer lateinischer Feierreden und langweilig-prunkvoller Schauspiele über sich ergehen, für sie tanzte sie anmutig in zahllosen Landschlößchen. Immer fand sie das richtige Wort, das richtige Lächeln, um ihre Herzen zu erwärmen. Mit sicherem Instinkt, wie eine Geliebte es zu tun verstehen muß, verwandelte sie sich in das Wunschbild, das die Engländer sich von ihr machten. Nicht selten zeigte sie sich stolz und herrschsüchtig – eine Königin soll sich auch wie eine Königin gebärden – auch versäumte sie nicht, sie mitunter eifersüchtig und unsicher zu machen. Ihre Liebkosungen wechselten mit Schlägen ab, zeitweilig konnte sie den gutgemeinten Rat ihrer Untertanen auch mit schriller Geringschätzung quittieren und sie warnen, sich nicht in die Angelegenheiten von Herrschern zu mischen. Sie mochte sich brüsten, daß sie zwar ohne ihr Volk, ihr Volk hingegen nicht ohne seine

Königin auskommen könne, endlich vermochte sie das ganze jähe Zorngewitter eines Liebesgeplänkels heraufziehen und es ebenso in überwältigendem Sonnenschein enden lassen. Mit einem Wort: sie gab wohl acht, ihre Untertanen nie zu langweilen, versäumte dabei aber nie, ihnen zu versichern — und zwar häufig genug, damit sie es nicht vergäßen— daß sie ihre Engländer mehr als alles auf der Welt liebte. Zu sagen, wie weit ihr Verhalten Berechnung, wie weit es natürliche Veranlagung war, wäre von einem bloßen Historiker wohl zu viel verlangt, wenn selbst König Salomon zugeben mußte, bei einfacheren Fragen in Verlegenheit gekommen zu sein.

Wenn Elisabeths Werben um ihr Volk auch nicht völlig spontan war, wenn sie zwingende Gründe hatte, die Liebe ihrer Untertanen gewinnen und unbedingt bewahren zu müssen, wohl wissend, daß ihr Thron auf nichts anderem ruhte, so konnte ihr Volk seinerseits im Lauf der Jahre eine zunehmend feste Grundlage ureigensten Interesses für seine Anhänglichkeit finden. Inmitten eines von ausländischen Kriegen und Bürgerzwist zerrissenen Europa herrschte bei ihm Frieden und Ruhe. Kein königlicher Steuereinnehmer entriß ihren Taschen die Früchte ihres Fleißes. Die Preise waren hoch, das Geschäft blühte, das Geld rollte; die Gewinne konnten getrost in Land angelegt werden, in der Schiffahrt und der wachsenden Erzeugung von Stoffen und Metallen, worin England zum ersten Mal in seiner Geschichte eine beachtliche Stellung in der Welt zu erringen begann. Kein Soldat rasselte lärmend durch die Straßen mit Ausnahme von Heimkehrern, die auf fremden Schlachtfeldern ihr Glück versucht hatten, und ein plötzliches Pochen an nächtlicher Haustür konnte höchstens ein Nachbar oder ein Fuhrmann sein. Ein Bürgersmann konnte in aller Ruhe sein Bier trinken und — wenn auch in Grenzen — seine Meinung äußern, in dem sicheren Bewußtsein, daß ein gelegentlicher Besuch der Pfarrkirche alles war, was die Königin von ihm verlangte. Alles in allem war Elisabeths Herrschaft die mildeste und gütigste, die die Engländer seit Menschengedenken erlebt hatten, und Englands Gedeihen wurde durch die Düsternis und Unordnung der übrigen Welt nur noch betont. Wenn der Bürger aber auch eine Regierung erträgt, die ihn gering besteuert und ihn im großen und ganzen in Ruhe läßt, so entwickelt er deshalb noch lange keine leidenschaftliche Begeisterung für sie.

Koketterie ist freilich ein Spiel, das beide Teile spielen können. Zum Teil entsprachen die Anhänglichkeitsbeteuerungen, mit denen ihre Untertanen auf Elisabeths Entgegenkommen antworteten, nur dem überschwenglichen Brauch der Zeit, und einige davon waren wohl nur darauf abgestimmt, die Forderung nach einem persönlichen Vorteil zu verbrämen. Trotzdem war es auf beiden Seiten mehr als ein Spiel, wenn man nicht alle Zeitberichte mißdeuten will. Für den Engländer, der Ihre Majestät immer nur über die Köpfe einer dichtgedrängten Menge zu sehen bekam, wenn sie vorüberfuhr, war sie nach wie vor Gloriana, eine Märchenkönigin, die über ihre Insel und alle ihre Untertanen einen goldenen Zauber breitete; sie war der lebendige Hort Englands, die Verkörperung dessen, was sie sich erträumt hatten. Ihre geheimnisvoll bewahrte Jungfräulichkeit war nicht nur ihres Volkes Unterpfand der Unabhängigkeit von ausländischen Fürsten, der Sicherheit inmitten all des Ungemachs, das weniger glückliche Lande heimsuchte, diese Jungfräulichkeit machte sie irgendwie allen zu eigen.

Auch Elisabeth kann das alles nicht nur als Spiel aufgefaßt haben. Sie hatte nie einen Gatten gehabt, sie würde nie ein Kind gebären. Bis zu welchem Grade — so möchte man fragen — entschädigten sie wohl die Leidenschaft, die sie ihrem Volk entgegenbrachte, und die Anbetung, mit der dieses sie belohnte, für das, was sie entbehren mußte? Wie tief war wohl die Liebe, die ihre parfümierten Hofschranzen, die Landedlen, die Freisassen und Handwerker, die kräftigen Seeleute und Landarbeiter für sie empfanden, weil sie England Friede und Wohlstand schenkte, wie tief war sie einfach deshalb, weil sie ihnen zu Beginn ihrer Regierung sagte, daß nichts — nichts Irdisches unter der Sonne — ihrem Herzen so viel bedeute wie ihre Liebe, weil sie ihnen gegen Ende ihrer Regierungszeit beteuerte: »Wenn ihr auch mächtigere und weisere Fürsten gehabt habt und noch haben mögt, so habt ihr doch nie einen gehabt, und werdet auch keinen mehr haben, der euch mehr lieben wird«, und sie damit etwas hörten, das sie überzeugte? Das Geheimnis der Beziehung zwischen Elisabeth und ihrem Volk ist wie das Geheimnis aller großen Lieben nicht zu lüften.

Hätte Maria Stuarts Existenz die Engländer nach dem Tode der Königin lediglich mit Bürgerkrieg bedroht, so hätten sie sich wahrscheinlich nur unbestimmte Sorgen darüber gemacht, die Köpfe geschüttelt und zuletzt doch nichts unternommen. Aber jedes Jahr, seitdem die Königin der Schotten den Tweed überquert hatte, ließ sie in zunehmendem Maße erkennen, daß die bloße Gegenwart der katholischen Thronerbin eine tägliche Bedrohung für das Leben ihrer Königin bedeutete. Ein Verrückter, ein Hitzkopf, irgendein gedungener Desperado brauchte ihr nur so nahe zu kommen, daß er sie mit Messer oder Pistole angreifen konnte — Elisabeth war, wie jedermann wußte, völlig unbesorgt um ihre Sicherheit und ging ständig unbeschützt ihrer Wege — und das ganze Staatsgebäude brach mit einem Schlage zusammen: es gab keinen Rat, keine Obrigkeit, nirgends königliche Beamte — ihre Aufgaben endeten samt und sonders beim Tode der Königin — keine Vollmacht, um die Mörder zu bestrafen, ja überhaupt keine fest umrissene Autorität, bis Maria Stuart die Thronfolge ihrer Cousine angetreten hatte. Dabei würde es keine Rolle spielen, ob die meisten Katholiken des Reiches über einen derartigen Gewaltakt genau so entsetzt sein würden wie irgend jemand anderes. Es würde nicht einmal ins Gewicht fallen, ob Maria selbst die Tat guthieß. Ein einziger Verzweifelter, den der ungeheure Einsatz des Spiels reizte, konnte die Geschichte Englands völlig ändern.

Seit dem Tage des Aufruhrs im Norden hatte es immer wieder Verschwörungen oder Gerüchte über Verschwörungen gegeben, und in den letzten Jahren waren sie einander rasch und heftig gefolgt. Vielleicht mehrten sie sich in der Phantasie der Städter auch, vielleicht stellte die puritanische Partei sie auch schlimmer dar als sie wirklich waren; trotzdem war die Gefahr bedrohlich genug. Ein halbverrückter junger Mann, der sich gebrüstet hatte, er würde die Königin umbringen, wurde mit einer Pistole in der Hand keine hundert Schritt von ihr festgenommen. Dann enthüllten die im Wams von Francis Throckmorton gefundenen Papiere den weitgreifenden Plan der Katholiken für eine Erhebung, für die Befreiung Marias, die Ermordung der Königin und den Einfall von Guisard-Truppen in das Königreich. Darauf folgte William Parrys kaltblütige Erklärung, daß er von Rom Generalabsolution für die Ermordung der Königin empfangen habe, abgesehen von beträchtlichen irdischen Vergünstigungen, und eigens zu diesem Zweck nach England gekommen sei. England schauderte noch beim Gedanken an diese umgangene Gefahr, als die Nachricht von Delft eintraf, daß ein burgundischer Bediensteter — ein gewisser Gérard, ein heimlicher Katholik — da Erfolg gehabt habe, wo andere offensichtlich gescheitert seien und den Prinzen von Oranien, den zweiten Vorkämpfer der protestantischen Sache, in seinem eigenen Haus erschossen habe. Wieder erinnerte man sich an die Ermordung des Admirals Coligny, einst der Dritte in einem Triumvirat protestantischer Führer, der vor zwölf Jahren niedergemacht worden war. Nun war nur noch Elisabeth übrig. Und der Erfolg aller Versuche, Elisabeth das Leben zu nehmen, kam einem einzigen Menschen zunutze: Maria Stuart. In ganz England schlossen sich in jenem Herbst die Edelleute zu einem feierlichen Bündnis zusammen, in dem sie sich verpflichteten, der Königin beizustehen, sie vor jedweder Verschwörung, die einen fremden Anspruch auf ihre Krone stützen sollte, zu schützen und aus eigener Kraft gegen alle diejenigen vorzugehen, die mit Rat und Tat danach trachteten, der Person Ihrer Majestät zu schaden, bis zur gänzlichen Vernichtung ihrer selbst, ihrer Ratgeber, Anstifter und Helfershelfer. Mord würde notfalls mit Mord beantwortet werden, und da ihre Angst vor einem Bürgerkrieg durch die Angst für das Leben Elisabeths verdoppelt wurde, waren die Engländer entschlossen, Maria das nächstemal nicht mit dem Leben davonkommen zu lassen.

Auf dieses nächste Mal, Anthony Babingtons unselige Verschwörung, brauchten sie kaum zwei Jahre zu warten. Daß Anthony Babington und seine Freunde wirklich beabsichtigten, die Königin zu ermorden, und daß sie hofften, dadurch die Thronfolge der Königin der Schotten zu sichern, bezweifelte zu jener Zeit niemand, es kann auch heute wohl kaum in Frage gestellt werden. Daß Maria in die Sache so tief verwickelt war, wie man damals glaubte, mag dahingestellt bleiben, doch selbst, wenn das Komplott ohne ihre Mitwisserschaft angezettelt worden wäre, hätte ihre Unschuld in den Augen der Londoner Bevölkerung kaum eine Rolle gespielt. Der Plan konnte nur in ihrem Interesse vorbereitet worden sein, und so lange sie am Leben war, würde Königin Elisabeths Leben bedroht sein. Daher läuteten die Londoner bei der Nachricht von Marias Enthauptung die Glocken, zündeten Freudenfeuer an und liefen mit Pfeifen und Trommeln durch die Straßen, »als sei in ihren Augen eine neue Zeit angebrochen, in der alle Menschen in Frieden leben konnten«, wie sich ein Zeitgenosse ausdrückte.

VERLEGENHEIT EINER KÖNIGIN

Greenwich, 19. bis 22. Februar 1587

Die Frage, die der Londoner Bevölkerung so einfach vorkam, schien der Königin keineswegs einfach. Elisabeth weilte noch immer in Greenwich, in jenem freundlichsten ihrer Paläste, dessen Rasen bis zur Themse hinunterreichte und durch dessen zahlreiche Fenster man die großen Schiffe auf der bedeutendsten Verkehrsader ihres Königreiches auf- und abwärtsgleiten sah. Erst vor einer Woche hatte sie in Greenwich endlich den Vollstreckungsbefehl für Marias Enthauptung unterzeichnet, ein Schriftstück, das ihr neuer Sekretär, Mr. William Davison, bei sich getragen hatte, bis die Angst ihres Volkes und die Beweisführungen ihrer Räte ihren eigenen Widerstand gebrochen hatten. Als sie ihren Namenszug unter das Papier gesetzt hatte, erinnerte sie Davison daran, daß es schicklichere Todesarten für eine Königin gebe, als durch das Beil eines gewöhnlichen Henkers zu sterben. Eine öffentliche Hinrichtung war jedoch genau das, worauf ihre Ratgeber bestanden, und ohne ein weiteres Wort an die Königin händigten sie Mr. Beale die notwendigen Unterlagen aus. Elisabeth hörte nichts mehr von der Sache; wenn sie aber wirklich glaubte, daß die Männer, die sie seit den ersten Novembertagen gemeinsam und getrennt mit allen ihnen zu Gebote stehenden Künsten und Beweisen um ihre Unterschrift auf besagten Vollstreckungsbefehl gedrängt hatten, nun, da sie diesen in Händen hielten, nicht danach handeln würden, so machte sie sich eines ihrer seltenen Fehlurteile über ihre Ratgeber schuldig. Mit ihrem angeborenen Fingerspitzengefühl für Politik und ihrer tiefen Kenntnis des schwebenden Problems muß sie gewußt haben, welche Art Nachricht bald von Fotheringhay kommen würde.

Als der Sohn des Grafen von Shrewsbury, der für den langen schlammigen Weg weniger als vierundzwanzig Stunden gebraucht hatte, sein keuchendes Pferd im Schloßhof von Greenwich zügelte, schickte die Königin sich gerade an, zur Jagd auszureiten und bemerkte ihn in dem Durcheinander gar nicht. So überbrachte der Bote seine Nachricht

Burghley, der sie mit Freuden vernahm, sie jedoch in der weisen Passivität, die Jahre des Umgangs mit Elisabeth ihn gelehrt hatten, nur allzu gern durch jemand anderen der Königin übermitteln ließ. Anscheinend waren alle ihre Ratgeber so geartet. London hallte von der Neuigkeit wider und die Flure von Greenwich summten davon, bevor Elisabeth in den Palast zurückkehrte und der Augenblick, ihrer Majestät die Vollstreckung ihres Befehls mitzuteilen, nicht länger hinausgeschoben werden konnte.

Zwei Berichte liegen darüber vor, wie sie die Meldung aufnahm, zwei einander widersprechende Lesarten — wie man es nicht anders erwarten kann, wenn es sich um Elisabeth handelt. Ein nicht genannter Gewährsmann teilte dem Herrn Sekretär Davison mit — wie er in der Aufzählung seiner Leiden trauervoll niederlegt — daß bei der Nachricht von der Enthauptung der Königin der Schotten die gewohnte Haltung Ihrer Gnaden unverändert geblieben sei und sie keine Spur einer Gemütsbewegung gezeigt habe. Marias Sohn, König James VI. von Schottland, hingegen will gehört haben, daß die Königin von England, als sie die Tragödie von Fotheringhay erfuhr, sich vor Bestürzung nicht zu fassen wußte und in so tiefe, von hemmungslosem Schluchzen begleitete Kümmernis verfiel, wie sie noch bei keinem ernsteren Ereignis ihres Lebens je beobachtet worden war.

Diesmal mögen beide Versionen teilweise zutreffen. Gedanken und Gefühle zu verbergen war etwas, das Elisabeth während der Regierungszeit ihrer Schwester gelernt hatte. Wenn sie bei der Mitteilung, daß ihr Vollstreckungsbefehl seinen Zweck erfüllt hatte, überhaupt Überraschung oder Bestürzung empfand — und wenn sie überrascht war, kann es nicht heftig gewesen sein — so mußte ihr erstes unwillkürliches Bestreben sein, ihre Bewegung dem neugierigen Klüngel ihrer Hofschranzen und der Gaffer, die sich in den weniger privaten Gemächern des Palastes herumtrieben, unbedingt vorzuenthalten. Wenn Elisabeth weinte, während ihr Volk frohlockte, tat sie es sicherlich nur da, wo sie nicht gesehen werden konnte.

Fraglos weinte sie später vor einer angemesseneren Versammlung. Sie hatte es nötig, Tränen zu zeigen. Die naheliegendste und unmittelbarste aller Gefahren, die die Hinrichtung der Königin der Schotten nach sich zog, drohte vom schottischen Hoheitsgebiet. Seine Majestät,

König James VI., war weitgehend von den Feinden seiner Mutter erzogen worden. Der wichtigste Lehrer seiner jugendlichen Entwicklungsjahre hatte seine Lehrtätigkeit mit der Veröffentlichung eines Buches über jene gottverlassene Frau, Maria Stuart gekrönt, das in einer Sprache geschrieben war, die jeder Übersetzer am besten im unschicklichen Zwielicht einer gelehrten Ausdrucksweise beläßt, ein Buch, das darauf hinauslief, daß Maria neben anderen himmelschreienden Verbrechen des Mordes am Vater ihres Sohnes schuldig sei. Selbst nachdem er Buchanans Aufsicht entwachsen war, hatte James keine übertriebene Begeisterung für die Sache seiner Mutter gezeigt, da ihm vor allem daran gelegen war, daß die Engländer sie hinter Schloß und Riegel hielten. Wahrscheinlich war sein ehrliches Gefühl bei der Nachricht vom Tod seiner Mutter Erleichterung.

Freilich muß es peinlich gewesen sein für einen König, daß seine Mutter das Opfer eines öffentlichen Henkers wurde; und nicht weniger peinlich war es für den König der Schotten, daß seine unruhigen Untertanen keineswegs frohlockten, als sie erleben mußten, daß ihr uraltes Vorrecht, ihre eigenen Könige zu vernichten, vom Erbfeind jenseits der Grenze widerrechtlich an sich gerissen wurde. Sicherlich würden zahlreiche kriegerisch gesinnte schottische Edelleute James anzustacheln versuchen, den Tod seiner Mutter auf alte Weise mit Feuer und Schwert an den Engländern zu rächen, sehr wahrscheinlich würde ein solches Unternehmen auch reichlichen Ansporn von außerhalb finden. Maria war eine katholische Heldin, ehemalige Königin von Frankreich und Schwägerin des augenblicklich regierenden Königs; gleichzeitig war sie die Cousine und politische Verbündete des mächtigen Herzogs von Guise. Noch andere Mächte als Schottland würden an Marias Hinrichtung Anstoß nehmen, und alle würden nur darauf brennen, Marias Sohn in die erste Reihe der Rächer zu drängen. In Schottland — so berichtete man Elisabeth — wachse die englandfeindliche Partei täglich an, täglich mehrten sich die Stimmen, daß Marias Tod durch die Hand ihrer Häscher ein unmittelbarer Anlaß zum Kriege sei. Wenn James die gefährliche Belastung umgehen wollte, die das Ehrgefühl ihm aufzuerlegen schien, würde er alle Hilfe benötigen, die Elisabeths Wankelmut ihm zu bieten vermochte. Der Herr Sekretär Walsingham, der es voller Verachtung abgelehnt haben würde, eine Träne für Maria Stuart zu vergießen, sollte später Elisabeth dazu drängen, dem König der Schotten mittels Bestechung und Erpressung eine riesige Pension auszusetzen, anderen käuflichen Schotten weitgehend ihre Börse zu öffnen und schärfere Maßnahmen zur Befestigung der nördlichen Grenzen zu ergreifen. Der ehrenwerte Walsingham war entsetzt über die Gleichgültigkeit seiner Herrin der Bedrohung gegenüber, die ein Einfall aus dem Norden für das ohnehin gefährdete England bedeuten würde. Indessen fand Elisabeth Tränen billiger als Blut oder Gold. Sie hatte nicht die Absicht, für Schottlands Neutralität mehr als James' niedersten Preis zu zahlen.

Tränen waren jedoch nur die erste Teilzahlung. Am Freitag fand Christopher Hatton, ihr alter Freund und neuer Lordkanzler, die Königin finster wie eine Gewitterwolke und stellte fest, daß sie hauptsächlich Davison dafür tadelte, den Vollstreckungsbefehl so rasch und ohne ihre ausdrückliche Erlaubnis aus den Händen gegeben zu haben. Am Samstag ergoß sich die Schale ihres Zorns hemmungslos über die Vollversammlung ihres Geheimen Rates. Man würde viel für eine ungekürzte Wiedergabe des königlichen Redestroms geben, der die Bärte elisabethanischer Räte sich sträuben ließ und abgebrühte Hofmänner wie den Lordadmiral und Lord Buckhurst, ja selbst den großen Burghley in Tränen und Verwirrung versetzte. Wir wissen aus den Berichten jener, die ihr dienten, daß der volle Ausbruch des königlichen Zornes furchtbar anzusehen und kaum zu ertragen gewesen sei, diese Entladung war jedoch etwas Besonderes. In ihrer gesamten Regierungszeit — so wollte ein Ratgeber später wissen — habe er Ihre Gnaden nie in solcher Gemütsbewegung gesehen. Der Kern der Sache war der, daß zwar die würdigen Räte, die sich wie Prügelknaben krümmten, mit einer ätzenden Standpauke davonkommen würden, die Königin aber dennoch ein Opfer haben wollte. Wenn auch ihre Ratgeber sie auf den Knien davon abzuhalten trachteten, wurde Befehl erteilt, den Herrn Sekretär Davison festzunehmen und ihn unverzüglich in den Tower zu bringen. Das war weiß Gott eine drastische Maßnahme. Wenn der Ratgeber eines Tudor vom Format eines Davison das Verräter-Tor durchschritt, kam er selten heil wieder heraus. Elisabeth schien damit den Zynismus eines ihrer schottischen Freunde vorwegnehmen zu wollen, der mit der Erklärung, Schottland würde sich vielleicht zufrieden geben, wenn Davison geopfert werde, zu verstehen gab, daß es oftmals »necesse est unum mori pro populo«.

Schließlich war aber doch nicht Davisons Kopf der Preis. Die Lords, die den unglücklichen Mann abzuurteilen hatten, befanden ihn für schuldig, wie die Anklage es behauptete, und verurteilten ihn zu einer Buße von zehntausend Mark und zur Haft im Tower nach Belieben der Königin, womit sich die Schotten mürrisch zufrieden gaben. Gefängnishaft im Tower konnte äußerst unangenehm, konnte aber auch ebenso leicht sein, wie Elisabeth sie einst erlebt hatte. Es ist wahrscheinlich, daß Davisons Haft streng war, und achtzehn Monate später, als der Lärm bedeutenderer Ereignisse die Aufmerksamkeit von ihm ablenkte, wurde er stillschweigend freigelassen. Die schwere Geldbuße, die ihm auferlegt worden war, wurde ihm erlassen, und er bezog sein Gehalt als Sekretär wie zuvor. Die Bettelarmut, über die er später klagte, war ein sehr relativer Begriff.

Es ist unmöglich, mit dem Mann, der so jäh vom Schauplatz der Geschichte abtritt, kein Mitleid zu haben, man kann es aber auch übertreiben. Seine wohl einzig bemerkenswerten Pflichten auf seinem neuen Sekretärsposten waren diejenigen, die seinen Fall herbeiführten; freilich war William Davison von einer solchen Steifheit, daß man sich fragen muß, wie lange er sich in einer Umgebung, in der Biegsamkeit, ja eine gewisse Geschmeidigkeit zu den ersten Voraussetzungen des Überlebens gehörten, überhaupt zu halten vermocht hätte. Sobald die Urkunde unterzeichnet worden war, hatte Elisabeth zunächst auf Umwegen von ihm zu erfahren gesucht, ob es nicht eine Möglichkeit gebe, Maria auf weniger schimpfliche Weise als durch eine öffentliche Hinrichtung aus dem Wege zu räumen. Zuerst wollte Davison nicht verstehen, und als er sie verstand, wollte er nicht vorgeben, nicht entsetzt zu sein. Als sie aber ihre Absicht unverblümt äußerte, fand er sich widerwillig bereit, auf ihre Veranlassung einen Brief in der Sache an Sir Amias Paulet zu schreiben und übermittelte ihr später Paulets empörte Weigerung, Marias Blut ohne Gesetz oder Vollstreckungsbefehl zu vergießen – vermutlich mit genau der Miene rechtschaffener Zustimmung, die dazu angetan war, Elisabeths verächtlichen Ausbruch gegen die pedantisch-zimperlichen Puritaner hervorzurufen, auf deren Dienste sie neuerdings angewiesen war. Auch ihrem neuen Sekretär dürfte wohl diese Verachtung gegolten haben. Historiker, denen das Gefühl für die sich im Laufe der Jahrhunderte verschiebenden Moralbegriffe abgeht, haben Davisons Verhalten gepriesen und Elisabeth verurteilt. Dabei vergessen sie jedoch, daß Marias Leben in jedem Falle verwirkt war, und daß man in jenen Tagen den Mord an königlichem Blute mit sehr viel mehr Duldsamkeit hinnahm als seine gesetzliche Hinrichtung; sie vergessen auch, daß nicht nur Davison, sondern auch Paulet sich durch ein Treuegelöbnis verpflichtet hatten, die Tat, die sie hier ablehnten, unter kaum abgewandelten Umständen zu vollbringen. Tatsache war, daß die finster dreinblickenden Lords ihrer Umgebung, deren Nerven durch die verschiedensten und schwerwiegendsten Befürchtungen allzu angespannt waren, ihre Zwistigkeiten in einer gemeinsamen Verschwörung begraben hatten, um Elisabeth so zu einer unwiderruflichen Handlung zu treiben, und das wußte die Königin. Sie hatte Davison Gelegenheit gegeben, sich der Schlinge, die sich um sie beide zu legen drohte, zu entziehen, er aber hatte sie nur um so fester angezogen.

Mindestens einmal hatte sie ihn gewarnt. Als die Urkunde in seinen Händen, aber noch nicht nach Fotheringhay abgeschickt worden war, sagte sie ihm, sie habe geträumt, die Königin der Schotten sei durch seine Tat ohne ihr Wissen gestorben; sie sei so bekümmert und so böse auf ihn gewesen, daß sie ihm etwas zuleide getan hätte, wäre er in der Nähe gewesen. Davisons einzige Antwort war, er sei froh, nicht zugegen gewesen zu sein. Ob sie ihn wohl schon früher gewarnt hatte? Als er sie verließ, um vom Lordkanzler das Staatssiegel unter das Todesurteil setzen zu lassen, wies sie ihn an, in London bei Sir Francis Walsingham halt zu machen, der seit einigen Wochen an einer von einem gütigen Geschick verlängerten Krankheit litt, um dem Altsekretär die unterschriebene Urkunde zu zeigen, wobei sie bemerkte: »Der Schmerz darüber wird ihn fast umbringen.« Wollte sie sich damit nur einen etwas rohen Scherz mit Walsinghams stadtbekannt unversöhnlichem Haß gegen die Königin der Schotten leisten? Elisabeths ironische Anwandlungen waren nämlich oftmals zweideutiger Natur. Vielleicht beabsichtigte sie auch, Davison auf den Gedanken zu bringen, daß die Nachricht von Marias Tod seinen Amtsbruder vielleicht vollständig kurieren würde, wenn der bloße Anblick des Vollstreckungsbefehls als Stärkungsmittel gedacht war. Aber der arme unbewegliche Davison war nicht der Mann, einen derartigen Wink zu verstehen. Andererseits fällt es schwer, sich Camdens Ansicht ganz und gar zu verschließen, daß Davison zum Sündenbock auserwählt gewesen sei, daß die eifersüchtigen Parteien, die seinen plötzlichen Aufstieg zu dem hohen Posten erleichtert hatten, vorausgesehen hätten, daß Marias Tod den Fall von mindestens einem aus ihrer Mitte unausweichlich nach sich ziehen würde. Als Davison plötzlich vom Spielfeld vertrieben worden war, besetzten die übrigen Spieler jedenfalls frohlockend seinen Platz.

Elisabeths Verhalten Davison gegenüber war nicht nur für schottische Augen bestimmt, es war für ganz Europa gedacht. Marias früherem Schwager, dem König von Frankreich, schickte sie einen sorgfältig ausgearbeiteten Bericht über ihre Verblüffung, ihren Zorn und ihren Kummer, den die Diplomaten in Paris wie ein Lauffeuer verbreiteten. Ihr Botschafter in Venedig erklärte der Signoria, die Königin von England bedaure zutiefst, daß, nachdem sie die Urkunde unterzeichnet und Davison ausgehändigt habe, um dadurch den Wünschen ihres Volkes entgegenzukommen, ihr Beamter seine Befugnisse mit solcher Hast überschritten habe. Sie habe angeordnet, daß Davison inhaftiert und seines Postens enthoben werde; sie wolle alles in ihrer Macht stehende tun, um der Welt ihren Schmerz deutlich zu machen. Andere Regierungen bekamen ähnliche Darstellungen zu hören, und in London scheinen die vertrautesten Ratgeber der Königin ehrlich beunruhigt über die Folgen ihrer Handlungsweise und ehrlich bestürzt über ihre Wirkung auf sie gewesen zu sein. Selbst Mendoza, ihr erbittertster Gegner, der sich in Paris nach London hinter die Piken seiner alten flandrischen Kameraden sehnte, schrieb Philipp II., die Königin von England sei von Marias Tod so schmerzlich berührt, daß sie das Bett hüten müsse. Elisabeth konnte notfalls eine bemerkenswerte Schauspielerin sein, wenn dies aber Schauspielerei war, so hat sie nie eine überzeugendere Vorstellung gegeben.

Wir können wohl kaum mit Bestimmtheit annehmen, daß alles nur Theater war. Bei einem so komplexen Charakter wie Elisabeths empfiehlt es sich, keine allzu raschen Schlüsse zu ziehen. Man darf gewiß daran zweifeln, daß es Elisabeth restlos gelungen war, die wahrscheinlichsten Folgen ihrer Aushändigung der Urkunde an Davison vor sich selbst zu verheimlichen, und daß ihr Erstaunen über die Wendung der Dinge ganz echt war. Auch darf man wohl die Aufrichtigkeit ihrer Zuneigung für ihre Schwester von Schottland nicht allzu ernst nehmen. Mit Maria verband sie nichts als Feindschaft, und hätte die tödliche Bedrohung ihres Lebens und ihres Königreichs ein anderes Ende gefunden, so hätte Elisabeth ihren Schmerz vermutlich zu beherrschen gewußt. Aber weder persönlicher Kummer noch persönliche Reue hatten an Elisabeths Empfindungen irgendwelchen Anteil. Das Ereignis, das über sie hereingebrochen war, gab hinreichenden Anlaß zu Tränen. Elisabeth erkannte vielleicht deutlicher als irgend jemand sonst in England, daß das heruntersausende Beil in Fotheringhay das wichtigste Band durchschnitten hatte, das England an die Vergangenheit knüpfte.

Im Alter von dreiundfünfzig Jahren ist es nicht leicht, eine Vergangenheit aufzugeben, in der man glänzende Erfolge errungen hat, und einer Welt voll neuer, unerprobter Bedingungen die Stirne zu bieten. Von Anbeginn ihrer Regierung hatte Elisabeth — nach einem kurzen verhängnisvollen Experiment in Frankreich, einem Versuch, der sie über das unsichere Glück des Krieges und seine sicheren Unkosten belehrt hatte — nach Möglichkeit vermieden, sich unwiderruflich festzulegen. Es war ihre Außenpolitik, keine Außenpolitik zu machen, deren Kurs nicht durch die geringste Bewegung des Steuers zu ändern war. Ihre Beständigkeit bedeutete, immer unbeständig zu sein. Die »Segnungen der Zeit« auszunützen, war eine der Grundregeln der Staatskunst ihres Jahrhunderts. Die Zeit löste so viele Knoten, hob die Notwendigkeit für so viele verzweifelte Entscheidungen auf, enthüllte so viele unvermutete Musterwechsel in einer kaleidoskopischen Welt, daß der scharfsinnigste Staatsmann froh war, seine Zuflucht zu weiser Untätigkeit, zu bedächtigem Opportunismus nehmen zu können. Aber Elisabeth tat noch mehr, als nur die Zeit nutzen: sie durchkreuzte sie, sie schien sie sogar bisweilen aufzuheben. Wenn sie immer dieselbe war, so deshalb, weil sie stets eine andere war. Während ganz Europa Tag für Tag und Jahr für Jahr unerbittlich den Weg zu wirtschaftlichem Untergang und brudermörderischem Streit weiter verfolgte, schien Elisabeth nur durch ihre Launenhaftigkeit und Unentschlossenheit einen Zauberbann der Zeitlosigkeit über ihre geliebte Insel zu legen. Kein

Diplomat in England konnte ganz sicher sein, daß die Tatsachen von heute diejenigen von morgen unausweichlich machen würden, wenn die Königin lediglich mittels einer Laune alles auf den Stand von gestern oder ohne scheinbare Anstrengung, auf den des vorvergangenen Jahres zurückzubringen vermochte. Europa — so erzählten ihr die Höflinge — fände sie wandelbar wie den Mond, verschmitzt wie Puck, trügerisch wie Quecksilber. Schon das Beobachten der verwickelten Machenschaften ihrer Diplomatie, ihres schlafwandlerischen Überkletterns eines Grates nach dem anderen ließ nüchterne Staatsmänner schwindelig werden. Sie nachzuahmen, würde die stärksten männlichen Nerven in Europa überanstrengt haben. Doch wenn der Augenschein nicht trügt, so genoß Elisabeth ihr Tun.

Ihr Problem war, eines der unbotmäßigsten Reiche der Christenheit zu regieren, dabei ihren unabhängigen Willen und ihre Urteilskraft inmitten einer Horde robuster Höflinge zu bewahren, die nur danach strebten, ihre männliche Überlegenheit durchzusetzen, und endlich sich nie in eine Lage zu begeben, in der irgendein Mann ihr vorschreiben konnte: »Du mußt so und so handeln!« Ihre Mittel waren weiblicher Verstand und weibliche Arglist, wohlüberlegte Ablehnung des Naheliegenden, eine instinktive Bevorzugung des Rätselhaften und Zweideutigen, ein unheimliches Geschick für Irreführungen. Ihr Ziel bestand darin, Höflinge und Ratgeber ihrer Umgebung, Diplomaten und Gesandte, Könige und Mächte des Kontinents zu einem so scharfsinnig und feinfühlig ausgewogenen, kunstvoll verknüpften Gebilde zusammenzufügen, daß alle Teile einander entgegenwirkten, sie selbst aber die Hände frei behielt. Jahrelang war Elisabeth die Primaballerina eines Balletts eigener Regie gewesen. Solange sie den Ton angeben konnte, war sie sicher, auch den Takt schlagen zu können.

Aber kein noch so zauberhafter Tanz vermag mehr als die Täuschung hervorzurufen, daß man sich der Zeit entwindet. Während Elisabeth ein Vierteljahrhundert lang den dröhnenden Gang der Geschichte von ihrer Insel ferngehalten und durch die kreisende Kurzweil ihres persönlichen Balletts ersetzt hatte, führte der ereignislose Fortgang der Jahre sein eigenes Ereignis herbei. Elisabeth war nicht die Herrin, sondern die Mutter jenes Zeitgeistes, den wir elisabethanisch nennen, und sie war ebensowenig wie die meisten Mütter imstande, ihre Nachkommenschaft beurteilen zu können. Zu dem von ihr ererbten Wagemut gesellten sich die dem eigenen Wesen entstammende Entschlußfähigkeit, eine flammende Einbildungskraft, die nicht von ihr kam, und ein ungestümer Ehrgeiz, den in Schach zu halten eine harte Belastung für sie sein würde. Es entzückte sie zu erleben, daß ihre Untertanen schamlos Meere durchsegelten, die unter Spaniens Oberhoheit standen, doch würde es schwer zu beweisen sein, daß sie die Tragweite dieser Seereisen begriff. Es belustigte Elisabeth zwar, den Boden, auf dem ihr Vetter Philipp in den Niederlanden stand, so schwankend und unsicher zu halten, daß er sich nie als Sprungbrett auf ihre Insel eignen würde, doch vermochte sie weder das hitzige Verlangen, gegen die Katholiken einen Kreuzzug zu entfesseln, nur weil sie Katholiken waren, noch Vetter Philipps festen Entschluß, Protestanten zu verbrennen, nur weil sie Protestanten waren, zu teilen. Ihrem kühlen skeptischen, enttäuschten Gemüt wurde die Begeisterungsfähigkeit ihrer eigenen Landsleute fast ebenso unverständlich wie die düstere Leidenschaft Spaniens. Indessen störte das Ungestüm dieser Begeisterungsfähigkeit allmählich das empfindliche Gleichgewicht der Kräfte, das ihre eigene Handelsfreiheit gewährleistete. Etwas von dem Tatendrang oder Idealismus, den die *Golden Hind* erweckt hatte, als sie triumphierend die Themse hinaufsegelte, trieb ihre Untertanen in zunehmendem Maße dazu, an der Seite der Holländer Piken zu schwingen oder mit ihren Kanonen das Echo Westindiens wachzurufen. Mehr und mehr Menschen, die bisher dankbar den Frieden genossen hatten, brannten nun auf Krieg. Kaum merklich, aber unaufhaltsam hatte sich auch das Kräfteverhältnis in ihrem eigenen Rat verschoben. Wo einst eine verschworene Clique alter Familien gegen neue Männer, wo religiöse Konservative gegen Puritaner gestanden hatten, sah sie sich nunmehr einem Kronrat gegenüber, dessen Stärke und Schwerkraft mit aller Macht darauf hinzielte, sie zu einem unwiderruflichen Schritt, auf einen Weg zu zwingen, den sie bis zum bitteren Ende würde gehen müssen.

In Wirklichkeit war es natürlich der Gang der Geschichte, der den Zwang ausübte: der Zusammenprall unvereinbarer Elemente konnte auch durch Zauberkraft nicht auf immer hinausgeschoben werden. Jeder Schritt, den der schwerfällige spanische Koloß auf der europäischen Landkarte vorwärtstat, brachte den Zusammenstoß um soviel näher.

Von Kräfteausgleich konnte in Europa schon nicht mehr die Rede sein: es war eine verhängnisvolle Zwiespältigkeit, die nur durch Gewalt zu lösen war. Burghley beugte sich vor den Tatsachen, Elisabeth hatte sie zur Kenntnis genommen. Sie hatte Drake mit einem Geschwader ihrer Kriegsschiffe nach Westindien geschickt; Leicester hatte sie mit englischen Truppen in die Niederlande abkommandiert und widerwillig die Führung des protestantischen Europa übernommen, die ihr der Mörder Wilhelm des Schweigers vor die Füße geworfen hatte. Doch schätzte sie die Aufgabe keineswegs. Drakes Seereise nach Cartagena hatte zwar Spanien gedemütigt und die empfindlichen Spanier gereizt, der spanischen Macht deswegen aber noch längst keinen ernsthaften Schlag versetzt und nicht einmal einen lohnenden Nutzen erbracht. Leicester hatte in Holland nichts als Ärger erregt und unablässig am Rande völligen Scheiterns gestanden. Das Geld, das sie gewissenhaft der holländischen Staatskasse zufließen ließ — niemand sonst schien sich darüber im klaren zu sein, wie wenig diese enthielt! —, zerrann im Treibsand untauglicher Rechnungsführung und unehrlicher Zahlmeister, so daß ihre Truppen so hungrig und abgerissen herumliefen, als habe sie überhaupt kein Geld gesandt, und die Niederländer mit jedem ergebnislosen Monat skeptischer ihren Beweggründen gegenüber wurden und nur um so höhere Ansprüche stellten. In zwei Jahren kostete der Krieg sie mehr als zweihundertfünfzigtausend Pfund und das Leben einiger tausend stämmiger Freisassen und tapferer Edelleute, darunter das ihres Lieblings Philip Sidney, und alle ihre Bemühungen schienen den unerbittlichen spanischen Vormarsch kaum zu verlangsamen. Im vergangenen Juli hatte Walsingham an den Grafen von Leicester geschrieben: »Diese beiden Faktoren, die Ihrer Majestät so zuwider sind — der eine, weil er den Gedanken an einen dauernden Kriegszustand erweckt, der andere, weil er eine zunehmende Erhöhung der Kosten mit sich bringt — beschäftigen die Königin *außerordentlich* und lassen sie bereuen, daß sie überhaupt in das Geschehen eingegriffen hat.« Seitdem hatte sich die Lage nicht verbessert. Innerhalb von vierzehn Tagen erfuhr Elisabeth, daß zwei englische Verräter, Sir William Stanley und Rowland York, Deventer und den Brückenkopf von Zutphen an die Spanier verkauft und damit die mageren Gewinne des Jahres vernichtet hatten. Genau am Vortag der Nachricht von Fotheringhay hatte Elisabeth eine stürmische Unterredung mit den zuletzt eingetroffenen niederländischen Gesandten dadurch beendet, daß sie ihr Gesuch um eine neue Anleihe und zusätzliche Truppenverstärkungen rundweg ablehnte und ihnen kurz und bündig ihre abfällige Meinung über die holländischen Staaten eröffnete. Alle ihre Befürchtungen nicht endenwollender, verderblicher Verwicklungen, die möglicherweise über die Kraft ihres Thrones gingen, schienen sich vor ihren Augen zu bestätigen. Burghley und Leicester, Walsingham und Davison, ihr ganzer Kronrat schien sich gegen sie verschworen zu haben, sie zu einer verhängnisvollen Entscheidung nach der anderen zwingen zu wollen.

Ihr Sturmlaufen gegen die Königin der Schotten gehörte ebenfalls dazu. Bisher war der Krieg mit Spanien ein begrenzter Krieg gewesen und weder erklärt noch direkt vorangetrieben worden. Seit Wilhelm des Schweigers Tod hatte Elisabeth ständig darum gekämpft, ihn in dieser zweideutigen Phase zu belassen, indem sie ihre Hauptleute mit Warnungen, Vorhaltungen und Verboten in Schach hielt und die Illusion wachzuhalten suchte, daß die Kluft noch zu überbrücken sei, daß immer noch ein Rückweg offen liege. In diesem unaufrichtigen Spiel war die Königin von Schottland ein wichtiger Teil, war mehr als zwanzig Jahre lang ein *Schlüsselstein* gewesen. Solange Elisabeths Fall den Triumph Maria Stuarts bedeutete, würde Vetter Philipp es sich zweimal überlegen, ehe er seine geballte Kraft gegen die Königin von England warf. Maria war französisch bis in die Fingerspitzen, und Frankreich war nach wie vor und trotz seines vorübergehenden Absinkens der Erbfeind der spanisch-habsburgischen Macht. Wenn irgend möglich, würde Maria sich an Frankreich und die Sippe der Guisen anlehnen, ohne Rücksicht darauf, was sie Spanien schuldig war, so daß Philipp letzten Endes eine frankreichfreundliche katholische Königin auf Englands Thron als größere Gefahr für seinen nachlassenden Einfluß in den Niederlanden und seine wachsende Vorherrschaft in Europa ansehen würde, als jede Ketzerin. Philipps weiser Vater, der Kaiser, hatte sein Leben lang den Hauptgrundsatz seiner Politik darin gesehen, Frankreich und England in gegnerische Lager zu drängen, er hatte lieber ein Großteil Zurücksetzung und Mißachtung von den Engländern eingesteckt als daß er gewagt hätte, das Inselreich in die Arme Frankreichs zu treiben. Philipp hatte bisher gezeigt, daß er in dieser Beziehung gleichen Sinnes wie sein Vater war. Elisabeth hatte gehofft, er würde es auch bleiben, seine beleidigte Orthodoxie und verletzte Majestät würden, solange Maria lebte, durch seine dynastischen Interessen so gut ausgeglichen sein, daß er sich ebensowenig wie sie auf das Risiko einzulassen wünschte, den letzten Gang auf dem Schlachtfeld auszutragen.

Weder dem ausgekochtesten ihrer diplomatischen Gegner noch ihren eigenen vertrautesten Ratgebern gelang es, in Elisabeth Tudors Herz zu blicken. Auch heute kann dies niemand behaupten. Sie war eine Meisterin in der Kunst des Politikers, Worte zu gebrauchen, um den Sinn zu verschleiern. Mit ihrem energischen Gekritzel füllte sie Bogen auf Bogen mit Äußerungen über öffentliche Fragen und persönliche Beziehungen, sie wand ihre Sätze wie ein kunstvolles Knäuel von Schlangen um ihre geheimen Entschließungen, sie deutete an, spielte an, sie versprach, sie verneinte, um schließlich vom Thema abzuschweifen, ohne auch nur ein Wort mehr gesagt zu haben, als ihren Zwecken diente. Im Kronrat und bei öffentlichen Verhandlungen erlaubte sie sich bisweilen freimütigste Ausbrüche, leidenschaftlichste Ergüsse persönlicher Gefühlsregungen, und zwar scheinbar ohne jede Hemmung; doch waren diejenigen, die sie am besten zu kennen glaubten, am wenigsten sicher, aus dem Sturzbach ihrer Worte auch nur den kleinsten Bruchteil ihrer wirklichen Absichten erhascht zu haben.

Einer Sache jedoch können wir völlig sicher sein: Elisabeth haßte den Krieg. War es vielleicht nur deshalb, weil sie als Frau auf diesem einen Gebiet der Herrscherkunst dem Manne nicht gewachsen war? Oder weil die ungehemmte Gewalt der Kriegsführung ihren verwickelten Ordnungssinn verletzte? Oder nur einfach, weil Krieg Geld kostete? Vielleicht auch, weil der Krieg seiner Natur nach sich weder voraussehen noch überblicken ließ und so das zu durchkreuzen drohte, was nach ihrer unsicheren Jugend die Hauptleidenschaft ihres Lebens geworden war — stets jede Situation zu beherrschen, immer Herrin ihrer selbst zu sein? Was auch immer die Gründe gewesen sein mögen, sie verabscheute den Krieg. Zum Krieg mit Spanien war sie gegen ihren Willen gezwungen worden. Noch immer hoffte sie auf einen Ausweg aus dieser Zwickmühle. Sie hatte gedacht, mit Maria Stuarts Leben würde ihr eine Möglichkeit offen bleiben. Daß die Erhaltung von Marias Leben bedeutete, das eigene Leben aufs Spiel zu setzen, zählte vermutlich nicht für sie. Auf was Elisabeth Tudor auch achten mochte, so bestimmt nicht auf ihr Leben. Ihr verzweifelter Widerstand gegen das wachsende Geschrei nach Marias Hinrichtung war sicherlich aufrichtig gewesen. Nun, da sich eine zweite Tür auf immer geschlossen hatte, da sie, in ihrem verdunkelten Schlafzimmer liegend, in den engen Gang unablässigen Krieges hineinsah, aus dem zu entkommen immer schwieriger wurde – brauchen wir an der Ehrlichkeit ihrer Tränen nicht mehr zu zweifeln.

DAS ENDE EINER FRÖHLICHEN ZEIT

Paris, 28. Februar bis 31. März 1587

Die Nachricht von Fotheringhay brauchte zehn Tage, um nach Paris zu gelangen. Selbst bei stürmischer Überfahrt und aufgeweichten Straßen hätte eine derartige Neuigkeit schneller reisen müssen. Aber der Verdacht, daß der französische Botschafter in die Verschwörung um Maria verwickelt war, hatte die normalen diplomatischen Wege versperrt und den Verkehr über den Kanal unterbrochen. Vierzehn Tage lang war kein Botschaftskurier aus London eingetroffen, und der König von Frankreich hoffte noch immer, daß sein Sondergesandter die rechten Worte gefunden habe, um die Hinrichtung seiner Schwägerin in letzter Minute zu verhindern, als der englische Regierungsvertreter in Frankreich las, daß das Beil schließlich gefallen war.

Es war bezeichnend für die in jenem Winter in Paris herrschende Situation, daß der erste Mensch außerhalb der englischen Botschaft, der die Nachricht erfahren sollte, Don Bernardino de Mendoza, der spanische Botschafter in Frankreich, war. Nur wenig von dem, was am französischen Hof vor sich ging, entging Don Bernardinos Ohren — jedenfalls kaum etwas von dem, was ihn in Frankreich interessierte. Die Königinmutter, Katharina von Medici, fand immer Gelegenheit, ausgiebig und vertraulich mit ihm zu klatschen, dabei Bitten um Mitgefühl und Rat mit berechneten Indiskretionen vermischend. Vorsichtshalber glaubte er nahezu nichts von dem, was sie erzählte. Die Minister des Königs kamen ihm mit ängstlicher Ehrerbietung entgegen und beantworteten Anfragen, die, wären sie von irgendeiner anderen Botschaft ausgegangen, als unverschämt abgefertigt worden wären, liebenswürdig und umständlich. Selbst Heinrich III. würdigte Mendoza bisweilen flüssig-beredter Ausführungen über Politik, und der Botschafter schmeichelte sich, aus diesem wortreichen Dickicht einige flüchtige Durchblicke auf des Königs wahre Absichten gewinnen zu können.

Auf derartige Informationsquellen verließ sich Mendoza kaum. Er verfügte über die üblichen Botschaftsspione, die ihm jedoch nur dürftige Brocken zutrugen. Er war der weitaus bestinformierte Diplomat in Paris, weil er den Vorkämpfer katholischer Rechtgläubigkeit vertrat und für seinen König als Zahlmeister der ultra-katholischen, antiroyalistischen, als Heilige Liga bekannten Verschwörung fungierte. Die mächtigen Häupter der Liga, Heinrich, Herzog von Guise und seine Brüder — die den Großteil des spanischen Geldes als persönliche Pension verbrauchten — lieferten als Entgelt reichliche Informationen. Das gleiche taten auch ohne solchen Anreiz einige weniger bedeutende Persönlichkeiten, die widerstrebend dahin kamen, der Treue zu ihrem König die Treue zu ihrer Religion voranzustellen. Heimlich stand Mendoza auch in Verbindung mit dem Pariser Ausschuß der Sechzehn, der das städtische Gesindel zu einer revolutionären Macht zusammenschweißte. Katholische Exil-Schotten, — Iren und Engländer, teilten dem Botschafter des Vorkämpfers ihres Glaubens regelmäßig alle ihnen zu Ohren kommenden Gerüchte, ihre Befürchtungen und Pläne mit. Auch stützte sich Mendoza vertrauensvoll auf die in Frankreich ansässigen Agenten und reisenden Emissäre jener zuchtvoll-frommen Gesellschaft, deren Aufmarsch die Reihen des Katholizismus an jeder Kampffront von Polen bis nach Galway stärkte. Wenn zeitgenössische Beobachter sich nicht täuschten und Indizienbeweise nicht irreführen, so war Bernardino de Mendoza schon im Jahre 1587 ein viel engeres Bündnis mit den Jesuiten eingegangen, als er seinem König je zugab. Jüngst war noch eine neue Informationsquelle hinzugekommen, auf die Mendoza sich verlassen zu können glaubte. Ein unauffälliger Besucher hatte ihm mehrmals versichert, daß der englische Botschafter in Paris, Sir Edward Stafford, darauf bedacht war, dem König von Spanien in jeder Weise behilflich zu sein, »die den Interessen seiner Herrin, der Königin, nicht zuwiderlief«. In den frühen Morgenstunden des 18. Februar überbrachte dieser Mittelsmann der spanischen Botschaft die erste Nachricht, daß vor zehn Tagen die Königin der Schotten in Fotheringhay enthauptet worden war.

Bald kannte Paris einen Teil der Vollstreckungsgeschichte mit verschiedenen, ständig wachsenden Zusätzen. Noch bevor Sir Edward Stafford dem königlichen Rat die offizielle englische Fassung zu übermitteln vermochte, hatten die Propagandisten der Liga sich bereits über ihre Lesart geeinigt. Die gerichtliche Ermordung ihrer orthodoxen

Nebenbuhlerin war das letzte und schwärzeste Verbrechen der englischen Jezebel. Und an diesem Mord war Heinrich von Valois, König von Frankreich, wenn nicht als aktiver Mittäter, so doch als Statist beteiligt. Die Königin von England würde nie so weit gegangen sein ohne die Zusicherung, daß jedwede vom König von Frankreich geäußerte Mißbilligung lediglich eine Formsache sei. Eifersucht auf die Sippe der Guise und die Doppelzüngigkeit atheistischer Politiker hatten den König dazu gebracht, das Bündnis mit Ketzern wie der Königin von England und dem König von Navarra der Freundschaft Spaniens und dem sicheren Schoß der Mutter Kirche vorzuziehen. Und für diesen Mangel an Glauben wie für ausgesprochene Ungläubige bereitete Gott ein rasches und schreckliches Strafgericht vor.

In jenem Winter strömte von den meisten Kanzeln der Pariser Kirchen eine Beredsamkeit, die nahe an Hochverrat grenzte. Fanatische Mönche und demagogische Priester wetteiferten miteinander in Verleumdung, Sticheleien und der Verbreitung haarsträubender Gerüchte. Diese und jene dem Thron nahestehende Persönlichkeit war heimlicher Protestant. Dieser und jener hatte seine Seele dem Teufel verschrieben. Kein Mensch wußte, wie tief das Gift der Ketzerei sich schon in den inneren Kreis des Hofes gefressen hatte. Zehntausend heimliche Hugenotten lauerten bewaffnet in den Kellern und Hintergäßchen von Paris, bereit, auf einen Wink bei Nacht und Nebel loszuschlagen und die Kehlen sämtlicher Katholiken durchzuschneiden. (Vielleicht machte das Andenken an die Bartholomäusnacht die Bevölkerung von Paris, die diese Form religiöser Beweisführung ja erfunden hatte, besonders empfindlich für das Gerücht, daß der Spieß sich nun umkehren könnte.) Man konnte nur mutmaßen, warum der König keine Schritte unternahm, seine treuen Untertanen gegen jene rasenden Ketzer zu schützen.

Nur eine Andeutung jenes Hochverratgetuschels, das auf den Kanzeln von Paris üblich war, würde einem von Königin Elisabeths Untertanen die Ohren gekostet haben. Der englische Staatsrat würde mit jener Art böser Nachrede, die von den Pariser Pressen lustig verbreitet wurde, kurzen Prozeß gemacht und mit Urhebern und Druckern gründlich abgerechnet haben. Die Freiheit des gesprochenen und geschriebenen Worts war in Paris zumindest innerhalb der Umfriedung der Sorbonne bekannterweise stets größer als irgendwo in Tudor-England, aber nie

— wenigstens nicht seit dem aufrührerischen Streit von Orleans und Burgund mehr als eineinhalb Jahrhunderte zuvor — hatten sich die streitenden Widersacher so mausig gemacht und so unbotmäßig aufgeführt, ohne einen Dämpfer von der Krone zu bekommen. Heinrich III. schien sie nicht zu hören. Die kleine Balustrade, die er hatte aufstellen lassen, um während der Mahlzeiten seine Höflinge fernzuhalten, mochte ein Sinnbild für die Mauer sein, die Jahr um Jahr zwischen der Geisteshaltung des Königs und der Außenwelt wuchs.

Es war kaum dreizehn Jahre her, seit Heinrich Valois, der gewählte König von Polen, in seiner Jugendzeit berühmt als Sieger von Jarnac und Montcontour, der Züchtiger der Hugenotten, der Paladin des Glaubens, zurückgekehrt war, um die Krone Frankreichs zu tragen. Seitdem war nichts nach Wunsch verlaufen. Es gab keine berauschenden Siege, keine erregenden mitternächtlichen Gemetzel mehr, nur noch unentschlossene Manöver, geisttötende Beratungen, Kompromisse, Ausflüchte, hinterhältige Machenschaften, Stillstand und Niederlagen. Die großangelegten Pläne für die Neuordnung des Königreichs blieben ein Fetzen Papier. Die königlichen Schulden wuchsen zusehends und ließen sich immer schwerer decken. Die königliche Staatskasse leerte sich merklich, die königliche Macht bröckelte immer mehr ab, rascher noch, als es während der Regentschaft seiner Mutter der Fall gewesen war; eine bedeutende Provinz nach der anderen entglitt in die Hände der Hugenotten oder der Liga-Angehörigen und eigensüchtiger adliger Statthalter, so daß nur die Patrouillen privater Streitkräfte oder der Zusammenschluß der Bürger zur Selbstverteidigung kleine Eilande verhältnismäßiger Ordnung in der wachsenden Anarchie des Räuberwesens und Bürgerkrieges bildeten.

Diese dreizehn Jahre hatten genügt, um aus dem unbekümmertselbstbewußten jungen Mann einen aufgeschwemmten zaudernden Greis zu machen. Seine Hände, die schönen schmalen Hände, waren rastlos wie immer, unablässig formten sie harmonisch-bedeutungsvolle Arabesken als Begleitung seiner flüssig-melodischen Stimme; immer wenn der König schwieg, spielten sie mit etwas — mit einem Seidenäffchen, einem Stückchen Zuckerwerk, einem Schoßhündchen, einem Muff, oder gar mit Haar oder Ohr eines hübschen Jünglings. Wenn sein Gesicht auch herausfordernd zu einer rotweißen Maske blühender Gesundheit geschminkt war – gleichsam ein Meisterwerk der Balsamierungskunst – so lag doch eine lähmende Stille darüber. Die Augen, die in mit jedem Jahre tiefer und leichenhafter eingesunkenen Höhlen lagen, blickten kränklich, mürrisch, mißtrauisch. Der letzte der Valois sah aus wie ein Mann, der heimlich mit dem Tode ringt.

Nach außen hin beliebte der König seinen inneren Feind ebenso zu übersehen wie die offenen Feinde in seinem Reich. Noch immer hielt er mit königlichem Pomp und der anmutigen Feierlichkeit, deren er Meister war, Audienz ab. Ernsthaft lauschte er den Ausführungen seiner Ratgeber und belehrte sie mit Weisheit und Delikatesse in der Kunst des Regierens. Er berichtigte Edikte genau so, als erwarte er, daß sie befolgt würden und entwarf kunstvolle Reformen so, als sei er davon überzeugt, sie durchführen zu können. Er sprach mit ausländischen Botschaftern und schrieb an seine eigenen, als sei Frankreich noch immer die große geistige Macht, die es zu seines Vaters Zeiten gewesen war. Auch ging er seinen königlichen Pflichten und seinen religiösen Andachtsübungen nach, als stehe der König nicht nur über jeglicher Kritik, sondern auch außerhalb jeder Beobachtung, als sei die niedere seinen Tisch umgebende Balustrade eine undurchdringliche Wand, die er zu jeder beliebigen Zeit um seine Person ziehen könne.

Die Karnevalszeit jenes Jahres 1587 sprühte von fieberhafter Fröhlichkeit. Staatssekretär Brûlart hatte zwar Geldsorgen – wie gewöhnlich –, trotzdem jagte ein prunkvoller Ball den anderen. Hin und wieder stoben die fröhlichen Masken aus dem Musik- und Lichtertrubel des Louvre, um auf den Straßen Papierschlangen zu werfen, während Seine Höchst Christliche Majestät in ausgefallener Verkleidung, meist als Ehrenjungfrau gewandet, inmitten eines Haufens jener bildhübschen jungen Höflinge, die die Pariser seine »Reseden« nannten, jauchzte und kicherte. Der Hof schien nie zu Bett zu gehen, und nüchterne Bürger gewöhnten sich daran, überall und zu jeder Stunde den Nachtschwärmern zu begegnen, um deren rüdere Sorte sie einen weiten Bogen machten. Die einzige Unterbrechung der Fastnachtsfreude trat ein, wenn der König plötzlich fortstürzte, seinen Karnevalsflitter mit einer rauhen Büßerkutte vertauschte und in seinem geliebten Kapuzinerkloster im Faubourg St. Honoré verschwand, wo er angeblich tagelang fastend und sich geißelnd, weinend und betend auf den Knien lag. In diesen übertriebenen Andachtsübungen lag keine Heuchelei. Sie huldigten nicht dem Zweck, die öffentliche Meinung zu versöhnen – sie taten es auch nicht. In der angstvollen Zerknirschung des Klosters, wie in dem entfesselten Taumel des Karnevals ließ Heinrich ohne Rücksicht auf seine Zuschauer seiner leidenschaftlichen Selbsterniedrigung freien Lauf. Freilich könnte man sich denken, daß Tränen und Zuchtrute den Vergnügungen, die den königlichen Büßer einen oder zwei Tage später erwarteten, einen besonderen Reiz verliehen.

Die Angst um Maria Stuarts Leben hatte keinen merklichen Schatten auf die Zerstreuungen des Königs geworfen, die Nachricht von ihrem Tode bereitete ihnen jedoch ein jähes Ende. Vermutlich nicht wegen persönlicher Trauer. Als Maria Stuart am Hofe der Valois gefeiert wurde, war ihr Schwager noch kaum den Kinderschuhen entwachsen; als sie ihrem düsteren Schicksal in Schottland entgegensegelte, war er noch keine zehn Jahre alt. In den Jahren, seit er König war, hatte Maria Stuart für ihn vor allem unablässiges Bitten um Geld, das er schlecht gewähren und Handlungen, die er sich gar nicht leisten konnte, bedeutet, dazu unliebsame Verwicklungen in seinen Beziehungen zu England, sowie eine Möglichkeit für ihre Verwandten, die Guisen, ihn herumzukommandieren und einzuschüchtern. Sicherlich hatte Heinrich sich des Verhaltens, das ihm von der spanisch-jesuitischen Liga zur Last gelegt wurde, nicht schuldig gemacht. Er hatte seinen Sonderbeauftragten ganz korrekt angewiesen, alle gesetzlichen Schritte zu unternehmen, um Marias Leben zu retten, und der Botschafter hatte diese Anweisungen getreulich befolgt. Nun aber, da jeder Versuch mißlungen, nun, da die unglückliche Königin vom Schachbrett gefegt worden war, mochte Heinrich darüber nachgedacht haben, daß sie all die Jahre ein Steinchen im Spiel seiner Nebenbuhler, der Guisen, gewesen war und daß deren Verlust sein Gewinn war. Er mochte hoffen, daß nun, da der Hauptstörenfried beseitigt war, seine Beziehungen zu England sich zum mindesten freundlicher gestalten würden.

Nichtsdestoweniger verlangten Ehre, Politik und die Achtung vor der Meinung seiner Untertanen, daß der König Hoftrauer anordnete. Maria war die Gemahlin seines Bruders und Königin von Frankreich gewesen. Sie war die Cousine der beliebten und mächtigen Sippe der Guisen. Sie war eine treue Katholikin gewesen, die um ihres Glaubens willen – so wollte es der Volksmund wissen – von Ketzerhand gestorben war. Und die Erinnerung an ihre Anmut hielt noch manchen an Heinrichs Hof, selbst unter den Feinden der Guisen, in ihrem Bann. Wenn die Empörung des Königs nur politische Beweggründe hatte, so empfand manch einer seiner Umgebung durchaus echten Schmerz.

In den Straßen von Paris zeigten sich Kummer und Empörung ungekünstelt und fast ungehemmt. Die Sippe der Guisen hatte stets dafür gesorgt, daß Marias Abenteuer der Liebe und der Politik den Parisern im günstigsten Licht dargestellt wurden. Längst war sie die Lieblingsheldin Zehntausender geworden, die sich ihrer als Schwiegertochter Heinrichs II. oder als Königin Franz II. kaum noch entsinnen konnten. Nun hing ihr schwarzdrapiertes Bild in den Fenstern und in den Straßen wurden Balladen gesungen, die ihre Standhaftigkeit als Märtyrerin verherrlichten und Tod und Verderben auf ihre Henker herabwünschten. Eine Woche lang war Marias traurige Geschichte das Thema der meisten Kanzelredner von Paris, und ein besonders wortreicher unter ihnen entfesselte einen derartigen Tränenstrom in der Gemeinde, daß er seine Predigt unterbrechen und von der Kanzel herabsteigen mußte. Vor dem Louvre zogen Menschenmassen auf und ab, die brüllend Rache an den Engländern forderten, so daß König Heinrich sich gezwungen sah, Edward Stafford schriftlich zu bitten, um seiner eigenen Sicherheit willen den Schutz der Botschaft nicht aufzugeben.

Heute können wir nur vermuten, wieweit dieser Pariser Sturm der Empörung und Kümmernis echt und wieweit er propagandistisch aufgeputscht war. Unter der Bevölkerung von Paris hatten sich wie überall in Frankreich in dieser Zeit der überraschenden Wandlungen Befürchtungen und Ängste verbreitet. Das Geld hatte kaum mehr ein Viertel der Kaufkraft wie zur Zeit Heinrichs II. und obgleich die Preise hoch waren, bewirkten Steuerdruck und Unsicherheit der Zeit, daß die Einkünfte der Kaufleute und Handwerker immer geringer und ungewisser wurden. Inzwischen waren alte Grenzlinien in Kirche und Staat beseitigt, alte Werte in Frage gestellt, alte Treueverhältnisse erschüttert worden; Leben und Besitz boten in manchen Teilen des Königreichs ebensowenig Sicherheit wie in den alten bösen Tagen des Hundertjährigen Krieges. Unbestimmte Schrecknisse gewannen Gestalt und die innere Unruhe fand ein Ventil darin, alles in Frankreich vor sich gehende Unheil auf die Hugenotten zu schieben und damit aus einer verzweifelt um ihr Leben kämpfenden Minderheit eine bedrohliche Verschwörung zu machen, die darauf brannte, das Königreich auszulöschen. Für schwankende Gemüter war es beruhigend, nach dem Blut der Ketzer schreien zu können, als vermöchte eine neue ziellose Gewalttat eine Welt zu heilen, deren Krankheit gerade in sinn- und zielloser Gewalttätigkeit bestand. Beiklänge wie diese verliehen der um den Tod Marias, der Königin der Schotten, in Szene gesetzten Trauerorgie einen Anflug von Hysterie.

Immer dann, wenn alte Treuebindungen über den Haufen geworfen und Völker in triebhafter Erregung hin- und hergerissen werden, erscheint unversehens eine politische Clique oder Partei, die nichts Eiligeres zu tun hat, als zu versuchen, die Volkswut zu ihrem Vorteil auszunutzen. Wenn die Bevölkerung von Paris und der anderen katholischen Städte Frankreichs auf gefühlsbedingte Anreize unberechenbar reagierte, so war an der Art und Weise, wie die Führer der Heiligen Liga die Volkserregung ausnutzten, nichts Unberechenbares zu finden. Damit soll nicht gesagt sein, daß die Antriebe und Interessen, die diese zusammengewürfelten Elemente vereinigten, frei von heftigen und falsch verstandenen Gefühlswallungen gewesen wären. Doch waren die Ziele der Liga, ihre wirklichen Ziele, klar und deutlich, und ihre Methoden angemessen. Die Liga war ganz einfach zu dem Zweck ins Leben gerufen worden, den religiösen Interessen des Papsttums und des ultramontanen Flügels des Klerus gegen Hugenotten und Gallikaner, den dynastischen Interessen der Guisen gegenüber den herrschenden Valois und der Nachfolge der Bourbonen, und endlich, — weil Spanien der Zahlmeister war —, den internationalen Interessen Spaniens zu dienen. Auf diese Weise konnten die Gegner als Ketzer, Feinde aller guten katholischen Franzosen erklärt werden, und das erklärte Ziel der Liga konnte einfach darin bestehen, Frankreich dem orthodoxen Glauben zu bewahren.

Vom Anbeginn der Bewegung hatten ihre Prediger in der Verfolgung der Katholiken in England eines ihrer durchschlagendsten Themen gesehen, ein Thema, gegen das die Regierung des Königs kaum etwas einwenden konnte, während es gleichzeitig unfehlbar auf die Zukunft hinwies, falls Frankreich, wie England es bereits getan hatte, in die Hände ketzerischer Fürsten fallen sollte. Die Leiden der römischkatholischen Missionspriester im England jener Tage waren wirklich und schrecklich, so wirklich und schrecklich wie die Leiden der Engländer, Holländer und Spanier unter der Knute der spanischen Inquisition. Heute würde es freilich schwerfallen, anzugeben, welche Art des Märtyrertums am übertriebensten und verzerrtesten dargestellt wurde. Die Propagandisten der streitbaren Puritaner und die Propagandisten der Liga schlugen die gleiche Münze aus den Qualen ihrer Glaubensgenossen.

Für diese Art Propaganda kam die Enthauptung der Königin von Schottland wie gerufen. Nahezu zwei Wochen lang hallten die Kanzeln von Paris von den unschuldigen Tugenden der hingeschlachteten Königin, von der Tücke ihrer Feinde und dem Verrat ihrer falschen Freunde wider; dann kam der Höhepunkt der feierlichen Leichenfeier für die Königin in der Kathedrale von Nôtre-Dame. Für dieses Ereignis stellte die Liga ihren eindrucksvollsten Redner, den Bischof von Bourges. Dieser benutzte die übliche Lobrede auf die Verblichene als Brücke zu einer Preisung nicht etwa des Königshauses, wie der Brauch es vorschrieb, sondern des Hauses Lothringen, zumal der Fürsten von Guise und Mayenne, der Scipios von Frankreich, der Donnerkeile des Krieges, bereit, ihre zu Tode gepeinigte Anverwandte zu rächen, der Eckpfeiler der Heiligen Kirche, Hoffnung und Freude von Gottes angefochtenem Volk. Die Beredsamkeit des Bischofs erlitt durch die Gegenwart Heinrichs III. und seiner Königin, die auffällig incognito in besonderen Kirchenstühlen des Querschiffs saßen, keinerlei Einbuße. Dem letzten Valois mag es so vorgekommen sein, als lausche er seiner eigenen Leichenrede und dem Lob seines Nachfolgers, abgesehen davon, daß sein Name – wäre er der Leichnam gewesen anstatt der Haupt-Leidtragende von Rang und Würden – wohl kaum mit solch betontem Schweigen hätte übergangen werden können. Wenn ihm in den letzten dreizehn Jahren auch nichts geglückt war, so hatte er zumindest die Widerstandsfähigkeit einer solch zähen Einrichtung wie der französischen Monarchie gegenüber einem Unmaß an Mißgeschick erproben können; und wenn der Tod der Königin von Schottland den Druck der Guisen verringerte und Frankreich gestattete, nach dem Abklingen der angemessenen diplomatischen Verstimmung sich England, seinem einzig möglichen Verbündeten gegen den König von Spanien wieder zu nähern, so konnte Heinrich eine neue Böe des Kanzelwindes mit Gleichmut über sich ergehen lassen.

Die Botschafter, die der am 13. März für Maria Stuart in der Kathedrale von Nôtre-Dame stattfindenden Leichenfeier beiwohnten, waren verschiedener Meinung über die vermutlichen Folgen von Marias Tod. Sir Edward Stafford war, oder schien zumindest so bestürzt über den Zorn, den das tragische Ereignis bei Hof und in der Hauptstadt hervorrief, daß Walsingham ihn mißmutig anwies, das Thema in seinen Briefen nicht mehr zu erwähnen, da seine Berichte Elisabeths Verstimmung über ihren Kronrat nur noch vermehrten. Andererseits stimmten die italienischen Beobachter — obwohl sie das Rachegeschrei der Bevölkerung nach Rom, Venedig und Florenz weitergaben — darin überein, daß Marias Hinrichtung die englische Position gestärkt habe. Sie hatte nicht nur das gegebene Oberhaupt einer häuslichen Rebellion aus dem Wege geräumt, sondern gleichzeitig auch jeden vernünftigen Beweggrund für eine französische Einmischung in englische Angelegenheiten beseitigt, und damit den Weg zu einer der Möglichkeiten der hohen Politik des sechzehnten Jahrhunderts freigelegt, einer englisch-französischen Allianz. Da es keinen nicht restlos Spanien-hörigen Italiener gab, der bei dem Gedanken daran, daß Spaniens Machtpolitik ein Riegel vorgeschoben werden könnte, nicht einen angenehmen Kitzel der Vorfreude verspürte — und die meisten italienischen Politiker sehnten insgeheim die Zeit herbei, wo die unberechenbaren Leidenschaften religiösen Zwiespaltes gestillt und die europäischen Nationen zum berechenbaren Spiel der Machtpolitik zurückgebracht werden konnten — wäre es gut möglich, daß die italienischen Diplomaten, die die Wirkung von Marias Tod mit zynischem Realismus erwogen, sich einer Art Wunschtraum hingaben. Indessen scheinen spitzfindige Politiker in jenen Märztagen in Paris mit ihnen übereingestimmt zu haben.

Don Bernardino de Mendoza hingegen sah tiefer. Wie seine jesuitischen Verbündeten hatte der spanische Botschafter die Königin von Schottland bereits abgeschrieben. Ohne das Versprechen einer fremden Einmischung — so folgerte er — war keine wirkungsvolle Erhebung der englischen Katholiken zu erwarten; bei der ersten ernstlichen Androhung einer derartigen Intervention von außen war Marias Leben todsicher verwirkt. Obgleich sie in den Augen der Beobachter, die noch ganz im Bann vergangenen Zaubers standen, von unverminderter Bedeutung schien, war Maria Stuart für Mendoza eine bereits geopferte Schachfigur, die lediglich darauf wartete, vom Brett zu verschwinden. Halb und halb hatte er damit gerechnet, daß seine Widersacher sie schon vor zwei Jahren entfernt haben würden. Daß sie es nun getan hatten, anstatt bis zu jenem letztmöglichen Augenblick zu zögern, in dem das Unternehmen England gestartet werden sollte — in sechs Monaten, in einem Jahr, oder etwa erst in zwei Jahren — vereinfachte nur eine Seite eines verwickelten Spieles. Auch das englisch-französische Bündnis hatte Mendoza bereits eingerechnet. Die einzige Macht in Frankreich, der er halbwegs vertraute, war die der Heiligen Liga mit ihrem Anführer, dem Fürsten von Guise. Wenn der Augenblick für das Unternehmen kam, würde nicht Heinrich von Valois — so hoffte Mendoza — sondern Heinrich von Guise der Herr Frankreichs sein. Maria Stuarts Tod war ein weiterer Vorstoß auf dieses Ziel hin, er bot einen neuen Hebel, der an den Bau der königlichen Macht gesetzt werden konnte. Mendoza schrieb unverblümt nach Madrid und Rom, was tausend Liga-Kanzeln offen andeuteten: Pomponne de Bellièvres Sondermission bei Königin Elisabeth war Täuschung gewesen; statt des Versuchs, die Hinrichtung der Königin von Schottland zu verhüten, hatte die Entsendung des französischen Botschafters den Zweck verfolgt, dem Willen der Königin zum Mord Vorschub zu leisten. In Madrid und Rom, in Brüssel und Prag bestätigten Freunde der Liga und Jesuitenpatres unabhängig voneinander diese Lüge. Dem Triumph des Glaubens zuliebe war es notwendig, daß die Position des französischen Königs nicht nur im Hinblick auf die Treue seiner Untertanen, sondern in den Augen ganz Europas geschwächt wurde.

Mendoza dachte indessen nicht hauptsächlich an Frankreich, sein Blick war vielmehr auf England gerichtet. Vor mehr als zwei Jahren hatte seine Botschaftertätigkeit in England mit Ausweisung geendet. Ohne Federlesen war er auf ein Schiff gesetzt und in die Obhut seines Herrn zurückgesandt worden, weil seine Pläne »die Belange Englands störten«. »Sagt Eurer Herrin«, bedeutete er den Kronräten, die ihn an Bord brachten, »daß Bernardino de Mendoza nicht dazu geboren wurde, Königreiche zu stören, sondern sie zu erobern.«

Seitdem hatten die Pläne für das große Unternehmen, das seine persönliche Rache und den Triumph seines Glaubens bedeuten würde, Mendozas Geist beschäftigt. Lange vor seiner Ausweisung war er einer der Hauptförderer des Abenteuers gewesen und hatte König Philipp von der Stärke der katholischen Partei in England, von der Schlaffheit und Bestechlichkeit von Elisabeths Hauptleuten und von der verachtungswürdigen Schwäche der rohen englischen Söldnerschaft zu überzeugen versucht. Daher wußte er – wie kein anderer –, daß eines der Haupthindernisse der Unternehmung die bleierne Langsamkeit, die unheilbare Vorsicht dessen war, den seine Untertanen nicht mit Unrecht den vorsichtigen König nannten. Der Hauptnutzen, den er aus Marias Tod zu ziehen hoffte, sollte darin liegen, seinen Herrn anzuspornen. Kaum hatte er die Nachricht erhalten, so griff er auch schon zur Feder, um Philipp einen Überblick über die vermutliche Reaktion in England, in Frankreich und der gesamten Christenheit zu geben. Er brauchte den König nicht daran zu erinnern, daß nun nicht die geringste Gefahr mehr dafür bestand, daß eine spanische Eroberung Englands mit der Thronbesteigung einer französischen Königin enden würde. Auch unterließ er es, ein gewisses wichtiges, von der Königin der Schotten unterzeichnetes Schriftstück zu erwähnen, das er selbst vor nicht allzu langer Zeit nach Spanien gesandt hatte. Frömmigkeit, Ehrgefühl und schlichte Selbstverteidigung kamen zusammen, um zur Bestrafung der Engländer für ihre letzte Schandtat zu raten. »Daher«, so schloß er, »ersuche ich Eure Majestät, das Unternehmen England so schnell wie möglich voranzutreiben, da es Gottes offensichtliche Absicht zu sein scheint, Eurer Majestät die Kronen beider Königreiche aufs Haupt zu setzen.«

OPERATIONSPLÄNE

Brüssel, 1. bis 22. März 1587

Am selben Tag, an dem er an Philipp schrieb, setzte Bernardino de Mendoza auch Philipps General-Gouverneur in den Niederlanden – Alexander Farnese, Herzog von Parma – von Marias Tod in Kenntnis. Parma hatte jedoch in seinem Winterquartier in Brüssel die Nachricht bereits gehört und war damit beschäftigt, die europäische Lage, die ein Teil des umfassenden militärischen Problems des niederländischen Aufstands war, abzuschätzen. Von den Veränderlichen dieses Problems konnte nun ein X, das ihm reichliches Kopfzerbrechen verursacht hatte, gestrichen werden. Maria war im gleichen Jahr über die Grenze in die Schutzhaft der Königin von England geritten, in dem die unzufriedenen Niederländer sich zum erstenmal bewaffnet gegen den König von Spanien erhoben hatten. Seitdem hatten die Anstrengungen König Philipps, seine aufständischen Untertanen wieder zu Vernunft und Gehorsam zu bringen, Spanien viel Gold und Blut gekostet, sowie Leben und Ruf einer Reihe von Philipps Kriegsleuten und Beamten zerstört. Immer wieder war das Problem durch Maria Stuarts Existenz kompliziert worden. Das Drängen, die in den Niederlanden befindliche Armee zur Befreiung der Königin von Schottland einzusetzen, brachte Philipps Kommandeure aus dem Konzept, und die Furcht vor einer derartigen Einmischung von seiten Spaniens verschlechterte die Beziehungen zu England.

Als Alexander Farnese sich im Dezember 1577 mit seinem Onkel Don Juan d'Austria in den Niederlanden vereinigt hatte, spukte im Kopf dieses abenteuerlustigen Paladins der Gedanke, über den schmalen Wasserarm zu setzen, die Königin der Schotten zu retten und im Triumph in London einzumarschieren, um Elisabeth zu entthronen und den alten Glauben wieder einzuführen. Für solch eine Tat gab es nur eine mögliche Belohnung, und nach Darnley und Bothwell war wenig Grund vorhanden, warum Maria Stuart sich einer Verehelichung mit dem Helden von Lepanto widersetzen sollte. Die Don Juan zugewiesene Aufgabe war die Befriedung der aufständischen Niederländer, und in den letzten Monaten seines Lebens schien dieses Ziel weiter entfernt denn je; aber obgleich Spanien nur ein paar verstreute Städte hielt, obgleich sein schlecht besoldetes Heer der Auflösung nahe schien und dessen Führer im Sterben lag, liefen die Räder der Verschwörung, die Schottland und die englischen Katholiken, den Papst, die Partei der Guisen und den König von Spanien zur Unterstützung Königin Marias und König Juans vereinigen sollte, ächzend weiter. »Jedermann«, so hatte Don Juan an Philipp geschrieben, noch bevor er seine Regierung übernommen hatte, »sieht das einzige Mittel zur Beseitigung der Unordnung in den Niederlanden darin, daß England von einer Eurer Majestät ergebenen Persönlichkeit regiert wird. Wenn das Gegenteil weiter anhält, so bedeutet dies den Zusammenbruch dieser Länder und ihren Verlust für Eure Krone.« Dies scheint bis zum Schluß seine Auffassung gewesen zu sein.

Im März 1587 lag noch mehr Nachdruck auf dieser Beweisführung, als es zehn Jahre früher der Fall gewesen war. Nun standen Söldner-Truppen der Königin in den Niederlanden, und die englische Hilfe bedeutete nach Ansicht der meisten europäischen Politiker und den häufigen – wenn auch nicht gleichbleibenden – Feststellungen der Aufrührer zufolge die Hauptstütze der holländischen Unabhängigkeit. Denn unter Alexander von Parma hatte die Sache Spaniens in den Niederlanden endlich Fortschritte zu machen begonnen.

Als Politiker und Diplomat hatte Parma sich als würdiger Gegenspieler seines größten Widersachers, des Prinzen von Oranien, erwiesen. Auf dem Schlachtfeld war er ohne Zweifel der erste Kriegshauptmann seiner Zeit. An seinem Soldatenruhm rühmten seine Zeitgenossen hauptsächlich seinen Schwung, seinen Mut, seine körperliche Leistungsfähigkeit, seine Bereitschaft, Gefahren und Entbehrungen mit seinen Männern zu teilen. Weniger häufig werden seine Schnelligkeit und die Gabe zeitlicher Koordination erwähnt, die seine Feinde so oft in Verwirrung brachten, sowie die Geduld und Beharrlichkeit, mit denen er ein Ziel im Auge behielt, sobald er davon überzeugt war, daß sich der Einsatz lohne. Sehr vereinzelt wird auf seine Fähigkeiten der geistigen Analyse und der Organisation hingewiesen, die die Kriegskunst auf eine im sechzehnten Jahrhundert selten gesehene Höhe hoben. Parma hatte ein unerreichtes Gefühl für das Gelände, und wenn seine Soldaten murrten, daß sie mehr mit dem Spaten als mit der Pike hantieren mußten, so wußte Parma genau, wenn ein abgeleiteter Fluß, ein gebrochener Deich, ein neu gegrabener Kanal den Erfolg bringen würde, um den es ihm mehr zu tun war als um einen blutigen Sieg. Vor Parmas innerem Auge breitete sich eine Generalstabskarte der Niederlande mit ihrem großen, verzwickten Netz von Land- und Wasserverkehrsadern aus, und jeder seiner Schachzüge fußte auf einem durchführbar-geordneten Plan, während die bisherigen Heerführer, sogar der große Alba, ja selbst Wilhelm der Schweiger in diesem schwierigen Gebiet Fehler auf Fehler begangen hatten, wie kriegspielende Knaben, die sich in ein unbekanntes Dickicht verirrt haben.

Mittlerweile entwickelten sich in der buntzusammengewürfelten Söldnerhorde, die den Namen der spanischen Armee trug, unter Parmas Führung neue Möglichkeiten und ein neuer Zusammenhalt. Pioniere und Belagerungsgruppen verwandelten sich aus unzuverlässigen zivilen Hilfstruppen in ernst zu nehmende berufsmäßige Einheiten. Formationen verschiedenartigster Ausrüstung, unterschiedlicher Organisation, andersgearteter Taktik, verschiedener Zungen und militärischer Tradition, Spanier, Italiener, Deutsche, Wallonen, wurden zu einem einzigen Ganzen zusammengeschweißt, das fast ein Präzisionswerkzeug war. Die spanische Infanterie war bereits vor Parmas Geburt, ja schon bevor Karl V. zuerst Pulverdampf gerochen hatte, berüchtigt und berühmt gewesen. Aber die unwiderstehliche spanische Armee – unwiderstehlich weil ein Berufsheer – verdankt viel von ihrer Legende und ein Gutteil ihres nachträglichen Ruhmes dem Fürsten von Parma.

Mit dieser Armee begann Parma die systematische Eroberung einer brauchbaren Operationsbasis im Süden. Die wichtigsten Städte Flanderns und Brabants gaben eine nach der anderen seinem Druck nach, bis er soweit war, den großen Hafen Antwerpen, die Handelsmetropole Nordeuropas, in die Zange nehmen zu können. Nach einer von verzweifeltem Ringen, heldenhaftem Widerstand und unvergleichlichen Pionierleistungen auf beiden Seiten geprägten Belagerung streckte Antwerpen im August 1585 die Waffen. Ein Jahr früher, im Juli 1584, hatte ein fanatischer Mordbube den Fürsten von Oranien auf der Treppe seines Hauses in Delft niedergeschossen. Der Tod Wilhelms des

Schweigers war für die Sache Hollands ein härterer Schlag als der Verlust Antwerpens. Parma schickte sich an, die Wiedereroberung von Holland und Zeeland in Angriff zu nehmen. In Spanien versicherte der bestinformierte der königlichen Minister einem Untergebenen, die letzte Phase des Krieges könne nun nicht mehr lange dauern.

Aber die Ermordung des Fürsten von Oranien und der Fall von Antwerpen hatten England schließlich in den niederländischen Krieg hineingezogen. England hatte den Holländern schon genug Unterstützung an Geld und Kriegsfreiwilligen zukommen lassen, um die Spanier mit berechtigtem Groll zu erfüllen, und Elisabeths Ratgeber hatten sie schließlich davon zu überzeugen vermocht, daß eine restlos triumphierende spanische Armee jenseits des Kanals ein allzu großes Risiko wäre. So ging sie ein zweideutiges Bündnis mit den Niederländern ein und erhielt dafür das Recht, in Brill und Vlissingen — den wahrscheinlichen Invasionshäfen, falls Philipp versuchen sollte, Parmas Heer nach England hinüberzuwerfen — englische Garnisonen errichten zu dürfen. Vor Eröffnung des Feldzuges von 1586 sandte sie fünftausend Mann Fußvolk und tausend Reiter unter der Führung des hervorragendsten Edelmannes ihres Hofes, Robert Dudley, Graf von Leicester, nach Holland.

Über die Leistungen der englischen Armee — über Leicesters Ausgehobene, nicht über die Söldnerveteranen unter Black John Norris — waren die Meinungen verschieden. Ihre Landsleute waren geneigt, sie als eine Horde erbärmlicher, ungeschulter, schlecht bewaffneter und halbnackter Tunichtgute und Strauchdiebe hinzustellen. (Tatsächlich war ein Kontingent der Truppe vor allem mit Bogen und Pfeilen bewaffnet, und von einem anderen schrieb ihr Hauptmann, in einer Kompanie seien nicht drei heile Hemden zu finden.) Die Niederländer behaupteten mit Vorliebe von ihnen, als Diebe und Radaubrüder suchten sie ihresgleichen. Doch Parma unterschätzte sie nicht mehr, nachdem er einmal ihre Qualität erprobt hatte. Standen die Sturmtruppen ihrer Infanterie doch gute zwei Stunden im glitschigen Morast an der Meuse im Nahkampf gegen altgediente spanische Pikenträger, und es waren nicht die ungedienten englischen Einheiten, die zurückgingen. Das hitzige Gefecht bei Warnsfield, das uns wegen des Todes von Philip Sidney in Erinnerung geblieben ist, war für alle in den Niederlanden kämpfenden Soldaten insofern denkwürdig, als hier gezeigt wurde, wie gepanzerte Reiter auf schweren Pferden, die mit eingelegter Lanze angriffen, eine vielfache Übermacht von leichter Kavallerie und Pistolenschützen durchbrechen, zu überrumpeln oder abzuschütteln vermochten. Seitdem hütete Parma sich vor der schweren Reiterei der Engländer, und seine Gewohnheit, in seinen Schätzungen über die Stärke befestigter Plätze einzukalkulieren, wieviele Engländer sich unter der Besatzung befanden, zeigt, daß er ihre anderen Waffengattungen nicht für schlechter hielt.

Teils infolge der englischen Verstärkungen, teils wegen der englischen Geldzuwendungen, aber auch auf Grund der daraus erwachsenden moralischen Aufrüttelung der Holländer, war Parmas Feldzug des Jahres 1586 weniger siegreich als jedermann erwartet hatte. Zwar gelang es ihm, seine Nachschublinien offen und Zutphen besetzt zu halten, dafür war aber bei Einsetzen des Winters das Kräfteverhältnis in den nördlichen Provinzen unverändert, und nur durch Geschwindigkeit, Wagemut und reine geistige Überlegenheit war Parma imstande, Kräften gegenüber, die bei richtiger Führung stark genug gewesen wären, ihn in Brabant festzunageln und auszuhungern, die Initiative zu bewahren. Die englische Einmischung hatte den Angriff auf die Hauptzentren von Holland und Zeeland in weite Ferne gerückt, so daß es das Natürliche für Parma gewesen wäre, Don Juans Meinung zu wiederholen, der Angelpunkt für die Eroberung der Niederlande sei England.

Wenn er dies ohne Begeisterung tat, so deshalb, weil er weniger als sein Onkel davon überzeugt war, England erobern zu können und außerdem, weil ihm mehr daran lag, die Niederlande in die Knie zu zwingen. Der schriftliche Nachlaß Alexander Farneses ist reich an eingehenden Analysen politischer und militärischer Situationen, er behandelt nicht nur greifbare Faktoren wie geographische und wirtschaftliche Gegebenheiten, Finanzwirtschaft und Nachschub, zahlenmäßigen Einsatz, Manneszucht und Bewaffnung, sondern gibt auch Aufschluß über Ehrgeiz und Neid, über Ängste, Haß und Treue von einzelnen Gruppen im eigenen wie im feindlichen Lager. Die einzigen Beweggründe, die er schriftlich nie, nicht einmal in seinen Briefen an seine Mutter, zu deuten trachtete, waren seine eigenen. Es wäre indes nicht überraschend, wenn die Niederlande, und zwar als Ganzes gesehen, in ihm so etwas wie ein ursprüngliches Zugehörigkeitsgefühl geweckt hätten. Seine Mutter hatte sie bereits regiert, desgleichen sein illustrer Großvater. Mittlerweile hatte er in Holland mehr Jahre zugebracht als in jedem anderen Land, und das Land hatte ihn ein gutes Jahrzehnt lang vollständig mit Beschlag belegt.

Er war der hauptsächliche Erbauer des modernen Belgien — wie die Zukunft erweisen sollte. Die Rückeroberung der südlichen zehn der siebzehn Provinzen war das Werk seiner Hand und seines Hirns. Und doch war es ein noch unvollendetes Werk. Das einstmals reichste Land Europas nagte nachgerade am Hungertuch. Die von allzu vielen Heeren niedergetrampelten Felder versanken langsam unter Unkraut und Gestrüpp. Die Industriestädte waren leblos und halb entvölkert. An der Antwerpener Börse, in der einst jedes Land und jede Zunge vertreten gewesen waren, lauerten unter der Inschrift, die sie noch immer stolz zum Nutzen aller Kaufherren jedweder Nation und Sprache anpries, eine Handvoll Wechselwucherer auf Geschäfte mit hergelaufenen Feldhauptleuten. In dem großen Hafen der Hauptstadt verrotteten die letzten Frachtschiffe träge in den Docks und würden weiterfaulen, solange ein niederländisches Geschwader den Eingang zur Schelde blockierte. Nicht nur der Reichtum und Ruhm der zurückgewonnenen Provinzen, sondern — so schien es — ihr Bestehen hingen von der Wiedereröffnung der Seewege und damit von der Beendigung des niederländischen Aufstands ab. So etwa — soweit wir seine Beweggründe hinter dem klug gewählten Schleier seiner Worte zu erkennen vermögen — lautete Parmas weitgestecktes Ziel.

Als Philipp Parma zum erstenmal über das Unternehmen England befragte, hatte dieser zu bedenken gegeben, daß er durch das Greifen nach einem unsicheren Gewinn womöglich anderwärts schwere Verluste erleiden könne, und riet ihm zum Warten. Es bestand nämlich die Gefahr, daß in dem Augenblick, wo das Besatzungsheer der Niederlande in England eingesetzt war, die Franzosen auf die Idee kommen könnten, in die unverteidigten südlichen Provinzen einzumarschieren, wie sie es zu wiederholten Malen versucht hatten. Für einen Taktiker von Beruf wie Parma war der Gedanke, daß seine Reserven vernichtet und seine Operationsbasis überrannt werden könnten, während er sich inmitten eines schwierigen Feldzuges auf der anderen Seite der Nordsee befand, ein Alptraum. Selbst wenn er sich darauf verlassen konnte, daß der Herzog von Guise und die Heilige Liga seine Flanke und seinen Rücken decken würden, hatte er immer noch das Problem kombinierten Operierens mit der von Spanien zu erwartenden Flotte zu lösen.

Parma hatte einst mit dem Gedanken an einen überraschenden Sprung über den Kanal gespielt, er wollte ausschließlich seine eigenen Truppen in Boote einschiffen und im Schutze der Dunkelheit in England landen lassen, bevor irgend jemand entdecken konnte, daß sie Flanderns Küste verlassen hatten. Die Möglichkeit des Gelingens für einen derartig überraschenden Einfall war jedoch längst vorbei. Heute konnten seine Truppen nur unter dem Schutz einer Flotte nach England gelangen. Auf offener See und auf jedwedem Wasserweg des Inlandes, der zu breit war, um durch Ketten gesperrt und von Küstenbatterien beherrscht zu werden, waren die Holländer Herren. Somit konnte die sichernde Flotte nur aus Spanien kommen. Und wenn sie einmal da war, wohin sollte sie dann segeln? Bevor er nicht Brill oder Vlissingen einnehmen konnte, hatte Parma keinen einzigen Tiefwasserhafen, in dem seegängige Schiffe sicher einlaufen konnten, keinen Hafen für seine Begleitflotte vor der Überfahrt, keinen Unterschlupf, in den die Spanier flüchten konnten, wenn Kanalstürme oder englische Küstenbatterien ihnen allzu heftig zusetzten. Während eine immer größere Zahl von Ratgebern Philipp mit der Ansicht bedrängte, er würde niemals imstande sein, die niederländischen Aufrührer zu überwinden, solange er nicht England bezwungen habe, neigte der Herzog von Parma mehr und mehr zu der Auffassung, daß ein erfolgreicher Überfall auf England ein geeintes Holland voraussetze.

Parma war auch keineswegs sicher, daß die englische Einmischung seine Schwierigkeiten in Zukunft so stark anwachsen lassen würde, wie es im Jahre 1586 der Fall gewesen war. Waren seine Fähigkeiten auf dem Schlachtfeld auch recht unbedeutend, so hatte der Graf von Leicester doch die durchaus positive Begabung gezeigt, am Verhandlungstisch seine Freunde vor den Kopf zu stoßen, sie zu erbittern und gegeneinander aufzuhetzen. Er war der Meinung, sein Rang wiege seinen Mangel an militärischer Erfahrung bei weitem auf. Sir John Norris, der grimmige englische Veteran, der sich unter Wilhelm von Oranien auf dem Schlachtfeld ausgezeichnet hatte und die rechte Hand des Grafen hätte sein sollen, war seines Kommandos enthoben worden und mit der grollenden Bemerkung, er würde nie mehr unter Leicester dienen, nach England zurückgekehrt. Der andere fähige Feldhauptmann in holländischen Diensten, Graf Hohenlo, ein brutaler polternder Söldnerführer, der sich in einer verzweifelten Schlacht ebenso hervortat wie bei einem Saufgelage, war Leicesters lärmender Favorit gewesen, als der Graf zuerst nach Holland kam. Nun fürchteten Hohenlos Freunde seit Monaten, daß es bei einer erneuten Begegnung mit Leicester zu Blutvergießen kommen würde, und im Augenblick war Hohenlo damit beschäftigt, Leicesters Offiziere zu entlassen, seine Garnisonen zu vertreiben, und jeden Engländer oder Holländer von Leicesters Partei aus dem Dienst zu drängen. Denn der Graf von Leicester war nach Hause gefahren. Seine Lage in England war fast ebenso kritisch wie die in den Niederlanden, und wenn eine Besprechung mit seiner Herrscherin auch wohl kaum ein Heilmittel für den Zustand sein würde, in den er sein eigenes Glück und die Hoffnungen seines Landes im Ausland gestürzt hatte, so mochte er vielleicht wenigstens in der Lage sein, den Zorn des einen Menschen zu besänftigen, den er wirklich fürchtete. Ihm auf den Fersen folgte eine Gesandschaft der holländischen Provinzen, die sich darüber beschwerte, daß Leicester im Bestreben, die holländischen Bürger durch anmaßende Einschüchterung dazu zu zwingen, ihren Krieg auf seine Weise zu führen, Parteihader unter ihnen entfacht habe, der fast zum Bürgerkrieg führte.

Parma war dies alles nicht entgangen. Er hatte seine Gewährsmänner in jeder holländischen Stadt, in London und sogar am Hof der Königin. Ein Teil seines Erfolges beruhte auf einem zuverlässigen Nachrichtendienst, und er hatte allen Grund zu hoffen, daß die englische Intervention nachlassen würde. Er hatte aber noch einen triftigeren Grund für seine Überzeugung, die Engländer nicht allzu ernst nehmen zu müssen. Bevor Leicester im November nach England abreiste, hatte er zweien seiner Hauptleute, beide bekannte Katholiken, das Kommando über zwei der wichtigsten Punkte in der gesamten holländischen Verteidigungslinie übergeben – die kürzlich eingenommene Stadt Deventer und den Brückenkopf von Zutphen, eine zu dem Zweck angelegte Befestigung, die spanische Garnison in Zutphen selbst zu beobachten und zu belagern. Die Holländer hatten heftigen Einspruch erhoben. Sie mochten Katholiken wohl die Ausübung ihrer Religion gestatten, eine Laschheit, die dem politischen Puritanismus des Grafen unverständlich war; ging es aber darum, Katholiken unabhängige Befehlsposten an lebenswichtigen Punkten anzuvertrauen, so streikten sie. Leicester antwortete hochmütig, er würde seine Hand für die Treue seiner Offiziere ins Feuer legen. Es war sein Glück, daß man ihn nicht beim Wort nehmen konnte. Am 28. Januar 1587 öffnete Sir William Stanley der spanischen Streitmacht die Tore von Deventer und ging mit den unter seinem Kommando stehenden 1200 Mann leichten irischen Fußvolks zu den Spaniern über. Am selben Tag verriet Roland York den Brückenkopf von Zutphen.

Nach dem, was wir von York wissen, mag bei ihm Gewinnsucht eine ebenso große Rolle gespielt haben wie das Glaubensbekenntnis. Sir William Stanley hingegen war kein käuflicher Verräter. Er entstammte einer alten berühmten Familie, deren Glück schon vor Bosworth an das Haus Tudor gekettet gewesen war. Er hatte seiner Königin treu gedient. Er genoß Leicesters Vertrauen und Zuneigung und galt unter den Stabsoffizieren als wahrscheinlicher Nachfolger des Grafen in den Niederlanden, sowie als Lordbevollmächtigter der Königin in Irland. Es gab nichts, was die Spanier ihm als Entgelt für seinen Treubruch zu bieten vermocht hätten, und Parma versicherte Philipp, daß in ihren Verhandlungen von Geld nie die Rede gewesen sei. Stanley hatte nur aus Gewissensgründen gehandelt. Gleich anderen Männern in jenem verworrenen Jahrhundert, in dem der Zusammenprall wetteifernder Religionen die Landesgrenzen überschritt, war Sir William Stanley zwischen der Treue zu seinem Land und seinem Glaubensbekenntnis hin- und hergerissen worden, und lange vor der Übergabe von Deventer hatte er gewußt, daß er zu wählen haben und wie seine Wahl ausfallen würde. Einige Wochen nach der Übergabe von Deventer bot er einem englischen Hauptmann einen lohnenden Posten in der spanischen Armee an, und als der Offizier empört erwiderte, lieber wolle er ein treuer Bettler sein denn ein reicher, mit seinem Gewissen hadernder Verräter, hatte Stanley ihm seine Wahl empfohlen. »Dies«, sagte er, »ist gerade das Wesentliche meiner Befreiung (damit meinte er seine Flucht aus einem unerträglichen Zwiespalt). Vorher diente ich dem Teufel, jetzt diene ich Gott.«

Englische, nach Holland geflüchtete Katholiken hatten Parma oftmals versichert, daß viele ihrer Landsleute Stanleys Überzeugung teilten, und der Herzog gab die Hoffnung nicht auf, mit denen, die glaubten, der Dienst an Spanien sei der Dienst an Gott und denjenigen, die bereit waren, dem Teufel zu dienen, wenn der Lohn nur hoch genug war, im nächsten Jahr ein noch besseres Geschäft zu machen als es ihm im vergangenen gelungen war. »Das Zutphen-Fort und Deventer, das das eigentliche Ziel des letzten Sommerfeldzuges gewesen und der Schlüssel zu Groningen und all den Provinzen (des nördlichen Landes) ist«, so hatte Parma Philipp geschrieben, »sind auf diese Weise Eurer Majestät zu einem Spottpreis zugefallen. Was uns aber noch mehr zustatten kommt, ist, daß die Wirkung dieses Verrats heftigen Verdacht zwischen den Engländern und den Aufständischen säen wird, so daß daraufhin keiner von beiden mehr weiß, wem er trauen soll.«

Im großen ganzen hatte der beste General in Europa nie günstigere Vorzeichen für die Beendigung einer langen Aufgabe gesehen. Mit der Hälfte der Soldaten, die Philipp seiner Mitteilung zufolge in Spanien anmusterte und der Hälfte der Summe, die er nach Parmas Ansicht dafür ausgab, glaubte der Herzog zuversichtlich, die Widerstandsnester des Inlandes ausheben und die Bürger der Küstenstädte von ihren Flußverbindungen abschneiden zu können. Dann würde die Stunde für einen Endvorstoß auf Holland und Zeeland geschlagen haben, wenn die Aufrührer immer noch nicht zur Vernunft gekommen sein sollten. Es gab noch harte Nüsse zu knacken, aber kaum eine härtere als Antwerpen, und Antwerpen hatte er aufgeknackt. War der König von Spanien, nachdem die Nordseehäfen in seiner Hand waren und die holländische Schiffahrt seine Kräfte noch verstärkte, noch immer darauf aus, England zu bezwingen, so standen die Chancen weitgehend zu seinen Gunsten. Dies schien Parma ein besseres Spiel als der Versuch einer unverzüglichen Invasion.

Trotzdem schrieb er, als er von der Hinrichtung Maria Stuarts erfuhr, Philipp so, als mache diese neue Kränkung der spanischen Ehre und des katholischen Glaubens das geplante Unternehmen unaufschiebbar. Vielleicht glaubte Parma tatsächlich, daß Philipp, da er außerstande gewesen war, Maria zu retten, sich verpflichtet fühlte, sie zu rächen. Vielleicht vermutete er auch nur, wieviel weniger peinlich

Rache für Philipp sein würde als Rettung. Was seine Beweggründe auch gewesen sein mögen, Parma schrieb nicht nur, sondern handelte auch so, als ob der Tod der Königin von Schottland seinen Operationsplan grundlegend geändert habe. Nach dem Fall von Deventer hatte er nordwärts geschaut — nordöstlich auf die Säuberung der Yssel und den Weg nach Groningen hin, nordwestlich nach Utrecht und damit nach Amsterdam. Aber von Anfang März an zeigten alle in seinem Arbeitszimmer aufgehängten Landkarten die Scheldemündung, und die ersten Marschbefehle galten der südwestlichen Verschiebung seiner Bataillone und des Munitionsnachschubes in Richtung auf Flandern. Wenn ein Treffen mit der Flotte aus Spanien erfolgen sollte, würde das Heer, dem der ideale tiefe Hafen von Vlissingen fehlte, zum mindesten einen Sammelpunkt für seine Boote mit Zugang zum Meer benötigen, — vielleicht Bergen-op-Zoom — das geschützt hinter Bevenland an der östlichen Schelde lag, oder noch besser einen Hafen im westlichen Flandern wie Ostende oder Sluys.

In der Zwischenzeit würde er eine Art Friedenskonferenz mit den Engländern herbeizuführen suchen. Die Königin zog Gespräche dem Kämpfen vor, und je eifriger die Spanier verhandelten, desto weniger würden die Engländer vorbereitet sein, wenn der Entscheidungsschlag geführt wurde. Daß er kommen und bald kommen müsse, daran scheint Parma seit der Nachricht von Maria Stuarts Tod keinen Augenblick mehr gezweifelt zu haben.

DAS BITTERE BROT

Rom, 24. bis 30. März 1587

An dem Tag, an dem er von Maria Stuarts Tod erfuhr, diktierte Bernardino de Mendoza, bevor er zu Bett ging, drei Depeschen. Die erste galt seinem Herrn, dem König Philipp von Spanien. Die zweite — kurz gefaßt, weil sie in häufiger Verbindung standen — war an Parma gerichtet. Und die dritte ging an Enrique de Guzman, Graf von Olivarez, den spanischen Botschafter in Rom. Madrid, Brüssel, Rom: die drei Ecken des Keils, den Mendoza in das Herz Englands zu treiben hoffte. In Madrid mußte das letzte Wort gesprochen werden, wenn Flotten in See stechen, wenn Armeen marschieren sollten. In Brüssel waren die Invasionstruppen stationiert, das Heer, in dem Mendoza selbst gedient hatte und dessen er sich noch mit wildem Stolz als der tapfersten Armee der Welt erinnerte. Und Rom — so ungern Mendoza Priester und Politik vermengte, so hatte er doch längst eingesehen, daß bei diesem Unternehmen der Klerus unvermeidlich war.

Nach Mendozas Ansicht verstand Graf Olivarez mit Priestern umzugehen. Er verkehrte mit Kardinälen wie mit seinesgleichen, wie es sich für einen Guzman — oder einen Mendoza — auch von selbst verstand. Er hatte dem letzten Papst, Gregor XIII., die Stirn geboten und tat dies auch dem augenblicklichen, Sixtus V., wie es zur Zeit niemand sonst in Rom zu tun wagte. Olivarez teilte Mendozas Ungeduld, was die Langsamkeit ihres gemeinsamen Herrn anging, und sein Verlangen, mit den Engländern kurzen Prozeß zu machen, wenn auch ohne Mendozas persönliche Animosität dem gemeinsamen Feind gegenüber. In der augenblicklichen Lage konnte man sich unbedingt darauf verlassen, daß Olivarez das Nötige tun werde.

Und doch hörte Mendoza zugleich mit der Nachricht von Maria Stuart eine Glocke anschlagen. Er hatte, ohne daß er es zu erklären vermocht hätte, das Gefühl, daß man auf eine Krise, auf einen Wendepunkt lossteuere. Diesmal war es wesentlich, daß nichts versäumt wurde, was spanische Diplomaten in Rom zu tun vermochten, daß jeder Punkt klar und deutlich erläutert würde, ohne Rücksicht darauf, wie oft er bereits durchgekaut worden war.

Einen nach dem anderen ließ Mendoza diese Punkte im Geiste vorüberziehen. Erstens: die Königin der Schotten war als Märtyrerin gestorben; sie war ermordet worden, weil sie eine Katholikin und die wesentliche Hoffnung der englischen Katholiken war. Seiner Heiligkeit mußte dies in aller Schärfe vor Augen gehalten werden. Ferner sie hatte bei ihrem Tode und schon Monate zuvor ihren ketzerischen Sohn gänzlich verleugnet und ihren Anspruch auf den Thron und ihre Sorge für das englische Volk Seiner streng katholischen Majestät, dem König von Spanien übertragen. Mendoza besaß eine Abschrift des Briefes, in dem sie dieses Vermächtnis niedergelegt hatte. Eine zweite lag in Spanien, eine dritte in Rom. Seine Heiligkeit der Papst müßte auch auf die Unzuverlässigkeit des Königs von Frankreich hingewiesen werden. Dessen Behauptung, er habe einen Sonderbeauftragten nach England geschickt mit dem Auftrag, Marias Leben nach Möglichkeit zu retten, war eine offensichtliche Lüge. In Wirklichkeit hatte der französische Botschafter Elisabeth vermutlich dazu gedrängt, Marias Tod zu beschleunigen. Mendoza war dessen so sicher, als habe er der Unterhaltung beigewohnt. Und nun würde Heinrich III., wenn man ihn nicht einschüchterte, noch gemeinsame Sache mit den Ketzern machen, nur um Spanien zu schaden. Seine Heiligkeit mußte unbedingt daran erinnert werden, daß die Kirche sich in Frankreich nur auf den Herzog von Guise und das Haus Lothringen verlassen könnte. Mittlerweile, da das Unternehmen so nahe vor der Tür stehe, sei es notwendig, daß Seine Heiligkeit sich der englischen Katholiken besonders annehme. Sobald die Armee des Herzogs von Parma gelandet war, konnten sie von Nutzen sein, benötigten indessen einen Führer. Dr. William Allen solle unverzüglich zum Kardinal ernannt werden, damit er das Expeditionskorps als päpstlicher Gesandter begleiten könne. Alle englischen Katholiken, die erklärten wie die heimlichen, würden Dr. Allen vertrauen und gehorchen. Während also seine trockene Stimme mit dem kratzenden Federkiel seines Sekretärs um die Wette lief und seine kurzsichtigen Augen in die verlöschende Glut des Kaminfeuers starrten, diktierte der Botschafter die letzte Depesche eines langen Tages, und die festgefügten Sätze zogen an seinem geistigen Auge vorüber wie die

Kompanien spanischer Pikeniere, die endlich den Feind sichten, ihren Schritt aber nicht beschleunigen, sondern ihre Reihen in der erhöhten Spannung des bevorstehenden Kampfes nur noch enger schließen. Es war ein langer Brief.

Kein Kurier in irgendeinem diplomatischen Dienst ritt rascher als Mendozas Boten. Doch zu dieser Jahreszeit waren die Straßen auf der kürzesten Strecke von Paris nach Rom nur schwer gangbar und die Pässe schneebedeckt, während weiter südlich die stete Gefahr plündernder Hugenotten zu befürchten war. Daher klapperte das Pferd von Mendozas Sendboten erst am Morgen des 24. März über den Ponte Sisto und ritt die Via Giulia entlang in den Hof der spanischen Botschaft ein. Auch so kam er noch eine gute Spanne früher als jeder andere Überbringer seiner Neuigkeiten an.

Olivarez begann unverzüglich zu handeln. Er suchte noch am gleichen Nachmittag Kardinal Caraffa, den päpstlichen Staatssekretär, auf und übergab ihm Mendozas Schreiben, begleitet von einigen Anmerkungen. Eine von diesen war der Vorschlag, ja fast die Forderung, der Papst möge im Petersdom eine Seelenmesse für Königin Maria zelebrieren. Eine andere war der Vorschlag, daß nun, da eine sofortige Rache an der ketzerischen Königin mehr denn je dränge, Seine Heiligkeit Spanien eine Anleihe gewähren möge als Ausgleich für den Verzug des von Amerika kommenden Silbers. Die Anleihe könnte gesichert werden durch des Papstes eigenes Versprechen von einer Million Golddukaten, die ausgezahlt werden sollten, sobald die spanischen Soldaten den Fuß auf englischen Boden setzen würden. Seit über einem Jahr hatte Olivarez versucht, einen Teil dieses Versprechens als Vorauszahlung in bar zu erhalten. Es war ein altes Gesprächsthema zwischen ihm und Caraffa. Caraffa war hinreichend beeindruckt von der Nachricht über die Königin der Schotten, um Olivarez zu versprechen, seine Vorschläge unverzüglich mit dem Papst zu beraten. Noch am selben Abend erfuhr Sixtus V. von der Hinrichtung in Fotheringhay. Wir wissen nicht, was er gesagt hat.

Möglicherweise würde uns seine Stellungnahme auch wenig nützen. Heute wie zu seinen Lebzeiten liegen Charakter und politische Richtung des Papstes Sixtus V. unter einer Schaumkrone von Worten begraben. Teilweise auch unter den Worten anderer. Während seiner

Herrschaft summte Rom von Geschichten über Felice Peretti — einige bösartig, andere erschreckend, die einen amüsant, die nächsten voller Ehrfurcht, die dritten einfach unerhört und unglaublich. Er faszinierte die Römer, fünf Jahre lang scheinen die reimenden Standbilder, Pasquino und Marforio, sowie ihre Gesprächspartner kaum ein anderes Thema gehabt zu haben. Sixtus fesselte auch das diplomatische Corps. Alle Botschaften verbreiteten Anekdoten über ihn, am ausführlichsten dann, wenn er sich besonders ungereimt und indiskret gab; vielleicht geschah es auch aus Rache dafür, daß sie ein wenig Angst vor ihm hatten. Die Hauptquelle des Wortschwalls jedoch, der den Charakter Felice Perettis verbarg und dies heute noch tut, war der Papst selbst. Worte sprudelten aus ihm hervor wie ein Sturzbach, spontan, unüberlegt, unbekümmert in ihrer Gefühlsbetontheit, und anscheinend höchst aufschlußreich. Und doch enthüllten sie eigentlich so gut wie nichts, doch nicht etwa, wie man annehmen möchte, in der Absicht, seine Umwelt hinters Licht zu führen. Diese Flut von Worten befreite ihn von all jenen oberflächlichen Impulsen, denen seine strenge innere Konzentration einen Ausweg im Handeln versagte. Was sich in seinen überlieferten Worten oder in dem ihn umkreisenden Klatsch schwer finden läßt, ist irgendein Schlüssel zu dem großen Herrscher, der den Papststaaten Frieden und Ordnung und Rom Wasser schenkte. Um Sixtus V. kennen zu lernen, muß man betrachten, was er getan, nicht was er gesagt hat.

Beispielsweise sprach er von Elisabeth von England oftmals mit Bewunderung. Was für eine Frau! Welch eine Fürstin! Als Beherrscherin der Hälfte einer einzigen kleinen Insel verhöhnte sie die zwei größten Könige der Christenheit. Wie tapfer war ihr Herz, wie schlagfertig ihr Geist! Wäre sie nur Katholikin, so gäbe es niemanden auf der Welt, mit dem er sich lieber befreunden würde! Über Philipp von Spanien sprach er auch häufig in einem Tonfall, der von belustigter Ungeduld bis zu weißglühender Wut ging. Und dennoch wäre es irreführend, wollte man daraus ablesen, daß Sixtus Elisabeth wohlgesinnt war und Philipp ablehnte. Philipp war der Partner, an den der Papst auf alle Zeiten gefesselt war, wie heftig das Doppeljoch auch beide verbittern mochte. Es war ihre gemeinsame Aufgabe, die Einheit des Christentums wiederherzustellen. Philipp war der unentbehrliche Verbündete, Elisabeth war der Feind. Wo immer Ketzer sich ihren Herrschern widersetzten, da stieß man – das wußte Sixtus nur allzu gut – auf englische Ränke und englisches Gold. In Frankreich und den Niederlanden hing die protestantische Revolution noch wie kürzlich in Schottland von englischer Unterstützung ab. Und die Augen der protestantischen Fürsten Deutschlands und Skandinaviens waren auf England gerichtet, um die wieder vorrückenden Heere des Katholizismus in angemessenem Abstand von ihren Grenzen zu halten. Sixtus mochte Philipp verhöhnen und ihn drängen, mit den Engländern in eigenem Interesse Schluß zu machen. Aber Sixtus wußte auch, daß die Frage so umfassend war wie das Christentum selbst, und kein Papst der großen nach-tridentinischen Linie war beharrlicher auf die Wiedergewinnung aller seit Luther dem Glauben verlorengegangenen Provinzen erpicht. Sixtus mochte die Königin von England in aller Öffentlichkeit bewundern, und doch half er, wo er konnte, um mit allen Mitteln und sobald wie möglich ihren Fall herbeizuführen. Was Sixtus auch über den Tod der Königin von Schottland empfunden oder gesagt haben mag, im Grunde war ihm dabei nur eine einzige Frage wichtig: Würde der Tod Marias dem lahmen König von Spanien Beine machen? In den auf das Ereignis folgenden Wochen handelte Sixtus so, als glaube er an diese Möglichkeit.

Bis zum Abend des 24. waren Olivarez' Nachrichten auf die eine oder andere Weise zu den bedeutendsten Botschaften — der französischen, venezianischen, florentinischen — durchgedrungen, ferner zu einer Anzahl Kardinäle, und Sixtus' Frage wurde mit unterschiedlicher Betonung unter manchem Dach Roms gestellt. Nirgends wurde sie jedoch besorgter erörtert als in einem spärlich möblierten Haus, das unweit der spanischen Botschaft neben der englischen Schule ein Schattendasein führte. Wenn Olivarez die Neuigkeit zu den anderen Botschaften auf irgendeine Weise durchsickern ließ, so hatte er zu jener bescheidenen Anschrift einen seiner Dienstboten mit ein paar eigenhändig hingeworfenen Zeilen geschickt, und zwar anscheinend, noch bevor er selbst mit Caraffa gesprochen hatte. In jenem Hause wohnte die dem Grafen Olivarez von Mendoza wärmstens empfohlene Persönlichkeit – der Begründer und Präsident des englischen Collegs in Douai und Mitbegründer der englischen Schule in Rom, Dr. William Allen.

Die englische Schule in Rom befindet sich noch immer an der Via di Monserrato, und fast wie zu William Allens Zeiten, nur ist das Häuschen daneben mittlerweile verschwunden. In alten Briefen findet sich da und dort ein Hinweis darauf. Eine Tür ging unmittelbar auf die Straße, daneben führte ein enges Gäßchen, vielleicht nur ein überdachter Durchgang, in einen dunklen Hof. Durch die Haustür betrat man eine Art Diele, in der Dr. Allens Besucher warteten, in der die Dienstboten nachts schliefen und den ganzen Tag lachten und sich zankten. Dahinter muß wohl die Küche gewesen sein. Dr. Allens Räume lagen im piano nobile – der bel étage – über einer breiten Treppenflucht auf der Vorderseite des Hauses. Dort standen in einem Arbeitsraum ein großer Tisch, Stühle und Bänke, eine massive Kommode – ein Geschenk seiner Heiligkeit des Papstes – und an der Wand hing ein Bücherbord. Dahinter führte ein niedriger Türbogen in einen zellenhaften Alkoven, der gerade Platz hatte für eine nackte Lagerstatt mit einem Kruzifix darüber und ein paar Kleiderhaken daneben.

Die Kargheit der Ausstattung war nur zum Teil auf Armut zurückzuführen. Dr. Allens Einkommen war gering und die an ihn gestellten Ansprüche waren mannigfach; eine bescheidene Wandbekleidung und einen oder zwei Sessel hätte er sich freilich leisten können. Sogar Jahre später, als er eine Zeitlang das Amt eines Kardinals innehatte, verschönerte er sein Heim nicht. Und doch hatte diese Unterlassung nichts mit prahlerischer Selbstverleugnung zu tun; nichts wäre William Allen unähnlicher gewesen. Vielmehr muß er empfunden haben, daß es, obgleich er nun schon etwa zwei Jahre hier lebte, wohl nicht die Mühe lohnte, sich in dieser letzten Station am Wege behaglicher einzurichten. In den Behausungen von Verbannten der neueren Geschichte hat man den gleichen Anflug von Vorläufigkeit beobachtet. Seit zweiundzwanzig Jahren hatte William Allen England nicht wiedergesehen. Zweiundzwanzig Jahre lang war er nicht mehr in Oxford gewesen, wo er sich früh einen Ehrenplatz errungen und diesen noch vor Erreichung des dreißigsten Lebensjahres um des Gewissens willen geopfert hatte. Noch länger hatte er sein Elternhaus, Rossall in Lancashire, nicht mehr gesehen, obgleich, als er jung und krank gewesen war, sein Geist so ungestüm dorthin gestrebt hatte, daß sein belgischer Arzt ihm gesagt hatte, er müsse heimkehren oder sterben. Seit seiner Ausreise von England hatte William Allen genau wie andere Verbannte vor ihm bitter erfahren müssen, wie steil die Treppen in fremden Häusern hinauf- und herabführen und wie bitter das Brot im Exil schmeckt.

In all den Jahren der Verbannung hatte Allen darauf verzichtet, zu hoffen, zu planen und darauf hinzuarbeiten, daß er eines Tages würde heimkehren können. Als er im Jahre 1561 seinen Rektorsposten in St. Marys Hall in Oxford aufgeben mußte, mochte es ihm ebenso wie den meisten englischen Katholiken, die damals auswandern mußten, scheinen, daß die Reise nicht lange dauern würde. Ein paar Exilkatholiken richteten ihre Hoffnung bereits auf die junge Königinwitwe von Frankreich, die in jenem Sommer nach Schottland segelte. Andere wieder begannen von einer päpstlichen Absetzungs-Bulle zu sprechen, die von Frankreich oder Spanien, vielleicht auch von beiden gemeinsam vollstreckt werden sollte. Die meisten verließen sich indessen auf weniger gewaltsame Lösungen. Entweder würde Gott Anna Boleyns Tochter beseitigen oder aber ihr Herz erweichen. Optimisten unter ihnen, ja sogar erfahrenen Politikern schien diese letzte Möglichkeit die wahrscheinlichste zu sein. Eine Frau allein konnte unmöglich ein so unruhiges Land wie England regieren, und alle ihre in Frage kommenden Bewerber waren Katholiken. Sobald sie verheiratet war, konnte sie sich der Herrschaft der Puritaner entziehen, und England konnte von neuem mit Rom versöhnt werden. Jahrelang klammerten sich die Flüchtlinge an diesen Hoffnungsschimmer.

Später verblaßten die Erwartungen jedoch. Selbst Allen war entsetzt, als er im Jahre 1562 nach England zurückkehrte und mitansehen mußte, wie seine Landsleute dem alten Glauben entglitten und wie viele, die sich für Katholiken hielten, mit der Zustimmung oder sogar mit der Unterstützung ihrer Pastoren anglikanische Gottesdienste besuchten. Als er im Jahre 65 England – wie es sich später erweisen sollte – auf immer verließ, war Allen davon überzeugt, daß zur Zurückführung Englands in den Schoß der Kirche eine neu geschulte Priesterschaft notwendig sein würde. Dieser Überlegung verdankte das englische College, zu dessen Gründung in Douai er beigetragen hatte, seine Entstehung.

Dann folgte die Erhebung des Nordens, und nach ihrem Scheitern eine neue Welle von Flüchtlingen, die noch verbitterter und verzweifelter waren. Sie hatten das erste Blut gesehen, das unter Elisabeths Herrschaft um der Religion willen vergossen wurde, und als das Hängen und Beschlagnahmen im Norden weitergingen, wuchs ihre Verbitterung nur noch mehr. Wenn auch die meisten von ihnen in den Niederlanden blieben, so strömten doch andere nach Paris, nach Madrid, auch nach Rom und forderten vernehmlich eine Möglichkeit der Rache. Nur Rom lieh diesen Forderungen ein Ohr. König Philipp hatte andere Sorgen: die unruhigen Niederlande, der Aufstand der Mauren, die türkische Kriegsflotte, die ihm in seinen eigenen Gewässern die Stirn zu bieten wagte. Er hatte ernstliche Herausforderungen von den Engländern einstecken müssen, doch wünschte er Frieden zu nahezu jedem Preis. Wenn die Franzosen ihren religiösen Bürgerkrieg zu beenden versuchten, so schien es wahrscheinlicher, daß sie Spanien angreifen würden als England. Doch wenngleich niemand außer den Engländern darauf hörte, so erließ der heilige Pius V. am 25. Februar 1570 doch die Bulle »Regnans in excelsis«, die erklärte, daß die Königin Elisabeth als Ketzerin und Verfolgerin der einzig wahren Religion exkommuniziert sei. Überdies sprach der Papst Königin Elisabeth unter Berufung auf ein Recht, das der Heilige Stuhl häufiger beanspruchte als ausübte, »ihr angebliches Recht auf den Thron« ab, entband ihr Volk seines Treueides und beschwor ihre sämtlichen Untertanen unter Androhung des Kirchenbannes, ihren Gesetzen und Anweisungen fortan nicht mehr zu gehorchen.

Die Bulle verschärfte nur noch eine ohnehin kritische Streitfrage. »Ich müßte eher der Lehre der Kirche Glauben schenken als einem Parlamentsbeschluß«, lautete die milde Auslegung, mit der ein katholischer Flüchtling den Fall Lord Burghley vorlegte. Das bedeutete aber für Katholiken wie für Protestanten gleichermaßen, lieber einer internationalen Autorität zu gehorchen als der eigenen Staatsverfassung. Die derartig herausgeforderten Regierungen – so Philipp in den Niederlanden, so die Valois in Frankreich, so die Tudor in England – bezeichneten solche Männer jedoch als Verräter und Aufrührer und verfuhren dementsprechend mit ihnen. Doch gab es viele Protestanten und Katholiken im sechzehnten Jahrhundert, die bereit waren, ihren Glauben auf jedwede Weise zu verteidigen, einschließlich geheimer Verschwörung und bewaffneten Aufstands. Die Bulle Pius V. schien die englischen Katholiken jedenfalls zu solch einer Handlungsweise geradezu aufzufordern.

Diese Bulle muß bei William Allen von Anfang an ins Gewicht gefallen sein. Den genauen Zeitpunkt seines Schlusses, daß sie den einzigen Weg der Rettung für das wies, was er in seinen Briefen oft sein »verlorenes Vaterland« nannte, kennen wir freilich nicht. Aber schon um das Jahr 1575 steckte er tief in einem Plan, der darauf abzielte, Maria, die Königin der Schotten, durch Waffengewalt zu retten und die Frau vom Thron zu stürzen, die er als Tyrannin und Thronräuberin zu betrachten gelernt hatte. Als sein Freund Nicholas Sander ihm im Jahre 1577 schrieb, daß »das Schicksal des Christentums von einem wackeren Angriff auf England abhing«, dürfen wir Allens lebhafter Zustimmung sicher sein. Und als Sander nach Irland ging, um den dortigen Aufstand zu leiten, in dem er den Tod fand, war es zweifellos Allen, der der befugteste Sprecher der englischen Flüchtlinge in ihrem Schrei nach fremder Intervention gegen Elisabeth wurde.

In dem Jahrzehnt seit der Übernahme von Sanders Aufgabe mußte Allen viele Enttäuschungen erleben. Vielversprechende Verschwörungen, versprochene Kreuzzüge, ein Vorhaben nach dem anderen fiel ins Wasser. »Wenn das Unternehmen diesmal nicht in Angriff genommen wird«, schrieb er im Jahre 1582, »wird mir mein Leben immer bitter auf der Zunge schmecken.« Wenige Monate später scheiterte das kunstvoll geschmiedete Projekt, aber kaum waren ein paar weitere Monate vergangen, so arbeitete er schon wieder einen neuen Plan aus. Als dieser wiederum scheiterte, war er drauf und dran, die Politik verzweifelt aufzugeben, aber in dem selben Brief, in dem er dies aussprach, kündigte er an, daß er den Grundstein zu einem neuen Unternehmen lege. Mittlerweile stritt und schrieb er, löste die Probleme und führte die Verwaltung zweier Schulen, sorgte für die Drucklegung von Büchern und ihre heimliche Verteilung und leitete eine aktive Untergrundbewegung, die Priestern und Studenten, Kurieren und Flüchtlingen das Betreten und Verlassen englischen Bodens ermöglichte. Eine wütende Regierung spürte seine Bücher auf und verbrannte sie. Aber mehr als zwanzigtausend Kopien einiger zwölf Titel gingen seiner Schätzung nach in England von Hand zu Hand. Königliche Agenten hetzten seine

Priester durch die Lande, marterten sie fürchterlich, richteten einige hin mit all den mittelalterlich-veralteten Scheußlichkeiten des Hängens, Folterns und Vierteilens und verwiesen andere des Landes. Aber mehr als dreihundert seiner Getreuen — dessen war Allen sicher — lebten im Jahre 1587 noch über das ganze Reich verstreut in den Haushalten von Adligen und Herren und hielten Herz und Hirn der Gläubigen für den Tag der Befreiung wach.

Dies freilich waren Siege minderer Art. Der Hauptfeldzug hatte noch nicht begonnen; die alte Sorge schwelte noch immer. Allen dachte an Laien wie an Priester, als er schrieb: »Du weißt, gütiger Gott, wie oft wir zusammen geklagt haben, daß wir wegen unserer Sünden dazu gezwungen worden sind, alle oder die meisten unserer nutzbringenden Jahre fern von unserem Vaterland zu leben, dem wir am meisten schulden und für alles dankbar sein müssen, und daß wir unseren Beruf Fremden dienstbar und Leben wie Arbeit diesen angenehm machen müssen, und nicht unseren Lieben in der Heimat.« Solange sie an ihrem Glauben festhielten, würden Allen und seine Jünger nie Verwendung und Anerkennung für ihre Arbeit finden, ehe nicht ein Katholik auf dem Thron saß.

Aber noch eine andere Befürchtung, ein weiterer Grund zur Eile war vorhanden, den alle englischen Verbannten spürten, Allen jedoch am stärksten, weil er für die Vertiefung dieser Unruhe vor allem verantwortlich war. Die Seminaristen, die Allen nach England schickte, wurden von vorneherein beauftragt, ihre Gemeinden dazu anzuhalten, sich von den Ketzern abzusondern und den Besuch des anglikanischen Gottesdienstes als Todsünde zu meiden. Nur so — das war klar — konnte die Phalanx der Gläubigen intakt gehalten werden. Das bedeutete aber, daß die wirklich eifrigen Katholiken sich offen bekennen mußten, und dies genau in den Jahren, in denen der Aufstand im Norden, die Bulle Papst Pius', der Anschlag Ridolfis und das Blutbad der Bartholomäusnacht die Gemüter der Protestanten aufs höchste erregt hatten.

Die Regierung antwortete mit noch drastischeren Verfolgungsmaßnahmen. Im Jahre 1580 wurde Gregor XIII. dazu überredet, eine Erklärung zu der Bulle seines Vorgängers abzugeben, die die Dinge noch verschlimmerte. Er sagte, wenn auch Elisabeth und ihre ketzerischen Helfershelfer exkommuniziert und verflucht wären, so dürften Katholiken ihr doch gehorchen und sie ohne die Furcht vor Kirchenbann, rebus sic stantibus – in Anbetracht der Sachlage – als Königin anerkennen, bis die öffentliche Durchführung der Bulle alle guten Katholiken zur Pflicht der Rebellion aufrufen würde. Tatsächlich waren die Katholiken ermächtigt, die Königin ihrer unverbrüchlichen Treue »in allen bürgerlichen Angelegenheiten« zu versichern, solange sie sich ihrer Verpflichtung, sie bei der ersten passenden Gelegenheit zu stürzen, bewußt blieben. Lord Burghley wurde durch Einschüchterung dazu gebracht, neue Hochverratsgründe und Gesetze zu erfinden, die nicht länger auf offene Worte und Taten abzielten, sondern auf »den geheimen Verrat von Hirn und Herz«. Die Verfolgung der Katholiken wurde erneut verschärft.

Allen hegte keine Befürchtungen, daß es an englischen Priestern, die bereit waren, Folter und Schafott hinzunehmen, fehlen könne. Aber die Protestanten hatten eine noch wirksamere Waffe als Hängen. Im Jahre 1559 kostete das Fernbleiben vom Sonntagsgottesdienst zwölf Pence. Im Jahre 1580 war die Strafe bereits auf zwanzig Pfund im Monat angewachsen, und da nur eine Handvoll Begüterter sich Monat für Monat eine solche Summe leisten konnte, ermächtigte ein Parlamentsbeschluß die Häscher, Land und bewegliche Habe der säumigen Zahler zu beschlagnahmen. In all seinen Plänen für die Wiederherstellung des Glaubens in England hatte Allen am meisten mit dem katholischen Landadel gerechnet. Aber keine landbesitzende Klasse konnte ihre Führerschaft unter der nagenden Zermürbung solcher Bußen auf unbestimmte Zeit aufrechterhalten. Je länger sich die Ausführung der päpstlichen Bulle hinauszögerte, desto ernster wurde die Gefahr, daß der harte Kern der Bekenntniskatholiken verarmte und entmächtigt wurde, und zugleich nahm die Gefahr, daß die »Schismatiker« – diejenigen Engländer, die zwar den anglikanischen Gottesdienst besuchten, aber dem alten Glauben wohlwollend gegenüberstanden – treubrüchig wurden, ständig zu. Auch auf sie baute Allen ernstlich, gleichzeitig wußte er aber, daß von dem Augenblick an, wo er sie von den Bekenntniskatholiken abgesondert hatte, ihre Verbindung zu Rom und zu den erklärten Anhängern Roms in England mit jedem Jahr schwächer geworden war. Wenn der Tag der göttlichen Strafe noch länger ausblieb, würde die katholische Partei in England zu schwach sein, um helfen zu können, und ohne ihre Unterstützung — dessen war Allen sicher — würde ein Einfall von außen scheitern.

Daher hatte Allen in bezug auf das Unternehmen seit zehn Jahren zur Eile getrieben. Und doch fühlte er, wie stets, wenn der bloße Anschein einer Möglichkeit auftauchte, daß immer noch genügend Zeit vorhanden war. Wieder rumorten die alten Beweisgründe in seinem Gehirn, wieder regten sich die alten Träume hinter seinen Augen. England war ein offenes Land, es hatte viele und sichere Häfen. An Vieh und jeder Art von Nahrungsmitteln war kein Mangel, man brauchte sie sich nur zu holen. Englands Städte beherbergten keine Garnisonen und waren praktisch unbefestigt. Keine einzige würde einer Belagerung von drei Tagen standhalten. Seine Bevölkerung war nicht an Krieg gewöhnt, sie konnte sich mit den spanischen Veteranen nicht vergleichen. Was aber mehr wog, zwei Drittel waren Katholiken und heimliche Freunde der katholischen Sache. Die ausgesprochenen Katholiken würden sich einem katholischen Heer unverzüglich anschließen. Jetzt wußten sie, daß sie der Königin nicht verpflichtet waren und ihr nur aus Angst gehorchten. Mit einigen der wankelmütigen Magnaten — Allen besaß Briefe von ihnen — konnte er auch rechnen, sei es aus Gewissensgründen, sei es auch aus Ehrgeiz, aus Haß gegen die Königin und die sie umgebenden Männer. Die meisten anderen würden sich abseits halten und in Ruhe zusehen, wie die Dinge sich entwickeln würden. Nur die Streber und Abenteurer, die durch die Gnade der Königin hochgekommen waren, würden sie verteidigen, sie und eine widerwärtige Sekte, Puritaner genannt, aber diese Männer — alle aus den südlichen und östlichen Grafschaften — waren vom Wohlleben und der Gier nach Gewinn zermürbt. Sie konnten den abgehärteten Katholiken des Nordens und Westens, die einfache Landkost gewohnt waren und noch den Gebrauch der Waffen kannten, nicht das Wasser reichen. Allen sah sie vor sich — die Nevilles und ihre Sippschaft, die den heimkehrenden Westmorland willkommen hießen, Dacres, der wieder an der Spitze seiner Freunde und Pächter ritt, Northumberlands Sohn, der das Land der Percy aufwiegelte, um ihren ermordeten Vater zu rächen, Montague und Morley, Lovell und Storton, die zu den Fahnen eilten, alles Namen von Wert und Würde. Da waren aber noch wertvollere, mächtigere und unwahrscheinlichere — Oxford und Derby, Cumberland und Southampton, und vielleicht, wenn ein flinker Sturm auf den Tower gelang, Arundel, der davongaloppierte, um das Banner der Howard dem Heerhaufen der Aufständischen zuzugesellen. Inmitten all dieser Edlen, darunter seine alten Freunde und Verwandten, die ihn bewundernd umdrängten, und Peers, die ehrerbietig neben seiner Zügelhand ritten, würde ein Mann im Kardinalsgewand sein Pferd lenken – der päpstliche Gesandte. William Allen würde sich Vorwürfe gemacht und seine eigenen Träume verscheucht haben, bevor er das Gesicht des Gesandten deutlich erkannte.

Es hätte nicht mit rechten Dingen zugehen müssen, wäre William Allen an jenem Abend in seinem düsteren Arbeitszimmer nicht von einem Priester des benachbarten College besucht worden: von Pater Robert Parsons, S. J. In den paar letzten Jahren war der Name des Jesuiten Parsons in England fast so berühmt geworden wie der William Allens. Parsons war mit Edmund Campion in jener Mission in England gewesen, die kaum größeren Aufruhr hätte verursacht haben können, wenn die beiden Jesuiten ein einfallendes Heer gewesen wären; seither hatte er sich als hervorragender Flugblattschreiber erwiesen. Aber während selbst seine Feinde bereit waren, gut von Allen zu reden, hatte Parsons Ruhm bereits eine etwas düstere Färbung angenommen, die vielleicht zum Teil seiner Mitgliedschaft in einem geheimnisvollen Orden zuzuschreiben war. Daß Jesuiten Männer dunkler Geheimnisse und fragwürdiger Machenschaften waren, wußten selbst die Leute, die sonst keine Ahnung von ihrem Wesen und Treiben hatten, nur allzu gut.

In Erscheinung und Temperament unterschieden die beiden Männer sich ebenso sehr voneinander wie in ihrem Ruf. Allen sah wie ein Edelmann des Nordens aus, er war groß und schlank von Gestalt, anmutig und würdevoll in seinem Auftreten. Haar und Bart, einst strohblond, wurden langsam weiß, sein Gesicht begann Furchen der Sorge und des Gebrechens zu zeigen, an dem er schon drei Jahre litt und noch weitere sieben leiden sollte. Es war jedoch noch immer ein Antlitz »voller Sanftmut und Güte«, mit hoher, ziemlich schmaler Stirn, einer langen und fein modellierten Nase und Augen von der Farbe der Morecambe-Bucht an einem klaren Tag, wenn der Nordwind bläst. Er sprach langsam und freundlich, aber ohne Zaudern und mit einem

Anflug ruhiger Autorität, und verzichtete fast auf Gebärden. Seine Geduld war ungewöhnlich, fast nie sah man ihn ärgerlich. Die meisten Menschen hatten ihn gern und vertrauten ihm auf den ersten Blick, manch einer war ihm zutiefst ergeben. Merkmale eines raschen oder überragenden Intellekts hätte man vergeblich gesucht, doch war er von Natur aus ein Führer »geboren und geeignet für große Dinge«.

Parsons war vierzehn Jahre jünger als Allen, ein Konvertit, der – so hieß es – eine Zeitlang fast ein Puritaner gewesen war, ein Mann, der einer anderen Schicht angehörte und aus einem anderen Winkel Englands stammte. Solche untersetzten Körper, dunkle Hautfarbe, derben Haarwuchs und wäßrig-braune Augen konnte man überall in England finden, jedoch am häufigsten im Südwesten. Unter anderen Engländern schien solch einem Mann der Reiz des Keltischen anzuhaften, aber seine Rasse war auf der Insel schon alt gewesen, als die ersten Kelten kamen, so alt wie Stonehenge oder Robin Goodfellow oder die Quantockhügel. Parsons war in Nether Stowey geboren, wo sein Vater Hufschmied gewesen sein soll. Seine großen Hände und Füße, seine massigen Schultern und sein gewaltiger Brustkasten mochten darauf hinweisen, daß er wohl sein Glück als Schmied versucht hätte, wäre er nicht Gelehrter geworden. Auch sein Kopf war groß, mit breit und roh angelegten Zügen, so daß er in Ruhe unfertig und nahezu brutal wirkte. Freilich sah man ihn selten in Ruhe. Seine Züge waren von innen belebt und erhellt, vom unablässigen Wechselspiel der Klugheit, des Humors und der Leidenschaft, so daß er mit seinen lebendig-schwungvollen Gebärden und seiner melodisch-schmiegsamen Stimme seiner beredten Sprache die Erscheinung eines Redners zugesellte. Wer Parsons einmal zugehört hatte, vergaß ihn nicht so leicht, vergaß dafür aber um so leichter, daß er ihn beim ersten Anblick schwerfällig und tölpelhaft gefunden hatte. Die Disziplin seines Noviziates hatte Parsons befähigt, seinen fieberhaft-neugierigen Geist wenigstens unter dem Anschein von Geduld zu verbergen, sie hatte ihm außerdem eine schwer erworbene, wenn auch bisweilen fragwürdige Selbstbeherrschung geschenkt. Aber noch anderes schlummerte in ihm. Er konnte beispielsweise von der Niederschrift einer seiner bitterbösen Flugschriften zur Abfassung eines der schlichtesten, sanftmütigsten und innigsten Gebetbüchern der englischen Zunge übergehen.

Rein äußerlich konnte man sich kaum ein ungleicheres Paar von Mitarbeitern vorstellen wie Parsons und Allen, und doch war der Jüngere sechs Jahre lang Allens rechte Hand gewesen, war bei einer Gelegenheit als Sondergesandter beim König von Spanien aufgetreten, hatte bei einer anderen dem Papst eine geheime Botschaft überbracht, und steckte im übrigen tiefer in dem Labyrinth der um das Unternehmen spielenden Ränke und Verhandlungen als irgend jemand sonst außer Allen. Daß Parsons sich unter den verfügbaren Helfern der flinksten Zunge und Feder, des schlagfertigsten Witzes und des fruchtbarsten Gehirns rühmen durfte, erklärt nur einen Teil ihrer engen Zusammenarbeit. Daß keiner, nicht einmal er selbst, leidenschaftlicher an die dringende Notwendigkeit einer ausländischen Intervention glaubte als Parsons, mag Allen bei seiner Wahl beeinflußt haben. Überdies hatten sie etwas gemeinsam: beide gehörten zu den unversöhnlichsten Exilkatholiken, jeder von ihnen ersehnte mit besonderer Inbrunst die Krone des Märtyrers, die ihm bisher versagt war, und noch glühender lechzten beide nach der Berührung mit der heimatlichen Erde Englands. Aber in noch etwas stimmten sie überein, in etwas noch tiefer Verankertem. Ihre Eigenschaften ergänzten einander, so daß die Summe ihrer Kräfte größer schien als die bloße Zusammenzählung ergab. Es war, als erkenne jeder von ihnen im anderen etwas Heimisches, dessen er ermangelte, das ihm fehlte, als bildeten sie gemeinsam einen Mikrokosmos jener handfesten Gesellschaft, die das mittelalterliche England einst gewesen war.

Jedenfalls wissen wir mit Sicherheit, daß die beiden wenigstens zehn Jahre lang in vollkommener Eintracht zusammenarbeiteten, und daß von der Zeit ihrer Begegnung an bis lange nachdem die Überlebenden der Armada sich in ihre Heimathäfen durchgeschlagen hatten — als Allen in Rom auf dem Sterbebett lag und Parsons Herz sich in Spanien verzehrte —, niemand, der sie kannte, je auf einen Streit zwischen ihnen hinwies.

Im Herbst des Jahres 1585 waren sie zusammen nach Rom gereist und arbeiteten seitdem Schulter an Schulter. Erst kürzlich hatten sie zum Beispiel gemeinsam eine kunstvolle genealogische Studie verfaßt, die beweisen sollte, daß von allen orthodox gläubigen Fürsten Philipp II. durch seine Abstammung von Edward III. nach Maria Stuart den nächsten Anspruch auf den Thron von England besaß. Sie hatten das Schriftstück Philipp zur Einsicht zugeschickt. Danach hatten sie eine Flugschrift in englischer Sprache begonnen, eine Verteidigung der durch Sir William Stanley veranlaßten Übergabe Deventers an den Fürsten von Parma. Vielleicht arbeiteten sie noch daran, als Olivarez' Botschaft eintraf, da sie die Nachricht von der Übergabe Deventers erst drei Wochen zuvor erhalten hatten und die Schrift drei Wochen später druckfertig wurde.

Es war ein schmaler Band, dessen Abfassung keine leichte Aufgabe gewesen war. Sein erklärtes Ziel war, die Bedenken eines katholischen Edelmanns von Stanleys Regiment seiner augenblicklichen Lage und der seines Befehlshabers gegenüber zu zerstreuen. Hatte Stanley das Recht, eine holländische Stadt, die ihm zur Verteidigung anvertraut worden war, den Spaniern auszuliefern? Und wie stand es mit den Soldaten, die geschworen hatten, der Königin zu dienen und die sich nun im Lager ihrer Feinde befanden? Das wirkliche Ziel des Buches war jedoch weiter gesteckt. Die Schrift richtete sich nicht nur an englische Katholiken, die in den Niederlanden unter Waffen standen, sondern an alle Katholiken in England, heimliche und offene, und sie versuchte, mit allen passenden Zitaten aus der Bibel und dem Kirchenrecht ausdrücklich zu erklären, was Allen bisher nur angedeutet hatte: »Da alle von der Königin innerhalb des Reiches vollzogenen gesetzlichen Handlungen vor Gott und den Menschen ungültig sind, seit sie durch öffentlichen Richterspruch der Kirche und des Heiligen Stuhles als Ketzerin und Feindin der Kirche Gottes gebrandmarkt, namentlich exkommuniziert und abgesetzt worden ist, kann sie gleichermaßen gesetzlich keinen Krieg führen. Kein Mensch darf (einem ketzerischen Fürsten) nach dem Gesetz dienen oder helfen, wenn er nicht der Exkommunikation anheimfallen will, denn wer Gottes Gesetz bricht, kann von denen, die seine Untertanen waren, nicht erwarten, daß sie einen Schwur oder Treueeid halten.« Und so kann Allen seinem Vaterland nichts besseres wünschen, als daß alle Engländer, die im eigenen oder fremden Land einen Religionskrieg führen, das von Stanleys Regiment gegebene Vorbild nachahmen. Und daß sie »im Dienst des Allmächtigen und des größten und gerechtesten Monarchen der Welt (natürlich Philipp) und unter einem so unvergleichlichen General (Parma) wertvolle Helfer würden, um unser Volk wieder in den Gehorsam der Kirche Christi zurückzuführen und unsere katholischen Freunde und Brüder von dem verdammungswürdigen und unerträglichen Joch der Ketzerei zu befreien«. Wenn Maria Stuarts Tod bedeutete, daß die Zeit der Entscheidung endlich gekommen war — und Allen hoffte, daß dies der Fall sein möge, so war es wichtiger denn je, dieses Schriftstück schleunigst fertigzustellen, drucken zu lassen und in die heimlichen Verteilungskanäle in England zu schmuggeln.

Bei anderen Angelegenheiten hatten Allen und Parsons nur die nächstliegenden Schritte zu entscheiden. Die große Frage jedoch hatten sie wieder und wieder besprochen, sie hatten jede auch nur denkbare Möglichkeit von jedem Gesichtswinkel aus erwogen. In der Alltagspolitik waren sie Realisten. So hatten sie Maria Stuart abgeschrieben, seit ihre strengere Haft jede Rettung aus dem Bereich der Wahrscheinlichkeit gerückt hatte. Die Guisen und die Franzosen hatten sie sogar schon vorher aus ihrem Plan gestrichen und waren längst zu der Einsicht gekommen, daß die Königin der Schotten, wenn nicht ein überraschender Angriff sie befreien sollte, ein Kind des Todes sein würde, bevor eine Invasionsarmee eine Stunde auf englischem Boden stand, ja noch bevor eine angreifende Flotte auch nur in See gegangen war.

An jenem Abend beschlossen die beiden Männer, am nächsten Morgen die spanische Botschaft aufzusuchen, um Rat und Anweisung für bestimmte Richtlinien des Vorgehens zu erbitten, die einer gegenseitigen Abstimmung mit dem Botschafter bedurften. Vermutlich setzte Parsons die Liste der verfänglichen Fragen auf, die der Botschafter dann nach Spanien weiterleiten sollte. Seit einiger Zeit hielten Allen und Parsons dies für die einfachste Methode, um mit Olivarez fertigzuwerden. Dieser Umgangston flößte ihm eine hohe Meinung von ihrem Bedacht und Scharfsinn, wie auch von ihrer christlichen Demut ein.

Parsons setzte sich auch sofort mit der Kurie in Verbindung. Er beabsichtigte, die drei oder vier Kardinäle zu sondieren, auf die er sich am meisten verlassen zu können glaubte. Sixtus müßte sich zu Marias Tod in der kraftvollsten, unmißverständlichsten Weise äußern, die man von ihm erreichen konnte. Es würde günstig sein, wenn er aus mehreren Quellen erführe, daß die Franzosen — gelinde gesprochen — sich nicht einen Deut um Maria gekümmert hätten. Es lag ein neuer Plan vor,

Marias Sohn, James IV. zum Katholizismus zu bekehren. Nichts konnte im Augenblick unpassender sein. Diese Sache mußte taktvoll gehandhabt werden, wenn König Philipps Argwohn nicht durch übertriebene Zurschaustellung von Begeisterung geweckt und der Papst nicht durch eine allzu augenscheinliche Kälte verstimmt werden sollte. Desgleichen war es an der Zeit, der Kampagne, die Allens Beförderung zum Kardinal betrieb, einen neuen Anstoß zu geben. Das war schon immer Parsons besondere Aufgabe gewesen.

Was Allen betraf, so würde er den bei Parma befindlichen englischen Flüchtlingen schreiben; England würde er über Reims, und Schottland, mit dessen katholischen Lords er in mittelbarer Verbindung stand, die im Augenblick erforderlichen Mitteilungen zukommen lassen. Vor allem aber mußte er an Philipp schreiben. Es würde eine ehrerbietige, wenn auch selbstbewußte männliche Aufforderung sein, die Krönung aller Schandtaten der englischen Jezebel zu bestrafen. Die in den Niederlanden stationierten englischen Truppen oder Drakes kürzlichen Überfall auf Westindien würde er in diesem Brief mit keinem Wort erwähnen. Dafür kannte Allen den König zu gut. Es würde höchstens die Rede sein von dem erbarmungswürdigen Zustand der englischen Katholiken, die nunmehr nur noch Philipp hatten, auf den sei ihr hilfesuchendes Auge richten konnten, – eine Anspielung auf die Pflicht des Königs gegen Gott und den christlichen Staat, und eine Versicherung, daß der Sieg dem Vorkämpfer des Glaubens nicht entgehen könne. Jahrelang hatte Allen Maria von Schottland als »Gefürchtetste, unumschränkte Herrin« angeredet, als Zeichen dafür, daß seine Untertanentreue von Elisabeth auf sie übergegangen war. Im Lateinischen ist die übliche Anrede für einen großen König zwangsläufig verschwommener, doch Allen hielt es für angebracht, seine Stellung in der Schlußfloskel klar zum Ausdruck zu bringen. Er unterzeichnete: »Euer ergebener Diener und Untertan, William Allen.« Nach dem Tod Maria Stuarts war er gewillt, Philipp von Spanien als seinen rechtmäßigen König anzusehen.

GOTTES OFFENSICHTLICHER RATSCHLUSS

San Lorenzo de Escorial, 24. bis 31. März 1587

Mendozas Depeschen könnten in Spanien ebensofrüh eingetroffen sein wie in Rom. Der venezianische Botschafter hörte schließlich, daß die Nachricht von Maria Stuarts Tod den Escorial in der Nacht des 23. März erreicht hatte. Das war auch zu erwarten gewesen. Die Straße von Paris nach Madrid war beschwerlicher als die nach Rom, gefährlicher in der Gascogne, rauher und steiler in Altkastilien, dafür aber kürzer. Der Kurier für Spanien war zuerst losgeritten – ihm sollten die besten Pferde im Stall des Botschafters zugeteilt werden – und sobald er die Grenze erreicht hatte, sollte sein Briefsack durch die königliche Post eilends südwärts befördert werden. Wir wissen dies jedoch nicht genau. Obwohl er es versuchte, konnte Philipp II. nicht jeden Irrtum und jede Unterlassung seiner Untertanen mit der eigenen Feder wieder gutmachen. Jene Depesche trägt kein Einlaufdatum. Das diplomatische Korps erfuhr Marias Tod erst am 31. März, dort saß es auch frierend in Madrid, nahezu fünfzig Kilometer Landstraße entfernt vom Escorial. Und selbst wenn Regen und Schnee diese Strecke nicht unwegsam und rutschig machten, war der Hofklatsch oft schon eine Woche abgestanden, bevor ihn irgendein Gesandter zu Ohren bekam. In der Zwischenzeit konnten die Diplomaten sich nur verwundert fragen, was der König wohl dort oben auf seinem Berg trieb.

Wann auch immer die Nachricht eintraf, bis zum 31. März tat Philipp jedenfalls nichts. Dafür gab es wohl mehr als einen Grund. Wenn ein diplomatischer Postsack im Escorial einlief, wurde sein Inhalt, gleichgültig ob dringend oder nicht, von dem entsprechenden Beamten bestätigt, von dem entsprechenden Schreiber dechiffriert und mit den Originaldepeschen auf die entsprechende Stelle des langen Tisches in dem freudlosen kleinen Gemach gelegt, in dem der König nun den größten Teil seiner wachen Stunden zubrachte. Auf diesem langen Tisch lagen alle Arten von offiziellen Schriftstücken. So der Briefwechsel mit den Botschaftern, so die Berichte der Vizekönige und der Gouverneure, der Zoll-, Schatz- und Stadtverwaltungsbeamten, so Bittschriften und Eingaben und die Befunde gerichtlicher Untersuchungen, die Rechnungsauszüge von Werften, Münzen und Gruben, auch des königlichen Haushaltes. Tagtäglich strömten die Rechenschaftsberichte aus allen Königreichen Kastiliens und von den Kronen Aragons ein; nun auch aus Portugal und aus Philipps anderen Herrschaftsgebieten; aus Neapel und Sizilien und Mailand, aus der Franche Comté und den belgischen Provinzen, aus Mexiko und Peru und Brasilien, aus dem goldenen Goa und dem afrikanischen Sofala, von den Inseln des östlichen und westlichen Meeres. Seit Anbeginn der Geschichte hatte kein Mensch über einen so großen Teil der Erdoberfläche geherrscht wie Philipp II. von Spanien. Kein Lebender hatte je so viele Titel von Königreichen, Herzogtümern, Grafschaften, Fürstentümern und Lordschaften aller Art unter einem Szepter vereinigt. Kein Herrscher hatte aber auch je einen solchen Stapel von Papieren zu bewältigen gehabt. Früher oder später las Philipp, wenn nicht alle, so doch einen Gutteil von ihnen, hinterließ in seinem spinnenhaften Gekritzel an ihren Rändern nicht nur scharfsinnige staatsmännische Kommentare, sondern auch alltägliche Verbesserungen der Schreibweise und des Satzbaus und legte mit jeder Anmerkung der Nachwelt Zeugnis ab von seinem beängstigenden, geradezu überwältigenden Fleiß. Natürlich geriet er mitunter auch ins Hintertreffen. Hätte die von Mendoza mit solcher Eile abgeschickte Botschaft tage-, ja wochenlang ungelesen auf des Königs Schreibtisch gelegen, so wäre dies sicherlich nicht die einzige derart behandelte Depesche gewesen.

Im allgemeinen wurden die wichtigeren Nachrichten jedoch ziemlich rasch erledigt. Wenn Philipp nicht gleich etwas veranlaßte, so gewöhnlich deshalb, weil er es sich noch einmal überlegen wollte. Er liebte es, alle für und wider einen gegebenen Schritt vorgebrachten Argumente, die mit Vorliebe schriftlich niedergelegt und durch sachdienliche Unterlagen gestützt wurden, methodisch durchzugehen. In Gesellschaft seiner Ratgeber hörte er gerne zu, sprach aber selten. Später, verschanzt zwischen schützenden Stapeln von Papieren, während Kerzen flackerten und ein Untersekretär in der Ecke gähnte, traf Philipp allein und in tiefem Schweigen langsam und halsstarrig seine Entscheidungen.

Für diesen Zug des königlichen Charakters wie auch für andere ist das Kloster San Lorenzo de Escorial ein Sinnbild und eine Offenbarung. Philipp hatte schon von San Lorenzo geträumt, als er noch die Kriege seines Vaters in den Niederlanden ausfocht. Selbst in jenen ersten Träumen hatte der Kloster-Palast stets in Spanien gelegen. Gleich nach der Rückkehr in sein Königreich hatte er mit der Suche nach einem dafür geeigneten Gelände begonnen. Er war über die kahlen Hänge oberhalb des armseligen Dörfchens Escorial gewandert, noch ehe ein Pfahl in die Erde getrieben oder ein Graben ausgehoben worden waren, er hatte aus den Bergquellen getrunken, die frische Luft eingeatmet, hatte Wind und Regen auf seiner Wange gespürt. Als der Plan gefaßt war, hatte er ein Heer von Arbeitern an den ausgewählten Ort gehetzt, dazu einen ziemlich verwirrten und nicht gerade willigen Konvent von Hieronymitenmönchen. Danach konnte Philipp sich nicht mehr von seinem Lieblingsplatz trennen, er zog die ländliche Strenge dem stattlichen Toledo oder dem mildbezaubernden Aranjuez, die überzählige Schlafkammer der Dorfpfarrei oder eine improvisierte Zelle in einem behelfsmäßigen hölzernen Mönchskloster seinen schönsten Palästen vor. Während der zwanzig Jahre, in denen San Lorenzo gebaut wurde, brütete er mit seinem Architekten immer wieder über den Plänen, kletterte mit seinem Werkmeister über Gerüste und spornte die Arbeiter mit mehr Anteilnahme und Liebenswürdigkeit an, als er je seinen Granden gegenüber gezeigt hatte. Die Hauptumrisse des Baus und viele seiner Einzelheiten entsprangen seinen ureigensten Ideen.

Schon früh hatte er für den Mittelpunkt der Anlage eine edle Kirche geplant, in der seines Vaters und seine eigenen Gebeine ruhen sollten und wo bis zum Ende der Zeiten Seelenmessen — und zwar viele Messen jeden Tag — für sie gelesen werden sollten. Von diesem Zeitpunkt an schien Philipp von der Angst besessen, daß er es nicht mehr erleben würde, sein Grabmal fertig zu sehen. So setzte er einen derartigen Druck hinter die Bauarbeiter, daß seine Ratgeber über einen König zu murren begannen, der auf ein einziges Kloster ebensoviel Zeit verwendete wie auf alle seine Königreiche zusammen. Und obgleich die Innenausstattung nie beendet sein würde, solange die Agenten des Königs noch ein Gemälde in Venedig, noch einen Wandbehang in Flandern oder ein Stück klassischer Bildhauerkunst in Neapel oder Rom ergattern konnten, waren nun doch seit zwei Jahren der letzte Stein verpaßt und die letzte Platte gelegt. Philipp hatte begonnen, im Innern seines Traumes zu leben. Die gewaltige Anhäufung von Steinen, die er um sich gezogen hatte wie ein Gewand, sprach so von seinem eigentümlichen Ich, wie kein anderer Bau Europas je den Geist eines einzelnen Menschen widergespiegelt hatte.

Das Schloß liegt auf den Knien der Berge, der gezackte Felsenkamm der Guadarramas ragt steil dahinter auf und die wellige Niederung fällt rasch vor ihm ab. Wie ein Denkmal steht es auf einem Piedestal, um von der spanischen Ebene aus bewundert zu werden. In seinem Aufragen, seinen fernen Ausblicken und seinem wilden Geklüft zum Norden, in dem Licht, der Luft, dem Schweigen, die es umgeben, liegt eine überwältigende Stimmung von Einsamkeit, von Verlassenheit. Die massiven, unverzierten, aus dem Granit der Gegend gehauenen Mauern hätten ebensogut direkt aus den Bergen gewachsen sein können. Ihre schmalen, tiefliegenden Fenster könnten auch die Öffnungen von Höhlen oder Schießscharten für Kanonen sein.

Im Mittelpunkt der Bauanlage erhebt sich die Kuppel der Klosterkirche. Ihre Form erinnert an Sankt Peter, eine Ähnlichkeit, die Zeitgenossen nicht entging und ihnen vermutlich auch nicht entgehen sollte. Wer auch immer Kaiser von Gnaden der deutschen Kurfürsten sein mochte, Philipp empfand sich als Kaiser von Gottes Gnaden und damit als heilige Person, dem Papste ebenbürtig. Die Kirche, die dies auszudrücken scheint, ist kleiner als ihre römische Nebenbuhlerin, doch gab es im Europa des sechzehnten Jahrhunderts keine Gruppe von Gebäuden, die sich in der Größe mit dem Escorial messen konnte, ausgenommen der Petersdom und der Vatikan. Beide vereinigten in auffallender Weise einen Palast und eine Kirche. Beide waren für das Europa um 1580 moderne Bauten des neuesten architektonischen Stils. Beide atmeten den Geist der Gegen-Reformation. Aber hier endete die Ähnlichkeit. Die Kirche San Lorenzo zeigte zu Philipps Zeiten nichts von der Heiterkeit Sankt Peters und der in seinem Innern entfalteten volkstümlichen Pracht. Nie hat sie den Sankt-Peters-Fassaden anhaftenden Hauch herzlichen allumfassenden Willkommens ausgestrahlt. Philipps San Lorenzo liegt eingeschlossen im Mittelpunkt des machtvoll ummauerten Klosters wie die innerste Zitadelle einer Festung, wie das geweihte Banner im Kern einer Schlachtreihe. Sankt Peter ist ein Sinnbild für die geistige Gegenoffensive Roms, die zuversichtlichgroßsprecherische Propaganda des römisch-katholischen Glaubens. Die Kirche San Lorenzo ist das Sinnbild der kriegerischen Verteidigung des orthodoxen Glaubens durch das weltliche Schwert.

Das große Kloster schien Philipp in der Tat eine Herausforderung und eine Bedrohung der Ketzer Europas zu sein, und jene tückischen Revolutionäre würden alles aufbieten und wagen, um es zu zerstören. Dies sprach er nicht selten aus und schob jeden unvorhergesehenen Zwischenfall, jede Verzögerung den Machenschaften ketzerischer Spione in die Schuhe. Ein aus solchen Gedankengängen geschaffenes Bauwerk mußte praktisch einer Festung gleichen. Daß die in den Mittelpunkt verlegte Kirche zugleich ein Grabmal sein sollte, den Plänen zufolge, die den gesamten verwickelten Bau einbezogen, Messen in überwältigender Anzahl für die Seelen Philipps und seiner Angehörigen gelesen werden sollten, sagt weniger über die geistigen Anschauungen des Königs aus als über sein Gefühl für die einzigartige Stellung, die er und seine Familie in der Christenheit einnahmen – wie auch die von ihm gewählte Lage von der Erhebung seiner Person selbst über die vornehmsten seiner Untertanen ein beredtes Zeugnis ablegt. Der Escorial enthüllt indessen mehr als Philipps offenkundiges Bild von seinem offenkundigen Ich. Im geheimen Herzen des großen Baus nistet gleich anschließend an die Klosterkirche eine karge Zimmerflucht. Die wichtigsten Räume sind eine Art Studier- oder Arbeitszimmer, das gut beleuchtet, aber irgendwie schlecht proportioniert ist, und gleich daneben in einem Alkoven eine Schlafkammer, deren kleines Gitterfenster in die Kirche in der Nähe des Hochaltars geht. Kloster, Palast und Grabkammer erweisen sich also als lauter Masken, die ein stilles Plätzchen, einen Zufluchtsort, fast ein Versteck verbergen.

Es genügte nicht, daß das von Philipp für den Escorial gewählte Gelände Absonderung gewährte. Auf dem nackten Felsenhang, auf dem er ihn erbaut hatte, befand sich keine ordentliche menschliche Behausung mit Ausnahme von San Lorenzo, und das ringsum liegende Land ließ keinen Platz für weitere Wohnhäuser. Überdies hatten die Pläne des Königs den Baukomplex – so weitläufig er auch sein mochte – so sehr mit Stätten menschlicher Tätigkeit angefüllt – einer Schule, einer Bibliothek, einer Werkstätte, einem Hospital – daß er mit knapper Not die vergrößerte Gemeinde der Hieronymitenmönche und einen beschränkten königlichen Haushalt zu beherbergen vermochte. Für den Schwarm der Höflinge, der Bittsteller und Pläneschmiede, die den König umdrängten, sobald der Hof nach Madrid oder Valladolid umzog, bot die Klosterfestung keinen Raum. Seine überwältigenden Katzbuckelgevattern, die Granden, und die wachsam-aufdringlichen Abgesandten seiner Klienten und Verbündeten vermochten hier weder seine Gastfreundschaft zu erzwingen, noch sich häuslich an seiner Türschwelle niederzulassen.

Und doch gelang es Philipp, sich im Innern seines Steinmeilers noch eine weitere Absonderung zu schaffen. Das unkönigliche Gewirr kärglicher Kammern, in denen Philipp jedes Jahr eine längere Spanne Zeit zubrachte, war dazu entworfen, ihm die Menschheit vom Leibe zu halten. Die Räume waren zu klein, die Gänge zu eng für größere Menschenansammlungen. Die Zugänge waren leicht zu überwachen, mit einem Blick konnte das Auge jeden Raum durchmessen, der Versuch, eine unerwartete Begegnung herbeizuführen, hatte hier wenig Aussicht auf Erfolg. Philipp war ein zärtlicher Familienvater, aber seine Familie wohnte an anderem Orte. Philipp liebte seine Mönche und vertraute ihnen, aber sein Weg zu ihnen führte durch eine Geheimtür und über eine Geheimtreppe. Sogar dem offiziellen Eingang zu seinen Gemächern haftete etwas Abgeschlossenes, Geheimes an. War er einmal »zu Hause«, konnte Philipp wirklich Einsamkeit genießen. Im sechzehnten Jahrhundert, wie im gesamten Mittelalter, war Intimität das neidlose Vorrecht von Eremiten geworden. Je größer ein Mann war, desto dichter war auch der Menschenschwarm, in dessen Mitte sich allgemeiner Erwartung zufolge sein Alltag abzuspielen hatte. Wahrscheinlich war mehr Philipps wachsende Neigung für die private Sphäre als seine konventionelle Frömmigkeit schuld daran, daß die Außenwelt an ihm mit zunehmendem Alter etwas Mönchisches fand.

In gewisser Hinsicht traf dies auch zu. Es lag etwas Asketisches in der Art, wie er sich mit rotgeränderten Augen, schmerzenden Knochen und steifen Fingern durch seine sich selbst auferlegte Arbeit als erster Schreiber des Spanischen Reiches quälte. Als er älter wurde, gab er dafür nicht nur die Jagd, Tanzfeste und Bankette, die üblichen Zerstreuungen der Könige, sondern auch die Dinge, die er wirklich liebte —

Blumen und Bilder, Ausflüge aufs Land und die Gesellschaft seiner Kinder — allmählich auf. Auch mag in der Agonie des Zweifels, mit dem er jeder wichtigeren Entscheidung seiner Regierung begegnete, wirkliche religiöse Meditation gelegen haben. Wir kennen nur seine Überzeugung, daß Gott von Königen mehr als von gewöhnlichen Sterblichen erwartet, und weit mehr vom König von Spanien als von jedem andern Herrscher. Er war sich der schrecklichen, einzigartigen Last, die er trug, nur allzu bewußt. Vielleicht war die Einsamkeit jenes zellenartigen Kabinetts in Hörweite der gesungenen Stundengebete für ihn, der sich mit der Frage herumschlug, was Gott von ihm verlangte, ebenso notwendig, wie sie es für das einsame Ringen jedes anderen Mönches sein mochte.

In diesem zellengleichen Arbeitsraum saß Philipp — soviel wir wissen — eine Woche lang, ohne eine England betreffende Zeile zu schreiben, und ohne irgend jemanden zu befragen, mit Ausnahme seines Beichtvaters, mit dem er sich wegen einer Totenmesse für die Königin besprach. Er brauchte auch niemanden mehr zu hören. Wenn englische Feuersbrünste Philipp schon seit nahezu zwanzig Jahren auf das Unternehmen hingetrieben hatten, so hatte er nur vier Jahre lang ernstlich darüber nachgedacht. In seinem Kopf und in seinen umfangreichen Aktenbündeln hatte es eine endgültige Form anzunehmen begonnen, entsprechende Vorbereitungen waren in Spanien im Gange, und die dafür zuständigen Beamten waren von den Plänen des Königs soweit wie nötig in Kenntnis gesetzt worden. Wann jedoch — wenn überhaupt — die nächste Stufe erreicht werden, wann der schwerfällige Verwaltungsapparat auf schnelleren Touren laufen würde, das vermochte nur der König selbst zu sagen.

Zu Beginn des Jahres 1580, einige Zeit, nachdem der König von seinem militärischen Spaziergang nach Portugal zurückgekehrt, und nicht lange, bevor der letzte Ziegel auf dem Dach des Escorial gelegt worden war, wurde das Unternehmen England zu einem endgültigen Plan. Die Erwerbung Portugals bedeutete ein erhebliches Anwachsen der spanischen Seestreitkräfte im Atlantik. Die Portugiesen waren immer Pioniere der Seefahrt gewesen. Im Indischen Ozean hatten sie mit den Kanonen ihrer Segelschiffe die Kriegsgaleeren der Ägypter und Türken vernichtet und durch die Beherrschung der Meere ein Kaiserreich gewonnen. In afrikanischen und brasilianischen Gewässern hatten ihre Karavellen mit ebensolchem Erfolg französische, englische und spanische Eindringlinge bekämpft. Und in der letzten Phase der spanischen Eroberung Portugals – der Zurückgewinnung der Azoren – hatte ein spanischer Admiral, der portugiesische Karavellen befehligte, zwei glänzende Siege über Geschwader erfochten, die der portugiesische Thronprätendent in französischen Häfen angeworben hatte. Dies waren Kämpfe zwischen Segelschiffen atlantischen Stiles, und die Spanier waren überzeugt, daß sie bei dem zweiten Unternehmen ebenso leicht englische Schiffe geschlagen hätten wie französische. Im Taumel dieses Sieges machte sich der Admiral, Don Alvaro de Bazán, Marquis von Santa Cruz, ein in Ehren ergrauter Veteran von Lepanto, anheischig, auf ein Wort seines Königs hin der gesamten englischen Flotte die Stirn zu bieten.

Als Antwort erbat Philipp eine Aufstellung der für das Unternehmen England notwendigen Seestreitkräfte. Die sachliche Anfrage des Königs übte eine ernüchternde Wirkung aus, und die endgültigen Angaben des Admirals zeigten keine unzulässige Unterschätzung der englischen Seemacht. Santa Cruz verlangte einhundertundfünfzig große Schiffe, einschließlich aller zur Zeit verfügbaren Galeonen – der damaligen Kriegsschiffe –, im übrigen Handelsschiffe, die so groß und so schwer bewaffnet sein sollten wie möglich, vierzig *urcas* (man könnte sie große Frachter nennen) für Vorräte und Proviant und etwa dreihundertundzwanzig Hilfsschiffe aller Art – Depeschenboote, Wachboote, schnelle bewaffnete Kreuzer für Aufklärung und Verfolgung (*zabras* und *fregatas*). Insgesamt sollten es fünfhundertundzehn Segelschiffe sein, außerdem vierzig Galeeren und sechs Galeassen, das Ganze bemannt mit dreißigtausend Matrosen und beladen mit vierundsechzigtausend Soldaten, eine weit größere Streitmacht, als Europa sie jemals auf See gesehen hatte. Don Alvaro rechnete, daß mit den benötigten Schiffsgeschützen, den Arkebusen, den Harnischen, den Piken, dem Pulver und den Kugeln, den Seilen, den Ankern, dem Schiffszwieback, dem Reis, dem Öl, dem Salzfisch und all dem übrigen Zubehör, das die Expedition während eines acht Monate dauernden Feldzuges brauchen würde, die ganze Sache nicht mehr als 3 800 000 Dukaten kosten würde. Es war nicht annähernd genug, nach dem zu schließen, was Philipp in den folgenden Jahren für Schiffe und Militärvorräte ausgab, doch hätte der Admiral ebensogut 38 000 000 Dukaten nennen können. Beide Beträge gingen, unter Berücksichtigung aller anderen Forderungen und dem ständig wachsenden Druck seiner Schulden, gleich weit über Philipps Möglichkeiten hinaus. Und selbst die größere der beiden Summen hätte die gesamte Zahl der Schiffe nicht ohne eine Verzögerung von Jahren herbeizuzaubern vermocht. Die vom Admiral geforderten fünfhundertundetwas Segelschiffe zusammenzubringen, würde Spaniens und Italiens Häfen von nahezu jedem Schiffsraum entblößt haben. Im Interesse des geplanten Unternehmens war die Schätzung des Admirals nicht übertrieben, in bezug auf ökonomische Wirklichkeiten fiel sie freilich völlig aus jedem Rahmen.

Philipp verfügte noch über eine andere Schätzung, die von seinem bedeutendsten Heerführer stammte und dazu diente, die seines besten Admirals auszugleichen. Santa Cruz wollte, daß die gesamte Streitmacht von Spanien aussegle, er stimmte für eine einheitliche See-Expedition, die unter seinem Kommando stehen sollte. Alexander von Parma hingegen war unter günstigen Bedingungen bereit, auf die gesamte Flotte zu verzichten. Dreißigtausend Mann Infanterie und viertausend Mann Kavallerie — so dachte er — würden ausreichen, um die Aufgabe mit Hilfe der englischen Katholiken durchzuführen. Mit günstigem Wind und günstigen Gezeiten würde er es auf sich nehmen, eine derartige Streitmacht in Kähnen von Nieuport und Dünkirchen aus in einer einzigen Nacht über den Kanal zu befördern. Die gleiche Idee sollte später Napoleon Bonaparte und Adolf Hitler kommen. Parma wies wenigstens darauf hin, daß die wesentliche Voraussetzung für den Erfolg seines Unternehmens das Moment völliger Überraschung sei. Wie man allerdings vor den Engländern geheimhalten sollte, daß vierunddreißigtausend Mann und sieben- bis achthundert Kähne an der flandrischen Küste zusammengezogen wurden, erwähnt Parma freilich mit keinem Wort. Vielleicht nahm er an, daß im Falle von Störungsversuchen seitens der englischen Flotte die von ihm geforderten Verstärkungen in den Niederlanden zur Verfügung stehen würden. Philipp erfaßte den wunden Punkt. An die Stelle in Parmas Plan, wo die Notwendigkeit völliger Überraschung unterstrichen wurde, kritzelte die Feder des Königs: »Kaum möglich!«

Auf den Plänen seiner beiden fähigsten Heerführer baute Philipp seinen eigenen Plan auf. Parma sollte seine Verstärkungen auf dem Landwege aus Italien erhalten, wenn vielleicht auch nicht in der von ihm geforderten Zahl. Wenn es soweit war, sollte er sich mit seinem Heer und seinen Kähnen an der flandrischen Küste bereithalten. Mittlerweile sollte Santa Cruz in Lissabon eine Kampfflotte zusammenstellen, eine Armada, dazu bestimmt, die englische Flotte in Schach zu halten und gleichzeitig ein starkes Kontingent spanischer Infanterie mitzunehmen oder zu begleiten. Die Armada sollte mit Richtung England den Kanal heraufsegeln. Parma sollte seine Streitmacht verladen, die spanische Flotte sollte auf seine Kähne stoßen und sie zu einem vorher gewählten Invasionspunkt irgendwo in der Nähe der Themsemündung geleiten. Sobald Don Alvaro Parmas Kähne sicher zur Küste gebracht und die von Spanien mitgebrachte Infanterie gelandet hatte, sollte er Parmas Seeverbindungen schützen. Sollte die englische Flotte eine Seeschlacht erzwingen wollen oder sich eine günstige Gelegenheit ergeben, so sollte Don Alvaro sich auf einen Kampf einlassen und den Feind zu vernichten suchen, doch der Hauptzweck der Armada bestand im sicheren Geleit einer Landetruppe. Ob Don Alvaro diesen Plan in seinem ganzen Ausmaß erfaßte, wissen wir nicht, jedenfalls begriff Parma ihn, ebenso wie Don Bernardino de Mendoza alles, was seine eigene Rolle betraf, mindestens ein halbes Jahr vor dem Tode der Königin von Schottland verstanden hatte.

In mancher Beziehung war der Plan gut. Er verließ sich nicht allzusehr auf die englischen Katholiken, wie Parma es tat, wenn auch die Invasionsstreitmacht ohne eine teilweise Zerstreuung der englischen Kräfte kaum ausreichen würde, um die ganze Insel zu erobern. Es war sparsamer, Parmas Veteranen einzusetzen, die genau auf der anderen Seite des Kanals lagerten, anstatt die gesamte Invasionsarmee den weiten Weg aus Spanien herbeizuschaffen. (Als wäre Philipp imstande gewesen, das von Don Alvaro geforderte Heer auf die Beine zu bringen, geschweige denn die dazu notwendigen Schiffe aufzutreiben!) Auch war es höchst wünschenswert, Parmas unvergleichliches Geschick in der Kriegsführung zu Lande auszunutzen. Gleichzeitig verhalf der Plan Parma zu Verbindungen oder der Möglichkeit des Rückzugs, und setzte ihn nicht dem verzweifelten Vabanque-Spiel aus, entweder England zu erobern oder seine gesamte Armee einzubüßen. Durch die Beschränkung und Vereinfachung der der Flotte zufallenden Rolle stand überdies zu hoffen, daß das, was an Seestreitkräften zusammengescharrt werden konnte, ausreichen würde. Freilich war es ein verwickelter und ziemlich starrer Plan, der nicht viel Raum ließ für Fehler oder Unvorhergesehenes. Aber Philipp verließ sich auf das Geschick und den Gehorsam seiner Befehlshaber, und ein besserer Plan schien kaum möglich.

Trotzdem lag zumindest einmal ein Anflug tastenden Zögerns über Spaniens Vorbereitungen. Lieferungsverträge für beträchtliche Mengen von Zwieback und getrocknetem Fisch, Segeltuch und Takelwerk wurden vergeben. Neue Infanteriekompanien wurden aufgestellt und alte aufgefüllt. In Deutschland und Italien suchten die Agenten des Königs Schiffsbestückungen aufzutreiben, vorwiegend schwere Geschütze, Kanonen und Feldschlangen, aber auch sonst jedes Messing- oder Eisenähnliche, das ein Schiff gebrauchen konnte, bis hinunter zu den kleinen Musketen, die kaum mehr waren als Handwaffen. In den Häfen Andalusiens und der Biscaya drängten sich Schwärme der verschiedenartigsten Fahrzeuge: ragusische, napolitanische, genuesische, französische, dänische Schiffe, dazu solche der Hansestädte, die alle für künftigen Dienst gechartert oder gepreßt worden waren. In Lissabon waren auf neue Galeonen Masten gesetzt und an alten Verbesserungen vorgenommen worden, wenn auch die meisten von ihnen bisher weder bestückt noch bemannt waren. Die an der Küste hinauf und herunter festzustellende Geschäftigkeit verriet zur Genüge, daß zwar etwas im Gange war, aber noch keineswegs so dringend betrieben wurde, wie es ein Kampf auf Leben und Tod mit England erfordert hätte. Die italienischen Botschafter in Madrid, ein venezianischer, ein Genueser, ein Florentiner, ein Mantuaner und zwei Vertreter des Papstes, vermochten sich in jenem Frühling nicht darüber klar zu werden, ob die Vorbereitungen gegen die Engländer gerichtet waren oder nicht.

Vielleicht war selbst Philipp sich nicht völlig klar darüber. Die Engländer hatten ihn freilich genug herausgefordert: Drakes unverschämter Streifzug längs der spanischen Küste und hinüber nach Westindien, Leicesters Armee in den Niederlanden, das sich zusehends verschlimmernde Schicksal der englischen Katholiken, für die Philipp seit seiner englischen Heirat besondere Verantwortung fühlte. Der Papst trieb ihn zum Handeln, die Engländer flehten ihn an, sich zu beeilen, und unter seinen Ratgebern wuchs die Kriegspartei ständig an. Mag sein, daß Philipp sich nur deshalb zögernd zur Eile entschloß, weil, wie er einst geschrieben hatte, es sich empfehle, in einer so wichtigen Angelegenheit mit bleischweren Füßen vorwärtszuschreiten.

Andererseits mißfiel Philipp vieles an dem Unternehmen. Zunächst einmal die hohen Kosten. Alles Silber aus Mexiko und Peru hatte dagegen nichts vermocht, daß er alljährlich tiefer verschuldete, daß er jedes Jahr einen weiteren Teil seiner Einkünfte verpfändete und für die Barbeträge, die er in den bodenlosen Morast der Niederlande pumpte, immer höhere Zinssätze entrichten mußte. Portugal, legendärer Monopolhalter aller Reichtümer von Ormuz und Ind, war schließlich dem Bankrott ebenso nahe — wenn nicht näher — wie Spanien, und Philipp hatte gelernt, daß eine Kriegsflotte noch kostspieliger war als ein Heer.

Noch schlimmer als die Ausgaben war die Unsicherheit. Jeder Krieg brachte Risiken mit sich, etwas, das einem vorsichtigen Mann zuwiderlief. Philipp gefiel sich in dem Gedanken, daß er nie Krieg gesucht, nie gekämpft hatte außer zur Verteidigung, nie seine Macht gebraucht hatte, um seine Nachbarn auszurauben oder zu unterdrücken. »Er scheut den Krieg wie ein gebranntes Kind das Feuer«, schrieb Pater Parsons verächtlich von ihm, »besonders einen Krieg mit England.« Er kannte das Land, dessen König er gewesen war, kannte es gut genug, um zu wissen, daß sein Plan, daß jeder Plan für das Unternehmen ein verzweifeltes Glücksspiel einschloß. Mehr als einmal hatte seine Feder ein kurzangebundenes »disparo« — Unsinn! — an den Rand eines Schriftstückes gekritzelt, das zu beweisen versuchte, wie leicht eine Eroberung Englands sein würde. In den Tagen, da er Mary Tudors Gatte gewesen war, hatte er einmal geschrieben: »Das Königreich England ist und muß stets stark zur See sein, da hierauf die Sicherheit des Reiches beruht.« Stark zur See, so berichteten ihm seine erfahrensten Kapitäne, war England geblieben, eine Macht, die nicht ohne Risiko in die Schranken gefordert werden konnte.

Bei dem geplanten Unternehmen schien überdies im Sieg ein noch größeres Risiko zu liegen als in der Niederlage. Würde Maria Stuart noch leben, wenn seine Heere die Engländer niederrangen, so würde sie Königin von England werden. Wenigstens war sie Katholikin. In der letzten Zeit hatte sie um seine Gunst geworben, sie könnte sich dankbar erweisen. Aber ihr Herz war französisch, und Philipp hatte von seinem Vater gelernt, daß die ernsteste Bedrohung für die spanische Dynastie in einem Bündnis zwischen Frankreich und England lag. Es wäre eine bittere Ironie des Schicksals, wenn spanisches Blut und spanisches Geld nur dazu dienen sollten, den König von Frankreich von neuem zum größten König Europas zu machen. Konnte Gott einen solch hohen Preis fordern, nur um der Wiederaufrichtung des Glaubens in England willen?

Wenigstens dieses Risiko war jetzt ausgeschaltet. Wir wissen nicht, wieviel dies Philipp ausmachte, ebenso wie wir nicht zu sagen vermögen, welche Gedanken ihn bewegten, als er über Mendozas Brief brütete. Wir wissen nur, daß am Abend des 31. März, nach Tagen, in denen seine Feder kaum ein Schriftstück berührte und seine Sekretäre dem Nichtstun anheimgegeben waren — das geheime Herz des Escorial plötzlich heftig zu schlagen begann. Eine Flut knapper Botschaften ergoß sich aus dem Palast. Santa Cruz sollte alles tun, um noch vor Frühlingsende lossegeln zu können. Die in Cartagena und Malaga vor Anker liegenden Schiffe und gelagerten Vorräte sollten schleunigst nach Lissabon geschafft werden. Die Schiffsbaumeister der Biscaya sollten die geforderten 25 000 *Escudos* Vorschuß haben, wenn sie sich nur ins Zeug legten! Das Arsenal der in Barcelona stationierten Galeeren sollte seine Bestückung und seine Vorräte überprüfen und alles freigeben, was es für die Ausrüstung der Atlantik-Armada nur eben entbehren konnte. Eine ähnliche Anweisung wurde nach Neapel geschickt. Eine energische Anfrage, warum sich die erwartete Lieferung von Salpeter verzögere, ging nach Genua. Eine verschleierte kurze Note erreichte Parma: in Anbetracht jüngster Ereignisse würden die bereits vereinbarten Pläne beschleunigt durchgeführt werden. Eine fast ebenso kurze Nachricht eilte zu Mendoza: er solle dem schottischen Botschafter in Paris zum Tode der Königin kondolieren. Für weitere Dinge wurden ihm keine neuen Anweisungen zugesandt, so daß der Botschafter sich sagen durfte, daß sein Rat gutgeheißen worden war.

Dieselbe Nacht sah die Abfassung eines gewichtigen Bündels ausführlicher Briefe, die nach Rom expediert wurden. Philipp bedachte stets, daß seine Briefe an Parma und Mendoza von den Hugenotten, denen kein Siegel heilig war und kein chiffrierter Brief auf die Dauer unverständlich blieb, abgefangen werden konnten. Die für Rom bestimmte Kurierpost lief keine derartige Gefahr. So enthielt sie also neben herzlichen Grüßen an Kardinal Caraffa und einer Unzahl genauer Anweisungen an William Allen, die seinen in dem von Philipp noch nicht gelesenen Brief dargebotenen Gehorsam voraussetzten, eine Unmenge von Briefen und Schriftstücken für Olivarez. Dieser sollte sich von neuem um eine sofortige Anleihe bemühen. Er sollte den Papst daran erinnern, daß dem König von Frankreich nicht zu trauen sei. Er sollte dem Papst überdies alle Dokumente zeigen, die Philipps Anspruch auf die englische Krone unterstützten und ihn um ein Geheimbreve bitten, das dem König die Investitur übertrug. Philipp würde diese freilich an seine Tochter weitergeben. Er selbst hatte kein Verlangen nach weiteren Königskronen. Doch hatte der grausame Tod der Königin von Schottland seinen Willen, das Unternehmen durchzuführen mehr denn je angespornt.

Noch ein Brief lag bei, der anscheinend bei der Kurie vorgezeigt werden sollte. »Ich bin (über Marias Tod) bekümmert«, schrieb Philipp, »da sie das geeignetste Werkzeug gewesen wäre, jene Länder (England und Schottland) dem katholischen Glauben wieder zuzuführen. Da aber Gott in Seinem Ratschluß es gewollt hat, wird Er andere Werkzeuge für den Sieg Seiner Sache herbeirufen.« Das — könnte man annehmen — war wohl die endgültige Frucht von Philipps einsamen Überlegungen. Sie stärkte ihn in allen bevorstehenden Prüfungen, so daß, wer sonst auch zaudern mochte, Philipp wie ein von einer Vision Geleiteter schlafwandlerisch und unbeirrt vorwärtsschritt. Vielleicht ruhte sein Auge, als er seinen Entschluß niederschrieb, auf einem Satz in Mendozas Brief: »Daher scheint es Gottes offensichtlicher Ratschluß zu sein, Eurer Majestät die Krone zweier Königreiche aufs Haupt zu setzen.«

»DER WIND BEFIEHLT MICH HINWEG«

London und Plymouth, 25. März bis 12. April 1587

Während Philipp II. in den Tiefen des Escorial über die Folgen von Maria Stuarts Tod grübelte, trat sich im Vorhof des Schlosses von Greenwich ein Seemann die Hacken ab, der weniger als Philipp Zweifel darüber hegte, welchen Plan Gott für ihn hatte, und der lange vor Philipp wußte, daß Gottes Ratschluß Krieg zwischen ihnen beiden war. Wie der König von Spanien hatte Francis Drake die Anfangsgründe seiner Aufgabe in der Welt von seinem Vater erlernt, und obgleich sein Vater nur ein Winkelpfaffe aus Devonshire war, hielt Drake seine Worte genauso in Ehren wie Philipp die des Heiligen Römischen Kaisers. Trotz aller Unterschiede des Temperaments waren sich König Philipp und Sir Francis Drake doch in der unbestreitbaren kindlichen Frömmigkeit recht ähnlich, mit der sie an ihren grundlegenden Überzeugungen festhielten.

Von Edmund Drake, dem Laienprediger, hatte Francis seinen schlicht-puritanischen Glauben gelernt. Alles, was geschah, geschah durch Gottes Wille. Etwas, was sicherlich in Gottes Willen lag, war die endgültige Vernichtung des Bischofs von Rom und aller seiner Werke. Deshalb war unerschütterliche Feindschaft gegen die Kirche von Rom und alle ihre Anhänger ein sicheres Zeichen dafür, daß ein Mensch auf Gottes Seite stand und zu seinen Erwählten gehörte. So fühlte Francis Drake sich in seiner Überzeugung, daß er, solange er seinen Privatkrieg gegen den König von Spanien führte, wie ein Held des Alten Testaments unter höchstem Schutz die Götzendiener vernichtete, nicht einen Augenblick erschüttert.

Drakes Privatkrieg gegen Spanien war jedoch an sich keine Sache des »inneren Auftrags« und hatte seinen Ursprung keineswegs in etwas so Abstraktem wie bürgerlichem oder religiösem Pflichtgefühl. Er entsprang wie Samsons Privatkrieg gegen die Philister einem tiefen persönlichen Kummer. Francis Drake war als junger Bursche mit John Hawkins im Hafen San Juan de Ulua gewesen, als die bewaffneten

Schiffe dieses wohlhabenden Kaufmanns von der Armada Neuspaniens angegriffen und überwältigt worden waren. Drake war — soviel er wußte — mit den einzig Überlebenden in einem armseligen lecken Boot heim nach Plymouth gelangt. Als Hawkins dann mit einem anderen Schiff, das sich auch aus dem Staub hatte machen können, gleichfalls heimkehrte, sagte er vom Ausklang der Schlacht nur, daß »die Bark Judith noch in derselben Nacht uns in der schlimmsten Stunde verließ«. Er machte seinem jüngeren Seegefährten daraus keinen Vorwurf, aber vielleicht dachte Drake, man würde von ihm sagen, er habe seinen Admiral aus Angst vor den Spaniern im Stich gelassen, so daß er sich in seiner Ehre angegriffen fühlte. Jedenfalls hatte seine Geldbörse gelitten. Die bescheidenen Mittel, die er hatte zusammenkratzen und in die Reise stecken können, waren bei dem Abenteuer allesamt verloren gegangen.

Schon im nächsten Jahr begann Francis Drake Geld und Ruf wiederzugewinnen. In den achtzehn Jahren seit seiner ruhmlosen Rückkehr nach Plymouth hatte er manche ruhmreiche Heimkehr erlebt. Die erste fiel auf jenen Sonntag im August des Jahres 1573, als er mit einer Handvoll Devonshire-Jungens und einer gekaperten spanischen Fregatte das Gold der Portale von Nombre de Dios heimbrachte. Die glorreichste war jedoch an jenem Tag im Herbst des Jahres 1580, als die *Golden Hind* — die *Goldene Hirschkuh* — nach einer Weltumseglung mit der Beute des jungfräulichen Pazifik in ihrem Laderaum — Silberbarren und Edelsteine, Gewürze und Seide genug, um allen Teilhabern der Unternehmung eine Dividende von 4700 vom Hundert einzubringen, dazu noch einen Überschuß für den Kapitän und seinen König, um Rame Head in den heimatlichen Hafen einlief. Erst kürzlich war Drake mit einem mächtigen Geschwader heimgekehrt, das dem König von Spanien in den Häfen der Halbinsel die Stirn geboten hatte und seinen Handel mit Westindien unterbrach, eine Unternehmung, die die Londoner Handelsherrn als Mißerfolg buchten, weil sie fünf Schillinge am investierten Pfund verloren hatten, freilich ein geringer Trost für die Spanier. Dafür hatte jedoch im Jahre 1586 kein Silberbarren von Peru oder Mexiko den Atlantik überquert, einige große Kaufherrn Sevillas standen am Rande des Ruins, und unter den Bankiers König Philipps herrschte so etwas wie Panikstimmung.

Wenngleich Elisabeth für Drakes jüngste Kreuzfahrten Schiffe der Königin zur Verfügung stellte und einen königlichen Anteil am Gewinn für sich beanspruchte, so war sie doch stets rasch bei der Hand, jede Kenntnis von Drakes Plänen oder irgendwelche Verantwortung für sein Benehmen abzustreiten. In den Augen der Spanier wurde Francis Drake so zum Seeräuber. Drake hingegen betrachtete sich als mit dem König von Spanien auf dem Kriegsfuß befindlich. Mehr als einmal hatte er König Philipp seine persönliche Herausforderung zugesandt. Für ihn hatte der Krieg zwischen ihnen beiden mit dem Angriff auf San Juan de Ulua begonnen; er beabsichtigte, ihn fortzuführen, bis einer von ihnen tot war, oder bis der König von Spanien so tief gesunken war wie einst Francis Drake, als die geschlagene kleine *Judith* mit ihrer Mannschaft kranker und verwundeter Männer sich in den Hafen von Plymouth schleppte.

Der Gedanke, daß sich eine Privatperson, ein schlichter Ritter, mit dem größten König der Christenheit im Kriegszustand befinden könne, gehörte eigentlich ins Reich der Ritterromane. In der herrschenden Gesellschaftsordnung des sechzehnten Jahrhunderts konnte man eine derartige Idee nur jemandem zutrauen, der so verrückt war wie Don Quichotte. Daß Drake selbst daran glaubte, scheint noch so eben möglich, denn obgleich er sicherlich nicht von Sinnen war, gehörte zu seinem Charakter ein unüberbietbares Selbstvertrauen, das das normale Maß bei weitem überstieg. Das Überraschende jedoch ist, daß ganz Europa Drakes Anschauung zu teilen begann. Neuigkeitskrämer, Flugschriftenschreiber, ja fähige Politiker und Diplomaten gewöhnten sich allmählich daran, von dem Seekrieg zwischen Spanien und England zu sprechen, als handle es sich hierbei um einen persönlichen Zweikampf zwischen König Philipp und Francis Drake. Schon im Jahre 1580 begannen die protestantischen Fürsten Deutschlands und Skandinaviens, die hugenottischen Edelleute und andere Feinde Spaniens, Kopien von Drakes Bild zu verlangen, bis die untersetzte, breitschultrige Gestalt mit ihrem angriffslustigen braunen Bart, dem frischen geröteten Gesicht, dem großen hellblauen forschen Auge so bekannt war, wie sie es bis heute geblieben ist. Später, als die Flotten Englands und Spaniens im Kanal aneinander gerieten, äußerten sich Deutsche und Franzosen, Spanier und Italiener in ihren Briefen so, als sei die englische Flotte lediglich eine Verlängerung von Drakes Arm. »Am Sonntag wurde Drake gesichtet«, schrieben sie. »Drake hat so und soviele Schiffe versenkt... Drake hat so viele Schiffe verloren... Drake liegt vor der Insel Wight... Drake ist vor Calais aufgetaucht... Drake ist bezwungen... Drake hat gesiegt.« Als kenne die Flotte der Königin keinen anderen Admiral, ja, als handle es sich gar nicht um die der Königin. Schon sagten Spione und Briefeschreiber: »Drake sammelt seine Streitkräfte... Drake plant, die La-Plata-Flotte abzufangen... Drake will nach Brasilien segeln«, als hingen die Unternehmungen der königlichen Schiffe von den Launen dieses seltsamen Seeräubers ab.

Als er von London nach Greenwich, von Greenwich nach Gravesend und von dort wieder nach London hin- und herkutschierte, muß Francis Drake aufrichtig gewünscht haben, diese allgemeine Ansicht entspräche den Tatsachen. Er entnahm dem Geschwätz der Seeleute, er roch aus jedem Windzug, der von Süden blies, er hörte mit eindrucksvollen Einzelheiten aus dem Munde seines Freundes und Beschützers, des Sekretärs der Königin, Sir Francis Walsingham, daß sich in Spanien allerhand tue. Drake war sicher zu wissen, wie man diese Vorbereitungen durch plötzliche Überfälle, die ihn der Seekrieg im Karibischen Meer gelehrt hatte, unterbinden könnte. Diesmal würde sein Privatkrieg der Krieg ganz Englands sein, und wenn er nur hart und rasch genug zuschlagen könnte, würde das großangelegte Unternehmen des Königs von Spanien vereitelt sein, noch bevor seine Armada die Segel setzen könnte. Doch wie sehr die Männer ihrer Umgebung es oft bedauern mochten, England wurde von einer Frau regiert, und die Schiffe der Königin segelten nicht ohne den Befehl der Königin. Als der Monat März ins Land zog, wartete Drake bereits seit Monaten auf dieses Wort. An einem einzigen Tag hatte die Königin ihn neunmal vorgelassen. Nun vergingen Wochen, ohne daß er sie überhaupt zu Gesicht bekam.

Drakes Biographen erklären, Elisabeth sei böse mit ihrem Helden gewesen, weil seine Reise nach Westindien statt eines Gewinnes nur Verluste eingebracht habe. Zweifellos war sie enttäuscht. In jenem Winter des Jahres 1586 war ihre Börse so außergewöhnlich in Anspruch genommen worden, daß sie vermutlich auf einen Gewinn aus Drakes Vorstoß ins Karibische Meer gehofft hatte, bei dem er mit ein wenig Glück Spaniens Schatz-Flotte hätte aufbringen können. Doch neigten die Höflinge der Königin eher zu der Erklärung, daß das Schicksal der Königin von Schottland sie derartig beschäftigte, die Hinrichtung sie dann so bekümmerte und empörte, daß geringfügigere Angelegenheiten ihrer Aufmerksamkeit entgingen.

Wahrscheinlich ist an beiden Erklärungen etwas Wahres. Noch einen Monat nach Marias Tod trug Elisabeth tiefe Trauer, noch immer verkehrte sie mit ihren Ratgebern in mürrischem und gereiztem Ton, noch immer lehnte sie ihre gewohnten Zerstreuungen ab. Inzwischen hatten die Schotten sich einigermaßen beruhigt, während der von der Königin zur Schau gestellte Kummer Eindruck auf die Franzosen zu machen begann. Es lohnte Elisabeths größte Anstrengungen, die Möglichkeit einer Allianz zwischen Spanien und Frankreich, oder zwischen Spanien und Schottland zu vereiteln: vielleicht konnte unterdessen ein spanischer Angriff wenigstens vorübergehend verhindert werden. Die ganze zweite Februarhälfte und den März hindurch war die Königin jedoch nicht so von Kummer beschwert, daß sie nicht durch geeignete Nebenkanäle Vorschläge verfolgt hätte, die sie im Januar dem König von Spanien durch einen spanischen Kriegsgefangenen Walter Raleighs unmittelbar hatte zustellen lassen. Gleichzeitig führte Elisabeth — mit der Kenntnis wie vieler Ratgeber wissen wir nicht — ihre vorsichtigen Verhandlungen mit dem Herzog von Parma weiter. Wenn sich die Dinge auf den heiklen Stand des Tages, bevor das Beil in Fotheringhay fiel, zurückbringen ließen, so würde Elisabeth ihr Bestes tun, die alte Unsicherheit wieder herzustellen.

Mittlerweile durfte die am sichersten scheinende Chance nicht außer acht gelassen werden. Spanien bedrohte England an drei Fronten. Zunächst einmal in den Niederlanden. Solange Parmas Heer die flämische Küste beherrschte, benötigte Elisabeth die Niederländer ebenso dringend wie diese sie. Die herrschende Partei in Holland hatte sich in Elisabeths Augen unverschämt und knauserig benommen. Die englische Expeditionsstreitmacht hatte sich zunächst als militärische und finanzielle Katastrophe erwiesen. Trotzdem mußte auf irgendeine Weise für die hungernden englischen Truppen mehr Geld beschafft, den Niederländern Zuversicht eingeflößt, das bestehende Bündnis von neuem gefestigt werden. Trotz ihres Unmutes fand Elisabeth während des

Monats nach Marias Tod Zeit dazu, diese Dinge in Angriff zu nehmen.

Sie fand auch die Zeit, den zweiten Gefahrenpunkt, Frankreich, ins Auge zu fassen. König Heinrich III. hatte zwischen all seinen fürchterlichen Fehlschlägen einen diplomatischen Sieg errungen. Niemand nahm ihn ernst. Jedermann hielt ihn für restlos unzuverlässig. Wenn Mendoza und Philipp II. ihm zutrauten, an dem Tag, an dem die Armada auslief, gemeinsame Sache mit England und Navarra zu machen, so fürchteten Stafford und Walsingham, vielleicht auch Elisabeth, daß er sich jeden Augenblick Spanien und den Guisen anschließen könne. In einem Punkt jedoch waren sich englische und spanische Staatsmänner einig: die einzig mögliche Art, mit dem König von Frankreich umzugehen, hieß: Gewalt. Die Spanier rechneten mit der Heiligen Liga. Die Kriegspartei in Elisabeths Staatsrat stimmte dafür, deutsch-protestantische Truppen einzusetzen, um den Hugenotten den Rücken zu stärken. Elisabeth meinte nachdenklich, vielleicht könnten die deutschen Fürsten diesmal dazu überredet werden, um der Religion statt um des bloßen Lohnes willen zu kämpfen, ein freilich nicht ernstzunehmender Vorschlag. Seufzend erklärte sie sich dazu bereit, ihnen eine Unterstützung von fünfzigtausend Pfund zu verschaffen, und sie zuckte zwar zusammen, machte jedoch keinen Rückzieher, als der Preis auf hunderttausend stieg. Gleichzeitig sann sie auf eine Möglichkeit, etwas Geld für den bettelarmen König von Navarra herauszupressen. Solch bittere Pillen wurden für die Königin durch so etwas wie Walsinghams Begeisterung für die gemeinsame Sache der Protestanten in allen Ländern keineswegs versüßt. Andererseits anerkannte sie, daß es sich in der augenblicklichen Gefahr lohne, die Franzosen ans eigene Land zu binden.

Freilich war die Hauptgefahr, die Bedrohung durch einen spanischen Angriff von der See her, damit noch nicht abgewehrt. England war zwar zur See nicht unvorbereitet. Niemand im sechzehnten Jahrhundert hielt eine kampffähige Flotte zwischen einzelnen See-Unternehmungen, aber dank John Hawkins war Elisabeths Flotte einsatzbereiter als die meisten anderen und verfügte über bessere Schiffe, die durchwegs mit möglichst niederen Kosten gebaut und instand gehalten wurden. Ihre Seebären trauten es sich zu, die Spanier aufs Haupt zu schlagen, wo immer sie sie aufspürten, doch würde eine regelrechte

Seeschlacht, sei es an der spanischen, sei es an der Kanalküste, ein gewaltiges Risiko und überdies ein kostspieliges Unternehmen bedeuten. Francis Drake glaubte ein billigeres Verfahren zu wissen und schwor, er könne den Spaniern durch einen Vorstoß längs ihrer Küste die Lust zu einem Seekrieg gründlich verderben. Elisabeth schwankte, ob sie ihrem königlichen Bruder eine weitere Herausforderung zumuten oder einen weiteren Penny über das unbedingt Notwendige hinaus ausgeben sollte, auch wußte sie, daß ein Unruhegeist wie Drake sie in eine Lage hineinziehen konnte, aus der es keinen Ausweg mehr gab. Immerhin, wenn die Armada nur ein Jahr lang hingehalten werden konnte, welch unerwartete Früchte mochte die Zeit dann bescheren? Überdies konnte die Expedition vielleicht auch als Privatunternehmen aufgezogen werden und auf diese Weise weder ihre Friedensverhandlungen endgültig zum Scheitern bringen noch sie selbst ohne eine Möglichkeit zum Rückzug festlegen.

Der schließlich ausgearbeitete Plan trägt alle Spuren von Elisabeths persönlichem Eingreifen. Drake sollte sechs Schiffe der Königin haben, vier erstklassige Galeonen und zwei Pinassen. Er wurde ermächtigt, unter den Londoner Kaufleuten so viele Schiffe anzuheuern, wie sich ihm anzuschließen bereit waren. Der Lordadmiral erbot sich, seine eigene Galeone und eine Pinasse mitzuschicken, Drake selbst hatte in Plymouth vier eigene Schiffe ausgerüstet. Das Geschwader sollte bei der Teilung der Beute auf Prise aussegeln, so daß die Reise einesteils eine Art privates Handelsunternehmen wurde. Drakes Anweisungen lauteten jedoch, »die Absicht der spanischen Flotte vorerst zu vereiteln und sie etwa an einer Zusammenziehung vor Lissabon zu hindern«. Das Wie wurde ihm überlassen, einschließlich der Möglichkeit, »die Schiffe in ihren Häfen anzugreifen«. Dafür hatte er die Vollmacht der Königin erhalten. Endlich wurde sein Privatkrieg gegen den König von Spanien ein Krieg Englands.

Es wäre merkwürdig gewesen, wenn Drake mit Francis Walsingham nicht die Möglichkeit erörtert hätte, daß der Kronrat schwanken und zaudern könnte, wenn er sich nicht beeilte. Seine Vollmacht trug — so behauptete er — das Datum des 15. März (alter Zeitrechnung, 25. März nach dem neuen römischen Kalender), aber einige Tage vorher schon hörten Mendozas Spione, daß Drake die Schiffe der Königin auf ihre volle Kriegsstärke bringe. Drei Tage später hatte Drake sich mit den Londoner Kaufherren geeinigt, und die Schiffe der Königin lichteten in Gravesend Anker. Drake war nicht an Bord. Vielleicht blieb er noch in Greenwich, in der Hoffnung auf eine letzte Audienz. Wenn er sie erhielt, so war es jedenfalls eine Geheimaudienz. Dann fuhren er und seine Frau eilends nach Dover, wo eine Pinasse sie an Bord seines Flaggschiffes brachte. Zehn Tage nach dem Ausstellungsdatum seiner Vollmacht segelte er an der Spitze seines Geschwaders in den Sund von Plymouth.

Dort blieb er, wie ein Berserker arbeitend, eine Woche. Er hatte die endgültige Ausrüstung seiner eigenen vier Schiffe zu überwachen, dazu die Verproviantierung der königlichen Galeonen zu beenden — eine Aufgabe, bei der seine Eile ihn zum Schludern veranlaßt haben mußte, denn es stellte sich später heraus, daß das Kontingent von Plymouth und die königlichen Schiffe viel schlechter ausgerüstet waren als die der Londoner Kaufherren. Dazu kamen andere Sorgen. Vielleicht geschah es in Plymouth, daß gemunkelt wurde, — wie bisweilen heimlich gemunkelt wird — daß das Reiseziel nicht etwa Westindien und die spanischen Gewässer sei, wo es Städte und reiche Pflanzungen zu plündern gab, dazu die Möglichkeit, der Silberflotte aufzulauern und genug Pesos zu schnappen, um den kleinsten Matrosen reich zu machen, auch nicht die schlechtgeschützte brasilianische Küste, nicht einmal die Azoren, sondern die Häfen Cadiz und Lissabon, die mit Forts gespickt waren und — wie es hieß — von bewaffneten Schiffen wimmelten und wo es außer blutigen Köpfen wenig zu holen gab. Wir wissen zumindest, daß die erste Andeutung, Drakes Reiseziel sei vermutlich Cadiz, Mendoza etwa um die Zeit erreichte, als Drakes Matrosen zu desertieren begannen, und zwar in solcher Anzahl, daß Drake Verrat witterte, eine Annahme, zu der er nur allzuleicht neigte. Diesmal hatte er es freilich viel zu eilig, um mehr tun zu können, als die Ortsbehörden aufzufordern, die Deserteure einzulochen und dem Lordadmiral zu schreiben, daß ein für die Sache der Königin so gefährliches Vorkommnis streng bestraft werden müsse. Inzwischen füllte er seine Wachlisten mit Soldaten auf, und als die *Royal Merchant* und vier andere Schiffe, die letzten des Londoner Kontingents, am 1. April (A. Z.) in Sicht kamen, war er zum Auslaufen bereit.

Am nächsten Morgen schrieb er in der Kabine seines Flaggschiffes, der *Elizabeth Bonaventura*, einen Abschiedsbrief an seinen Freund Walsingham, in seinem üblichen holprigen Satzbau und mit einer über sein sonstiges Maß hinausgehenden Begeisterung. Von seinen Reisegefährten schrieb er: »... wir sind alle davon überzeugt, daß es wohl nie in einer Flotte ein schöneres Einverständnis gegeben hat, wie wir es voneinander erhoffen. Ich danke Gott, daß keine darunter sind, die nicht wie ein Mann für unsere gnädige Königin und unser Vaterland gegen den Antichrist und seinen Anhang einstehen. Ich danke Gott, daß so hochstehende Herren wie Kapitän Borough, Kapitän Fenner und Kapitän Bellingham, die mit mir an dieser Fahrt teilnehmen, sehr vertrauenswürdig, ehrlich und tatkräftig sind. Wenn Ew. Gnaden jetzt die Flotte mit vollen Segeln sehen könnten und wüßten, mit welcher Entschlossenheit die Männer an ihre Aufgabe herangehen — was Euer Gnaden voll Freude feststellen würden —, Sie würden bestimmt zu der Überzeugung kommen, daß eine kleine Streitmacht sie nicht zu teilen vermöchte.

... ich versichere Ew. Gnaden, daß hier keine Zeit verloren wurde..« Dann folgt eine dunkle Anspielung auf die Möglichkeit, daß einige »Übelgesinnte dabei sein könnten, wie es sie auch in anderen Unternehmungen gegeben hat...« und die Beschwerde, daß »es hart ist, mit übler Nachrede bedacht zu werden von solchen, die sich stets aus dem Dicksten herauszuhalten wissen oder allzu heftig auf eine Änderung unserer Regierung hinarbeiten, was sie — ich hoffe es zu Gott — nie erleben sollen.« Man kann annehmen, daß Drake im Augenblick der Niederschrift dieses Briefes unter seinen augenblicklichen Kampfgefährten noch keinen jener verräterisch-trüben Feinde entdeckt hatte, die seine Laufbahn in gewisser Weise belauerten. Später war er indes ziemlich sicher, daß sein Vize-Admiral, Kapitän Borough, zu ihnen gehörte.

Während er schrieb, dachte er wahrscheinlich an die Friedenspartei im Rat der Königin, an seine und Walsinghams Feinde, als die er — mit Ausnahme Glorianas — alle diejenigen betrachtete, die keinen Krieg mit Spanien wünschten. Hatte Walsingham ihn gewarnt, die Königin könnte es sich anders überlegen und die Handlungsfreiheit seiner Vollmacht beschränken? Die außergewöhnliche Eile, mit der er jene Ausreise betrieben hatte, läßt darauf schließen, daß er zu dieser Eile getrieben worden ist. Sicherlich wußte Walsingham, daß Elisabeths Verhandlungen mit Parma kürzlich einen behutsamen Schritt vorangebracht worden waren, und daß die Königin diese Verhandlungen zugunsten eines Schlages gegen die spanische Küste nicht zu gefährden wünschte. Aber nun konnte keine Abänderung der Anweisungen Drake noch einholen. »Der Wind befiehlt mich fort«, endete er triumphierend. »Unsere Schiffe sind unter Segel. Gott gebe, daß wir so in Seiner Furcht leben wie der Feind Grund haben möge zu sagen, daß Gott für Ihre Majestät in der Ferne ebenso kämpft wie zu Hause. Hinweg! An Bord Ihrer Majestät guten Schiffs *Elisabeth Bonaventura,* den 2. April 1587.«

Die Königin überlegte es sich tatsächlich anders. Mit verhängten Zügeln traf ein Kurier in Plymouth ein und brachte neue Instruktionen, die darauf hinausliefen, daß Ihre Majestät, auf die Kunde hin, daß der König von Spanien Wert darauf lege, ihre letzten Mißhelligkeiten und Unfreundlichkeiten zu vergessen und durchaus abgeneigt sei, die Dinge weiter auf die Spitze zu treiben, Drake anwies, »strikt davon Abstand zu nehmen, irgendeinen Port oder Hafen des besagten Königs gewaltsam anzulaufen, irgendeine seiner Städte oder ein vor Anker liegendes Schiff anzugreifen, oder auch irgendeine feindselige Handlung an Land zu begehen. Dennoch ist es, abgesehen von dieser Anweisung, Ihrer Majestät Wunsch, daß Ihr und alle ihre Untertanen, die unter Euch dienen, nach bestem Ermessen und Vermögen solche Schiffe des besagten Königs oder seiner Untertanen, denen Ihr auf See begegnen mögt, in Euren Besitz bringt (wobei Ihr das Vergießen christlichen Blutes nach Möglichkeit vermeiden solltet).« Wie sehr dies auch auf Sir Francis Drake oder andere ihrer kriegerischen Untertanen zutreffen mochte, Elisabeth wünschte doch zum Ausdruck zu bringen, daß sie mit dem König von Spanien nicht im Krieg lag.

Hätte Drake diese Instruktionen erhalten und befolgt, so wäre seine Kriegsfahrt natürlich ganz anders ausgefallen. Mit einer solch knappen Spanne, wie einige seiner Biographen im Interesse einer spannenden Darstellung zu verstehen geben möchten, war er ihnen jedoch nicht entwischt. Es liegen mehrere Entwürfe dieses Gegenbefehls vor. Der erste, unterzeichnet von den Geheimen Räten, dessen Abschrift nach

Plymouth gesandt worden sein soll, trug das Datum des 9. April. Am gleichen Tag (dem 19. April nach neuer Zeitrechnung) hörte Mendoza in Paris, daß Drake ausgelaufen war. Es scheint seltsam, daß die Nachricht von seiner Ausfahrt die Entschließungen in Greenwich nicht im geringsten beeinflußte. Als eine Pinasse mit den Anweisungen des Kronrats hinter ihm hersegelte, war Drake bereits neun Tage auf See. Er brauchte wohl kaum so viel Zeit, um einen Verfolger hinters Licht zu führen. Die Bö, die die Pinasse in den Kanal zurückblies, muß die letzte eines Sturms gewesen sein, der einige Tage vorher Drakes Geschwader vor Kap Finisterre zersprengt hatte. Selbst so läßt die Tatsache, daß die Pinasse im Kanal kreuzte, bis sie ein reichbeladenes portugiesisches Kauffahrteischiff aufbrachte, darauf schließen, daß der Kapitän wahrscheinlich in dem Glauben gelassen wurde, seine Mission sei im Grunde nicht so eilig.

Ein bedeutender Geschichtsschreiber hat von der besprochenen Gegenorder behauptet, sie sei »höchst kennzeichnend für Elisabeth als Kriegsminister gewesen.« Natürlich wollte er damit nur seiner Mißbilligung darüber Ausdruck verleihen, daß man einer Frau gestattete, sich in Männergeschäfte zu mischen. Ein Gutteil von Elisabeths Ratgebern dachte wohl ebenso. Je genauer wir uns indessen die Angelegenheit des Gegenbefehls besehen, desto sicherer empfinden wir, daß diese Handlungsweise charakteristisch für Elisabeth I. ist, in Kriegs- wie in Friedenszeiten. Zum ersten ist der Befehl geheimnisumhüllt, was wohl teilweise auf absichtliche Verschleierung zurückzuführen ist. Schon die Sprache ist irreführend und zweideutig, nur die finanzielle Seite, zumal die Bedeutung, die auf den vollen Anteil der Königin an der Beute gelegt wird, behandelt sie unverblümt und ohne Umschweife. Hier könnte Elisabeth sogar selbst die Feder geführt haben. Und schließlich lief die Sache im Endergebnis — mag dies nun beabsichtigt gewesen sein oder nicht, wenn man auch das Gefühl nicht los wird, daß es nicht ohne Absicht geschah — darauf hinaus, aus zwei zwar einander widersprechenden, aber trotzdem gleichzeitig verfolgten politischen Richtlinien das Beste zu machen. So konnte Walsingham an Stafford schreiben (wußte er, daß Stafford die Nachrichten an Mendoza weitergeben würde?), daß die Königin Drake verboten habe, irgendeinen spanischen Hafen anzulaufen; Burghley konnte Parmas

Vertreter, De Loo, bei seiner Ehre und mit der Hand auf dem Herzen schwören, daß Ihre Majestät Drake das ausdrückliche Verbot nachgesandt habe, sich dem König von Spanien gegenüber auf irgendeine Weise feindselig zu verhalten, und daß sie den Kapitän, der die Botschaft abzuliefern versäumt hätte, streng bestraft haben würde, hätte er sich nicht durch einen Eid reinzuwaschen gewußt. All das konnte offiziell belegt werden, so daß die Fiktion, daß England und Spanien sich nicht im Kriegszustand befänden, aufrechterhalten und die Verhandlungen in den Niederlanden fortgeführt werden konnten. Gleichzeitig ließ man Drake freie Hand, die Zusammenziehung der spanischen Flotte auf jedwede ihm vorteilhaft erscheinende Art zu hintertreiben. Elisabeth wird angenommen haben, daß Drake über diese Seite der Angelegenheit ebensoviel wußte wie jeder andere.

EIN BART IST VERSENGT

Bucht von Cadiz, 29. April bis 1. Mai 1587

Am Mittwoch, den 29. April, um vier Uhr nachmittags, hätte es in den Gärten des alten Jagdhäuschens von Karl V. schön sein können. Auf dem ganzen Hochland von Neukastilien gibt es keinen Platz, der sich solch herrlicher Blumen rühmen darf wie Aranjuez, und keine Jahreszeit ist in Aranjuez so schön wie der Beginn des Monats Mai. Gewöhnlich weilte Philipp den ganzen Monat dort. Nur als er sich zum König von Portugal machte, konnte er den Mai nicht in Aranjuez verbringen. Damals hatte er sehnsüchtig von den Blumen und den Nachtigallen der dortigen Gärten geschrieben. In diesem Jahr war er hingeeilt, sobald er Madrid mit einigem Anstand verlassen konnte. Im Frühling war die Spätnachmittagssonne am wohltuendsten für seine Gicht, zu dieser Tageszeit liebte Philipp es, seine Blumen zu besuchen. Während er zwischen ihnen umherschlenderte, erreichte ihn eine Depesche aus Paris. Don Bernardino de Mendoza schrieb, am 12. April sei Drake mit etwa dreißig seiner Schiffe von Plymouth ausgesegelt. Sehr wahrscheinlich sei es seine Aufgabe, die Zusammenziehung der spanischen Flotte zu verhindern, sein erstes Angriffsziel sei vermutlich Cadiz. Vielleicht blieb der König länger als sonst im Park, vielleicht trieb ihn seine Gicht auch früher als sonst ins Bett. Welchen Grund es auch haben mochte, er las Mendozas beunruhigende Depesche jedenfalls erst am nächsten Vormittag, und da war es bereits zu spät.

Am Mittwoch, den 29. April, nachmittags um vier Uhr, kletterte Kapitän William Borough an Bord von Drakes Flaggschiff, der *Elizabeth Bonaventura*. Borough, ein Seemann von altem Schrot und Korn, war Lordadmiral von Englands Vizeadmiral der Meere und diente nun als Drakes Vizeadmiral und Kommandant der *Golden Lion*, einer der neuen Galeonen der Königin. Ob er auf ein Signal seines Admirals hin an Bord kam, hat er nie gesagt, überdies hat die Zeit die meisten der Gesichter verwischt, die er auf Drakes Achterdeck sah. Es handelte sich um eine Art Kriegsrat, freilich nicht um einen vollständigen, denn die letzten Nachzügler des Geschwaders waren noch kaum am Horizont sichtbar, und es war keineswegs die Art von Lagebesprechung, die William Borough gewohnt war.

Der Anlaß war klar. Bald würde auf einem niedrigen buckligen Felsvorsprung die Stadt Cadiz in Sicht kommen, dazu füllte ein kräftiger Wind aus Südwest die Segel des Geschwaders. Dem Admiral standen so ziemlich die selben Seestreitkräfte zur Verfügung, mit denen er achtzehn Tage vorher von Plymouth abgesegelt war. Trotz des Sturms, der die Schiffe auf der Höhe von Kap Finisterre zerstreut hatte, war die Fahrt im großen und ganzen rasch und erfolgreich vonstatten gegangen. Zwar hatte man eine Pinasse im Sturm eingebüßt, dafür waren aber mehrere Prisen aufgebracht worden, darunter eine recht brauchbare portugiesische Karavelle, so daß das Geschwader, das sich auf der Höhe des Felsens von Lissabon versammelte, etwa sechsundzwanzig Schiffe gezählt haben muß. Vier von den Schiffen der Königin waren dabei, die *Elizabeth Bonaventura*, die *Golden Lion*, die *Dreadnought* und die *Rainbow*, schöne mächtige Galeonen von etwa vier- bis fünfhundert Tonnen, die mit »schiffszerschmetternden« Kanonen bestückt waren; dazu drei stattliche Schiffe der Levante-Gesellschaft, London, fast so groß wie die Galeone der Königin und wegen der Gefahren des Levantehandels nahezu ebenso schwer armiert, wenngleich mehr mit Eisen- als mit Messingkanonen. In zweiter Linie segelten sieben weitere Kriegsschiffe von rund einhundertfünfzig bis etwas über zweihundert Tonnen. Für Aufklärung, Wach-, Depeschen- und Küstendienst waren etwa elf oder zwölf leichte Seefahrzeuge eingesetzt, »Fregatten« und »Pinassen« aller Größen, von nahezu hundert bis hinunter auf bloße fünfundzwanzig Tonnen, jedoch durch die Bank seetüchtig. Mit Ausnahme der Galeeren ist es zweifelhaft, ob die Spanier in jenem Frühling in allen Spanien umgebenden Gewässern auch nur annähernd so viele taugliche oder eingesetzte Kriegsschiffe zur Verfügung hatten.

Wenn es nicht schon vorher beschlossen worden war, so wurde am Felsen von Lissabon das erste Ziel bestimmt. Zwei abgefangene holländische Kauffahrer berichteten von einer bedeutenden Ansammlung von Schiffsraum auf der felsigen Reede, der für die vor Lissabon aufzustellende Armada bestimmt war. Nun fragte Drake auf seinem Achterdeck Borough, ob man noch am selben Nachmittag einlaufen oder bis zum nächsten Vormittag warten solle.

Warten habe viel für sich, meinte Borough, jedoch könne der Wind vor dem Morgen abflauen; es müßte aber möglich sein, einen Rat abzuhalten, einen Plan auszuarbeiten und trotzdem gegen acht Uhr bei Anbruch der Dunkelheit in der äußeren Bucht zu ankern.

»Das ist auch meine Meinung«, entgegnete Drake, »wenn vielleicht auch manch einer bis morgen warten möchte. Wir werden jedoch keine Minute zögern.«

Trotz Boroughs Einwänden war die Beratung damit abgeschlossen. Als der Vizeadmiral auf die *Golden Gate* zurückkam, mußte er feststellen, daß sein Vorgesetzter noch immer Kurs auf den Hafen von Cadiz hielt, während die übrige Flotte sich so hastig und in solcher Unordnung aufzuschließen bemühte, wie man es bei einem derartigen Manöver noch nie gesehen hatte. Solange die Flotte ihm jedoch nachfolgte, war Drake die Ordnung ziemlich gleichgültig. Er wußte um den Vorteil der Überraschung, dieser war auf seiner Seite und er hatte nicht die Absicht, ihn preiszugeben.

Am Mittwoch, 29. April, um vier Uhr nachmittags, hätte die Stadt Cadiz nicht sorgloser dahindämmern können. Die meisten der führenden Edelleute und Bürger vergnügten sich gerade bei dem Schwank einer Gruppe fahrender Komödianten. Auf dem weiten Platz bewunderte eine große Zuschauermenge das Geschick eines Kraftmenschen, der den Rhythmus trainierter Muskeln gegen die Akrobatik der Verskunst auszuspielen versuchte. Da Seeleute von einem Dutzend Nationen durch die Straßen drängten, dürfen wir annehmen, daß die Weinkneipen sich nicht über Mangel an Kundschaft zu beklagen hatten. In dieser fröhlichen Menge verbreitete sich nur sehr langsam die Kunde, daß eine lange Kette von Schiffen auf den Hafen zusteure. Bis das Hauptinteresse sich von Akrobat und Komödianten abgewandt hatte, war das führende Schiff fast bis zu dem »Säule des Herkules« genannten Denkmal am Hafeneingang gelangt. »Juan Martinez de Recalde und seine braven Biscayer«, so sagten einige, und freuten sich über die Ordnung der näherkommenden Schiffe. »Nein«, sagten andere, »es sind zu viele.« »Dann sind es also Feinde, Franzosen oder Engländer, vielleicht sogar der fürchterliche Drake.«

Glücklicherweise war, wie die Einwohner von Cadiz später anerkannten, der Hafen nicht unbewacht. Acht Galeeren und eine kleine schnelle Galeere unter Don Pedro de Acuña waren vor wenigen Tagen auf einer gemächlichen Erkundungsfahrt, bei der sie bis Kap Sankt Vicente vorstoßen und sich mit Recalde vereinigen sollten, von Gibraltar eingelaufen. Zwei der Galeeren waren mit einem Auftrag nach Puerto Real in der oberen Bucht weitergesegelt, der Rest des Geschwaders lag jedoch direkt unter dem alten Kastell im Hafen. Die Galeeren müssen in Alarmbereitschaft gewesen sein, denn Don Pedro gelang es, sie gewandt über die Einfahrt zur unteren Bucht zu verteilen und ein Schiff zu bestimmen, das die Fremden angreifen sollte, solange sie sich noch im Kanal befanden. Der Angreifer jagte voraus, die Ruder blitzten, Arkebusiere und Pikeniere standen in festgeschlossenen Reihen auf dem Vorderdeck, der bronzene Rammbug glitzerte und Spaniens Banner flatterte am Mast. Das Schiff wollte grüßen, doch bevor es in Hörweite herankam, begannen die Kanonenkugeln es zu umschwärmen. Die *Elizabeth* und vielleicht einige der anderen führenden Schiffe hatten das Feuer eröffnet. Wenn Drake seiner sonstigen Gewohnheit folgte, so hißte er in diesem Augenblick das englische Banner, während Trompetenstöße vom Achterdeck ertönten.

Eine Art Panik brach in der Stadt aus. Der Corregidor, der eine Plünderung der Stadt durch die Engländer und somit Straßenkämpfe befürchtete, befahl Frauen und Kindern, Greisen und Lahmen ins alte Kastell zu flüchten. Der Kommandant dieser Festung hingegen, der bei der Verteidigung nicht durch eine Menge nichtkämpfender Zivilisten behindert zu sein wünschte, ließ die Tore schließen. Nun war das enge Sträßchen draußen, kaum mehr als ein Durchgang, am äußersten Ende von dem geschlossenen Tor blockiert, während alle seine Zugänge sich mit einer herandrängenden Menge füllten, die im Grunde nicht recht wußte, wovor sie floh. In der zusammengepferchten Masse drohte eine Panik auszubrechen, während der Druck der heraneilenden Menschen die eingeschlossene Vorhut immer mehr zusammenpreßte. Bevor der Festungskommandant überhaupt wußte, wie ihm geschah, oder die in den offenen Straßen und Plätzen zu den Waffen eilenden Bürger ahnten, was los war, waren einige fünfundzwanzig Frauen und Kinder zu Tode getrampelt.

Mittlerweile wurden Kompanien zusammengetrommelt, mit den in aller Eile aufgetriebenen Waffen ausgerüstet und an die gefährdeten Stellen gerufen. Ein zusammengewürfelter Kavallerietrupp enttauchte vorsichtig des Südtor und begann Puental abzureiten, das felsige, außerhalb der Ummauerung liegende Ödland, das an einem bestimmten Punkt die untere von der oberen Bucht trennte. Hier, so dachte der Corregidor, würden die Engländer voraussichtlich zu landen versuchen. Daher schickte er seine beste Kompanie Infanterie zur Unterstützung der berittenen Patrouille dorthin, und eine zweite zur Bemannung des befestigten Tores. Und all das unter dem Lärm der von der Bucht heraufdröhnenden Kanonade.

Dort lieferten die schweren englischen Schiffe zunächst Don Pedro de Acuñas' Galeeren ein Seegefecht, dessen Ausgang für keinen der Gegner zweifelhaft gewesen sein kann. Man ist versucht, von diesem Kampf in der Bucht von Cadiz als vom Beginn einer neuen Zeit des Seekriegs zu sprechen, vom unerwarteten Sieg des Atlantik über das Mittelmeer und vom Ende der zweitausend Jahre währenden Seeherrschaft der Galeere. Man ist hierzu versucht, wird aber zu falschen Schlüssen kommen. Die Galeeren, rank und schlank mit bösem bronzenem Rammbug, mit ihrem von Soldaten und Geschützen strotzenden Vorderdeck, sahen aus wie furchterregende Kampfmaschinen. Jedes Schiff manövrierte mit einer Schnelligkeit, Anmut und Genauigkeit, die — zumindest in ruhigen Gewässern — keine Rücksicht auf den Wind zu nehmen brauchte; sie schwenkten und drehten gemeinsam wie ein Wasserballett. Sie waren gefährlich, aber nur für andere Galeeren. Ihre bronzenen Rammbugs erwiesen sich als schreckliche Waffe in einem Galeerengefecht. Ein Rammbug vermochte eine ganze Ruderreihe abzufetzen oder dem in die Flanke getroffenen Feind eine tödliche Wunde beizubringen, aber kein Galeerenkapitän, der alle fünf Sinne beisammen hatte, würde einen schweren Segler zu rammen versuchen. Dessen Messingkanonen konnten auf den überfüllten Decks anderer Galeeren Tod und Verderben säen und waren dabei groß genug, die kleinen Handelssegler, die den Löwenanteil des Mittelmeerhandels trugen, einzuschüchtern, aber von ihrer gewöhnlichen Bestückung von fünf Messingkanonen waren nur vier von tödlicher Wirkung, während die fünfte, der »Bugschreck«, meist nur ein Vier- oder Sechspfünder war.

Jedes einzelne von Drakes sieben schwersten Schiffen vermochte mit einer einzigen Breitseite mehr Eisen herauszufeuern, als alle Galeeren Don Pedros zusammen, und das auf eine erheblich größere Gefechtsentfernung.

Galeeren waren nicht dazu bestimmt, gegen schwerbestückte Segelschiffe zu kämpfen und hatten sie auch noch nie geschlagen, nicht einmal durch Entern, außer, wenn sie in überwältigender Überzahl angriffen. Galeeren hatten zu wenig Tiefgang, sie waren zu leicht gebaut, zu verwundbar durch Beschuß und führten zu wenig Geschütze. In den ersten Jahrzehnten des Jahrhunderts hatten die Portugiesen die Kampfüberlegenheit der Segelschiffe mit jener Reihe von Siegen bewiesen, die sie mit ihren bewaffneten Handelsschiffen gegen die Kriegsgaleeren der Türken und Ägypter erfochten hatten. Vor weniger als einem Jahr hatten die Engländer einen zweiten Beweis erbracht. Fünf schmucke Schiffe der Levante-Gesellschaft, die von Nahosthäfen zurückkehrten, waren auf der Höhe von Pantellaria von zehn spanischen Galeeren der sizilianischen Wachflottille angehalten worden und hatten nach ergebnislosen Unterhandlungen eine regelrechte Seeschlacht mit den Spaniern geliefert, jedes Schiff gegen zwei Galeeren, bis die geschlagenen Galeeren abziehen und die unversehrten Handelssegler ziehen lassen mußten. Drei dieser selben Schiffe fuhren hinter Drake in die Bucht von Cadiz ein. Hätten die Spanier zwölf Galeeren, wie Drake berichtet hat – oder zwanzig einzusetzen gehabt, die Sache wäre ziemlich aufs gleiche hinausgelaufen. Wenn sie vor den Seglern auch fast immer hinter Sandbänken ausweichen oder gegen den Wind rudern konnten, so waren Galeeren nun einmal nur zum Kampf gegen andere Galeeren gebaut.

Wenn Don Pedro zu Anfang nicht überzeugt hiervon war, so mußte er doch bald einsehen, wie hoffnungslos unterlegen er der feindlichen Übermacht war. Tapfer wie er war, eröffnete er das Gefecht, als aber die englischen Schiffe ihre Breitseiten gegen ihn abfeuerten, wurde er von einem Hagel von Kanonenkugeln eingedeckt, bevor er seine eigenen Buggeschütze überhaupt richten konnte. Daher schwenkte er von der Stadt und dem Ankerplatz ab, drehte dann zurück und versuchte einen neuen Angriff, vielleicht gegen kleinere Schiffe. Aber wieder gaben ihm die großen Galeeren ihre Breitseiten, so daß er wiederum zum Abdrehen gezwungen war. So focht er ein hinhaltendes Gefecht, wie ihm auch nichts anderes übrig blieb, um den am Ankerplatz liegenden Schiffen die Möglichkeit zu geben, sich in die verhältnismäßige Sicherheit der oberen Bucht zurückzuziehen. Vielleicht hoffte er, einige der englischen Galeonen auf die trügerischen Sandbänke locken zu können, von denen die östliche, der Küste zugekehrte Seite der unteren Bucht wimmelte. Die Engländer gaben sich jedoch damit zufrieden, die Galeeren in die Flucht zu schlagen, und Don Pedro, seine Vordecks mit Verwundeten bedeckt und zwei seiner Schiffe so stark beschädigt, daß Drake glaubte, sie versenkt zu haben, schleppte sich schließlich in den Puerto de Santa Maria, einen über vier Seemeilen nordöstlich von Cadiz hinter Sandbänken gelegenen Unterschlupf auf der entgegengesetzten Seite der unteren Bucht.

Am Ankerplatz von Cadiz war eine ähnliche Panik ausgebrochen wie in der Stadt. Die Reede war besetzt von einem Gewirr der verschiedenartigsten Schiffe, insgesamt vielleicht sechzig. Einige davon waren natürlich für die Armada in Lissabon bestimmt, darunter fünf *urcas*, runde, röhrenartige Frachter, hochbeladen mit Wein und Schiffszwieback, dazu eine Anzahl holländischer Barken, die von den Spaniern für eventuelle Dienste in der Invasionsflotte konfisziert und mittlerweile ihrer Segel beraubt worden waren. Aber Cadiz war ein geschäftiger Hafen. Hier lagen für französische, holländische und baltische Häfen bestimmte Mittelmeerschiffe, die auf günstigen Wind warteten, der sie ans Kap St. Vicente bringen sollte. Hier sah man auf dem Wege nach Osten befindliche Segler vom Atlantik, die aus dem einen oder anderen Grund Zwischenstation machten, bevor sie der Straße von Gibraltar entgegenfuhren. Hier warteten, wie dies zu bestimmten Zeiten des Jahres geschah, Schiffe darauf, sich der Amerikaflotte anschließen zu können. Hier war sogar ein einzelner portugiesischer Handelssegler dabei, Fracht für Brasilien zu übernehmen. Und da Cadiz der Hafen von Xerez ist, luden gerade mehrere Nationen die edlen Sherry-Weine, denen die englischen Weinkenner den ganzen langen Krieg mit Spanien hindurch treu bleiben sollten.

Von diesem bunten Schiffsgewirr versuchte nun jeder das Weite zu gewinnen. Die kleinen Boote strebten der Mauer des alten Forts zu, an der die Galeeren vertäut gewesen waren. Andere, die den Kanal kannten oder deren Tiefgang gering genug war, um die Sandbänke nicht fürchten zu müssen, ruderten eilends dem Schutze der oberen Bucht zu. Viele der größeren Schiffe hatten jedoch zu geringe Besatzung, um Segel zu setzen oder hatten keine Segel, die sie setzen konnten, oder aber sie waren vor lauter Überraschung unfähig zu handeln oder sie waren von ihren Nachbarn völlig eingekeilt. So schwojten sie hilflos um ihre Anker, zusammengedrängt wie Schafe, die den Wolf wittern.

Derart war die Lage bei allen Schiffen bis auf eines. Am äußersten Ende des Ankergrundes lag ein großes Schiff mit siebenhundert Tonnen, das für den Levantehandel gebaut und bewaffnet worden war. Ursprünglich mochte es aus Ragusa stammen — denn die Engländer nannten es nach seiner Bauart »Argosy«, ihre Bezeichnung für ragusische Schiffe — war jedoch in Genua zu Hause und gechartert und sein Kapitän war Genuese. Das Schiff befand sich auf der Heimreise, es war vollgeladen mit Koschenille und Kampescheholz, Häuten und Wolle für Italien. Wahrscheinlich wartete es nur auf einen Gezeitenwechsel und eine Mütze voll Landwind, um den Hafen verlassen und an Gibraltar vorbei heimwärts segeln zu können, denn seine gesamte Besatzung war an Bord. Wir werden nie erfahren, was seinen Kapitän zum Gefecht veranlaßte, aber als Drake und die schweren Schiffe die Galeeren liegenließen und auf den Ankerplatz zusteuerten, stellte dieser zu seiner Überraschung fest, daß der Ragusa-Segler aus jedem Kanonenrohr auf die kleineren englischen Schiffe feuerte und sie an ihrer Beschäftigung mit den vor Anker liegenden Handelsbooten hinderte.

Ein siebenhundert Tonnen schwerer Levantiner ist ein ernstzunehmender Gegner. Die Galeonen Ihrer königlichen Majestät wählten ihren Standort — der enge Kanal des Ankerplatzes bot wenig Raum für Manöver — und schossen den hartnäckigen Gegner methodisch in Stücke. Wehmütig sprachen die Engländer später von jenen vierzig großartigen Messingkanonen, die auf den Grund der Bucht gesunken waren, sie hatten jedoch keine Möglichkeit gehabt, sich ihrer zu bemächtigen. Der »Ragusaner« feuerte noch, während er bereits zu sinken begann. Wir wissen nicht, ob jemand von der Mannschaft sich an Land zu retten vermochte, aber Drakes Schiffe können keinen aufgefischt haben, da sie die Nationalität ihres Gegners nie erfahren haben. Wir wissen nicht einmal den Namen des Genueser Kapitäns oder was aus ihm geworden ist. Wäre er Spanier gewesen, Kommandant einer von Philipps Galeonen, der sich so der gesamten englischen Flotte entgegengestellt und mit seinem Schiff bis zum Untergang gekämpft hätte, wäre seine Tapferkeit vor dem Feind sicherlich gebührend gefeiert worden. Indessen dürfen wir zweifeln, ob seine Genueser Eigentümer seine Handlungsweise zu schätzen wußten. Wenn es ihm überhaupt gelang, nach Genua zurückzukehren, wird er vermutlich haben hören müssen, daß Genua sich keineswegs im Krieg mit England befand, und daß es leichter sei, ein neutrales Schiff bei einem Prisengericht loszueisen, als es vom Grund einer Bucht heraufzuhieven.

Mit der Versenkung des »Ragusaners« endete auch der Widerstand der anderen im Hafen liegenden Schiffe: Drake konnte sein Geschwader mitten unter ihnen zu Anker bringen und an die Arbeit gehen; rasch wurden die gewünschten Prisen und Frachter, die das Umladen lohnten, ausgesucht, dann die zur Vernichtung bestimmten geräumten oder leeren Boote bezeichnet. Als die Nacht einfiel, wurden die ersten Schiffe losgeworfen, in Brand gesteckt und der einsetzenden Flut überlassen. Bald erleuchteten die brennenden Schiffe die Bucht und warfen ein rötliches Licht auf die weißen Mauern von Cadiz.

Die Arbeit ging unterdes nicht ohne Widerstand vor sich. Von Zeit zu Zeit feuerte das alte Fort seine wenigen Kanonen ab, und als die Prisenkommandos sich tiefer in den Ankerplatz hineinarbeiteten, eröffnete eine zweite Küstenbatterie auf der Hafenseite der Unterstadt das Feuer. Beide Batterien waren jedoch eher dafür gedacht gewesen, maurische Landungskommandos abzuweisen als den Hafen zu beherrschen und die englischen Geschwader würdigten sie keines Blickes. Da erforderten die Galeeren doch mehr Aufmerksamkeit. Bevor die Nacht einfiel, steckten die beiden vom Puerto Real vorsichtig ihre Nasen hinter Puental hervor und versuchten auf jedwedes Ziel zu Schuß zu kommen, das sich ihnen bot. Mehrmals verscheuchten die Londoner, die diese Flanke der Operation deckten, sie energisch, dann schaukelten sie rasch aus dem Schußbereich der schweren Geschütze, erschienen aber nach einer Weile wieder auf dem Plan und schossen ihre kleinen Kugeln auf die nächste englische Pinasse ab. Die Galeeren des Puerto de Santa Maria spielten das gleiche Spiel und wagten aus der verhältnismäßigen

Sicherheit der Untiefe einen weiten Schuß mit ihren Bugkanonen. Auf dieser Flanke buchten sie denn auch ihren einzigen bescheidenen Sieg.

Gerade als die Nacht einfiel, stießen zwei der Galeeren auf die gekaperte portugiesische Karavelle, die weit draußen hinter dem rückwärtigen Flügel des englischen Geschwaders lag, vielleicht aus Trägheit, vielleicht aus Sorglosigkeit, vielleicht war sie auch auf ein privates Abenteuer aus. Jedenfalls schnitten die Galeeren sie ab, bevor irgendjemand am Ankerplatz bemerkte, was los war. Sie schlug die Aufforderung, sich zu ergeben, in den Wind und böllerte mit ihren kleinen Knallbüchsen los, als sei sie eine Galeone. Aber Schiffe wie dieses waren ein gefundenes Fressen für eine Galeere. Sie fegten mit einem Geschoßhagel das Deck der Karavelle so gründlich rein, daß sie beim Entern von der gesamten Prisenbesatzung nur noch fünf verwundete Überlebende fanden. Diese Gefangenen und die wiedergekaperte Prise brachten die Galeeren nach Cadiz ein.

Mit Ausnahme dieses Zwischenfalls vermochten weder die Forts noch die Galeeren in dieser Nacht irgendwelchen Schaden anzurichten. Gegen Donnerstagmorgen war das Werk der Zerstörung so gut wie beendet, und Drake führte das Gros seines Geschwaders an einen Ankerplatz auf der Höhe von Puental am Eingang zur oberen Bucht. Durch diese Durchfahrt hatte er am vergangenen Abend Schiffe entwischen sehen. Von gefangenen Seeleuten erfuhr er, daß dicht dahinter eine prächtige Galeone lag, Eigentum des Marquis von Santa Cruz. Sie war soeben aus den Werften der Biscaya in Cadiz eingelaufen, um ihre Geschütze und einige Kompanien Soldaten an Bord zu nehmen. Vermutlich war sie zum Flaggschiff der Invasionsflotte bestimmt. Ihre Vernichtung würde den Überfall auf Cadiz krönen.

Drake ließ die *Elizabeth Bonaventura* gegenüber Puental vor Anker liegen, stieg in seine Barke, stellte eine kleine Streitmacht zusammen aus Pinassen und Fregatten, denen er die *Merchant Royal*, das größte Londoner Schiff, zur Unterstützung zugesellte, und drang in die obere Bucht vor. Drake sorgte persönlich dafür, daß die große Galeone in Brand gesteckt wurde, einige der Pinassen zündeten die kleineren Fahrzeuge an, die am vergangenen Abend nur bis zur Leeseite von Puental gekommen waren, und andere begannen, das obere Ende der Bucht zu erkunden, in dem etwa vierzig Schiffe hinter Sandbänken und Batterien, die Puerto Real schützten oder in der »Rio de Santi Petri« genannten Meerenge vor Anker lagen, über die eine Holzbrücke Cadiz mit dem Festland verband.

Alle diese Bewegungen in der oberen Bucht wurden von den Verteidigern der Stadt mit gespannter Aufmerksamkeit verfolgt. Diese hatten eine Nacht in ängstlicher Wachsamkeit verbracht und sorgten sich mehr um die Möglichkeit einer Landung als um die im Hafen brennenden Schiffe. Das ganze Hin und Her kleiner Boote und Barken, so dachten sie, schien der Auftakt zu einer Landung zu sein. Als englische Pinassen sich der Mündung des *rio* näherten, vermuteten sie, Drake würde als erstes die Brücke in Flammen aufgehen lassen, über die ihre Verstärkungen eintreffen sollten und im stillen segneten sie die beiden Galeeren, die die Pinassen vertrieben.

Schon schien die Lage nicht mehr so verzweifelt. Bei Morgengrauen langte eine Kompanie Infanterie an, die von Xerez her die Nacht durchmarschiert war. Eine zweite, unterstützt von Reiterei, traf etwa zwei Stunden später ein; rund um die Bucht begann ein fieberhaftkriegerisches Treiben: Staub stieg von marschierenden Kolonnen auf, Trompetenstöße ließen sich aus der Ferne vernehmen, sich bewegende Lanzenspitzen glänzten vor dem dunklen Laubwerk der Orangenbäume. Der mächtige Herzog von Medina Sidonia eilte zum Einsatz mit allen schleunigst zusammengerufenen Truppen herbei. Noch war die Stadt nicht verloren.

Hoffnung trieb die Städter zu verschärfter Tätigkeit an. Auf beiden Seiten des Puental-Tores waren zwei riesige alte bronzene Feldschlangen montiert, ihre gewaltigen Rohre waren gut fünf Meter lang und jede wog mehrere Tonnen. Solche Kanonen konnten achtzehn Pfund schwere Kugeln über drei Kilometer weit schießen. Hätten die Hafenbatterien über derartige Kanonen verfügt, hätte die Sache anders ausgehen können. Nun wuchteten die begeisterten Milizsoldaten eines der bronzenen Ungeheuer über das rauhe Ödland von Puental auf einen kleinen Felsvorsprung, der das obere Ende der vorderen Bucht beherrschte. Jenseits der Bucht lagen die großen Schiffe des englischen Geschwaders vor Anker — am nächsten lag die *Golden Lion* — die nur knapp zwei Kilometer entfernt war.

Der Kommandant der *Golden Lion*, William Borough, Vizeadmiral des Geschwaders, war nicht an Bord. Er machte sich über mancherlei Dinge Sorgen, über die Verteilung von Wein und Zwieback aus den gekaperten Lagern, die exponierte Lage der Flotte, die in einem engen, zwischen Sandbänken eingezwängten Kanal lag und Angriffen von Galeeren oder Brandern ausgesetzt war, über die unerklärliche Tätigkeit von Pinassen und Schiffsbooten, droben am Kopfende der unteren Bucht, — am besorgtesten war er jedoch, weil kein Kriegsrat abgehalten worden war. Daß Drake sich kopfüber in einen fremden, von unbekannten Gefahren wimmelnden Hafen stürzte und dabei seine Flotte kunterbunt hinter sich dreinsegeln ließ, ohne auch nur die geringsten Erkundigungen über das Vorhandensein von Kanälen oder Forts eingezogen, ohne sich vorher beraten oder klare Befehle erteilt zu haben, hieß in Boroughs Augen, eine Katastrophe herausfordern. So weit war ja mehr oder weniger alles glatt gegangen, das mußte er zugeben, aber was gab es hier denn noch zu tun, außer die erbeuteten Lagerbestände umzuladen und dann schleunigst die hohe See zu gewinnen. All das wirre Geplänkel ohne die geringste Überlegung, keine Beratung über Seekarten und Befehle, kein Abwägen der verschiedenen sich ergebenden Möglichkeiten, keine Rücksicht auf die Meinung der älteren Offiziere, — es war alles höchst ungewohnt. Borough wollte damit keineswegs daran erinnern, daß er eine Flotte befehligt und eine ausgewachsene Seeschlacht in der Ostsee gewonnen, bevor Drake überhaupt einen Kahn kommandiert hatte, der größer als die *Judith* war. Er bestand auch gar nicht auf seiner Würde als Englands Vizeadmiral zur See. Immerhin wollte er gerne wissen, was eigentlich gespielt wurde. Um das festzustellen, hatte er sich zur *Elizabeth Bonaventura* hinüberrudern lassen.

Auf dem Flaggschiff wurde ihm mitgeteilt, daß Drake mit den Pinassen und der *Merchant Royal* in die obere Bucht gefahren war. Mehr wußte man nicht. Wenn auch Boroughs Bemerkungen nicht gerade widersetzlich klangen, so mochte es doch seine Haltung gewesen sein. So steuerte er nun seine Barke an Puental vorbei, wo Santa Cruz's Galeone schon bis auf die Wasserlinie heruntergebrannt, und zog an Bord der *Merchant Royal* Erkundigungen ein. Man sagte ihm, der Admiral sei zur unteren Bucht zurückgefahren. Schließlich traf Borough seinen Vorgesetzten auf der *Elizabeth* an, fand ihn jedoch wenig mitteilsam. Mit unbesänftigtem Mißmut kehrte Borough auf sein eigenes Schiff zurück.

Während er unterwegs war, hatte der Kanonier auf der gegenüberliegenden Landzunge sich auf die Entfernung der *Golden Lion* eingeschossen. Auf alles, was weiter als siebenhundert Meter entfernt war, mußte eine Feldschlange aufs »Geratewohl« zielen — wie die Kanoniere zur Zeit Elisabeths es treffend ausdrückten — aber jetzt lagen die Schüsse des Spaniers doch ungemütlich nahe. Ein Schuß durchbohrte den Rumpf der *Lion* an der Wasserlinie und riß ihrem Hauptkanonier ein Bein ab. Als Borough an Bord kam, hatte sein Stellvertreter bereits einen Anker ausgefahren und schickte sich an, das Schiff in Richtung Puerto de Santa Maria außer Schußweite zu verholen. Borough war mit dieser Maßnahme einverstanden. Es war schlimm genug, daß der Schiffsrumpf durchschossen war, und ein zweiter Schuß konnte ebensogut einen Mast umlegen oder das Pulvermagazin treffen.

Als die Galeeren bemerkten, daß die *Golden Lion* getrennt von den übrigen Engländern allein verholt wurde, wagten sie einen neuen Ausfall. Es bestand immerhin die Möglichkeit, daß sechs Galeeren einer einzelnen Galeone, die nicht unter Segel stand, erheblichen Schaden zufügen konnten, zumal wenn einige von ihnen sie am Heck zu fassen bekamen. So steuerten sie denn in zwei Dreierreihen, weit auseinandergezogen, um eine möglichst geringe Angriffsfläche zu bieten, haargenau auf den Feind los, das führende Paar feuerte seine sämtlichen Kanonen zugleich ab und schwenkte dann wie eine Reiterschwadron auseinander, damit die nächste Reihe zum Schuß kam. Borough gelang es, beizudrehen und ihnen eine Breitseite zu verpassen. Eine Weile hielt die *Golden Lion* die sechs tödlichen Tänzer in Schach, dann muß — obschon dies von niemanden berichtet wird — der Wind von Süden her aufgefrischt haben, denn Drake, der die Gefahr bemerkte, in der sein Vizeadmiral schwebte, konnte die Galeone *Rainbow*, sechs Handelsschiffe und seine eigene Pinasse zur Unterstützung hinschicken. Mit windgeschwellten Segeln und den rasch aufrückenden Verstärkungen, ging Borough zur Offensive über, führte seine Schiffe weiter in die äußere Bucht hinaus, schnitt die Galeeren von Puerto de Santa Maria ab, trieb sie schnellstens in den Schutz des Riffs von Las Puertas an der Ecke des äußeren Kanals und ging mit seinem Geschwader halbwegs zwischen dem alten Fort von Cadiz und der den Hafen von Santa Maria schützenden Küstenbatterie vor Anker. Wenn man ihm auch später Vorwürfe machte, so wurde Boroughs Manöver damals von niemandem kritisiert. Tatsächlich war die Position mit Geschick gewählt. Sie legte nämlich die Galeeren, die hinter dem Riff nicht hervorbrechen und somit auch keine Abteilung der Flotte belästigen konnten, ohne Gefahr zu laufen von einer anderen abgeschnitten zu werden, vollständig lahm, solange der Wind anhielt.

Es war der Wind, der Drake im Augenblick mehr zu schaffen machte als Boroughs Lage. Es war ein Vormittag launenhafter Winde gewesen; kurz nach Mittag, als alles, was getan werden konnte, getan und die Flotte zur Ausfahrt bereit war, flaute die Brise, die Borough in die Mündung der unteren Bucht getrieben hatte, vollkommen ab. Die noch vor Puental liegenden Schiffe der Abteilung kamen heraus, das Flaggschiff des Admirals glitt an die Spitze der Kolonne, Banner wurden gehißt, Trompeten und Kesselpauken schmetterten ihren Hohn der von der Stadt herüberdröhnenden vergeblichen Kanonade entgegen. Dann, noch bevor das Flaggschiff auf die Höhe des morgendlichen Ankerplatzes der *Golden Lion* gelangt war, schlugen die Segel plötzlich und das englische Geschwader trieb ohne Ruderwirkung auf der spiegelglatten See.

Zwölf Stunden lang setzte der Wind aus. In einer Weise war es ein peinlich-klägliches Widerspiel zu dem außergewöhnlich erfolgreichen Überfall. In einem anderen Sinn war es der triumphreichste aller möglichen Abschlüsse. Um die Mittagsstunde war der Fürst von Medina Sidonia mit Verstärkungen in Cadiz eingetroffen, die über dreihundert Mann Kavallerie und etwa dreitausend Mann Fußvolk zählten. Das Stadtvolk brannte darauf, sich für die in Hilflosigkeit und Schrecken verbrachte Nacht zu rächen und der englischen Flotte wenigstens einen Denkzettel mitzugeben. Einige der Kanonen der Hafenforts konnten im äußersten Fall die englischen Schiffe erreichen und böllerten eifrig los. Der Kanonier der auf der Landzunge postierten Feldschlange begann von neuem seine Tätigkeit, diesmal die *Elizabeth Bonaventura* aufs Korn nehmend. Angespornt von der herzoglichen Gegenwart, schleppte die Besatzung von Puental ihre zweite Feldschlange zum Uferland hinunter, von wo aus die *Dreadnought* und die *Merchant*

Royal gerade noch in ihrem Schußbereich lagen. Die Galeeren, die einzigen Schiffe, die sich gut auf windstillen Gewässern bewegen konnten, begannen ihr Einkreisungsballett. Stadtvolk und Seeleute füllten einige der kleineren Fahrzeuge, die unterhalb des Forts dicht beieinander lagen, mit Brennmaterial, steckten sie in Brand und ließen sie mit ablaufender Tide auf die Engländer zutreiben. Die Galeeren halfen dabei, indem sie die Brander in günstigere Positionen schleppten und sie mit ihren Geschützen zu decken suchten. Mit zunehmender Dunkelheit wuchs die Begeisterung der Spanier für diese Art von Angriff, und die Bucht von Cadiz war von brennenden Schiffen hell erleuchtet.

Und doch war alles umsonst. Wenn sich die englische Flotte auch unter den ungünstigsten Bedingungen — reglos in einem begrenzten Raum inmitten unbekannter Sandbänke und Untiefen eingeklemmt — verteidigen mußte, vermochten weder die Küstenbatterien, noch die Galeeren, nicht einmal die Brander den geringsten Schaden anzurichten. Nicht ein Schiff, nicht ein Mann wurden verletzt. Die Feldschlange auf der Landzunge vermochte ihren Glückstreffer vom Morgen nicht zu wiederholen. Die Feldschlange am Ufer verursachte lediglich Spritzer rund um ihre Ziele und die städtischen Batterien waren noch weniger erfolgreich. Zur Entschuldigung der Kanoniere von Cadiz sei hier gesagt, daß im sechzehnten Jahrhundert Schießpulver viel Geld kostete, so daß Schießübungen im Frieden nicht üblich waren. Auch konnte man sich nicht auf gleichbleibende Beschaffenheit des Pulvers verlassen; nicht nur fielen kaum zwei Kanonen je gleich aus, auch die zu einem bestimmten Geschütz gelieferten Kugeln waren meist nicht von einheitlicher Größe, so daß der Spielraum, die Differenz zwischen dem Durchmesser des Geschosses und dem des Seelenrohres, die normalerweise schon beträchtlich war, auch noch stark schwankte. Daher schoß nur in einem Lehrbuch eine Kanone von bestimmtem Lauf und bestimmter Länge, die auf bestimmte Weise geladen wurde, eine Kugel von bestimmter Größe über eine bestimmte Entfernung. Ja, selbst ein altgedienter Kanonier mochte sich wohl vor der Voraussage scheuen, ob sein nächster Schuß mitten ins Ziel treffen, mit einem entmutigenden Plumps ein paar hundert Meter vorher einschlagen oder gar zu früh losgehen und ihn samt seiner Mannschaft töten würde. Bei Fernzielen war die Chance eines wirksamen Beschusses jedenfalls gering.

Wenn die englische Flotte ihre Rettung aus den Klauen der Küstenbatterien den ungenügenden Waffen und der mangelnden Treffsicherheit des Feindes verdankte, so durfte sie die Abwehr der Galeeren und Brander ihrer eigenen Seemannskunst und Wachsamkeit zuschreiben. Wie sehr die Galeeren auch umherschwenkten und kreisten, sie wurden stets abgewehrt, bevor sie nahe herankommen konnten. (Richtig ausgefahrene Anker und Mannschaften, die die Ankertrossen geschickt einhieven und fieren, können ein Segelschiff in kurzer Zeit weit herumschwingen.) Was die schlimmste Bedrohung, die Brander betraf, so wußten gewandt gehandhabte Boote diese abzuschleppen oder abzuwehren, so daß sie weit fortgetrieben und auf den Sandbänken ausbrannten. Währenddessen machte der Scherz des Admirals, die Spanier täten in dieser Nacht alle Arbeit für sie, indem sie ihre eigenen Schiffe verbrannten, in der Flotte die Runde. Die Engländer fanden in der Bucht von Cadiz in der Nacht des Donnerstag ebenso wenig Schlaf wie in der vorangegangenen, schienen schließlich aber auf ihre Kosten zu kommen. Nach jenen eben durchlebten zwölf Stunden würde keiner von ihnen mehr übermäßige Angst vor Batterien oder Galeeren, ja nicht einmal vor Brandern haben.

Endlich, kurz nach Mitternacht, kam genug Landwind auf, um die Flotte durch den Kanal zu treiben. Don Pedros Galeeren, alle acht, begleitet von der kleinen Galeere und einem anderen Ruderschiff, vielleicht der Fregatte, die der Herzog von Medina Sidonia abkommandiert hatte, um Drakes Flotte zu beobachten, folgten ihnen. Bei Morgengrauen eröffneten die Galeeren das Feuer, worauf Drake vor Anker gehen ließ und zum Kampf aufforderte. Don Pedro, der nicht mehr erwarten konnte, als einen Nachzügler abzuschneiden, war vorsichtig genug, den Kampf nicht anzunehmen. Stattdessen sandte er dem englischen Admiral eine höfliche Botschaft – begleitet von einem aus Weinen und Süßigkeiten bestehenden Geschenk – und nach einem Austausch von Artigkeiten, die zweier Kavaliere eines Ritterromans würdig gewesen wären, begannen die beiden Befehlshaber über den Austausch von Gefangenen zu verhandeln. Als ihre Boote auf der ruhigen See hin- und herglitten, kam eine frische Brise auf, und Drake segelte mit einem Abschiedsgruß in Richtung Kap Sankt Vicente davon.

Nach Drakes Schätzung waren insgesamt siebenunddreißig Schiffe im Hafen von Cadiz versenkt, verbrannt oder gekapert worden. Robert Leng, ein junger Herr, der als Freiwilliger an der Expedition teilnahm, meinte, es seien »etwa dreißig« gewesen; ein nicht genannter italienischer Beobachter in der Stadt kam auf die gleiche Anzahl, und die offizielle spanische Schätzung, die nicht zu Propagandazwecken, sondern für das Auge des Königs aufgestellt worden war, sprach von vierundzwanzig Fahrzeugen im Gesamtwert von einhundertundzweiundsiebzigtausend Dukaten. Vermutlich hängen die Zahlen davon ab, ob man die kleinen Fahrzeuge mitbewertet und ob man auch die erfolglosen Brander einrechnet. »Der Verlust«, meinte Philipp, nachdem er die Nachricht überdacht hatte, »war nicht sehr groß, dafür war aber die Tollkühnheit des Unternehmens um so größer.«

Auch war der materielle Schaden des Überfalls klein zu nennen. Wenn einige der Handelsschiffe auch neutral waren und viele von ihnen Ladungen an Bord hatten, die nicht für Lissabon bestimmt waren, so war ein Gutteil der Vorräte auf dem Weg zu Santa Cruz gewesen. Die *urcas* und die holländischen Schiffe waren sicherlich zum Transport- und Nachschubdienst in der Armada ausersehen, und die große Galeone des Marquis wäre vermutlich eines seiner gewaltigsten Kampfschiffe geworden. Drakes Landsleute fanden seine Behauptung keineswegs prahlerisch, er habe in Cadiz den Bart des Königs von Spanien versengt. Immerhin mag er die Äußerung bescheidener gemeint haben, als sie klang. Nach der Schlacht von Lepanto sagte der Sultan: »Als die Venezianer meine Flotte versenkten, versengten sie nur meinen Bart. Der wächst nach. Als ich aber Zypern nahm, hieb ich ihnen einen Arm ab.« Drake wußte sicher, daß Bärte nachwachsen. In demselben Brief, in dem er Walsingham vom Überfall auf Cadiz berichtete, schrieb er: »Ich versichere Ew. Gnaden, Vorbereitungen, wie der König von Spanien sie getroffen hat und tagtäglich von neuem trifft, um England zu überfallen, sind nie gehört noch gesehen worden. Wenn sie nicht gestört werden können, bevor sie sich vereinigen, werden wir uns mächtig in Acht nehmen müssen. Dieser Dienst, den wir mit Gottes Einwilligung haben verrichten können, wird eine Änderung herbeiführen, aber alle nur möglichen Vorbereitungen zur Verteidigung sind von größter Dringlichkeit. Ich wage kaum von den mächtigen Streitkräften zu sprechen, die der König von Spanien besitzen soll. Macht England stark, besonders aber zur See!« Und dann, mit düsterem Hintergedanken: »Habt ein Auge auf die Küste von Sussex.« Als er auf das Kap Sankt Vicente zusteuerte, wußte Drake, daß seine Hauptaufgabe ihm noch bevorstand.

»NICHTS VON BEDEUTUNG«

An der portugiesischen Küste, 2. bis 20. Mai 1587

Drake mußte in Cadiz gehört haben, daß Juan Martinez de Recalde, vielleicht der berühmteste spanische Seemann nach Santa Cruz, irgendwo auf der Höhe von Sankt Vicente mit einem Geschwader von etwa halber Stärke des eigenen kreuzen sollte.

Als er am 2. Mai von Cadiz aus westwärts steuerte, war Drake vermutlich auf der Suche nach Recalde. Das nächste, was er zu fassen bekam, war ein Depeschenboot, das auch nach Recalde suchte und ihm einen dringenden Befehl von Philipp zu überbringen hatte, des Inhalts, er solle der überlegenen englischen Seestreitmacht aus dem Weg gehen und sich nach Lissabon zurückziehen. Drake lief weit hinaus, spannte seine Schwingen aus und schwang in einem nordwärts gerichteten Bogen zurück. Aber er kam zu spät. Recalde hatte von Drakes Stärke gehört und war Philipps Befehl zuvorgekommen. Als Drake um das Kap bog, ließ sich Recaldes Geschwader, sieben derbe biscayische Schiffe und fünf Pinassen, von der Flut in die Mündung des Tejo tragen, um im Schutze der Forts, die Lissabon schirmten, vor Anker zu gehen.

Befriedigt darüber, daß Recalde entwischt war, brach Drake seine Suche am 9. Mai plötzlich ab. Als auf sein Signal seine Kommandanten zur Beratung, oder wie es bei Drake häufiger war, zum Befehlsempfang an Bord kamen, kündigte er ihnen an, daß sie nach Sankt Vicente zurückfahren würden, wo sie landen und das Schloß Sagres, sowie die anderen in der Nähe liegenden Forts nehmen wollten. Warum er das wollte, sagte er nicht. »Im Dienst seiner Herrscherin dazu getrieben, mit seinen Gefährten seinen Ruf aufs Spiel zu setzen«, sagte Robert Leng, der sich als Gentleman-Abenteurer dem Unternehmen angeschlossen hatte, vielleicht in der Hoffnung, literarisches Kapital aus der Reise schlagen zu können. »Als geborener Stratege hatte er die hervorragende Bedeutung jenes berühmten Kaps sofort begriffen«, meinte der große viktorianische Historiker der Seekriege, Drakes glühendster Bewunderer. Neben dem Urteil, das von der Lektüre von

Ritterromanen beeinflußt ist und demjenigen, das auf Kenntnis von Nelsons Seeschlachten basiert, steht uns das säuerliche Urteil von Drakes Vizeadmiral und widerwilligem Waffenbruder, William Borough, zur Verfügung. In einem unverschämt respektlosen Brief, den er Drake am Abend nach der Bekanntgabe seines Planes schrieb, verwarf er die Idee, daß entweder die Leichtigkeit der Süßwasserbeschaffung den Befehlshaber nach Sagres locke, da »die nächste dort vorhandene Wasserquelle ein einen knappen Kilometer entfernt liegender, schlecht zugänglicher Tümpel sei«, oder aber der Wert der schweren Messingbestückung des Kastells. »Und wenn Sie Ihren Zweck erreichen« — schrieb Borough —, »was haben Sie davon? Nichts von Bedeutung, und niemand wird glücklicher darüber außer, daß Sie sich befriedigt sagen können: Das habe ich auf dem Land des Königs von Spanien fertiggebracht.«

Borough war sich über die Bedeutung von Kap Sankt Vicente nicht im unklaren und ließ durchblicken, daß die Tatsache hinreichend bekannt war, was den Kronrat auch veranlaßt habe, Drake gerade dorthin zu schicken. Drakes Aufgabe, so hielt Borough ihm vor, bestand jedoch darin, am Kap vorbeizusegeln und die spanischen Vorbereitungen zu hintertreiben. Die Landeoperation war gefahrvoll und unnötig, und der Lordadmiral hatte besonders vor derartigen Versuchen gewarnt. Was Borough wahrscheinlich am meisten verbitterte, war die Tatsache, daß wieder einmal kein richtiggehender Kriegsrat zusammengetreten war und daß er, der Vizeadmiral der Flotte, von Drakes Plänen durch das Für- und Widergerede jüngerer Offiziere hörte, bevor er sie aus Drakes eigenem Mund erfuhr.

Inwieweit Boroughs Urteil Drakes Beweggründe mißdeutete, können wir heute nicht mehr mit Bestimmtheit sagen. Borough scheint der Meinung gewesen zu sein, daß die Flotte die zur Erfüllung ihrer Mission notwendige Zeit vor Kap Sankt Vicente hätte kreuzen können, auch ohne irgendwo ankern zu müssen; und später gelang es englischen Admiralen oftmals, ähnliche Positionen geraume Zeit ohne eine in der Nähe gelegene Basis zu halten. Freilich hatten die Kriegsschiffe zur Zeit Elisabeths nicht die Seetüchtigkeit späterer Schiffe, und wenn Drake den ganzen Sommer über in diesen Gewässern zu bleiben beabsichtigte, war ein sicherer, von feindlichen Geschützen unbedrohter

Ankergrund, ein Ort, an dem Schiffe überholt werden und die Mannschaften sich an Land erholen konnten, natürlich ein nicht zu unterschätzender Vorteil. Auf seinen Fahrten im Karibischen Meer hatte Drake stets solche Basen gesucht. Aber auch der Beutedrang des alten Seeräubers wird mitgespielt haben, und das Bestreben von Philipps geschworenem Feind, auf dem Boden eben dieses Feindes etwas Bemerkenswertes zu vollbringen.

Die Wetterverhältnisse verzögerten Drakes Landung bis zum 14. Mai, dann aber griff er nicht Sagres, sondern Lagos an, einen bequemen Hafen und Unterschlupf etwa fünfzehn Meilen an der Küste ostwärts von Cadiz. Lagos war einst eine reiche Stadt gewesen, in den letzten Jahren war ihr Handel jedoch stark zurückgegangen, und Drake mag sie als nur schwach verteidigt angesehen haben, wenngleich man sich kaum vorstellen kann, wie er sie später zu halten gedachte. Er ließ seine Schiffe bei Einbruch der Nacht in der Bucht westlich von Lagos ankern und landete seine Soldaten ohne Widerstand bei Tagesanbruch. Anthony Platt, Generalleutnant der Landoperationen, formierte sie am Strand, elfhundert Mann in einer einzigen Marschkolonne, voran die Späher, dann zwei Reihen Arkebusiere als Vorhut, zwei Reihen Arkebusiere auf beiden Seiten und zwei weitere Reihen als Nachhut, die Piken in der Mitte — eine Aufstellung, die die Portugiesen als höchst fachmännisch beeindruckte. In dieser Ordnung setzte sich die Truppe in Marsch, einen Weg wählend, der weitgehend durch offenes Gelände führte, und zog mit klingendem Pfeifen- und Trommelspiel Lagos entgegen, als gälte es, vor dem Lord-Leutnant von Devonshire zu paradieren.

Obwohl sie keinen Widerstand fand, ging die Landung doch nicht unbemerkt vonstatten. Plötzlich gewahrten die Eindringlinge Reitergruppen an ihrer Flanke, eine unmilitärisch aussehende Gesellschaft, die aber stattlich beritten war und gut zu Pferde saß. Die Reiter hielten sich wohlweislich außerhalb Schußweite, als aber die Kolonne sich der Stadt näherte, nahm die Anzahl berittener Späher zu, und auf dem höherliegenden Inland wurden Anzeichen von Infanteriebewegung sichtbar. Die englische Kolonne marschierte an den ganzen landwärts gelegenen Mauern von Lagos entlang, es fand sich, daß die Verteidigungswerke überall viel stärker waren als ihnen berichtet worden war, und sie zogen donnernde Salven schwerer Geschütze, Mauerstücke, Musketen und Arkebusen auf sich. Dann machten die Engländer kehrt, von Zeit zu Zeit innehaltend, um sich auf unergiebigen Schußwechsel mit den Verteidigern einzulassen, und marschierten auf dem Weg, auf dem sie gekommen waren, zur Bucht zurück. Dom Hernan Teller, Generalgouverneur von Algarve, der die Verteidigung leitete, war überrascht und erleichtert. Dom Hernan wußte, wieviel geringer die wirkliche Stärke der Garnison war als die längs der Mauern postierten Feldzeichen dartun sollten, und er zweifelte daran, daß seine Bauern und Fischer Männern, die wie alte Haudegen marschierten, lange Widerstand leisten könnten. Er hielt keine seiner Infanterieeinheiten eines Ausfalls für fähig, als er aber die Rücken der Engländer sah, führte er die zweihundert Mann Kavallerie seiner Eskorte zu den bereits im offenen Gelände befindlichen Reitern hinaus.

So mußte die englische Marschkolonne zwei ungemütliche Stunden durchmachen, bis sie zu ihren Booten zurückgelangte. Musketiere beschossen sie hinter Mauern und Olivenbäumen hervor. Die Zahl der Verwundeten, die sie mitschleppen mußte, schwoll zusehends an. Dazu umschwärmte die absonderlich aussehende Reiterei sie in bedrohlicher Nähe, zwang sie immer wieder zum Halten, um in rasch formierten Karrees überraschende Attacken abzuwehren und ließ ihnen keine Ruhe, bis sie den Uferstreifen erreicht hatten und die schweren Schiffsgeschütze Feuer eröffnen konnten.

William Borough war nicht in der Lage, darauf hinweisen zu können, daß seine Warnung vor den Gefahren einer Landoperation berechtigt gewesen sei. Drake hatte achtundvierzig Stunden über dem Brief seiner Vizeadmirale gebrütet. Es war ein taktloser Brief, bei dem zwanglosen Verkehrston der Tudor-Armeen würde ihn jedoch kaum jemand als gehorsams- oder regelwidrig angesehen haben. Als Genie urteilte Drake anders als andere Leute. Er erinnerte sich daran — vielleicht nicht allzu genau — daß Borough ihn von einer Landung im Hafen von Cadiz abzubringen versucht hatte. Er dachte daran — vielleicht nicht allzu gerecht —, daß Borough es sehr eilig gehabt hatte, sich aus dem Staube zu machen, bevor die Schiffe im oberen Hafen abgebrannt waren. Er rief sich ins Gedächtnis — mit wieviel Bitterkeit können wir nur zu erraten suchen —, daß nur wegen Borough sein eigenes

Flaggschiff, die *Elizabeth,* nahezu zwölf Stunden lang den Beschuß jener verflixten, auf der Landzunge postierten Feldschlange hatte aushalten müssen, auf einem Flecken also, auf dem Borough hatte stehen müssen, wäre er nicht geflohen. Er dachte nicht daran – vielleicht hatte ihm nie jemand gesagt, daß Borough an jenem Flauteabend seine eigenen Sorgen hatte – und vermutete Borough in vollkommener Sicherheit, daß er die Seemeilen, die Borough von ihm entfernt war, in Landmeilen umwandelte. Selbst ein Befehlshaber, der dies alles von der schlimmsten Seite nahm, würde Borough nichts anderes als Dummheit oder Feigheit unterstellt haben, Drake jedoch sah tiefer. Er wußte, daß in England eine weitgreifende, undurchsichtige Verschwörung im Gange war, die, pro-spanisch und pro-päpstlich, es auf die Unterdrückung und Vernichtung aller der gemeinsamen Sache verschworenen ehrlichen Protestanten abgesehen hatte. Er wußte, daß, seit er sich als erklärter Feind des Königs von Spanien gezeigt hatte, sein Aufstieg in der Welt von den Agenten dieser Verschwörung verfolgt worden war – bisweilen von gesichts- und formlosen Gegnern, die ihn bei der Königin anschwärzten, die seine Matrosen zur Fahnenflucht anstachelten, die spanische Städte und spanische Schiffe vor seinem drohenden Zugriff warnten, mitunter auch von Schurken, die Drakes Scharfsinn entlarven konnte wie etwa jenen schwarzen Teufel Thomas Doughty, den er in der Sankt-Julians-Bucht köpfen ließ, bevor die *Golden Hind* in den Pazifischen Ozean segelte. Doughtys Hauptverbrechen, zum mindesten das einzige, das heute wahrscheinlich klingt, bestand darin, daß er angedeutet hatte, Drake habe seine Befugnisse überschritten. Borough hatte das Gleiche getan. Borough hatte ihn ebenfalls beschuldigt, die Bräuche von Ihrer Majestät Kriegsdienst zu verletzen. Francis Drake hatte einmal seinen Schiffskaplan an Deck in Ketten schlagen lassen, nachdem dieser eine in seinen Augen respektlose Predigt gehalten hatte. Er hatte seine Mannschaft um sich versammelt, und, »mit verschränkten Beinen, ein Paar Pantoffeln schwingend, auf einer Seekiste hockend«, an den Priester folgende Worte gerichtet: »Francis Fletcher, hiermit exkommuniziere ich dich aus der Kirche Gottes, schließe dich von allen Wohl- und Gnadentaten aus und überantworte dich dem Teufel und all seinen Engeln«. Von einem solchen Mann durfte man kaum erwarten, daß er demütig eine Strafpredigt über

See-Etikette von einem Untergebenen bescheiden entgegennahm, gleichgültig, ob dieser ihm eine Reihe von Lebens- und Dienstjahren voraus hatte. Nach reiflichem Überlegen berief Drake eine Art Standgericht an Bord der *Elizabeth*, las dabei zumindest einen Teil von Boroughs Brief vor und erklärte, er werde Kapitän Marchant, den Befehlshaber der Landtruppen, auf die *Golden Lion* schicken, damit er den Befehl über dieses Schiff übernehme und über Kapitän Borough Kabinenarrest verhänge. Dort blieb Kapitän Borough während der Dauer des Angriffs auf Lagos — und dies in ständiger Angst um sein Leben — noch einen weiteren Monat.

Nachdem er Borough auf solche Weise unschädlich gemacht hatte, vergaß Drake ihn höchst wahrscheinlich. Kaum waren die Soldaten von ihrem ergebnislosen Parademarsch vor Lagos an Bord zurückgekehrt, ließ Drake die Anker lichten, segelte außer Sichtweite der Küste aufs offene Meer, um unverzüglich Kurs auf Sagres zu nehmen. Dom Hernan Teller forderte noch immer Verstärkungen für Lagos an, als Drakes Truppen den gewundenen, felsigen Weg vom Strand herauf erklommen hatten und auf dem windigen kahlen Vorland ausschwärmten. Die Anlage dieser neuen Operation war so andersgeartet, so rasch, gewandt und entschlossen, daß man sich fragen muß, ob der Angriff auf Lagos mehr gewesen war als eine Finte.

Ein befestigtes Schlößchen versperrte den Weg zur Bucht von Sagres, es war jedoch unverteidigt, als die Engländer es erreichten, und die Landetruppen stießen weiter vor. Das Kastell jener Tage krönte die vorspringenden Felsen an der Spitze von Kap Sagres. Östlich davon liegt die Bucht mit einer winzigen Stadt an ihrem Ufer. Unterhalb der Klippen, südwärts, dehnt sich das Meer gegen die ferne Biegung Afrikas hin, und im Westen rollen die Wellen von dreitausend Seemeilen offenen Atlantiks heran. Genau im Nordwesten ragt in geringer Entfernung der Felsen des Kaps Sankt Vicente hervor, Südwestecke der iberischen Halbinsel und Europas. Auf dieser Landzunge von Sagres saß einst der mönchisch-visionäre Prinz Heinrich der »Seefahrer« und hielt auf unbekannte Meere Ausschau. Hier, auf diesem von steilabfallenden Klippen geschützten, geräumigen, kleinen Hochland errichtete er die Gebäude, die Drake vorfand, sein Wohnhaus und die Räumlichkeiten für seine Bibliothek, seine Astronomen und seine Seeleute, die *Vila do Infante*. Auf diesem kahlen Riff wurden die Pläne geschmiedet, die den Bewohnern Europas den Seeweg zum fabelhaften Osten und noch unerträumten Ländern eröffnen sollten. In gewissem Sinn waren sämtliche in allen Meeren vollbrachten Taten Francis Drakes bis zu diesem Augenblick nichts anderes als eines der kleineren Nebenergebnisse von Prinz Heinrichs Traum.

Wenngleich das Kastell Sagres nicht mehr als königliche Residenz, Lehrzentrum und hochherziges Unternehmen diente, sondern nur noch ein drittklassiges Fort war, dazu bestimmt, ein Fischerdörfchen gegen maurische Überfälle zu schützen, so hatte es doch an seiner, allen Lebewesen außer Möwen unzugänglichen Nordseite eine starke Umwallung. Die dicke, steinerne Mauer ragte zwölf Meter hoch und war mit einer regelrechten Brustwehr, mit einem Torhaus und vier Rundtürmen versehen, von denen ein jeder mit einer großen »Portingale Wurfmaschine« aus Messing, einer langen drehbaren Mauerkanone ausgestattet war, die mit einer halbpfündigen Kugel einen Mann auf eine Entfernung von dreihundert Metern und darüber töten konnte. »Wurfmaschinen« waren Hinterlader und konnten ziemlich rasch abgefeuert werden. Selbst wenn sie nur von einer Handvoll von Leuten gehalten wurde, galt eine solche Burg als schlechthin uneinnehmbar durch eine Streitmacht, die nicht über Belagerungsgeschütze verfügte.

Drake forderte die Übergabe der Burg. Nachdem er eine höfliche aber entschiedene Ablehnung erhalten hatte, befahl er seinen Musketieren und Arkebusiern, mit anhaltendem Feuer die Besatzung aus ihren Schießscharten zu vertreiben. In Pech getauchte Fackeln traten an die Stelle von Kanonen oder Sprengkörpern, und Drake unterzog sich inmitten seiner Leute der gefahrvollen Aufgabe, diese gegen das von den Mauern aus unter Beschuß liegende Haupttor zu schleudern. Nach zwei Stunden unablässigen Ansturms war das große Tor nur noch ein glimmender Aschenhaufen, das Feuer der englischen Musketiere fegte einen Bogen der inneren Verteidigungslinie hinweg, eine nicht geringe Anzahl von Besatzungssoldaten wurde getötet oder verwundet, und der Hauptmann, der zweimal durch den Leib geschossen worden war, ergab sich, Drake räumte ihm großzügige Bedingungen ein. Soldaten und Zivilisten erhielten die Erlaubnis, mit all ihrer persönlichen Habe, außer den Waffen, freien Fußes abzuziehen. Der Nachmittag war noch nicht halb vorüber, da waren die Engländer Herren des Kastells, und Überraschung und Schrecken über ihren plötzlichen Erfolg brachten die anderen Bollwerke der Nachbarschaft, ein Kloster und eine kleine Burg in der Nähe des Kap Sank Vicente, dazu, sich ohne Abgabe eines Schusses zu ergeben.

Man möchte bezweifeln, ob Drake wußte, daß er das Schloß Heinrichs des Seefahrers erobert hatte, die Wiege aller europäischen Kolonialreiche der Vergangenheit, der Gegenwart und der Zukunft. Man fragt sich auch, ob es ihm nicht sogar gleichgültig gewesen wäre. Ihm kam es nur darauf an, die Umgebung des Kaps von feindlichen Truppen gesäubert und die den von ihm ausgewählten Ankerplatz beherrschende Festung genommen zu haben. Vielleicht auch darauf, daß er auf dem Boden des Königs von Spanien einen Sieg erfochten hatte. Was die Burg Sagres betraf, so dachte er nicht daran, sie zu besetzen — er wollte sie nur unbewohnbar und ungefährlich machen. Die acht Messingkanonen der Burgbewaffnung, fünf Wurfmaschinen der Nordmauer und drei schwere Geschütze, eine Halbkanone, eine ganze und eine halbe Feldschlange, die den Hafen beherrschten, ließ er die Klippen hinunter auf den Strand werfen und von dort aus auf die Schiffe laden. Bevor das letzte Kommando zur Küste zurückgekehrt war, ließ er alle innerhalb der Umwallung liegenden Gebäude in Brand stecken, so daß von ihnen, Prinz Heinrichs Saal, Wohnung und Bibliothek eingeschlossen, nur dachlose rußige Gerippe übrigblieben.

Fünf Tage später lag die englische Flotte vor Lissabon, genau genommen vor Cascaes, gerade außer Schußweite des Forts, das die nördliche Einfahrt zum Tejo bewachte. In Lissabon hatte der alte Marquis von Santa Cruz sein Hauptquartier aufgeschlagen, er kochte vor Wut über die Tatsache, daß eine feindliche Flotte vor der Tür lag, und seine zwölf portugiesischen Galeonen noch ohne die neuen Kanonen waren, die man ihm versprochen hatte und er überdies nur über Rahmenmannschaften ohne Kanoniere oder Kampftruppen verfügte. Am Tag zuvor war die Nachricht eingetroffen, daß die Engländer nordwärts lägen, so waren Vizekönig und Marquis nach einer eiligen Lagebesprechung zu dem gemeinsamen Schluß gekommen, Drakes Ziel sei vermutlich die reiche offene Stadt Sezimbra. Man verstärkte schleunigst ihre Besatzung, obgleich Truppen im Umkreis von Lissabon so selten waren, daß man Arkebusiere aus der Burg Lissabons und Kampfeinheiten von Recaldes Schiffen anwerben mußte. Diese hatten die Galeeren der Hafenwache, die raschesten Schiffe, die aufzutreiben waren, um das Kap Espichel herum befördert.

Die englische Flotte hatte jedoch kein Auge auf Sezimbra geworfen, sondern blieb draußen auf der Reede liegen, und die Lissaboner Galeeren, davon sieben unter dem Befehl von Santa Cruz' Bruder, Don Alonso de Bazàn, hatten vor ihnen zurückschlüpfen können, um sich unter den Geschützen des Schlosses St. Julian in Kampfordnung zu formieren.

Dies war der kritische Augenblick. An diesem Punkt war die Tejo-Mündung durch eine Barre gefährdet, die durch zwei heikle Kanäle umgangen werden konnte, der eine am Nord-, der andere am Südende der Flußmündung. Der nördliche Kanal, der gewöhnlich benutzt wurde, weil er tiefer und sicherer war, wurde von den Batterien des Kastells St. Julian beherrscht; auf der anderen Seite des Flusses bewachte ein Bollwerk, der Alte Turm, die engere südliche Einfahrt. War sie einmal hier vorbei — wenn es auch in Belem noch ein zweites, weniger grausames Spießrutenlaufen gab — so konnte eine Flotte wie die von Drake im Hafen von Lissabon unausdenklichen Schaden anrichten und vielleicht sogar die Stadt plündern. Santa Cruz wußte, daß ein entschlossener Befehlshaber, der über Lotsen verfügte, die sich in den Einfahrten nach Lissabon auskannten, den einen wie den anderen Zugang erzwingen konnte. Zwar war der südliche Kanal gewunden und eng, dafür war die Bestückung des Alten Turmes aber unzureichend und schwach. Die Kanonen von Sankt Julian waren wirksamer, aber der Kanal war leichter zu durchfahren, und mit Hilfe eines frischen Westwindes und der Flut konnte eine Reihe von Galeonen mit nur geringem Schaden hindurchkommen, ja sie durfte sogar hoffen, unversehrt zurückzusegeln.

Noch eine andere Gefahr war zu bedenken, die Santa Cruz, um Drakes Methoden wissend, noch ernster nahm. Auf der Seeseite war das Kastell Sankt Julian eine bedrohliche Feste. Gegen das Land hin besaß es keine nennenswerte Verteidigung. Nach Westen hin breitete sich die seichte Bucht von Cascaes. An ihrem westlichen Ende, wo das Fischerdörfchen sich hinzieht, war der Strand von den Kanonen des

Forts von Cascaes gedeckt; zwischen den beiden Forts erstreckte sich jedoch ein langer Strandbogen, der an den meisten Tagen von sanftestem Geplätscher bespült wurde. Tückische Felsen gab es dort nicht, das Ufer stieg langsam und leicht an, und etwa drei Kilometer Strand lagen außerhalb der Schußweite von Cascaes und St. Julian. Genau gegenüber diesem Streifen ging die englische Flotte vor Anker.

Sobald er erfuhr, daß die Engländer Kap Espichel umrundeten, eilte der alte Marquis zum Kastell St. Julian. Er hatte nur eine Waffe, mit der er die Drake möglichen Vorstöße parieren konnte, die sieben Galeeren seines Bruders, Don Alonso, die nun unter den Kanonen des Forts lagen. Sollten die Engländer eine Landung in Cascaes versuchen, konnten die Galeeren durch das von Sandbänken förmlich gespickte Wasser vorstoßen und die Schiffsboote, lange bevor sie auflaufen konnten, zerstreuen und zerschmettern. Würden die Engländer versuchen, sich durch die Nordeinfahrt durchzuschlagen, konnten die Galeeren sie aufhalten, bis die Landbatterien eine Anzahl Schiffe im Kanal versenkt hatten. Wenn Drake das Geheimnis des gewundenen Südkanals kannte und hier Einlaß zu erzwingen suchte, konnten die Galeeren wenigstens zu einem selbstmörderischen Angriff herumgeschwenkt werden und hiermit Erfolg haben. Mittlerweile stellte der örtliche Adel die von ein paar hundert spanischen Arkebusiern verstärkte portugiesische Miliz längs des Buchtbogens von Cascaes auf, und der Kardinal-Erzherzog ließ Verstärkungen aus einen Tagesmarsch entfernt liegenden Ortschaften herbeiholen.

Tatsache war, daß Drake weder für den einen noch für den anderen Kanal Lotsen zur Verfügung standen, und daß er nicht genug Leute hatte, um sich auf die Landung an einer verteidigten Küste oder einen Kampf gegen Galeeren, geschweige denn auf beides, einlassen zu können. Er war nur nach Lissabon gesegelt, um sich über die dortige Lage ein Bild zu machen, ein gewagtes Spiel, das sich mehr als einmal bewährt hatte, und um, wenn sich sonst keine günstige Chance bot, die Genugtuung zu haben, König Philipp vor seiner eigenen Tür die Stirn geboten zu haben. Da er jedoch keine Gelegenheit hatte, einen Überraschungseinbruch zu versuchen, und außerstande war, die Galeeren aufs offene Meer herauszulocken, um die kleinen Fahrzeuge zu schützen, die er kaperte oder an die Küste zurückwarf, versuchte Drake über einen Austausch von Gefangenen zu verhandeln. Davon in Kenntnis gesetzt, daß sich in Lissabon keine englischen Kriegsgefangenen befanden — was vermutlich eine ehrliche Auskunft war, obgleich Drake sie nicht glaubte — forderte er den Marquis zu offenem Kampf auf, als wüßte er, wie bitter der alte Seebär unter seiner Hilflosigkeit litt. Wie in Cadiz, bereitete der Wind dem erfolglosen Austausch von Botschaften ein Ende. Er frischte vom Norden auf, und die Engländer liefen vor ihm zum Kap zurück. Wenn sie sonst keinem Zweck gedient hatte, so unterbrach die Demonstration vor Lissabon wenigstens das Einerlei der Vernichtung von Handelsschiffen und hielt den Feind in Atem, reizte ihn und brachte ihn aus dem Konzept, ein Spiel, das Drake unendlich zusagte.

FASSDAUBEN UND STAATSSCHATZ

Kap Sankt Vicente und Azoren, 21. Mai bis 18. Juni 1587

Während der nächsten zehn Tage wurden die Schiffe der Flotte in Sagres gesäubert, ausgeräuchert und aufgeräumt, die Bilgen gelenzt und Ballast erneuert. Eine Galeone von der Größe der *Elizabeth Bonaventura*, die mit zweihundertfünfzig Matrosen bemannt war, konnte im Laufe von sieben oder acht Wochen beträchtlich verschmutzen, und die kleineren Schiffe waren nicht besser daran. In Elisabeths Zeiten wußte man, daß je schmutziger das Schiff, desto ungesunder die Mannschaft war, und die Flotte zählte bereits allzu viele Kranke. So viele wie möglich wurden an Land gebracht — das beste Heilmittel, das es gab — und Vorbereitungen wurden getroffen, die schlimmsten Fälle in ein paar Prisenschiffen heimwärts zu schicken. Inzwischen fuhren die auf See verbleibenden Schiffe — insbesondere die Pinassen, die sich für diesen Zweck am besten eigneten — zehn oder fünfzehn Meilen nach Norden und nach Süden methodisch die Küste ab, sodann etwa die gleiche Strecke ostwärts; dabei versenkten und verbrannten sie alles, das ihnen in die Quere kam oder brachten es nach Sagres ein.

Es war keine aufregende Arbeit, sie wurde auch nicht sonderlich belebt durch das Erscheinen eines Geschwaders von zehn Galeeren vor Lagos, mit denen zu kämpfen weise Vorsicht verbot, und die eingehandelte Beute war unbedeutend. Zwar war sie zahlreich, es waren über hundert Schiffe, wenn man die an den Ufern des Kaps herum vernichteten, sowie die auf See gekaperten mitrechnete, aber nur sehr wenige waren sechzig Tonnen schwer und keines von ihnen brachte auch nur einen Penny in Prisengeld ein. Sie bestanden aus zwei Klassen. Mehr als die Hälfte gehörte zu den Thunfischereien des Algarve Bezirkes und Andalusiens, eines blühenden Erwerbszweiges, dem Drake einen empfindlichen Schlag beibrachte, in dem er nicht nur jedes einzelne Fischerboot, dessen er habhaft werden konnte, sondern auch die kleinen Strandflecken der Fischer, ja ihre Netze vernichtete, womit er — wie er sich einbildete — die Leute dazu veranlaßte, »ihren Gouverneuren ins Gesicht zu fluchen.« Sehr wahrscheinlich verfluchten sie jemand anderen. Die übrigen Prisen bestanden aus den kleinen Küstenfrachtern, Barken und Karavellen, die den gewöhnlichen Frachtdienst an Spaniens Küsten versahen. Es erwies sich, daß die meisten Küferwaren geladen hatten, »Reifen, Faßdauben und dergleichen«, bestimmt für Cadiz und die Häfen der Meerenge. Drake kannte den Wert dieser anscheinend wertlosen Prisen. »Die Reifen und Faßdauben beliefen sich auf etwa sechzehnhundert oder siebzehnhundert Tonnen«, schrieb er an Walsingham, »was nicht weniger als fünfundzwanzig oder dreißigtausend Tonnen Gewicht entspricht, wenn sie zu Weinfässern verarbeitet worden wären. Alles das habe ich durch Feuer in Rauch und Asche verwandelt, was für den König abgesehen von dem Ausfall an Barken kein kleiner Schaden wird.« Für die Kriegsmarinen jener Zeit waren Fässer eine Notwendigkeit ersten Ranges, nicht nur zum Abfüllen von Wasser und Wein, sondern auch zum Aufbewahren von Salzfleisch, Salzfisch, Zwieback und allen Arten von Proviant. Für dichte Fässer waren gutgetrocknete Dauben der richtigen Qualität unerläßlich. Von dieser Ware gab es nie zuviel, und die Versorgung der Armada brachte bereits eine außergewöhnliche Nachfrage mit sich. Wenn zur Zeit, als die Armada schließlich ausfuhr, ihre Wasserfässer faulten und leckten, und viel Proviant wegen zu grüner Dauben und schlecht gefertigter Fässer verdarb, war der Rauch, der über Sagres hing, daran schuld. Diese in Rauch aufgegangenen Faßdauben waren vermutlich ein schlimmerer Schlag für Spanien als die Verbrennung der Schiffe in der Bucht von Cadiz.

Im Augenblick jedoch war der härteste Schlag die Gegenwart der englischen Flotte vor dem Kap Sankt Vicentes. In Lissabon waren dem Marquis von Santa Cruz mangels Soldaten und Matrosen, Kanonen und Zufuhr die Hände gebunden. All die Schiffe, die aus dem Mittelmeer herbeisegelten und in Malaga und Cartagena Zwischenlandung machten, in Gibraltar zögerten oder bestenfalls sich bis nach Cadiz vorwagten, hatten die Dinge an Bord, die Santa Cruz dringend benötigte – Kanonen und Kugeln, Pulver und Zwieback, Aushebungen von Seeleuten aus einem Dutzend Mittelmeerhäfen und den Veteranen der neapolitanischen Regimenter – alle waren begleitet von jenen Handelsschiffen, die das »Levante«-Geschwader bilden sollten, und von den vier großen Galeassen aus Neapel, nebst einigen sizilianischen Galeeren, — eine gewaltige Vermehrung von Santa Cruz' Streitmacht. Fast täglich, wenn er die letzten Berichte in Aranjuez erhielt, überschüttete Philipp den getreuen Herzog von Medina Sidonia mit neuen Befehlen. Bei Sevilla im Fluß vor Anker liegende Schiffe sollten sofort nach Lissabon segeln. Keines sollte sich rühren, solange Drake sich am Kap Vicente herumtrieb. Drake hatte das Kap verlassen; nun sollten die Galeeren Artillerie und die dringend benötigten Matrosen an Bord nehmen und sich nach Lissabon durchschlagen. Drake war wieder am Kap; nun sollten die Galeeren bleiben, wo sie waren, und die Soldaten, nebst aller Artillerie und Verpflegung, die transportiert werden konnten, sollten nun plötzlich auf dem Landwege nach Lissabon marschieren.

Mittlerweile wußten Drake und Kapitän Fenner, der mehr oder minder als Drakes Stabschef fungierte, den Vorteil ihrer Lage wohl zu schätzen. Nach einem vorläufigen Bericht von den Operationen der Flotte und auf Grund dessen, was er von der Aufstellung der spanischen Streitkräfte wußte — wobei er der Wahrheit ziemlich nahe kam — schloß Kapitän Fenner folgendes:

»Wir halten dieses Kap sehr zu unserem Nutzen und sehr zu ihrem Schaden, was denn auch einen erheblichen Vorteil zeitigt. Der Treffpunkt soll nämlich Lissabon sein, wo nach unseren Mitteilungen etwa fünfundzwanzig Schiffe und sieben Galeeren liegen. Im übrigen liegen wir zwischen ihnen und ihren Heimathäfen, so daß der Rumpf ohne seine Glieder ist. Überdies können sie nicht zusammenkommen, da sie in keiner Weise ausgerüstet sind ...

Da ein glücklicher Anfang vorausging, zweifeln wir nicht, daß Gott auch weiterhin ein Einsehen mit uns haben wird, so daß nicht die Menge den Sieg erringen soll, so es IHM gefällt, seine Hand auszustrecken.«

Drake schrieb Walsingham am gleichen Tage. Ein unklarer, biblisch klingender Triumphgesang über die Feinde der Wahrheit und die Diener Baals wechselt jäh mit gewöhnlicher Prosa ab:

»Solange es Gott gefällt, uns zu essen und zu trinken zu geben und unsere Schiffe, sowie Wind und Wetter es erlauben, werdet Ihr sicher von uns aus der Nähe des Kaps Sankt Vicente hören, wo wir tun und täglich zu erfahren hoffen, was Ihre Majestät und Ew. Gnaden weiterhin anberaumen werden.

Wir wissen unserem Herrgott Dank, daß Ihre Majestät diese wenigen Schiffe rechtzeitig ausgeschickt hat.

Wenn wir weitere sechs von den guten Schiffen zweiter Kategorie Ihrer Majestät zur Verfügung hätten, wären wir besser in der Lage, die feindlichen Streitkräfte an einer Vereinigung zu hindern (anscheinen hatte Drake bereits um Verstärkung gebeten) und mit etwas Glück seine Flotten in den nächsten ein oder zwei Monaten, welche die Hauptzeiten der Heimfahrt sind, zu kapern oder anzugreifen. Das wird nach meiner unmaßgeblichen Meinung diese große Monarchie in einen uns passenden Zustand versetzen.

Jede gute Sache muß einmal begonnen werden, sie aber zum guten Ende zu führen, bringt erst den wahren Ruhm... Wir danken Gott immer wieder dafür, daß wir einen wenn auch kleinen Anfang an Spaniens Küste machen durften.«

Beide Briefe wurden am 24. Mai (neuer Zeitrechnung) geschrieben. Drake fügte am 30. eine kurze Notiz hinzu mit dem Vorschlag, daß das aus Dünkirchen stammende Schiff, das er nach dem Überfall auf Cadiz mit seinen Briefen heimgeschickt hatte, zusammen mit den Verstärkungen zu ihm zurückgesandt werde. Inzwischen wurden die Schiffe, die die Depeschen sowie die Kranken und Verwundeten heimbringen sollten, fertiggemacht, so daß sie am 1. Juni den Anker lichten konnten. Gleichzeitig lichtete die gesamte Flotte Anker und begleitete sie bis westlich des Kaps. Als die auf der Rückreise befindlichen Schiffe dann nach Norden abdrehten, segelte die übrige Flotte dem offenen Atlantik und der sinkenden Sonne entgegen, um nie wieder zur Bucht von Sagres zurückzukehren.

Sie nahm Kurs auf die Azoren. Über der plötzlichen Abreise von Kap Sankt Vicente liegt ein Geheimnis. Soweit wir wissen, nahmen die heimsegelnden Schiffe keine Andeutung darüber mit, daß der Admiral seinen augenblicklichen Standort verlassen wollte, ja seine Depeschen wiesen darauf hin, daß er noch zwei Monate dort bleiben würde und um Verstärkungen bat. Als Drake schrieb, daß »eine Sache, die zum guten Ende geführt wird, erst den wahren Ruhm einbringt«, ahnte er sicher noch nicht, daß er nur noch fünf Tage dort bleiben würde. War er uneins mit sich? Es kann kein Mangel an Lebensmitteln oder Krankheit unter seiner Besatzung gewesen sein, was ihn so plötzlich forttrieb. Ein Mann seiner Führereigenschaften und seiner Halsstarrigkeit dürfte schwerlich dem Druck von Offizieren und Mannschaften nachgegeben haben. Und warum wohl lief er so übereilt aus, daß nicht alle Schiffe des Geschwaders ihre Süßwassertanks füllen und ihre Kampfunfähigen auf die heimkehrenden Transportschiffe verladen konnten? Etwas Geheimnisvolles haftet an dem plötzlichen Aufbruch, selbst wenn man die Annahme zugrunde legt, daß Drake überraschend von einem neuen militärischen Ziel ersten Ranges gehört haben muß.

Die *San Felipe*, ein großes Ruderschiff, das sich von Goa kommend mit der jährlichen Ladung von Gewürzen und Waren des Ostens — den Früchten von Portugals östlichem Reich — auf der Heimreise befand, war dem Indien-Haus von Mozambique und später von São Tomé gemeldet worden. König Philipp fürchtete, Drake könne davon erfahren, da Karavellen der Guinearoute zu dieser Zeit auf dem Wege nach Lagos oder am Kap vorbei nach Lissabon sein und höchst wahrscheinlich einige von ihnen den Frachter gesichtet haben würden. Wenn sie die übliche Route der von Indien heimwärts segelnden portugiesischen Schiffe einschlagen würde, würde die *San Felipe,* statt die afrikanische Küste hinaufzufahren, einen langen Schlag über den nordöstlichen Kurs von den Kapverdischen Inseln nach den Azoren machen und dann vor dem Westwind nach Lissabon laufen. Sobald Drake Wind von ihr erhielt, brauchte er nur noch ihre vermutliche Geschwindigkeit zu errechnen und den Punkt zu wählen, an dem er sie abfangen wollte. Als die *Elizabeth Bonaventura* daher am 18. Juni São Miguel auf den Azoren sichtete, rauschte der schwere Frachter mit vollen Segeln gerade zwischen ihr und der Insel einher. Kein Wunder, daß die Spanier glaubten, Drake besitze einen Zauberspiegel in seiner Kajüte, in dem er alle die Weltmeere durchsteuernden Schiffe erblickte.

Bevor die *Elizabeth* die *San Felipe* sichtete, hatte sie einen Teil ihrer Begleitung eingebüßt. Am 3. Juni erhob sich ein heftiger Sturm, der achtundvierzig Stunden lang tobte. Als sich das Geschwader wieder sammelte, fanden sich alle königlichen Galeonen und die drei Privatgaleonen, Drakes *Thomas*, des Lordadmirals *White Lion* und Sir William Winters *Minion,* dazu einige Pinassen ein. Die Londoner Schiffe waren jedoch samt und sonders verschwunden. Später stellte sich heraus, daß sie alle heil in die Themse eingelaufen waren.

Dann, am nächsten Tag, wurde ein Segel gesichtet; die *Golden Lion* und die *Spy,* eine Pinasse, wurden zur Verfolgung abkommandiert. Plötzlich kehrte die *Spy* allein zurück und brachte Kapitän Marchant mit. Er meldete, daß das Schiff sich als Engländer ausgewiesen habe (ob es eines des Londoner Kontingents gewesen sein kann?), daß jedoch die Besatzung der *Golden Lion,* aufgehetzt von ihrem früheren Kapitän William Borough, sich rebellisch geweigert habe, sich dem Admiral wieder anzuschließen und nun auf dem Wege nach Hause sei. So fand Drake seinen schlimmsten Verdacht bestätigt, berief ein Kriegsgericht, ließ Borough wegen Hochverrats zum Tode verurteilen und schloß ihn dann aus seinen Gedanken aus. (So mag es auch mit dieser Geschichte geschehen, abgesehen von der Feststellung, daß kein Besatzungsmitglied der *Golden Lion* wegen Meuterei bestraft wurde, vielmehr daß jedermann einschließlich Borough Sold und Prisenanteil empfing, und daß das Beweismaterial des Untersuchungsgerichtes, das nach der Heimkehr von Boroughs Anklägern abgehalten wurde, zahlreiche anderweitige nicht zu erlangende Einzelheiten über die Kriegsfahrt enthält.)

Durch das Verschwinden der Londoner Schiffe und die Fahnenflucht der *Golden Lion* war Drakes Geschwader auf sechs Galeonen und einige Pinassen zusammengeschrumpft, doch hätte auch eine kleinere Seestreitmacht dazu ausgereicht, die *San Felipe* zu bezwingen. Freilich überragte sie die größten der englischen Galeonen, wie ein französischer Kaltblüter ein Pony überragt, und ihr Tonnengehalt war größer als der von drei der größten zusammengenommen, dafür aber war, wie bei den meisten auf der Heimfahrt befindlichen portugiesischen Frachtern, ihre Besatzung durch Krankheit geschwächt und vermindert, ihr Hauptdeck lag so voller Waren, daß ihre Stückpforten nicht benützt werden konnten, und die Messinggeschütze auf Vorschiff und Achterdeck, wiewohl völlig ausreichend zur Abwehr der Seeräuber des Indischen Ozeans oder der Berberküste, waren nie dafür gedacht gewesen, es mit den schweren Geschützen der Engländer aufzunehmen. Ihr Kapitän kämpfte daher auch nur solange, wie es seine Ehre erforderte und streckte dann mit Anstand die Waffen. Er und seine Männer bekamen ein Schiff, das sie nach São Miguel oder nach einem anderen beliebigen Hafen bringen sollte und Drake nahm mit seiner riesigen Prise, der ersten ihrer Art in der Geschichte, Kurs auf Plymouth.

Das portugiesische Frachtschiff war neben einer hübschen Menge von Gold, Silber und einigen Kisten Juwelen bis an den Rand mit Pfeffer, Zimt und Nelken, dazu Kaliko, Seide und Elfenbein beladen. Der Gesamtwert belief sich auf nahezu einhundertvierzehntausend Pfund Sterling, eine Summe, die den Wert aller gekaperten, versenkten oder verbrannten Schiffe und Ladungen in der Bucht von Cadiz ums dreifache überstieg. Für sämtliche Faßdauben und Fischerboote Spaniens hätte kein so hoher Preis erzielt werden können. Wenn auch die Londoner Kaufleute darauf bestanden, ihren Anteil an der Beute zu bekommen, obwohl sie an dem eigentlichen Fang nicht beteiligt gewesen waren, so belief sich Drakes Anteil noch immer auf mehr als siebzehntausend Pfund, der Anteil der Königin auf über vierzigtausend. Nun kostete der Bau einer Galeone von der Größe von Drakes Flaggschiff etwa zweitausendsechshundert Pfund, der Charterpreis war etwa achtundzwanzig Pfund im Monat. Auf den Schiffen Ihrer Majestät kostete ein Matrose monatlich etwa vierzehn Schilling an Lohn und Verpflegung, und eine volle Besatzung wie die der *Elizabeth Bonaventura* konnte einen Monat lang mit einhundertfünfundsiebzig Pfund Sterling entlohnt und ernährt werden. Siebzehntausend Pfund war der Wert eines Edelsitzes, vierzigtausend Pfund vermochten ein ganzes Heer auf die Beine zu bringen. Für Drake und seine hohe Herrin machte der Fang der *San Felipe* die Reise zu einem geschäftlichen Erfolg ersten Ranges.

In Anbetracht der im sechzehnten Jahrhundert herrschenden Lebensbedingungen scheinen Drakes neuzeitliche Biographen von der *San-Felipe*-Episode unnötig peinlich berührt und gedrängt, Erklärungen abzugeben, wo keiner von Drakes Zeitgenossen auch nur ein Wort verloren hätte. Eine lautet, »Hunger und Krankheit hätten Drake seine Position aufgeben lassen«. Es trifft zu, daß die Meuterer der *Golden Lion* behaupteten, ihr Proviant sei nur noch spärlich gewesen, sechsundvierzig Seeleute – vermutlich etwa ein Fünftel der Mannschaft – seien krank, dazu alle durch unzureichende und schlechte Ernährung schwach und ausgezehrt gewesen. Das mag sein. Die *Golden Lion* scheint vom Augenblick der Ausreise an das Stiefkind der Flotte gewesen zu sein. Doch waren die Schiffe Ihrer Majestät der Königin bei der Ausfahrt angeblich für drei Monate versorgt gewesen, und die

Golden Lion lief nach kaum mehr als neun Wochen wieder in ihren Heimathafen ein. In der Zwischenzeit hatten die königlichen Schiffe das erste Anrecht auf die in Cadiz gekaperten Unmengen von Wein, Zwieback und Öl gehabt, neben anderen Gelegenheiten, sich aus gekaperten Fahrzeugen und Landungseinfällen neu zu verproviantieren. Weder Drake noch Fenner scheinen sich bis Ende Mai über die Proviantfrage Sorgen gemacht zu haben, auf keinen Fall können die Londoner, die wiederholt erklärten, sie seien für neun volle Monate ausgerüstet, Mangel an Lebensmitteln gehabt haben.

Das Verhalten dieser Londoner Schiffe ist wohl der Kern des ganzen Geheimnisses, denn die andere zugunsten Drakes vorgebrachte Entschuldigung lautet, er sei vom Gros seiner Flotte »im Stich gelassen worden«, so daß er nicht nach Sankt Vicente zurückkehren konnte. Nun waren die Londoner mit ihren seetüchtigen Schiffen bekanntlich gut versorgt. Es gibt keinen Hinweis dafür, daß sie nach dem Sturm in Seenot gerieten. Und wenn sie sich auch bei dem Verbrennen von Faßdauben langweilten, so würden sie sich wohl schwerlich eine Jagd nach Schätzen haben entgehen lassen. Ausschlaggebend für sie war vermutlich, daß die Reise ein bis zu jenem Zeitpunkt wenig einträgliches kaufmännisches Unternehmen gewesen war. Nach dem Sturm, der die Flotte zu Beginn des Unternehmens auf der Höhe des Kap Finisterre zersprengt hatte, war es für die Londoner gleich den anderen Schiffen nicht schwierig gewesen, wieder zum Flaggschiff zurückzufinden. Es scheint seltsam, daß sie diesmal offensichtlich keine Anstrengungen machten, sich dem Gros wieder anzuschließen. Es sieht so aus, als habe Drake keinen Treffpunkt vereinbart — vielleicht hatte er sein neues Reiseziel, oder was er dort zu finden hoffte, nicht einmal bekanntgegeben. Drängte es ihn etwa zu sehr, rasch wegzukommen? Wünschte er vielleicht unbedingte Geheimhaltung, die so wichtig für einen vollkommenen Schlag war? Oder erwachte einen Augenblick lang die Sucht des alten Korsaren in ihm, eine reiche Beute nicht unter allzu viele Kumpane teilen zu wollen?

Jedenfalls dürfen wir sicher sein, daß Drake nach der Erbeutung der *San Felipe* nicht zum Kap zurückgekehrt wäre, gleichgültig, wieviele Schiffe ihn begleiteten. Zunächst war er bereits achtzehn Tage unterwegs und würde selbst bei günstigem Wind eine Woche gebraucht haben, um zurückzugelangen. Wenn die Spanier einigermaßen rasch gearbeitet hatten, würde Santa Cruz inzwischen eine Kampfflotte befehligen, der selbst Drakes volle Streitmacht kaum standzuhalten vermochte. Das Wichtigste war jedoch, daß er nicht Gefahr laufen durfte, das portugiesische Frachtschiff zu verlieren. Die Kriege des sechzehnten Jahrhunderts wurden mit Geld ausgefochten, und wenn Philipp sein Eigentum zurückgewänne, so wäre das gleichsam der Gewinn von fünfhunderttausend Dukaten. Francis Drake sollte nicht erfahren, daß die Ladung dieses Ruderschiffes wie alle portugiesischen Ladungen, die in den vergangenen Jahren aus Indien gekommen waren, vollständig an die Bankiers verpfändet war, die gegen einen hohen Zinssatz den bankrotten Gewürzhandel, zu dem das östliche Reich des Königs von Portugal gewissermaßen herabgesunken war, weiterhin unterstützten. Der Verlust der *San Felipe* würde Philipps finanzielle Schwierigkeiten nur noch vergrößern, ihre Wiedererlangung den königlichen Barbestand wohl schwerlich vermehren. Dies wußte Drake nicht, er wußte indessen, was seiner königlichen Herrin und ihrer Flotte ihr Beuteanteil bedeuten würde. Selbst wenn Drake nicht an seinen eigenen Beuteanteil dachte, so würde er eine solch bedeutende Prise nie aufs Spiel gesetzt haben.

In der Aufregung, die bei der Berechnung der Beute der *San Felipe* herrschte, dachte niemand an die tapferen Worte: »Sie aber zum guten Ende zu führen, bringt erst den wahren Ruhm ein.« Kein Mensch hat sie bis zum heutigen Tage Drake zur Last gelegt. Tatsächlich hätte er nichts Nennenswertes mehr verrichten können, wenn er länger am Kap geblieben wäre. Wenn seine Mannschaften nach sieben Wochen nicht durch Krankheit erschöpft waren, so wären sie es nach weiteren sieben Wochen bestimmt gewesen. So erging es in diesem Jahrhundert den überfüllten Schiffen aller Nationen. Drake hatte die Pläne der Spanier bereits dermaßen verwirrt und durchkreuzt, daß noch einen Monat nach seiner Rückkehr nur wenig Nachschub herangeschafft werden und die Armada in jenem Jahr nicht gen England segeln konnte, gleichgültig ob die Engländer sich noch am Kap aufhielten oder nicht.

EIN ARM WIRD ABGEHACKT

Sluis, 9. Juni bis 5. August 1587

Unter den durch Drakes Überfall auf Cadiz Betroffenen befand sich ein achtbarer Getreidehändler, ein Norddeutscher von Geburt, nun naturalisierter Bewohner von Dixmuiden in Westflandern. Jan — um ihm die flämische Form seines Namens zu geben — Wychegerde scheint in erster Linie ein Makler für baltischen Weizen gewesen zu sein, ließ sich aber, wie jeder gewandte Kaufmann jener Tage auch sonst kein Geschäft entgehen. Hier und da, wie zum Beispiel als er sich zu seinem Unglück an der Ladung des Dünkircheners beteiligte, den Drake in Cadiz kaperte, charterte Mynheer Wychegerde einen Schnellsegler im spanischen oder Mittelmeer-Handel und fuhr mitunter sogar als sein eigener Geschäftsführer mit, denn er sprach spanisch und flämisch gleich fließend. Bisweilen übernahm er eine für die Rheinstädte bestimmte Lieferung unfertigen englischen Stoffes, vielleicht auch eine nach Amsterdam gehende Ladung von Burgunderweinen. Und er belieferte — sei es aus Bewunderung für den Fürsten von Parma oder aus Ergebenheit für den König von Spanien oder auch um ein Scheibchen von den unverschämt hohen Verdienstspannen der Marketender abzuschneiden — auch die hungrige spanische Armee, trieb für sie nicht nur ostpreußischen Weizen für Zwieback auf, sondern auch Butter, Käse und Salzfisch aus Holland und Zeeland, ein Geschäft, in dem er mit schwerer Konkurrenz zu kämpfen hatte, da die holländischen Städte es zur Gewohnheit machten, den Feind zu versorgen, um — wie sie sagten — das Geld zu bekommen, mit dem sie ihrerseits den Krieg weiterführen konnten. Außer seinen Beziehungen zu Parmas Verpflegungsamt hatte Jan Wychegerde noch ein anderes Nebengeschäft. Er war nämlich einer der gerissensten und hartgesottensten Spione Sir Francis Walsinghams.

Es erforderte schon erhebliche Zähigkeit bei dem augenblicklichen Stand des Krieges, in Flandern als Kaufmann im Geschäft zu bleiben. Wychegerde hatte, wenn auch unter dem Deckmantel seines rechtmäßigen Gewerbes, im Juni dieses Jahres das Pech gehabt, von einem Kaperschiff aus La Rochelle gefangen genommen zu werden. Die hugenottischen Seeräuber, die — wären sie im Bilde gewesen — mit einem Agenten Walsinghams einigermaßen gnädig verfahren wären, machten sich fröhlich daran, einen Papistenkaufmann restlos auszunehmen. Wychegerde wurde seines letzten Kreuzers und aller persönlichen Habe beraubt, in Boulogne unsanft an Land gesetzt und mußte somit im Hemd nach Hause tippeln. Als er Dixmuiden erreichte, wurde ihm geraten, sich lieber einem mit bewaffneter Begleitmannschaft fahrenden Wagenzug anzuschließen, wenn er Wert darauf lege, mit heiler Haut Parmas Heeresstützpunkt in Brügge zu erreichen. Die Feindseligkeiten in der nächsten Umgebung hatten alle Wege unsicher gemacht. Fahnenflüchtige aus der einen wie der anderen Armee, sowie Bauern, deren Besitz verwüstet worden war, bildeten umherstreifende Banden, die den einzeln oder in kleinen Gruppen Reisenden auflauerten und ihn erbarmungslos niedermachten.

Aber selbst die Geleitzüge boten nur geringe Sicherheit. Die englische Besatzung aus Ostende durchstreifte das Land und fing die Wagenzüge ab. Tatsächlich wurde der erste Geleitzug, dem Wychegerde sich anschließen wollte, gleich hinter Dixmuiden aus dem Hinterhalt überfallen. Wychegerde berichtete Walsingham, er habe fünfundzwanzig tote Spanier, aber nur einen toten Engländer gezählt, wobei die Engländer mit den Wagen löblich reinen Tisch gemacht hätten. Die Ostender Garnison sei so gefürchtet — so fügte er hinzu — daß sich niemand von der Stelle zu rühren wage, es sei denn in Begleitung von zwei- bis dreihundert Mann, und diesmal hatten zwei Kompanien Wallonen beim ersten Schuß der Engländer Reißaus genommen. Wychegerde hatte nur einen Fehler bei der Technik der Überfälle aus dem Hinterhalt zu bemängeln. Beim nächsten Mal sollte eine Abteilung eingesetzt werden, um die Spitze des Konvois abzuschneiden. Diese Vorsicht außer acht lassend, hatten die Engländer sich die vorausreitenden Getreidehändler entgehen lassen, denen es so gelungen war, nach Dixmuiden hineinzusprengen und damit ihre zwischen zehn- bis fünfzehntausend flämische Pfund enthaltenden Börsen in Sicherheit zu bringen. Wychegerde wartete daher auf den nächsten Geleitzug. Er hatte es eilig, nach Brügge zu kommen und womöglich auch zu Parmas Lager vor Sluis zu gelangen, aber obgleich er zu Pferd querfeldein vielleicht schneller vorwärtsgekommen wäre, konnte es sich der Getreidehändler aus Dixmuiden doch nicht leisten, eiliger zu erscheinen, als es sich für einen ehrsamen Bürger, der einen Verdienst wittert, geschickt hätte.

Die Belagerung, über die Walsingham genauere Einzelheiten wünschte, dauerte bereits vier Wochen, als Wychegerde schließlich darüber berichtete. Seit Frühlingsbeginn waren Gerüchte im Umlauf, daß Parma gegen eines der letzten aufständischen Bollwerke Flanderns loszuschlagen gedächte, als er aber im Juni sein Hauptquartier und etwa die Hälfte seiner Feldarmee nach Brügge verlegte, ging diese Zusammenziehung so rasch von statten, daß er eine Art taktischer Überraschung erzielte. Fast die ganze Grafschaft Flandern, einst das Herz des Aufstandes, war in Parmas Händen. Flanderns Delegierte saßen nicht mehr im Rat der Generalstaaten. Nach dem Fall von Antwerpen sahen die oligarchischen Kaufherrn Hollands und Zeelands in den großen Städten Flanderns weniger Schwesterstädte, die zu retten, als Nebenbuhler, die zu vernichten waren. In der Nordwestecke der Grafschaft hielten indessen zwei Städte aus, Ostende und Sluis, beide von strategischer Bedeutung und nahe genug beieinander gelegen, um sich gegenseitig unterstützen zu können — Ostende, fest verankert auf seinen Dünen am Nordseestrand, und Sluis, einst der größte Hafen Flanderns, aber nun im Begriff, durch das Verschlammen des Zwyn trocken gelegt zu werden.

Ostende wurde von einer englischen Garnison verteidigt, Sluis von seiner Bürgermiliz, verstärkt von streitbaren kalvinistischen Flüchtlingen, Flamen und Wallonen, die nicht gewillt waren, auch nur einen Kilometer weiter als notwendig von ihrer Heimat zu weichen. Beide Garnisonen machten sich ein Vergnügen daraus, die rings um Brügge liegenden spanischen Posten zu belästigen, aber beide waren zu schwach, um die gesamte Umwallung ihrer Städte zu bemannen und außerdem nicht genügend versorgt für den Fall einer Belagerung. Als sie plötzlich erfuhren, daß Parma mit sieben-, vierzehn-, achtzehntausend Mann heranrückte, sandten beide Kommandanten einen Hilferuf um Proviant, Munition und Verstärkungen an die holländischen Generalstaaten, an Lord Buckhurst im Haag, an den englischen Gouverneur von Vlissingen, an Walsingham, an Leicester, und natürlich an die Königin.

Die Staaten schienen geneigt, den Flamen ihre Verteidigung selbst zu überlassen, die Engländer hingegen machten sich Sorgen. Lord Buckhurst, in Anwesenheit des Grafen Leicester, der Vertreter ihrer Majestät im Haag, beorderte unverzüglich Verstärkungen und Proviant für die englische Garnison von Ostende und bat um Ermächtigung, für Sluis das gleiche tun zu dürfen. Bevor er diese erhalten konnte, schickte Lord William Russell, der Statthalter von Vlissingen, unter begeisterter Beihilfe der Bürger jener Stadt genügend Proviant nach Sluis, daß die Stadt seiner Meinung nach zwei bis drei Monate durchhalten konnte, und da er merkte, daß Parmas erster Vorstoß auf Ostende nur eine Finte war und daß er nunmehr Sluis bedrohte, befahl Russell nach eigenem Ermessen dem Haudegen Sir Roger Williams, mit vier Kompanien englischen Fußvolks Ostende zu verlassen und sich zur Verstärkung der bedrohten Stadt nach Möglichkeit dorthin durchzuschlagen. Mittlerweile gewährte in England die Königin Leicester nahezu alles an Geld und Truppen, was er erbat. Noch immer erhoffte sie sich einigen Erfolg bei ihren Verhandlungen mit Parma, wenn sie auch Besseres zu tun wußte, als sich allzu sehr auf Worte zu verlassen. Jede Meile der flämischen Küste, die die Spanier eroberten, vergrößerte die Gefahr für England. Die Königin ließ Leicester wissen, Sluis müsse entsetzt werden.

Parmas Vormarsch gegen Ostende war jedoch keine Finte, sondern eine Erkundung der Stärke gewesen. Er hatte gehofft, die Stadt durch Überrumpelung nehmen zu können. Als er jedoch näher rückte, überfluteten die geöffneten Deiche die Zugänge, Verstärkungen wurden gelandet, und ein englisches Geschwader auf offener See mahnte sichtbar daran, daß Ostende nie ausgehungert werden konnte, solange die Feinde des Königs von Spanien Herren des Meeres waren. Die Befestigungen wirkten zu stark und ein Kriegsrat stimmte für Abzug.

Am nächsten Tag setzte Parma drei Heeressäulen nord- und ostwärts in Bewegung, eine, um Blankenberghe, das die Verbindungslinie zwischen Ostende und Sluis schützende kleine Fort, zu nehmen; eine zweite entlang der von Brügge ausgehenden Hauptstraße; und eine dritte, an deren Spitze er sich selbst setzte, die ostwärts um die Stadt schwenken und eine Brücke über den Yzendijke-Kanal schlagen sollte, in den der Zwyn nördlich von Sluis mündete.

Als diese ersten Ziele erreicht waren, hielt Parma einen zweiten

Kriegsrat ab. Während er sich über die Landkarten beugte und daran dachte, was sie vom Gelände gesehen hatten, schüttelten seine Hauptleute den Kopf. Das war schlimmer als Antwerpen. Sluis lag inmitten eines unergründlichen Gewirrs von Inselchen, die alle durch ein Netz von Kanälen und Schleusen voneinander getrennt waren. Diese waren breiter als normale Kanäle, die meisten liefen zweimal am Tage über, von wütender Flut überspült, zweimal am Tage verwandelten sie sich in stagnierende Lagunen oder sumpfige Abzugsgräben. Die Hauptwasserstraße, die durch dieses Wirrwarr in das tiefe Becken von Sluis führte, wo — wie es hieß — einst fünfhundert große Schiffe vor Anker gelegen hatten, war die Mündung des Zwyn, die von einem heimtückischen, aber befahrbaren Kanal durchzogen war. Ein altes Kastell, durch Befestigungen in jüngster Zeit verstärkt und mit der Stadt durch einen Damm und eine Holzbrücke verbunden, schützte das Becken. Jeder einzelne Zugang zur Stadt war vom anderen durch Wasser getrennt, und in diesem Labyrinth von Wasserwegen lief das Heer, das die Stadt einzukreisen versuchte, Gefahr, in isolierte Abteilungen aufgespalten zu werden. Parmas Offiziere stimmten darin überein, daß eine Belagerung eine lange und kostspielige Angelegenheit sein würde, die in keinem Verhältnis zum Gewinn stünde, abgesehen davon, daß der Belagerer Gefahr liefe, seine gesamte Armee einzubüßen. Wieder rieten sie zum Rückzug.

Diesmal war Parma anderer Ansicht. Er brauchte seinen Hauptleuten nicht zu versichern, daß er jede Gefahr und jede Entbehrung mit ihnen teilen würde. Er konnte ihnen nicht sagen, daß er, obwohl er lieber Ostende genommen hätte, wenn es sich rasch und leicht hätte ermöglichen lassen, Sluis nehmen mußte, weniger weil es einem tiefen Hafen am nächsten kam, als weil es quer über dem Netzwerk von Wasserwegen zwischen Brügge und Ostflandern lag, was für die Berechnung seiner Invasion von England von wesentlicher Bedeutung war. Einige seiner alten Kameraden hätten jedoch wissen müssen, daß das Sluis umgebende Labyrinth genau die Art militärischer Rechenaufgaben bot, die Parma entzückte. Er wußte, wie er die eigenartigen holländischen Verteidigungen seinem eigenen Angriffsstil nutzbar machen konnte. Er hatte bereits gesehen, daß die Schlüsselstellung die kahle, sandige Insel Cadzand war.

Im Westen, gegenüber und hinter dem alten Schloß von Sluis grenzte Cadzand an den Zwynkanal. An der Ostseite war es von einer von Parma besetzten Insel durch etwas getrennt, das bei Flut einer kochenden Meerenge, bei Ebbe jedoch kaum mehr als einer von stehenden Tümpeln gefleckten Marsch glich. Am Morgen des 13. Juni setzte Parma sich mit einer ausgesuchten Truppe von Spaniern in Bewegung; ihre Waffen hoch über dem Kopf haltend, damit sie nicht naß wurden, einige von ihnen bis zur Brust in Schlamm und Wasser, die, welche das Pech hatten, auszurutschen, von Kopf bis Fuß besudelt, der Herzog triefend wie der letzte seiner Männer, — so stapften und stolperten sie hinüber.

Nahezu vierundzwanzig Stunden lagen die Spanier auf den trostlosen Dünen von Cadzand, ohne einen Bissen mit Ausnahme einer Handvoll eingeweichter Zwiebacke, ohne Unterschlupf, Brennstoff oder die geringste Möglichkeit, sich wärmen oder trocknen zu können, ja ohne einen Schluck frischen Trinkwassers.

Die von Parma erwarteten Kähne verspäteten sich grundlos. Cadzand bot weder Baum noch Hütte. Es regnete. Die Lunten der Feuerwaffen waren feucht, desgleichen ihr Schießpulver. Die Meerenge, die sie durchwatet hatten, schnitt sie von ihren Kameraden ab. Wären sie angegriffen worden — und dies hätte von der See aus jederzeit geschehen können —, diese ausgehöhlten, hungrigen, schlotternden Männer hätten sich mit der blanken Waffe verteidigen müssen. Sie murrten so heftig, daß jeder, der sie nicht kannte, eine Meuterei vorausgesagt haben würde. Aber trotz Murrens gelang es ihnen, ein Lager anzulegen und Gräben zum Schutz ihrer Musketen auszuheben. Der Anblick der handfesten Reihen von Piken und Geschützrohren, die die Schanzkommandos schützten, veranlaßten auf Erkundung ausgezogene holländische Kähne, schleunigst außer Schußweite zu rudern.

Dann begannen Parmas eigene, von Scharmützeln längs des Yzendijk-Kanals aufgehaltenen Kähne einzutreffen, wenn auch Cadzand selbst am darauffolgenden Tag noch nicht stark genug war, um die unter Sir Roger Williams stehenden Engländer daran zu hindern, Sluis zu erreichen. Die zwei kleinen zeeländischen Kriegsschiffe, die Williams begleiteten, vertrieben die spanischen Musketiere durch Kanonenbeschuß aus ihren Gräben, und die Expedition segelte weiter in das Becken hinein, wobei sie unterwegs eine Anzahl von Parmas Booten versenkte oder kaperte. Am nächsten Tag freilich wurde der Spieß herumgedreht. Während der Nacht ging eine Batterie von Parmas kostbaren Belagerungskanonen, die den Kanal beherrschten, in Stellung. Als die Schiffe der Entsatz-Expedition bei Morgenebbe nach Vlissingen zurückfahren wollten, wurden sie unerwartet beschossen und ihre Kapitäne liefen im Bestreben, möglichst außer Reichweite der Batterien zu kommen, mit beiden Schiffen gründlich auf. Die Ebbe war noch nicht vorbei, noch immer lagen die Schiffe in Schußweite, so daß Kapitäne und Mannschaften gezwungen waren, sich schwimmend und watend zu den kleinen Einmastern mit geringem Tiefgang zu retten, die sich aus dem Schußfeld gedrückt hatten und sie so nach Vlissingen zurückbringen konnten. Parma reihte die beiden Kriegsschiffe von Zeeland in die kleine Flottille ein, die er bewaffnete, und ließ sie im tiefsten Teil des Kanals auf der Höhe der Cadzand-Batterie vor Anker gehen. Die seichtere Strecke dahinter wurde durch eine Art Palisade aus senkrechten Pfählen abgesperrt, Bojen und Grenzsteine längs der Mündung wurden entfernt oder verändert, um Schiffe auf die Sandbänke zu locken, so daß der englische Gouverneur von Vlissingen sich zu der Bekanntmachung gezwungen sah, die Einfahrt nach Sluis sei gesperrt.

Dies geschah etwa drei Wochen, bevor Jan Wychegerde sich von Brügge zu Parmas Lager durchschlug. In dieser Zeit hatten die Generalstaaten nichts unternommen, die Engländer in Vlissingen waren außerstande gewesen, etwas zu tun und Parma hatte den Ring um die Stadt allmählich enger gezogen. Endlich kam jedoch Graf Leicester mit Geld und Truppen zurück. Seine erste Aufgabe war die Entsetzung der sich in Parmas Griff windenden Stadt Sluis.

Wychegerdes Mission bestand darin, herauszufinden, wie stark das Belagerungsheer sei. Er ging so methodisch zu Werke, als handle es sich um den Kostenanschlag eines Intendanturbeamten. Er stellte vier Kampfgruppen fest, die alle unabhängig voneinander befestigt waren, da eine gegenseitige Unterstützung sich nur schwer durchführen ließ: eine der Gruppen lag außerhalb des Brügge-Tors, wo bisher die Hauptkämpfe stattgefunden hatten; eine befand sich bei Parmas Hauptquartier auf der Insel Cadzand, außerhalb des Stadtgebietes; eine dritte hatte sich jenseits des Flusses gegenüber von Cadzand auf der Sankt-

Anns-Insel in der Nähe des alten Schlosses festgesetzt; und eine vierte hatte ihre Befestigungen über einen Kanal gegenüber dem Genter Tor gelegt. Alle vier Abteilungen, schätzte Wychegerde, umfaßten einschließlich der Spanier und Italiener, Deutschen und Wallonen, etwa fünf- bis sechstausend Mann, wahrscheinlich aber eher fünftausend. Bisherige Walsingham und Leicester übermittelte Berichte sprachen mitunter von der doppelten, ja dreifachen Anzahl, und wenn Walsingham Wychegerdes Schätzung an Leicester weitergab, so scheint dieser den Angaben keinen Glauben geschenkt zu haben. Aber Parmas geheime Depeschen an Philipp II. bestätigen ihre erstaunliche Genauigkeit.

Wychegerde schickte Walsingham schnellstens eine Warnung, daß die spanischen Einheiten zwar geringer seien als früher berichtet, daß sie aber aus erstklassigen Frontsoldaten, Parmas Elitetruppen bestünden. Wachsam, vorsichtig, alterprobt, ließen sie sich nicht so leicht überraschen oder etwa ins Bockshorn jagen, unverdrossen arbeiteten sie in halbüberschwemmten Gräben, während der Feind ihnen von den Mauern herab fast auf die Köpfe spucken konnte, sie ließen den tödlichen Kugelregen der Musketen mit dem gleichen mürrischen Fluchen über sich ergehen, mit dem sie auf das Knurren ihrer leeren Mägen oder das Prasseln des Regens auf ihre Rücken reagierten, und sie wußten jeden Vorteil auszunutzen, ohne je ein unnötiges Risiko auf sich zu nehmen. »Ihre Ordnung ist einwandfrei, ihre Hauptstärke liegt in der nie ermüdenden Wachsamkeit und der Geschicklichkeit ihres Vorgehens sowohl bei Tag wie bei Nacht.«

Ihre Gegner standen ihnen jedoch keineswegs nach. Parma schrieb an Philipp, nie im Leben sei er einem mutigeren oder schlaueren Feind begegnet, und der gemeine Fußsoldat — zurück vom Grabenausheben unter Beschuß, in Lehm, der bei jedem Spatenstich Wasser spuckte, oder bei einem nächtlichen Ausfall des Gegners aus einem eben erst harterfochtenen Graben geworfen, oder gerade einen plötzlich-unvorhergesehenen Nahkampf in dem vor dem Brüggetor gelegenen Minenfeld überstanden — bestätigte Wychegerdes Angaben mit gotteslästerlich-fluchender Bewunderung. Parmas Verluste waren bereits beträchtlich. Eine Anzahl Offiziere, darunter der alte Kämpe La Motte, wohl Parmas fähigster Leutnant, waren schwer verwundet, und es sah so aus, als würden die fünfzehnhundert Lazarettbetten, die Parma in Brügge hatte bereitstellen lassen, alle besetzt sein, noch bevor die spanische Armee einen nennenswerten Erfolg erzielt haben würde.

Trotzdem hatte Wychegerde den Eindruck, daß sich die Übergabe von Sluis kaum vermeiden lasse, wenn es nicht entsetzt würde. Parma hielt die Garnison unter ständigem Druck, und seine Reserven an Mannschaften und Munition waren beträchtlicher als die ihrigen. Nach Wychegerdes scharfsinniger Beurteilung ihres wohlgemessenen Feuers mußten die Verteidiger bereits knapp an Schießpulver sein. Er war jedoch überzeugt davon, daß Sluis von der See aus noch immer leicht zu entsetzen sei. Parmas kleine Flottille konnte den Kanal schwerlich gegen einen entschlossenen Angriff schließen, und die auf Cadzand stationierte Batterie dürfte wohl kaum imstande sein, einem heranjagenden Schwarm kleiner Fahrzeuge genügend große Verluste beizubringen. Freilich dürfte der Versuch nicht lange auf sich warten lassen. Gerüchte gingen um, daß bei Brügge eine mächtige Holzbrücke in dreißig Teilstücken gebaut werde, und zwar für einen Angriff auf Sluis vom Wasser aus, wie die Pioniere behaupteten. Es schien jedoch die gleiche Art von Vorrichtung zu sein — eine mit kugeldichten Wänden verkleidete, auf Kähnen montierte, überdachte Brücke — die Parma vor drei Jahren zur Absperrung der Schelde verwendet hatte. Diese Brücke hatte damals das Schicksal Antwerpens besiegelt.

Wychegerde muß wohl in Brügge gewesen sein und über die Schwimmbrücke Erkundigungen eingezogen haben, als die Flotte mit dem Grafen von Leicester und dreitausend englischen Soldaten an Bord, die flandrische Küste entlang segelte. Von den Mauern von Sluis aus konnte man die Flottenparade die ganze Strecke vom benachbarten Blankenberghe bis zu ihrer Einfahrt in den Hafen von Vlissingen beobachten. Wer ein scharfes Auge besaß, konnte die Banner und Wappenzeichen erkennen, und die Belagerten quittierten das Erscheinen ihrer Retter damit, daß sie einen Geschoßhagel aus Handfeuerwaffen und Kanonen auf die Köpfe ihrer Belagerer niederprasseln ließen. Die Spanier antworteten, und als Leicesters Schiffe in die Mündung der westlichen Schelde einliefen, konnte er den Donner der Geschütze hören und die Positionen der Spanier an ihren Rauchwölkchen erkennen. Dies geschah am 2. Juli, dreiundzwanzig Tage, nachdem Parma Cadzand besetzt hatte.

Es dauerte weitere dreiundzwanzig Tage, bis die Garnison Sluis ihre angeblichen Befreier wiedersah. Was in der Zwischenzeit geschah, war nicht erfreulich. In verzweifeltem Kampf hatten sie die Belagerer vom Brügge-Tor zurückgeworfen; ein Ausfall von de Veres Kompanie hatte einen weiteren Ansturm vereitelt, einige Gefangene eingebracht und um ein Haar einige Belagerungsgeschütze erbeutet; »der große Sconce«, das alte Schloß mit seinen Außenwerken war gegen eine Serie von Angriffen gehalten worden. Es waren indessen nie genügend Männer vorhanden gewesen, um zu arbeiten und die ganze Ausdehnung der Umwallung zu bewachen und zu verteidigen, und es gab keinen Ersatz für die Gefallenen. Dann begannen Parmas Schwimmbrücken langsam einzulaufen. Zwei Teile sicherten die Verbindung zwischen den vor dem Brüggetor und den am Sankt-Anna-Tor gegenüber dem alten Schloß stehenden Truppen. Zwei weitere Teilstücke schlossen eine Lücke im Osten. Dann wurde ein langes Teil der Brücke über Blankenberghe hinausgeschleppt und die Zwyn hinuntergeflößt, um von Cadzand nach Sankt Anna hinübergeschwenkt zu werden. Nun war nicht nur der Kanal blockiert, sondern die auf Cadzand stationierten Männer und Geschütze konnten nun sowohl gegen das alte Fort wie gegen die Stadt eingesetzt werden.

Parmas erster Schachzug bestand darin, seinen Angriff gegen das Fort zu verstärken. Jeden irgendwie verfügbaren Mann einsetzend, schlug der Kommandant Groenevelt den ersten Ansturm zurück, sah dann aber in letzter Minute die Falle. Das Fort war mit Sluis nur durch eine lange Holzbrücke verbunden. Waren die Hauptkräfte der Verteidigung auf das Fort konzentriert, brauchte Parma nur die Brücke zu verbrennen oder in die Luft fliegen zu lassen und seinen Angriff mittels seiner neuen Verbindungslinien auf die andere Seite der Stadt zu verlegen. Auf diese Weise würde die Garnison hilflos sein. So zogen sich zu mitternächtlicher Stunde in aller Stille die im Kastell befindlichen Truppen, etwa zweihundert der kampffähigen Männer, die sich in Sluis noch auf den Beinen halten konnten, in die Stadt zurück, während die Nachhut das Schloß und danach die Brücke hinter ihnen in Brand steckte.

Parma war enttäuscht, hielt aber seinen heftigen Druck aufrecht, suchte nach schwachen Stellen in der Verteidigung und rückte mit seinen Batterien näher an die Mauern heran. Auch für ihn, so fühlte er, ging die Zeit langsam zu Ende. Sehr bald würden sich die Holländer und die Engländer wohl in Bewegung setzen, und selbst mit seinen verbesserten Verbindungslinien konnte er sich in diesem Gewirr von Kanälen nicht auf einen Kampf einlassen. Wenn die entsetzenden Streitkräfte zahlreich und entschlossen waren, konnte er von Glück sagen, wenn er seinen Belagerungspark und vielleicht sogar sein Heer retten konnte, denn infolge seiner Herrschaft über das Meer und die Scheldemündung konnte der Feind plötzlich aus irgendeiner Richtung angreifen. Parma wußte nur zu gut, wie er einen ähnlichen Vorteil ausnützen würde.

So rückte er denn mit seinen Batterien hartnäckig vor und konzentrierte seinen Angriff auf das blutgetränkte Gelände vor dem Brüggetor. Am Morgen des Santiagotags eröffneten seine Belagerungsgeschütze das — wie man dachte — entscheidende Bombardement. Schon am Nachmittag war das Torhaus ein unhaltbarer Trümmerhaufen, und in den Zwischenwall waren Breschen geschlagen, von denen manche groß genug waren, um zwanzig Mann nebeneinander eindringen zu lassen. Aber hinter der zertrümmerten Mauer sah Parma, der trotz einer vor zwei Tagen erlittenen Verwundung vorwärtshumpelte, um die Lage persönlich zu erkunden, einen Halbmond frisch aufgeworfener Erdwälle, die von der anscheinend unbezwinglichen Besatzung bemannt waren. Ein Sturmangriff konnte diese Schanzen wohl nehmen. Allein, aus seinen bisherigen Erfahrungen wußte Parma, wieviel Mann ihn solch ein Unternehmen kosten würde. So bitter notwendig auch Eile geboten war, so konnte er sich diesen Einsatz doch nicht leisten. Daher ließ er zum Rückzug blasen, und der General begab sich in sein Hauptquartier, um eine Beschießung genau hinter die Halbmondlinie mit einem Scheinangriff auf die Genter Seite zu verbinden und dadurch die Verteidigung zu teilen und zu verwirren.

In dieser Nacht sahen die Belagerer Lichter auf dem Glockenturm von Sluis flackern — mehr und sich anders bewegende Lichter als sie bisher bemerkt hatten, und die Wachtposten von Cadzand berichteten von ganzen Gruppen von Lichtern, die von Vlissingen her antworteten. Die belagerte Stadt sandte Botschaften, vielleicht einen letzten Hilferuf, möglicherweise einen Verzweiflungsschrei aus und erhielt Antwort.

Dies geschah in der Nacht des 25. Juli. Am nächsten Morgen war die gesamte Mündung der westlichen Schelde zwischen Sluis und Vlissingen weiß von Segeln, Kriegsschiffen und Transportfahrzeugen aus Zeeland, Holland und England. Pinassen plänkelten und sondierten die Mündung des Zwyn, dahinter konnte man die Flaggen von Justin von Nassau, des Admirals von Zeeland, von Charles Howard von Effingham, des Admirals von England, des Prinzen Moritz, des jugendlichen Oberhauptes des Hauses von Oranien, und endlich des großen Generalkapitäns der Königin, des Grafen von Leicester sehen. Als er diese Nachrichten noch zu verdauen suchte, erfuhr Parma, daß eine Armee der Staaten 's-Hertogenbosch und damit den gesamten ausgedehnten Flügel seiner Armee in Ostflandern bedrohte. Schnell, aber vorsichtig begann Parma seine Streitkräfte umzugruppieren. Von einem Sturmangriff konnte nun keine Rede mehr sein, solange nicht deutlich zu erkennen war, was die Holländer und Engländer im Schilde führten. Wenn Parma einen klaren Kopf behielt, so deshalb, weil er oft genug auf des Messers Schneide zwischen Sieg und Niederlage geschwebt hatte.

Was die Holländer und Engländer zu tun beabsichtigten, war mehr, als sie im Augenblick selbst wußten. Leicester wollte mit seinen Schiffen geringen Tiefgangs geradewegs den Zwynkanal hinunterfahren, die Batterien überrennen, die Floßbrücke zerstören und damit den Zugang nach Sluis erzwingen. Aber eine derartige Operation erforderte holländische Boote und holländische Lotsen. Justin von Nassau verspürte wenig Lust, dafür seine Kriegsschiffe aufs Spiel zu setzen, und die Lotsen schüttelten nur den Kopf. Vielleicht könnte man die Einfahrt in den Kanal mit Hilfe der Springflut und eines steifen Nordwest erzwingen, meinten sie. In einer Woche würden die Gezeiten günstig sein und was den Wind beträf ... Dann schlug Leicester vor, seine englischen Truppen auf Cadzand zu landen, um die Batterien außer Gefecht zu setzen und die Brücke zu zerstören. Aber die einzigen verfügbaren flachen Kähne waren Eigentum von Holland und Zeeland, und durften ohne Genehmigung der Staaten nicht benutzt werden. Justin war bereit, schriftlich die entsprechende Ermächtigung zu erbitten. Mittlerweile – so schlug er vor – sollten die Engländer in Ostende landen, längs der Dünen nach Blankenberghe marschieren und so Parmas Armee abzuziehen versuchen. Gelänge dies, so würden die Holländer ihrerseits versuchen, den Kanal zu bezwingen. Unwillig stimmte Leicester zu, und, obgleich zunächst von ungünstigen Winden gestört, landete er schließlich mit dem Gros seiner Truppen, vierzigtausend Mann Fußvolk und vierhundert Reiter unter Sir William Felham, in Ostende, genau eine Woche, nachdem die Entsatzflotte vor Sluis aufgetaucht war.

Am nächsten Tag marschierten die Engländer gegen Blankenberghe, während Leicester und Howards Geschwader längs der Küste nachfolgten. Nur ein paar Geschütze hinter einer Verschanzung, die in letzter Minute mittels eines Deichdurchstichs verstärkt worden waren, verteidigten Blankenberghe auf der Ostender Seite. Die Besatzung war gering und Parma war ernstlich beunruhigt. Wenn Blankenberghe genommen wurde, war seine Stellung vor Sluis unhaltbar und ein gesicherter Rückzug würde sich als schwierig erweisen. Daher warf er eilends eine Verstärkung von achthundert Mann voraus und schickte sich an, mit seiner gesamten Armee so schnell wie möglich hinterherzurücken. Aber Pelham dachte nicht länger über die Bresche im Damm und die dahinter verschanzten Geschütze nach, und Leicester sah vom Deck seiner Galeone aus den Schimmer spanischer Brustpanzer von Ostende heranziehen, die Vorhut von Parmas schrecklichen Haudegen, Gott weiß wieviele Tausend stark, um seine halbgeschulten Rekruten zu umzingeln und zu vernichten. Leicester sandte eine hastige Botschaft, und die Engländer fielen auf Ostende zurück, wo sie sich wieder einschifften und sich alsbald mit ihren vor Sluis liegenden Verbündeten vereinigten. Auf diese Weise brauchte Parma seine Umgruppierungen nicht zu beenden, die holländische Flotte hatte sich nicht gerührt.

Am nächsten Abend war schließlich alles bereit, den Kanal zu stürmen. Es war Springtide. Eine steife, aber nicht zu steife Brise blies aus Nordwesten. Die Kriegsschiffe ordneten sich in Doppelreihe, Justin von Nassau befand sich auf dem führenden Schiff. Sie sollten die Flotte der Leichter und Vlieboote decken, die die Verstärkungen und Vorräte heranführten. Graf Leicester war selbst in seinem Boot herumgerudert und hatte, ungeachtet der Streuschüsse von den spanischen Batterien, das Sondieren und Markieren des Kanals überwacht. Er beabsichtigte, die Entsatztruppen selbst in die Stadt zu führen. Dann ließen die Holländer den Brander auslaufen, der die Floßbrücke durchbrennen und den Weg ins Flußbecken öffnen sollte.

Auf der Brücke, auf der eine Kompanie Wallonen die kugelsichere Brustwehr bemannte, mußte große Spannung geherrscht haben, als aus dem näherrückenden Schiff Flammen emporloderten und Feuerzeilen am Takelwerk hochzüngelten. Genau so war zwei Jahre zuvor bei Antwerpen ein Brander mit der Strömung auf eine ähnliche Brücke zugetrieben. Beherzte spanische Pikeniere waren an Bord gesprungen, um zu löschen, was nicht mehr als ein klägliches Feuer schien, als das ganze Schiff in die Luft ging. Sein Inneres war mit Ziegelsteinen ausgekleidet und mit Schießpulver, Steinen und Alteisen vollgepackt gewesen, so daß durch eine einzige Explosion mehr Männer verwundet und getötet worden waren als in manch hitzigem Gefecht. Niemand, der den »Teufelsbrenner von Antwerpen« gesehen hatte, würde das Schauspiel je vergessen. Der die Floßbrücke befehligende Marquis von Renty war dabei gewesen. Er hatte aber auch erlebt, wie Parma mit einem zweiten derartigen Angriff fertig geworden war. Als der Brand daher auf ihn zutrieb, ließ Renty die unmittelbar vor ihm liegenden Brückenteile loskuppeln und auseinanderschwenken, so daß das Schiff frei passieren und am Rande des Sluis-Beckens friedlich ausbrennen konnte, ohne den geringsten Schaden anzurichten. Diesmal barg es kein Schießpulver in seinem Bauch.

Wäre Leicester mit seinem Leichter gleich hinter dem Brander einhergesegelt, so hätte er die Durchfahrt durch den Kanal vielleicht erzwingen und die Brücke zerstören können. Statt dessen lag er einen guten Kilometer weit entfernt, viel zu weit, um sehen zu können, was vorging und stritt wütend mit seinen Zeeländer Lotsen. Bevor der Zank vorüber war, lag die Brücke wieder an ihrem Platz, die Flut ließ nach und der Wind sprang nach Süden um. Die Flotte, die Sluis hätte entsetzen sollen, lief ruhmlos in den Hafen von Vlissingen zurück.

Die Hauptwirkung dieser zwei Wochen törichter Manöver zeichnete sich in der Moral der belagerten Garnison ab. Wir können die Geschichte am besten aus den Briefen Sir Roger Williams' erfahren, der das englische Bataillon befehligte. Williams war Berufssoldat und hatte den größten Teil der vergangenen fünfzehn Jahre kämpfend in den Niederlanden zugebracht. Er war Waliser, ein kleiner, zäher Kampfhahn, der an seiner Sturmhaube die längste Feder beider Heere trug, »damit Freund und Feind immer wußten, wo er war«, ein Mann mit seinem kühlen Kopf und seinem hitzigen Gemüt, seiner freimütigen Zunge und seinem unbezähmbaren Herzen, ja in den Schnörkeln militärischer Pedanterie, die seine Rede würzten, Hauptmann Fluellen so ähnlich, daß man meinen könnte, William Shakespeare müsse ihn entweder persönlich gekannt oder die Erinnerung eines, der mit ihm befreundet war, weidlich ausgenützt haben. Gleich zu Beginn der Belagerung gab Williams der Königin mit grimmigem Humor einen Lagebericht. »Unser Kampfgebiet ist groß, die Anzahl unserer Männer ist gering«, so schrieb er, »aber wir vertrauen auf Gott und unsere Tapferkeit, es zu verteidigen. Wir beabsichtigen jeden Morgen Land nur um tausend feindliche Leben herzugeben, abgesehen von den unseren. Wir zweifeln nicht daran, daß Eure Majestät uns für unsere ehrliche Absicht und unser anständiges Handeln Eurer königlichen Person und Eurem lieben Lande gegenüber zu Hilfe kommen wird.« Später, als die Verstärkungen auf sich warten ließen, mochte er wohl Walsingham gegenüber brummig äußern, daß die militärische Ausbildung des jungen Moritz von Nassau und seines Halbbruders Justin die Generalstaaten die Hälfte der Städte, die sie noch hielten, zu kosten schien, aber sein Tonfall war noch immer zuversichtlich. »Seit ich auf Kriegspfaden wandle«, schrieb er, »habe ich weder schneidigere Hauptleute, noch gutwilligere Soldaten gesehen. Um elf Uhr brach der Feind mit auf Rädern montierten Schützengräben (Karren, die mit kugelsicheren Schildern gedeckt waren) in den Wassergraben unseres Forts ein. Wir machten einen Ausfall, eroberten ihre Gräben, schlugen sie bis zu ihrer Artillerie zurück, hielten den Wagengraben bis gestern abend und werden ihn mit Gottes Hilfe heute abend wieder nehmen oder teuer dafür bezahlen.«

Am selben Tag drängte Williams Leicester, er solle unverdrossen mit schnellen Galeeren und flachen Booten kühn in den Kanal von Sluis eindringen. »Wenn Eure Matrosen auch nur den vierten Teil ihrer Pflicht tun, wie ich es zahllose Male an ihnen beobachtet habe, werden die Spanier sie nicht aufhalten können. Bevor Ihr in den Kanal einfahrt, werden wir mit unseren Booten auftauchen, den Feind bekämpfen, und Euch zeigen, daß die Sache gar nicht so gefährlich ist. Ihr könnt der Welt versichern, daß es hier (keine Verräter) nur tapfere Hauptleute und tapfere Soldaten gibt, die lieber an Ort und Stelle begraben sein als in irgendeinem Punkt, der Kriegsleute angeht, entehrt werden möchten.« Zehn Tage später schrieb er wieder einen Brief an Leicester, in dem er den Entsatzstreitkräften taktische Ratschläge gab und in Hauptmann Fluellens Tonfall schloß: »Ihr müßt Euch stets vor Augen halten, daß gefahrlose Kriege nicht denkbar sind. Was Ihr zu tun beabsichtigt, tut es, darum bitten wir Euch, schleunigst.«

Eine weitere Woche verging, endlich wurde die Entsatzflotte von den Mauern von Sluis aus sichtbar, es wurde auch sichtbar, daß sie sich drei weitere Tage lang nicht rührte. Zu jener Zeit schrieb er: »Seit dem ersten Tag stehen neun von unseren zwölf Kompanien in ständiger Alarmbereitschaft und seit geschlagenen achtzehn Tagen stehen etwas mehr als die Hälfte dauernd mit der Waffe in der Hand. An Toten und Verwundeten haben wir insgesamt zehn Hauptleute, sechs Leutnants, achtzehn Feldwebel, und nicht weniger als sechshundert Soldaten. Nie sind tapfere Soldaten aus Mangel an leichtem Entsatz so geopfert worden. Das Schießpulver reicht nur noch für drei Scharmützel. Was mich betrifft, so wäre ich lieber tot, darum, daß ich so viele brave Männer ins Verderben gejagt habe. Hier bewährt sich das Sprichwort wieder einmal, daß Witz erst taugt, wenn er teuer erkauft ist, aber ich und der Rest meiner Kompanien scheinen ihn allzu teuer erkaufen zu müssen.«

In einem bitteren Nachsatz heißt es: »Sir William Pelham und die anderen scheinen kaum in Betracht zu ziehen, daß der Herzog von Parma die Stadt mit Wut und vielerlei Waffen bedrängt. Sie haben nur die Stadt Sluis im Auge, sehen aber weder die Schanzwerke auf beiden Seiten noch die Entbehrungen ihrer armen Freunde.«

Nach diesem Brief hielt die Stadt noch weitere acht Tage aus und mußte für die so gewonnene Zeit mit mehr als zweihundert Menschenleben bezahlen. Dann, während das verkohlte Gerippe des Branders noch schwelte, bat Groenevelt um Unterhandlungen. Parma räumte großzügige Bedingungen ein. Die Besatzung, oder das, was davon übrig war — denn von eintausendsiebenhundert Mann waren achthundert gefallen und zweihundert so schwer verwundet, daß sie nicht mehr aufrecht stehen konnten — sollte mit ihren Waffen, ihrem Troß und allen kriegerischen Ehren freien Abzug erhalten. Parma achtete einen tapferen Gegner. Er ging auf Sir Williams zu, der, den Arm in der Schlinge und seine große Feder geknickt, an der Spitze seiner zusammengeschrumpften Kompanien stand, pries sein Soldatentum und erbot sich, ein seiner würdiges Kommando für ihn zu finden, bei dem er niemals gegen seine Glaubensbrüder oder Landsleute zu kämpfen brauchte. Williams antwortete höflich, wenn er in Zukunft einem anderen Herrn als seiner Königin dienen würde, so sollte es im Heer jenes hartbedrängten Vorkämpfers der protestantischen Sache, des Hugenottenhelden und Königs Heinrich von Navarra sein. Indessen dürfte es sein Gemüt nicht besänftigt haben, daß sein ritterlicher Feind die Bitternis, die er über das nutzlose Opfer seiner Männer empfand, ahnte und mitfühlend teilte. Im Augenblick wollte Williams von keinem Fürstendienst mehr wissen. Zu arm, um selbst ein Pferd kaufen zu können, schrieb er auf der Rückreise nach England dem Sekretär der Königin: »Ich bin der Kriege müde. Wenn ich einen Lebensunterhalt finde, will ich den (Soldatendienst) quittieren und dem Rat der Lady Walsingham folgen und eine Kaufmannswitwe heiraten.«

Natürlich tat er nichts dergleichen.

Der Herzog von Parma war fast ebenso bedrückt wie Sir Roger. Die Belagerung hatte ihn nahezu siebenhundert Tote und mehr Verwundete gekostet, als er versorgen konnte. »Seitdem ich in den Niederlanden bin«, schrieb er an Philipp, »hat mir keine Operation solches Kopfzerbrechen und solche Sorgen verursacht wie die Belagerung von Sluis.« Im Hinblick auf die Invasion von England hatte das Ziel die Opfer jedoch gelohnt. Vielleicht sagte sich Parma, daß er die Prahlerei des Sultans wiederholen könne. Der Arm des Feindes, den er abgehackt hatte, würde den versengten Bart mehr als aufwiegen.

DER GLÜCKLICHE TAG

Coutras, 20. Oktober 1587

Der König von Navarra und sein Heer waren in die Falle gegangen. Das Gros der Hugenottentruppen konnte dem mächtigen katholischen Feind, der so plötzlich über sie hereingebrochen war, nicht mehr entwischen. Die einzige verzweifelte Möglichkeit der Rettung bestand darin, die gesamte Streitmacht der Hugenotten einem ungleichen Kampf auszusetzen, ein Risiko, bei dem die ganze kleine Armee und ihre fürstlich-bourbonischen Führer ohne weiteres vernichtet werden konnten — ein Schlag für die protestantische Sache in Frankreich, ja in Europa, neben dem die Einbuße von Sluis einer minderen Amputation gleichkommen würde, ein Sieg des Glaubens, für den Philipp kaltlächelnd ein halbes Dutzend Städte wie Sluis geopfert haben würde.

Mit seiner gewohnten Kühnheit hatte Navarra eine ausgesuchte Streitmacht, die Blüte der Hugenottenarmee vom Biscayagestade, wo die Katholiken ihn festzunageln hofften, direkt an der Nase des Feindes vorbei Bergerac und dem Hügelland entgegengeführt. Das Gros dieser Truppe, und mit ihm Navarra persönlich, seine bourbonischen Vettern Condé und Soissons, dazu viele berühmte Hugenottenhauptleute, schliefen in der Nacht vom 19. Oktober in dem Dörfchen Coutras, zwischen den Flüssen Dronne und Isle an der Straße, die von Tours und dem Norden über Poitiers nach Bordeaux führte. Die Hugenottenhauptleute rafften sich im Morgengrauen des 20. aus ihrem Schlaf hoch, um in den nördlich des Dörfchens gelegenen Wäldern fernes Gewehrfeuer zu hören und zu erfahren, daß die vom Herzog von Joyeuse befehligte königliche Armee, eben jenes Heer, dem sie aus dem Wege zu gehen versucht hatten, sich in einem Nachtmarsch an sie herangepirscht hatte und bereits auf ihre Feldwachen gestoßen war. In einer Stunde, vielleicht sogar schneller, würde Joyeuse sie zwischen der Dronne, die sie am vergangenen Nachmittag überquert hatten, und der Isle, über die sie diesen Vormittag zu setzen hofften, gehörig in die Zange nehmen.

Hier überrascht zu werden, war scheußlich. Das verstreut liegende schutzlose Dorf, in dem sie Quartier bezogen hatten, zog sich einen zwischen beide Flüsse geklemmten Streifen hinunter, eine Sackgasse, deren Mündung abzuriegeln sich der Herzog von Joyeuse bereits anschickte. Was die Lage aber noch verschlimmerte, war, daß die Nachhut, eine Schwadron Reiterei und einige Arkebusiere, die Dronne noch nicht überschritten hatte, während die Vorhut, ein Trupp leichter Reiter, zwei Rahmenregimenter Fußvolk und die drei Kanonen, die ihre ganze Feldartillerie bildeten, bereits über die Isle setzten auf dem Weg in die befreundeten Festungen der Dordogne. Wenn er sich beeilte, konnte Navarra sich mit seinen Vettern, Hauptleuten und dem Großteil der Reiterei noch immer aus dem Staub machen, indem sie der Vorhut durch die tiefe schmale Furt der Isle folgten. Das Gros der Infanterie müßte aber zurückgelassen werden, um mit ihrem Leben die Zeit zu erkaufen, die die Kavallerie zur Flucht benötigte. Auf diese Weise konnten wenigstens die Führer ihre Haut retten, wenn es auch eine zweite Frage war, ob irgendjemand ihnen später je wieder folgen würde. Wenn sie hingegen blieben, sich auf einen Kampf einließen und geschlagen wurden, war es höchst fraglich, ob viele, gleichgültig welchen Ranges, mit heiler Haut davonkommen würden. Die Flüsse, die hinter ihnen zusammenflossen, waren zu tief zum Durchwaten und zu reißend zum Durchschwimmen, die einzige Brücke am Ende der Dorfstraße war lächerlich schmal, und die katholische Armee des Monsieur de Joyeuse kannte keine Gnade.

Wenn der Fall von Sluis den Widerstand der Protestanten geschwächt hatte, so würde die Vernichtung dieses Hugenottenheeres und seiner Befehlshaber sie nahezu lähmen. Vereinzelte Widerstandsnester mochten da und dort aushalten, aber das Rückgrat der protestantischen Macht in Frankreich würde damit gebrochen sein und die Zukunft würde für einige Zeit dem Hause Guise-Lothringen, den radikalen Fanatikern der Heiligen Liga, und dem Zahlmeister beider, dem König von Spanien, gehören. Es würde ein schlimmer Tag für die Aufständischen in den Niederlanden, vielleicht ein noch schlimmerer für den widerwilligen Oberbefehlshaber und Zahlmeister der protestantischen Koalition, für Elisabeth von England sein. Sobald er ganz in der Gewalt des Herzogs von Guise und der Liga war, wie Heinrich III. es mit dem Zusammenbruch der hugenottischen Opposition und dem

Erlöschen der bourbonischen Linie todsicher sein würde, würde zum ersten Parmas Flanke nicht mehr bedroht sein, auch würden die französischen Häfen sichere Invasionsstützpunkte bieten und französische Schiffe und Mannschaften zur Verstärkung der spanischen Armada zur Verfügung stehen. Auf dieses Ziel hin hatte die spanische Diplomatie seit dem Tod des letzten Valois-Erben hingearbeitet und zu diesem Zweck die Geschicklichkeit der Jesuiten, die Beredsamkeit der Predigerorden, die Autorität Roms und alle Kräfte des wiedererwachenden streitbaren Katholizismus der Gegenreformation in Vorspann genommen. Die spanischen Diplomaten besaßen umso eher die Fähigkeit, mit diesen Kräften umzugehen, als sie selbst von ihnen durchdrungen und beflügelt wurden und dabei so sicher waren, daß Spaniens Macht das erwählte Werkzeug war, um ganz Europa dem Glauben zurückzugewinnen, daß die Wünsche Spaniens und die der Kirche Gottes in ihren Augen allen Ernstes übereinzustimmen schienen.

In Frankreich hatten sie die Kräfte der Gegenreformation so erfolgreich zu leiten gewußt, daß die Hugenotten nunmehr über zwei Jahre lang nicht wie einst für den Triumph ihres Glaubens und die Wiedereinsetzung des Reiches Gottes gekämpft hatten, sondern für ihr Leben. Sie waren – wie der Sekretär des Königs von Navarra jüngst geschrieben hatte – vielleicht die Hauptdarsteller in einer Tragödie, an der ganz Europa beteiligt war. Sie waren auf den Stand vom Juli 1585 zurückgeworfen worden. Dreizehn Monate waren seit dem Tod des letzten Valois-Erben verflossen, ein Jahr, seit eine Kugel den Fürsten von Oranien niedergestreckt hatte; sieben Monate, seit die Guisen und die Anhänger der Heiligen Liga durch das Geheimbündnis von Joinville verpflichtet worden waren, den Bürgerkrieg zu unterstützen, den Philipp in Frankreich benötigte, solange er mit den Ketzern in Holland und vielleicht auch in England zu tun hatte. Von der Liga in die Enge getrieben, widerrief Heinrich III. im Juni 1585 die königlichen Edikte der Duldsamkeit und ächtete die Reformierte Kirche. Im September unterschrieb der neue Papst, Sixtus V. eine donnernde Bulle, die Heinrich von Navarra als einen rückfälligen Ketzer brandmarkte, ihn seiner Besitztümer beraubte, seine Gefolgsleute ihrer Lehenspflicht enthob und ihn für unfähig erklärte, das Thronerbe Frankreichs anzutreten.

So begann der »Krieg der drei Heinriche« – der Krieg Heinrichs von Valois, König von Frankreich, des letzten Überlebenden seines Stammes, gegen Heinrich von Bourbon, König von Navarra, seinen Erben nach Salischem Recht; ein Krieg, der auf Geheiß Heinrichs, Herzogs von Guise, aus dem halb-ausländischen Hause von Lothringen, des einzigen der drei Heinriche, der Nutzen daraus ziehen konnte, geführt wurde. Der Stammbaum des Hauses Lothringen erweist die Abstammung von Karl dem Großen, und es gab Leute, die meinten, mit dieser Abkunft habe der Herzog von Guise mehr Anrecht auf die französische Krone als irgend ein Abkömmling Hugo Capets. Unter normalen Verhältnissen hätte dies wohl niemand ausgesprochen. Indes war der Erbe des französischen Throns ein Ketzer und das mehr oder weniger anerkannte Oberhaupt der Hugenottenpartei. Von ihren Predigern aufgestachelt, war die Masse der Pariser Bevölkerung eher bereit, sich zu erheben, als einen protestantischen König anzuerkennen. Von Spanien finanziert, waren die Magnaten der Liga entschlossen, mit den Häretikern einen Kampf auf Leben und Tod zu führen, ob nun der König von Frankreich für oder gegen sie war, da ihrem Glauben und ihrer Gier auf beide Weise gedient war. Die Vermischung so mächtiger Beweggründe machte den »Krieg der drei Heinriche« zum bittersten Kampf seit den Nachwehen der Bartholomäusnacht.

Heinrich von Navarra versammelte seine Partei zum Widerstand um sich. Auf das königliche Edikt antwortete er mit gekränkter Versicherung seiner eigenen Treue und der seiner Glaubensbrüder. Das Erscheinen der päpstlichen Bulle hingegen quittierte er mit einem kecken Brief an »Monsieur Sixte«, den ein Unerschrockener an die Statue Pasquinos zu kleben verstand, zur mit Belustigung gemischten Wut seiner Heiligkeit. Durch einen geschickten Feldzug, der kleine Scharmützel mit der hartnäckigen Verteidigung ausgewählter Bollwerke verband, errichtete er einen hemmenden Damm gegen die heranstürmende katholische Flut. Aber — wie er später zu sagen pflegte — in jenem Herbst wurde sein Schnurrbart vor Angst weiß. Angst hielt ihn unablässig im Sattel, solange ein Feind im Felde stand, bis sein feingliedrig sehniger Körper zu Tode erschöpft war. Er wußte, daß er selbst, seine Sache und sein Volk in Todesgefahr schwebten.

Nach Heinrich von Guise war in Frankreich kein Katholik gefährlicher für die Hugenotten als der Befehlshaber der königlichen Armee südlich der Loire — Anne, Herzog von Joyeuse. Dieser gutaussehende junge Mann war aus dem Verborgenen emporgeschnellt, um, noch bevor er seine zwanziger Jahre zur Hälfte hinter sich hatte, Herzog, der Mann von der Schwester der Königin und somit Schwager des Königs, Herr über weitläufige Besitzungen, Gouverneur umfassender Provinzen und Admiral von Frankreich zu werden. Was ihm vermutlich bei seinem raschen Aufstieg zugute kam, war Heinrichs III. Schwäche für hübsche junge Männer. Aber unter den »Mignons«, den langhaarigen, parfümierten Jüngelchen, die um den König herumkicherten und -scharwenzelten, waren angeblich ebenso bezaubernde. Zum mindesten zeigten einige unter ihnen ebenso ausgeprägten persönlichen Mut. Etliche waren fast ebenso streitsüchtig und anmaßend. Was aber Anne de Joyeuse auszeichnete, war, was bei einem anderen Günstling »die Leidenschaft zum Befehlen« genannt worden ist. Er besaß eine unbekümmerte Frechheit, vollendetes Selbstvertrauen, eine Art Großmut, die seine Zeitgenossen — nicht nur den König — so stark beeindruckte, daß es sich heute unmöglich sagen läßt, ob er darüber hinaus überhaupt andere außergewöhnliche Eigenschaften hatte.

Joyeuse ergriff die Sache der Liga mit dem gleichen Ungestüm, mit dem er sich in die Händel und Schwelgereien des Hofes gestürzt hatte. Er muß gewußt haben, daß sein Gönner und Herr die Liga beargwöhnte und daß er das Edikt, das die Hugenotten ächtete, mit bekümmertem Widerwillen unterzeichnet hatte. Vielleicht war Joyeuse aus einem konventionellen Katholiken plötzlich zu einem glühenden Gläubigen geworden. Vielleicht beeinflußte seine Frau ihn zugunsten ihrer Vettern, der Guisen. Vielleicht wollte er auch nur seine Unabhängigkeit von dem vernarrten Freund beweisen, der ihm Frankreich zu Füßen gelegt hatte, bevor er fünfundzwanzig Jahre alt war. Die Ereignisse schienen seine geringschätzige Zuversicht zu rechtfertigen, daß er den König sogar zu einer für die Krone verheerenden Politik mitreißen könnte. Der König ernannte ihn zu seinem Stellvertreter auf dem Hauptkriegsschauplatz und unterstellte ihm eine tadellose Feldarmee; dann, als er den größten Teil seiner Soldaten verplempert und vergeudet hatte, übergab er ihm eine noch stärkere und glänzendere. Es war dieses zweite Heer, das nun seit Mitternacht auf der Straße nach Chalais gen Süden marschierte, um Navarra in die Falle zu locken.

Heinrich hatte nicht vorgehabt, sich Joyeuse zu stellen, er wollte ihm vielmehr weichen. Das hatte er den ganzen Sommer getan und währenddessen durch unablässige Beunruhigung zur Zersetzung der Armee beigetragen. Die Protestanten gewannen kaum je eine regelrechte Feldschlacht und hatten auch jahrelang keine anzunehmen gewagt, sie waren dafür aber altbewährte Partisanentruppen und gingen aus diesem Sommer wie gewohnt als die üblichen Sieger in mehr als hundert kleinen Geplänkeln hervor. Als Heinrich hörte, Joyeuse sei mit einem frischaufgestellten Heer ins Kampfgebiet zurückgekehrt, trommelte er alle Hugenotten zusammen, die bei der Verteidigung von La Rochelle und den kleineren protestantischen Städten Poitou und Saintonge entbehrlich waren, und schickte sich an, vor der königlichen Armee hinweg in die Dordogne und das Gewirr der Hügel und Täler, die sich südwärts nach Pau zu seinem Fürstentum Béarn zogen, zu entwischen. Dort konnte er Verstärkungen und die Sicherheit eines Dutzend getreuer hoch auf den Hügeln liegender Festungen finden, konnte entweder der herzoglichen Armee das Leben schwer machen oder sie unfruchtbarer Belagerungstätigkeit überlassen, während er sich nordwärts durchschlug, um sich mit den schweizerischen und deutschen — teilweise von Königin Elisabeths Geld bezahlten — Söldnern, die seine Freunde und Verbündeten seiner Ansicht nach bereits der Loirequelle entgegenführten, zu vereinigen.

Der Béarnaiser verlor keine Zeit; das war eine seiner hervorstechendsten Eigenheiten als Feldhauptmann. Aber diesmal war er nicht rasch genug. Er hatte gedacht, Joyeuses Haupttheer stehe noch gute dreißig Kilometer entfernt, während es in Wirklichkeit auf fast fünfzehn herangekommen war, und er hatte nicht mit der Bereitwilligkeit verzärtelter Hofjünglinge gerechnet, die halbe Nacht durchzureiten, um am Morgen eine Schlacht zu schlagen. Als er nun dem Geknatter von Kleinwaffen lauschte, das das Zurückweichen seiner vorgeschobenen Posten anzeigte, stand er der unerfreulichen Tatsache gegenüber, daß er, obgleich er noch immer den Hals aus der Schlinge ziehen konnte, dann das Gros seiner Truppen im Stich lassen mußte.

Keine Andeutung in den Annalen weist darauf hin, daß Heinrich auch nur einen Augenblick den Gedanken an Flucht hegte. Vielmehr gab er seinen Hauptleuten zu verstehen, daß dies genau der Ort war, den er selbst für einen Kampf gewählt haben würde. Wahrscheinlich ergab sich diese Entscheidung ganz von selbst: Heinrich wußte, daß er die Führung der Hugenotten-Partei weniger seinem Platz in der Thronfolge und seinem nicht gerade mit Anmut wiederaufgenommenen Protestantismus verdankte, als seiner Bereitschaft, sein Leben in der vordersten Reihe jedweden Scharmützels in die Schanze zu schlagen und sich bei jenen langen Partisanenunternehmen weniger als Fürst und General denn als eifriger Anführer berittener Freischärler zu gebärden. Wenn er diesmal der Gefahr, die seinen Kameraden drohte, aus dem Wege ging, so konnte er der einzigen Unterstützung, auf die er sich bei seinem Streben nach der Krone verlassen konnte, auf immer verlustig gehen.

Wenn Heinrich über die Aussicht auf einen Kampf zu frohlocken schien, so war er von den Vorkehrungen, die seine Hauptleute trafen, weniger entzückt. Coutras bestand damals wie heute aus einer langen Reihe dichtgedrängter Häuser, die sich an der Straße von Chalais-Libourne entlangzogen. In jenen Tagen stand auf halbem Wege dieser Reihe – sie im Osten da flankierend, wo die von Westen kommende Straße, nach Überquerung der Dronne weiterlief, um die Isle zu überspannen – ein etwa sechzig Jahre zuvor erbautes und bereits halb verfallenes befestigtes Schloß. Auf eine nirgendwo geschilderte Weise begannen die Hugenotten sich auf der ost-westlichen Straße aufzustellen, wobei sie Arkebusiere in den Dorfhäusern postierten und das Schloß als Angelpunkt ihrer Verteidigung benutzten. So war das Schußfeld durch die Biegung der Dorfstraße eingeengt und unterbrochen, eine Tatsache, die Heinrich keineswegs zusagte. Wenngleich das Knattern der Handfeuerwaffen nun von einem etwas mehr als einen Kilometer entfernten Waldrand herübertönte, befahl Heinrich kurzerhand, auf die offenen Wiesen am Nordende des Dorfes vorzurücken und begann dort, praktisch unter den Augen des Feindes, seine Armee neu zu entfalten.

Währenddessen kehrte seine Artillerie – drei bronzene Geschütze, eines davon ein Achtzehnpfünder – auf seinen Befehl hin eilends vom Übergang über die Isle zurück und wurde angewiesen, Stellung auf einem Sandhügel zur Linken der neuen Front zu beziehen, einer bescheidenen Bodenerhebung, die jedoch das gesamte begrenzte Feld beherrschte. Bevor sie die kleine Kuppe erreichen konnten und während ein Teil der hugenottischen Infanterie an der rechten Flanke aufmarschierte und die Hugenottenreiterei sich entweder noch durch die engen Straßen bewegte oder soeben in Stellung schwenkte, begann die Vorhut von Joyeuses Truppen aus dem Gehölz in das Amphitheater der offenen Wiese zu strömen.

»Wenn zu diesem Zeitpunkt der König in Schwierigkeiten war, so war es der Herzog nicht weniger«. Als Joyeuse erfuhr, daß die Hugenotten Coutras erreicht hatten und beabsichtigten, vor ihm hier zu entweichen, war es fast Mitternacht, und seine eilends alarmierten Truppen mußten bei Nacht und Nebel von den verstreuten Dörfern, in denen sie einquartiert waren, auf schmalen Wegen und Saumpfaden auf ihr Ziel zustreben. Im Schlepptau der Reiterei, die Heinrichs vorgeschobene Posten zurückgeworfen hatte, zockelte nun eine träge kilometerlange Schlange, bestehend aus Reiterei und Fußvolk, auf der Chalais-Straße dahin. Während so beide Befehlshaber gleichermaßen über die in ihren eigenen Reihen herrschende Unordnung und die Gegenwart des Feindes bestürzt waren, und »keines der beiden Heere wußte, was das andere vorhatte«, stellten sich die beiden Heerhaufen auf beiden Seiten der Weide auf, wie auf Verabredung nicht einander achtend, bis ihre Formationen entwirrt und ihre Reihen geschlossen waren. Die Sonne ging gerade auf, als die leichte Kavallerie des Herzogs dem Wäldchen enttauchte und das Schauspiel ihres aufmarschierenden Gegners genoß. Es dauerte gute zwei Stunden, bevor Navarras Artillerie, die später als die des Herzogs erschien, aber früher in Stellung war, den Ball eröffnete.

Der König von Navarra hatte die günstigere Position gewählt, auch waren seine Anordnungen geschickter getroffen. Zur Rechten, hinter einem tiefen Wassergraben, der die Grenze des zum Schloßpark gehörenden Wildgeheges bildete, postierte Heinrich seine vier Rahmeninfanterieregimenter. Ihre Stellung war gegen Kavallerieangriff gesichert, und bei dem unebenen Gelände und dem unwirtlichen Dickicht, aus dem sie schießen sollten, spielte es kaum eine Rolle, daß sie nicht genug Pikeniere hatten. Zur Linken, weiter zurück und von einem sumpfigen Bach gedeckt, lag eine viel kleinere Gruppe Infanterie. Im Mittelfeld war die schwere Kavallerie der Hugenotten in vier kompakten Schwadronen, sechs oder mehr Reihen tief, aufgestellt. Ausgewählte Abteilungen von Arkebusieren waren zwischen den Schwadronen postiert und angewiesen, mit dem Feuern solange zu warten, bis der Feind auf zwanzig Schritt herangerückt war, um ihm dann eine gesammelte Ladung zu verpassen. Neben der letzten Schwadron bewaffneter Soldaten schloß La Tremoïlles leichte Kavallerie, die sich seit Tagesanbruch mit dem Feind herumgeschlagen hatte, die Lücke zum Wildpark hin, wo das Gros der Infanterie lag. Dies war eine sehr geschickte Aufstellung; die Hugenotten nützten jeden Vorteil, den sie für sich herauszuschlagen vermochten.

Ihnen gegenüber hatte Joyeuse eine ähnliche, aber einfachere Schlachtordnung gewählt. Auf jedem Flügel postierte er zwei Regimenter königlicher Infanterie, die zur Linken mindestens so stark wie die ihm im Wildpark gegenüberliegenden vier Regimenter, die zur Rechten viel stärker als die zusammengewürfelte Truppe hinter dem Bach waren. In der Mitte stand seine Kavallerie, die leichten Reiter, denen Heinrichs gegenüber, den hugenottischen Kürassieren gegenüber die königliche schwere Kavallerie, die berühmten *gens d'armes d'ordonnance*, nicht als Schwadronen formiert, sondern »en haye«, in langer, ungebrochener Doppelreihe. Diese befehligte Joyeuse selbst und war sicher, mit ihnen in einem überwältigenden Angriff der Sache der Hugenotten den Rücken brechen zu können. Nicht ein Ketzer — so versprach er seinen Offizieren — nicht einmal König Heinrich von Navarra selbst, sollte lebend das Schlachtfeld verlassen.

Über die wenigen hundert Meter offenen Geländes hin hatten die gegnerischen Reiter Zeit, einander zu beäugen. Die Hugenotten, in ihrem fleckig-fettigen Lederzeug und den schmutzigen grauen Panzern sahen abgekämpft und wenig erfreulich aus. Ihre Rüstung bestand nur aus Brustharnisch und Sturmhaube, ihre Bewaffnung aus nichts anderem als Schwert und Pistole. Die Legende gefiel sich darin, Heinrich von Navarra in langem, weißem Federschmuck und romantischem Zubehör darzustellen, aber Agrippa d'Aubigné, der an jenem Tag an Navarras Zügelhand ritt, erinnerte sich, daß der König genau wie die alten Kriegskameraden seiner nächsten Umgebung bewehrt und bewaffnet war. Reglos saßen die Hugenotten auf ihren Pferden, eine jede festgefügte Schwadron still und starr wie ein Fels.

Drüben bewegte sich die schimmernde Reiterreihe der Königlichen. Hier wogte sie vor, dort wich sie zurück, je nachdem ihre einzelnen Teile einander abdrängten und sich wie Rennreiter beim Start einen guten Platz zu sichern suchten; mal nahmen sie ihre Pferde an die Kandare, mal brachen sie aus der Reihe, um mit einem Freund einen Gruß oder mit einem Feind eine Schmähung auszutauschen. Die Blüte des Hofes hatte Monsieur de Joyeuse auf seinem Ritt nach Poitou begleitet. Mehr als einhundertundzwanzig Grafen und Edelleute standen als Reiter im ersten Glied, die meisten von ihnen waren von ihren eigenen bewaffneten Dienern begleitet. Daher flatterten an den Lanzen, mit denen sie auf Wunsch des Herzogs bewaffnet waren, fröhliche Wimpel und kleine Banner, geziert von farbenfrohen Schleifen zu Ehren edler Damen. Auch sah man eine Unmenge von Rüstungen, so viele Rüstungen, wie man sie nie mehr auf einem Schlachtfeld erblicken konnte, selbst Beinharnische, Ringkrägen und Visierhelme, und in jede sichtbare Fläche waren seltsame Muster ziseliert und inkrustiert, so daß Aubigné später schrieb, nie habe eine Armee in Frankreich derartig in Gold geprangt und geglitzert.

Diese prächtige Reiterei war noch immer mit dem Ausgleichen ihrer Schlachtreihe beschäftigt, als Navarras drei auf dem Hügelkamm verschanzten Geschütze das Feuer eröffneten. Die Kanonenkugeln rissen im Schrägfeuer drei Lücken in die katholischen Reihen. Von Veteranen bedient und von einem erstklassigen Artilleristen befehligt, feuerten die hugenottischen Kanonen achtzehn tödliche Salven ab, während Joyeuses Batterie nur sechs harmlose Schüsse zuwege brachte. »Wenn wir warten, sind wir geliefert!« rief der Generaladjutant des Herzogs, Lavardin, und schon bliesen die Trompeten des Herzogs zum Angriff.

Lavardin, auf der katholischen Linken postiert, preschte zuerst los. Sein Ansturm traf Tremoîlles leichte Reiter und Turennes Schwadron dahinter mit unwiderstehlicher Gewalt, zersprengte sie und trieb sie in die Dorfstraße zurück. Turenne sammelte einen Teil seiner Streitmacht — achtzehn kürzlich zu ihm gestoßene schottische Freiwillige bildeten einen festen Kern — aber einige seiner leichten Reiter, die am Morgen so tapfer gekämpft hatten, sprengten davon und verbreiteten die Nachricht von Navarras Niederlage über das Land, so daß die Hugenotten in dem hinter ihnen gelegenen Dorf katholisches Siegesgeschrei hörten.

Die Infanterie-Einheit auf der Linken, wähnend, sie könne ebenso gut angreifend als angegriffen ins Gras beißen, stürmte schnurstracks über den Bach vor, und bevor die königlichen Regimenter begriffen, wie ihnen geschehen, waren sie mitten unter ihnen, fielen durchbohrt von feindlichen Piken oder zogen diese mit den Händen beiseite und stürzten sich mit geschwungenem Schwert oder Dolch auf den Gegner. Die Reiter der verdutzten Königstreuen lösten sich auf und auf dieser ganzen Seite des Feldes entstand ein wirres Handgemenge. Mittlerweile fand sich die hugenottische Infanterie der Rechten in ein lebhaftes Geplänkel verwickelt, hatte aber mit der Verteidigung des Wildgeheges nicht so viel zu tun, als daß sie nicht eine gelegentliche Salve für Lavardins Pferd übrig gehabt hätte.

Die Schlacht sollte sich jedoch im Zentrum entscheiden. Die Trompeten des Herzogs ertönten, die schimmernde Reihe schwankte vorwärts, die langen Lanzen wurden eingelegt, ihre Wimpel beschatteten den Boden vor ihnen. Das Tempo der dröhnenden Hufe schwoll zum donnernden Galopp an. »Zu früh«, flüsterten die Hugenotten einander zu. Als die Trompeten des Herzogs bliesen, hatten die Prediger der hugenottischen schweren Reiter gerade ihr Schlachtgebet beendet. Noch immer unbeweglich auf ihren Pferden sitzend, schwoll aus den Kehlen der Krieger das Kampflied ihrer Partei:

> La voici la heureuse journée
> Que Dieu a fait à plein désir
> Par nous soit joye démenée ...

Es war eine metrische Version des 118. Psalms, dessen 24. Vers so lautet: »Dies ist der Tag, den der Herr macht; lasset uns freuen und fröhlich darinnen sein.« Noch immer singend, trabten die festgefügten Schwadronen an. Als das Dröhnen des Gesangs die rascher vorrückenden Reihen des Gegners erreichte, rief einer der geschmückten Günstlinge, der Knie an Knie mit dem Herzog ritt, fröhlich aus: »Ha, die Feiglinge! Sie zittern schon, sie beichten sogar«, worauf ein Haudegen auf der anderen Seite des Herzogs antwortete: »Monsieur, wenn die Hugenotten solche Geräusche ausstoßen, sind sie zu allem fähig.« Kaum eine Minute später feuerten die Arkebusiere ihre erste Salve ab, und die massierten Säulen der Hugenotten-Reiter, den Trab beschleunigend, prallten krachend auf die galoppierenden Reihen des Feindes.

Dieser Schlag entschied die Schlacht. Unter dem Anprall der festgefügten Säulen brach die katholische Front auseinander, und die Hugenotten begannen die feindlichen Bruchstücke von den Flanken her aufzurollen. Ein oder zwei Minuten lang gab es einen verzweifelten, würgenden Kampf. Der Prinz von Condé wurde vom Pferd gestoßen und sein erfolgreicher Gegner, sicherlich nach einem raschen Blick über das Schlachtfeld, saß ab und überreichte dem verblüfften Prinzen seinen Reithandschuh zum Zeichen der Übergabe. Der König von Navarra, nachdem er einen Gegner mit der Pistole abgeschossen und selbst eine schwere Schramme von einer feindlichen Lanze eingesteckt hatte, erkannte den Seigneur de Chasteau Renard, den Standartenträger der feindlichen Truppe, die er eben bezwungen hatte, packte den alten Kriegskameraden um den Gürtel und krächzte fröhlich: »Ergib dich, Philister.«

Auf einem anderen Teil der Walstatt wurde der Herzog von Joyeuse beim Versuch, zu entkommen, von einer Schar Reiter abgeschnitten. Er warf sein Schwert weg und rief: »Mein Lösegeld ist hunderttausend Kronen.« Einer seiner Überwinder schoß ihm eine Kugel durch den Kopf. Für den Kommandeur, der befohlen hatte, die verwundeten Hugenotten auf der Stelle zu töten, der Gefangene dem Hundert nach aufhängen und Besatzungen, die sich im Vertrauen auf anständige Kriegsführung ergeben hatten, niedermetzeln ließ, war die Hoffnung auf Pardon gering. Ja, bis zu dem Augenblick, da König Heinrich wütend dazwischenfuhr, wurde niemandem der königlichen Armee Schonung gewährt. Dreitausend gewöhnliche Soldaten wurden hingemordet, mehr als vierhundert Ritter und Herren, dazu eine stattliche Anzahl von Herzögen, Marquis, Grafen und Baronen — mehr, so meinte d'Aubigné, als in drei anderen Schlachten des Jahrhunderts gefallen waren. Der katholische Heerhaufe wurde vollständig vernichtet, von der gleißenden Armee blieb nichts übrig. »Wenigstens wird nach diesem Strauß niemand mehr sagen können, daß wir Hugenotten nie eine Schlacht gewinnen«, sagte Heinrich von Navarra, als der Tag zu Ende war.

DER NUTZEN DES SIEGES

Frankreich, 21. Oktober bis 16. Dezember 1587

Eine Schlacht gewinnen, ist eine Sache, den Sieg zu nutzen, eine andere. Unter den siegreichen Hugenotten wurden mehrere Ansichten darüber laut, wie die bei Coutras gewährte krönende Gnade ausgenutzt werden sollte. Die Herren von Poitou waren samt und sonders dafür, ihre verlorenen Städte und Schlösser wiederzugewinnen und die südlich der Loire gelegenen katholischen Bollwerke aufzurollen. Die gleiche Meinung vertrat der Prinz von Condé, der sich bereits damit beschäftigt sah, sich in jener Gegend einen nahezu unabhängigen Besitz, etwas wie die großen als Apanage verliehenen Herzogtümer der Vergangenheit, herauszuschneiden. Die Gaskogner wiesen jedoch darauf hin, daß im Südwesten noch eine katholische Armee stand, etwa viertausend Mann unter Matignon, die im Augenblick nordwärts marschiere, um sich mit Joyeuse zu vereinigen. Herumschwenken und Matignon überfallen, bevor er nach Bordeaux zurückfallen konnte, würde heißen, die Guyenne zum erstenmal seit Jahren von jeglicher katholischer Feldarmee zu säubern. Aber die hellsten Köpfe in Navarras Kriegsrat sahen ein, daß im Grund nur ein Weg offen stand. In diesem Augenblick mußte sich das große Söldnerheer, für das Königin Elisabeth viel Geld ausgegeben und dem sie zusätzliche Zuwendungen versprochen hatte, von irgendwoher der Loirequelle nähern. Es handelte sich hierbei um nicht weniger als achttausend Mann deutscher Kavallerie, jene unter Baron Dohnas Kommando stehenden furchtgebietenden Reiter, dazu kam eine gleiche Anzahl Landsknechte, deutsche Söldnerinfanterie, begleitet von achtzehntausend vom Herzog von Bouillon angeworbenen und befehligten Schweizern, alles in allem die mächtigste ausländische Armee, die in den letzten dreißig Jahren in Frankreich gesehen und mittlerweile noch von vier- bis sechstausend Hugenotten verstärkt worden war. Wenn Heinrich unverzüglich zu ihnen stieß und sie zusammen mit seinem eigenen Heer alsbald gegen Paris führte, mußte der König von Frankreich entweder nachgeben oder sich auf einen Kampf einlassen, so daß die langen mühseligen Jahre des Bürgerkriegs mit einem Sieg enden mochten, noch bevor der erste Schnee fiel. Unerschütterliche Hugenotten wie Maximilian de Bethune, später Herzog von Sully, haben in Wahrheit Heinrich nie verziehen, daß er sich eine so einzigartige Gelegenheit entgehen ließ.

Stattdessen legte Heinrich in Coutras eine Pause ein und verbrachte seine Zeit mit Dingen wie der Versorgung der Verwundeten — meist handelte es sich um feindliche Kriegsverletzte, seine eigenen Verluste waren überraschend gering gewesen —, Lösegeldern und Beuteverteilung. Dann schwang er sich plötzlich aufs Pferd und sprengte mit geringer Begleitung nach Pau, um die eroberten Banner von Joyeuses Heer seiner augenblicklichen Geliebten, der schönen Corisande, zu Füßen zu legen. Das Heer wurde aufgelöst und heimgeschickt. Die ernsthaften Vorkämpfer der reformierten Religion konnten nur enttäuscht und sorgenvoll den Kopf schütteln. Jedermann wußte, daß Heinrich eine verhängnisvolle Schwäche für das schöne Geschlecht hatte, daß er — um es nicht deutlicher zu sagen — ein berüchtigter Frauenheld war. Daß aber ein Mann von Mitte Dreißig, ein Fürst, ein erfahrener Befehlshaber und der Hauptbeschützer der Kirchen Gottes in Frankreich wie ein mondsüchtiger Jüngling handelte, die Früchte des Sieges vergeudete und sein Ziel nur um eines Mädchens willen aus den Augen verlor, war freilich ein starkes Stück. Es war pure Schwäche, die der König von Navarra da an den Tag legte, doch war es für die meisten seiner Anhänger eine entwaffnende, wenn auch aufreizende Schwäche.

Das hätte unter Umständen alles sein können. Tatsächlich gibt es aber Anzeichen dafür, daß die Sache nicht so einfach zu erklären ist. Navarras Liebschaft mit Corisande war im Abklingen. Die Banner von Coutras waren praktisch ein Abschiedsgeschenk. Und obgleich Heinrich im allgemeinen ein zäher Reiter war, hielt er sich dort nur überraschend kurz auf, um bei einem literarisch gebildeten Landedlen, dessen Schloß etwas von seinem Weg ablag, zur Nacht und zu einem Gespräch einzukehren. Soviel mancher von uns auch für eine Abendunterhaltung mit Michel Eyquem de Montaigne gegeben hätte, so steht doch zu bezweifeln, ob Navarra nur wegen des Zaubers, den das Wort seines Gastgebers ausstrahlte, sich einen so großen Umweg leistete. Er wußte, daß Montaigne, wiewohl Katholik und treuer Untertan des Königs, ein

Mann gemäßigter Ansichten war, einer, der zu Frieden und Duldsamkeit riet. Er wußte auch, daß er ihn seinen Freund nennen durfte.

Worüber die beiden Freunde an jenem Abend am Kamin sprachen, werden wir nie erfahren; wenn sich Navarra aber entschloß, die vor ihm liegenden Möglichkeiten zu erörtern, so dürfte er Montaigne etwa folgendes auseinandergesetzt haben: So sehr der Fürst von Condé und die Hugenotten-Herren der Provinz die Kampagne in Poitou auch vorwärts zu treiben wünschten, so lag es nicht im Interesse der Krone, Condé beim Erringen eines Fürstentums dort oder sonstwo behilflich zu sein; in dieser Beziehung stimmten die Interessen Navarras mit denen der Krone überein. Gleichermaßen würde die Niederwerfung des alten Matignon, eines treuen Katholiken, aber gemäßigten Mannes und ergebenen Dieners des Königs, vermutlich nur zu einer Ablösung in Guyenne durch ein fanatisches oder ehrgeiziges Mitglied der Liga führen. Blutige Belagerungen und wilde beiderseitige Überfälle hatte das südwestliche Frankreich zur Genüge erlebt. Je mehr die Unruhen zunahmen, desto weiter würde die allgemeine Bitterkeit um sich greifen, desto schwerer würde es werden, mit dem König Frieden zu halten. Auch hier deckten sich die Interessen der Krone mit denen Heinrichs von Navarra. Was nun den nächstliegenden Weg betraf, nämlich sich Dohnas Reitern anzuschließen und auf Paris zu marschieren — wozu konnte dies führen, als zu einer regelrechten Feldschlacht zwischen dem König von Frankreich und seinem Thronerben? Und wem konnte ein solcher Zustand dienlicher sein als jenen gierigen Magnaten, Liga-Anhängern wie Hugenotten oder Politikern, die nur darauf erpicht waren, sich unter Ausnutzung der unruhigen Zeiten eine Scheibe vom Königreich abzuschneiden und einen Teil der Machtbefugnis der Krone zu sichern?

Es dürfte nicht schwerfallen, zusammenzureimen, was Navarra sonst noch vorgebracht haben mag. Die Krone war vor allem am häuslichen Frieden interessiert und dazu bedurfte es lediglich der Rückkehr zu den mäßig toleranten Bedingungen des Ediktes von Poitiers und einer Einschränkung der Macht der Guisen, die den König gegen seinen Willen gezwungen hatten, es zu widerrufen. Vielleicht hatte der Feldzug im Norden das Prestige Heinrichs von Guise bereits geschwächt, und wenn sich nun weitere Schritte in der Richtung oder für die Vereinigung des Reiches in einem Krieg gegen den Erzfeind Spanien als notwendig erwiesen, so konnte der Hauptvergifter des häuslichen Friedens, Heinrich von Valois, mit den ergebenen Diensten seines Vetters und geschworenen Lehensmannes, Heinrich von Navarra, rechnen.

Gleich nach Coutras hatte ein gefangengenommener Höfling zu seinem Bezwinger gesagt: »Mit diesem Sieg habt Ihr in Wahrheit nichts gewonnen, denn Ihr habt nur den König verstimmt.« »Ha«, gab der streitbare Protestantenkämpfer zurück, »Gott hat mir die Möglichkeit gegeben, ihn wöchentlich einmal so zu verstimmen!« Heinrich von Navarra neigte eher zu der Anschauung des Höflings. Bei einer anderen Gelegenheit hatte Navarra betont, lieber fliehe er aus purem Respekt vor der Person seines Herrschers, des Königs von Frankreich, bis ans Ende der Welt, als daß er die Waffe gegen ihn erhebe. Vielleicht wiederholte er dergleichen bei seinem Freund Montaigne.

Was Heinrich auch gesagt haben mag, kurze Zeit, nachdem er das Château de Montaigne verlassen hatte, ließ dessen Besitzer seine Satteltaschen packen und begab sich auf den Weg nach Norden. Vielleicht nahm ein seßhafter älterer Herr von vierundfünfzig Jahren, der an der Gicht und an Nierensteinen litt, die Beschwerlichkeit einer Reise, die durch das ganze, von streifenden Söldnerhorden und kalten Herbstwinden durchtobte Frankreich führte, nur auf sich, um mit seinen Verlegern über eine neue Herausgabe seiner Essays zu verhandeln. Dieser Auffassung scheinen zumindest die meisten seiner modernen Biographen zu sein. Der wachsame Diplomat Bernardino de Mendoza war freilich anderer Meinung. Wenngleich Mendoza von der kürzlichen Unterhaltung zwischen Navarra und Montaigne nichts gehört hatte und nicht gewußt zu haben scheint, daß Montaigne bei mindestens einer vorherigen Gelegenheit als Verbindungsmann zwischen Navarra und den Katholiken aufgetreten war, so schloß der Botschafter, als er erfuhr, daß ein Monsieur de Montaigne, ein Freund von Matignon und Navarras augenblicklicher Geliebten, bei Hofe empfangen wurde, sofort, daß der Mann in einer geheimpolitischen Mission gekommen sei. Natürlich neigte Mendoza dazu, das Schlimmste zu vermuten, zumal wenn Heinrich III. im Spiel war.

Wir werden nie erfahren, ob Montaigne dem König von Frankreich eine Botschaft von seinem Thronfolger überbrachte, und wenn dies zutraf, was sie enthielt. Geschwätzig und vertrauensselig in den intimsten Einzelheiten seines Privatlebens, verstand es Michel de Montaigne, sich über seine Ausflüge in die Politik wie ein Familienanwalt auszuschweigen. Wenn er aber ein Angebot oder eine Botschaft brachte, so kam er zu spät. Wieder einmal hatten in den Wochen nach Coutras die Ereignisse den Händen des Valois-Königs die Zügel entrissen.

Möglicherweise war Heinrich von Valois gar nicht so verstimmt über das Ergebnis von Coutras. Höflinge tuschelten, daß Zuneigung und Vertrauen des Königs bereits auf den Herzog von Epernon übergegangen seien, und daß Heinrich Gegenwart und Macht seines früheren Favoriten als peinlich empfand. Botschafter wiesen darauf hin, daß, seitdem Joyeuse zu den Anhängern der Liga übergegangen war, jeder Erfolg, den er erringen könne, den König von Frankreich nur noch enger in die Ketten der Liga verstricken würde. Selbst Sir Edward Stafford berichtete, der König habe einige Tage vor Coutras gemeint, daß der Sieg Joyeuses über Navarra den Untergang des Staates bedeuten würde. Ob er so dachte oder nicht, Heinrichs III. Pläne hingen selbstredend nicht von Joyeuses Sieg ab und wurden womöglich durch seine Niederlage noch gefördert.

Der König von Frankreich hatte den Feldzug von 1587 mit einiger Sorgfalt vorbereitet. Wenn auch die berühmten Siege von Jarnac und Moncontour viel weniger sein Verdienst gewesen waren, als er jetzt glaubte, so war Heinrich III. in militärischen, wie übrigens in den meisten Angelegenheiten keineswegs ein Narr. Seinen Plan für den Feldzug zu erraten, dürfte nicht schwer fallen. Joyeuse sollte südlich der Loire beschäftigt werden, wobei Heinrich vielleicht vermutete, daß Navarra seinem Favoriten das Mütchen kühlen würde. Mittlerweile würden Dohna und seine Reiter Frankreich vom Nordosten her überfallen. (Heinrich war über Königin Elisabeths Verhandlungen mit dem Pfalzgrafen und über Bouillons Unterhandlungen mit den Schweizern völlig im Bilde. Gerichtswesen und Finanzen, innere Verwaltung, Heer und Flotte konnten sich in Wohlgefallen auflösen, aber das französische diplomatische Korps funktionierte fast so gut wie immer.) Die Deutschen würden durch Lothringen marschieren, würden dort vielleicht einige Zeit Halt machen; natürlich würde Heinrich von Guise zum Schutz seines eigenen Gebietes und seiner Familie herbeieilen. In der

Tat würde seine Aufgabe darin bestehen, die nördliche Grenze zu schützen. Freilich würde er nicht genug Männer haben, kaum mehr, als er aus eigenen Mitteln auf die Beine stellen konnte. Die von Frankreich versprochenen Verstärkungen wollten einfach nicht eintreffen. Ob die protestantische Armee den Guise nun verschlingen oder beiseite schieben, ihn in einer seiner Städte belagern oder ihn mit eingezogenem Schwanz nach Frankreich zurückwerfen würde, dem Schicksal, geschlagen und gedemütigt zu werden, entging er wohl kaum; mit etwas Glück mochte er sogar getötet oder gefangengenommen werden.

Die Niederlage der Liga-Anhänger würde das Stichwort für den König sein. Zwischen Etampes und La Charité hatte er während des Sommers eine zu jener Zeit auf etwa vierzigtausend Mann geschätzte mächtige Armee versammelt. Ein Teil davon war dazu ausersehen, jeden auch nur denkbaren Loire-Übergang zu verteidigen. Der Rest, bei dem der Herzog von Epernon die Vorhut und der König selbst das Gros befehligte, war bereit, jedwede Vereinigung zwischen Navarra und den Deutschen zu verhindern. Ob nun seine Hauptleute vernichtet würden oder zurückfielen, der König beabsichtigte jedenfalls, zur gegebenen Stunde auf dem richtigen Schauplatz zu erscheinen und den drohenden Sturm zu zerstreuen. Heinrich war siegesgewiß, und ein Sieg, der auf die Niederlage der Guisen folgte, würde ihn von neuem zum König von Frankreich machen.

Der drastische, wenn auch sicherlich nicht vorausgesehene Ausgang von Coutras konnte noch immer in die Szenenfolge des Königs eingebaut werden. Bevor er jedoch diese Nachricht erhielt, begannen die Dinge im Norden eine unerfreuliche Wendung zu nehmen. Bouillon und die Schweizer hofften eine Weile in Lothringen bleiben, Guisard-Städte nehmen und das Land weidlich plündern zu können. Dohna und seine Reiter hingegen waren dafür, daß man unverzüglich nach Frankreich vorstoßen solle. Ein derartiges Versprechen war der Königin von England durch Sir Horatio Pallavincino gegeben worden, behauptete Dohna mit Nachdruck. Auch hatten die Deutschen gewisse Bedenken, in Lothringen, das schließlich zum Kaiserreich gehörte, einzufallen. Schließlich hatte der Herzog von Lothringen all seine Bauern mit aller Habe und Verpflegung, die sie schleppen konnten, in befestigten Städten untergebracht und Maßnahmen zur systematischen Vernichtung aller

Vorräte und Futtermittel ergriffen. Somit würde es in Frankreich mehr zu essen und weniger harte Nüsse zu knacken geben. Daraufhin stolperten Dohnas Reiter und der Rest des unbeholfenen, nahezu führerlosen Heerhaufens nach Frankreich hinein und ließen die Lothringer ungeschoren. So wurde Guise weder zum Kampf gezwungen, noch in der einzigen Gegend, wo dies leicht möglich gewesen wäre, festgehalten.

Die Schweizer und Deutschen schwenkten in einem weiten Bogen südwärts, um die Übergänge über die Marne und Seine zu säubern, weigerten sich jedoch nach einer Kontroverse, den Höhenweg zur Loirequelle einzuschlagen. Stattdessen hielten sie sich an die Niederung, in der sie — wie ein französischer Chronist meinte — mehr Ochsen, Hühner und Eier, sowie weißeres Brot und besseren Wein fanden, als sie je in ihrem Leben gekostet hatten. Es war jene Art von Feldzug, den Söldner zu schätzen wußten — langsame, leichte Märsche, reiches, offenes Land, in dem sich's wohlsein ließ, ein Haufen Beute und wenig Knallerei. Nur zwei Schönheitsfehler gab es dabei. Ob nun der heiße, späte Sommer, die ungewohnte Kost und der starke Rotwein daran schuld waren, jedenfalls wuchs die Krankheitsliste ständig, und da zurückgelassene Invaliden von den verständlicherweise aufgebrachten Bauern vermutlich mit einem Schlag auf den Schädel nur zu rasch ins Jenseits befördert werden würden, wurden der unmilitärisch lange, beutebeladene Troß zu allem Überfluß auch noch mit marschunfähigen Männern belastet. Der zweite Nachteil lag darin, daß die protestantische Armee, anstatt sich an die zerklüfteten Bergwege zu halten, die Navarra empfohlen hatte, vorzog, durch die reichen Niederungen zu marschieren und nun, da sie sich der Loire näherte, feststellen mußte, daß ihre Marschstraße von der Hauptarmee des Königs von Frankreich blockiert war. Epernon schlug ihre Spähtrupps in einer Reihe blitzschneller, glänzend geführter Scharmützel zurück, und die Schweizer, bestürzt über die Nachricht, der König von Frankreich stehe höchstpersönlich gegen sie im Felde, weigerten sich kurzerhand, nur einen Schritt weiter vorzurücken. Ihnen gegenüber standen nämlich unter dem Befehl des Königs die nach altem Brauch für die französische Krone in der katholischen Schweiz geworbenen Regimenter, die Standarten der Kantone schwingend, die nie anzugreifen die Eindringlinge geschworen hatten. Als sie sich anwerben ließen — sagten sie — habe man ihnen versprochen, sie brauchten nicht gegen den König von Frankreich zu kämpfen, sie würden vielmehr gegen den Herzog von Guise und seine Lothringer Verwandten geführt werden. Auf jeden Fall hatten sie seit Monaten keinen Sold mehr gesehen, die Deutschen übrigens auch nicht. Mit jeder Woche, die ins Land ging, benahmen sich die umherschweifenden, streitsüchtigen, unbotmäßigen Söldner immer weniger wie ein Heer und immer mehr wie eine riesige Räuberbande. Es sah so aus, als wollten sie unter gegenseitigen Vorwürfen die Flinte ins Korn werfen und heimwärts ziehen.

Das war genau das, was Heinrich III. vorausgesehen und vielleicht sogar das, was er geplant hatte. Was er freilich nicht vorausgesehen hatte, war, daß Dohnas Heer von einigen dreißigtausend Mann mittlerweile nicht Guises fünf- oder sechstausend Soldaten unschädlich gemacht hatte. Guise hatte die Deutschen auf ihrem Marsch durch Lothringen vorsichtig umkreist, hier und da flink zuschlagend, um ein Scharmützel zu gewinnen, genug, um in Paris mit ein paar Gefangenen und einer Fahne Staat machen zu können, und dann ebenso rasch zurückzuweichen. Als die Deutschen weiter nach Frankreich hineinstolperten, begleitete Guise ihre Heerhaufen, stets bemüht, einen respektvollen Abstand von etwa sieben Kilometern von ihrer rechten Flanke zu halten, einerseits nahe genug, um durch Spähtrupps leichter Reiter mit den Deutschen in Tuchfühlung zu bleiben und ihre Plünderungsvorstöße nach Westen zu hindern, andererseits weit genug vom Schuß, um gegen plötzliche Ausfälle gesichert zu sein. Aber Dohna leistete sich keinen derartigen Ausfall. Die Bedrohung durch eine Streitmacht, nicht größer als die des Guisen, war nicht ernsthaft genug, um seinen Vormarsch ablenken zu können, und im Augenblick war Paris kein strategisches Ziel. Dohna wagte nicht – wie Heinrich III. wohl wußte – sich auf einen Vorstoß auf Paris einzulassen, solange der König von Frankreich mit einem mächtigen Heer im Feld stand, und der Weg nach Paris war mit stark bemannten Festungen gespickt. Wie aber sollte die Bevölkerung von Paris das ahnen? Stattdessen wurden ihnen tagtäglich von hundert Kanzeln herab die Bekanntmachungen des Herzogs von Guise verlesen. Er hatte diese und jene Stellung zwischen den Invasoren und Paris eingenommen. Er würde die Zufahrtsstraßen zur Stadt schützen. Er würde, das Schwert in der Hand, eher fallen, als daß die Deutschen auch nur den Fuß in die Vororte der Stadt setzen sollten. Die Pariser Kanzelredner setzten hinzu, der König von Frankreich, der eigentlich seine Hauptstadt verteidigen sollte, verstecke sich irgendwo hinter der Loire und drücke bei den Machenschaften der Ketzer stillschweigend ein Auge zu. Legte sich nicht der Herzog von Guise ins Zeug, sie alle wären längst von protestantischen Räubern einen Kopf kürzer gemacht worden.

Die Nachricht von Coutras erreichte die Deutschen gerade noch früh genug, um zu verhindern, daß sie ihr Heer auflösten. Es gelang Dohna, seine sich in den Haaren liegenden Kontingente dazu zu überreden, fort von der Loire, fort von der königlichen Armee durch gangbares offenes Gelände auf Chartres zu marschieren. Gewiß war die Richtung für ein Zusammentreffen mit Navarra nicht glücklich gewählt, vorausgesetzt, daß solch eine Begegnung überhaupt noch wünschenswert war, auch hatte sie keinerlei sichtbaren strategischen Wert. Nur logistischen Wert besaß sie. Die Beauce war ein reiches Land. Mehrere Jahre war sie weder geplündert noch gebrandschatzt worden. Daher würde sie sich eine Zeitlang als Quartier eignen, bis Geld aus England, bis Navarra oder ein anderer Fürst aus Guyenne kam, oder sich ein besseres Angebot vom König von Frankreich ergab.

Gegen den 26. Oktober hatte der müßig-nachlässige Vormarsch der Deutschen die Umgebung von Montargis erreicht, und da dieser Ort von einer starken Garnison für den König von Frankreich gehalten wurde und kein Mensch die Absicht hatte, sich einer so lästigen Aufgabe zu unterziehen wie eine befestigte Stadt zu belagern, ließ das Heer sich in einer Gruppe von fünf bis acht Kilometern auseinanderliegenden und von Montargis durchweg vorsichtige sieben Kilometer entfernte Dörfchen häuslich nieder. Dohna selbst schlug sein Hauptquartier in einem Weiler namens Vimory an der äußersten Rechten auf. Guise hörte sofort hiervon und beschloß, ihn noch vor Tagesanbruch anzugreifen.

Was folgte, läßt sich nicht mit Sicherheit sagen. Des Guisen kleines Heer marschierte durch Nacht und Regen auf Vimory zu und stieß zu seiner Verwunderung nicht einmal auf einen Pikenträger, bis es die ersten Häuser des Dorfes erreichte. Darauf stob die Infanterie der Liga in die Dorfstraße und begann, Häuser in Brand zu stecken, die Deutschen, wie sie auftauchten, abzuschießen oder aufzuspießen und die Troßwagen, mit denen die Straße versperrt war, zu plündern. Allem Anschein nach war die Überraschung gelungen.

Wieso die Lage dann umschlug, ist weniger leicht einzusehen. Dohna schwang sich in den Sattel und brachte es zuwege, mehrere Reitereinheiten zu sammeln. Diese führte er durch ein Gäßchen am anderen Ende des Dorfes auf offenes Gelände, vermutlich deshalb, weil eine mit Wagen verstellte und von den Flammen der zur Hälfte brennenden Häuser lodernde Dorfstraße nicht der beste Sammelplatz für die Reiterei ist. Im Dunkeln stießen die Reiter unversehens auf die Hälfte der vom Bruder des Guisen, dem Herzog von Mayenne angeführten Reiterei der Ligisten. Im großen Ganzen scheinen die Reiter aus dem sich ergebenden Durcheinander noch das Beste gemacht zu haben, wenngleich wir nichts anderes wissen, als das, was man von einem bei Nacht und Nebel zwischen zwei ebenso überraschten wie verwirrten Kampfeinheiten stattgefundenen Treffen zu erfahren erwarten kann – noch dazu von einem Strauß, der weniger durch eine Entscheidung zugunsten des einen oder anderen Gegners, als vielmehr durch ein Gewitter abgebrochen wurde. Ob zu diesem Zeitpunkt frische deutsche Verstärkungen eingriffen – was die französischen Berichte wissen wollen, obwohl nicht klar ist, woher sie hätten kommen sollen – oder ob der Herzog von Guise in der Annahme, daß Dohnas sämtliche Reiter in die Dorfbalgerei verwickelt seien, all das auf den Feldern vor sich gehende Getümmel zwischen Reitern und seines Bruders Verbänden für die Ankunft neuer deutscher Kampftruppen hielt, bleibt für jedermann ein Rätsel. Wahrscheinlich hatte der kühne Entschluß des Guisen, ein vermutlich dreißigtausend Mann starkes Heer mit seiner sechstausend Mann zählenden Streitmacht anzugreifen, zu reiflicher nüchterner Überlegung geführt. Jedenfalls gab er das Zeichen zum Rückzug, so daß sein Heerhaufen bei Tagesanbruch an den Toren von Montargis um Einlaß bat.

Beide Seiten nahmen den Sieg für sich in Anspruch – Dohna, weil er den Überraschungsangriff einer weit überlegenen Macht abgeschlagen hatte, Guise, weil es ihm gelungen war, das Hauptquartier des feindlichen Heeres auszuheben und sich mit Gefangenen, Pferden und Beute heil aus dem Staube zu machen. Es scheint zuzutreffen, daß die Deutschen in Vimory den Franzosen zahlenmäßig unterlegen waren, auch weist nichts darauf hin, daß weitere deutsche Einheiten mit von der Partie waren. Sich schüttelnd wie eine riesige, von einem Straßenköter angefallene Dogge, rumpelte Dohnas Heerhaufen in die Beauce ab und ließ Guise Guise sein. Dieser fiel seinerseits von Montargis bis auf Montereau-Faut-Yonne zurück, als wäre er sicher, daß Dohna ihm auf den Fersen sei und verlor auf diese Weise die Tuchfühlung mit den Deutschen. Außer seinen eigenen zynischen Söldnern ließ sich freilich niemand von Dohnas Behauptung beeindrucken, und auch sie werden wohl kaum gefunden haben, daß der General die Schande, in seinem eigenen Hauptquartier überrumpelt und seines persönlichen Gepäcks beraubt worden zu sein, allein durch die Vertreibung der Eindringlinge gelöscht habe. Guise hingegen nahm genügend Siegesfrüchte von Vimory mit, um den Parisern den Kopf zu verdrehen. Er hatte einen Teil des Trosses und einen Gutteil der Pferde der Deutschen erbeutet. Er führte einige der furchterregenden Reiter als Gefangene mit, die er mit ihrer pechschwarzen Rüstung mit auf dem Rücken gefesselten Händen dem entzückten Pariser Pöbel vorzuführen gedachte. Er hatte Dohnas eigenes Feldzelt und Dohnas Standarte erobert, vor allem aber zwei Kamele, ein Geschenk Johann Casimirs von der Pfalz für den König von Navarra, die Dohna schon den ganzen Weg durch Frankreich mitgeschleppt hatte. All das genügte, um einen kleinen römischen Triumphzug in Szene zu setzen und war mehr als ausreichend, um den Parisern die phantasievollsten Märchen über die Metzeleien, denen die Deutschen haufenweise zum Opfer fielen, glaubhaft zu machen.

Im Beauce-Distrikt, in dem sich die Eindringlinge in verstreuten Quartieren niederließen, zog der Verfall des Heeres immer weitere Kreise. Kranke gab es mehr denn je. Der Weinertrag dieses Herbstes war besonders reich und süffig. Diejenigen, die gesund genug waren, um einen Finger zu rühren, waren selten nüchtern. Die Schweizer nahmen ihre Unterhandlungen mit dem König von Frankreich wieder auf, ihren Störwert bis auf den letzten Rappen aushandelnd, waren jedoch fest entschlossen, heimwärts zu ziehen. Auch Dohna, der keinen Kreuzer von der Königin von England gesehen und nur unverbindliche Worte vom König von Navarra gehört hatte, war bereit, umzukehren. Er teilte den Hugenotten mit, er beabsichtige, seine Deutschen ostwärts auf die Loirequelle zuzuführen, jenem Treffpunkt entgegen, an dem er und Navarra sich zwei Wochen zuvor verfehlt hatten. Seinen eigenen Offizieren sagte er, daß sie, wenn der König von Navarra am Treffpunkt nicht mit Geld oder Truppen einträfe, ostwärts nach Burgund und die Franche Comté Richtung Heimat marschieren würden. Kein Mensch erwartete, daß Navarra sich dort einfinden würde. Die Kampagne war praktisch vorüber.

In diesem Augenblick schlug Guise zu. Wie die übrigen Teilnehmer war er sich klar darüber, daß der Feldzug sozusagen vorbei war. Nichts konnte ihm weniger behagen, als daß das Unternehmen so zu Ende ging, wie es jetzt den Anschein hatte, in einem stillschweigenden Versickern der Verhandlungen, während der allerchristlichste König das Unwetter durch die bloße Majestät seiner Gegenwart besänftigte und die Invasoren sich achtungsvoll vor seiner Herrlichkeit zurückzogen, ihm dafür, daß er ihr Leben verschont hatte, sowie für die königlichen Trinkgelder, die ihnen den Weg nach Hause versüßen würden, von Herzen dankend. Wie Guise erfuhr, hatte Dohna mit einem Teil seiner Truppen in dem umwallten Städtchen Auneau, etwa fünfzehn Kilometer ostwärts von Chartres, Quartier bezogen. Noch hielt eine französische Garnison das Schloß für den König, und ihr Gaskogner Hauptmann begegnete Dohnas Aufforderung, sich zu ergeben, mit Schimpf und Musketenschüssen. Da den Deutschen in Anbetracht der obwaltenden Umstände hauptsächlich daran lag, ein trockenes Plätzchen zum Schlafen zu haben, gaben sie sich damit zufrieden, die zum Schloß führenden Straßen zu verbarrikadieren und sich außer Schußweite zu halten. Erzürnt darüber, daß man seine Anwesenheit übersah, ließ der Gaskogner Hauptmann Guise wissen, es sei leicht, eine französische Streitmacht durch das Schloß in die Stadt hineinzuführen, und wieder marschierten die Verbündeten bei Nacht und Nebel los.

Wieder war die Überraschung vollständig und diesmal war es keine Frage, wer der Sieger war. Baron von Dohna schlug sich an der Spitze einer Handvoll Reiter durch; der Rest seines innerhalb der Stadtmauern eingekeilten Trupps kam in einem Gemetzel um. Wieder gab es große Mengen erbeuteter Habe, die der Pariser Bevölkerung vorgeführt werden konnten und diesmal stand das an den Deutschen verübte Massenmorden tatsächlich in einigem Verhältnis zu den von den Pariser Kanzeln herab ekstatisch bekanntgegebenen Ziffern.

Dohna versuchte, die Reste seiner Truppen nach Auneau zurückzuführen, wo er sich eine gute Gelegenheit erhoffte, die Guisards ebenso unvorbereitet zu überfallen, wie sie es mit ihm getan hatten; allein in den Deutschen sprühte kein Funken Kampfeslust mehr. Schon hatten die Schweizer die Bedingungen des Königs angenommen und waren stillschweigend abgezogen. Fünf Tage später, als Epernon sie eingeholt hatte und Guise heißhungrig ihre Flanke umlauerte, waren auch die Deutschen so weit. Die Bedingungen des Königs waren nicht streng. Als Gegenleistung für die Übergabe ihrer Banner und das Versprechen, nie wieder gegen den König von Frankreich die Waffen zu erheben, gewährte er ihnen freien Abzug, und Epernon geleitete sie an die Grenze der Franche Comté, weniger aus Furcht vor der Möglichkeit einer Kampfhandlung ihrerseits als um sie vor den Guisen zu schützen.

Man darf daran zweifeln, ob des Guisen berühmter Sieg bei Auneau an dem Ergebnis der »Kampagne der Reiter« auch nur im geringsten etwas änderte oder sie etwa um ein oder zwei Tage abkürzte. Das mit den Schweizern angebahnte Abkommen war bereits getroffen, und ohne die Schweizer durften Dohnas Deutsche und die unter dem Fürsten von Conti stehenden Einheiten der Hugenotten kaum hoffen, die königliche Armee zu schlagen und fast noch weniger, ihrer Umklammerung zu entgehen. Unter den obwaltenden Umständen waren Söldnerheere daran gewöhnt, Bedingungen, wie Heinrich III. sie zu bieten bereit war, anzunehmen, zumal wenn ihr eigener Sold monatelang überfällig war. So war des Guisen Angriff gegen Dohna weniger ein Beitrag zum Erfolg des schönen Plans Heinrichs III. als eine unverschämte Einmischung. Auch hatten die anschließenden Handlungen des Guisen, die Verfolgung und das Niedermachen einiger Überreste der Deutschen, nachdem diese das Gebiet der angeblich sicheren neutralen Franche Comté erreicht hatten, sowie sein Raubzug nach Mömpelgard, wo die Verbündeten einem wehrlosen Landstrich bewiesen, daß sie so wütend und raubgierig sein konnten wie die Deutschen, keinerlei militärischen Wert für Frankreich.

Ein Sieg mag indessen andere Werte enthalten als nur den einer militärischen Entscheidung. Vergeblich sandte Heinrich III. dem Volk von Paris einen wahrheitsgetreuen Bericht über sein Verhalten während des Feldzuges, bei dem das große ausländische Heer mit geringen

Kosten an Geld und Blut zurückgeworfen worden war. Vergeblich setzte er ein Te Deum für seinen Sieg an. Die Pariser räumten allen Ruhm dem Herzog von Guise ein. Des Guisen Bild stand in jedem Schaufenster, sein Loblied wurde von jeder Kanzel gesungen. Er allein hatte Frankreich aus den Klauen der Ketzer gerettet. »Saul hat Tausende gefällt, David aber hat Zehntausende geschlagen«, sang Paris frohlockend. Und schon fanden sie eine noch kränkendere Bezeichnung für ihren König. Ein beliebter Prediger hatte in den Buchstaben von Heinrich von Valois' Namen etwas entdeckt, was er für ein bezeichnendes Anagramm hielt, und aus halbverschleierten Witzeleien und anstößigen Kritzeleien wurden die Anspielungen auf »Vilain Herodes« in Flugblättern und Kanzelreden immer unverblümter und in zunehmendem Maße geladen mit Haß und Verachtung. Dann, gerade als der König sich anschickte, in den Louvre zurückzukehren, um dort das Weihnachtsfest zu feiern, traten die Doktoren und Magister der Sorbonne, in der Überzeugung, daß sie in Heinrich III. einen König hätten, der sich ungestraft bedrohen und beleidigen ließ, zu einer — wie die Franzosen sagen — »im Prinzip« geheimen Sitzung zusammen, um zu erklären, daß es ebenso rechtmäßig sei, einen Herrscher abzusetzen, der seiner Pflicht nicht genügt hatte, als einen gesetzwidriger Handlungen verdächtigen Treuhänder. Die Luft von Paris knisterte von Aufruhr.

Etwa zu jener Zeit faßte Bernardino de Mendoza die Ergebnisse der Kampagne für seinen Herrn zusammen. »Im Ganzen gesehen«, schrieb er, »hätten sich trotz des Sieges des Königs von Navarra und des augenblicklichen Ruhms des Herzogs von Epernon die hiesigen Ereignisse für die Angelegenheiten Eurer Majestät gar nicht günstiger entwickeln können. Auf das Volk von Paris kann man sich jederzeit verlassen. Mehr denn je hört es auf den Herzog von Guise.« Der Herzog von Guise — dies brauchte Mendoza nicht hinzuzufügen — würde sich, sobald die Zeit kam, seinem Schutzherrn und Zahlmeister, dem König von Spanien, gehorsam erweisen.

DAS UNHEILVOLLE JAHR

Westeuropa, Mitte des Winters 1587/88

Als das Jahr 1587 seinem Ende zuging, lief ein ängstliches Schaudern durch Westeuropa. Zum Teil war es rein vernunftmäßige Angst. Als es bei Anbruch des Winters immer weniger unwahrscheinlich wurde, daß die in Lissabon ankernde Flotte noch vor Jahresende auslaufen würde, wuchs in zunehmendem Maße die Gewißheit, daß dies im kommenden Frühjahr geschehen würde – und zwar gegen England. Wenn Philipp auch immer noch an seine Botschafter schrieb, das Ziel der Armada müsse ein Staatsgeheimnis bleiben, wenn Mendoza in Paris sich auch in rätselhaftes Schweigen hüllte, während er gleichzeitig jede nur erdenkliche Sicherheits- und Abwehrmaßnahme einsetzte, wenn auch Parma seine Umwelt irre zu führen suchte, indem er zu verstehen gab, das augenscheinliche Angriffsziel England sei nur als Tarnung für einen plötzlichen Überfall auf Walcheren gedacht, so nahm Philipps Plan doch unverkennbare Form an. Lissabon wimmelte zu allen Zeiten von Fremden und selbst der unerfahrenste Beobachter mußte sich sagen, daß diese umfassende Mobilisierung von Schiffen und Matrosen, von Soldaten und Geschützen nicht nur zum Schutz des Seehandels mit Indien oder zur Anstiftung von Aufruhr in Irland bestimmt sein könne. Flandern war noch immer ein Umschlagspunkt für den Handel und unter seiner Bevölkerung gab es viele, deren Sympathien auf seiten der Aufrührer lagen. Parma mußte seine Pläne unter ihren aufmerksamen Augen durchführen, so daß es nicht leicht war, die Flamen davon zu überzeugen, ein Überfall auf Walcheren zu Wasser und zu Land erfordere fünf Meilen neugebauter, Sluis und Nieuport verbindender Kanäle. Wenn die neuen Kanäle erst fertig waren, konnte ein Kahn von der Schelde oberhalb Antwerpen bis zum Hafen von Dünkirchen gelangen, ohne sich auch nur einmal in offenes Wasser wagen zu müssen. Auch konnte nach Parmas Schätzung eine Flottille von Dünkirchen bei günstigen Wetterverhältnissen zwischen Abend- und Morgendämmern von der nördlichen Landspitze bis in die Nähe von Margate gelangen.

Gegen Ende November war der allgemeine Aufmarschplan, eine Kanalüberquerung von Parmas Heer durchzuführen, die von einer aus Spanien kommenden Flotte gedeckt und unterstützt wurde, Buys und Oldenbarneveldt, Burghley und Walsingham in allen Einzelheiten bekannt, so daß entsprechende holländische wie englische Seekriegsvorbereitungen getroffen wurden. Aus diesem Grunde war der Plan Augsburger Bankiers und venezianischen Kaufleuten ebenso geläufig wie streitlustigen Müßiggängern in Pariser Weinkneipen. Die gesamte Christenheit sperrte Augen und Ohren auf, um den Wettstreit zwischen England, dem traditionellen Beherrscher der Meerengen, und dem neuen spanischen Riesen, Anwärter auf das Reich der Weltmeere, zu verfolgen.

Für die Mehrheit kluger Beobachter schien der Ausgang höchst fragwürdig. Daß die englische Flotte nach wie vor die gewaltigste Seemacht in atlantischen Gewässern war, bestritt niemand. Und die Erfahrung hatte gelehrt, wie schwierig es mit den Möglichkeiten der Kriegsführung im sechzehnten Jahrhundert war, ein entschlossen verteidigtes Land zu erobern. Dagegen stand der Ruf von Parmas Heer, das zu wiederholten Malen Armeen altgedienter Berufssoldaten bezwungen hatte. Sein Befehlshaber war allgemeiner Ansicht zufolge der größte Feldherr des Jahrhunderts. Im Gegensatz dazu war die englische Miliz eine unerfahrene Truppe und ihr vermutlicher Kommandeur, der Graf von Leicester, ohne augenfällige militärische Begabung. Keine Stadt Englands besaß zeitgemäß zu nennende Befestigungen, und manche Stimme wollte wissen, die Engländer seien zu uneinig, um entschlossenen Widerstand zu leisten. Nach gelungener Landung — behaupteten englische Verbannte in Spanien — würde Parma die Eroberung Englands leichter fallen als die Hollands und Zeelands. Um seine Truppen dort zu landen, machte Philipp nie gesehene Anstrengungen. Zu diesem Zweck nutzte er alle ihm zur Verfügung stehenden Hilfsquellen des Mittelmeeres aus. Seiner eigenen Seemacht hatte er die portugiesische Kriegsmarine, die zweitstärkste der Atlantikflotten, angegliedert. Einige seiner Kapitäne waren fähige Weltmeer-Seeleute. Aber das Wichtigste war, daß Spanien unter Philipp von Sieg zu Sieg geschritten war. »Schicksal«, hieß es im sechzehnten Jahrhundert, oder »die Göttliche Vorsehung«, der unwiderstehliche Wille Gottes. Jahrhunderte später sprach man von »der Welle der Zukunft« oder »dem Sieg objektiver historischer Kräfte«; was man aber zu beiden Zeiten in Wahrheit meinte, war, daß ein Erfolg oder Mißerfolg den nächsten nach sich zieht, weil es stets leichter fällt, sich einen gleichbleibenden Fortgang als einen Wechsel vorzustellen. Aus diesen Gründen waren sogar die vorsichtigen Venezianer, die den Gedanken an einen neuen spanischen Sieg nicht gründlicher hätten verabscheuen können, wenn sie Türken oder Ketzer gewesen wären, meist geneigt, bescheiden auf einen Erfolg von König Philipps Invasion zu setzen.

Wie auch die allgemeine Beurteilung der Möglichkeiten für den spanischen Sieg ausfallen mochte, so gab sich niemand einem Zweifel über das Schicksal Europas im Falle eines spanischen Triumphes hin. Sobald Philipp England bezwungen hatte, waren die Tage der Holländer gezählt. Die Beherrschung Englands zog zwangsläufig die Beherrschung der umliegenden Meere nach sich, und ohne Oberhoheit über ihre Küstengewässer würden die Holländer nicht lange Widerstand leisten können, ja sie würden Narren sein — wie die meisten dachten — wenn sie sich dem Feinde überhaupt widersetzen würden. Was die gespaltenen Franzosen betraf, so würde eine englische Niederlage der bereits verzweifelten Sache der Hugenotten den Rest geben, und der letzte der Valois, seines Balancespiels auf der Wippe des Bürgerkrieges beraubt, würde nur die bittere Wahl haben, als Marionette Spaniens zu überleben oder geringschätzig beiseite geschoben zu werden. Heinrich von Guise würde König eines Restfrankreichs werden, nachdem Philipp alles zurückgeholt hatte, was beide Zweige seiner Familie verloren hatten, zuzüglich der Provinzen und Festungswerke, deren Erwerb die Klugheit riet. Der Schatten Spaniens, das Banner des nicht endenwollenden Kreuzzuges, des einheitlichen Staates, des wehrhaften Aspektes der Kirche, lag quer über Europa. Einige Optimisten in Pau und Amsterdam, Heidelberg und Genf, Venedig und selbst Rom waren der Ansicht, daß Europa vielleicht den Schatten von sich werfen könne, wenn Philipps Armada Schiffbruch erleiden sollte. Auch gab es zähe Kämpen, die sich die Wintermonate hindurch in Plymouth, Vlissingen oder neben London River herumtrieben und nichts sehnlicher wünschten, als daß die Segel der spanischen Flotte aus dem Meer auftauchen möchten. Aber selbst sie sahen keinen leichten Sieg voraus.

Eine zweite Wolke, geheimnisvoller und schreckerregender als die des Krieges, lastete über dem kommenden Jahr. Sie war bereits vor einem Jahrhundert, vielleicht sogar vor zahlreichen Jahrhunderten gesichtet worden, und als das Jahr 1588 näherrückte, verbreitete sich das gräßliche Gerücht drohenden Unheils über ganz Westeuropa. Grundsätzlich fußte die Prophezeiung des Weltunterganges auf der Zahlenlehre der Offenbarung des Johannes, die durch Andeutungen in Daniel, Kapitel XII, erläutert — wenn dies das richtige Wort dafür ist — und von einer blutrünstigen Stelle bei Jesaja unterstrichen wird. Für diejenigen, die sich mit der Frage hinreichend beschäftigt hatten, schien kein Zweifel darüber zu bestehen, daß seit dem ersten Jahr unseres Herrn und Heilands alle Geschichte in einer Reihe von Zyklen aufgeteilt war, verwickelte Versetzungen des Vielfachen von Zehn und Sieben, daß jeder Zyklus mit einem gewaltigen Ereignis auslief und die gesamte Serie im Jahre 1588 mit fürchterlicher Endgültigkeit abschloß. Philipp Melanchthon hatte bemerkt, daß der vorletzte Zyklus im Jahre 1518 mit Martin Luthers Herausforderung des Papstes geendet hatte, und von diesem Ereignis an blieb nur noch ein letzter Zyklus von zehnmal sieben Jahren, der Länge der babylonischen Gefangenschaft, übrig, bis sich das siebente Siegel öffnen, der Antichrist bezwungen und das Jüngste Gericht gekommen sein würden. Mitten in ihren Kümmernissen hatten glaubenseifrige Protestanten jahrelang grimmigen Trost in Melanchthons Voraussage gefunden und Reimereien, die ihren Kern auf deutsch, holländisch, französisch und englisch wiedergaben, gingen seit langem im Volke um.

Die Prophezeiung war indessen viel älter als Melanchthon. In der Mitte des fünfzehnten Jahrhunderts wurde Johann Müller von Königsberg, bekannt unter dem Namen Regiomontanus, der große Mathematiker, der Kolumbus und eine ganze Generation von Seefahrern mit astronomischen Tafeln versorgte, darauf aufmerksam, mit dem Ergebnis, daß er eine Himmelskarte für das verhängnisvolle Jahr entwarf. Er stellte fest, daß es von einer Sonnenfinsternis im Februar eingeleitet und von zwei totalen Mondfinsternissen, die eine im März, die andere im August, gekennzeichnet sein würde, und daß zur Zeit der ersten Mondfinsternis und einige Zeit danach Saturn, Jupiter und Mars in verhängnisvoller Verbindung im Haus des Mondes stehen würden.

Was dies alles bedeutete, legte Regiomontanus mit angemessen-beruflicher Vorsicht in wohlklingendem Latein nieder:

> Post mille exactos a partu virginis annos
> Et post quingentos rursus ab orbe datos
> Octavagesimus octavus mirabilis annus
> Ingruet et secum tristia sata trahet.
> Si non in totum terra fretumque ruant,
> Cuncta tamen mundi sursum ibant atque decresunt
> Imperia et luctus undique grandis erit.

Was in einer Prosa-Übersetzung etwa so heißt:

> Tausend Jahre nach der Jungfrau Geburt
> Und nach weiteren dem Erdball zugestandenen
>   fünfhundert Jahren
> Beginnt das wundersame achtundachtzigste Jahr und
> Bringt genugsam Trauer mit. Wenn in diesem Jahr
> Nicht Land und Meer zusammenbrechen,
> Wird doch die ganze Welt Umwälzungen erleiden,
> Reiche werden sinken und lange Klage
> Wird allerwärts ertönen.

Was Regiomontanus für die Zukunft vorauszusagen vermochte, war nicht gerade rosig, und als der feinsinnig-streitsüchtige Johann Stoffler, der gelehrte Leovitius und der eklektische, vielseitig gelehrte Guillaume Postel nacheinander seine Feststellungen unter die Lupe nahmen, konnten sie seine Prognose nur bestätigen. Wenn also die modernste Wissenschaft und das tiefste esoterische Wissen so haargenau mit der Zahlenlehre der Heiligen Schrift übereinstimmten, wer konnte da zu einem anderen Schluß kommen als daß das Jahr 1588 in der Tat ein Jahr düsterer Vorbedeutungen sein müsse? Es wurde sogar darauf hingewiesen, daß der neue Stern von 1572 – das erste solche Erscheinen am ewigen und unvergänglichen Himmel, seit ein Stern über Bethlehem aufgegangen war – dem menschlichen Auge siebzehn lunare Monate gestrahlt habe und dann zweimal, sieben Jahre vor der ersten für 1588 vorausgesagten Mondfinsternis und einhundertundsiebzig lunare Monate plus einhundertundelf Tage vor der zweiten verschwunden sei. Man mußte nicht allzulange nachdenken, um die Bedeutung dieser apokalyptischen Zahlen zu ermessen und es genügte wenig Wissenschaft und noch weniger Frömmigkeit, um zu begreifen, daß dieser seltsame Stern als Künder und Warner gekommen sei.

Von einem Ende Europas zum anderen verbreitet, wurden die Prophezeiungen für das Jahr 1588 in den einzelnen Ländern verschieden aufgenommen und verschieden gedeutet. In Spanien hielt der König alle Versuche, die Zukunft vorauszusagen, für müßig und gottlos, und die Heilige Inquisition betrachtete chiliastische Spekulationen mit etwa ebenso kritischer Mißgunst wie astrologische Behauptungen. Offiziell übersah der Hof die Prophezeiung in allen ihren Formen, und wenn die Drucker dies nicht taten, so sind uns von ihren Almanachen keine erhalten geblieben, wie dies mit solch flüchtigen Blättchen oft geschieht. Vielleicht haben auch königliche Beamte dazu beigetragen, daß keine Spur von ihnen überdauerte.

Die Behörden konnten es sich nicht leisten, die Prophezeiungen gänzlich zu übersehen. In Spanien summte es davon wie in einem Bienenkorb. In Lissabon nahm im Dezember die Fahnenflucht von der Flotte in beunruhigendem Maße zu und ein Wahrsager wurde wegen »falscher und entmutigender Vorhersagen« festgenommen. In den baskischen Häfen wurde nur zögernd angeheuert »wegen zahlreicher seltsamer schreckenerregender Vorbedeutungen, von denen gemunkelt wird«, und in Madrid gingen Berichte von Monstergeburten und übersteigerten Visionen in der Provinz um. Solch abergläubischer Unsinn vermochte Philipp II. keineswegs zu beeinflussen, auch liegt kein Bericht vor, nachdem irgend jemand ihn davon zu überzeugen versucht hätte, daß 1588 kein glückliches Jahr sei. Vielleicht ergriff er im Interesse der Moral seiner Untertanen trotzdem einige Maßnahmen. So setzte nach Weihnachten des Jahres 1587 eine wahre Epidemie von Kanzelreden ein, die Astrologie, Zauberspuk und alle gottlosen Voraussagen verwarfen. Es wäre nur zu natürlich, wenn der eine oder andere Spanier sich die Verse des Regiomontanus nicht zu Herzen genommen hätte. Eine katastrophale Verwirrung zu Wasser und zu Land war nicht gerade der rechte Hintergrund für eine Bühne, auf der eine spanische Operation zu See in Szene gesetzt werden sollte, und wenn Reiche sinken sollten, welches brauchte dann klarer und deutlicher bedroht zu sein, als das größte der Welt?

In Italien, zumal in Venedig und Rom, wurden die Prophezeiungen ebenso eifrig besprochen wie in Spanien, aber ohne die gleiche Einigkeit darüber, welches nun das bedrohte Reich sei. Ein ungenannter Briefpartner William Allens – oder sollte es einer Pastor Parsons gewesen sein? – gab neue Aufklärungen über das ominöse Thema, die den Männern in der Via di Monserrato so bedeutsam erschienen, daß sie dem Vatikan eine Abschrift zur gefälligen Kenntnisnahme seiner Heiligkeit einsandten. In den baufälligen Grundmauern der Abtei von Glastonbury, so schrieb der Gewährsmann, hätte ein geheimnisvoller Erdrutsch jüngst eine Marmortafel enthüllt, die jahrhundertelang unter der Krypta verborgen gelegen habe. Wie mit Flammenschrift wären die mit den Worten »Post mille exactos a partu virginis annos« beginnenden prophetischen Verse in den Marmor geschnitten gewesen. Es war daher klar, daß diese schrecklichen Zeilen nicht von einem Deutschen der Jetztzeit hätten verfaßt sein können. Wie Regiomontanus auch in den Besitz dieser Zeilen gelangt sein mochte, kein anderer als Merlin persönlich könne der Verfasser sein und seine dunkle Wissenschaft, oder auch Gottes unergründliche Vorsehung, habe sie in den letzten Tagen gerade zur rechten Zeit ans Licht der Welt gebracht, um die Briten von der bevorstehenden Vernichtung des aus Uther Pendragons Saat entstandenen Reiches warnend in Kenntnis zu setzen. Die Prophezeiung wog um so schwerer, als bekannt war, daß Merlin auch die Wiedereinsetzung von Arthurs Geschlecht und andere bemerkenswerte Dinge vorausgesagt hatte. Keine Randbemerkung von der Via di Monserrato deutete darauf hin, wie ernst Kardinal Allen und seine Freunde die Mitteilung nahmen. Keine Spur ist übrig geblieben, die uns sagen könnte, ob die Geschichte in England wirklich im Umlauf war. Aber neben dem Vers »Atque decresunt Imperia« hatte eine skeptische zeitgenössische Feder auf italienisch geschrieben: »Er sagt aber nicht, welche Reiche und wieviele.«

»Welche Reiche waren bedroht und wieviele waren es?« Dieselbe Frage beschäftigte den Kaiser Rudolf II. In jenem Winter beobachtete der Kaiser aus seinem Turm im Hradschin über den schneebedeckten Dächern Prags oft die drei Planeten, die sich ihrer unheilvollen Konstellation näherten. Kein Herrscher in Europa glaubte unverbrüchlicher an die Astrologie als Rudolf II. und keiner wußte so genau, wie schwierig es oft war, die Sterne richtig zu deuten. Er verstand mindestens ebenso gut aus ihnen zu lesen wie manch ein Berufsastrologe und brauchte nicht lange, um einen Scharlatan von einem ernsthaften Fachmann zu unterscheiden, doch war er trotz seiner Fertigkeit in dieser Kunst nie zufrieden, wenn seine eigenen Ergebnisse nicht mit denen der besten lebenden Autoritäten übereinstimmten. Im allgemeinen hielt er einen oder zwei Astrologen an seinem Hof, wenn er wirkliche Kenner auftreiben konnte und besprach sich brieflich, bisweilen auch durch Sonderkurier, mit anderen, die so weit entfernt wohnten wie in Catania auf Sizilien oder auf der Insel Hven in der dänischen Meerenge. Als der Februar 1588 heranrückte, war er mehr denn je in die Sterne vertieft, so sehr, daß Philipps II. Botschafter, Guillén de San Clemente, ihn wochenlang nicht sprechen konnte, und der venezianische Resident hörte, daß wichtige Depeschen ungeöffnet auf seinem Tische lägen.

Meinungsaustausch mit den Experten bestätigte Rudolfs eigene Vorahnungen. Anzeichen für eine endgültige Zerstörung des Erdballs waren am Himmel nicht zu finden, auch nicht für das Kommen des Jüngsten Gerichts, an das so viele Menschen in Rudolfs Jahrhundert felsenfest glaubten. Im Einklang mit den meisten wissenschaftlichen Astrologen stand Rudolf derartigen Überzeugungen zurückhaltend gegenüber, wie er auch die Zahlenlehre der Schrift und dergleichen Aberglauben skeptisch betrachtete. Den Sternen zufolge waren im Jahre 1588 ungewöhnlich schlechtes Wetter und wahrscheinlich eine anormale Anzahl örtlicher Überschwemmungen und Erdbeben mit verwüstender Wirkung zu erwarten, ihrer Art nach jedoch Naturkatastrophen, und nichts Ernsthafteres. Andererseits schien es todsicher, daß die Menschen von schwerwiegenden Umwälzungen betroffen werden würden, Reiche würden sinken, ja Heulen und Wehklagen würden allerorts zu hören sein.

Welche Reiche nun zusammenbrechen würden, war eine Frage, die andere Astrologen ebenso wenig zu entscheiden vermochten, wie Rudolf. Was auch in Polen geschah, wo Rudolfs Bruder Maximilian mit einem Anwärter aus Schweden sich um die Krone stritt und dabei nicht sonderlich gut abschnitt, das Reich irgendeines mußte verschwinden, es war jedoch kaum anzunehmen, daß diese furchtbaren Zeichen nicht mehr als neue Unruhe im ohnehin unruhigen Verlauf polnischer Politik verkünden sollten. Es war viel wahrscheinlicher, daß die Krise des

Westens damit gemeint war. Ob nun Philipp obsiegte und dadurch Englands Regierung, vielleicht auch die französische, stürzte, oder ob Philipp Schiffbruch erlitt und sein angeschwollenes Reich vor seinen Augen schrumpfte, immer würden die Sterne mit ihrer Warnung recht behalten. Rudolf, der natürlich ein Habsburger und wenigstens dem Namen nach Katholik war, den aber die spanischen Erfolge und Ansprüche verdrossen, sobald seine Gedanken sich damit beschäftigten, hätte kaum zu sagen vermocht, welches Ergebnis im Westen ihm weniger zusagen würde. Die andere Möglichkeit war noch unerfreulicher. Wieviele Könige sich heutzutage auch Kaiser nennen mochten, Rudolf allein war *der* Kaiser. Seine Würde stammte in ununterbrochener Folge – wie Rudolf anderen gern ins Gedächtnis zu rufen pflegte – von jenem Kaiser ab, dessen Autorität Christus im Tode besiegelt hatte. So schien es denn auf beunruhigende Weise wahrscheinlich, daß solche ungewöhnlichen Voraussagen nichts weniger als das ewige römische Reich bedrohten. Natürlich würde es nicht verschwinden. Es war in der Natur der Dinge verankert und konnte daher nicht aufhören. Wenn es aber noch mehr dahinschwand, würde es dem bloßen Auge fast unsichtbar werden. Fraglos konnte Rudolf die Möglichkeit jedes weiteren Verfalls seiner ungewissen Autorität nur mit der tiefsten Sorge betrachten. So beschloß er, daß es unter den obwaltenden Umständen das Sicherste sei, nichts zu tun, so wenig Leute als möglich zu sehen, sich so selten wie möglich aus dem Hradschin zu entfernen und keine vermeidbaren Entscheidungen zu treffen, bis die Zeit weisen würde, welches der Reiche bedroht war. Dies war die Zuflucht vor der schrecklichen Ungewißheit der Sterne, zu der Rudolf in den kommenden Jahren mehr und mehr greifen sollte.

Unter den massenaufputschenden Predigern der Stadt Paris herrschte keine Ungewißheit über die Botschaft der Heiligen Schrift und deren Bestätigung durch die Sterne. Sie wollten sagen, daß der Tag der göttlichen Rache endlich vor der Tür stehe. Die englische Jesebel würde ihre gerechte Strafe empfangen. Die Aufrührer der Niederlande würden endlich auf die Knie gezwungen werden. Daneben würden natürlich auch die französischen Ketzer endlich dem Geschick überantwortet werden, dem sie im Jahr der Bartholomäusnacht mit knapper Not entronnen waren. All das war jedoch nur Beiwerk zu der Bezwingung des wüstesten aller Tyrannen, des »Vilain Herodes«. Seine privaten Laster wurden nur noch von seinen öffentlichen Versäumnissen überboten. Auf Verbrechen gegen die Natur hatte er Hochverrat an den Gesetzen Gottes und damit an den Grundgesetzen Frankreichs gehäuft. Er weigerte sich nicht nur, die Ketzer auszulöschen, wie es das Gesetz Gottes und das Gesetz Frankreichs forderte, er konspirierte auch noch mit ihnen, um ihren Führer zu seinem Nachfolger auf dem Thron zu machen. Nun war Gott seiner Schandtaten müde. Er mußte niedergeschlagen und gedemütigt werden, und die geschminkten Jünglechen und verräterischen Politiker, die in seinem Namen herrschten, würden dem Schwert übergeben werden, damit die Hunde ihr Blut lecken konnten. Dieser Sturz und diese Neugründung des Frankenreiches war das, was die Schrift weissagte und die Sterne verkündeten und was die Epidemien, von Monstergeburten und entsetzlichen Visionen in den Provinzen — von ungeahnten Nebeleinbrüchen, von Frost, Hagel und allgemein scheußlichem Wetter ganz zu schweigen — klar und deutlich anzeigten.

Kurz nach seiner Wahl hatten einige indiskrete Patres es gewagt, die Politik Sixtus' V. zu kritisieren und fanden sich darauf prompt in die Galeeren verbannt. Im England Elisabeths würde dergleichen achtungswidrige Rede über die Herrscherin den Sprechern die Ohren, wenn nicht den Kopf gekostet haben. In Spanien würde ein Mißbrauch der Schrift zur Aufstachelung zum Aufruhr unverzügliche Erledigung durch das Inquisitionsgericht gefunden haben. Auch Heinrich III. von Frankreich konnte nicht umhin, diese Angriffe auf seine Weise übel zu nehmen. Als das alte Jahr seinem Ende zuging, berief er, im Louvre inmitten der Richter des Höchsten Gerichtshofes thronend, die Theologen der Sorbonne und Hauptprediger von Paris zu sich und beschuldigte sie öffentlich der Verleumdung und Beleidigung seiner Person und seines Thrones. Es waren bittere Peitschenhiebe, vorgebracht mit der hohen Beredsamkeit und königlichen Würde, deren Heinrich III. Meister war, fußend auf unwiderlegbarer Logik und geschmückt mit beißendem Witz und echtem Gefühl. Unter den streng dreinschauenden Jesuiten, die zu Füßen des Thrones saßen und die eingeschüchtert auf der Anklagebank zusammengekauerten Kleriker anstarrten, hätte vermutlich keiner eine treffendere Anklage vorzubringen vermocht. Aber es wäre wohl auch keiner so närrisch und schwach gewesen, das zu tun, was Heinrich dann tat. Nachdem er die aufrührerischen Priester der vorsätzlichen, mit hochverräterischer Absicht ausgesprochenen Lügen überführt hatte, entließ er sie plötzlich mit der Mitteilung, daß sie seine Vergebung durch Reue erwerben müßten und daß sie im Wiederholungsfall von seinen Gerichtsbeamten nach Gebühr bestraft werden würden. Im Vorsaal hob sich ihr Mut wieder. Hohnlachend schwankten sie aus dem Louvre. Wenn der König sie diesmal nicht bestrafte, würde er es nie mehr tun. Innerhalb zweier Wochen hallten die Kanzeln von schlimmeren Schmähungen wider denn je. Ironischerweise stimmten die Hugenottenprediger und -flugschriftenverfasser in einem Punkt mit ihren Feinden aus dem Lager der Verbündeten überein. Über das Schicksal ihres gemeinsamen Herrschers, Heinrichs III. von Frankreich, teilten beide Parteien dieselbe Hoffnung.

Man hätte meinen sollen, noch mehr als die Verbündeten und die Hugenotten hätten die Holländer jedweder Ermutigung bedurft, die aus den Prophezeiungen zu schöpfen war. Sie hatten einen grimmigen Winter zu bestehen. Der Graf von Leicester war nach dem läppischen Verlust von Sluis und dem, was den Generalstaaten als wohlerwogener Versuch seinerseits erschien, ihre Union zu sprengen und ihre Gebiete zu teilen, überstürzt nach England abgereist. Als holländische Abgesandte ihm folgten, um sich bei der Königin zu beschweren, überschüttete Elisabeth sie mit einer Salve von Vorwürfen und versprach geringschätzig, sie in jedweden Friedensvertrag einzubeziehen, den sie mit Spanien abschließen würde. Die Holländer erwiderten darauf, daß sie allein weiterkämpfen würden, wenn die Königin auf Kosten ihrer Freiheit Frieden mit Spanien zu machen gedächte. Als das Jahr zu Ende ging, sah es fast so aus, als würden sie dies tatsächlich tun müssen und zwar mit weniger Einigkeit und geringeren Hilfsmitteln als zu irgendeiner Zeit seit der Belagerung von Leyden. Immerhin verschaffte die Admiralität von Holland und Zeeland Justin von Nassau die Mittel, die westliche Schelde und die flämische Küste mit einer Flotte abzufahren, die stark genug war, um es mit jeglicher Streitmacht, die Parma zu Wasser anzuheuern imstande war, aufnehmen zu können und so England sowie Walcheren vor etwaigen Überraschungen zu schützen. Wenn jedoch einer der unter Waffen stehenden Bürger meinte, die Prophezeiungen sollten zur Ermunterung ihrer Freunde oder zur Einschüchterung ihrer Feinde verwendet werden, so hat niemand ihre Meinung beachtet oder befolgt.

Stattdessen gaben die unternehmungslustigen Drucker Amsterdams, in der berechtigten Annahme, daß ihre Almanache sich im eroberten Flandern und Brabant ebenso gut verkaufen ließen wie in den freien Provinzen, und dazu in beiden Gebieten ebenso leicht an Katholiken wie an Protestanten, eine unparteiische Darstellung des drohenden Unheils. Sie fanden es unnötig, sich zu lange mit den Schrecken des Krieges und dem Zusammenbruch der öffentlichen Macht aufzuhalten. Davon hatten ihre Leser fraglos genug mit eigenen Augen sehen müssen. Immerhin versprachen die Prophezeiungen seltenere Schrecken, die freilich dazu angetan waren, den Männern die Haare zu Berge stehen zu lassen und ihren Taschen die Münzen zu entlocken. Scharen von maßgebenden Autoritäten zitierend — von Regiomontanus bis zu Rudolph Graff, dem ehrenamtlichen kaiserlichen Astronomen in Deventer, und einem gewissen Wilhelm de Vries aus Maestricht, einem gottesfürchtigen, von merkwürdigen Gesichten heimgesuchten Mann — verbreiteten sich die Amsterdamer Buchdrucker über die Naturkatastrophen, die alle Welt erwarteten. Heftige Gewitter würden kommen — versprachen sie — und schreckliche Fluten, Hagel und Schnee mitten im Sommer, nächtliches Dunkel am hellichten Mittag, blutiger Regen, Monstergeburten und merkwürdige Erdstöße, wenn sich die Elemente nach dem August auch einigermaßen beruhigen würden und der Spätherbst noch leidlich angenehm ausfallen könne. Nach der ungewöhnlich hohen Anzahl ihrer uns überkommenen Almanache für 1588 zu schließen, müssen die Amsterdamer Drucker den Geschmack der Bevölkerung genau getroffen haben.

Hätten sie die Gelegenheit gehabt, die englischen Drucker hätten ihrerseits wohl kaum schlechter abgeschnitten, aber diese Chance scheint ihnen versagt gewesen zu sein. Sehr wenige Almanache des Jahres 1588 sind erhalten geblieben, und diejenigen, auf die wir zurückgreifen können, klingen seltsam unverbindlich.

Walter Grays Almanach darf vielleicht als typisches Beispiel angeführt werden. In der allgemeinen Voraussage für den Winter heißt es: »Hier und in den nachfolgenden Quartalen können je nach Geschick und Vermögen seltsame Ereignisse beobachtet werden, die wohlweislich ausgelassen sind. Der Allmächtige Gott, der allein alles Kommende kennt, möge uns vor dem Übel bewahren. Amen.« Später sagt er von den beiden Mondfinsternissen: »Welchen Einfluß diese (die in diesem Jahr vorkommen sollen) auch haben werden, ich unterlasse es absichtlich, mehr zu sagen, als daß mit der Möglichkeit eines Erdbebens zu rechnen, sowie Seuche und Pest zu befürchten sind.« Im allgemeinen nahmen die Almanache keine so zartfühlende Rücksicht auf die Nerven ihrer Leser, und es dürfte eines starken Druckes bedurft haben, jenes Druckes, den nur der Staat ausüben konnte, um ihre Verkäufer dazu zu bringen, all die haarsträubenden Schrecken zu unterdrücken, neben denen Erdbeben, Seuche und Pest Alltäglichkeiten waren.

Ging dies nun in erster Linie von der Königin selbst aus? Wie stark Elisabeth an die Astrologie glaubte, wissen wir ebensowenig wie wir von ihren sonstigen Überzeugungen unterrichtet sind. Sicherlich hatte sie sich von Dr. Dee ihr Horoskop stellen lassen, und in den Tagen, bevor sie begonnen hatte, fremderen Stimmen zu lauschen als denen der Sterne, hatte sie ihn in Dingen der Astrologie wie auch der Geographie zu Rate gezogen. Das hatten übrigens auch einige ihrer hervorragendsten Ratgeber getan. Sicherlich hatte Dr. Dee ihr gesagt, was ihre Untertanen ohnehin rein instinktmäßig wußten; daß ihr Glück mehr als das der meisten Herrscher vom Mond bestimmt wurde, und sie brauchte sich von keinem Astrologen sagen zu lassen, daß die zweite und schrecklichere Finsternis des Mondes zu Beginn ihres Herrscherzeichens, dem der Jungfrau, zu erwarten war, und zwar genau zwölf Tage vor ihrem Geburtstag. Die schreckliche Konstellation dürfte jedem Dilettanten der Astrologie in ihrem Königreich ins Auge gesprungen sein, und die meisten Almanach-Hersteller bedurften vermutlich kaum der ihnen über die Buchhändlergilde vom Staatsrat erteilten Warnung, daß es als Hochverrat galt, den Tod der Herrscherin selbst andeutungsweise zu prophezeien.

Wie ernst Elisabeth diese Dinge genommen haben würde, wissen wir nicht, wir wissen jedoch, daß sie grundsätzlich jedes Volksgemurmel über hohe Staatsgeschäfte mißbilligte, so daß es ganz in ihrer Art gelegen hätte, Tratsch über dergleichen unglückliche Prophezeiungen nach Möglichkeit zu unterbinden. In jenem Winter war ihr Volk ohnehin unruhig genug. Im Dezember war infolge eines falschen Gerüchtes, die spanische Flotte sei im Kanal aufgetaucht, eine Anzahl allzu furchtsamer Bewohner der Küstenstädte landeinwärts geflüchtet und hatte damit die Gouverneure und ihre Stellvertreter zur Verzweiflung und die Königin in Harnisch gebracht. Rom hörte, daß die Engländer, eine abergläubische Rasse, sich Sorgen machten wegen der Zeichen und Vorbedeutungen, und einer von Mendozas englischen Korrespondenten schrieb, daß es in den östlichen Grafschaften hieß, die alte Prophezeiung von Soldaten mit schneebedeckten Helmen, die kommen und England erobern würden, werde sich bald erfüllen. Unter diesen Umständen war es besser, daß von Regiomontanus' Versen so wenig wie möglich gesprochen wurde.

Natürlich ließ sich die Prophezeiung nicht geheimhalten, war sie doch in einer volkstümlichen Flugschrift des Jahres 1576 ausführlich besprochen worden. Der Herausgeber der zweiten Auflage von Holinsheds *Chronik* (1587), die wahrscheinlich in Druck gegangen war, bevor der Staatsrat der Buchhändlergilde seine Warnung zugehen ließ, hatte die feierliche Bemerkung über die uralte »nunmehr in jedermanns Mund umgehende« Prophezeiung gemacht, daß in dem Jahre der Wunder, das angeblich 1588 sein sollte, entweder die endgültige Auflösung oder eine schreckliche Wandlung der Welt zu erwarten sei. Abschriften der Weissagung und Anspielungen darauf erscheinen immer wieder im privaten Briefwechsel jener Zeit, und man möchte annehmen, daß ein den Sinn von Regiomontanus' Entdeckungen enthaltender Schüttelreim die Runde durch alle englischen Bierkneipen machte. Somit sah der Staatsrat sich gezwungen, die Katze wieder aus dem Sack zu lassen. So wurde zwar den Herausgebern von Almanachen untersagt, auf die Prophezeiungen anzuspielen, aber in zwei Flugschriften wurde mit Erlaubnis, wenn nicht sogar mit Unterstützung der Regierung, gegen sie vorgegangen. Die eine davon, herausgegeben von Thomas Tymme, »Eine Vorbereitung auf die vorausgesagten Gefahren des Jahres 1588«, war größtenteils eine fromme Ermahnung, die andere jedoch eine eingehende akademische Beweisführung. Auf der Titelseite lesen wir folgende — etwas gekürzte — Überschrift: »Eine Abhandlung über Prophezeiungen, in wieweit sie glaubwürdig oder verläßlich sind, besonders dazu ausgearbeitet, um die schrecklichen Drohungen zu entkräften, die sich in diesem berühmten Jahr 1588, welches das großartig-wundersame und schicksalshafte Jahr unseres Zeitalters sein soll, gegen die Königreiche und Staaten der Welt richten. Von I. H. Physition.« Ihr Verfasser war Dr. John Harvey, der jüngere Bruder von Edmund Spencers Lehrer Gabriel und ein Mann von zugleich umfassendem und merkwürdigem Wissen, selbst Herausgeber mehrerer Almanache, wiewohl kein Horoskopdeuter gegen Bezahlung, so doch einer der führenden Astrologen des Königreichs.

Harvey begann damit, die lateinischen Verse zu zitieren und sie in das klassische, von seinem Bruder für den englischen Reim empfohlene Versmaß zu übertragen. Dann ging er dazu über, ihre Urheberschaft anzuzweifeln und ihre Anhänger zu verspotten, in den astrologischen Schlüssen und Fakten Fehlerquellen aufzudecken und auf andere ebenso unheilverkündende – oder fast so unheilvolle – Konstellationen hinzuweisen, die keine derartige Beunruhigung hervorgerufen und tatsächlich keine nennenswerte Katastrophen mit sich gebracht hatten. Es war fraglos eine triumphale Widerlegung, wie sie nur Gelehrsamkeit und Erfindungsgabe auszuarbeiten verstanden. Was uns jedoch heute auffällt, ist die behutsame Ausdrucksweise, in die gewisse Aspekte der Beweisführung gekleidet sind, als habe Dr. Harvey sich selbst ein Türchen offen lassen wollen, für den Fall, daß dieses Unheil tatsächlich einträfe. Daß ein Gelehrter wie Harvey diese polemische Schrift, – selbst wenn er dazu Lust verspürt hätte, – ohne offizielle Aufforderung verfaßt hätte, scheint wenig wahrscheinlich. Ob der Auftrag dazu wirklich – wenn auch auf Umwegen – von der Königin kam? Wieder einmal hätte es ihr gleichgesehen, ein unerfreuliches Streitobjekt zu unterdrücken und gleichzeitig dafür zu sorgen, daß es widerlegt wurde.

DIE GESELLSCHAFT JENER EDLEN SCHIFFE

Greenwich und englische Gewässer,
Januar bis März 1588

Ein unerfreuliches Streitobjekt zu unterdrücken und für seine Widerlegung zu sorgen, die eine Hand freundschaftlich auszustrecken und ein Schwert in der anderen zu halten, gleichzeitig zwei anscheinend unvereinbare politische Richtungen einzuschlagen und zwei widersprüchliche Rollen mit solch schauspielerischer Leidenschaft zu spielen, daß selbst alte Freunde nie ganz den Ernst vom Spiel zu unterscheiden vermochten, – dies war die Art, wie Elisabeth I., sei es aus eigenem Antrieb, sei es notgedrungen, wie sie sich ausgedrückt haben würde, das Gesellschaftsspiel der hohen Politik spielte. Selbst im dreißigsten Jahre ihrer Regierung, als die Zweideutigkeiten der Königin eigentlich kaum noch jemanden völlig überraschen konnten, brachten sie nicht nur ihre Feinde, sondern auch ihre Diener und Ratgeber oft aus dem Konzept. Nicht nur ihren Zeitgenossen sondern auch vielen späteren Betrachtern hat das Gebaren der Königin in jenem Winter, als England den Ansturm der Armada erwartete, Kopfzerbrechen verursacht.

Die fieberhaften Vorbereitungen in Lissabon, die Verstärkungen von Parmas Heer wiesen nur zu deutlich darauf hin, daß der König von Spanien den Krieg wollte. Aber Elisabeth ließ Drake in Plymouth zappeln und weigerte sich, Hawkins' Plan einer Blockade der spanischen Flotte gutzuheißen. Stattdessen wandte sie ein, daß sie mit dem König von Spanien nicht auf dem Kriegsfuß stehe und hoffe, daß dies nie der Fall sein möge, und daß sie außerdem nichts sehnlicher wünsche, als seine Untertanen in den Niederlanden wieder in ihre wahre Botmäßigkeit zurückzuführen, und sie ließ ihre größten Schiffe den ganzen Herbst über abgetakelt und unverproviantiert in den Docks, ihre Geschütze im Tower, ihre Besatzungen bis auf geringe Wachmannschaften zu Hause. Wäre Santa Cruz im Oktober im Kanal aufgetaucht, Parma hätte die Überquerung ohne nennenswerten Widerstand durchführen und schnurstracks bis nach London vorstoßen können. Wenigstens behauptete der Herzog dies später. Englische Seeleute und englische

Staatsmänner, denen die drohende Gefahr nicht entging, beklagten untereinander die königliche Arglosigkeit, die das Land so schutzlos machte.

Im Dezember dann, anscheinend infolge eines schlecht informierten Berichtes, vielleicht aber auch auf Grund der Kenntnis von Philipps tatsächlichen Befehlen an seinen Admiral, warnte Walsingham seine Herrin davor, daß Santa Cruz noch vor Weihnachten aus Lissabon auslaufen könnte. In weniger als vierzehn Tagen war die Flotte mobilisiert und einsatzbereit, alle Schiffe der Königin und die meisten der Hilfshandelssegler waren bewaffnet, bemannt und gewissermaßen für einen Seekrieg ausgerüstet. Hätte Santa Cruz den Befehlen seines Königs gehorcht, ihm wäre ein warmer Empfang bereitet worden. Schließlich stand England seinen Feinden doch nicht ganz so schutzlos gegenüber.

Als aber alles fix und fertig war für den Empfang, hieß es in Greenwich plötzlich, der Besuch werde vertagt, und zum Verdruß ihrer Kapitäne, die keinen Nutzen darin sahen, eine Streitmacht aufgestellt zu haben, sie aber nicht einsetzen zu dürfen, schränkte Elisabeth ihre Kampfkräfte umgehend ein. Vier Galeonen, als größte die *Antelope* mit vierhundert Tonnen, und vier Pinassen wurden beordert, die Holländer beim Abfahren der flandrischen Küste zu unterstützen, der Rest jedoch wurde angewiesen, nur mit der halben Kriegsstärke bemannt, im Hafen von Medway oder Plymouth liegenzubleiben. Wir besitzen eine in Burghleys Handschrift gekritzelte Liste dieser Anordnungen und ein Begleitschreiben, aus dem hervorgeht, daß der dadurch eingesparte Sold und Proviant sich für die Königin monatlich auf zweitausendvierhundertunddreiunddreißig Pfund, achtzehn Schilling und vier Pence belaufen würde. Für die Art, wie Elisabeth ihren Haushaltsplan berechnete, war dies eine höchst lohnende Ersparnis, aber ihre Kapitäne und Ratgeber, die bei einer solchen Fahrlässigkeit eine Gänsehaut bekamen, schrieben ausnahmsweise nicht einmal untereinander die Verringerung der Kriegsstärke der herrscherlichen Sparsamkeit zu. Sie waren vielmehr davon überzeugt, daß die Königin von dem doppelzüngigen Herzog von Parma hinters Licht geführt und dazu verleitet worden war, ihre Wachsamkeit in der falschen Hoffnung auf Frieden zu verringern.

Daß Elisabeth noch im Frühjahr 1588 auf Frieden hoffte, dürfen wir als ziemlich sicher annehmen. Trotz des unter den Puritanern ansteigenden Kriegsfiebers teilten viele ihrer Untertanen ihre Hoffnung, größtenteils in Anbetracht der augenblicklichen Lage des Stoffhandels. Ein Parlament in Lancashire hatte einst erklärt, »die Herstellung von Stoffen sei in allen Teilen des Reiches die vorwiegende Beschäftigung und Erwerbsquelle der minderbemittelten Bevölkerung des Landes«, und im letzten Jahrhundert hatte ihre Bedeutung nur zugenommen. Normalerweise betrug die Ausfuhr von Wollstoffen vier Fünftel der englischen Ausfuhr, und wenn diese abnahm, wurden die Tuchhändler Spinner und Weber brotlos und die Wolle der Herden des Landadels lohnte kaum den Verkauf. Ein schlechter Wollmarkt tat den Geldbörsen weher als jede andere Art Unheil, und seit einiger Zeit war die Marktlage im Wollhandel höchst unbefriedigend. Dank Parmas Kapitänen und Martin Schenck war der Rhein, auf dem englisches Tuch bisher die süddeutschen Städte erreicht hatte, kein sicheres Fahrwasser mehr, überdies hatten spanische Diplomatie und hanseatischer Neid den Absatz englischer Tuche in Hamburg zu einem Nichts zusammenschrumpfen lassen. Selbst die Erbeutung einer spanischen La-Plata-Flotte vermochte kaum die Verluste eines so schlechten Jahres wettzumachen, wie das Jahr 1587 es gewesen war. Vom Tuchhändler in London bis zur Hausfrau in den Cotswolds wäre mancher froh gewesen, den Kampf in den Niederlanden zu nahezu jedweden Bedingungen beendet zu sehen, damit der Tuchhandel wieder auf den früheren Stand kommen könne, wenngleich man nicht vergessen darf, daß andere im Tuchhandel beschäftigte Kreise, die alle ihre Sorgen auf die Spanier schoben, nur um so lauter nach Krieg schrieen.

Elisabeth hatte für die ökonomischen Sorgen ihrer Untertanen ein feineres Ohr als die meisten Herrscher ihrer Zeit und erkannte klarer als die meisten die Beziehung zwischen dem allgemeinen Wohlstand und den königlichen Einkünften. Auch hatte sie näherliegende Gründe, sich Geldsorgen zu machen. Wenn sich auch die Holländer über ihre Knauserigkeit beklagten und ihre Seekapitäne noch lauter murrten, hatte sie doch zehntausend Pfund Sterling in die Kriege der Niederlande gesteckt, und das nur allzu schnell versickernde Geld hatte kaum eine größere Wirkung hervorgerufen, als wenn es auf Treibsand geschüttet worden wäre. Als das Parlament jüngst zusammengetreten war, hatte es weidlich gegen die Spanier vom Leder gezogen, aber die Königin kannte ihre Untertanen gut genug, um zu wissen, daß, so sehr sie auch gegen das Papsttum und Spanien wettern mochten, ein Krieg in den Niederlanden, ein zweiter in Irland und ein dritter auf dem Meer und längs der spanischen Küste mehr war, als sie zu zahlen bereit sein würden.

Selbst wenn sie das Gefühl gehabt hätte, sich den Krieg leisten zu können, so hätte Elisabeth ihn doch vermieden. Nicht – Sir John Parrot zuwider – weil sie Angst hatte. Bisweilen liebte sie es zu behaupten, sie habe soviel Mut wie ihr Vater. Sie besaß mehr als er. Sie nahm wohlüberlegte Gefährdungen ihrer Person und ihrer Politik auf sich, vor denen Heinrich VIII. zurückgezuckt wäre. Sie zog jedoch berechnete Risiken vor, und Krieg war eine erschreckend unvorhersehbare Angelegenheit. Sich auf einen Krieg einzulassen, hieß sich einer unwiderstehlichen Strömung anzuvertrauen und dem Dunkel entgegenzuschwimmen. Wenn sie nur Frieden gewinnen konnte, so wäre sie von neuem, was sie stets gewesen war: Herrin ihres eigenen und ihres Landes Geschicks.

Für den gesunden Menschenverstand Elisabeths schien der Rückweg zum Frieden nicht schwierig. Philipp brauchte nur die Bedingungen anzunehmen, die sein Statthalter, Don Juan von Österreich, elf Jahre zuvor akzeptiert hatte: die alten Freiheiten der siebzehn Provinzen sollten wieder respektiert, die spanischen Truppen aus den Niederlanden zurückgezogen werden. Dafür würden die Generalstaaten ihre ererbten Herren von neuem ihrer Lehenstreue versichern und versprechen, den katholischen Glauben aufrechtzuerhalten. Tatsächlich würde Philipp zwei beträchtliche Zugeständnisse machen müssen. Den Gedanken an eine zentralisierte Regierung der Niederlande mit der Machtbefugnis willkürlicher Besteuerung würde er aufgeben müssen. Daß er dazu bereit sei, hatte er bereits gesagt. Auch würde er sich dazu verpflichten müssen, andersgläubige Sekten wenn nicht ausgesprochen zu dulden, so doch stillschweigend in einigen Provinzen zuzulassen, da sich eine Politik der Verfolgung nicht mehr erzwingen ließ, wenn die Ortsbehörden sich dagegen stemmten, sobald ihre alten Freiheiten wiederhergestellt und die spanischen Truppen abgezogen waren. Trotzdem sollte das Gesicht gewahrt bleiben. Offiziell würde es nur ein Glaubensbekenntnis in den Niederlanden geben, das römisch-katholische, wie es auch in England offiziell nur einen Glauben gab. So sollte es Elisabeths Meinung nach sein: *cujus regio, ejus religio.* Und wenn auch eine die Gewissensfreiheit betreffende Klausel in dem Kontrakt die hartnäckigen Holländer, die bisher keine Anstalten machten, sich an den Unterhandlungen zu beteiligen, versöhnen mochte, so war dies eigentlich nicht notwendig. Eine kurze Überlegung sollte sie davon überzeugen, daß die vorgeschlagenen Bedingungen ihnen ebenso viel Gewissensfreiheit, auch in bezug auf ihr Bekenntnis, genehmigen würden, als es den Ortsbehörden gefiel.

Wenn nun Philipp sagte, er herrsche lieber über ein Ödland, als über eine Handvoll Ketzer, so hatte er noch keine Probe aufs Exempel gemacht. Flandern und Brabant waren zur Zeit kaum mehr als Einöden, und wenn er Holland und Zeeland mit dem Schwert erobern würde, würden sie in einem noch jämmerlicheren Zustand sein. Elisabeth konnte nicht glauben, daß Philipp auf einem solch unfruchtbaren Sieg beharren könne. In der Vergangenheit hatte sich der König von Spanien als vernünftiger Mann erwiesen, als Partner, der zu Kompromissen bereit war und die Dinge nur ungern auf die Spitze trieb. Wenn er sich jetzt nur ein wenig biegsamer zeigte, konnte er den endlosen verheerenden Krieg beenden und die alte englisch-burgundische Allianz wiederherstellen, die ihn mit geringen Kosten gegen einen französischen Einfall in den Niederlanden versicherte. Sein und ihr Reich würden wieder die gegenseitig besten Kunden sein, anstatt einander an der Gurgel zu hängen. Wenn die Holländer sich fernhielten, würde England ihm zur Seite stehen; Elisabeth und Burghley aber waren nicht die einzigen, die glaubten, daß Holland und Zeeland im Falle einer klaren Position ein günstiges Angebot nicht ausschlagen würden, wenn sie sahen, daß sie sonst allein weiterkämpfen müßten.

Die englischen Friedensunterhändler, die mit ihren Anweisungen bereits nach Ostende unterwegs waren, hatten noch ein paar andere Forderungen zu stellen und sich gewisse Fragen vorzubehalten. Sie hatten den Auftrag, darum zu bitten, daß englische Schiffe in den Häfen der Neuen Welt zugelassen würden und englische Matrosen dort und in Spanien von der Inquisition ungeschoren blieben. Die Frage, ob die

Besitzungen der portugiesischen Krone in die gegenseitigen Garantien eingeschlossen würden, sollten sie zurückhaltend beantworten. Im Grunde waren diese Dinge aber nur Gesprächspunkte. Nur in einem war Elisabeth unbeugsam. In den aufrührerischen Provinzen hielten die Engländer als Sicherheit für die den Aufständischen vorgeschossenen Gelder gewisse Städte besetzt. Bevor die Engländer diese Städte räumten, würde jemand diese Beträge zurückzuzahlen haben — wenn es nicht die Staaten Holland und Zeeland waren, so mußte es eben der König von Spanien sein.

Wie weit die Königin von Parma zu dem Glauben verleitet worden war, daß im Jahre 1588 noch eine Chance für den Frieden bestand, können wir nicht ahnen. Parma hatte ihr lange vorgespiegelt, daß er den Frieden wünsche. Tatsächlich wünschte er bis zum Frühling 1587 wirklich den Frieden. Ohne holländische Schiffe und holländische Tiefwasserhäfen sah er kaum eine Möglichkeit für eine erfolgreiche Invasion Englands und zog es vor, sich nur mit einem Feind auf einmal auseinanderzusetzen. Im Sommer des Jahres 1587 war Parma indessen von Philipp dahingehend unterrichtet worden, daß die Invasion Englands auf alle Fälle durchgeführt und unter keinen Umständen Frieden gemacht werden solle. Elisabeth solle jedoch in Verhandlungen gelockt, und diese sollten endlos hingeschleppt werden, um die Engländer zu verwirren und sie aus dem Gleichgewicht zu bringen.

Parma handelte dementsprechend. Als die fünf englischen Unterhändler schließlich von Dover nach Ostende übersetzten, gelang es ihm, die einleitenden Unterhaltungen über den zu wählenden Verhandlungsort wochenlang hinauszuziehen und als man versuchsweise Bourbourg dazu bestimmt hatte, weitere Wochen auf die Fragen zu verwenden, worüber die Konferenz, wenn sie endlich zusammenträte, verhandeln solle und welche Befugnisse ihre Delegierten hätten, wenn es gälte, Beschlüsse zu fassen. Mit einschmeichelnder Geschicklichkeit führten die altbewährten Diplomaten Parmas ihr hinhaltendes Manöver durch, hielten den alten Sir James Croft zum Narren, führten den erfahrenen Dr. Dale an der Nase herum und erweckten selbst in dem skeptischen Grafen von Derby eine vorübergehende Hoffnung auf Erfolg. Von Andeutungen darüber verlockt, daß die spanischen Abgesandten drauf und dran seien, nachzugeben, ging die einmal begonnene

Konferenz trotz der zunehmenden Verstimmung der Holländer und der englischen Kriegspartei immer weiter, bis die Bordgeschütze der Flotten sich im Kanal vernehmen ließen. Infolgedessen war Elisabeth in der Lage, sogleich und später zu erklären, sie habe sich dem Frieden nicht nur nicht verschlossen, sondern ihn bis zuletzt geduldig und ehrlich gesucht. Und wenn auch Staatsmänner wie Walsingham und Kämpen wie Hawkins laut herausschrieen, daß England durch die Blindheit der Königin vor die Hunde gehe, daß es im Grunde nur eines gäbe: anzugreifen und den Krieg zu einem raschen Ende zu führen, so ist es gar nicht sicher, daß die langen Verhandlungen in Bourbourg England Schaden und Spanien Nutzen brachten.

In der Tat war England vielleicht gar nicht der Hauptverlierer. Im September 1587 hatten Parmas Streitkräfte mit der Ankunft mächtiger Verstärkungen aus Italien den Höhepunkt ihrer Schlagkraft erreicht. Zum ersten Mal waren seine Magazine und Geldsäcke voll, nie zuvor hatte er, nie wieder sollte er ein solch prachtvolles furchtgebietendes Heer befehligen. Ob die englische Flotte aus einer kühnen Offensive hätte Nutzen ziehen können oder nicht, Parma hätte es jedenfalls gekonnt. Antwerpen hatte er mit geringeren Streitkräften genommen, als er jetzt zur Verfügung hatte; Ostende hätte sich vermutlich als leichte Beute erwiesen. Ganz Flandern hätte von feindlichen Posten gesäubert werden können, und selbst Walcheren wäre nicht außer Reichweite gewesen. Er hingegen hatte Anweisung, die Engländer mit Verhandlungen zu unterhalten, während er auf die Armada wartete, und jede Bewegung zu vermeiden, die ihren Argwohn hätte erregen können. Auf diese Weise verrottete sein prächtiges Heer im Verlauf des Winters in naßkalten Quartieren, die Verpflegung wurde rar, Krankheit machte sich breit und als der Juli endlich herankam, waren sein tatsächlicher Personalbestand von im vergangenen September dreißigtausend Mann kampffähiger Soldaten auf siebzehntausend zusammengeschrumpft. Die Kampfstärke einer großen kostspieligen Truppe war nahezu ein ganzes Jahr vergeudet, und nichts, gar nichts, war erreicht worden. Kein Wunder, daß der Herzog von Parma das ganze England-Unternehmen mit zunehmend scheelen Augen ansah.

Auch ließ Englands Wachsamkeit keineswegs nach. Innerhalb des Reichs war bereits ein System von Signalfeuern angelegt worden, die längs der Küste und landeinwärts in jeder Grafschaft warnend aufflammen sollten, sobald eine spanische Flotte in Sicht käme. Falls die Ermahnungen des Staatsrates befolgt wurden, — und wie es scheint, wurden sie es wenigstens zu diesem Zeitpunkt — wurde dieses System ausgebaut, verbessert und in ständiger Bereitschaft gehalten. Beim ersten Aufsteigen von Rauch, beim ersten Auflodern von Flammen und dem darauf folgenden Alarmgeläut der Glocken, sollten die Mitglieder der ausgebildeten Kampfgruppen zu vereinbarten Meldepunkten eilen, sich zu Kompanien zusammenschließen und unter dem Befehl ihrer Hauptleute bestimmten Sammelplätzen zustreben, von denen aus sie von den Gouverneuren, oder ihren Stellvertretern gegen den Feind geführt würden.

Vielleicht war es ebenso gut, daß diese ausgebildeten Rotten sich nicht mit Parmas Veteranen messen mußten. Immerhin scheinen geistvolle Herren und stämmige Freisassen unter ihnen gewesen zu sein, größtenteils nicht so schlecht bewaffnet, wie es oft heißt, auch nicht so schlecht geschult im Gebrauch ihrer Waffen, und nicht alle ohne Kriegserfahrung. Wie sie auch sein mochten, sie waren die Männer, die England einer Invasion zu Land entgegenzuwerfen hatte, und während jenes Winters voll bangen Harrens wurde ihre Bewaffnung und Ausbildung so weitgehend besser, wie die Anweisungen des Staatsrats, die Anstrengungen der Ortsbehörden und die vom holländischen Kriegsschauplatz zu diesem Zweck heimkommandierten Hauptleute es erreichen konnten. Mittlerweile wurden längs der Südküste und in den östlichen Grafschaften Stadtgräben gereinigt und vertieft; bemooste Breschen in Stadtwällen, die seit Bosworth vernachlässigt worden waren, wurden eilends aufgefüllt, hier und dort wurden steinerne Zwischenwälle mittels Erdbewurf gegen Artilleriebeschuß gesichert, und die Seehafenstädte wetteiferten miteinander um jedes Geschütz, mit dem sie ihre Küstenbatterien verstärken konnten. England war im April des Jahres 1588 auf jeden Fall besser gegen die Möglichkeit einer Invasion geschützt als es im vergangenen Herbst gewesen war.

Die Engländer, die am meisten davon verstanden, glaubten indessen nie daran, daß es zu einem Kampf zu Lande kommen würde. Im Lauf der Jahre war in den Engländern das Bewußtsein erwacht, daß sie von der See geschützt wurden und daß sie die See schützen müßten.

Die Entwicklung des Hundertjährigen Krieges und sein Ende hatten dieses Bewußtsein vertieft. Heinrich VIII., der mehr Geld für Kriegsschiffe ausgab als jeder andere König in Europa, knüpfte damit an eine bereits bestehende Tradition. Der Verlust von Calais und die wachsende Feindschaft zwischen England und Spanien hatten das Abhängigkeitsgefühl vom Meer nur verstärkt, und um das Jahr 1588 war Elisabeth die Herrin der mächtigsten Hochseeflotte, die Europa je gesehen hatte. Ihr Rückgrat waren achtzehn gewaltige Galeonen, deren kleinste dreihundert Tonnen hatte und die, auf neue Weise gebaut und bemannt, jeden Feind zu Wasser segelnd und kämpfend auszustechen vermochten. Auch sieben kleinere Galeonen von einhundert oder mehr Tonnen waren dabei, dazu eine entsprechende Anzahl seegängiger Pinassen, leichte, schnelle, handliche Fahrzeuge, die sich für Aufklärungs- und Depeschendienst, sowie für ein Manövrieren im Verbande eigneten.

Die Kampfschiffe, die »Galeonen«, waren für richtigen Seekrieg, nicht für Handelskrieg gebaut, so war bei ihnen das Verhältnis Länge zur Breite größer als bei Kauffahrteischiffen. Dieser Typ — wie er auch zuerst vielleicht in Portugal entwickelt worden sein mochte — war gegen das Jahr 1570 das normale Kriegsschiff der atlantischen Gewässer. Die Galeonen der Königin waren jedoch anders. Zehn Jahre lang war ihr tüchtiger Diener John Hawkins damit beauftragt gewesen, ihre Flotte zu bauen und instandzusetzen, und Hawkins war ein Mann mit fortgeschrittenen Ideen über Seekriegsführung. Er wünschte seine Galeonen länger im Verhältnis zur Breite, damit sie geeignet seien, eine größere Anzahl Geschütze aufzunehmen und höher am Wind zu segeln. Er wollte nur ein Deck über den tief liegenden Mittelteil des Schiffes gezogen haben. Die dort stationierten Seeleute würden sich vielleicht nackt und ausgesetzt fühlen, wenn sie feststellten, daß sie lediglich durch ein hüfthohes Schanzkleid geschützt waren, statt durch eine bis über den Kopf reichende Holzwand, aber der dadurch gewonnene Deckraum gewährte jedoch Platz für zusätzliche Geschütze zum Abfeuern von Breitseiten. Und da Hawkins mehr von einem Kampf mit schweren Geschützen als vom Entern hielt, wünschte er auch eine so drastische Verkleinerung der Bug- und Heckkastelle, daß altmodische Kapitäne, die ihre hochgebauten Kastelle »wegen ihrer furchtgebietenden Majestät« schätzten, sich beschwerten, er lasse diese vollkommen verschwinden. Hätte er sich die Mühe zu einer Antwort genommen, würde er vielleicht erwidert haben, daß man auf den obersten Decks der Kastelle nur leichte, zweitklassige Batterien montieren könne, Wurfmaschinen und dergleichen »menschentötende« Stücke, während die hohen Aufbauten die Segelfähigkeit beeinträchtigten und heftiges Schlingern verursachten. Ob er sie nun einer Entgegnung würdigte oder nicht, jedenfalls ließ Hawkins sich nicht dreinreden. In den Jahren seiner Verwaltungstätigkeit wurden alle neuen Schiffe Ihrer Majestät nach schlanken, klaren Linien gebaut, die er begünstigte, und fast alle der älteren Fahrzeuge entsprechend umgebaut. Das Ergebnis war eine Kampfflotte, die schneller und windschnittiger war als jede andere, die bisher die Weltmeere durchsegelt hatte.

Zur gleichen Zeit arbeitete Hawkins' Nebenbuhler, Feind und Mitarbeiter, Sir William Wynter darauf hin, die Schiffe auf eine Weise zu bewaffnen, die ebenso bahnbrechend war wie Hawkins' Schiffsform. Die für lebende Ziele bestimmten Geschütze wurden zahlenmäßig verringert, dafür die zur Vernichtung feindlicher Schiffe geeigneten vermehrt. Eisenkanonen machten Messingkanonen Platz, und Feldschlangen und halbe Feldschlangen, lange Geschütze, die eine Achtzehn- oder Neunpfundkugel mit verhältnismäßig hoher Mündungsgeschwindigkeit und ziemlicher Treffsicherheit auf Entfernungen über tausend Meter feuern konnten, ersetzten mehr und mehr die stämmigen dickrohrigen Böller wie die Halbkanone, ein Dreißigpfünder mit kurzer unsicherer Schußweite. Wir können nicht mit Bestimmtheit sagen, wieviele der königlichen Schiffe bis zum Jahre 1587 entsprechend Wynters Vorschlägen oder sogar besser bewaffnet waren, jedenfalls steht es ziemlich fest, daß dank seiner und Hawkins' Bemühungen die Königin eine Flotte besaß, die jeden Feind bei jedem Wetter und mit der von ihr gewählten Schußweite – bei direktem Schuß unter Benutzung einer halben Feldschlange, einem langen Neunpfünder – entschieden auszustechen vermochte.

Worüber Drake, Hawkins und andere klagten und was Geschichtsschreiber seitdem beklagt haben, ist, daß Elisabeth ihre glänzende Flotte nicht kühn gegen die spanische Küste warf, um den Handel mit Westindien abzuschneiden und Philipps Kriegsschiffe hilflos in den

Häfen zu blockieren. Stattdessen hielt sie den größten Teil ihrer Schiffe vor Anker, lediglich bemannt von Rahmenbesatzungen und in halber Bereitschaft; damit verstieß sie gegen das, was in späteren Tagen, als eine Kriegsflotte Zeit hatte, derartige Dinge zu entwickeln, eine der grundlegenden strategischen Lehren der britischen Kriegsmarine werden sollte. Vielleicht hätte sie auf Drake und Hawkins hören sollen, wenngleich man sich daran erinnert, daß sie einen raschen Sieg prophezeiten, falls die Flotte die Offensive ergriffe, und daß, als dies später geschah, nichts dergleichen eintraf. Darüber mag Elisabeth in keiner Hinsicht ein vernünftiges Urteil gehabt haben. Immerhin hatte sie lange genug über ein seefahrendes Volk geherrscht, um zu wissen, daß auf dem offenen Atlantik weder Schiffen noch Mannschaften ein langer Winter sonderlich gut bekam. Selbst wenn keines im Sturm oder Gefecht verloren ging, so mußten die Schiffe doch kalfatert werden, sie würden neue Spieren, neues Tauwerk und Segeltuch benötigen, dazu gründliches Kielholen und Entrümpeln, bevor sie wieder seetüchtig waren, während die Mannschaften, zusammengedrängt in ungesundem Schmutz und zwangsläufig wohl meist von Salzfleisch und Stockfisch, von wurmstichigem Zwieback und schalem Bier lebend, durch schlechte Ernährung entkräftet und durch Krankheit erschöpft sein würden, wenn nicht der Typhus, das gefürchtete »Gefängnis-, oder Schiffsfieber«, sie schon zur Hälfte dahingerafft hatte, wie dies auf langen Reisen nicht selten vorkam. Ob nun Elisabeth all diese Gefahren bewußt in Rechnung stellte oder nur mit ihren kostbaren Schiffen ebenso instinktiv hauszuhalten wünschte wie mit ihrem Geld, — wir dürfen immerhin daran zweifeln, ob sie sie im Winter den Gefahren der spanischen Küste ausgesetzt haben würde, selbst wenn keine Bourbourg-Konferenz stattgefunden hätte.

So wie sie es nun angeordnet hatte, blieben ihre Mannschaften an Land bei frischer Ernährung gesund, eine gute Hälfte von ihnen sogar auf eigene Kosten, so daß der für die Frühlingskampagne verpackt gelagerte Proviant und die Geldbörse der Königin geschont wurden. Und die Energie, die ihre Kapitäne lieber dazu benutzt hätten, spanische Kauffahrteischiffe zu plündern und dem König von Spanien unter den Kanonen seiner Forts die Stirn zu bieten, wurde stattdessen darauf verwendet, die Schiffe der Königin bis aufs letzte see- und kampfbereit zu machen. In Plymouth, wo Sir Francis Drake mit dem westlichen Geschwader darauf brannte, auszulaufen und mit jedem von London eintreffenden Kurier die ersehnten Befehle erwartete, übernahm der alte William Hawkins, der ältere Bruder des großen John, der in diesem Jahr siebzig wurde und Bürgermeister von Plymouth war, die Oberaufsicht über die Schiffe. Während der Springfluten des Januar und Februar ließ er die großen Galeonen am Strand kielholen, ließ eine Seite am Tag und die andere in der Nacht abkratzen und mit Talg einschmieren, so daß kein Schiff mehr als vierundzwanzig Stunden aus dem Wasser war. Die Nachtarbeit erforderte freilich Beleuchtung durch Fackeln und Kienspäne, bei dem starken Wind eine recht kostspielige Angelegenheit, aber der alte William freute sich am Anblick der Schiffe seines Bruders, die so stark und stattlich auf Grund saßen, »als sei jedes einzelne aus einem Baumstamm gefügt«, und war nicht geneigt, bei einer so wichtigen Arbeit auf den Pfennig zu sehen.

John Hawkins selbst war beim Lordadmiral und dem östlichen Geschwader; dieses lag im Medway, Gillingham Reach entlang, an der Chatham-Werft vorbei, die Pinassen in Sichtweite der Rochester-Brücke und die großen Schiffe bis nach Queensborough hinunter. Während der gleichen Springfluten wurden auch diese Schiffe gekielholt, abgekratzt und eingeschmiert, eine Arbeit, die freilich nicht John Hawkins' Hauptsorge war. Endlich hatte John die Verpflichtung vom Hals, die Kriegsflotte der Königin teils zu bauen, teils umzubauen, doch war er immer noch Schatzmeister und Mitglied des Marineausschusses und so beschäftigt mit den mannigfachen letzten Vorbereitungen, den Rechenschaftsberichten und anderer Schreibarbeit, daß er kaum die Zeit fand, sich um die hirnverbrannte Idee der Königin, mit Parma verhandeln zu wollen, und um die Böswilligkeit seiner Feinde, die weiterhin behaupteten, er habe die königlichen Schiffe aus faulem Holz gebaut, so daß die meisten nicht seetüchtig seien, wirklich Sorgen zu machen.

Der Lordadmiral, Charles Lord Howard von Effingham, war ebenso wie Francis Drake darauf erpicht, endlich auszulaufen. Er war ein Mann von weit über fünfzig, seit knapp drei Jahren Lordadmiral und verdankte seine Wahl weniger auf See erworbenen Lorbeeren als seiner erlauchten Herkunft – schon drei Mitglieder seines Hauses hatten den Tudors als Lordadmirale gedient – und der Tatsache, daß er ein glühender Protestant von unverbrüchlicher Treue war. Doch hatte Charles Howard schon gewisse Erfahrungen auf See gesammelt und war entschlossen, seine Aufgabe zu lernen und seinen Posten mit Anstand zu bekleiden. Jedem Gerücht Glauben schenkend, daß Parma sich anschickte, aus Dünkirchen auszulaufen, oder daß eine spanische Flotte dabei sei, sich an Dover vorbeizustehlen und an der schottischen Küste hinaufzusegeln, plädierte er so laut für eine starke Seemacht, daß er schließlich die Genehmigung erhielt, acht weitere Schiffe in Dienst stellen und zwischen Dünkirchen und Vlissingen hin- und herkreuzen zu dürfen. Inzwischen war er unermüdlich damit beschäftigt, bei jedem im Medway liegenden Schiff an Bord zu gehen, dort jeden nur erdenklichen Winkel zu durchschnüffeln und zu seiner Freude vergeblich nach Lecks, faulen Planken oder sonstigen Anzeichen dafür zu suchen, daß John Hawkins und seine Schiffsbaumeister liederlich gearbeitet hatten.

Vom ersten Augenblick an war Charles Howard in die unter seinem Kommando stehenden Schiffe verliebt. »Ich bekenne vor Gott«, schrieb er an Walsingham, »daß ich – wäre mir nicht um die Gegenwart Ihrer Majestät zu tun – nirgends lieber als in der Nähe dieser edlen Schiffe leben möchte. Es gibt keines«, schrieb er, nachdem er sie besichtigt hatte, »auf dem ich nicht zum Rio de La Plata segeln möchte.« Und später, als er und Sir William Wynter an Bord der *Elizabeth Bonaventura* gingen, die in der Mündung von Vlissingen auf Grund gelaufen war, und feststellten, daß, obgleich sie zwei Fluttiden lang festsaß, bevor sie wieder flott gemacht werden konnte: – »die ganze Zeit nicht ein Tropfen Wasser in die Saugköpfe ihrer Lenzpumpen eindrang, eine Tatsache, die man sich sonst nur bei einem eisernen Schiffsrumpf vorstellen könnte. Es darf ohne Übertreibung gesagt werden, daß es nie ein festeres Schiff als die *Elizabeth* gegeben hat...« – wußte er sich vor Entzücken kaum zu halten. Über die von ihm als Flaggschiff gewählte Galeone schrieb er an Burghley: »Ich bitte Euch, Ihrer Majestät in meinem Namen zu sagen, daß ihr Geld in der *Ark Raleigh* gut angelegt ist, denn ich halte sie für das Schiff, das allen Anforderungen gerecht wird. Es gibt kein Schiff, groß oder klein und noch so weit entfernt, das wir nicht einholen und anrufen könnten.«

Die *Ark* hatte einen besonderen Platz in Howards Herzen gewonnen, aber seine ganze Liebe gehörte allen königlichen Schiffen, und seine Untergebenen standen ihm in seiner Begeisterung kaum nach. Sein Vetter, Lord Henry Seymour, der die *Bonaventura* befehligte, versicherte lobend, daß sie sich in einem zwölfstündigen Gefecht mit den Spaniern als ebenso stark erweisen würde als in den auf der Sandbank verbrachten zwölf Stunden. Und selbst Sir William Wynter — der, solange er glaubte, er könne Hawkins den Kontrakt für den Bau der königlichen Schiffe abjagen, den Staatsrat mit Beschwerden überschüttet hatte, John Hawkins beschummele die Königin und verrate sein Vaterland, indem er seeuntüchtige Schiffe baue — machte nun aus seiner Bewunderung kein Hehl. »Unsere Schiffe präsentieren sich hier wie ritterliche Männer«, schrieb er. »Ich versichere Euch, es tut dem Herzen wohl, sie anzuschauen.« »Die besten Schiffe auf der Welt«, behauptete mehr als einer ihrer Kapitäne, und es herrschte eine seltene Übereinstimmung in ihrem Wunsch, die Spanier möchten auslaufen und in Sicht kommen, damit man sich mit ihnen messen könne. Wie ängstlich, ungeduldig und argwöhnisch sich Elisabeths Seebären auch gebärden mochten, wielange sie sich an Land aufrieben, so ruhig und zuversichtlich wurden sie, sobald sie auf See und in Gesellschaft ihrer edlen Schiffe waren. Mochte um den Sieg bangen, wer wollte, sie jedenfalls taten nichts dergleichen.

Ob sie im Frühjahr auch noch so siegesgewiß gewesen wären, hätte Elisabeth sie ihre Kraft an der spanischen Küste verbrauchen lassen, werden wir nie erfahren. Wie die Dinge jedoch standen, strotzten ihre Besatzungen zu Beginn des Frühjahrskampfes jedenfalls vor Kraft und Gesundheit, ihre Vorräte an Pulver und Munition, an Eß- und Trinkbarem waren, wenn nicht überreichlich, so doch umfassender zu nennen, als die üblichen Schätzungen erforderten, und ihre Bedürfnisse an neuen Spieren, Takelwerk und Segelzeug, neuen Kiel-Verstärkungen, Taljen und Booten (»mögen dies die Früchte sein, die die See besonders in dieser Jahreszeit hervorbringt«, schrieb Sir William Wynter freimütig) waren nicht höher als die Werften ohne Überforderung zu liefern vermochten. Daß die Flotte, die den Spaniern schließlich im Kanal entgegentrat, noch immer etwas unter ihrer höchsten Leistungsfähigkeit stand, war zum größeren Teil, als bisher jemals ausgesprochen worden ist, der knauserigen Vorsicht der Königin zuzuschreiben.

»IN DER HOFFNUNG AUF EIN WUNDER«

Lissabon, 9. Februar bis 25. April 1588

Don Alvaro de Bazan, Marquis von Santa Cruz und Generalkapitän der Ozeanischen Meere, Held von Lepanto, Sieger von Terceira und einer Unzahl anderer berühmter Gefechte, als Seebefehlshaber für die Invasion Englands bestimmt, seit der Plan zu dem Unternehmen keimte, starb am 9. Februar 1588 in Lissabon. Mit ihm – so dachte mancher später – starb ein Stück vom Ruhm der spanischen Flotte und Spaniens bester Hoffnung auf den Sieg. Hätte der alte Marquis lange genug gelebt, um im Kanal den Oberbefehl zu übernehmen, würde alles eine andere Wendung genommen haben, wie viele sagten. Mit zweiundsechzig Jahren, von seinen Anstrengungen, die Flotte seetüchtig zu machen, erschöpft, starb er an gebrochenem Herzen über die herben Vorwürfe seines Königs. So wenigstens wollen es die spanischen Chronisten seiner Zeit und eine zunehmende Anzahl von Mutmaßungen und Sagen wissen.

Es ist kaum anzunehmen, daß selbst ein Horatio Nelson die Spanische Armada im Jahre 1588 zum Siege hätte führen können, und die Behauptung, daß Santa Cruz sich in Lissabon zu Tode arbeitete – eine Behauptung, die sich lediglich auf einige zwanzig Briefe des Marquis stützt, in denen er dem König zu erklären suchte, warum die Flotte noch nicht auslaufen konnte, jedoch versprach, daß sie in Kürze segeln würde – ist nicht beweisbar. Auch zeigten die an den Marquis gerichteten Briefe des Königs keineswegs einen barschen Tonfall. Sie waren ungeduldig, und insofern bestätigen sie die seither entstandene Legende. In dem seltsamen Briefwechsel jenes Winters scheinen der kluge König und der kühne Seebär sogar die Rollen vertauscht zu haben. Der König, der einst geschrieben hatte: »Bei einem so großen Unternehmen wie der Invasion Englands empfiehlt es sich, mit bleischweren Füßen auszuschreiten«, schrieb nun: »Erfolg hängt vorwiegend von der Geschwindigkeit ab. Beeilt Euch!« Und der Kapitän, der einst *für* einen kühn gezielten Streich gegen den Hauptfeind und *gegen* den Wahnsinn des Zögerns und des Verteidigungskrieges gestimmt hatte, mußte nun seine eigenen Beweisgründe gegen sich ins Feld geführt sehen, während er von dem Leichtsinn, die spanische Küste unverteidigt zu lassen, und der Unklugheit, einen nicht bis ins letzte vorbereiteten Seekrieg zu beginnen, murmelte.

Keines dieser Bedenken wollte der König gelten lassen. Bevor Santa Cruz im September von den Azoren zurückkam, hatte Philipp folgenden Befehl erlassen: sobald die Galeassen aus Neapel und die Proviantschiffe aus Andalusien einträfen, sollte der Marquis mit allen Streitkräften, die er zu sammeln vermochte, stehenden Fußes auf das »Kap Margate« und die Themsemündung lossegeln. Geschwindigkeit und Geheimhaltung würden den Mangel größerer Schlagkraft wettmachen, und wenn auch die Jahreszeit ihre Gefahren barg, so durfte man doch die Hoffnung nähren, daß Gott, dessen Sache die ihre war, sie mit günstigen Winden beschenken würde. Nur eine ausführliche Liste der Schäden, die die Galeonen auf der Reise nach den Azoren erlitten hatten, bewog den König, ein paar Wochen Aufschub zu gewähren. Daraufhin erlangte Santa Cruz die Erlaubnis, im Hafen zu bleiben und seine Flotte in widerwillig eingeräumten Zeitverlängerungen von jeweils etwa einer Woche zusammenstoppeln zu können. Im Dezember bestand Philipp darauf, daß irgendeine Art Flotte, selbst wenn sie nicht mehr als fünfunddreißig Schiffe zählte, und gleichgültig, ob sie von Santa Cruz befehligt wurde oder nicht, sofort auslaufen sollte, um Parmas Heer bei seinem Sprung über den Kanal zu unterstützen, und Santa Cruz versprach auch verdrießlich, eine derartige Flotte unter Segel zu setzen. Nachrichten von diesem Plan mögen die plötzliche englische Mobilisierung im Dezember ausgelöst haben. Jedenfalls war es die Nachricht von den im Kanal auftauchenden gewaltigen englischen Seestreitkräften, die Philipp zu dem Zugeständnis zwangen, daß fünfunddreißig Schiffe letzten Endes vielleicht doch nicht ausreichend wären und daß Santa Cruz noch warten solle, bis er eine größere Streitmacht bereitstellen könne. Der König setzte jedoch als letzten Termin für die Ausfahrt den 15. Februar fest, und als dieser Tag näherkam, schickte er den Grafen von Fuentes nach Lissabon, um Santa Cruz Beine zu machen.

Philipp war ein anderer geworden. Er, der stets so langsam, so geduldig, so vorsichtig gewesen war, der zu sagen liebte, »Die Zeit und ich sind zwei verschiedene Dinge«, und dessen Lieblingsausdrücke gelautet hatten: »Die Segnungen der Zeit genießen« und »zu warten, bis die Zeit reif ist«, wand sich seit fast einem Jahr in den Klauen einer schrecklichen Unrast, wie ein Mann, dem die Zeit ausgeht. Ohne vorher festgestellt zu haben, ob Parma fertig war, befahl er Santa Cruz, die Segel zu setzen; und er gab Parma Order, ohne auf Santa Cruz zu warten, unverzüglich nach England überzusetzen. Dabei schäumte er vor Wut über jedes Hindernis, als werde er persönlich von dem einzigen Vorgesetzten, den er anerkannte, für die Verzögerung zur Rechenschaft gezogen. Philipp war stets fromm gewesen, aber nie hatte er bisher ernsthafte Schwierigkeiten und Gefahren auf den Willen Gottes zurückgeführt, als ob der Gehorsam diesem Willen gegenüber ihn der Notwendigkeit menschlicher Vorsicht enthöbe. Nie war er ein rücksichtsloser Egoist gewesen, nie hatte er unbegrenzten Machthunger gezeigt; nie hatte er ein besonderes Schicksal, nur immer eine besondere Verantwortung für sich beansprucht; aber jetzt schritt er auf dem Pfad, den er für sich bestimmt glaubte, so zuversichtlich, so unerschütterlich, so blindlings wie irgendein Heiliger oder Welteroberer in der Geschichte.

Was Santa Cruz betraf, so zeigen seine Briefe trotz seiner unablässigen Versprechungen, die Flotte in ganz wenigen Wochen segelfertig zu machen, ausgesprochene Kopfhängerei und Mutlosigkeit, so daß man dem König seinen Argwohn, Santa Cruz fabriziere künstliche Verzögerungen, nicht übelnehmen darf. Zwar brauchte der Marquis nicht daran erinnert zu werden, daß er Gottes Sache verfechte, doch hatte er zu viele Feldzüge gegen die Türken erlebt, um in dieser Beziehung allzu große Zuversicht zu hegen. Um die Engländer mit Sicherheit schlagen zu können, hatte er wenigstens fünfzig Galeonen gefordert. Er besaß dreizehn, und eine davon war so alt und verrottet, daß er daran zweifelte, ob er sie überhaupt aufs Meer hinauslavieren könne. Daneben hatte er noch hundert große Schiffe gewünscht, schwer bewaffnet, dazu vierzig Hulken für Proviant und Kriegsmaterial, sechs Galeassen, vierzig Galeeren und einhundertundvierzig oder einhundertundsechzig kleinere Boote. Stattdessen verfügte er Ende Januar außer seinen dreizehn Galeonen über vier Galeassen und ein buntes Gemisch von sechzig oder siebzig anderen Schiffen, die er in allen Gewässern von der Ostsee bis zur Adria hatte mieten oder zum Kriegsdienst pressen lassen; einige davon leckten oder waren sehr ranck, viele segelten unbeholfen und langsam, und die besten unter ihnen, Oquendos Guipúzcoans und Recaldes Biscayer, waren ungenügend bemannt und noch ungenügender bestückt. Selbst für solch eine Flotte besaß er kaum die Hälfte der kleinen Hilfsschiffe, deren er bedurfte.

Trotzdem glaubte Santa Cruz, diesmal müsse er wirklich auslaufen; in täppischer Hast schleppte er sich umher, während Material und Geschütze auf irgendeine Weise an Bord gewuchtet wurden und die Gefängnisse, Hospitäler, die Kauffahrteischiffe im Hafen und die Lissabon umgebenden Felder nach Männern abgesucht wurden, die man anstelle der erschöpften Besatzungen zum Seedienst pressen konnte. Dann, als der Tag zum Auslaufen kaum noch eine Woche entfernt war, legte sich der alte Mann ins Bett und starb.

Philipp II. hatte bereits einen Nachfolger ausgesucht. Am Tage, als die Nachricht von Santa Cruz' Tod Madrid erreichte, schickte der König Don Alonso de Guzman el Bueno, Herzog von Medina Sidonia und Statthalter von Andalusien, zusammen mit drei Tage zuvor ausgearbeiteten Anweisungen seine Ernennung zum Generalkapitän der Ozeanischen Meere.

Im vergangenen Jahr war der rechtzeitigen Ankunft des Herzogs von Medina Sidonia an der Spitze der örtlichen Miliz die Rettung von Cadiz vor den Schrecken der Plünderung durch den Piraten Drake zugeschrieben worden. Dies war wohl sein bisher bemerkenswertester der Krone erwiesener Dienst, wenn er auch den Königsfrieden in Andalusien mit Takt und Würde aufrechterhalten, die Verteidigungsmaßnahmen gegen englische, französische und berberische Korsaren überwacht, Aushebungen, Proviant und Schiffe nach Lissabon auf den Weg gebracht und sich im übrigen aller Justiz- und Verwaltungsaufgaben, die Amt und Würde von ihm verlangten, gewissenhaft und tatkräftig entledigt hatte. Vielleicht spielten diese Dinge bei Philipps Wahl ein wenig mit. Schwerer mag freilich gewogen haben, daß der Herzog als milder, liebenswürdiger Herr bekannt war, weder empfindlich noch ehrgeizig, und daher vermutlich weniger dazu geneigt, sich mit Parma zu überwerfen; auch galt er weder als hochmütig noch als hartnäckig oder überheblich und hatte so größere Chancen, mit den hitzigen Charakteren seiner zukünftigen unmittelbaren Untergebenen auszukommen. Noch mehr aber dürfte bei Philipp die Tatsache gezählt haben, daß der Herzog ein — für einen Herzog — gleichsam untadeliges Leben führte und ein frommer Sohn der Kirche war. Den Ausschlag gab indessen sicherlich, daß er das Haupt des Hauses Guzman el Bueno, eines der ältesten und erlauchtesten in Kastilien war, ein Grande von solch strahlendem Ruhm, daß kein Offizier der Flotte sich durch seine Beförderung gekränkt fühlen oder es unter seiner Würde finden konnte, ihm zu gehorchen.

Von Porträts und Briefen wissen wir einiges über Medina Sidonias persönliche Erscheinung: ein Mann mittlerer Größe, zartknochig und feingliedrig, mit nachdenklichem Mund und nachdenklicher Stirn, sowie Augen, die eher brütend als stechend wirken. Es ist ein empfindsames Gesicht, vielleicht nicht heldenhaft, aber keineswegs unintelligent oder abstoßend, und selbst auf einem Bild, das drei Jahre vor der großen Katastrophe seines Lebens gemalt wurde, von unverkennbarer Schwermut. Er sieht nicht aus wie ein Mann, der Glück im Leben hat.

Ein Brief, den er nach Erhalt seiner neuen Berufung an Idiáquez, den Sekretär des Königs, schrieb, verschafft uns einen bemerkenswerten Einblick in den Charakter des Herzogs. Er kann kaum glauben, sagt er, daß der König ihn wirklich zu einem derartigen Posten ausersehen hat und bittet, davon enthoben zu werden:

»Meine Gesundheit ist einer solchen Reise nicht gewachsen. Aus der geringen Erfahrung, die ich auf See gewonnen habe, weiß ich, daß ich stets seekrank werde und mich dauernd erkälte. Meine Familie drückt eine Schuldenlast von neunhunderttausend Dukaten, so daß ich keinen Real im Dienst des Königs auszugeben vermag. Da ich weder über See- noch über Kriegserfahrungen verfüge, halte ich mich nicht für berechtigt, den Oberbefehl in einem solch bedeutsamen Unternehmen zu führen. Ich bin nicht darüber unterrichtet, was der Marquis von Santa Cruz unternommen, welche Nachrichten er über England hat, so daß ich befürchten muß, recht schlecht abzuschneiden, wenn ich blind drauflos kommandieren und mich auf den Rat anderer verlassen muß, ohne Richtig von Falsch unterscheiden zu können und ohne zu wissen, welcher von meinen Ratgebern mich hinters Licht führen oder gar verdrängen will. Der *Adelantado Major* von Kastilien eignet sich für diesen Posten viel besser als ich. Er ist ein in See- und Landkrieg viel erfahrenerer Mann als ich und dazu ein guter Christ.«

Dies ist freilich nicht der Geist, der Mexiko und Peru eroberte und die spanischen *tercios* zum Gegenstand der Bewunderung und des Schreckens Europas machte, vielleicht verdient er indes auch nicht die leichtfertige Geringschätzung, die er bisweilen geerntet hat. In dieser Selbstkritik liegt geistige Aufrichtigkeit, in ihrer Darlegung ausgesprochener Mut. Wir haben keinen Grund zu der Annahme, daß Medina Sidonias Einwand etwas von Konvention oder Unaufrichtigkeit anhaftete. Es war nicht üblich bei spanischen Edelleuten, sich für hohe Ämter, zumal für hohe militärische Posten, untauglich zu erklären. Auch läßt nichts vermuten, daß die völlige Zustimmung, mit der der Herzog seinen Posten antrat, als der König ihn von neuem bedrängte, etwas anderes war als Treue zur Krone und der Mut, jedwede von der Pflicht diktierte Bürde auf sich zu nehmen. Mit einem Gebet, der König möge recht behalten, wenn er meinte, Gott würde ihn in seiner Schwäche stützen und seine Fehler wiedergutmachen, nahm der Herzog von seinem Haushalt in San Lucar Abschied und fuhr eilends querfeldein nach Lissabon.

Was er dort vorfand, war eine Art erstarrtes Chaos. In den ein oder zwei wahnsinnigen Wochen, die dem Tod des Marquis vorausgingen, waren Kanonen und Proviant holterdipolter auf die Schiffe getürmt und Mannschaften an Bord gejagt worden mit dem Befehl, sich auf sofortige Ausreise gefaßt zu machen und unter keinen Umständen an Land zu gehen. Auf diesen Schiffen wimmelte es von Söldnern und Seeleuten, die weder Geld noch Waffen, nicht einmal etwas anzuziehen hatten. Es gab Besatzungen, befehligt von unglücklichen oder unfähigen Kapitänen, die sozusagen keine Rinde zu knabbern hatten. Einige Schiffe waren viel zu schwer geladen, um Sicherheit bieten zu können, zumal in bezug auf zusätzliche Bestückung. Manches Schiff hatte mehr Geschütze, als es unterbringen konnte, dafür waren andere gänzlich unbestückt. Eine Galeone durfte mehrere neue, im Zwischendeck verstaute Bronzestücke ihr eigen nennen; ein Biscayer, kaum größer als eine Pinasse, war mit einer riesigen Halbkanone ausgestattet, die den größten Teil des Mittelschiffes einnahm. Einige Fahrzeuge hatten Kanonen, aber keine Kanonenkugeln, andere besaßen zwar Munition, dafür aber keine Geschütze. Seit dem Tode des Generalkapitäns befand sich die Flotte in einem Zustand gespannter Lebhaftigkeit. Viele altgediente Offiziere sahen wohl, woran es haperte, aber keiner hatte die Befugnis, die Mißstände abzustellen.

Darin bestand Medina Sidonias erste Arbeit. Mittels eines verzweifelten Appells an den König gelang es ihm, zu verhindern, daß Santa Cruz' Privatsekretär sich mit den gesamten Papieren des verblichenen Generalkapitäns, mit den ganzen Schlachtplänen, Geheimberichten und Verwaltungsmappen der Flotte davonmachte, bevor der neue Generalkapitän sie überhaupt einsehen konnte. Zwar war die Absicht des Sekretärs nicht zu beanstanden. Die Dokumente waren in ihrer Gesamtheit Privatbesitz des alten Marquis, genau so als handle es sich dabei um Privatbriefe, und Medina Sidonia bat nicht darum, daß sie ausgehändigt würden, was der König auch nie angeordnet haben würde. Immerhin konnte der neue Befehlshaber auf diese Weise einen tiefen Blick in das tun, was sein Vorgänger getrieben hatte.

Auch stellte der Herzog sich eine Art inoffiziellen Stab zusammen. Don Diego Flores de Valdés, der glänzende ehrgeizige Offizier, auf den der Herzog sich später allzu sehr verlassen sollte, stand zwar noch immer bei den Galeonen der westindischen Wache in Cadiz, doch der Herzog berief Don Diego de Maldonado und Kapitän Marolín de Juan, beides erfahrene, wärmstens empfohlene Seeleute, in seine Dienste. Von Don Alonso de Cespedes, der die schwere Artillerie befehligte, entlieh er einen italienischen Fachmann der Marineartillerie. Und seine drei fähigsten Geschwaderchefs, Pedro de Valdés, Miguel de Oquendo und Juan Martínez de Recalde, bildeten den Kern eines wertvollen Kriegsrates. Wie ihr Urteil auch später aussehen mochte, so schätzten und achteten seine drei unmittelbaren Untergebenen ihren neuen Befehlshaber zunächst uneingeschränkt, während er seinerseits sich ihres Rates bediente, ihrem Urteil stattgab und ihnen mit menschlichen Höflichkeiten begegnete, ganz im Gegensatz zu dem Murren, Knurren und Bellen des alten bärbeißigen Marquis. Vorderhand ging die Stabsarbeit der Flotte harmonischer vonstatten als dies je unter Santa Cruz der Fall gewesen war.

So begann der neue Generalkapitän, unterstützt von dem einen oder anderen seiner Geschwaderkommandanten, seine zusammengewürfelte Flotte zu besichtigen. Was er feststellte, empörte ihn, gewiß, doch seine Briefe an den König, wiewohl deutlich genug, wenn Deutlichkeit erforderlich war, waren behutsam und zurückhaltend. Insbesondere lassen sie kein Wort des Tadels gegen den Vorgänger verlauten, dessen sorgenvolles Erbe der Herzog angetreten hatte, wahrscheinlich fühlte der Herzog, daß Santa Cruz bis zu dem Augenblick, da Siechtum und Sorge ihn niedergestreckt, eine nahezu unmögliche Situation nach bestem Wissen und Gewissen zu meistern versucht hatte. Die Hauptschuld an dem Durcheinander im Hafen von Lissabon ging auf Rechnung Philipps II. Daß man eine möglichst große Anzahl von Einheiten einer Flotte über den ganzen Winter in einem Zustand ständiger Bereitschaft hielt, während andere Einheiten allmählich hinzukamen, führte unter den obwaltenden Umständen dazu, daß die fertigen Einheiten, Schiffe und Besatzungen, verrotteten. Die halbe Demobilisierung der englischen Schiffe war da sicherlich das bessere System. Davon jedoch vermochte Medina Sidonia seinen ungeduldigen Herrn ebenso wenig zu überzeugen wie Santa Cruz, wenn er auch schließlich erreichte, daß ein Teil seiner Leute an Land gelassen wurde.

Die erste Aufgabe war, eine Neuverteilung von Geschützen und Ladung vorzunehmen. Zwangsläufig lief dies Hand in Hand, wobei es immer wieder unliebsame Überraschungen auf beiden Gebieten gab, wenn auch die Kanonen bei jedermann an erster Stelle standen. So war es von Anfang an gewesen, seit Santa Cruz und seine Kapitäne sich ernstlich mit dem zu beschäftigen begannen, was ihnen bevorstand. Es hat sich die Legende gebildet, daß die Spanier nichts von der Artillerie hielten und der Meinung waren, kalte Klingen seien alles, was zur Erringung eines Seesieges notwendig sei. In Madrid mag es vielleicht Stutzer gegeben haben, die affektiert bedauerten, daß man den bösen Salpeter dem unschuldigen Schoß der Erde entreiße und beteuerten, daß sie ohne weiteres in den Krieg ziehen würden, wenn die gemeinen Kanonen nicht wären; aber die Berufssoldaten sprachen anders. Gefechte einzelner Schiffe – und im Atlantik handelte es sich meist um derartige Gefechte – endeten natürlich fast immer mit Entern und Handgemenge, wie dies bei den Galeerenschlachten im Mittelmeer üblich war, so daß beide Kampfesarten letztlich durch Mann-zu-Mann-

Gefechte entschieden oder doch anscheinend entschieden wurden. Aber niemand, der je ein Kriegsschiff auf See befehligt hatte, verachtete schwere Geschütze. Die erste Beschwerde von Santa Cruz' Untergebenen lief darauf hinaus, sie hätten nicht genug schwere Geschütze, und die sie hatten, seien nicht weitreichend genug. Santa Cruz gab ihre Klagen mit einer geharnischten Randbemerkung und der Forderung, daß in erster Linie die Galeonen mit schweren Stücken ausgerüstet werden müßten, nach Madrid weiter. Der Kriegsrat verstand diesen Appell durchaus und flehte den König um finanzielle Unterstützung an; auch Philipp sah die Dringlichkeit ein, so daß das Geld auf irgendeine Weise aufgetrieben wurde.

Auf diesen Anreiz hin versprach das Arsenal in Madrid sechsunddreißig neue Messingstücke, Kanonen und Halbkanonen, Feldschlangen und halbe Feldschlangen bis zum 15. Dezember herzustellen, die Werke in Lissabon versprachen dreißig. Von in spanischen Häfen liegenden ausländischen Schiffen wurden sechzig bis siebzig Kanonen aufgekauft, wenn man auch mit ziemlicher Sicherheit annehmen darf, daß es sich hierbei vor allem um kleine Sechs-, Vier- und Zweipfünder, größtenteils aus Eisen, gehandelt hat; größere Messingkanonen wurden aus Italien und über die Hansestädte aus Deutschland erwartet. Aber Geschützgießen war eine schwierige Kunst. Der Guß einer dicken Messingkanone war nicht so kompliziert wie der einer Statue wie Cellinis Perseus, es gab jedoch zu wenige Meister, die dieses Handwerk verstanden, und zu viele von diesen wohnten in England. Überdies waren gute Kanonen wahnsinnig teuer, zumal die Langrohrkanonen der Klasse der Feldschlangen, die im Verhältnis zu dem Gewicht der abgefeuerten Kugel eine riesige Menge Kanonenerz benötigten. Infolgedessen konnte man Feldschlangen und halbe Feldschlangen in Mengen nicht einmal gegen klingende Münze bekommen, und die Möglichkeiten, zusätzliche gießen zu lassen, waren beschränkt. Wie stark Lissabon mit der Lieferung von Geschützen im Verzug war, als Santa Cruz starb, wissen wir nicht, wir wissen nur, daß sie höchst schleppend vor sich ging. Noch bevor der Herzog darauf sah, daß die zusätzlichen Geschütze, die Santa Cruz herbeigeschafft hatte, einer zweckmäßigen Neuverteilung unterworfen wurden, begann er sich um neue größere — um ›Schifftöter‹ — zu bemühen, um die kleinen menschentötenden Geschütze, die nach den

Aussagen seiner Kapitäne noch immer einen allzu großen Prozentsatz der Batterien seiner Flotte ausmachten, dadurch zu ersetzen. Fraglos gelang es ihm, einige aufzutreiben, so daß die Flotte bei ihrem endgültigen Auslaufen im Mai besser bestückt gewesen sein muß als im vorhergehenden Februar. Dennoch dürfte das Gesamtergebnis ebenso fraglos weit unter dem Ziel gelegen haben, das der Herzog und seine Kommandanten zu erreichen gehofft hatten. Die besten Schiffe waren auf Kosten anderer verstärkt worden und doch machte sich der Mangel an Ferngeschützen auf den Schiffen der ersten Schlachtlinie noch immer beunruhigend bemerkbar. Zu dieser Zeit war die Zahl der Schiffe, vor allem der Schlachtschiffe der Flotte erheblich angestiegen. Als Medina Sidonia den Oberbefehl übernahm, hatte Philipp sich endlich damit einverstanden erklärt, die »Galeonen des westindischen Wachdienstes« aus ihrem normalen Dienst zu ziehen und sie gegen England einzusetzen. Diego Flores de Valdés brachte sie Ende März von Cadiz herüber — acht stattliche Galeonen, davon sieben gleiche von etwa je vierhundert englischen Tonnen, kleiner zwar als die »Revenge«, aber ebenso groß wie die »Dreadnought« der Königin, die achte war nur etwa halb so groß, aber noch immer zur ersten Linie gehörig.

Portugals Galeonen waren weniger einheitlich als die Galeonen Kastiliens. Die portugiesische Flotte hatte einst nach der englischen an erster Stelle gestanden, zeitweise vielleicht überhaupt an der ersten Stelle, aber schon Jahre vor dem Erlöschen der Dynastie im Jahre 1580 hatten die Könige des Hauses Aviz immer weniger für ihre Flotte ausgegeben. Nach Terceira hatte man einige instand gesetzt und neu gebaut, und als Santa Cruz bei seiner vergeblichen Verfolgung Drakes zu den Azoren segelte, war es ihm gelungen, zwölf portugiesische Galeonen mitzunehmen, alle, die noch in europäischen Gewässern vorhanden waren. Einige erwiesen sich freilich als schlechter Fund. Eine ging schon auf der Heimreise verloren, und eine zweite war nach einem Novembersturm so schadhaft und leck, daß man sie stranden lassen und abwracken mußte. Bei den verbleibenden zehn ergab sich nach Medina Sidonias Inspektion, daß mehrere reparaturbedürftig waren und eine zu klein und zu alt, um in Leelinie kämpfen zu können, und so morsch, daß sie kaum noch Segel tragen konnte. Er ließ sie daher lieber im Hafen, nachdem ihre schwereren Geschütze auf andere Schiffe verteilt worden waren.

Glücklicherweise hatte die Voraussicht des Marquis von Santa Cruz für einen Ersatz gesorgt, der das portugiesische Geschwader weit über den Stand seiner früheren Stärke brachte. Es war die im spanischen Schlachtbefehl *Florencia* genannte Galeone, das neueste und wahrscheinlich mächtigste Kriegsschiff, das in der Armada segelte. Santa Cruz hatte sie zum Flaggschiff des levantinischen, das heißt, des italienischen Geschwaders ausersehen, da sie eine unfreiwillige Anleihe von Philipps widerwilligem Verbündeten, dem Großherzog von Toskana, war, die einzige Galeone in der toskanischen Kriegsflotte und der Augapfel des Großherzogs.

Nichts hätte der Großherzog weniger gerne gesehen, als daß sie am Kreuzzug des Königs von Spanien in den nördlichen Meeren teilnahm. Sie war auf merkwürdige Weise in Santa Cruz' Klauen gefallen. Unter zahlreichen anderen Ergebnissen hatte die Belagerung von Antwerpen und die Absperrung der Scheldemündung den europäischen Gewürzmarkt lahmgelegt. Noch während des Aufstandes war Antwerpen ein Umschlagmittelpunkt gewesen, aber um das Jahr 1585 wuchsen die Stapel mit eingesacktem Pfeffer und Nelken, Muskatnuß, Muskatblüte und Zimt in den Lagerhäusern von Lissabon. Da hatte der Großherzog von Toskana eine glänzende Idee. Warum sollte Florenz nicht das neue Zentrum des Gewürzhandels werden, und warum sollte er nicht reich dabei werden? Er sondierte die Lage auf diplomatischem Wege und fand das Indien-Haus und den Staatsrat von Portugal nicht abgeneigt. Philipp selbst förderte den Plan. Preise und Zahlungsbedingungen wurden vereinbart, und der Handel schien fast perfekt, so daß der Großherzog seine schöne neue Galeone aussegeln ließ, um die Gewürze zu holen. Es kam kein geringeres Schiff in Betracht für diese Aufgabe, denn die in Aussicht genommene Ladung war ungeheuer wertvoll und erforderte daher ein Schiff wie die *San Francesco*, die es im Notfall mit einer ganzen Flotte berberischer Seeräuberschiffe aufnehmen konnte.

Als Kapitän Bartoli mit der *San Francesco* in Lissabon einlief, stellte er fest, daß — wie es bei bedeutenden Handelstransaktionen vorkommen kann — irgendein Haken bei der Sache war. Die Faktoren des Königs waren nicht bereit, die Gewürze herauszugeben. Während er darauf wartete, daß die Geschäftsleute mit ihrem Feilschen zurande kamen, war es ihm ein Vergnügen, sein Schiff dem berühmten spanischen Admiral zu zeigen, der in Lissabon den Oberbefehl führte, und noch ein größeres Vergnügen, als der große Santa Cruz über die *San Francesco* in helle Begeisterung geriet. Der Marquis pries ihre gefällige schmucke Linie und ihren starken Bau, bewunderte aber besonders ihre zweiundfünfzig Messingkanonen — eine so schwere Bestückkung, wie sie — das mußte er zugeben — keines seiner Schiffe aufzuweisen hatte. Mit einem Wort: nie hatte er ein schöneres Schiff gesehen, und er dachte, wer solch ein Schiff befehlige, müsse ein glücklicher Mensch sein. Während der folgenden Wochen wurden noch andere spanische Schiffskapitäne hinübergerudert, um die *San Francesco* zu bewundern.

Aus Wochen wurden Monate, und noch immer erfolgten keine Gewürzlieferungen, so daß Kapitän Bartolis Entzücken über die spanische Höflichkeit allmählich in Argwohn umschlug. Was er über das Thema nach Hause schrieb, beunruhigte den Großherzog dermaßen, daß er beschloß, auf jeglichen Nutzen der Gewürztransaktion zu verzichten und Kapitän Bartoli befahl, die *San Francesco* nach Livorno zurückzubringen, wo er ihrer unverzüglich bedürfe. Als nach vergeblichen Versuchen, die übliche Ausklarierung zu erhalten, Kapitän Bartoli Anker lichtete und sich in Befolgung des herzoglichen Befehls auf französisch verabschiedete, überbrachte ihm das Admiralsboot die kurze Mitteilung, daß die Forts Befehl erhalten hätten, ihn zu versenken, wenn er in den Kanal einführe. Dies geschah im November 1586, und die Hauptaufgabe des toskanischen Botschafters in Madrid bestand in den nächsten acht Monaten darin, die *San Francesco* aus Lissabon herauszulavieren.

Als Santa Cruz sich dann anschickte, Drake zu verfolgen, beorderte er den Kapitän Gaspar da Sousa mit einer starken Kompanie portugiesischer Infanterie an Bord der *San Francesco,* und Kapitän Bartoli ließ er eine Botschaft des Inhalts zustellen, er habe sich den portugiesischen Galeonen anzuschließen und im Falle von Feindberührung auf Sousas Befehl zu hören. Die Haltung der *San Francesco* während der Reise zu den Azoren, bei der sie das einzige Schiff war, das nicht leckte und keine Spiere verlor, machte es unwahrscheinlicher denn je — wie Bartoli seinem Herrn mit traurigem Stolz schrieb, — daß die Spanier sie herausgeben würden. Der Großherzog versuchte jedoch bis zum Tag seines Todes, sie zurückzubekommen, und sein Nachfolger Ferdinand I. versuchte es noch immer, als sie bereits gen England segelte.

Mit der *Florencia* — wie die Spanier die *San Francisco* umtauften — und den Galeonen des westindischen Wachdienstes besaß Medina Sidonia zwanzig Galeonen, eine Streitmacht, die, wenn nicht an Geschützstärke, so doch an Tonnengehalt sich mit den zwanzig besten Schiffen der Königin nahezu messen konnte. Diese Galeonen, ergänzt von den vier Galeassen aus Neapel und vier großen bewaffneten, mit Kastiliens Galeonen zusammenlaufenden Kauffahrteischiffen, bildeten seine erste Schlachtreihe. Die zweite Linie bestand aus vierzig bewaffneten Handelsschiffen, und obgleich wenige von diesen ebenso stark bestückt waren wie die besten Kauffahrer der englischen zweiten Linie, so waren doch viele um einiges größer — jedenfalls größer als irgendein Schiff der beiden Flotten mit Ausnahme der beiden größten Schiffe der Königin, der *Triumph* und der *White Bear*. Seit Februar verfügte Medina Sidonia neben dem größeren Teil des Westindischen Geschwaders über eine große venezianische Karacke, einen zweiten mächtigen Italiener, vermutlich Genuesen, und sechs oder sieben weitere Handelsschiffe aus biscayischen Häfen. Er hatte noch einige zusätzliche Fahrzeuge hinzugesellt und eine genügende Anzahl leichter Schiffe gesammelt, so daß er auf diese Weise seine Seestreitkräfte seit Februar verdoppelt hatte. Gegen Ende April verfügte er über etwa einhundertunddreißig Schiffe verschiedener Größen, die alle mehr oder minder bereit zum Auslaufen waren.

Abgesehen davon, daß er die Größe der Armada vermehrte, hatte Sidonia sie auch in anderer Beziehung verstärkt. Soviele Schiffe als möglich hatte er kielholen und mit Talg einschmieren lassen; jeden Rest abgelagerten Holzes verwendend, dessen er in den Lissaboner Werften habhaft werden und das er an der Küste auftreiben konnte, hatte er den größten Teil morscher Planken und gesplitterter Spieren durch neue ersetzen lassen. Auch bekamen einige der Galeonen und eine Anzahl der Kauffahrer neue hohe Bug- und Heckkastelle. Nach alter Tradition machten solche Kastelle ein Handelsschiff zu einem Kriegsschiff. Doch scheinen zumindest einige der spanischen und portugiesischen Galeonen normalerweise ein glattes Deck — auf spanisch *rasa* —, das heißt, kein Vorderkastell und nur ein verhältnismäßig niederes Achterkastell und Vordeck gehabt zu haben. Schiffe mit flachem Deck waren schneller und geeigneter, gegen den Wind zu kreuzen; kam es aber zum Seegefecht, so zogen die meisten spanischen Kapitäne hohe Kastelle vor, in deren Schutz die Männer kämpfen konnten. Auch englische Kapitäne, so Martin Frobisher, teilten diese Auffassung. Ein radikaler Erneuerer wie John Hawkins würde kaum Medina Sidonias Beifall geerntet haben, und nachdem er das Kommando übernommen hatte, wurden diejenigen Schiffe der Armada, die noch keine hohen Aufbauten hatten, von Zimmerleuten im Lissaboner Hafen damit versehen.

In mancher Beziehung gewann die Flotte durch den von Medina Sidonia herausgeschlagenen Verzug und den Einfluß, den er auf jede Abteilung der spanischen Verwaltung auszuüben vermochte. Die Lieferungen von Sturmhauben, Harnischen, Piken, Halbpiken, Musketen und Arkebusen, die zu Beginn des Monats März stark im Verzug waren, kamen gegen Ende April planmäßig ein. Die zugebilligte Menge Pulvers wurde fast verdoppelt und auf den Rat des italienischen Artillerie-Sachverständigen hin vielleicht nur feinkörniges »Musketenpulver« bestellt. Als Wichtigstes erhöhte man die Menge der Kanonenkugeln für die großen Geschütze, so daß jedes Stück fünfzig Schuß feuern konnte. Dies sollte sich als gänzlich ungenügend herausstellen, indessen war es immer noch mehr als die dreißig Dotierungen für ein Geschütz, die Santa Cruz zugestanden hatte.

In anderer Weise jedoch vermochten aller Einfluß und unermüdliche Bemühungen des Herzogs den Zustand der Flotte nicht zu verbessern, geschweige denn ihren Verfall aufzuhalten. An den meisten Schiffen war viel mehr in Unordnung, als zu beheben menschenmöglich war. Jede Woche im Hafen mit voller Besatzung an Bord, bedeutete den Verbrauch einer ganzen Wochenration, so daß die Vorräte unablässig erneuert werden mußten. Viel schlimmer aber war, daß die für die im Oktober geplante Ausfahrt in Fässer verpackten Mengen von Fleisch, Fisch und Zwieback sich selbst bei großzügigster Prüfung im darauffolgenden Mai als ungenießbar erwiesen. Das Schlimmste jedoch war die menschliche Zermürbung. Wenn auch keine richtige Pest die Flotte heimsuchte, so wuchs die Totenliste doch mit jeder Woche; schlecht ernährt, schlecht gekleidet, seit langem ohne Sold, wurden jede Woche mehr Soldaten und Seeleute fahnenflüchtig. Nun erhielt Medina Sidonia mehr Geld, so daß die Ziffer der Fahnenflüchtigen, die im Dezember am höchsten gewesen war, gegen März und April etwas abnahm. Ihrer Scholle entrissene Bauern konnten wenigstens dem Anschein nach die Reihen der Soldaten auffüllen, aber schon im November hatte Santa Cruz darüber geklagt, daß er nicht genug geschulte Seeleute finden könne. Im April machte sich dieser Ausfall noch empfindlicher bemerkbar. Der Mangel an gedienten Kanonieren wäre verheerend gewesen, wäre er nicht von dem Mangel an schweren Geschützen, besonders Feldschlangen übertroffen worden.

Wie sehr seine bösen Ahnungen auch an ihm gezehrt haben mögen, so wußte Medina Sidonia doch, daß er die Ungeduld des Königs nicht länger auf die Probe stellen, dazu in keiner noch so langen Zeitspanne auch nur einen Teil der vorhandenen Mängel beheben konnte. Am 25. April ging er zur Kathedrale von Lissabon, um an ihrem Altar die geweihte Standarte der Expedition entgegenzunehmen als Zeichen dafür, daß diese bereit sei, in See zu gehen, und zur Bekräftigung der heiligen Natur des Unternehmens. Jeder dazugehörige Mann ging zur Beichte und Kommunion. Alle wurden streng gewarnt vor gotteslästerlichem Fluchen und anderen Sünden, zu denen Soldaten und Seeleute neigen. Alle Schiffe waren nach etwa an Bord befindlichen Frauen durchsucht worden. Nun schritt der Generalkapitän, begleitet von dem Vizekönig Seiner Allerkatholischsten Majestät, dem Kardinal-Erzherzog, feierlich zur Kathedrale. Der Erzbischof von Lissabon zelebrierte höchstpersönlich die Messe und erteilte dem Unternehmen seinen allgemeinen Segen. Die Standarte wurde vom Altar aufgehoben und über die Plaza Major zum Dominikanerkloster getragen, wo der Herzog zum Zeichen seiner persönlichen Weihe sie eigenhändig auf den Altar legte. Dann wurde das Banner zwischen Reihen kniender Soldaten und Seeleute, denen Mönche die päpstliche Absolution erteilten und ihnen sowie allen Teilnehmern an diesem hochheiligen Kreuzzug Ablaß gewährten, zurückgetragen. Auf dem geweihten Banner war auf der einen Seite des Wappens von Spanien das Bildnis des gekreuzigten Christus, auf der anderen die Heilige Mutter Gottes dargestellt. Darunter sah man eine Schriftrolle mit den Worten des Psalmisten: »Exurge, domine, et vindica causam tuam« — »Steh auf, Herr, und räche Deine Sache.«

Der trockenste Bericht über diese rührende Zeremonie stammt von dem päpstlichen Nuntius in Lissabon, der den Papst vor allem über den neuesten Stand von Philipps Seekriegsvorbereitungen auf dem laufenden hielt. Kein Mensch in Europa widmete dem Unternehmen gegen England ein lebhafteres Interesse als seine Heiligkeit, Papst Sixtus V. Seit dem ersten Jahr seines Papsttums hatte er Philipp dazu gedrängt, und fast ebenso lang hatte dieser versucht, gegen ein solches Versprechen Geld von ihm zu leihen. Seine Heiligkeit war jedoch keineswegs sicher, daß Philipp England überhaupt zu überfallen gedachte. Auf eine bloße Mutmaßung hin weigerte er sich strikt, auch nur einen Centavo herzuleihen. Stattdessen schwor er Olivarez zu, daß er an dem Tage, an dem der erste spanische Soldat den Fuß auf englischen Boden setzen würde, dem König von Spanien eine Million Golddukaten nicht leihen, sondern schenken werde. Bis zu diesem Tage jedoch würde Philipp keinen einzigen *soldo* vom päpstlichen Schatzamt erhalten, wenn er auch Erlaubnis bekommen konnte, einen Sonderbeitrag für den Kreuzzug von seiner eigenen Priesterschaft zu erheben — was er ohnehin getan haben würde — und alles an päpstlichen Segnungen und Ablässen, was er für nützlich erachtete.

Um seine Neugierde zu befriedigen, hatte er nicht nur seinen Nuntius in Madrid aufmerksam gemacht, sondern einen augenscheinlich in kirchlichen Angelegenheiten reisenden Sonderbeauftragten nach Lissabon entsandt. Wenige Tage vor der Standartenweihe wußte dieser Beobachter Kardinal Montalto von einer höchst aufschlußreichen Unterhaltung zu berichten.

Er habe sich — so sagte er — ganz privatim mit einem der höchsten und erfahrensten Offiziere der spanischen Flotte unterhalten (sollte es Juan Martínez de Recalde gewesen sein?) — und den Mut gefunden, ihn unverblümt zu fragen: »Und wenn Ihr im Kanal auf die englische Armada stoßt, erwartet Ihr, die Schlacht zu gewinnen?«

»Natürlich«, habe der Spanier geantwortet.

»Woher nehmt Ihr diese Gewißheit?«

»Das ist einfach genug. Es ist altbekannt, daß wir für Gottes Sache streiten. Wenn wir also auf die Engländer treffen, wird Gott es sicherlich so einrichten, daß wir an sie herankommen und entern können, entweder dadurch, daß Er uns plötzlich ein unberechenbares Wetter schickt oder — was noch wahrscheinlicher ist — den Engländern einfach den Verstand verwirrt. Wenn wir aneinander geraten, werden spanische Tapferkeit und spanische Klingen — dazu die Unmassen von Soldaten, die wir an Bord haben — uns sicher den Sieg einbringen. Wenn Gott uns jedoch nicht mit einem Wunder hilft, werden die Engländer, die schnellere und manövrierfähigere Schiffe und vor allem Geschütze mit größerer Reichweite haben als wir und diesen ihren Vorteil ebenso gut kennen wie wir, sich auf keinen Nahkampf einlassen, sondern uns aus entsprechender Entfernung mit ihren Feldschlangen in Stücke schießen, ohne daß wir ihnen das geringste anhaben können. Und so« — schloß der Kapitän, vielleicht mit einem grimmigen Lächeln — »segeln wir gen England in der vertrauensvollen Hoffnung auf ein Wunder.«

DER TAG DER BARRIKADEN
I

Paris, 12. Mai 1588 und früher

Um fünf Uhr früh am 12. Mai, einem Donnerstag, hörte Don Bernardino de Mendoza von seinem Schlafzimmer an der Ecke der Rue des Poullies aus das Stampfen vieler Bewaffneter, die die Rue Saint-Honoré herunterkamen. Selbst die kurzsichtigen Augen des Botschafters konnten diese stämmigen Gestalten, die in ihren gepolsterten Wämsern und umfangreichen Beinkleidern noch größer wirkten als sie waren, nicht verkennen. Es waren die Schweizer des Königs, die Regimenter von Lagny. Sie füllten die Rue Saint-Honoré von der einen Seite zur anderen, dazu fast ihrer ganzen Länge nach aus, sie marschierten, wie man in eine besetzte Stadt einmarschiert, die Banner entfaltet, Piken und Hellebarden stoßfertig, die langsam brennenden Lunten der Arkebusiere und Musketiere entzündet. Hinter ihnen kamen die Regimenter der französischen Garde durch die Porte Saint-Honoré, die ersten Strahlen der Sonne spielten auf Sturmhauben und Pikenspitzen, auf goldenen Schnüren und Gewehrrohren. Mendoza sah, wie die Marschkolonne durch die engen zum Louvre führenden Gassen weiterzog und links zum Friedhof der Heiligen Unschuldigen abbog. Genau in dem Augenblick setzte das Dröhnen von zwanzig Trommeln und das schrille Gellen von ebensovielen Pfeifen ein. Aus der Richtung des Tores fiel die Musik der französischen Garde in den Rhythmus ein.

Es sah so aus, als machte der König von Frankreich einen letzten Versuch, Herr in der eigenen Hauptstadt zu sein. Das verwunderte Mendoza nicht sonderlich. Gestern hatte die Stadt nur so geknistert von Gerüchten – und die Sondermaßnahmen des Abends, die in den Garnisonen der Bastille vorgenommenen Verstärkungen und des Châtelet, das Kommen und Gehen im Hôtel de Ville, die Musterung der städtischen Miliz in den verläßlichsten Vierteln und die unter Führung treuer Pariser Beamter aufgestellten Patrouillen, die nachts die wichtigsten Plätze, Tore und Brücken bewachten – all das deutete darauf hin, daß etwas Ungewöhnliches im Gange war.

Wenn also Mendoza nicht sonderlich überrascht war, so muß er doch etwas unruhig geworden sein. Der nunmehr drohende Staatsstreich war seit drei, ja mehr Jahren geplant gewesen. Es war die Mine, deren auf die Minute genau eingestellte Entladung zum mindesten die französische Monarchie am Vorabend der spanischen Invasion Englands lähmen würde, wie Parma gefordert hatte, wenn sie nicht sogar die Ruinen Frankreichs dem König von Spanien in die Arme blasen würde. In den vergangenen zwei Wochen hatten die Sechzehn, der geheime revolutionäre Ausschuß der Liga in Paris, ihre Karten so offen wie nie auf den Tisch gelegt. Das war unvermeidlich gewesen. Es war auch unumgänglich, daß das Haupt der Liga Heinrich von Guise, sowie eine größere Anzahl ihrer kleineren Häuptlinge und Feldhauptmänner sich in dieser Stunde in Paris aufhielten, selbst wenn damit eine ernste Gefahr verbunden war. Die Pariser Angehörigen der Liga erwarteten nicht, kampflos die Macht ergreifen zu können, und hatten vorausgesehen, daß der König unter Umständen zu einem übereilten Gewaltakt angestachelt werden müsse, der eine Volkserhebung nach sich ziehen würde. Die massierten Marschkolonnen der Schweizer, die die Rue Saint-Honoré hinunterschwenkten und dabei scheinbar recht gewalttätig taten, machten jedoch kaum den Eindruck übereilten Handelns. Es schien, als beabsichtigte der König mit unvermuteter Kühnheit und Entschlußkraft, dem gegen ihn geplanten Staatsstreich durch einen eigenen Staatsstreich zuvorzukommen. Wenn also Mendozas Ligafreunde nicht wußten, wie sie sich verteidigen sollten, konnten die Köpfe der Erlauchteren und die hängenden Leiber der Bürgerlichen noch vor dem Einbruch der Nacht die Zinnen des Louvre zieren.

In den letzten drei Tagen war es in der Stadt so seltsam zugegangen, daß Mendoza allen Grund zu Befürchtungen hatte. Bis zu dem Zeitpunkt, als Heinrich von Guise um die Mittagsstunde des 9. Mai, eines Montags, nach Paris kam und dank vorheriger Verabredung »zufällig« von einer Menschenmenge in der Rue Saint-Martin erkannt wurde, hatte alles planmäßig geklappt. Wenn Mendozas Informationen stimmten, hätte die Armada etwa in dem Augenblick Cascaes passieren müssen, als der Herzog von Guise durch die Porte Saint-Martin ritt — und genau so wäre es auf einen Tag mehr oder weniger eingetroffen, hätte der Wind ihnen nicht ein Schnippchen geschlagen. Dank Mendoza war der Einzug des Herzogs ein Wunder zeitlicher Planung gewesen, in gleicher Weise hatte der Botschafter all die langen komplizierten Vorbereitungen mit vollendeter Geschicklichkeit und nahezu völliger Verschwiegenheit abgewickelt.

Wenn im Mai 1588 nur sehr wenige Menschen ahnten, wie eng Mendoza mit den von Guise angeführten Edelleuten der Liga verbunden war, so vermutete eine noch geringere Zahl seine Verbindung mit den Pariser Verbündeten, an deren Spitze der Geheimausschuß der Sechzehn stand. Der scharfsinnige Dr. Cavriana, der von seinem Beobachtungsposten als Wundarzt der Königin Katharina von Medici aus den Großherzog von Toskana mit politischen Nachrichten versorgte, erriet, daß der Mann, der den Takt schlug, und ihn so zuversichtlich schlug, noch bevor die ersten Töne vernehmbar waren, wohl auch die Pfeifer bezahlen müsse; so sprach er inmitten der Unruhen, die Paris verwirrten, von Mendoza als dem, »der zu diesem Tanz aufforderte und ihn daher auch anführte«. Wenn er auch zu Mendozas engstem Freundeskreis gehörte, so war dies von Cavriana nur geraten, Nicholas Poulain, der Spion des Königs unter den Sechzehn, wußte vermutlich von Mendozas Verbindungen mehr, als er und sein Herr an die große Glocke zu hängen für taktvoll hielten – sicherlich wußte er genug, um Heinrichs III. offizielle Beschuldigung, Mendoza habe den Aufständischen Hilfe und Ermunterung angedeihen lassen und müßte daher entfernt werden, zu rechtfertigen, aber Poulain scheint nicht geahnt zu haben, bis zu welchem Grade die über ganz Paris verstreuten, im Hôtel de Guise, in freundlichen Klöstern und den Häusern guter Katholiken gelagerten Waffen vom spanischen Botschafter beschafft worden waren. Bis zum heutigen Tage sind die Mittel und Wege, durch die Mendoza mit den Sechzehn Verbindung aufrecht hielt, höchst geheimnisvoll geblieben. Er war ein zu alter Verschwörer, um selbst zur Aufklärung seines Königs mehr über Verschwörungen niederzuschreiben, als unbedingt erforderlich war.

Soviel wir wissen, begannen die Revolutionäre mit ihren Organisationsarbeiten im Januar 1585, als Mendoza drei Monate in Paris war und soeben vernommen hatte, daß der Geheimvertrag von Joinville zwischen König Philipp und den Fürsten des Hauses Lothringen zum Unterzeichnen bereit lag. Dieser Vertrag enthielt eine Zusage spanischer Unterstützung, um damit die Heilige Liga des Adels wiederaufleben zu lassen, und war der Anlaß dazu gewesen, daß Mendoza nach Frankreich entsandt wurde. Zum Schluß blieb er in Paris und überließ die Verhandlungen anderen, aber nicht — wie man vermuten möchte — weil er die gesellschaftliche Atmosphäre der Pariser Verschwörung vorzog. Im Geheimausschuß der Sechzehn saßen weder Prinzen noch Edelleute, jedenfalls keine Herren, auch keine Angehörigen der oberen Bürgerschicht. Hier waren nur mehrere kleine Beamte, eine Handvoll Anwälte, ein Priester, ein Prozeßgehilfe, ein Auktionär, ein Zinngießer, ein Schlächter und dergleichen Leute am Werk. Sie waren jedoch tatkräftige und kluge Männer; ihre heftige Parteileidenschaft, ihr Haß gegen alle Arten von Neuerungen und jeden Menschen mit einer ihnen fremden Gedankenwelt, sowie ihre persönlichen Ambitionen machten sie zu dem, was wir inzwischen als typische »Rechtsradikale« zu bezeichnen gewohnt sind. Mit der Zeit kam Mendoza dazu, sie als Spaniens wertvollste Verbündete in Frankreich zu betrachten, und sie gingen schließlich dazu über, ihn als ihr natürliches Oberhaupt anzuerkennen.

Selbst im Jahre 1585 war es klar, daß sie von großem Nutzen sein könnten. Was sie auch selbst glauben mochten, jedenfalls redeten sie ihren weniger klugen Nachbarn ein, daß alle guten Katholiken zu den Waffen greifen müßten, wenn sie der Mörderhand der Hugenotten, mit denen der König, von unwürdigen Günstlingen wie Epernon dazu verführt, heimlich gemeinsame Sache machte, entgehen wollten. Sie überzeugten einander und die Provinzausschüsse, mit denen sie im Briefwechsel standen, davon, daß es ihr gutes Recht sei, zum Äußersten zu schreiten, um sich dem Joch eines ketzerischen Königs zu entziehen. Sie zogen Guise Navarra vor, und die meisten von ihnen wollten nicht einmal den natürlichen Tod des letzten Valois abwarten, um Guise an die Macht zu bringen. Sie hatten untereinander abgemacht, daß der halbmilitärische Verband, den sie gegründet hatten, dazu bestimmt sei, Paris zu nehmen. All dem stimmte Mendoza von Herzen zu.

Nun kann Mendoza natürlich von Maineville, dem Verbindungsmann des Herzogs von Guise in Paris mit den Sechzehn in Kontakt gebracht worden sein, wenn es auch bisweilen so aussieht, als sei Maineville von Mendoza über den Pariser Ausschuß in Kenntnis gesetzt worden. Er konnte auch von der Herzogin von Montpensier, der Schwester der Guisen, die er fast unmittelbar nach seiner Ankunft in Paris aufgesucht hatte und in deren Stadtpalais er alsbald eine vertraute Gestalt wurde, von den Revolutionären gehört haben. Diese rastlose Politikerin, die Schutzherrin der zügellosesten Kanzelredner von Paris, die an ihrem Gürtel eine goldene Schere »für die Tonsur Bruder Heinrichs« trug und zu prahlen liebte, ihr Anhang von Priestern, Mönchen und Fratres nütze der Liga mehr als jedes Heer, steckte fraglos so tief wie nur möglich in der Verschwörung. Mendoza könnte aber auch über die Jesuiten mit den Sechzehn verkehrt haben. Sein eigener Beichtvater war Jesuit, er selbst hatte mehr als einmal Hand in Hand mit Pater Claude Matthieu, dem französischen Provinzial der Gesellschaft Jesu gearbeitet; und die französischen Jesuiten waren fast alle glühende Anhänger der Liga und daher in Kreisen der Verbündeten gern gesehene Gäste. Außerdem erfahren wir, daß von Anfang an einer der häufigsten Treffpunkte der Sechzehn die Weinkneipe eines Spaniers namens Sanchez war, eines Mannes, der unter Alba in den Niederlanden gedient haben sollte und der Boten- und Laufdienste für Mendoza tat. Am wahrscheinlichsten ist es jedoch — wenn wir auch keine Beweise dafür haben —, daß Mendoza unmittelbar und eng, ohne jegliche Mittlerschaft mit den Sechzehn, zum mindesten mit ihrer Kerngruppe von fünfen, zusammenarbeitete. Jedenfalls hießen sie ihn, als er sich ihnen später offen zugesellte, als altbewährten Freund und Mitarbeiter willkommen. Noch bevor er sechs Monate seinen Posten innehatte, konnte er Philipp höchst vertraulich und, soweit die Verbündeten in Betracht kamen, mit beträchtlicher Genauigkeit mitteilen, wie »Paris« empfand und wie »Paris« sich in jedweder politischen Krise verhalten würde.

Wir wissen nicht, bis zu welchem Grade Mendoza die Sechzehn in ihren ausgeklügelten militärischen Plänen beriet, die von Anfang an ein Großteil ihrer Tätigkeit ausmachten. Ein jeder von ihnen war Hauptmann eines der sechzehn *Quartiers* von Paris, daneben waren die fünf Hauptverschwörer »Obersten« der fünf *Arrondissements*. Jedes Stadtviertel hatte seinen eigenen Befehlsstand, sein eigenes geheimes Waffenlager, sowie Pläne für seine Verteidigung und die Aufrechterhaltung der Querverbindungen, wenn die Erhebung begann.

Der Ausschuß konnte seine Anhänger nicht in allen Stadtteilen gleichmäßig anwerben. In einigen Straßen hatte er überhaupt keine Freunde, in mehreren Vierteln waren seine Parteigänger nur eine kleine Minderheit, so daß der Kern seiner Kampftruppen aus Rüpeln und Rabiaten, aus Elementen wie Fleischern, Fuhrmännern und Pferdehändlern, die nur allzu erpicht waren auf Radau und Raub, sowie aus den Studenten der Sorbonne bestand. Trotzdem rechneten die Sechzehn mit Hilfe von Organisation, systematischem Terror und den vernehmlichen Stimmen der Fratres damit, die ganze Stadt beherrschen zu können.

Besondere Aufmerksamkeit widmeten sie der Taktik des Straßengefechtes. Der Vorschlag eines Veteranen aus den niederländischen Kriegen — sollte es Mendoza gewesen sein? —, die eisernen Ketten, die seit dem vierzehnten Jahrhundert zum Absperren der Pariser Straßen gedient hatten, durch Barrikaden zu ergänzen, leuchtete ihnen durchaus ein. So etwas — so sagte man ihnen — konnte recht gut aus Wagen, Schiebkarren und Hausrat zusammengebaut werden, das beste war nach bisherigen Erfahrungen jedoch die Verwendung von mit Erde und Steinen gefüllten Fässern und Tonnen. Diese konnten rasch zu bestimmten Punkten gerollt und aufrecht nebeneinandergestellt werden, um eine kugelsichere, leicht zu verteidigende Brustwehr zu ergeben. Dazu waren freilich beträchtliche Vorarbeiten erforderlich, aber leere Fässer konnten in jedem geeigneten Keller aufbewahrt werden, bis sie benötigt wurden, ohne daß sie mehr Argwohn erregten als die danebenliegenden Haufen von Erde und Kopfstein. Jeder sonstige Kopfstein würde sich glänzend von Dächern oder aus den Fenstern oberer Stockwerke herunterwerfen lassen. Um den Frühling des Jahres 1587 waren die Sechzehn so überzeugt davon, daß sie mittels ihrer Barrikaden alle königlichen Bollwerke, das Châtelet, das Hôtel de Ville, die Bastille, das Arsenal und den Louvre abriegeln und unschädlich machen könnten, und ihre Stoßtrupps lechzten derartig nach etwas Aufregenderem als nur Verschwörungen anzuzetteln, heimlich gedrillt zu werden und Kopfsteine zu schleppen, daß Mendoza und Guise alle Hände voll zu tun hatten, einen Aufstand im April zu vermeiden. Es gelang ihnen, Mendoza war jedoch beunruhigt. Der April des Jahres 1587 wäre zu früh gewesen.

Wenn Mendoza sich fragen mochte, ob die neuartigen Barrikaden mehrere tausend altgediente Infanteristen ebenso leicht aufhalten würden, wie die wenigen hundert Gardisten und die fraglos treue Stadtmiliz, die seinen Erwartungen nach auf des Königs Seite stehen würden, so durfte er sich jedenfalls zu seiner geglückten Zeitregie beglückwünschen. Paris – so hatte er Parma geschrieben – würde vom Martinstag 1587 an jederzeit reif sein, immerhin müßte er einige Wochen vorher Bescheid wissen. Dann hörte er aus Spanien, daß Santa Cruz bestimmt gegen den 15. Februar ausfahren würde, so daß er alle Anordnungen für diesen Termin traf. Zu Beginn des Februar ließ der Herzog von Guise ein herausforderndes Manifest los, in dem er folgendes verlangte: Entfernung einiger der Ketzerei verdächtigen Personen aus der Umgebung des Königs – damit meinte er den herrschenden Favoriten Epernon –; unmißverständliche Unterstützung der Liga, die Errichtung von Inquisitionsgerichten in jeder Provinz, die Konfiszierung allen Hugenottenbesitzes und die Enthauptung aller Hugenottengefangenen, die sich weigerten zu widerrufen. Und noch anderes mehr, genug, um Frankreich auf Jahre hinaus in Kriege zu stürzen. Dann reiste Guise mit einem mächtigen Gefolge nach Soissons, Hauptleute der Liga begannen auf Paris zuzumarschieren, und der Herzog von Aumâle, Guises hitzköpfiger Vetter, erneuerte seine Angriffe auf die königlichen Garnisonen in der Pikardie. Mittlerweile begannen die Kanzelredner von Paris nach ihrem Josua, ihrem David zu rufen.

Heinrich von Valois war so erbittert, daß er, von Epernon ermutigt, schwor, er würde eine Armee aufstellen und die Verbündeten eigenhändig aus der Pikardie vertreiben. In diesem Augenblick hörte Mendoza aus Madrid, daß der Marquis von Santa Cruz gestorben war und daß die Armada dadurch unvermeidlich aufgehalten werden würde. Am nächsten Morgen – war es ein Zufall? – überredete die Königin-Mutter Heinrich, es bei Guise doch lieber mit der sanften Kunst der Verhandlung als mit der Eisenfaust des Krieges zu versuchen, und selbst Guise zeigte sich in Soissons unerwartet geneigt, dem Wort der Überredung zu lauschen. Dies wenigstens war kein Zufall. Mendoza hatte ihn nämlich auf einen Haken in dem Plan aufmerksam gemacht, und Guise hatte charakteristischerweise darauf geantwortet, daß er, wenn ein Verzug eintreten sollte, mehr Geld benötigen würde.

Trotz all der anderen Forderungen, die an König Philipps Hilfsquellen gestellt wurden, bekam Guise im April sein Geld. Die Liga und ihr Oberhaupt waren wichtiger denn je für die Invasionspläne. Seit dem Tod von Joyeuse war der Herzog von Epernon beim König allmächtig, und Epernon, wiewohl Katholik, war ganz für Colignys Plan, Frankreich durch einen Krieg mit Spanien wieder zu vereinigen. So bereitete er sich darauf vor, mit einem Heer, das stark genug war, seine Macht in allen Kanalhäfen durchzusetzen, in die Normandie einzurücken, zu deren Gouverneur Heinrich ihn bestellt hatte. Von dort beabsichtigte er in die Pikardie einzumarschieren, die Ligisten hinauszuwerfen und sich der Häfen Calais und Boulogne zu versichern. Dann wollte er mit allen Schiffen, die er anheuern konnte, darunter die *Rochellais,* im Kanal zu den Engländern stoßen. Sollte jedoch die spanische Flotte den Sieg errungen haben und Parma in England gelandet sein, so würde er in Flandern und Artois einfallen, um diese für Frankreich zurückzuerobern, bevor Parma zurückeilen konnte. So wenigstens hörte Philipp von Parma, von Olivarez, von Mendoza, von den Exilengländern und von seinen eigenen Nachrichtenquellen. Um den 15. April konnte Philipp Mendoza versichern, daß Medina Sidonia in weniger als vier Wochen segeln würde.

Seit langem wußte man, was als nächstes zu geschehen hatte. In der letzten Aprilwoche hallte jede Kanzel auf dem linken Seineufer von Flehen und Klagen wider: der König und seine hinterhältigen Günstlinge waren im Begriff, mit den Ketzern eine Verschwörung anzuzetteln, um die guten Katholiken von Paris hinzuschlachten. Wenn der Herzog von Guise je als Freund Paris zu betreten wünschte, sollte er jetzt kommen und Gottes Wahrheit und Gottes Volk verteidigen! Zutiefst beunruhigt, sandte Heinrich III. seinen Ratgeber Bellièvre zu Guise, um ihm dringend zu empfehlen, Paris zu meiden, bis das Volk sich beruhigt habe und so Blutvergießen zu verhindern. Sollte Guise ausweichend antworten, so hatte Bellièvre die Anweisung, dem Herzog bei seiner Lehnspflicht zu befehlen, Paris nicht zu betreten.

Am Sonntagvormittag, den 8. Mai, überreichte Bellièvre Guise den königlichen Befehl. Er nahm an, daß Guise beabsichtige, dem Befehl nachzukommen, und ritt nach Paris zurück. Aber auch der Herzog setzte sich an jenem Abend mit kleinem Gefolge in Richtung Paris in

Bewegung. Er ritt die Nacht hindurch, frühstückte in der Nähe von Saint-Denis und ritt dann mitten durch das Lager der Schweizer durch die Porte Saint-Martin in Paris ein. Guise hatte den Hut ins Gesicht gezogen und den Mantel dicht um sich gewickelt. In der Rue Saint-Martin riß ihm einer seiner Gefährten den Hut vom Kopf und schlug den Mantel zurück. Es gab wenig Pariser, die das stolze, hübsche, männliche Gesicht, die wie eine Auszeichnung getragene Narbe nicht kannten. »M. de Guise!« verbreitete sich der Ruf. »Endlich M. de Guise! Gerettet! Lang lebe M. de Guise! Lang lebe die Säule der Kirche!« Läden und Kirchen leerten sich, und sogleich bildete sich eine wild erregte, mehr als königliche Eskorte.

Soweit war alles nach Wunsch gegangen. Die ganze Nachbarschaft war in Kenntnis gesetzt. Einige acht- oder neunhundert Verbündete, viele von ihnen altgediente Soldaten, alle bis an die Zähne bewaffnet, hatten sich bereits in Paris eingeschlichen und wurden an strategischen Punkten einquartiert — so im Kloster der Jakobiner, im Bischofspalast, im Hôtel Montpensier, im Hôtel de Guise — genug gestählte Kämpen, um den Verstärkungen, die der König wenige Tage zuvor herbeigerufen hatte, standhalten zu können. Der Herzog von Epernon, der einzige Mensch, dem Heinrich vertraute, der den Mut hatte, eine kühne Entscheidung zu treffen und den nötigen Einfluß besaß, um den König für sie gewinnen zu können, stand mittlerweile tief in der Normandie, und mit ihm ein Teil der besten Truppen des Königs. Zwar konnte Epernon nicht rechtzeitig zurück sein, um die in Paris getroffene Entscheidung zu beeinflussen, andererseits war er noch nicht lange genug in der Normandie, um Schaden anrichten zu können. Sobald Heinrich III. tot, ein Gefangener in den Händen der Liga oder lediglich ihr gefügiges Werkzeug war — Mendoza war es gleichgültig, welche dieser drei Rollen er spielen sollte — würden die normannischen Städte sich M. de Guise zur Verfügung stellen. Was auch geschehen mochte, Frankreich würde jedenfalls nicht länger in der Lage sein, Spanien zu bedrohen.

Was nun eintrat, war nicht plangemäß. Guise hätte von der Rue Saint-Martin links abbiegen und durch die Rue Saint-Antoine zu seinem eigenen Palais reiten müssen, wo seine Hauptleute und Partisanen ihn erwarteten und von wo aus er mit oder ohne Verwendung von Barrikaden, wie die Umstände es eben verlangten, dem König diktieren konnte. Stattdessen bog er rechts ab, überquerte die breite Rue Saint-Denis und verschwand in dem Gewirr enger Gäßchen in Richtung St. Eustache, wo die Königin Katharina von Medici und die Überbleibsel ihres berühmten fliegenden Geschwaders – nicht unpassend, wie manch einer dachte – im Heim für bußfertige Mädchen wohnte.

Als ihr Hofzwerg vom Fenster aus rief, der Herzog von Guise rücke heran, wies die Königin ihn zurecht, er sei wohl von Sinnen; als sie aber mit eigenen Augen den leutseligen Mann zu Pferd inmitten seiner jubelnden Bewunderer erkannte, wich alles Blut aus ihren Lippen und ihre Stimme drohte zitternd zu ersticken. Ob sie nun deshalb so sichtlich erregt war, weil sie Guises Einzug in Paris nicht erwartet hatte, oder weil sie wußte, daß er zu diesem Zeitpunkt nicht zu ihr kommen sollte, vermag heute kein Mensch zu sagen. Nachdem er empfangen worden war und er ihr seine Huldigung dargebracht hatte, erklärte Guise mit lauter Stimme, daß er gekommen sei, sich von übler Nachrede reinzuwaschen und seine Dienste dem König anzubieten, dabei auf Rat und Tat der Königin-Mutter bauend. Dann zog Katharina ihn in eine Fensternische, etliche Minuten waren ihre Stimmen unhörbar, wenn auch ein Beobachter dachte, daß der Herzog befangen und Katharina ängstlich dreinschaue. Ein Bote wurde zum Louvre geschickt, kehrte augenblicklich zurück, und Katharina befahl ihre Sänfte.

Das erste, was Mendoza von diesem Umschwung der Dinge hörte, war der Lärm einer tosenden Huldigung, der ihn zum Fenster rief; er sah die Sänfte der Königin aus den *Filles Repenties* auftauchen und in Richtung auf den Louvre durch die Menge schwanken, neben ihr schritt unter einem unablässigen Blumenregen, den Hut in der Hand, sich links und rechts zu der überschwenglichen Menge hin verneigend, die unverkennbare Gestalt des Herzogs von Guise. Davon unterrichtet, daß Guise Paris betreten habe, rief Sixtus V. aus: »Der Narr! Er geht in seinen Tod!« Mendoza wußte, daß Heinrich III. Paris nicht mit der Eisenfaust regierte, mit der der große Papst über Rom herrschte, der letzte der Valois war jedoch immer noch Herr im eigenen Palast, und der Botschafter muß einen Augenblick der Bestürzung durchgemacht haben, als er den Mann, von dem alle seine Pläne abhingen, in Richtung auf jene düsteren Portale verschwinden sah.

In der Tat wurde in diesem Augenblick im Louvre über den Tod des Guisen verhandelt. Alphonse d'Ornano, ein Korse der Korsen und ein dem König treuergebener Feldhauptmann, befand sich zur Stunde in geheimster Besprechung mit dem König. Als er die Botschaft seiner Mutter erhielt, sagte Heinrich zu Ornano: »Monsieur de Guise ist soeben in Paris eingetroffen, entgegen meinem ausdrücklichen Befehl. Was würdet Ihr an meiner Stelle tun?«

»Sire«, antwortete Ornano, »seht Ihr in dem Herzog von Guise einen Freund oder einen Feind?« Und die Antwort in den Zügen des Königs lesend, setzte er hinzu: »Gebt den Befehl, Sire, ich will Euch seinen Kopf zu Füßen legen.«

La Guiche, Villequier und Bellièvre, Zauderer und Angsthasen, fielen mit entsetzten Ausrufen ein, aber der Abbé d'Elbène stimmte Ornanos schlichter Lösung lebhaft zu und zitierte mit augenscheinlichem Genuß die von dem Propheten Zacharias übermittelte Ermahnung: »percutiam pastorem et dispergentur oves« — »schlagt den Hirten und die Schafe werden sich zerstreuen«. Des Abbé Bibelweisheit hatte einiges für sich, und Heinrich III. erwog noch immer eifrig Für und Wider, als der fragliche Hirte in Begleitung seiner frohlockenden Herde den Louvre erreichte.

Drinnen herrschte freilich eine andere Atmosphäre. Doppelreihen handfester Schweizer umstanden den Hof des Louvre. Die große Freitreppe, die Guise hinanstieg, war dicht gesäumt von der Adelswache der Fünfundvierzig, an ihrer Spitze der tapfere, törichte, ehrliche Crillon. Der Herzog zog den Hut und verbeugte sich tief vor Crillon; dieser drückte seinen Hut tiefer ins Gesicht und stand steif wie ein Klotz, mit dem starren Blick des Scharfrichters an dem Herzog vorbeisehend. Als der Herzog sich links und rechts verneigend, die Treppe hinaufstieg, erwiderte keiner der Fünfundvierzig seinen Gruß.

Am Ende des langen Raumes stand der König inmitten einer dichten Gruppe von Höflingen. Unter ihnen mag Guise Ornano erkannt haben, der mit der Miene eines Terriers, der danach lechzt, endlich losgelassen zu werden, zwischen ihm und dem König hin- und herblickte. Als er seine Reverenz machte, hörte er des Königs Stimme feindselig und scharf wie ein Donnerschlag fragen: »Was bringt Euch her?« Guise begann von seiner Treue, von den gegen ihn vorgebrachten Verleumdungen zu reden, aber Heinrich schnitt ihm das Wort ab: »Ich habe Euch geheißen, nicht zu kommen.« Und zu Bellièvre gewandt: »Habe ich Euch nicht befohlen, ihm mitzuteilen, er solle nicht kommen?« Heinrich wandte dem Herzog den Rücken und machte ein paar Schritte auf das Fenster zu, seine Schultern waren zusammengezogen, seine Finger verkrampften und entspannten sich unablässig. Bei dieser Gelegenheit mag es gewesen sein, daß ein mißgünstiger Beobachter bemerkte, wie der Herzog auf eine Kommode an der Wand sank, »nicht aus absichtlicher Mißachtung vor dem König, sondern einfach, weil seine Knie versagten.«

Fraglos in dem Augenblick erschien Katharina Medici, die in Anbetracht ihres Alters und Körperumfangs die Stufen nur langsam zu bewältigen vermochte, in der Tür des Gemachs. »Ich bin nach Paris gekommen«, sagte Guise, die Stimme erhebend, »auf Geheiß der Königin, Eurer Mutter.«

»Das trifft zu«, bestätigte Katharina, auf ihren Sohn zuschreitend. »Ich habe M. de Guise gebeten, nach Paris zu kommen.« Niemand hatte in Katharina von Medici je eine königliche oder gar bezaubernde Gestalt zu sehen vermocht, und doch hatte sie manche Bühne in den stürmischen Jahrzehnten seit dem Tod ihres Gatten zu beherrschen gewußt. Der plumpe schwarzgekleidete Körper atmete eine merkwürdig eigene Würde, das schneeweiße Gesicht mit seinen schlehdornschwarzen Augensternen eine eigenwillig-durchdringende Ruhe. Sie schien weiser und standhafter als all die erregbaren Männer, und ungleich älter, als sei sie nie etwas anderes gewesen als die Königinwitwe und der Gipfel letzter Machtbefugnis, was sie in den Augen der meisten in der Tat auch gewesen war.

Als sie so durch den Raum ihrem Sohn entgegenschritt, muß man sich fragen, ob ihr Auge wohl das des Guisen mit bestätigendem Verschwörerblick traf, und ob beide sich daran erinnerten, daß sie vor nahezu sechzehn Jahren in genau der gleichen Weise zwischen Heinrich von Guise, damals kaum dem Knabenalter entwachsen, und dem Zorn eines anderen Königs den Louvre betreten hatte. Auch damals war der Pöbel von Paris bereit gewesen, zu den Waffen zu greifen. Auch damals hatte Guise ein gefährliches Doppelspiel zwischen Hof und Volk, zwischen ehrgeizig-politischen Ränken und religiösem Fanatismus getrieben. Wenn sie und Guise sich daran erinnerten, würden sie auch noch wissen, daß sie damals einen dritten Verschwörer dabei hatten, der sie in ihren Beschlüssen politischer Zweckdienlichkeit und religiösen Eifers bekräftigte und ihnen dabei half, den armen, schwachen halbirrsinnigen jungen König zu einer Tat zu treiben, die ihm die restliche Zeit seines kurzen Lebens nachgehen sollte. Nun war der Kreis geschlossen, und ihr Mittäter jener Sankt-Bartholomäus-Nacht stand ihnen feindlich gegenüber, gerüstet, ihrem Ansturm zu widerstehen – Heinrich, einst von Anjou, nun von Frankreich, schwächer als sein Bruder Charles und stärker, unzurechnungsfähiger und normaler, von der Last seines Wissens und seiner Schuld auf immer in seine vorbestimmte Rolle gedrängt, wie seine früheren Mitwisser, seine Mutter und sein Vetter Guise in die ihrige gebannt waren.

Wir wissen nicht, welche Argumente Katharina vorbrachte, um Heinrich davon abzuhalten, Ornano den Wink zu geben, ob sie auf die Menge drunten auf der Straße deutete und an seine Furcht appellierte, ob sie ihm sagte, daß man den Guisen einwickeln könne und auf seine Eitelkeit anspielte, oder ob sie ihm versicherte, daß Guise schuldlos sei – sie wußte es besser – und das starke Gerechtigkeitsgefühl zu wecken suchte, das seltsamerweise ein Teil von Heinrichs verzwicktem Charakterbild war. Wir wissen auch nicht, warum Katharina, der es auf einen Mord mehr oder weniger nicht ankam, ihren Sohn der letzten Möglichkeit beraubte, Herr in seiner Hauptstadt zu werden. Wir können nur sicher sein, daß es aus Egoismus geschah.

Katharina machte sich wegen ihres Glaubens kein Kopfzerbrechen; als Nichte des Papstes war sie seit langem der Meinung, die Kirche solle sich um ihre eigenen Angelegenheiten kümmern. Vom rechten Glauben, auf den sie sich bisweilen berief, machte sie ebensowenig Gebrauch wie von den Grundsätzen der Gerechtigkeit und Duldsamkeit, die sie gleichfalls im Munde führte. Sie hatte einfach kein Interesse an allem Abstrakten – nicht an der französischen Monarchie, der ihr Sohn Heinrich selbstlos sein Leben weihte, nicht an Frankreich, nicht am Christentum, nicht einmal an einer Dynastie. Worauf sie jedoch gesteigerten Wert legte, waren Bequemlichkeit, Sicherheit und Machtzuwachs für ihr eigenes Ich und ihre nächsten Angehörigen; ja, da sich nun ihr letzter Lieblingssohn Heinrich und ihre wilde, glänzende Tochter Margarete gegen sie gestellt hatten, da es nun sicher schien, daß sie nie einen Enkel bekommen würde, dachte sie nur noch an sich. Sie muß geglaubt haben, sie sei sicherer, wenn sie zu Guises Gunsten vermittelte. Sie mag gedacht haben, sie würde dadurch ihren Einfluß auf ihren Sohn zurückgewinnen können.

Was auch ihre Beweis-, ihre Beweggründe gewesen sein mochten, jedenfalls triumphierte sie. Ihr zynisch-selbstsüchtiger Rat wurde zum letzten Male angenommen — wie so oft zuvor —, und diente wie so oft zuvor nur dazu, noch mehr Schrecken und Verwirrung zu stiften, erwies sich als so zerstörerisch, als sei er ein Niederschlag höchster Grundsätze. Auf ihr Drängen ließ Heinrich widerwillig seine Beute fahren, sie aber nahm Sohn und Herzog eilends zu einem Besuch ihrer Schwiegertochter, der regierenden Königin, in deren Schlafgemach mit, aus dem Guise über eine Privattreppe die Straße und damit die Freiheit erreichen konnte. Als Mendoza von der Episode im Louvre hörte, schloß er, daß, wenn Guise närrischer war, als er ihm zugetraut hatte, Heinrich ein noch größerer Schwächling war, und ein Feigling obendrein. Dieses Urteil ließ ihn noch unvorbereiteter auf den Anblick der Schweizer Fußtruppe sein, die nun durch die Rue Saint-Honoré strömte.

DER TAG DER BARRIKADEN:
II

Paris, 12. Mai 1588 und später

Zwei Tage wachsender Spannung nach dem Zurückkommen Guises nach Paris bewiesen, daß der König sich mit der Liga nicht vernünftig einigen konnte und daß seine Herrschaft über die Stadt im Wanken war. Als Guise wieder im Louvre vorsprach, erschien er an der Spitze von vierhundert Edelleuten, die den Brustharnisch unterm Wams und Pistolen im Ärmel trugen, und was er vorbrachte, klang weniger nach einer Erklärung als nach einem Ultimatum. Am Morgen des 11. Mai endete ein Versuch der Behörden, die »Fremden« aus Paris zu vertreiben, mit einer Posse. Um den 11. hieß es, die Anzahl der Liga-Söldner, die sich in Paris eingeschlichen hätten, sei auf fünfzehnhundert bis zweitausend angewachsen. Sie schlüpften durch jedes Tor, sie schlenderten gruppenweise in jeder Straße, auf jedem Platz, selbst unter den Fenstern des Louvre umher. Die Stadtwache hielt es jedoch für angebracht, zu melden, sie könne in ganz Paris keine »Fremden« finden. Und als die Stadtverwaltung auf Geheiß des Königs am Abend des 11. eine besondere Wache einsetzte, harrten zwar einige Kompanien bis zur Ablösung getreulich auf ihrem Posten aus, doch andere hatten sich bereits um Mitternacht aus dem Staube gemacht, und mehrere erklärten schon bei der Befehlsausgabe kurz und bündig, anstatt in einem wildfremden Teil der Stadt Wache zu schieben, gingen sie lieber heim, um ihre Tür zu verriegeln und Familie, Hab und Gut zu verteidigen. Allerhand wilde Gerüchte liefen um, und drohendes Unheil lag in der Luft. Vor Mitternacht erteilte Heinrich III. den in den Vororten stationierten Schweizern und der französischen Garde den Befehl, bei Tagesanbruch ins Stadtzentrum einzumarschieren.

So schwenkten sie nun beim ersten Frühlicht aus der Rue Saint-Honoré in den Friedhof der Heiligen Unschuldigen ein, Marschall Biron zu Pferde an der Spitze der Marschkolonne, Crillon zu Fuß mit gezogenem Säbel als Anführer der Garde, und Marschall Aumont mit mehreren Reitereinheiten als Nachhut. Vom Friedhof schickte Biron

Truppen auf verschiedene Kommandos aus: einige Kompanien zum Place de Grève vor dem Rathaus, wo der höchste Beamte von Paris, der Prévost des Marchands und der treue Stadtrat sie erwarteten, je einige zum Petit Pont, seinem Petit Châtelet und zum Pont Saint-Michel, den beiden Brücken, die die Ile de la Cité mit dem linken Seineufer verbinden; einige zum Marché Neuf genau zwischen ihnen und unweit von Nôtre-Dame und schließlich eine Abteilung zum Place Maubert, dem Haupttreffpunkt der Mönche und Studenten der Sorbonne. Eine starke Reserve verblieb auf dem Friedhof. Gegen sieben Uhr morgens konnte Biron dem König melden, daß alle Truppen postiert seien, wie Seine Majestät es befohlen habe.

Das Getrappel an den Straßenecken oder unter ihren Fenstern, der schrille Ton der Pfeifen und das Dröhnen der Trommeln erweckte in den Parisern zunächst den Eindruck, Paris sei in der Hand der königlichen Soldaten. Später erinnerten die Liga-Anhänger unter der Bürgerschaft sich mit Begeisterung daran, mit welch unmittelbarer Empörung Paris zu den Waffen gegriffen habe; wie die Stadt sich in einen ärgerlich summenden Bienenkorb verwandelt habe, wie der Schuster von seinem Leisten, der Händler aus seinem Kontor, der Beamte aus seiner Kanzlei auf die Straße gestürzt sei und jeder die nächstbeste Waffe zur Hand genommen habe – ein Schwert, eine Pistole, eine Hellebarde, eine Arkebuse, eine Keule, ein Hackmesser; wie die Ketten in jedem Viertel hochgegangen und die Barrikaden wie auf ein Zauberwort gewachsen seien, ja wie Mann, Frau und Kind sich wütend an die Arbeit gemacht hätten.

In Wirklichkeit ging es nicht ganz so zu. Fast überall vergingen mehrere Stunden, bevor die ersten Barrikaden errichtet wurden. Wenn auch einige Pariser jahrelang auf einen Augenblick wie diesen gewartet hatten, war die erste Reaktion eine Art betäubter Bestürzung, gefolgt von starrer Reglosigkeit. Schließlich hatte kein Mensch mit einer solchen Masse von Soldaten gerechnet. Der König hatte Paris durch Waffengewalt genommen. Dies würde mindestens eine Reihe sofortiger Hinrichtungen zur Folge haben, ja noch Schlimmeres – ein ausgesuchtes Gemetzel oder eine allgemeine Plünderung der Stadt. Schwer zu sagen, was beunruhigender war, die höhnende Fröhlichkeit der französischen Gardisten, die zu geschlossenen Fensterläden hinaufschrien:

»Überzieht eure Betten frisch, Bürger! Heute nacht pennen wir mit euren Weibern!« oder die hohle Höflichkeit der riesigen Schweizer. Paris schauderte.

Was in diesen ersten Morgenstunden blitzartig aufging, waren nicht etwa Barrikaden, sondern Fenster und Auslagen, von denen Gitter und Läden abgenommen worden waren. Am hellichten Vormittag waren die Straßen von Paris verödet, kein Mensch ließ sich im Freien, kein Gesicht am Fenster blicken. Die Fleischer rings um den Marché Neuf verspürten nicht mehr Lust, sich mit all den Schweizern anzulegen als die friedfertigen Bürger im Umkreis des Friedhofs. Selbst die Besatzung des Hôtel de Guise, obgleich dieses wie eine auf eine Belagerung wartende Burg von Mannschaften und Munition strotzte, wagte sich zunächst nicht auf die Rue Saint-Antoine hinaus, wo ein Zug von Aumonts Reitern gemächlich trappelnd auf- und abpatrouillierte.

Nur ein Pariser Stadtviertel bereitete sich vom ersten Augenblick an auf seine Verteidigung vor — das Quartier Latin. Als Guise vernahm, die Garde des Königs sei im Anrücken, sandte er den Grafen von Brissac, den heftigsten und kampflustigsten der Liga-Hauptleute, mit einer Horde von Pikardenpartisanen los, um die Universität zu alarmieren und zu verstärken. Brissac und seine Leute marschierten ein gutes Stück vor den königlichen Truppen aufs linke Ufer hinüber und fanden Crucé, einen der Sechzehn und Obersten seines Arrondissements, damit beschäftigt, Waffen an eine in der Rue Saint-Jacques versammelte, zusammengewürfelte Schar von Studenten, Seminaristen, Mönchen, Dienst- und Fährmännern auszugeben; die meisten von ihnen trugen das weiße Kreuz an ihren Hüten zur Erinnerung an die Bartholomäusnacht, bei der ihr Führer Crucé eine große Rolle gespielt hatte.

Als ein aus französischen Gardisten und Schweizern zusammengesetztes Kontingent unter Crillon vom Petit Pont auf die Place Maubert zu marschierte, stieß es in der Rue Saint-Jacques auf die ersten hochwachsenden Barrikaden — die nächste lag unter dem Schutz eines von Brissac persönlich befehligten Trupps quer über ihrem Weg. Crillon würde die unfertige Barrikade frischweg gestürmt, die Rue Saint-Jacques von einem Ende zum anderen reingefegt haben und weitergezogen sein, um die »Amseln der Sorbonne aus ihren verrotteten Nestern zu räuchern«. Freilich hatte er nur eine Hundertschaft Pikeniere und dreißig Arkebusiere bei sich, aber sie waren Berufssoldaten und er war Crillon. Allein er hatte keine Erlaubnis, zu beweisen, was das hieß. Er hatte seine Befehle, konnte Brissacs Sticheleien nur mit einem grimmigen Blick beantworten und führte seine Pikenträger links ab auf den Place Maubert zu.

Sie besetzten diesen ziemlich unauffällig. Es dauerte jedoch nicht lange, bis an beiden Seiten des versperrten und verriegelten Karmeliterklosters, sowie an jeder in den Platz mündenden Straße andere Barrikaden errichtet wurden. Der tapfere Crillon, an ausdrückliche Befehle gebunden, konnte nur schäumen und einen gepfefferten Wortschatz loslassen, für den er selbst in einem Zeitalter bildkräftiger Lästerungen berühmt war, während er mitansehen mußte, wie die Barrikaden jeden Ausgang des Place Maubert abzusperren begannen. Was die Schweizer betraf, so ließ sich ein Teil der ungeschlacht-gutmütigen Kerle dazu herbei, den schwitzenden Zivilisten beim Herbeischaffen ganzer Ladungen von Kopfsteinen und dem Hochwuchten der schweren Tonnen zu helfen. Wie ihr Hauptmann später erklärte, hatte ihnen Marschall Biron, der es wiederum von seiner Majestät in Person hatte, versichert, ihre Aufgabe bestünde darin, das Volk von Paris gegen bewaffnete Fremde zu verteidigen. Bisher hatten sie keinen Fremden gesichtet, doch waren sie froh über die Bereitschaft der Pariser, bei ihrer eigenen Verteidigung mit Hand anzulegen.

Die gleiche Szene spielte sich überall da ab, wo königliche Truppen postiert waren. In den meisten Teilen der Stadt wurden die ersten Barrikaden an Punkten errichtet, die weitab von jeder königlichen Truppe lagen, als sich aber die Gruppe der Sechzehn von dem Schrecken des Morgens erholte und wieder zusammenfand, und als die Königlichen keine weitere feindselige Bewegung unternahmen — die berittenen Patrouillen ihre Pferde sogar höflich durchparierten und überall da umdrehten, wo sie das Volk beim Barrikadenbau fanden — faßte Paris wieder Mut, und schon stellten die Pariser ihre Hindernisse dreist innerhalb weniger Meter von den friedlich lungernden Soldaten auf.

Am Morgen war Paris in der Hand des Königs. Gegen Nachmittag war es seinem Griff entrissen. Von seinem Spion Poulain hatte Heinrich eine Liste aller Hauptpersonen der Liga in Paris bekommen, er wußte, wo sie zusammentrafen, wußte, wo ihre Waffen aufbewahrt waren. Seine strategisch verteilten Truppen hätten alle Hauptverbindungslinien überwachen, hätten sie für die Bewegungen der Königstreuen offen halten, gegen die Verbündeten versperren und jede gefährliche Zusammenrottung außer auf dem linken Ufer verhindern können — und dort hätte Crillon, wenn es ihm unmöglich gewesen wäre, die Lage mit seinen Männern zu beherrschen, mühelos Verstärkungen erhalten können. Eine Handvoll Pikenmänner hätte genügt, die gefährlichsten Kanzel-Demagogen, den größten Teil der Sechzehn und ihre Hauptvertreter dingfest zu machen. Die drei Hauptsammelpunkte der Streitmacht der Ligisten, die Universität, das Hôtel de Guise und das Hôtel de Montpensier, waren durch die königlichen Stellungen voneinander getrennt und hätten einer nach dem anderen unschädlich gemacht oder einfach belagert gehalten werden können. Die treuen Richter des Parlaments von Paris hätten mit den aufrührerischen Verschwörern, so wie sie angeschleift wurden, nur allzugerne kurzen Prozeß gemacht. Nachdem er jedoch jedem seinen Posten angewiesen hatte, wußte Heinrich seinen Leuten nur noch einen Befehl zu geben, den er vom Pferde herab jeder Einheit nachdrücklich zurief, als er sie die Porte Saint-Honoré durchschreiten sah. Sie sollten stets daran denken, daß sie hergeführt worden waren, um Paris zu beschützen. Unter keinen Umständen durften sie Person oder Besitz irgendeines Bürgers von Paris antasten. Taten sie dies, so würden sie mit ihrem Leben dafür zahlen. Heinrich glaubte, die bloße Zurschaustellung militärischer Macht müsse genügen, um die Hauptstadt einzuschüchtern. Er hatte vergessen, daß nichts gefährlicher ist als Machtentfaltung ohne Machtanwendung. Man hält einem bewaffneten Gegner nicht die Pistole unter die Nase, um ihm gleich darauf zu erklären, daß sie nicht losgeht.

Nur langsam machten die Pariser die erheiternde Entdeckung, daß die Königlichen nicht kämpfen würden. Etwa eine Stunde nach Mittag bemerkte man mit Ausnahme der zunehmenden Anzahl von Barrikaden — in den meisten Straßen waren sie alle dreißig Schritt errichtet — kaum eine feindselige Gebärde. Was die Truppen zunächst feststellten, war, daß die Proviantwagen nicht eintrafen. Natürlich wurden sie von den in der Nähe der Tore entstehenden Barrikaden aufgehalten, nur wußte das niemand. Mittlerweile hatten die Soldaten des Königs keine Kruste zu knabbern, keinen Schluck Wein, nicht einmal einen Tropfen

Wasser. Dies führte schließlich zu der einzigen undisziplinierten Handlung des Tages. Die Schweizer und die französischen Gardisten begannen, Wurst und anderes Eßbares von den Ständen weg zu verschlingen.

Mittlerweile wurde der König unruhig. Den ganzen Vormittag über empfand er offensichtlich Genugtuung über seine Kühnheit und Klugheit, und war inmitten der allgemeinen Aufregung sanft, ja ruhig geblieben. Dann aber hörte er allmählich von den Barrikaden und empfing zunehmend besorgte Meldungen von seinen Kommandeuren. Die Straßen waren nach allen Himmelsrichtungen hin gesperrt, und obgleich sie gesäubert werden konnten, ließ sich dies nicht ohne ernstlichen Kampf durchführen. Der Proviant war nicht gekommen, und jede Abteilung war von den anderen abgeschnitten. Schließlich erließ Heinrich seine Befehle. Man solle sich in Ordnung auf den Louvre hin zurückziehen, dabei sollten die am weitesten vorgeschobenen Posten zuerst abrücken. Überdies dürfte kein Blut vergossen und den Bürgern von Paris kein Widerstand entgegengebracht werden. Trotz der Barrikaden passierten nach wie vor Boten des Louvre hin und her, und alle Befehlshaber empfingen ihre Anweisungen ordnungsgemäß.

Wahrscheinlich fiel der erste Schuß auf der Place Maubert in dem Augenblick, als Crillon sein Detachement zum Marché Neuf zurückzuführen begann. Von einem Schweizer, sagten die Verbündeten, von einem Bürger, behaupteten die Royalisten. Wer auch immer den Schuß abgab, er kann nicht den getroffen haben, auf den er gezielt hatte. Die Kugel traf einen Nicht-Kämpfenden — einen Schneider? einen Tapezierer? — der dem Schauspiel von der Schwelle seines Ladens aus zusah. Und schon setzte die Schießerei ein. Crillons Männer überrannten die ersten Barrikaden ohne nennenswerte Mühe, aber in dem Gewirr enger Gäßchen zwischen der Place Maubert und dem Fluß gerieten sie alsbald ins Gedränge; Steine und Ziegel flogen auf sie herab, und das Gewehrfeuer aus oberen Fenstern und verbarrikadierten Durchgängen nahm kein Ende. Schließlich schlugen sie sich in die Rue Saint-Jacques durch, nur um festzustellen, daß der Petit Pont versperrt, von einem gemischten Trupp von Studenten und Soldaten der Liga verteidigt und von Petit Châtelet her mit Feuer belegt wurde. Zu dieser Stunde etwa müssen die Glocken zum ersten Mal Alarm geläutet haben — zuerst vielleicht von St. Julien le Pauvre, der St. Séverin und St.

André augenblicklich folgten, alle Kirchenglocken des linken Ufers fielen ein und wurden vom Sturmläuten der Cité und von allen Glocken jenseits des Flusses beantwortet.

An der Straßenkreuzung von Saint-Séverin hatte Brissac eine zweite Barrikade gegen das Petit Châtelet vorgeschoben; beim ersten Schuß von der Place Maubert überrannte er das Torhaus, warf die Besatzung hinaus und bedrohte von der Plattform des kleinen Forts aus den auf der Brücke postierten Trupp mit seinen Mauerstücken. Diese bis auf einen kopflosen jungen Offizier anscheinend führerlose Truppe fiel auf den Marché Neuf zurück.

Brissacs Vorstoß säuberte wenigstens für den Augenblick die Straßenkreuzung von Saint-Séverin von Ligisten, und Crillon führte seine Soldaten über die Rue Saint-Jacques auf den Pont Saint-Michel zu. Noch immer flogen Steine, noch immer pfiffen Kugeln aus den Fenstern der oberen Stockwerke, auch mögen ein paar Barrikaden zu überwinden gewesen sein — wengleich diese wohl kaum hartnäckig verteidigt wurden, denn plötzlich tauchte das Kontingent von der Place Maubert am Flußufer auf, fand den Pont Saint-Michel von seinen Freunden geräumt, aber noch unbesetzt von seinen Feinden und überquerte ihn gerade zur rechten Zeit, um der Niederlage der Hauptkampfgruppe beizuwohnen.

Auf dem Marché Neuf bemühten sich M. de Tinteville und andere Anhänger des Königs, darunter anscheinend ein oder zwei Stadtbeamte, seit mehreren Stunden darum, die zusammengelaufenen Bürger zu beschwätzen und zu belehren; mit der Versicherung, die Truppen hätten mit der Stadt nichts Böses im Sinn, versuchten sie, sie zum Niederreißen der Barrikaden und zum Abziehen zu bewegen. Sie hatten einigen Erfolg dabei; als daher Marschall Aumont den allgemeinen Rückzug befahl — anscheinend vermutete er, wenn er überhaupt an dergleichen dachte, daß Crillons Kontingent sich mit der Wache am Petit Pont vereinigt hatte —, konnten die Schweizer die ersten paar hundert Schritte unbehelligt zurücklegen.

Doch die schwarzgekleideten Redner der Liga brüllten unentwegt: »Schlagt die Amalekiter! Laßt keinen entkommen!« Als die Schweizer an der Madeleine vorüberkamen, streckte ein aus einem Fenster fliegender Kopfstein einen von ihnen auf dem Gehsteig nieder, und schon sausten die Steine schneller. Dann eröffneten die Arkebusiere aus Fenstern und von Dächern herab das Feuer. Das Gedröhn der Alarmglocken begann die Luft zu erfüllen. Die Kolonne stolperte weiter, nur um beim Einbiegen in den Pont Nôtre-Dame festzustellen, daß die Brücke hoffnungslos versperrt war. Von den hohen, die Brücke auf beiden Seiten säumenden und zugleich überragenden Häusern »warfen sie« — wie ein Schweizer Hauptmann schrieb — »mächtige Steinbrocken, Holzblöcke und alle Arten von Möbelstücken auf uns herunter. Wir fanden uns zwischen Barrikaden festgeklemmt, während einige von mit Arkebusen bewaffneten Söldnern und einer Unzahl von Menschen begleiteten Edelleute auf uns feuerten, als seien wir die Feinde des Königs. Die ganze Zeit belferten seltsame Mönche los und hetzten das Volk gegen uns auf, als seien wir Hugenotten und Schänder der heiligen Gegenstände.«

Eine Weile ließen die Schweizer diesen verwirrenden Ansturm von Leuten, zu deren Schutz sie gekommen waren, über sich ergehen, als sei er ein sinnloses Donnergetöse, als sei er irgendwie gar nicht wahr. Dann, als es ihnen dämmerte, daß sie dabei alle unversehens ins Gras beißen konnten, warfen sie die Waffen weg und begannen um Gnade zu flehen, sie bekreuzigten sich, kramten Kruzifixe, Rosenkränze und Skapuliere hervor zum Zeichen, daß sie Katholiken seien, und riefen: »Bon chrêtien! Bon France! Bon Guise!« oder sonst ein Kauderwelsch von versöhnlichem Französisch, das ihnen gerade einfiel. Da trat Brissac auf den Plan, rettete sie aus den Klauen ihrer Angreifer und führte sie, entwaffnet wie sie waren, als Gefangene zum Marché Neuf zurück. Dort nahm er auch Crillons Übergabe entgegen.

An der Place de Grève und am Friedhof der Heiligen Unschuldigen ließen die Königlichen sich nicht verwirren und erwiderten das Feuer ihrer Peiniger, so daß sie fast keine Verluste erlitten; als aber die Menschenmenge, die sie in Schach hielten, immer zahlreicher und immer wilder wurde, schien es auch zweifelhafter, ob sie sich zum Louvre würden zurückschlagen können und immer wahrscheinlicher, daß der Gegner ihnen da, wo sie standen, den Garaus machen würde. In diesem Augenblick sandten die Häupter der Sechzehn, die sich endlich als Herren der Lage zu fühlen begannen, die ironische Botschaft an den König, um ihn von der mißlichen Lage seiner Truppen in Kenntnis zu setzen, und Heinrich sandte Biron mit der Bitte zum Herzog von Guise, das Leben seiner Leute zu schonen.

Guise hatte den ganzen Tag in seinem *hôtel* verbracht und dort bereits zwei Abgesandte empfangen. M. de Bellièvre war schon am Vormittag erschienen, mit der Anweisung, er solle das Volk beruhigen und mit seinen Partisanen Paris räumen. Kurz darauf war die Königin-Mutter eingetroffen, vielleicht vom König geschickt, wahrscheinlich aber auf eigene Faust, in der Hoffnung, ihn dankbar für ihre Vermittlung am vergangenen Montag und deshalb zu Friedensverhandlungen bereit zu finden. Guise wies beide Botschaften ab. Er bedaure, daß das Volk von Paris den Eindruck habe, sich gegen seinen König verteidigen zu müssen, was jedoch in den Straßen vor sich gehe, sei nicht seine Sache. Man könne doch klar und deutlich sehen, daß er nicht bewaffnet sei und keinen Aufstand leite. Er verbringe seine Stunden friedlich zu Hause. Auf Heinrichs klägliche Bitte um Einstellung des Mordens, bei der ein Unterton bedingungsloser Übergabe unüberhörbar war, antwortete Guise jedoch unverzüglich. So wie er gerade gekleidet war, in Wams und Beinkleidern aus weißer Seide, als einzige Waffe die Reitgerte, trat er seinen friedlichen Gang an.

Sobald er sich auf der Straße zeigte, wurde er wie ein Eroberer begrüßt. »Vive Guise! Vive Guise!«, rief die Menge, und auch: »Höchste Zeit, den edlen Herrn zur Krönung nach Reims zu geleiten! Nach Reims!«

»Still, Freunde«, antwortete der Herzog lachend, »wollt ihr mich ruinieren? Ruft doch lieber ›Es lebe der König!‹« So ging er, umschwärmt von einer wachsenden Menge ihm zujubelnder Bürger, zuerst zum Friedhof, dann zur Place de Grève und schließlich zum Marché Neuf, unterwegs anordnend, daß die Barrikaden fortgeräumt werden sollten; den gleichen Weg in umgekehrter Richtung führte er dann die Regimenter des Königs, zwar mit zurückgegebenen Waffen, aber mit zusammengerollten Fahnen und gelöschten Lunten, mit gesenkten Waffen und stummem Spiel durch das Herz der Hauptstadt zurück, etwa wie eine bezwungene Besatzung, die eine eingenommene Stadt verläßt. Hätte ihnen sonst jemand ihre Beute unter der Nase wegzuschnappen versucht, jetzt, da sie Blut gerochen hatten, die Pariser wären wütend gewesen. Aber Guise konnte nichts Falsches tun. Die noble Geste erhöhte nur seine Beliebtheit, und vom Marché Neuf hin zu den Portalen des Louvre bewegte er sich inmitten stürmisch-entfesselten Jubels. War er es bisher nicht gewesen, von diesem Tag an war Heinrich von Guise König von Paris.

Paris schlief wenig in jener Nacht. Freudenfeuer loderten in den Straßen, ringsum stimmten die bewaffneten Bürger Ligalieder an und erzählten von ihren kürzlichen oder verkündeten kommende Taten. Der Louvre fand noch weniger Schlummer. In den Höfen und den höhlenartigen Gängen und Küchen des Erdgeschosses dösten müde Soldaten neben ihren Waffen; oben erglänzten die Räume von Kerzen und Fackeln, und die Höflinge hielten an Fenstern und Treppen mit gezogenem Schwert Wache. Der König schlief von allen am wenigsten. Am frühen Abend war seine Mutter von ihrem zweiten Bittgang zum Herzog von Guise zurückgekehrt. Heinrich hatte sich gezwungen gesehen, ihr zu vertrauen; er hatte sonst niemanden, auf den er sich verlassen konnte, nicht einmal sich selbst. Sie aber, die so oft mit einem mit Geschick und Geduld dem Rachen der Niederlage entrissenen halben Siege heimgekehrt war, brachte diesmal nur eine grimmige Botschaft zurück. Wenn Heinrich von Valois alle seine Wächter und Freunde zu entlassen, die Thronfolge nach dem Wunsch der Katholiken zu ändern und den Kern seiner Macht in die Hände des Herzogs von Guise und der anderen hohen Herren der Liga auszuliefern bereit wäre, würde der Herzog Seiner Majestät erlauben, sich weiterhin König von Frankreich zu nennen. Nachdem er seine Mutter angehört hatte, sprach der König stundenlang kein Wort, sondern saß im großen Audienzsaal »wie das Bild eines Toten«, während Tränen über seine Wangen liefen und er hin und wieder vor sich hinflüsterte: »Verraten. Verraten. Soviel Verrat!« Ja, soviel Verrat, daß Heinrich sich nicht darauf besinnen konnte, wann er begonnen hatte, oder wieviel davon er selber begangen hatte. Nun war es zu spät, alles der Reihe nach aufzuzählen, ja bedauern zu wollen.

Kein Wunder, daß Dr. Cavriana, der den Jammer des Königs aus achtungsvoller Entfernung beobachtete, schrieb, der 12. Mai würde als traurigster Tag in der Geschichte Frankreichs fortleben, und Estienne Pasquier, der in jener Nacht die rings um die Freudenfeuer anwachsenden Menschenmengen betrachtete, stellte fest, die Ereignisse der letzten

Tage hätten ihn von seinem lebenslangen Mißtrauen gegen die Astrologie gründlich geheilt, da Regiomontanus diese unerhörte Katastrophe so klar vorausgesagt habe. Von welcher Warte man diesen Tag auch betrachten mochte, der 12. Mai war und blieb eine historische Begebenheit. Geschichtliche Genauigkeit großzügig beiseiteschiebend, schrieb Guise in der ersten Begeisterung einem seiner Feldhauptleute: »Ich habe die Schweizer und einen Teil der königlichen Garde geschlagen, den Louvre belagere ich so dicht, daß ich wohl das ganze Nest werde ausheben können. Dieser Sieg ist so groß, daß er auf ewig im Andenken aller fortleben wird.«

Einige seiner Verbündeten hielten den Sieg für weniger vollendet. Die ganze Nacht hindurch hatten die hartkehligen Amseln der Liga auf zusammengetrommelte Zuhörer eingeschrien, die Zeit sei da, um mit *Vilain Herodes* ein für allemal Schluß zu machen. Brissac, Crucé und andere der Sechzehn teilten diese Meinung, und bevor der Morgen halb vorüber war, strömten die Einwohner von Paris, weniger von den über Nacht angezapften Fässern als vom schweren Wein des Sieges trunken, aus allen Stadtvierteln auf den königlichen Palast zu. Der König sah, wie die Menge wuchs und schätzte ihre Stimmung nach ihrem Lärm. Daher flehte er seine Mutter an, Guise nochmals aufzusuchen und ihn um Zerstreuung des Aufruhrs zu bitten.

Guise konnte nur bedingte Hilfe zusagen. Es sei schwer — so meinte er — einer Herde rasender Stiere Herr zu werden. Während Guise und Katharina verhandelten, wurden rings um den Louvre Barrikaden errichtet, achthundert Studenten der Sorbonne unter Brissac und vierhundert bewaffnete Mönche schickten sich an, das Schloß zu stürmen. Schon wurden Rufe laut wie: »Los, wir holen die Drecksau von einem König aus dem Louvre.«

Sie kamen zu spät. Heinrich hatte etwas erfahren, was Katharina nicht wußte, was die lärmende Menge draußen nicht vermutete, was vielleicht nicht einmal Guise ahnte. Die Porte Neuve war unbewacht. Kurz nachdem seine Mutter sich von ihm verabschiedet hatte, schlenderte der König mit einer kleinen Anzahl seiner Hauptleute und Ratgeber, die ihn begleiteten oder nachkamen, durch das unbewachte Neue Tor am Ende der Louvre-Gärten, eilte durch die Anlagen der Tuilerien zu den Stallungen hinüber, saß auf und ritt nach Saint-Germain.

Sein Weg wand sich die Butte Montmartre hinauf, dort hielt er an zu einem letzten Blick auf seine geliebte Stadt, zu einem letzten Ausbruch seines leidenschaftlichen Rednerpathos, worin eine seiner Gaben bestand. »Leb wohl, Paris«, hörte einer seiner Begleiter ihn sagen. »Ich hab dich mehr als alles andere in meinem Königreich geehrt. Ich habe mehr für deinen Reichtum und Ruhm getan als zehn meiner Vorgänger, ich habe dich mehr geliebt als Frau oder Freund. Du hast meine Liebe mit Verrat vergolten, mit Kränkung und Aufruhr. Ich werde mich an dir rächen«. Und Heinrich leistete den feierlichen Eid: »Wenn ich wieder in deine Straßen einziehe, soll es durch eine Bresche in deinen Mauern sein.« Noch vor Dunkelheit überquerte die königliche Gesellschaft die Seine. Sie nächtigten in der Nähe von Saint-Germain, am nächsten Tag wurden sie in Chartres herzlich aufgenommen.

Guise verhandelte noch mit der Königin Mutter, als er erfuhr, daß der König aus dem Louvre geflohen sei. »Madame«, rief er, »Ihr habt mich übertölpelt! Während Ihr mich redend festgenagelt habt, hat der König Paris verlassen und ist dahin gegangen, wo er noch größere Unruhe stiften kann! Ich bin ruiniert!« Vielleicht war die Bestürzung des Guisen echt. Vielleicht mag er auch gedacht haben, es wäre allzu peinlich gewesen, den König auf dem Hals zu haben, sei es als Gefangenen, sei es als Toten, aber ebenso peinlich, ihn vor seinen eigenen Pariser Verbündeten, die entschlossen waren, aus ihm das eine oder andere zu machen, schützen zu müssen. Von den drei Heinrichen hatte Heinrich von Guise die wenigsten Überzeugungen, war er der gerissenste Politiker und am ehesten dazu geneigt, sein Ziel auf Umwegen anzugehen. Auch war er ein erfahrener Befehlshaber, und wenn er sagte, er halte einen Platz schärfstens umklammert, so dürfte er die Möglichkeiten von Ein- und Ausweg kaum außer acht gelassen haben. Und doch versäumte jemand, die Porte Neuve bewachen zu lassen, vielleicht ordnete auch jemand an, sie unbewacht zu lassen. Jedenfalls verließ Guise sich darauf, daß die Macht des Königs gebrochen war. Von jetzt an war er Herr über Frankreich.

Nicht alle teilten seine Zuversicht. Als Alexander von Parma die ersten Nachrichten vom Pariser Aufstand erhielt, befahl er Freudenfeuer zur Feier des Ereignisses; als er aber hörte, daß Guise die Schweizer der Wut des Pöbels entrissen, den Louvre verschont und obendrein den König hatte entkommen lassen, schüttelte er nur den Kopf: »Der Herzog von Guise«, sagte er, »hat noch nie etwas von dem italienischen Sprichwort gehört: ›Wer das Schwert gegen den Herrscher zieht, soll die Scheide wegwerfen.‹«

Wenn Bernardino de Mendoza sich wegen der Flucht des Königs Sorgen machte, so zeigte er sie nicht. Zwischen den Zeilen seines streng sachlichen Berichts vom Tag der Barrikaden kann man den Stolz des Fachmannes über ein schwierig-verwickeltes, pünktlich und erfolgreich zu Ende geführtes Stück Arbeit ablesen. Ob Heinrich III. sich unter Guises Willen beugte oder sich ihm zu widersetzen trachtete, spielte jetzt kaum noch eine Rolle. Epernon konnte die Normandie nicht mehr halten, auch bestand nicht mehr die geringste Gefahr, daß die Franzosen die Niederlande in Parmas Abwesenheit belästigen konnten. Parmas Flanke war gesichert, Medina Sidonias desgleichen. Die Armada war — zumindest was eine drohende Gefahr aus Frankreich betraf — in völliger Sicherheit ausgelaufen, genau wie Mendoza es versprochen hatte.

DIE UNBEZWINGBARE SETZT DIE SEGEL

Von Lissabon nach La Coruña, 9. Mai bis 22. Juli 1588

Tatsächlich war zu dem Zeitpunkt, als Mendoza schrieb, die Armada noch keineswegs ausgelaufen. Trotz des erwartungsvollen Trubels seit der Übernahme der geweihten Standarte durch den Herzog wurde es der 9. Mai – der Tag, an dem Guise Paris betrat – bis das letzte Faß verstaut und der letzte Rekrut an Bord war. An jenem Morgen begannen die Schiffe an Belem vorbei herauszusegeln, aber genau vor der Barre mußten sie von neuem Anker werfen und warten. Eine steife Brise blies von See her genau direkt in den Durchgang hinein. Sie hielt an, ein Sturm folgte dem anderen – eher wie im Dezember als im Mai, sagten die Hafenlotsen Medina Sidonia.

Entlang der ganzen Atlantikküste herrschte ein seltsames Maiwetter, fast so wie die Astrologen es vorausgesagt hatten. In der Normandie, wo Epernon vor seinem Herrschaftsantritt zurückzuckte, verwüsteten nie gekannte Hagelböen Felder und Obstgärten, es hieß sogar, sie hätten Vieh auf der Weide erschlagen. In der Pikardie, wo Aumâle noch immer vergebens an die Tore von Boulogne klopfte, verwandelte der Regen Landstraßen in Moraste und Rinnsale in reißende Sturzbäche. Vor der flandrischen Küste wurden Howard und Seymour hin- und hergeschleudert und -geschüttelt, und selbst die für solche Gewässer und Aufgaben gebauten holländischen Kriegsschiffe waren genötigt, Vlissingen anzulaufen und die Blockade Parmas den Elementen zu überlassen. Auch die Armada lag, blockiert von den Elementen, nahezu drei Wochen lang auf der Reede von Belem vor Anker.

In der Zwischenzeit hatte Philipp die Möglichkeit, seinem Generalkapitän weitere Nachrichten und Anweisungen zukommen zu lassen. Die englische Flotte – hieß es – sei äußerst schwach. (Das stammte von Mendoza, der sich auf übertriebene Schilderungen der gegen Hawkins gerichteten Anklagen verließ.) Vermutlich würde Drake sich in Plymouth verschanzen (wie fast jedermann auf dem Kontinent sprach Philipp oft so, als sei die englische Flotte nichts anderes als eine erweiterte Flotte Drakes) und sich entweder überhaupt nicht stellen oder erst herauskommen, nachdem die Armada vorbeigesegelt war, um sie im Rücken zu packen zu suchen, wenn sie sich mit der restlichen englischen Flotte in der Nähe von Dünkirchen festgebissen hatte. (Philipp war über die Aufstellung der englischen Seestreitkräfte völlig im Bilde.) Vielleicht würde Drake auch mit dem Angriff warten, bis die Soldaten ausgeschifft waren. Der Herzog mußte dafür sorgen, daß seine Flotte nicht allzu sehr geschwächt wurde, bevor Drake niedergerungen war. Wenn er sich mit Parma vereinigt habe, könne er die Engländer nach Gutdünken zur See oder in den Häfen angreifen, vorher dürfe er den Kampf, wenn er ihm auch nicht ausweichen solle, so doch nicht suchen. Keinesfalls dürfe er sich von dem vereinbarten Treffen abhalten lassen, selbst wenn Drake die Küste Spaniens bedrohe.

Philipp liebte es, jede Möglichkeit vorwegzunehmen, der seine Untergebenen sich gegenübergestellt sehen konnten, und genaue Sonderanweisungen zu erteilen, wie jede einzelne anzupacken sei. Zum Beispiel setzte er seinen Generalkapitän mehrmals davon in Kenntnis, daß die englischen Schiffe schneller seien und Geschütze mit größerer Reichweite besäßen, so daß sie höchst wahrscheinlich Abstand halten würden. (Als ob dies dem Herzog nicht von allen Seiten beigebracht worden wäre!) Daher müsse der Herzog dem Feind den Wind aus den Segeln nehmen, auf ihn losstoßen und ihn zum Nahkampf zwingen, fuhr der König unbeirrt fort. Worüber er sich jedoch nicht ausließ, war die Art und Weise, wie dieser fesselnde Kniff zu bewerkstelligen sei. Wenn Philipps Befehle auch nicht immer eine ausgesprochene Hilfe bedeuteten, so war die ihnen zugrundeliegende Absicht doch völlig klar. Der Herzog sollte demgemäß handeln, mit Parma »auf der Höhe des Kaps von Margate« zusammentreffen, seine Landung decken und seinen Nachschub sicherstellen. Und zwar je eher, desto besser.

Inzwischen war Medina Sidonia selbst darauf erpicht, loszusegeln. Nie würde die Armada einsatzbereiter sein, als sie es ohnehin jetzt war. Alles, was die Erfahrung der erprobten Kämpen Europas zu bieten hatte — das heißt, alles im Bereich des Möglichen — war getan worden. Die Flotte war mit fachmännischem Geschick zusammengestellt worden, zunächst im Hinblick auf Kampf- und Segelfähigkeit, sodann nach Gegend und Sprache. Die erste Linie, die Galeonen, bestand aus zwei starken Geschwadern – Portugals Galeonen, insgesamt zehn (die *Florencia* mitgerechnet), dazu die Galeonen Kastiliens, ebenfalls zehn, zwar etwas kleiner und weniger schwer bestückt als die Portugiesen, dafür aber durch vier große normalerweise auf der westindischen Handelsroute eingesetzte Segler verstärkt. Diese beiden Geschwader sollten gemeinsam operieren, und bevor sie den Kanal erreichten, befand sich der Befehlshaber der kastilischen Galeonen, Diego Flores de Valdés, in seiner Eigenschaft als Stabschef an Bord der *San Martin*, Medina Sidonias Flaggschiff. Zur ersten Schlachtlinie wurden auch die vier Galeassen aus Neapel unter Hugo de Moncada gezählt. Diese waren eine Art Mischlings-Kriegsschiffe, halb Galeone, halb Galeere, schnell, schwer bestückt und in der Lage, mittels Ruder zu manövrieren; man erwartete Großes von ihnen. Die zweite Schlachtreihe bestand aus vier Geschwadern von je zehn Schiffen, große Kauffahrteisegler, mindestens einige davon schwer bestückt – die Biscayer unter Juan Martínez de Recalde, die Guipúzcoans unter Miguel de Oquendo, die Andalusier unter Pedro de Valdés und die Levantiner (aus Venedig, Ragusa, Genua, Sizilien und Barcelona) unter Martin de Bertendona. Dazu kamen vierunddreißig leichte, schnelle Schiffe, *zabras, fregatas* und *pataches* für Aufklärungs- und Depeschendienst; einige von ihnen waren dem einen oder anderen Kampfgeschwader unterstellt; eine Gruppe jedoch, unter dem Kommando einer als Flaggschiff eingesetzten Galeone, blieb für sich und hatte den Auftrag, als Tarnung zu dienen. Schließlich gehörte noch ein ungelenkes Geschwader von dreiundzwanzig *urcas* dazu, Hulks, Frachter und Proviantschiffe, von denen wohl die wenigsten in einem Gefecht ihren Mann stellen konnten; dazu vier der portugiesischen Galeonen, die in der letzten Minute aus bis heute unaufgeklärten Gründen hinzukamen. Insgesamt einhundertunddreißig Schiffe aller Größen.

Wir wissen ziemlich viel von dieser Armada, die nur darauf wartete, aus dem Hafen von Lissabon auszulaufen. Medina Sidonia hatte eine kunstvolle Zusammenstellung ausarbeiten lassen, nicht nur die Kampfordnung nach Geschwadern, sondern den Namen eines jeden Schiffes in jedem Geschwader, seinen ungefähren Tonnengehalt, die Anzahl seiner Geschütze, seiner Matrosen, seiner Söldner. Der Ordnung halber ließ er auch die wichtigsten Gentlemen-Abenteurer eines jeden Schiffes namentlich aufführen, nebst der genauen Anzahl ihrer mitkämpfenden Dienerschaft, dazu die Kanoniere, das Sanitätskorps, die Mönche und Priester (es waren einhundertundachtzig), die Organisation der *tercios* — der dritten Orden — mit einer Liste ihrer Offiziere und der Stärke jeder Kompanie, den Belagerungspark, die Feldkanonen, Handwaffen aller Art, den Gesamtvorrat an Schießpulver (lauter feinkörniges Arkebusenpulver, wie er stolz notiert hatte), die Anzahl Kanonenkugeln aller Gewichte (123 790), das Blei für Gewehrkugeln, die Lunten. Der Bericht umfaßte auch den gesamten Proviant, Zwieback, Speck, Fisch, Käse, Reis, Bohnen, Wein, Öl, Essig, Wasser, gerechnet nach so und sovielen tausenden oder zehntausenden von englischen Zentnern, oder nach so und sovielen Schläuchen, Tonnen und Fässern. Selbst wenn die Zahlen nicht alle stimmen — und das taten sie sicherlich nicht — so ist die Unmenge aufgeführter Einzelheiten größer als jede, die wir über irgendeine andere Flotte des sechzehnten Jahrhunderts besitzen. Und selbst wenn die gesamte Streitmacht kleiner ist als die Hälfte der Flotte und des Heeres, die Santa Cruz für das Unternehmen angefordert hatte, so macht das Ganze auf Papier noch immer den Eindruck gewaltiger Kampfstärke. In der amtlichen Veröffentlichung, die all diese Daten umfaßt, wird die Flotte »La felicissima armada« — die vom höchsten Glück begünstigte Flotte — genannt, aber der Volksmund ersetzte diese Bezeichnung unverzüglich durch »unüberwindlich« als Huldigung für ihre furchteinflößende Stärke. Dank der spanischen Neigung zur Ironie heißt diese Armada seither »La Invencible«.

Es klingt seltsam, daß Medina Sidonias eingehender Bericht veröffentlicht wurde. Heute würde solch ein Schriftstück als »Streng geheim« bezeichnet werden, selbst wenn der Feind längst jede Einzelheit kennen würde und auch in jenen Tagen hatte Walsingham alle Hände voll zu tun, um einige Fetzen dieses überreichlichen Informationsberichtes zu ergattern. Jedenfalls wurde das Ganze mit verhältniswenig geringen Änderungen und allen Übertreibungen ihrer Stärke kaum zehn Tage nach seinem Entwurf in Lissabon veröffentlicht, während die Invasionsflotte noch im Tajo lag. Zwei Wochen später erschien in Madrid eine neue Fassung mit offiziellen »Korrekturen«. Von da aus fand der Bericht so rasch den Weg nach Rom, Paris, nach Delft und Köln, daß Abschriften in Amsterdam feilgeboten wurden, noch bevor die *San Martin* die Eidechse gehißt hatte. Protestantische Drucker fügten zu der langweiligen Aufzählung von Piken und Harnischen, Fisch und Zwieback all das Aufgebot an Peitschen und Ketten, Bratrosten und Kneifzangen, Folterbänken und Daumenschrauben hinzu, das sie ihrer Leserschaft bieten zu müssen glaubten, und unternehmungslustige Verleger behielten das Ganze im Satz, um diesen beim geringsten neuen Gerücht, das ein weiteres Flugblatt über die spanische Flotte zu rechtfertigen schien, wieder benutzen zu können. Freilich schlichen sich in spätere Ausgaben mit den fantasievollen Ausschmückungen auch Druckfehler in Zahlen und merkwürdige Irrtümer in Tatsachen ein, im Grunde vermittelte jedoch noch das fehlerhafteste Blättchen einen ziemlich genauen Überblick über die dem König und dem Staatsrat unterbreiteten und mit offizieller Genehmigung in Madrid gedruckten Auskünfte. Würden sie sich die Mühe gemacht haben, so hätten Howard und seine Kapitäne ziemlich genaue, auf Feindmeldungen basierende Abschriften der feindlichen Schlachtordnung mit in den Kampf nehmen können. So besaß Burghley eine Zweitschrift. Daraus können wir nur schließen, daß in den Augen des Madrider Kriegsrates der Werbewert ihrer Kraftentfaltung mehr Nutzen bringen würde, als die Enthüllung besagter Einzelheiten Schaden anrichten könnte. Vielleicht hatte er sich endlich einen Teil der souveränen Zuversicht seines Herrn zu eigen gemacht.

Im Augenblick jedenfalls war der Herzog von Medina Sidonia so zuversichtlich wie jedermann. Er war von der vorzüglichen Organisation, die er und sein Stab aufgezogen hatten, sehr beeindruckt. Man hatte Signale und andere Verbindungsmöglichkeiten zwischen den Geschwadern festgelegt, ihre Treffpunkte vereinbart und sowohl Segelbefehle wie Kampfanweisungen ausgearbeitet. Man hatte die erfahrensten Lotsen verteilt, so daß jeder Geschwaderkommandant mehrere zur Verfügung hatte, Spanier und Bretonen, Holländer und abtrünnige Engländer, die mit dem Kanal der Nordseegewässer vertraut waren. Man hatte eine Reihe von Segelanweisungen zusammenstellen, vervielfältigen und an jedes Schiff verteilen lassen, die, wiewohl nichtssagend über die Ostküste nördlich der Themsemündung und vage über Irland, für die Strecke von den Scilly Inseln bis nach Dover im Rahmen der damaligen Kenntnisse über Grenzlinien, Hafeneinfahrten, Untiefen, Gezeiten und wenigstens über einige der wichtigsten Riffe und Gefahrenzonen ziemlich genaue Auskunft erteilten. Bevor man die Warnung des Königs über Drakes mögliche Taktik erhalten hatte, war eine Sonderformation aufgestellt worden, um eben gegen einen solchen Fall gewappnet zu sein. Stolz sandte der Herzog seinem Herrn eine graphische Darstellung des Kräfteverhältnisses. Ob all diese fachliche Kennerschaft mehr dazu beitrug, Medina Sidonias Zuversicht zu stärken als die Versicherung eines heiligen Mönches, Gott würde Spanien den Sieg schenken, weiß wohl niemand zu sagen. Am meisten zählte vielleicht einfach die Tatsache, daß die Flotte, die er befehligte, endlich bereit, dem Feind die Spitze zu bieten, mit ihren neuerrichteten von frischer Farbe schimmernden Kastellen, ihren am Mast klatschenden Bannern, ihren von prächtig bewehrten Kavalieren wimmelnden Decks fröhlich, tapfer und durchaus unüberwindlich aussah.

Sobald das Wetter die Ausfahrt zuließ, begann der Herzog, sich aus dem Fluß von Lissabon herauszuarbeiten. Am 28. Mai passierten Portugals königliche Galeonen, Sidonias Flaggschiff *San Martin* an der Spitze, das Schloß Sankt Julian und erwiderten eines nach dem anderen die Salutschüsse des Forts. Am 30. Mai ging die gesamte Armada trotz unbeständiger widriger Winde in See, direkt an einem Nordnordwestwind segelnd, der die Hulks so stark abtrieb, daß die Flotte, wenn sie beisammenblieb, südlich des Kaps Espichel stehen würde, bevor sie Seeraum für einen neuen Schlag hätte.

Die Flotte blieb tatsächlich zusammen; das bedeutete jedoch, wie ihr Befehlshaber bald merkte, daß »unsere Fahrt sich nach der Geschwindigkeit unseres erbärmlichsten Kahns richten muß.« Eine gute Anzahl der Hulks entpuppte sich als unsichere träge Segler, so daß sich das Flaggschiff nach achtundvierzig Stunden auf See noch immer südsüdwestlich des Felsens von Lissabon befand, und die ganze seit dem Passieren der Barre zurückgelegte Entfernung etwa fünfzehn Seemeilen betrug. Danach erwies sich das Segeln entlang der spanischen Küste als mühsam. Das Wetter half ebenfalls nicht mit. Bisweilen lief der Wind an einem einzigen Tag rund um den Kompaß, wehte zuerst aus dem Osten, dann aus dem Süden, Westen, Norden und wieder aus dem Osten. Mitunter flaute der Wind auch gänzlich ab, dann stampfte die Flotte träge ohne Steuerkraft mit klatschenden Segeln auf der langen Atlantikdünung hilflos dahin. Manchmal fiel auch eine plötzliche wütende Bö aus der ungeeignetsten Windrichtung ein. Bei solchem Wetter und mit einer so uneinheitlichen Flotte dauerte die Reise vom Felsen von Lissabon nach Kap Finisterre dreizehn Tage, eine Strecke von knapp einhundertsechzig Seemeilen.

Immerhin brachte dieses Schneckentempo einen wenn auch geringen Vorteil mit sich; es ermöglichte Abhilfe für einen mangelhaft vorbereiteten Punkt, der Medina Sidonia nun die größten Kopfzerbrechen verursachte – der Proviant. Gewaltige Mengen von Lebensmitteln – wie das Spanien des sechzehnten Jahrhunderts dergleichen eben berechnete, – waren in Lissabon angesammelt worden; der lange Winter hatte jedoch viel verschlungen, außerdem war es nur menschlich, daß die zuletzt hereingekommenen Lieferungen zuerst aufgebraucht wurden. Sobald der Herzog den Oberbefehl übernommen hatte, versuchte er durchzusetzen, daß die am längsten an Bord oder in den Hafenschuppen gelagerten Fässer und Säcke zuerst angegriffen werden sollten. Ob seinem Befehl nachgekommen wurde oder nicht, konnte er nur erraten, als aber der Mai wärmer wurde und die Flotte im Fluß still lag, meldete ein Schiff nach dem anderen verdorbene Lebensmittel. Diese Aussichten waren besorgniserregend. Daher ließ der Herzog bis zum letzten Augenblick die ländlichen Bezirke Portugals durchkämmen und bat Madrid dringend um zusätzliche Lebensmittellieferungen. Als er die Anker lichtete, hinterließ er den Befehl, daß alle noch eintreffenden Vorräte sofort nachgeschickt werden sollten. Er hatte bereits darum gebeten, daß alles, was sich an Lebensmitteln auftreiben ließ, in den Nordhäfen auf Proviantschiffe verladen werden sollte, die ihn auf der Höhe von Kap Finisterre treffen sollten, damit die Armada ihre Vorräte auf See ergänzen könne.

Vier Tage lang trieb sich die Flotte in der Gegend von Finisterre herum und hielt nach den säumenden Proviantfrachtern Ausschau, und schon machte sich ein neuer Übelstand bemerkbar. Praktisch jedes Geschwader meldete Wassermangel. Obgleich die Wassertonnen schon vor einem Monat gestaut worden waren, hätte noch Wasser für weitere drei oder vier Monate vorhanden sein müssen. Viele Fässer schienen jedoch schadhaft, und was sie enthielten, war allzu oft schon grün und stank.

Man konnte sich daher leicht ausrechnen, daß die Chance, beim Anstechen eines neuen Fasses trinkbaren Inhalt zu finden, von Mal zu Mal geringer wurde. So wurde bei einem regelrechten Kriegsrat die einstimmige Ansicht der »Generale«, der Geschwaderkommandanten laut, die gesamte Flotte müsse La Coruña anlaufen, um soviel Lebensmittel als möglich, vor allem aber Wasser aufzunehmen.

Das war am Sonntag, den 19. Juni, zwanzig Tage nachdem die Armada Lissabon verlassen hatte. Als Medina Sidonias Flaggschiff seinen Ankerplatz gefunden hatte, stand die Sonne schon tief, so daß vereinbart wurde, der von der Einfahrt am weitesten entfernte Teil der Flotte sollte bis zum Tagesanbruch draußen kreuzen, anstatt ein Einlaufen im Dunkeln zu versuchen. Einige fünfzig Schiffe, große und kleine, erreichten den Hafen vor Dunkelheit; die langsameren Segler, fast alle Hulks und die meisten Levantiner, zu deren Bedeckung Recaldes Geschwader eingesetzt war, dazu sechs oder sieben Galeonen, die vier Galeassen und einige leichte Fahrzeuge machten kehrt und segelten über die Landzunge hinaus. Der Abend war trübe, der Wind unbeständig.

Kurz nach Mitternacht brach aus Südwesten der schlimmste Sturm jenes schrecklichen Frühjahrs los. Selbst im geschützten Hafen von La Coruña wurde ein Schiff von seinem Ankerplatz gerissen, und eine Pinasse schleppte ihren Anker mit und stieß mit einer Galeone zusammen. Glücklicherweise hatten die noch auf See befindlichen Schiffe leewärts einige hundert Meilen offenen Wassers vor sich und konnten vor dem Sturm herlaufen, etwas anderes blieb ihnen kaum übrig. Dabei zerstreuten sie sich jedoch.

Am Nachmittag des einundzwanzigsten hatte sich das Unwetter soweit gelegt, daß der Herzog einige seiner Pinassen auf Suche nach den zersprengten Schiffen schicken konnte. Er hatte bereits Boten die Küste entlang gesandt und erhielt nun die Nachricht, de Leiva habe sich mit zehn Schiffen, Hulks, Levantinern und einer Pinasse in den nahegelegenen Hafen Vivero geflüchtet, während zwei der Galeassen in Gijon Unterschlupf gefunden hätten. Am nächsten Tag tauchte Juan Martínez de Recalde mit zwei Galeonen und acht anderen Schiffen auf, die Lage blieb jedoch ziemlich ungemütlich. Am vierundzwanzigsten fehlten noch immer zwei Galeassen und achtundzwanzig größere Schiffe, darunter die Florentiner Galeone, eine der Galeonen Kastiliens, und die beiden besten Schiffe von Recaldes Geschwader. Auf diesen befanden sich sechstausend Söldner und Seeleute von den insgesamt etwa nur zweiundzwanzigtausend Effektivtruppen, und von den restlichen sechzehntausend Mann waren viele krank, einige litten an Schiffsfieber, zahlreiche hatten sich durch die verdorbene Nahrung Skorbut und Ruhr geholt. Die meisten der Fahrzeuge, die den Sturm überstanden hatten, waren übel zerzaust, viele leckten, Spieren und Masten waren gebrochen, Anker verlorengegangen und auch sonst war viel Schaden angerichtet worden.

Seit der Ausfahrt hatte Medina Sidonia das Zutrauen zu der Streitmacht, die er befehligte, in zunehmendem Maße verloren. Beim allzu langsamen Heraufkriechen an der Küste hatte jeder Tag neue Mängel enthüllt. Am schlimmsten war es um den Proviant bestellt. Täglich liefen neue Meldungen über verdorbene Nahrungsmittel ein. Ganz offensichtlich waren allzu viele der Wasser- und Lebensmittelfässer betrügerischerweise aus frischem Holz hergestellt. Der Herzog war zu ärgerlich, um zu überlegen, daß die Lieferanten, wie jedermann in jenem verwirrt-verhetzten Winter, in dem er das Kommando übernahm, dennoch ihr Bestes getan haben mochten. Wahrscheinlich hatten sie keine anderen als frische Faßdauben bekommen können. Über der Flotte in La Coruña lag die Wolke von Drakes im vergangenen Jahr am Kap Vicente entzündeten Freudenfeuer. Die ausgetrockneten Dauben, die Speise und Trank der Armada dauerhaft hätten bewahren sollen, waren seit einem runden Jahr kalte Asche.

Angesichts der Lage setzte der Herzog sich zur Abfassung eines schwierigen Briefes nieder. Darin erinnerte er Seine Sehr Katholische Majestät an die Bedenken, die er bei der Befehlsübernahme in Lissabon, ja schon vorher geäußert hatte. Teils waren diese Befürchtungen der Tatsache entsprungen, daß selbst ein Optimist die in Lissabon versammelten Seemachtkräfte der zugeteilten Aufgabe nur gerade soeben als gewachsen ansehen konnte, obwohl grundsätzlich feststand, daß das Schicksal von Königreichen bei einem ausgeglichenen Kräfteverhältnis nicht aufs Spiel gesetzt werden sollte. Jetzt, da der Sturm die Flotte zersprengt hatte, war ihre Kampfkraft stark vermindert, daneben stand ernstlich zu befürchten, daß mindestens ein Teil der vermißten

Schiffe ein Raub der Elemente geworden war, oder französischen oder englischen Korsaren in die Hände fallen würde. Es schien kaum glaublich — setzte er freundlich hinzu — daß solch ein Unglück im Juni, dem besten Segelmonat des Jahres, noch dazu einer für Gottes Sache segelnden Flotte zustoßen könne. (Unglücksfälle und Fehlschläge während der vergangenen sechs Wochen scheinen die Bereitschaft des Herzogs, sich auf Wunder zu verlassen, geschwächt zu haben.) Außer der Anzahl fehlender Schiffe — so fuhr er fort — und den Schäden, die die wieder eingesammelten Fahrzeuge erlitten hätten, seien seine Kampfeinheiten durch Krankheit stark zusammengeschmolzen, und bezüglich Nahrung und Trinkwasser sei die Lage schlimmer als er für möglich gehalten habe. In Anbetracht all dieser Faktoren — schrieb er — und der Meldung Parmas, daß seine Effektivstärke kaum mehr als die Hälfte vom vergangenen Oktober betrage, flehe er Seine Majestät an, zu überlegen, ob es nicht ratsamer sei, sich mit England friedlich zu einigen oder das Unternehmen wenigstens um ein Jahr zu verschieben.

Philipps Antwort kam unverzüglich und unmißverständlich. Der Herzog möge sein Bestes tun, um den erwähnten Mißständen abzuhelfen. Einige würden vielleicht nicht zu beheben sein, vielleicht wäre er auch gezwungen, mit einer schwächeren Streitmacht als erwartet loszusegeln. Immerhin solle er bei der besten Gelegenheit in See gehen. Seine Anweisungen hätten unveränderte Gültigkeit.

Man weiß nicht, worüber man sich mehr wundern soll, über den Mut und die Intelligenz des herzoglichen Briefes oder die blinde Zuversicht in der Antwort des Königs. Durchblicken zu lassen, man möge ihn seines Postens als Befehlshaber eines noch so verzweifelten Großangriffs entheben, verlangte von einem spanischen hohen Herrn des goldenen Zeitalters eine Dosis Zivilcourage, die in jenem Jahrhundert ebenso ungewöhnlich war, wie der Mut, derartige Sturmangriffe zu führen, selbstverständlich. Niemand hatte Philipp mit solcher Lauterkeit reinen Wein eingeschenkt über die Lage, in die er hineinzuschlittern drohte und es würde auch nie wieder jemand tun. Indes war über ein Jahr vergangen, seit der Kluge König klugem Rat das Ohr geliehen hatte. Nun schien er nichts anderes mehr zu hören als »Vorwärts, in Gottes Namen!«, und sein Brief an den Admiral war lediglich eine Wiederholung dieses Befehls.

Wenigstens verfiel er nicht in den Fehler einiger späterer Geschichtsschreiber, er nahm den Brief des Herzogs nicht als Beweis dafür, daß Medina Sidonia entweder ein Narr oder ein Feigling, oder etwa seiner Aufgabe nicht gewachsen sei. Auch rechtfertigt Sidonias Unterbrechung in La Coruña keineswegs eine solche Mutmaßung, oder weist darauf hin, daß irgendein Untergebener des Admirals eine derartige Meinung vertrat. Der Herzog äußerte in dem Kriegsrat, den er unmittelbar nach de Leivas Eintreffen abhielt, nichts von seinen Bedenken. Es war unnötig, mit diesen Veteranen die Lage zu besprechen. Er fragte sie lediglich, ob die Flotte auslaufen und die fehlenden Schiffe einzusammeln versuchen, ob sie schnurstracks gen England segeln, oder ob sie in La Coruña auf die Nachzügler warten solle. Seine Offiziere von Marine und Heer antworteten brauchgemäß in umgekehrter Reihenfolge des Dienstranges. Fast einstimmig entschieden sie sich für die dritte Lösung. Es sei besser, in La Coruña zu bleiben, die Schiffe auszubessern, alle erreichbaren Vorräte an Proviant und Wasser zu übernehmen und zu hoffen, daß die meisten der fehlenden Fahrzeuge noch einliefen. Nur ein Geschwaderkommandant war anderer Auffassung. Pedro de Valdés, »General« des andalusischen Geschwaders, wünschte sofort in See zu gehen, weil er der Ansicht war, es bestünde wenig Hoffnung, die verdorbenen Nahrungsmittel zu ersetzen, und er fürchtete, die Lage würde sich nur noch verschlimmern, je länger man zuwartete. Seine Meinung wurde gebührend und ausführlich zu Protokoll genommen; überdies schrieb er einen persönlichen Brief an den König (Marine-Korrespondenz ging zu jenen Tagen nicht »durch Kanäle«), in dem er seinen Standpunkt vertrat und zum Ausdruck brachte, er fürchte, mit seiner Hartnäckigkeit den Admiral verletzt zu haben. Aber auch er deutete mit keinem Wort an, daß er seinen Befehlshaber für unfähig oder ängstlich halte.

Ein ganzer Monat verstrich, bis die Flotte schließlich segelfertig war, im großen ganzen scheint sich der Zeitverlust jedoch gelohnt zu haben. Alle notwendigen Instandsetzungsarbeiten waren zu Ende geführt, so viele Schiffe wie möglich hatte man gekielholt, kalfatert und mit Talg eingeschmiert. Zusätzlicher Proviant wie Zwieback und Salzfisch war in biscayischen Häfen aufgetrieben worden, und wenn es auch weniger war, als man erhofft hatte, so schonten doch Frischfleisch, Gemüse und

Brot, mit denen die Männer ernährt wurden, die verbleibenden Vorräte und taten Wunder an der Gesundheit der Besatzungen. Eine der ersten Maßnahmen des Herzogs bestand darin, daß er an Land ein Hospital für seine Fieberfälle einrichtete. Der bedrohlichen Epidemie wurde Einhalt geboten, die Einheiten der Söldner und Seeleute wurden nahezu auf ihre Effektivstärke zurückgebracht, ohne daß die Mannschaftslisten über Gebühr zurechtgestutzt zu werden brauchten.

Zu allem Überfluß trudelte auch noch das lezte der fehlenden Schiffe ein. Zwei Gruppen hatten sich sogar bis in den Kanal vorgewagt, die eine hatte zwischen den Scilly Inseln und Kap Lizard gekreuzt, ein paar Schiffe aufgebracht und in die Mounts-Bay hineingespäht, merkwürdigerweise ohne ein englisches Kriegsschiff zu sichten. Die andere hatte gerade, bevor sie vor einem Nordwind nach La Coruña zurücksegelte, einen Blick von dem erhaschen können, was aller Wahrscheinlichkeit nach Drakes Gros war. Im Ganzen war die Lage am 21. Juni auf etwa den Stand von vor zwei Monaten gebracht, und wenn der Herzog sich auch über die leckenden Fässer nach wie vor Sorgen machte — berechtigte Sorgen, wie sich herausstellen sollte — so fühlte er sich in mancher Beziehung doch besser gerüstet als er es in Lissabon gewesen war. Als die Armada schließlich mit von einer frischen Brise geblähten Segeln gen England fuhr, hatte Medina sich zu einer Stimmung bedächtigen Optimismus' durchgekämpft.

»DER VORTEIL VON ZEIT UND ORT«

Plymouth, Ärmelkanal und Biscaya bis zum 45. Grad N
18. April bis 30. Juli 1588

Ungewöhnliche Wetterverhältnisse und unzureichende Vorräte machten den englischen Kapitänen ebenso Sorgen wie den Spaniern. Die um den Monat April voll in Dienst gestellten Schiffe der Königin wurden sozusagen von der Hand in den Mund versorgt, ein System, das mehr ein Mangel an System war — eine Monatsration zur Zeit und keinen Zwieback mehr, bis der letzte Krümel verzehrt war. Von Margate aus schrieb der Lord-Admiral verzweifelt: »Wir sollen jetzt für die Spanne vom 20. April bis zum 18. Mai verproviantiert werden. (Meldungen zufolge) ist der wahrscheinlichste Termin für die Ankunft der spanischen Seestreitkräfte Mitte Mai, also der 15. Von diesem Tag ab haben wir dann noch für drei Tage Proviant. Wenn das in Ordnung sein soll, übersteigt es mein Fassungsvermögen.« Und er fuhr fort, wie viel besser die Dinge in den Tagen des »Königs Heinrich, des Vaters Ihrer Majestät« gehandhabt worden seien.«

Howard hatte mit dem, was er über die Vergangenheit sagte, unrecht, mit seiner Logistik aber durchaus recht, und Lord Burghley, an den er schrieb, wird gewußt haben, daß selbst, wenn die Dinge nie viel anders gehandhabt worden waren, sie jetzt ganz anders angepackt werden müßten. Die Schwierigkeit lag nicht im Mangel an gutem Willen von Seiten Burghleys oder der Königin. Hier handelte es sich nicht — wie Francis Drake bisweilen dunkel vermutete — um Verrat, um eine leichtgläubige Herrscherin und tückische Ratgeber. Es war nicht einmal eine Frage von Geldmangel oder dem Unwillen, es auszugeben. Es haperte ganz einfach an den Möglichkeiten, an der Organisation, sehr große Mengen Nahrungsmittel und Getränke zu liefern, die sich monatelang an Bord von Schiffen halten würden. Die im Jahre 1588 auf die Beine gestellte Seemacht war für England ebenso beispiellos wie für Spanien, und die Engländer verfügten über geringere Erfahrungen in der Versorgung ausgedehnter Expeditionen als die Spanier. Eine große Flotte auf zwei oder drei Monate hinaus mit Rationen zu versorgen, während ihre Besatzungen immer gleich wegessen, was ihnen zugestellt wird, erfordert eine Organisation, die sich nicht aus dem Stegreif aufbauen läßt.

Bei Frühlingsanfang brannte Drake darauf, wieder auszulaufen. Er hörte, und glaubte es anscheinend auch, daß der König von Spanien im Hafen von Lissabon zwischen vier- und fünfhundert Schiffe liegen habe, die mit achtzigtausend Seeleuten und Soldaten bemannt seien. Trotzdem war er dazu bereit, mit vier weiteren mittelgroßen Galeonen der Königin und einigen Londoner Schiffen, die seine Stärke auf fünfzig Schiffe bringen würden, die Spanier in ihren eigenen Gewässern aufzuhalten. Nicht daß er glaubte, die in der Bucht von Cadiz vollbrachte Tat in Lissabon wiederholen zu können, jedoch gedachte er – wie er einem italienischen Journalisten und Historiker später erklärte – die Küste derart zu blockieren, daß die spanische Flotte keinesfalls bequem aus dem Fluß herauskäme, und wenn sie ausliefe, würde er sie angreifen und ihr das Leben so schwer machen, daß sie nie nach England kommen würde. Auf die eine oder andere Weise – noch immer laut Ausführungen Petruccio Ubaldini gegenüber – sollte die Blockade mit »einem gleichzeitigen Angriff auf mehrere Küstenpunkte« verbunden werden; dies würde den Mut der Engländer anspornen, da es sicherer ist, weiter von den heimatlichen Küsten entfernt zu kämpfen; vor allem aber müßte vermieden werden, daß die Armada in den Kanal gelangte, wo sie sich mit Parma vereinen könne. Sein Vertrauen darauf, daß er all das mit fünfzig Schiffen bewerkstelligen könne – wenn Ubaldini ihn richtig zitierte – entsprang der Tatsache, daß er (ohne Eigenlob) wußte, »welche große Furcht sein Name an der ganzen spanischen Küste erregte«.

Der Schrecken, den sein Name auslöste, war vermutlich seine Hauptstütze. Sicherlich glaubte er – und hatte auch einigen Grund dazu – daß angesichts El Draques Bedrohung ihrer Küste die Spanier nie wagen würden, gen England zu segeln und daß er einen recht einträglichen Sommer mit Freibeuterei auf See und an Land und Versteckenspielen mit der spanischen Flotte verbringen könne, mit jener Art Spiel, in dem er Meister war. Bestenfalls konnte er darauf hoffen, bei diesem Spiel die Spanier einzeln niederzuringen; im schlechtesten Fall würde er sie ermüden und derartig in Atem halten, daß sie den Gedanken an einen Angriff auf England fallen lassen mußten.

So wenigstens müssen wir uns seinen Plan vorstellen. Ubaldini gegenüber äußerte er sich nicht sehr klar, und nach den uns überkommenen Briefen zu schließen, war er bei Königin Elisabeth noch zurückhaltender. Als er glaubte, endlich die Erlaubnis zum Aussegeln zu erhalten, antwortete er auf ihre Frage, wie er die in Lissabon liegende Flotte zu stören gedächte, daß er dies nicht zu sagen vermöchte. Bisher seien zwei Dinge ungeklärt, die Stärke des Feindes und »die Entschlußkraft unserer eigenen Leute, die ich erst abschätzen kann, wenn ich mit ihnen auf See bin. Wenn mir jetzt einer davonfliegt wie es Bourough (in Cadiz) tat, gefährdet er die ganze Unternehmung, denn dafür ist der Feind heuer viel zu stark.« Wenn aber Drake die Einzelheiten seines Vorhabens nicht preisgab (vermutlich hatte er gar keinen ausgearbeiteten Plan, sondern baute viel mehr auf das Glück und die Eingebung der Stunde, die ihn nie verließen), so enthüllte er doch eine andere Quelle seines Vertrauens. »Wenn ich meine unmaßgebliche Meinung äußern darf, wie stark die Flotte Eurer Majestät sein sollte, um der großen Streitmacht des Feindes zu begegnen, so möge Gott die Streitkräfte Eurer vortrefflichen Majestät zu Land und zu Wasser täglich stärken, denn dies steht für mich fest: nie hat es eine so starke Macht gegeben, wie die, welche jetzt fertig ist oder sich darauf vorbereitet, gegen Eure Majestät und die wahre Religion zu kämpfen. Aber der Herr ist stärker als alle Kräfte und wird die Wahrheit des Worts verteidigen.« In gewisser Weise waren Drake und Philipp einander recht ähnlich.

Wenn auch Drake selbst noch nicht genau wußte, was er tun würde, so stand doch für ihn fest, daß er der Mann der Sache, sowie des Wann und des Wo war. »Eure Majestät dürfen versichert sein«, fährt er in demselben Brief fort, »wenn die Flotte von Lissabon ausläuft, werden wir sie mit Gottes Hilfe bekämpfen, solange wir genug Lebensmittel haben, um an der spanischen Küste aushalten zu können. Der Vorteil von Zeit und Ort ist bei allen kriegerischen Unternehmungen schon der halbe Sieg; geht dieser Vorteil verloren, so ist er unwiederbringlich. Wenn Eure Majestät mich daher mit jenen Schiffen, die bereits hier liegen, fortschicken, und den Rest möglichst schnell nachfolgen lassen möchten, so halte ich dies meiner unmaßgeblichen Meinung nach für das Sicherste und Beste.« Soweit Drake, Seekriegsgenie und religiöser Schwärmer. Dann folgt mit dem, was er für sein abschließendes Urteil hielt, Drake, der praktische Befehlshaber: »Und daß sie (die übrigen Schiffe, die nachfolgen sollten) hinreichenden Proviant für sich selbst und für uns mitbringen, damit unsere Aufgabe nicht mangels Zufuhr scheitern muß. Denn ein Engländer, der weit vom Heimathafen entfernt ist, und sieht, daß es an Proviant mangelt und er sich daher auf nichts als Schläge gefaßt machen muß, wird kaum an Ort und Stelle zu halten sein.«

Dies wurde genau zwei Tage, bevor Medina Sidonia die Standarte vom Altar der Lissaboner Kathedrale aufnahm, geschrieben. Aber sowohl der Proviant wie die Verstärkungen ließen einen vollen Monat auf sich warten, da sie durch die gleichen heftigen unzeitigen Stürme aufgehalten wurden, die die Spanier in der Tajo-Mündung lahmlegten. Es scheint wenig glaubhaft, daß Drake bei solchem Wetter bis nach Lissabon hätte gelangen, unwahrscheinlich, daß er Lands End und Ushant hätte passieren können, selbst wenn es ihm gelungen wäre, aus dem Sund von Plymouth herauszukommen. Indes verachtete er den Widerstand der Elemente ebenso sehr wie er doppelzüngiges Ränkespiel fürchtete, das sich in seinen Augen stets in seinen Weg stellte. So riet er denn in dringenden Briefen und bei mindestens einem persönlichen Besuch am Hofe zu einem sofortigen Überfall auf die spanische Küste, und die Königin ließ sich zunächst umstimmen, um es sich dann doch anders zu überlegen.

Inwieweit er diesmal bereits Überzeugten predigte, läßt sich schwer sagen. Hawkins hatte immer seine Meinung geteilt, und die meisten Mitglieder des Marineamts und die älteren Seeoffiziere hatten sich ebenfalls bekehren lassen. Zunächst hatte Howard für eine Defensivhaltung gestimmt, aber irgendwann im Mai — wenn nicht bereits im April — schloß er sich der Mehrzahl an, worauf er ebenso tatkräftig für das Unternehmen eintrat wie Drake. Schließlich begann selbst die Königin widerwillig einzusehen, daß die Kriegsleute letzten Endes doch recht haben könnten und daß der Vorteil von Zeit und Ort, der schon den halben Sieg in sich schloß, an Spaniens Küste gefunden werden könne.

Angesichts unserer heutigen Kenntnisse dürfen wir hier gewisse Zweifel äußern. In einem Punkt hatte Drake durchaus unrecht: Medina Sidonia hatte den ausdrücklichen Befehl, sich von keiner englischen Offensive aufhalten zu lassen, ohne Rücksicht auf Drakes Initiative, sondern dem Kanal und seinem Treffpunkt mit Parma entgegenzusteuern. Wenn Drake sich darauf verlassen hätte, daß die durch sein Erscheinen an der spanischen Küste verursachte Beunruhigung die Armada vom Auslaufen abhalten würde, so würde er diese vermutlich gänzlich verpaßt haben. Daneben scheint er sich über die Natur der bevorstehenden beispiellosen Schlacht ebenso getäuscht zu haben wie die übrigen Veteranen beider Flotten. Wie Santa Cruz war er bereit, dem Feind mit dreißig Schuß Munition für das Geschütz die Stirn zu bieten. Im dann stattfindenden Gefecht verschossen die Engländer schon mehr als die vorgesehenen dreißig Schuß, bevor sie der Armada nennenswerten Schaden zugefügt hatten. Vor Weymouth konnten sie ihren Irrtum noch richtigstellen; hätten sie vor Lissabon gelegen, sie wären in Teufels Küche geraten. In Anbetracht der Qualität englischer Schiffe und englischer Seeleute hätte Drakes Geschwader wahrscheinlich kaum ernstlichen Schaden davontragen können, wenn es nicht gerade ausgemachtes Pech gehabt hätte. Wenn ihn andererseits nicht ein besonderer Glückszufall begünstigt hätte, wäre es ihm aber ebenso wahrscheinlich kaum gelungen, den Vorstoß der Armada maßgeblich zu hemmen. Wäre Drake auf die Spanier gestoßen, so hätte er nach dem zu schließen, was später eintraf, einfach seine Munition verpulvert, ohne die Armada auch nur im geringsten zu stören und sich sodann gezwungen gesehen, vor ihr auszureißen und einen Heimathafen anzulaufen. Unter den obwaltenden Umständen wäre dies eine englische Niederlage gewesen, die zum mindesten die Moral beeinträchtigt und eventuell das günstige Kräfteverhältnis im Kanal gestört hätte.

Nachträglich klug zu sein, ist leicht, im Frühling 1588 sah jedoch keiner der Marinefachleute beider Seiten viel von dem voraus, was später eintreffen sollte. Der Umfang der eingesetzten Kräfte und die Beschaffenheit ihrer Bestückung waren ohne Beispiel. Kein bisheriger und kein späterer Seekrieg bis zur Heraufkunft des Flugzeugträgers erbrachte soviele neue und unberechenbare Faktoren. Zu jener Zeit waren die berufensten englischen Marinefachleute einer Meinung mit

Drake, und mehr als irgendeine kluge Überlegung waren schlechtes Wetter und verspätete Zufuhr schuld daran, daß es ihm versagt blieb, eine Seeschlacht an Portugals Küste statt im Kanal zu wagen.

In einer Weise war Drakes Beweisführung zugunsten einer Offensive zu wirksam gewesen. Er hatte um acht königliche Galeonen und insgesamt fünfzig Schiffe gebeten. Das war etwa das umfassendste unabhängige Kommando, das er erhoffen durfte. Stattdessen beschloß die Königin, das Gros ihrer Streitkräfte, vierzehn ihrer schwersten Galeonen und die meisten der bewaffneten Kauffahrteischiffe und freiwilligen Fahrzeuge einzusetzen. Damit machte sie automatisch den Lord-Admiral zum Befehlshaber. Vielleicht ahnte die Königin bei aller Bewunderung für Drake, daß die Operation unter Howards Führung weniger Gefahr lief, in eine Seeräuber-Expedition auszuarten. Vielleicht machte sie sich auch die vernünftige Ansicht zu eigen, daß eine derartige Offensive, bei der alles aufs Spiel gesetzt werden sollte, so stark wie möglich sein müsse. Drake nahm den Posten des Vize-Admirals, den Howard ihm übertrug, mit Anstand entgegen, und es kam in den darauffolgenden Monaten zu keinerlei Spannung zwischen ihnen. Aus Drakes späteren Äußerungen Ubaldini gegenüber dürfen wir jedoch entnehmen, daß er enttäuscht war.

Howards Ankunft in Plymouth und die Zeremonie, bei der Drake seine Flagge als Vize-Admiral der vereinigten Flotten hißte, fand erst am 23. Mai (alter Rechnung), dem neuen Kalender zufolge am 2. Juni statt. An diesem Tag hatte Medina Sidonia sich bis etwa dreißig Seemeilen nördlich des Felsens von Lissabon durchgeschlagen, seine bisher beste Tagesleistung – wenn auch in England natürlich kein Mensch wußte, daß er bereits auf See war. Howard war durch schlechtes Wetter aufgehalten worden. Er sollte genau wie Medina noch länger aufgehalten werden, erst durch säumige Proviantschiffe, dann durch Befehlsänderungen, noch einmal durch ungünstige Wetterverhältnisse, sodann durch Beunruhigung, die durch das Auftauchen von Schiffen der zersprengten spanischen Flotte im Ärmelkanal verursacht wurde, hierauf durch regelrechte Unentschlossenheit darüber, welche Position einzunehmen wäre, wenn die Spanier auf irgendein Ziel zwischen dem westlichen Irland und Dünkirchen lossteuerten; und endlich durch den neuerlichen Widerwillen der Königin, ihre Flotte gen Spanien ziehen zu lassen, wenn die Spanier, soweit jedermann wußte, praktisch bereits vor ihrer Schwelle kreuzten.

Drei Wochen nachdem er sich mit Drake vereinigt hatte, bat Howard, durch denselben Sturm, der die Spanier zerstreut hatte, im Sund von Plymouth festgehalten, noch immer um freie Hand und zusätzlichen Proviant. Es war ein düsteres Komplott der Spanier — so glaubte er — die englische Flotte in Unsicherheit zu halten, bis ihre Rationen aufgebraucht waren und sie gezwungen sein würden, die Flotte abzumustern, weil sie sie nicht mehr füttern konnten. Hätte er geahnt, wie sehr seine Sorgen denen Medina Sidonias glichen, der in seinem Brief vom selben Tage König Philipp zum Abblasen des Unternehmens riet, er hätte vielleicht Trost darin gefunden. Niemand in England wußte indes das geringste von den Spaniern, außer einer Menge widersprechendster Gerüchte. So fraß Howard seinen Ärger weitere drei Wochen in sich hinein und »lavierte auf und ab«, wie die Königin es ihm an irgendeinem Punkt, von dem aus er sämtliche Zufahrten nach England, Schottland und Irland decken könne, zu tun befahl — (ärgerlich hielt Howard ihr entgegen, einen solchen Punkt gäbe es nicht). Von dort aus verscheuchte er spanische Phantom-Geschwader, die von der Höhe von Ushant oder den Scilly-Inseln gemeldet worden waren, dort schäumte er vor Wut über das Nichterscheinen der erwarteten Proviantschiffe und machte sich wachsende Sorgen über Gesundheitszustand und Moral seiner Besatzungen.

Dann klärte sich plötzlich alles. Endgültige Meldungen trafen ein, das Gros der spanischen Flotte habe sich bei La Coruña gesammelt, nachdem diese vom Sturm arg mitgenommen und zerstreut worden sei. Aus London kamen Ermächtigungen und Lebensmittel, kam die Nachricht von der Königin, die Flotte könne, wenn er es für richtig halte, auslaufen und die Spanier in ihren eigenen Häfen angreifen. Dazu blies plötzlich eine frische Brise aus Nordosten. Howard, Drake und Hawkins brachen die Übernahme der Ladungen ab, setzten Segel und fuhren geschwind zur spanischen Küste hinunter, einige neunzig bewaffnete Schiffe, kleine und große, eine stattliche kühne Armada.

Fünf Tage später waren sie wieder im Sund von Plymouth. Mitten in der Biscaya auf etwa Zweidrittel der Strecke zwischen Quessant und La Coruña schlug der Wind mit einemmal nach Süden um, ein günstiger Wind in Richtung England, aber der übelste für den, der nach Spanien segeln wollte. Wenn sie versuchen würden, ihren Kurs gegen den Wind zu segeln, konnte die spanische Flotte womöglich Lands End sichten, bevor die Engländer Kap Finisterre umschifft hatten. Somit blieb nichts anderes übrig, als umzudrehen und heimzusegeln. Als sie im Hafen von Plymouth vor Anker gingen, lichtete Medina Sidonia Anker in La Coruña. Das war am 22. Juli.

In der nächsten Woche hatten Drake und Howard in Plymouth mit den gleichen Schwierigkeiten zu kämpfen, die den Spaniern unlängst zugesetzt hatten. Wenn sich auch die Schiffe der Königin zu Howards Begeisterung und fraglos zu Hawkins weniger lauter Genugtuung als ziemlich widerstandsfähig erwiesen hatten, so hatten einige der Kauffahrer in dem schrecklichen Wetter der letzten sieben Wochen gelitten, manche leckten und benötigten neue Spieren und Takelwerk. Wenngleich die Rationen für vier Männer nun auf sechs gestreckt wurden, litten einige Schiffe an Proviant-, zahlreiche an Wassermangel. Dazu kam – sicherstes Zeichen dafür, daß eine Flotte zu lange auf See gewesen war – daß einige Schiffe viele Kranke an Bord hatten. Eine der ersten Aufgaben war, die Fieberkranken an Land zu schaffen und die Friedensrichter von Devonshire und den benachbarten Grafschaften um neue Aushebungen zu bitten. Zeit, die Schiffe richtig zu säubern und auszuräumen, war nicht vorhanden, doch wurde das Menschenmögliche getan, und neue Zufuhr von Munition und Proviant wurde mit aller Eile an Bord gehievt. Gerüchte gingen um, nach denen die Spanier ihr Unternehmen um ein Jahr verschoben hätten, so daß die Flotte bald teilweise abgemustert werden sollte, zunächst die vier größten und kostspieligsten Schiffe der Königin; aber es gibt kein Anzeichen dafür, daß dergleichen Geraune das Tempo der in Plymouth vor sich gehenden Arbeiten beeinträchtigt hätte.

Dann meldete am Freitag, den 29. Juli (der alten Rechnung zufolge am 19. Juli) nach dem Abendessen Kapitän Thomas Fleming von der Barke *Golden Hind,* einem der getarnten Vorpostenschiffe, die den Auftrag hatten, in der Kanalmündung zu kreuzen, er habe in der Nähe der Scilly-Inseln eine bedeutende Gruppe spanischer Schiffe mit gestrichenen Segeln gesichtet, die anscheinend auf die übrigen Schiffe der Flotte warteten. Die Legende will wissen, Drake habe auf dem

Plymouth-Hoe Bowling gespielt, als Fleming die Nachricht brachte. Vermutlich war auch Howard dort, und Fleming, wiewohl Drakes westlichem Geschwader zugeordnet, wird wohl dem Lord-Admiral Meldung erstattet haben; freilich faßt die Legende der Armada wenig Raum für irgendjemanden außer Drake. Jedenfalls soll ihr zufolge Drake geantwortet haben (man kann sich die Haltung des gemächlichen Kugelwerfers vorstellen, wie er sein Holz wiegt und dabei den Pflock anvisiert, man hört das Echo des schleppenden Tonfalls aus dem Westland): »Wir haben Zeit genug, unser Spiel zu beenden und außerdem noch die Spanier zu schlagen.«

Natürlich muß die Sache sich nicht so zugetragen haben. Verbürgt ist die Lesart nicht, der früheste Bericht darüber ist mehr als vierzig Jahre nach dem Ereignis geschrieben. Vierzig Jahre liegen indessen innerhalb der Grenzen ziemlich zuverlässiger mündlicher Überlieferung. Es mag also so gewesen sein. Die Worte passen zu Drake, sie atmen seinen Anflug von Prahlerei und seinen Sinn für einen vertraulichen Scherz, der die Spannung löst. Es würde auch Drake gleichsehen, das erste Wort zu sprechen, selbst wenn sein Oberbefehlshaber neben ihm stünde. Schließlich wäre es ganz Drake, eine Lage ein oder zwei Sekunden vor jedem anderen abzuschätzen und sich darüber zu amüsieren, daß tatsächlich noch Zeit genug vorhanden war.

Fleming kann kaum vor drei Uhr nachmittags Meldung gemacht haben. Er hatte die Spanier erst am Morgen gesichtet und mußte mindestens neunzig Seemeilen zurücklegen. Gegen drei Uhr nachmittags dürfte sich die Flut im Sund von Plymouth bemerkbar gemacht und selbst bei Nipptide einlaufenden Strom von gut einer Seemeile oder mehr erzeugt haben. Niemand würde bei Flut gegen einen Südwest aus Plymouth herauszukommen versuchen, und tatsächlich tat es auch niemand. Die Kampfflotte mit den Galeonen der Königin an der Spitze begann erst bei zunehmender Ebbe nach zehn Uhr an jenem Abend aus dem Sund auszulaufen. Es war also noch genügend Zeit, die begonnene Runde Bowling zu beenden.

Den Spaniern war eine Art taktische Überraschung gelungen. Man könnte vielleicht sagen, daß im Augenblick sie den Vorteil von Zeit und Ort hatten, der bereits der halbe Sieg ist. Sie segelten in der Luvposition, während ihr Feind im Hafen leewärts festgehalten war. Man könnte den Grad der Überraschung freilich auch übertreiben. Flemings Warnung kam rechtzeitig, was angesichts der Position der getarnten Vorpostenschiffe, des Geschicks ihrer Kapitäne, sowie der Geschwindigkeit und Seetüchtigkeit ihrer Schiffe auch zu erwarten gewesen war. Die englische Flotte befand sich in voller Alarmbereitschaft, soweit sich dies in Anbetracht einiger noch ladender kleinerer Handelssegler sagen läßt. Howards Worte: »Der Südwind, der uns von der spanischen Küste heimbrachte, führte die Spanier heraus. Durch Gottes Gnade sind wir umgekehrt« — klingen nicht, als sei er sehr überrascht gewesen, ja, es hätte seltsam zugehen müssen, wenn er und sein Kriegsrat nicht genau diese Entwicklungsmöglichkeit vorausgesehen hätten und ihr so zuversichtlich begegnet wären, wie man es in einem Seekrieg überhaupt kann. Wie rasch und kühn die Spanier auch gewesen sein mögen, sie konnten kaum rasch und kühn genug sein. Die in dem Augenblick, da die letzte Kugel des letzten Spiels auf den Pflock zukurvte, auflaufende Flut, würde die letzte sein, bei der der Feind die Flotte der Königin im Hafen von Plymouth fangen konnte.

Bei Einbruch der Nacht wurden die königlichen Galeonen und die schwersten und bestbestückten der Kauffahrer aus dem Sund von Plymouth verholt und gingen auf der Leeseite von Rame Head vor Anker. Am nächsten Tag frischte der Wind von Südwesten her auf. Als alle Schiffe, die mit der späten Morgenebbe herauskommen konnten, versammelt waren, begann Howard in See zu gehen, um vom Feind nicht an einer Leeküste abgefangen zu werden, und führte vierundfünfzig Schiffe in Lee von Eddystone. Das ganze war eine beträchtliche seemännische Leistung, die Howard indes mit einem Wort abtut und die auch sonst niemand erwähnenswert fand. Schließlich war die Flotte während der letzten zwei Monate unter allen möglichen Bedingungen in und aus Plymouth ein- und ausgelaufen. Vermutlich dachten alle mehr an die Aussichten, daß sie nicht wieder einlaufen mußten, bevor sie nicht die Spanier gesehen hatten.

EINTRITT IN DIE ARENA

Von Kap Lizard bis Eddystone, 30. bis 31. Juli 1588

Als bei Tagesanbruch des 30. Juli, einem Sonntag, alle Engländer, die vor der nächsten Ebbe aus Plymouth hatten auslaufen können, hinter Rame Head vor Anker lagen, war der größere Teil der spanischen Armada noch ein Stück von Kap Lizard entfernt. Die Reise von La Coruña war nicht ohne Zwischenfall vonstatten gegangen. Die ersten vier Tage waren bei frischer Brise angenehm verflogen, und der einzige Verdruß war die Notwendigkeit gewesen, mit gerefften Segeln vorwärts zu schleichen, um den armseligen Hulks nicht wegzulaufen. Ohne diese Behinderung hätten die anderen Abteilungen der Flotte, selbst die Levantiner Karacken nach Ansicht ihres Befehlshabers um diese Zeit den Kanal erreichen können.

Selbst so waren sie fast auf der Höhe von Quessant, als am Morgen des fünften Tages, am Dienstag, den 26. Juli, der Wind abflaute und die Flotte in Windstille unter einem tiefen Himmel trieb. Dies dauerte bis Mittag, dann kam aus Norden eine steife Brise mit heftig-jähen Regenböen auf. Die Flotte, etwas ausgeschwärmt, aber dennoch zusammenhaltend, schwenkte in westliche Richtung, um Seeraum zu gewinnen. Schon machten die Seen der Biscaya den allzu langen, niederen und schmalen Galeeren zu schaffen. Eine von ihnen, die *Diana*, meldete bald, ihre Verbände gäben nach, sie mache viel Wasser und bäte um die Erlaubnis, auszuscheiden und einen freundlichen Hafen suchen zu dürfen. Als Medina Sidonia zustimmte, dehnte er diese Genehmigung auch auf die anderen Galeerenkapitäne aus, wenn die schwere See ihrer Ansicht nach ihren Schiffen zu stark zusetze, sie aber hielten verbissen in der zunehmenden Dunkelheit durch.

In der Nacht sprang der Wind nach Westnordwest um und nahm an Heftigkeit zu; gegen Morgen tobte ein regelrechter Sturm mit haushoher See und schlechter Sicht. Noch immer hielt die Armada unter Sturmsegeln wacker zusammen, sich nach der *San Martin* richtend und so gut wie möglich Nordkurs haltend. Der Sturm hielt den ganzen

Tag bis nach Mitternacht mit unverminderter Heftigkeit an. Dann ließ er nach, so daß der nächste Tag hell und klar mit nur noch steifer Brise und niedriger werdender See anbrach. Als der Herzog seine Flotte überprüfte, stellte er fest, daß sich nicht nur die Galeeren, sondern auch vierzig Segler, alle Andalusier, ein Gutteil der alten Hulks und sonstige Fahrzeuge aus mehreren anderen Geschwadern abgetrennt hatten.

Die Lotgäste warfen das Lot und meldeten fünfundsiebzig Faden und — die mit der Grundprobe des Lotkörpers festgestellte Beschaffenheit (Sand, Muscheln) des Meeresbodens vergleichend — somit eine Position etwa fünfundsiebzig Meilen südlich der Scilly-Inseln. Der Herzog nahm mit nach wie vor gerefften Segeln seinen nördlichen Kurs wieder auf; eine Pinasse schickte er aus, um festzustellen, wieviel Schiffe den Treffpunkt bereits erreicht hatten, eine andere, um jeden Nachzügler zur Eile anzutreiben, und eine dritte zur allgemeinen Erkundung. Die erste kehrte alsbald mit der Meldung zurück, die fehlenden Schiffe warteten unter dem Befehl von Pedro de Valdés voraus auf der Höhe der Scilly-Inseln, so daß am späten Nachmittag des nächsten Tages, des 29. Juli, einem Freitag, die von La Coruña ausgesegelte Flotte wieder beisammen war.

Die ganze Flotte bis auf fünf Schiffe. Vier davon waren die Galeeren. Von diesen erreichten drei endlich mitgenommen, aber noch seefähig, verschiedene Häfen. Die vierte, die *Diana,* die sich als erste abgesetzt hatte, geriet beim Versuch, Bayonne anzulaufen, auf Grund. Ihre Besatzung, selbst ihre Galeerensklaven und ihre Geschütze wurden gerettet, der Schiffsrumpf mußte jedoch in Stücke gebrochen werden. Unter den Galeerensklaven befand sich ein phantasievoller Waliser, David Gwynn, dessen Erzählung, wie er seine Kameraden befreite, die spanische Besatzung niedermachte und dann die drei übrigen Galeeren nacheinander kaperte, sich einer Berühmtheit erfreut, die keine noch so eifrige Widerlegung zu trüben vermocht hat.

Man darf zweifeln, ob der Herzog seinen Galeeren allzu schmerzlich nachtrauerte, der fünfte Verlust war indessen schwerwiegender. Es war die *Santa Ana, capitana* (wir würden heute Flaggschiff sagen) von Recaldes biscayischem Geschwader, die gewöhnlich *Santa Ana de Juan Martínez* genannt wurde, um sie von den anderen drei *Santa Anas* der Armada zu unterscheiden. Sie galt als 768 (spanische) Tonnen schwer, hatte über dreihundert Soldaten und Seeleute an Bord und war mit dreißig Kanonen, darunter einigen Messingstücken von hohem Gewicht bestückt. Vielleicht gehörte sie Recalde persönlich oder war auf seine besondere Anweisung hin gebaut worden, jedenfalls war sie entweder ein schlechtgebautes, schlechtbefehligtes oder vom Pech verfolgtes Schiff. Nach dem Sturm von La Coruña holte sie die Biscayer als letztes Schiff ein und war von allen am reparaturbedürftigsten. Aus einem unerfindlichen Grund lief sie ostwärts vor dem Sturm den Kanal hinauf, um in der Bucht von La Hogue Schutz zu suchen, wo sie das Ende des Seekriegs abwartete. Hätte Recalde sich auf ihr befunden anstatt als Medina Sidonias Vize-Admiral auf der königlichen Galeone *San Juan de Portugal,* der Verlust wäre noch größer gewesen. Wäre Recalde jedoch auf der *Santa Ana* gesegelt, hätte sie die Flotte vielleicht nicht verlassen. Vergebens wartete die Armada auf der Höhe von Kap Lizard bis zum Morgen des 30., einem Samstag, auf sie. Diese Verzögerung gab wenigstens der *capitana* der Galeassen, der *San Lorenzo,* Don Hugo de Moncadas Flaggschiff, Zeit, ihr Steuerruder zu reparieren. Zu schwache Schiffe für rauhe See, diese Galeassen, brummte der Herzog. Vielleicht hatte er recht. Die *San Lorenzo* sollte ihr Ruder unter weniger günstigen Umständen noch einmal brechen.

Bevor die Armada am Morgen des Samstag, des 30. Juli, ihren Vorstoß in den Kanal begann, wurde an Bord der *San Martin* in Sichtweite des Kap Lizard ein Kriegsrat abgehalten, über den zwar viel, aber kaum Zutreffendes geschrieben worden ist. Der Herzog übermittelte seiner Sehr Katholischen Majestät noch am selben Tag die eine positive Entscheidung des Rats: nicht weiter als bis zur Insel Wight zu segeln, bevor nicht endgültig ein Treffen mit Parma vereinbart worden war, da man hinter der Meerenge nicht mehr mit tiefen Häfen rechnen konnte und das erste beste Unwetter sie auf den Sand werfen würde. Später berichtete Kapitän Alonso Vanegas, ein im allgemeinen zuverlässiger Zeuge, der sich an Bord der *San Martin* befand, daß beim Zusammentreffen der Geschwaderkommandanten zur Besprechung der allerletzten taktischen Einzelheiten Don Alonso de Leiva auf einen Angriff auf Plymouth drängte, wo — wie Madrid ihnen mitgeteilt hatte — Drake mit dem westlichen Flügel der englischen Flotte lag, eine Meldung, die soeben von der Besatzung eines von einem der Pinassen aufgebrachten Fischerbootes bestätigt worden war. Einige der anwesenden Offiziere stimmten zu. Dagegen, antwortete der Herzog laut Vanegas Bericht, sprächen zwei Gründe. Erstens lief es den Anweisungen des Königs zuwider und zweitens galt die Einfahrt als eng, schwierig und von starken Küstenbatterien streng bewacht. Nach weiterer Diskussion wurde eine einstimmige Entscheidung erzielt. Mehr wissen wir aus erster Hand nicht, mit Ausnahme der Einzelheit, daß Pedro de Valdés, als seine englischen Bezwinger ihn fragten, ob die Armada beabsichtigt habe, Plymouth anzulaufen, antwortete, dies wäre bei günstiger Gelegenheit wohl geschehen, doch er persönlich sei auf alle Fälle dagegen gewesen.

Später hingegen, als die geschlagenen Schiffe sich nach Spanien heimgeschleppt hatten, als die meisten der Kommandanten, die am Kriegsrat teilgenommen hatten, tot oder gefangen waren und die Volkswut einen Sündenbock suchte, kam das Gerücht auf, alle Geschwaderkommandanten hätten für den Überfall auf Plymouth gestimmt, Medina Sidonia jedoch habe sie unter dem falschen Vorwand, der Befehl des Königs lasse ihm keine andere Wahl, restlos übertrumpft. So habe die Falschheit, Anmaßung und Feigheit des Herzogs die Armada um ihre beste Siegeschance gebracht. Ein früher Verbreiter dieser Mär, der Dominikanermönch Juan de Victoria, hinterließ eine handgeschriebene Geschichte des Seekrieges, die sich hauptsächlich durch ihre haarsträubende Ungenauigkeit und die giftige Verleumdung des Herzogs auszeichnet, dessen Hochmut, Dummheit und Memmenhaftigkeit jedes spanische Mißlingen zuzuschreiben sei. Zwar geht kein anderer so weit in seinen Behauptungen wie Victoria, doch findet sich ein schwächeres Echo seiner Verleumdungen bei einigen der bekannteren spanischen Chronisten. Dies und die Tatsache, daß Fernández Duro bereit war, einen beträchtlichen Ausschnitt aus Victorias Machwerk in seine sonst echte Sammlung von Armadadokumenten aufzunehmen, haben Victorias Lesart des Kriegsrates mehr Glaubwürdigkeit verliehen, als sie verdient.

In der Tat besteht kein Grund zu der Vermutung, daß der Kriegsrat keine Übereinstimmung erzielte. Der Gedanke, daß Medina Sidonia seine erfahrenen Seekriegshauptleute dünkelhaft zu einer Entscheidung hätte zwingen können oder wollen, die sie nicht teilten, ist lächerlich. Es war Brauch im spanischen Kriegsdienst, daß bei Uneinigkeit im

Kriegsrat, und sei es nur um eine Stimme, die Mitglieder abstimmen mußten, ihre Ansichten aufgeschrieben und der ganze Bericht dem König vorgelegt wurden, wie dies nach dem bei La Coruña abgehaltenen Rat geschehen war. Medina Sidonia war ein eifriger Verfechter von Brauch und Etikette der Dienstordnung, er gehörte zu jener Art von Befehlshabern, unter denen William Borough gerne gedient haben würde; nie würde er eine so wichtige Formalität außer Acht gelassen haben. Auch würde er das einstimmige Urteil seiner dienstältesten Offiziere kaum übergangen haben. Nach sechs Monaten Kommando begann er sich auf den Planken wohl zu fühlen und sein Selbstvertrauen wiederzufinden, er sprach jedoch bis zum Schluß höchst bescheiden von seiner Unwissenheit in Dingen des See- und Landkrieges und richtete sich stets nach fachmännischem Rat.

Genau wie wir keinen Anlaß haben, die Einstimmigkeit der Kriegsratsentscheidung in Frage zu stellen, so besteht auch kein zwingender Grund dafür, an seinem gesunden Urteil zu zweifeln. So viele Unbekannte waren zu bedenken — der Zustand des nach Plymouth führenden Kanals, die Stärke der Küstenbatterien, der genaue Liegeplatz der englischen Flotte —, daß nur ein unüberlegter Befehlshaber gewagt haben würde, darauflos zu segeln, seine Transporter sich selbst zu überlassen und alles, ja den gesamten Erfolg seiner Mission aufs Spiel zu setzen um der Chance willen, die Engländer vielleicht in verwundbarer Position zu fassen. Die zuverlässigsten Meldungen des Geheimdienstes besagten, Drake sei entweder in Plymouth gewesen oder noch da, Howard befinde sich irgendwo ostwärts. Könnte man Drake unvorbereitet in Cattewater oder bei der Ausfahrt aus dem Sund überrumpeln, würde es vielleicht den Sieg bedeuten; wenn die führenden Schiffe aber bei einem hitzigen Gefecht gegen Drake und die Hafenbatterien in der Hafeneinfahrt stecken blieben und Howard im Rücken angriffe, wäre es das sichere Ende. In Anbetracht der verschiedenen Möglichkeiten fällt es schwer, eine richtigere Entscheidung zu finden als die vom Kriegsrat anscheinend getroffene — nämlich vorsichtig die Küste hinaufzufahren, herauszufinden suchen, wo der Feind steckte und dementsprechend zu handeln.

In Wahrheit bestand natürlich nicht die geringste Aussicht auf eine Überraschung, nicht die leiseste Möglichkeit, Plymouth zu nehmen, selbst wenn Plymouth der Hafen gewesen wäre, dessen Besitz sie am dringlichsten wünschten. Als sie auf der Höhe des Kap Lizard, nahezu fünfzig Seemeilen von dem ins Auge gefaßten Ziel entfernt bei der Beratung saßen, standen Drake und Howard bereits mit den stärksten englischen Schiffen hinter Rame Head und warteten darauf, daß die Spanier sich zeigten. Von den vielen möglichen Situationen, die der Rat in Betracht gezogen haben dürfte, nahm die für die Spanier ungünstigste vor ihnen Gestalt an.

Als der Rat sich auflöste, begann die Armada sich vorsichtig den Kanal hinaufzuschieben; Bertendonas Levantiner und die Galeassen bildeten die Vorhut, dann folgte das Gros, angeführt vom Herzog mit einem Geschwader von Galeonen; auf beiden Flügeln segelten die Guipúzcoans und die Andalusier, in der Mitte zusammengedrängt die Hulks; Recalde mit seinen Biscayern und dem Rest der Galeonen bildete die Nachhut. Als sie von Land aus gesichtet wurden, loderten die ersten Signalfeuer auf, und schon stieg der Rauch von Landspitze zu Landspitze im Bogen der unsichtbaren Küste himmelwärts und trug die Meldung bis über Plymouth hinaus, bis die ganze Südküste alarmiert war und die Warnungssignale oberhalb Dover rötlich glimmten, um von den auf der Höhe von Dünkirchen kreuzenden Schiffen gesehen zu werden und vom nördlichen Vorland den an der Küste von Essex stationierten Wachposten weitergegeben werden zu können. Gleichzeitig verbreiteten andere Signallinien rascher als Boten mit Siebenmeilenstiefeln die Nachricht landeinwärts, so daß bis gegen Morgen nicht nur London und Nottingham, sondern auch York und das entlegene Durham wußten, daß die Spanier endlich da waren.

Eine Zeitlang war das einzige, was die Armada vom Feind zu sehen bekam, eine englische Pinasse, die, als man Kap Lizard passierte, plötzlich zwischen den Schiffen der Vorhut fast in Lee der aufragenden Karacken vorbeiglitt und davonstob, mit einer vorlauten Spielzeugkanone dem empörten Kanonendonner der *La Rata* antwortend. Am späten Nachmittag ankerte die Flotte in einer langen Linie, wahrscheinlich – der Wind blies aus Westsüdwest – auf der Leeseite von Dodman Point. Dabei sahen die Ausguckposten hinter Eddystone das Sonnenlicht auf Großsegeln schimmern – zweifellos waren es feindliche Schiffe, um jedoch zu sagen, wieviele es waren und was sie im Schilde führten, war die Entfernung zu groß. Medina Sidonia sandte einige Pinassen auf Erkundung aus.

In die blendende Sonne blinzelnd, vermochten Howards Beobachtungsposten gerade die lange Linie der spanischen Flotte zu erkennen, eine schwimmende Wand, schwarz und bedrohlich, und gekrönt von einer Unmasse von Türmen. Sie zu zählen oder einzelne Schiffe zu unterscheiden, war unmöglich, aber die Herren, die in die Wanten aufenterten, konnten sich sagen, daß seit Anbeginn der Welt kein Auge ein solches Aufgebot feindlicher Kriegsschiffe erblickt habe. Morgen würden sie wissen, wie es um ihre Kampfstärke bestellt war. Dann verdunkelten Wolken die Sonne, eine Regenbö fiel ein, und in der sinkenden Dunkelheit entschwanden beide Flotten dem gegnerischen Blick.

In der gleichen Nacht kehrte eine der spanischen Pinassen, die von einem englisch sprechenden Offizier befehligt wurde, kurz nach Mitternacht mit einem Fischerboot aus Falmouth zurück, das sie mit seiner vierköpfigen Besatzung geschnappt hatte. Von diesen erfuhr der Herzog, daß Howard und Drake ihre Seestreitkräfte vereinigt hätten und am Nachmittag beim Auslaufen auf hohe See gesichtet worden wären. Kaum später, kurz vor Sonnenaufgang, erfolgte die entscheidendste Bewegung der die erste Woche füllenden Kampfhandlungen. Am Abend des 30. blies aus Westsüdwest der Wind, die spanische Flotte war in Luv der englischen und hatte somit den bedeutendsten Vorteil der Luvstellung. Gegen Morgen sprang der Wind nach Westnordwest um und blies vom Land her, so daß die Spanier, wenn sie ihre Stellung beibehalten hätten oder langsam auf Fowey zu vorgerückt wären, ihre Stellung zum Winde noch verbessert haben würden. Als der Tag anbrach, lagen sie noch immer in Luv eines englischen Geschwaders, das sie sichteten, als es sich die Küste entlang vor ihnen her nach Westen zu schlagen versuchte. Zunächst gab es einen Kugelwechsel mit der spanischen Vorhut. Aber hinter diesem Geschwader unmittelbar in Luv, sahen die Spanier das Gros der englischen Flotte. Die Spanier hatten somit den Windvorteil verloren und da der Wind in den nächsten neun Tagen meist aus Westen blies, sollten sie diesen Vorteil bis auf kurze Unterbrechungen nie wieder gewinnen.

Wir wissen nicht, wie dies zustande kam. Jedenfalls muß Howard in See gegangen und dann hoch am Winde um den der freien See zu segelnden Flügel der Armada herumgeschwenkt sein, die Armada hingegen muß einige Meilen ostwärts gesegelt oder getrieben sein, um das Manöver zu ermöglichen. Von Howard erfahren wir nur dies: »Am nächsten Morgen, einem Sonntag, nahmen alle aus Plymouth ausgelaufenen Engländer den Spaniern zwei Seemeilen westlich von Eddystone den Wind wieder ab.« »Alle aus Plymouth ausgelaufenen Engländer« bedeutete einen zweiten Schrecken für die Spanier, fast ebenso groß als es der erste gewesen war, denn unter ihren Augen segelten die elf landwärts liegenden Schiffe an der spanischen Vorhut vorbei und schlugen einen neuen Kurs ein, um sich mit ihrem Admiral zu vereinigen. Dies war der erste Hinweis für die meisten Spanier, daß sie sich Schiffen gegenüber sahen, die besser gegen den Wind aufzukreuzen vermochten als alle, auf denen sie bisher zur See gefahren waren. Mit Schiffen wie diesen, die die Luvstellung bewahrten, würden Reichweite und Art der Schlacht – wie so kluge Seeleute wie Recalde längst befürchtet hatten – gänzlich vom Willen des Feindes abhängen.

Den Angriff von englischer Seite erwartend, ließ Medina Sidonia ein Signalgeschütz abfeuern, die Armada formierte sich in Schlachtordnung, jede Einheit setzte oder strich Segel mit militärischer Genauigkeit und änderte den Kurs in Anpassung an ihre Nachbarn, bis die gesamte Flotte den Engländern zum erstenmal die berühmte Halbmondformation präsentierte, mit der sie jene während der ganzen Auffahrt durch den Kanal verblüffen und beängstigen sollte. Freilich war es kein vollkommener Halbmond, aber mit den dem Feind entgegengestreckten Flügeln und dem verstärkten Zentrum glich die Formation einem Halbmond so sehr, daß sich jeder erfahrene Seemann wundern mußte, wie eine so mannigfache Menge von Schiffen eine so komplizierte Formation so glatt bilden und so fest aufrechterhalten konnte.

Die Engländer hätten dies nicht zuwege gebracht, mit dieser Art von Manövern hatten sie keine Erfahrung. Englische Seeleute unterschätzten keineswegs die iberische Seemannskunst; kein Mensch hielt die Portugiesen, die das übrige Europa bis zu den entferntesten Meeren geführt hatten, und die Basken, die ihren Lebensunterhalt täglich einem der rauhesten und heimtückischsten Gewässer der Welt abrangen, für Süßwassermatrosen; auch verachtete keiner, der die Seereise nach Westindien einmal mitgemacht hatte, die dafür erforderliche seemännische

Schulung. Aber das Manöver, das Howards Flotte nun erlebte, bewies eine den Zuschauern ungewohnte Geschicklichkeit, die in ihrer Art ebenso verblüffend war, wie die Wiedergewinnung der Luvseite durch die englischen Schiffe für die Spanier. Und in gewisser Weise ebenso bestürzend. Denn dies war eine Formation von großer Defensivstärke.

Das Entmutigendste an dieser Halbmondformation war, daß Schiffe, die darauf aus waren, die Luvstellung zu halten, nur ihre herausragenden Flügel angreifen konnten, die natürlich aus den stärksten Schiffen gebildet waren und von denen aus ein schwer beschädigtes Schiff leicht »ins Zentrum der Flotte« zurückgenommen werden konnte. Andererseits aber wehe den englischen Schiffen, die die Unvorsichtigkeit begingen, zwischen die rückwärts herausragenden Hörner vorzustoßen. Sie würden todsicher umfaßt und von den mächtigen Galeonen auf beiden Flügeln abgeschnitten werden, die ihnen, sobald sie in den Halbmond einfuhren, den Wind wegnehmen und sie dermaßen bedrängen konnten, daß alle Geschwindigkeit und Beweglichkeit nichts nützen würden. Sie konnten dann zum Nahkampf gezwungen werden. Dann konnten ihre Kameraden ihnen nur zu Hilfe kommen, wenn sie sich ins allgemeine Durcheinander stürzten und sich auf ein Handgemenge einließen. Das war die Art von Kampf, die die Spanier den Engländern aufzwingen und diese auf jeden Fall vermeiden wollten.

Als sie so ihre bevorzugten Formationen aufbauten, die Spanier ihren merkwürdigen Halbmond, die Engländer ihre einfache, vielleicht auch doppelte Schlachtlinie, betrachteten beide Gegner einander ausgiebig, und keinem gefiel des anderen Anblick sonderlich. Wenn die Engländer über den Umfang der Armada und über ihre dräuende Schlachtordnung staunten, so waren die Spanier, die nur allzu gut wußten, wieviele ihrer eigenen Schiffe sich in der Schlacht als nutzlos erweisen würden, nicht nur über die Geschwindigkeit und Wendigkeit des Feindes, sondern auch über seine zahlenmäßige Stärke, Ausdehnung und anscheinende Schlagkraft seiner ersten Schlachtreihe verwundert. Als sie an jenem Morgen einander gegenüberstanden, müssen die gegnerischen Admirale sich mit einer gewissen Benommenheit gefragt haben, was der andere wohl zuerst tun würde.

Grund zu Ungewißheit gab es genug. Flotten wie diese waren eine Neuigkeit auf der Welt. Niemand hatte bisher zwei derartige Seestreitkräfte im Kampf gesehen. Kein Mensch wußte, was die neuen Waffen erreichen oder welche taktischen Methoden sie am durchschlagendsten zur Geltung bringen würden. Dies war der Anfang eines neuen Zeitalters der Seekriegsführung, des langen Tages, an dem das Linienschiff mit hölzernen Wänden, bewegt von Segeln und bestückt mit Kanonen mit ungezogenen Rohren, die Königin der Schlacht sein sollte; ein Tag, für den das gepanzerte dampfgetriebene Schlachtschiff mit gezogenen Kanonenläufen den Abend bedeutete, so daß zukünftige Altertumsforscher die beiden auf einen Haufen werfen werden, wenn sie sich einen Namen für die Epoche ausgedacht haben, die wir bis zum Augenblick »modern« nennen. Zu Anfang gab es keinen Namen für das Schiff-der-Linie, auch keine Vorstellung, wie es zu verwenden war. An jenem Morgen auf der Reede von Eddystone wußte kein in beiden Flotten segelnder Seemann, wie eine »moderne« Seeschlacht ausgekämpft werden müsse. Niemand auf der Welt wußte es.

ERSTMALS BLUT

Von Eddystone bis Start Point, 31. Juli 1588

Passenderweise begann die erste moderne Seeschlacht der Geschichte mit Gesten, die ins Mittelalter gehörten und aus Ritterromanen stammten. Der Generalkapitän des Ozeanischen Meeres hißte am Großmast sein heiliges Banner, zum Zeichen des Schlachtbeginns, wie es kastilische Befehlshaber auf See stets getan hatten, seit sie zum erstenmal maurische Galeeren sichteten. Der Lord-Admiral von England sandte seine persönliche Pinasse, die *Disdain*, aus, um dem spanischen Admiral seine Herausforderung zu überbringen, wie König Arthur, der den Kaiser Lucius durch Sir Gawaine hatte herausfordern lassen. Dann, nach überreichter Aufforderung zum Kampf, führte Howard vormittags gegen neun Uhr die englische Flotte in Schlachtlinie — »en ala« nannten es die Spanier —, in einer einzigen Reihe, ein Schiff hinter dem anderen, der mehr unter der Küste stehenden nördlichen Spitze des spanischen Halbmonds entgegen.

Der angegriffene Flügel stand unter dem Befehl de Leivas und umfaßte hauptsächlich das levantinische Geschwader, das die Vorhut gebildet hatte, solange die Armada in der Absicht, die leewärts liegende Gruppe der englischen Schiffe abzuschneiden, mit nördlichem Kurs auf die Küste zugesegelt war. In den meisten Berichten der Schlacht wird de Leivas Geschwader noch immer »die Vorhut« genannt, obwohl die Armada bei der Formierung ihrer Schlachtordnung auch eine halbe Kehrtwendung nach Osten gemacht hatte — jedes Schiff um neunzig Grad, vielleicht auch etwas mehr —, so daß de Leiva auf dem linken Flügel stand und seine Levantiner das Horn des auf dieser Seite nach achtern vorspringenden Halbmondes bildeten.

Das an der Ehren- und Gefahrenstelle, das heißt an der Spitze des Horns aufgestellte Schiff war de Leivas eigene *Rata Coronada;* und als Howards *Ark Royal* ihr Heck zu kreuzen begann, drehte Don Alonso bei und lag dem englischen Flaggschiff Breitseite zu Breitseite gegenüber, so daß er über die Sehne des Bogens hinaus, den der spanische Halbmond bildete, parallelen Kurs mit ihr steuerte, als er Luv zu gewinnen versuchte, um auf Schußweite zu kommen. Hinter ihm ging Bertendonas große Karacke, die *Regazona*, das größte Schiff der Armada, fast so groß wie die *Triumph* der Königin, in Kampfstellung, hinter Bertendona schloß der Rest des Levantiner Geschwaders auf. In der Annahme, die *Rata* sei der »Admiral« — das heißt, das Flaggschiff der Spanier — »auf dem der Herzog angeblich segle«, wechselte Howard mit ihr eine Zeitlang Breitseiten, »bis verschiedene Schiffe der spanischen Armee ihr zu Hilfe kamen«. So stellte jedenfalls Howard die Begegnung dar. Tatsächlich waren die Levantiner, die nicht gerade die zum Aufkreuzen geeignetsten Schiffe der Armada waren, völlig außerstande, auf Schußweite zu kommen, und Howard verspürte kein Verlangen, so daß die beiden Linien auf Abstand blieben. Soviel wir wissen, wurde bei diesem Teil der Kampfhandlungen niemand verletzt, auch geriet niemand in Seenot.

Mittlerweile griff eine von Drake auf der *Revenge,* von Hawkins auf der *Victory* und von Frobisher auf der *Triumph* befehligte Gruppe englischer Schiffe den anderen Flügel der Armada, die von Juan Martínez de Recalde befehligte »Nachhut« an. Hier wurde ihnen ein ziemlich anderer Empfang zuteil. Recalde schwenkte mit der *San Juan de Portugal*, der größten Galeone, einem mächtigen Schiff, herum, um dem Angriff zu begegnen, die übrigen Galeonen segelten jedoch auf altem Kurs weiter. Als Medina später bemerkte, was geschah, scheint er unter dem Eindruck gestanden zu haben, daß Recalde entweder durch Zufall von dem übrigen Geschwader getrennt oder absichtlich im Stich gelassen wurde. Sein an den König gesandter Bericht scheint beide Möglichkeiten offenzulassen, doch ist wohl keine von ihnen zutreffend. Portugals Galeonen waren von Veteranen bemannt und befehligt und hätten sich von bloßem Kanonendonner bestimmt nicht ins Bockshorn jagen lassen. Während des gesamten übrigen Gefechts hat sich kein Geschwader beider Flotten tapferer geschlagen. Auch ist kaum vorstellbar, daß Recaldes Biscayer ihren Kapitän im Stich ließen. Andererseits war von allen Geschwaderkommandanten Recalde der letzte, der Gefahr lief, zufällig ins Gedränge zu geraten. Er war berühmt für die Art, seine Schiffe einzusetzen, und fast ebenso berühmt dafür, wie er mit seinen Männern umging. Wenn er dem Herzog die Wahl zwischen zwei unwahrscheinlichen Annahmen ließ, muß es wohl aus dem Grunde geschehen sein, weil er die einzig wahrscheinliche Vermutung, nämlich daß er des Herzogs Befehl zuwider sich von seinem Geschwader getrennt, diesem das Nachdrehen verboten und sich absichtlich allein mitten in den Feind gestürzt habe, nicht zu bestätigen wünschte.

Niemand wußte besser als Recalde, daß nun, wo die Flotte die Luvstellung verloren hatte, die einzige Möglichkeit des Sieges in der schnellen Herbeiführung eines Handgemenges bestand. Er hatte vom Kampfbeginn genug gesehen, um die Absichten des englischen Admirals klar zu durchschauen; Abstand zu bewahren und die spanischen Schiffe mit seinen Feldschlangen aus einer Entfernung in Stücke zu schießen, auf die seinen Schiffen nichts geschehen konnte. In der bisherigen Seekriegsgeschichte war es jedoch noch nie vorgekommen, daß ein einzelnes Schiff von Feinden umzingelt, aber nicht geentert worden war. Entern war die einzige Art, in der eine überlegene Macht mit Sicherheit eine wertvolle Prise fast unversehrt kapern konnte, und unter der Gruppe von Schiffen, die auf ihn zukamen, sah Recalde eines, das fraglos größer und mit höherem Bug- und Heckkastell versehen war als das seine. Es würde nicht mit rechten Dingen zugehen, wenn sein Kapitän nicht versucht wäre, nahe heranzukommen. Recalde wußte, daß er, wenn seine Enterhaken eine, oder besser noch zwei englische Galeonen zu fassen bekamen, allein aushalten konnte, bis Hilfe kam. Wenn die Engländer dann ihrerseits einen Rettungsversuch unternehmen sollten, konnte das allgemeine Handgemenge, von dem alles abhing, beginnen. Selbst wenn er die Engländer nur so nahe heranzulocken vermochte, daß er seine schweren »Kurzrohr-Schiffzerschmetterer« mit voller Wirksamkeit einsetzen konnte, konnte er etwas ausrichten. Wenn er auch damit einem ausdrücklichen Befehl zuwiderhandelte, lohnte es sich, ein einziges Schiff aufs Spiel zu setzen.

Drake muß Recaldes Gedanken genau so deutlich gelesen haben wie Recalde die von Howard. *Revenge, Victory, Triumph* und ihre Gefährten kamen vorsichtig auf etwa dreihundert Meter heran und begannen, Recalde mit ihren langen Geschützen, die ihre hauptsächliche Bestückung waren, zu beschießen. Er konnte nicht, und sie wollten nicht näherkommen, wenn auch Martin Frobisher auf der *Triumph,* wie Recalde gehofft hatte, weidlich Lust dazu verspürte. So widerstand die

San Juan ganz allein dem Beschuß des englischen Geschwaders, bis die große *Grangin*, gefolgt von den übrigen Biscayern, herbeikam, die Engländer vertrieb und die *San Juan* in die Mitte der Flotte zurückgeleitete, wo sie ihre Schäden ausbessern konnte.

Die Rettung von Recaldes Schiff scheint mit der Bewegung der *San Martin* begonnen zu haben, die schon bald zum Abbruch der Kampfhandlungen führte. Recalde mag bereit gewesen sein, noch eine Weile den Köder in der Falle zu spielen, von all dem, was er seinen Kapitänen gesagt hatte, hätte er dem Generalkapitän nicht ein Wort verraten können. Sobald Medina Sidonia seinen Vize-Admiral in Gefahr sah, ließ er hart Ruder legen und in den Wind drehen. Unverzüglich taten alle Schlachtschiffe des Gros, die Andalusier, die Guipúzcoans und die übrigen Galeeren es ihm nach und warteten mit schlagenden Segeln, bis die langsame Abdrift die im Gefecht befindliche Nachhut auf gleiche Höhe bringen oder, wenn die Engländer voll in Anspruch genommen sein würden, sie sogar vorbeiführen und ihnen den Windvorteil geben würde. Stattdessen fielen die Engländer außer Schußweite ab. Das war das Ende des ersten Gefechtstages.

Als die Engländer gegen ein Uhr nachmittags die Kampfhandlung abbrachen, ging Medina Sidonia unverzüglich zum Angriff über und versuchte, in Luv des Gegners zu kommen. Da der Halbmond eine strenge Verteidigungsformation war, die nur mit achterlichem Wind aufrechterhalten werden konnte, formierte der Herzog seine Schlachtschiffe zum Angriff in Geschwaderkolonnen, jedes Geschwader in Linie, und ließ die trägen Hulks ihren Kurs in Lee fortsetzen. Zweifellos gaben die Galeonen ein hübsches Bild ab, wie sie sich hart am frischen Wind über legten, aber die Engländer hielten mühelos jeden beliebigen Abstand, dann und wann eine höhnische Salve abfeuernd; und die jähen Ausfälle der spanischen Flotte, erst nach Backbord, dann nach Steuerbord, hatten weniger Wirkung als die tapferen blinden Ausfälle eines Stiers gegen seine wenigen Verfolger. Drei Stunden lang setzte der Herzog seine vergeblichen Versuche fort; dann drehte er bei und kehrte zu den mühsam stampfenden Hulks zurück. »Da der Feind außer Schußweite gegangen ist«, lautet die offizielle Logbucheintragung, »hat der Herzog die Flotte gesammelt, stellte jedoch fest, daß er nichts mehr tun konnte, da der Feind nach wie vor den Windvorteil hatte und seine Schiffe so geschwind und wendig sind, daß er alles mit ihnen anzustellen vermag.«

Der erste Gefechtstag war für beide Seiten eine etwas lähmende Erfahrung. Die Spanier waren eher verbittert als mitgenommen. Kein Schiff der Flotte hatte soviel einstecken müssen wie Recaldes und dessen Schäden beliefen sich lediglich auf zwei Kugeln im Vormast, einige weggeschossene Stage und Wanten und eine Handvoll Toter und Verwundeter. Wenn aber der englische Fernbeschuß bisher nur ein paar lästige Schrammen verursacht hatte, so mußten diese Schrammen augenscheinlich hingenommen werden, wann es den Engländern beliebte und ohne nennenswerte Aussicht, sie entsprechend vergelten zu können.

Was die Engländer betraf, so begannen sie langsam unruhig zu werden, wenn sie auch noch nichts abbekommen hatten. Hier stand ihnen ein stärkerer, zäherer Feind gegenüber, als sie angenommen hatten. Spanische Seemannskunst und Disziplin hatten sich den ganzen Tag von ihrer besten Seite gezeigt, und die Spanier waren am Abend noch genau so kampffreudig wie am Morgen. Die Armada war schwerer bestückt als sie erwartet hatten, sie verfügte über genügend Langrohrgeschütze, um ihr Feuer erwidern zu können und ihre besten Schiffe waren mit mehr Nahschuß-Schiffzertrümmerern und Kanonen ausgerüstet als die Galeonen der Königin. Wenn es den Spaniern gelang, nahe genug heranzukommen, konnten sie ihnen ernsthaften Schaden zufügen, auch ohne entern zu müssen. Und wenn die spanischen Kanonen ihnen an jenem Tag nicht zuzusetzen vermocht hatten, so hatten auch die Engländer nichts erreicht, wenn man die Sache genau betrachtete. Die Armada sah in der Nähe sogar noch furchterregender aus als aus der Entfernung. Als sie so im sinkenden Spätnachmittag abzog, glich sie mehr denn je einer undurchdringlichen Holzwand, einer grimmigen, turmbewehrten Festung.

Die Engländer waren nicht stolz auf ihre Leistung. Sie hatten zwar die Spanier an Plymouth vorbei gejagt, und wenn die Armada je beabsichtigt hatte, dort hineinzuschauen – was nicht der Fall gewesen war – so war diese Absicht wenigstens vereitelt worden. Nun aber segelte die Armada mit hoheitsvoller Entschlossenheit in ungebrochener Schlachtordnung den Kanal hinauf, ihrem Treffpunkt mit Parma entgegen. Wenn dieses Treffen verhindert werden sollte, mußten sie sich mehr anstrengen. Howard, der bereit gewesen war, der spanischen Flotte mit einigen sechzig Seglern die Spitze zu bieten, zögerte nunmehr, sich wieder zum Kampf zu stellen, bevor der Rest der in Plymouth liegenden Schiffe herangekommen war und bat nach allen Seiten schriftlich um Verstärkungen und Mannschaften. Sein Kriegsrat stimmte zu. An Walsingham schrieb er: »Wir setzten ihnen (von neun bis ein Uhr) zu, brachten einige dazu, abzudrehen, um ihre Lecks abzudichten (was weniger auf Kenntnis als auf Annahme beruhte); dennoch durften wir es nicht wagen, ihnen allzu dicht auf den Pelz zu rücken, weil ihre Flotte zu stark war.« Drake, der Seymour vom Anrücken des Feindes in Kenntnis setzte, war sogar noch einsilbiger. »Am 21. machten wir Jagd auf sie, als wir näherkamen, erfolgte geringer Schußwechsel zwischen einigen Schiffen beider Flotten. Soweit wir feststellen können, sind sie entschlossen, ihre Haut teuer zu verkaufen.«

Die ersten ernsten spanischen Verluste traten nach der Schlacht ein, zwei Vorfälle, die nichts mit Feindeinwirkung zu tun hatten, die Armada jedoch zwei kapitale Schiffe kosteten. Der erste schien geringfügiger zu sein. Kurz nach vier Uhr nachmittags, als die Spanier ihren defensiven Halbmond neu bildeten und das andalusische Geschwader zur Rechten des Herzogs aufschloß, stieß ihre *capitana*, Pedro de Valdés' Flaggschiff, die *Nuestra Señora del Rosario* mit einem anderen Andalusier zusammen und verlor ihren Bugspriet. Dann, wenige Minuten später, gab es auf der Linken des Herzogs eine Explosion. Oquendos *almiranta*, die *San Salvador*, stand in Flammen; ihr Bug, zwei Decks ihres Hecks und zwei Decks ihres Achterkastells waren verschwunden. Anscheinend war das achtern gelagerte Pulver in die Luft geflogen.

Je weiter wir uns von diesem Ereignis entfernen, desto eingehender und dramatischer wird seine Geschichte. Im Tagebuch oder friesischen Logbuch, das Philipp am 21. August zugesandt wurde, sagte Medina Sidonia einfach, daß an Bord der San Salvador einige Fässer mit Schießpulver explodiert seien. Vermutlich hatte der Herzog eine Untersuchung angestellt und einige Überlebende der *San Salvador* an Bord der *San Martin* genommen, doch wäre es kaum überraschend, wenn er nicht mehr herausfand, als er berichtete. Jedermann im Umkreis der Explosion scheint umgekommen zu sein. Natürlich wurden in der Flotte bald mehrere Mutmaßungen laut. Fray Bernardo de Gongora, der seine

Reise an Bord der *San Martin* beendete, hörte, daß die Explosion auf mangelnde Vorsicht eines Kanoniers zurückzuführen gewesen sei — eine naheliegende Annahme. Auf einem anderen Schiff ging das Gerücht um, ein Kanonier habe ein Pulverfaß in Brand gesteckt, warum, wußte niemand zu sagen. Wahrscheinlich war er ein Engländer. Eine Handvoll Fahnenflüchtige, nicht von der *San Salvador,* die nach Gravelines aufgegriffen wurden, wußten einen weit genaueren Bericht zu geben. Ein holländischer Richtkanonier, der wegen Fahrlässigkeit zurechtgewiesen worden war, legte eine Zündschnur zum Pulvermagazin, zündete sie an und sprang über Bord; über seinen weiteren Verbleib ist nichts bekannt. In Amsterdam hatte ein unternehmungslustiger Neuigkeitskrämer einen noch besseren Gedanken. Der Richtkanonier — natürlich ein Holländer, der zum Kriegsdienst gepreßt worden war — von Oquendo wegen Rauchens auf dem Achterdeck zurechtgewiesen, klopfte seine Pfeife seelenruhig in ein Pulverfaß aus und sprengte auf diese Weise das Schiff in die Luft. Natürlich befand Oquendo sich nicht an Bord der *San Salvador,* aber nicht nur die Holländer waren über die Tatsache, daß in einer spanischen Flotte nicht die *almiranta,* sondern die *capitana* das Flaggschiff war, erstaunt. Was ein Pulverfaß auf dem Achterdeck zu suchen hatte, ist eine andere Frage. Einige Wochen später war, nach einer Version aus Hamburg, der Richtkanonier ein Deutscher, den ein spanischer Offizier geprügelt hatte.

Als sich dann Petruccio Ubaldini mit dem Vorfall beschäftigte, war die Geschichte reif für eine üppige Ausschmückung. Der Richtkanonier, diesmal ein Flame, war nicht nur in seiner beruflichen, nein, auch in seiner persönlichen Ehre verletzt worden — der spanische Offizier, der ihn zurechtwies, hatte ihm zuvor Hörner aufgesetzt und bedrohte nun Glück und Sicherheit seiner Tochter, da beide, Frau und Tochter, sich dank dichterischer Freiheit an Bord der *San Salvador* befanden. Der Flame steckte eine Zündschnur an, sprang ins Meer und ließ alle in die Luft fliegen, und Ubaldini findet ergreifende Schlußworte über den Wahnsinn, der in der menschlichen Brust die wütende Leidenschaft der Rache entfesselt. Der barocke Überschwang von Ubaldinis Auslegung hätte die anderen eigentlich samt und sonders ausstechen müssen, fand aber bereits allzuviele Nebenbuhler, und Menschen nördlicher Länder mögen die Mär etwas zu übertrieben gefunden haben, wie sie wohl auch manche italienische Barockkirche zu überladen fanden. In der einen oder anderen Form ist die Geschichte vom freiheits-, vaterlandsliebenden oder rachsüchtigen Holländer, Deutschen, Engländer oder Flamen jedoch ein ebenso fester Bestandteil der Legende von der Armada geworden, wie die Geschichte von David Gwynn.

Die Katastrophe, zu deren Erklärung sie erfunden worden war, ließ an Wirklichkeit nichts zu wünschen übrig. Medina Sidonia handelte unverzüglich, lenkte die Aufmerksamkeit der Flotte durch einen Kanonenschuß auf sich und steuerte zur *San Salvador* zurück, während er gleichzeitig Pinassen und Schiffsboote mit Befehlen aussandte. Kleine Fahrzeuge strebten auf das brennende Schiff zu, um sein Heck aus der Windrichtung zu verholen, damit das Feuer nicht auf das Vorschiff übergriff, um die erschöpfte Besatzung, die das Feuer mitschiffs verzweifelt bekämpfte, zu verstärken (unter dem Bugkastell befand sich ein weiteres großes Pulvermagazin), und um die Verstümmelten und Versengten auf eines der Hospitalschiffe zu überführen. Die *San Martin*, der Herzog auf dem Achterdeck, stand in Rufweite bereit, und überwachte und förderte die Operation, bis zwei Galeassen die *San Salvador,* deren Feuer nun gebändigt war, unter die langsameren Fahrzeuge abschleppte.

Um diese Stunde sah es aus, als würde es einen stürmischen Abend geben, die Wolken zogen tief über den Himmel, der Wind blies in unberechenbaren Böen und eine kurze steife See kam auf. Gerade als sich die Reihen der Flotte öffneten, um die beiden Galeassen und ihre hilflose Last hindurchzulassen, verlor Pedro de Valdés' Schiff, das nach Verlust des Vorgeschirrs bei unausgeglichener Hauptbesegelung schlecht steuerte, und vielleicht durch den Zusammenstoß und den Bruch des Bugspriets schon angeschlagen war, überraschend auch noch den Fockmast. Wieder handelte der Herzog auf der Stelle. Wieder ließ er einen Schuß abfeuern, um die Flotte zum Stoppen zu bringen und fuhr zur *Rosario* hinüber, die hinter ihm schwer rollte. Diesmal war die *San Martin* als erste zur Stelle. Die Armada kannte kaum bessere Seeleute als den Segelmeister des Flaggschiffs, Kapitän Marolín de Juan, und trotz der rauhen See und des wilden Schlingerns der *Rosario* gelang es Kapitän Marolín, ihr eine Trosse hinüberzugeben. Die *San Martin* wollte die mitgenommene *Rosario* selbst ins Schlepptau nehmen. Kaum war die Trosse belegt, da stieg die *Rosario* wie ein Füllen, so daß sie brach. Der Wind nahm zu, die See wurde rauher, und schon wurde es unerwartet schwierig, eine neue Trosse auszubringen. Mit gespannter Aufmerksamkeit sah der Herzog vom Achterdeck dem Manöver zu.

Schon dunkelte es, ein paar Pinassen standen zur Hilfe bereit, als Diego Flores de Valdés auf das Achterdeck gestürmt kam, um Einspruch zu erheben. Ein erfahrener Offizier, Kommandant der kastilischen Galeonen, diente er auf Vorschlag des Königs auf dem Flaggschiff als Stabschef des Generalkapitäns und erster Ratgeber in See- und Landkriegsfragen. Er erklärte, der Herzog müsse unverzüglich an seinen Platz zurückkehren, die Flotte ihren Kurs ostwärts wieder aufnehmen. Wenn die Schiffe in solch zunehmendem Seegang einander beiständen, könnten sie einander von neuem beschädigen und würden im Laufe der Nacht fraglos zersprengt werden, so daß der Herzog am nächsten Morgen nicht die Hälfte wiedersehen würde. Es sei ein Unding, diese Unordnung angesichts des Feindes beizubehalten und Erfolg und Sicherheit der gesamten Flotte nur wegen eines einzigen Schiffs zu gefährden.

Dies scheint einen bitteren, erregten Wortstreit entfesselt zu haben. Diego Flores wurde anscheinend von einem zweiten Offizier unterstützt, vielleicht von Bobadilla, *maestre de campo general*. Schließlich gab der Herzog nach, wenn er auch darauf bestand, zur Hilfe bereitzustehen, bis er Ojeda in der kleinen Galeone, die das Flaggschiff der getarnten Vorpostenschiffe war, mit vier Pinassen zur Ablösung kommen sah und die Meldung bekam, sein an eine der Galeassen und an die *almiranta* der Andalusier gegebener Befehl, sich an der Rettungsaktion zu beteiligen, sei empfangen worden. Dann drehte er endlich bei, nahm seinen Platz im Gros wieder ein, und die Flotte lief auf altem Kurs weiter. Befremdend war, daß sich kurze Zeit später aus der Dunkelheit achteraus, wo die *Rosario* treiben mußte, Kanonendonner vernehmen ließ.

Seit dem frühen Morgen hatte der Herzog ohne einen Bissen an Deck ausgehalten. Auch jetzt ging er nicht nach unten. Stattdessen ließ er sich von Schiffsjungen ein Stück Brot und etwas Käse aufs Achterdeck bringen und blickte, an die Heckreling gelehnt, eine ganze Weile ins Kielwasser und die dahinter gähnende Dunkelheit. Die Aufgabe der

Rosario war sein erster wirklicher Mißerfolg, er wußte auch, daß er der Schuldige sein würde, wer auch immer dazu geraten habe, wie vernünftig auch der Rat gewesen sein mochte. Vielleicht fiel ihm erst jetzt ein, daß Diego Flores de Valdés und Pedro de Valdés nicht nur Vettern, sondern auch unversöhnliche Feinde waren.

UNGEHEURE MENGEN MUNITION

Start Point bis Portland Bill, 31. Juli bis 2. August 1588

Auch der englische Admiral machte sich an jenem Abend Sorgen. An irgendeinem Punkt der Südküste — davon war sein Kriegsrat überzeugt — beabsichtigten die Spanier einen Hafen zu nehmen. Mehrere mögliche Häfen und Ankerplätze lagen vor ihnen, und die Frage war, ob Howard, seinen Gegnern auf den Fersen bleibend, eine Landung verhindern konnte. Damit, daß er die Luvseite genommen und dafür den Feind vorbeigelassen hatte, war der Lordadmiral ein erhebliches Risiko eingegangen. Nach konservativer, militärischer Ansicht hätte er direkt auf die Armada stoßen und den Kanal gegen sie halten müssen wie etwa ein Heer einen Gebirgspaß hält. Wenn die Spanier nun sein unvorgesehenes Verhalten nutzten, um sich eines Ankerplatzes zu bemächtigen und zu landen, so war — wie auch die Folgen für England sein mochten — sein Ruf dahin und er konnte Kriegsruhm und -glück Ade sagen. Wie Medina Sidonia standen auch Howard weit erfahrenere Seekapitäne beratend zur Seite, aber wie sein Gegner mußte er die letzte Verantwortung allein tragen.

Wenn er den Spaniern auf den Fersen bleiben wollte, anstatt ihnen den Weg zu versperren, so konnte er wenigstens darauf sehen, daß die Verfolgung geordnet und dicht am Feinde vor sich ging. Als daher Medina Sidonia seine Bemühungen aufgab, die Luvstellung zurückzugewinnen, hißte Howard eine Flagge, die zum Kriegsrat rief, und während die Spanier mit der Havarie auf der *San Salvador* und der *Rosario* zu tun hatten, erörterten die englischen Kapitäne ihre Aufstellung zur Verfolgung. Wir wissen von dieser Aufstellung, daß sie nicht in einzelner Reihe erfolgt sein kann und daß, als alles vereinbart war, »Seine Lordschaft alle Leute auf ihre Schiffe gehen hieß und Sir Francis Drake beauftragte, in jener Nacht die Führung zu übernehmen«. Das heißt, Drake auf der *Revenge* sollte die Flotte führen, die nachfolgenden Schiffe sollten sich nach seiner großen Hecklaterne richten. Es war eine ritterliche und — wie Howard gedacht haben mag — auch kluge

Maßnahme, Ehre und Verantwortung der Führung, die eigentlich dem Lordadmiral zugefallen wäre, seinem erfahrenen und berühmten Vizeadmiral zu übertragen.

Mittlerweile sank der Abend, und mit der auffrischenden Brise eilten die Engländer hinter der Armada her, die sich Start Point näherte. Irgendwo seewärts kreuzte die *Margaret and John* aus London, ein mit vielleicht vierzehn in den Batteriedecks aufgestellten Geschützen bestücktes Kaperschiff von zweihundert Tonnen. Die *Margaret and John* muß mit erheblicher Geschwindigkeit gesegelt sein, denn sie lag ziemlich weit vorn, als sie ein großes spanisches Schiff in Seenot sichtete (sie habe, so sagt sie, es als erste gesichtet), ohne Bugspriet und Fockmast dazu eine »große Galeone«, eine Galeasse und eine Pinasse, die Hilfe leisteten. Dem Bericht einer ihrer Offiziere zufolge stürzte die *Margaret and John* »ohne von einem Schiff, Pinasse oder Boot unserer ganzen Flotte begleitet zu sein«, auf die Spanier zu, worauf die spanischen Schiffe ihren wehrlosen Kameraden im Stich ließen und Reißaus nahmen.

Wir brauchen nicht alles von *Margaret and Johns* Geschichte zu glauben. Da ihre Offiziere danach trachteten, einen teilweisen Anspruch auf das Prisengeld der *Nuestra Señora del Rosario* durchzusetzen, übertrieben sie wahrscheinlich ihre Rolle bei der Angelegenheit. Wir wissen, daß Ojedas Galeone (übrigens eine kleine, kaum größer als die *Margaret and John*) und eine der Galeassen Don Pedro de Valdés gegen neun Uhr abends im Stich ließen, wenn es auch wahrscheinlicher ist, daß sie dies angesichts der näherkommenden englischen Flotte taten als aus Furcht vor einem einzelnen wenn auch noch so verwegenen Schiff. Schließlich kam die *Margaret and John* ganz vorsichtig näher, hielt sich in Luv und nahm sich zur Prüfung der Lage Zeit. Die *Rosario* schien verlassen, sie zeigte keine Segel, kein Licht und gehorchte ihrem Ruder nicht. Um diese Beobachtung zu prüfen, rückte die *Margaret and John* näher und feuerte eine Salve Musketenschüsse ab. Alsbald dröhnten ein paar schwere Geschütze Antwort. Die *Margaret and John* gab eine Breitseite zurück und setzte sich vorsichtig ab, blieb bis etwa Mitternacht in der Nähe auf der Lauer liegen, bis sie — nach ihrem Bericht — den Lordadmiral dem Feind nachsegeln sah und, sein Mißfallen befürchtend, sich der Flotte wieder anschloß. Wahrscheinlicher ist freilich, daß Howard die Kanonade in seinem Rücken hörte und eine Pinasse aussandte, um den säumigen Plünderer zur Ordnung zu rufen. Howard hatte die Lage der *Rosario* bemerkt und Befehl erlassen, die Flotte solle sie nicht beachten und zusammenbleiben. Wenn die Spanier bei Morgengrauen versuchen würden, in der Tor Bay zu ankern, würde er alle Streitkräfte brauchen, die ihm zur Verfügung standen.

Wüßten wir mehr über die Sichtigkeit in jener Nacht, könnten wir uns ein genaueres Bild der Lage machen. Der Mond dürfte in seinem ersten Viertel gestanden haben, aber kein zeitgenössischer Bericht sagt etwas von Mondschein. Nach der stürmischen Bö gegen fünf oder sechs Uhr am Abend scheint der Wind abgeflaut zu haben, bis von Start Point an nur noch eine leichte Brise wehte. Ob nun mit oder ohne Mond, die Sicht kann nicht sehr gut gewesen sein. Vielleicht war der Himmel bedeckt, vielleicht zogen auch jene scheußlichen Nebel, die der Kanal nur allzu gut kennt. Wenn auch die *Ark* unmittelbar hinter Drake segelte, so verlor ihr Ausguck doch aus dem einen oder anderen Grund das Hecklicht der *Revenge* aus den Augen.

War der Admiral unter Deck gegangen, so dürfte er in diesem Augenblick nach oben gerufen worden sein, und aller Augen werden voraus gestarrt haben. Mit einemmal sahen sie eine Laterne vor sich, aber weiter weg, als sie erwartet hatten. Die *Ark* setzte mehr Segel und jagte vorwärts, um aufzuholen. Nicht einmal die *Revenge* durfte der Ark davonlaufen. Hatte der Lordadmiral nicht geschworen, die *Ark* sei als Segler einmalig und unerreicht auf der Welt und suche ihresgleichen? Langsam kam man der »führenden« Hecklaterne auf, bis die *Ark* den angemessen scheinenden Abstand erreicht hatte. Erst als die Dämmerung über das Wasser kroch und Führer und Geführte über Berry hinaus waren, wo das Schicksal der Kampagne sich entscheiden mochte, wenn die Spanier Tor Bay zu nehmen beabsichtigten, merkte Howard, daß er dem Hecklicht des feindlichen Flaggschiffs gefolgt war und bereits fast in der Mitte des drohenden spanischen Halbmonds steckte. Nur seine nächsten Nachtgefährten, die *Bear* und die *Mary Rose*, waren bei ihm. Die nächsten Schiffe seiner Flotte zeigten nur mehr die Mastspitzen am Horizont. Von Francis Drake und der *Revenge* war nichts zu sehen.

Was uns an zeitgenössischen Berichten des Armadaunternehmens verstimmt, ist die Tatsache, daß wir alle Ereignisse wie durch einen Nebelschleier sehen. Wir erleben Augenblicke, in denen die Umrisse zwar in großen Zügen sichtbar werden, die Einzelheiten jedoch verschwimmen, hier und da tauchen Szenen in völliger Deutlichkeit auf, dann wieder ist der Schauplatz überschattet und wir erkennen nicht das Geringste. An diesem Punkt sagt das offizielle englische Bulletin lakonisch: »Dadurch ihres Lichtes beraubt, daß Sir Francis Drake seinen Posten verließ, um auf gewisse Fahrzeuge Jagd zu machen, blieb unsere Flotte zurück und wußte nicht, wem sie folgen sollte. Nur seine Lordschaft mit der *Bear* und der *Mary Rose* in seinem Kielwasser verfolgte den Feind die ganze Nacht in Schußweite einer Feldschlange; seine eigene Flotte lag so weit zurück, daß am nächsten Morgen nur einige Masten zur Hälfte zu sehen waren; der größte Teil war noch außer Sicht, und die Flotte holte bei guter Fahrt seine Lordschaft erst am späten Vormittag des nächsten Tages wieder ein.« Wir verzeihen Howard gerne, daß er seine einsame Verfolgung der spanischen Flotte als eine Tat unüberlegter Tollkühnheit statt eines einfachen Irrtums hinstellen will, zumal er Drake keinen Vorwurf macht und sich ohne Schärfe bemüht, ihn zu entschuldigen. Wir verzeihen ihm jedoch nur ungern, daß er nicht berichtet hat, was dann geschah.

Wir dürfen annehmen, daß die drei englischen Schiffe wendeten und sich halsüberkopf davonmachten, und daß die Spanier nicht versuchten, sie zu verfolgen. Keine der zeitgenössischen spanischen Stimmen erwähnte, daß drei englische Galeonen bei Morgengrauen dicht im Kielwasser der spanischen Flotte auftauchten, wenngleich deren Erscheinen für sie ebenso überraschend gewesen sein muß wie das ihrige für die Engländer. Meteren äußert sich in einer Weise darüber, die sinnvoll sein mag. Hakluyt gibt sie wie folgt wieder: »Zur gleichen Zeit (das heißt am selben Tag, der damit begann, daß Howard fast in die spanische Flotte hineintorkelte) bat Hugo de Moncada, Kommandant der vier Galeassen, den Herzog Medina Sidonia untertänigst, dem Admiral von England entgegentreten zu dürfen, eine Freiheit, die der Herzog ihm nicht zugestehen zu dürfen glaubte.« Dies klingt wie das Echo einer von Don Hugos Gefährten nach Spanien zurückgebrachten Beschwerde. Es mag wahr oder nicht wahr sein, doch klingt es für den Augenblick nach Tagesanbruch nicht unwahrscheinlich. Die *Ark* und ihre Gefährten wurden sicherlich beobachtet, vermutlich wurde die *Ark* auch erkannt.

Die Galeassen waren die einzigen Einheiten der spanischen Flotte, die eine wirkliche Chance hatten, die englischen Galeonen zu überholen, da sie unmittelbar in den Wind rudern und bei einem Vorstoß über eine Strecke von wenigen Meilen eine ziemlich hohe Geschwindigkeit erzielen konnten. Wenn die Galeassen die drei englischen Schiffe so ablenken konnten, hatten die Galeonen Zeit, heranzukommen, sie zu umfassen und zu überwältigen.

Wenn Moncada dieses Gesuch stellte, muß Medina Sidonia es abgelehnt haben, und man fragt sich, aus welchem Grund. Glaubte er wirklich, seine Befehle, den Kanal hinaufzufahren, seien so zwingend, daß er den Zeitverlust, den die Vernichtung drei kapitaler Schiffe des Gegners mit sich brächte, nicht dulden könne? Sein Verhalten am nächsten Tage scheint dies zu widerlegen. Frischte der Wind beim Morgengrauen auf und sprang so stark um, daß es nicht schien, als würden die Galeassen eine Chance haben? Dies könnte sein. Oder erinnerte Medina Sidonia sich daran, daß es nach der altmodischen Seekriegs-Etikette Pflicht und Vorrecht des Admirals war, den gegnerischen Admiral zu stellen, und war daher nicht bereit, Don Hugo eine Gelegenheit zu bewilligen, die er selber nicht nutzen konnte? Dachte er vielleicht auch, daß es eines spanischen Herrn kaum würdig sei, seinen Gegner mit einer Übermacht von zwanzig zu eins zu überfallen, und verschob das erhoffte Treffen daher lieber? Da die rasch gefaßten Entschlüsse des Herzogs eher Ritterromanen entsprangen als militärischem Verstand, ist auch diese Lösung nicht ausgeschlossen. Wenn tatsächlich auch nur eine kleine Chance bestand, die *Ark* und ihre Gefährten in ein Gefecht zu verwickeln, bevor die übrigen Engländer herankommen konnten, so war dies Medina Sidonias zweiter Fehler in weniger als zwölf Stunden.

Irgendwie zog Howard den Hals aus der Schlinge und sah zu, wie die Armada gemächlich weiter im Kanal vormarschierte, wobei sie keinerlei Anstalten machte, in die Bay einzudringen.

Im Laufe des Nachmittags holten die säumigen Engländer, darunter die *Revenge,* den Admiral ein. Drake erzählte Howard mit dem ernstesten Gesicht eine Geschichte. »Am späten Abend« habe er seewärts schattenhafte Umrisse passieren sehen. Aus Furcht, der Feind könne im Schutz der Dunkelheit vorbeihuschen und die Luvseite zu gewinnen versuchen, fiel Drake nach Steuerbord ab, um ihn zu stellen, und löschte sein Hecklicht, um die Flotte nicht irrezuführen. Mit ihm segelten nur die *Roebuck*, ein großes Kaperschiff aus Plymouth unter Kapitän Whiddon und zwei seiner eigenen Pinassen — vermutlich die erste Reihe der Verfolger. Als jene geheimnisvollen Fremden eingeholt waren, sich als harmlose deutsche Kauffahrer entpuppten und Drake soeben gewendet hatte, um sich dem Lordadmiral wieder anzuschließen, lag doch wahrhaftig bei Sonnenaufgang mitten in seinem Kurs, etwa eine Kabellänge von ihm entfernt, das mitgenommene Flaggschiff Don Pedro de Valdés'. Zuerst zeigte Don Pedro Neigung, sich mit ihm einzulassen, als er aber hörte, daß sein Herausforderer Drake in Person war, hielt er es für keine Schande, sich gegen die Zusicherung anständiger Behandlung zu ergeben. Drake wies Kapitän Whiddon mit der *Roebuck*, an, die Prise nach Tor Bay zu bringen, behielt seinen erlauchten Gefangenen jedoch als Gast auf der *Revenge* und stellte ihn nun dem Lordadmiral vor.

In dem Augenblick scheint niemand Drakes Verhalten bei dieser ungewöhnlichen Episode beanstandet zu haben. Niemand — soweit wir wissen — sprach mit der leisesten Mißbilligung darüber, mit Ausnahme von Martin Frobisher, und dessen Streit betraf eher die Teilung der auf der *Rosario* gemachten Beute als die Art und Weise ihrer Erwerbung. Und doch war es eine höchst seltsame Geschichte. Warum sah niemand sonst die mysteriösen deutschen Fahrzeuge? Und wenn Drake dafür entschuldigt werden konnte, daß er seinen Posten verließ, um sie zu untersuchen, welche Entschuldigung konnte er dann dafür vorbringen, daß er sein Hecklicht löschte, das angeblich die gesamte Flotte leiten sollte und dem Lordadmiral nicht sagte, was er im Schilde führte? Wenn Howard Bescheid bekommen hätte, hätte er sein eigenes Hecklicht anzünden und die Flotte hätte ordnungsgemäß weitersegeln können. Eine Entschuldigung wurde indes nicht vorgebracht, auch scheint sie nicht für notwendig befunden worden zu sein.

Howard nahm die Geschichte der deutschen Hulks hin, ohne eine Miene zu verziehen, dürfte aber Drakes Überraschung, über das lahmgelegte spanische Flaggschiff gestolpert zu sein, belächelt haben. Francis Drake war über alle sieben Meere berühmt für seine Spürnase und seine Geriebenheit, die ihn auf einer riesigen Wasserfläche genau zu der Stelle führten, wo eine besonders verlockende Beute zu kapern war; eine solche war die *Nuestra Señora del Rosario* zweifellos, und sie sollte sich am Ende als die reichste des ganzen Seekriegsunternehmens erweisen. Das machte eine Entschuldigung freilich überflüssig. Kein Mensch war bereit, eine Tat zu beanstanden, um die jedermann Drake rückhaltlos beneidete. Ein Verhalten, das in jeder modernen regulären Flotte Kriegsgericht und Schande nach sich gezogen hätte, trug Sir Francis nur noch mehr Ruhm und obendrein ein hübsches Stück Prisengeld ein. Seine Zeitgenossen haben ihm nichts vorgeworfen, warum sollten wir es dann tun?

Aus dem gleichen Grunde sollten wir auch Don Pedro keine Vorhaltungen machen. Nie ist ein derartiges Wort laut geworden. Als man den Sachverhalt erfuhr, hatten seine Landsleute, wiewohl laut den Herzog und seinen Ratgeber, Diego Flores, dafür schmähend, daß sie die *Nuestra Señora del Rosario* aufgegeben hatten, für deren Kommandanten nur Mitgefühl — ein Mitgefühl, das fast alle späteren Historiker geteilt haben. Dennoch scheint uns Don Pedro bei der Episode keine gerade schmeichelhafte Figur abgegeben zu haben. Die Führung der *Rosario* ist die Grundlage für die Behauptung, Kapitäne und Matrosen der Armada seien gleichgültige Seeleute gewesen; die Weigerung, sie zu verteidigen, wirft ein merkwürdiges Licht auf den Mut der Spanier. Für beides muß Don Pedro verantwortlich gemacht werden. Der Zusammenstoß, der die *Rosario* ihr Bugspriet und anschließend ihren Fockmast kostete, dürfte unvermeidlich gewesen sein. Aber ein Schiff, dessen Bugspriet und Fockmast verloren gehen, braucht deshalb nicht länger als zehn Stunden manövrierunfähig zu sein. Die *Rosario* hatte regulär einhundertundachtzig Matrosen, dazu etwa dreihundert Soldaten an Bord. In Notfällen waren Soldaten sogar in der spanischen Marine dafür bekannt, daß sie Leinen zu holen und mit der Axt umzugehen verstanden. Mit genügend Hilfskräften, abflauendem Wind und beruhigter See hätte es möglich sein müssen, eine Ersatztakelung aufzubringen, damit das Schiff wieder dem Ruder gehorchte und mit richtig gesetzten Segeln zwar langsam bliebe, aber doch wieder steuerfähig wäre. Als aber die *Margaret and John* etwa vier Stunden, nachdem der Fockmast gebrochen war, herankam, trieb die *Rosario* hilflos ohne das geringste Zeichen einer Tätigkeit an Bord herum, so daß sie aufgegeben schien. Sie trieb noch ebenso hilflos, als Drake sie fand.

Wie Don Pedro versäumte, sein Schiff wiederherzustellen, so versäumte er auch, es zu verteidigen. Er hatte ebensoviele Männer an Bord wie die *Revenge* und die *Roebuck* zusammengenommen, und diese hatten bisher kaum einen Finger gerührt. Die *Rosario* war eines der größten und stärksten Schiffe der Armada, dazu eines der am schwersten bestückten — in keiner Beziehung geringer zu veranschlagen als Recaldes oder des Herzogs Galeone, wiewohl sie vermutlich schwerfälliger war. Ihre Kastelle ragten so hoch über die englischen Schiffe hinaus, daß Entern ein gefährliches Unterfangen gewesen wäre; entschlossen verteidigt, hätte sie stundenlang aushalten und die beiden englischen Schiffe mindestens einen Tag außer Gefecht setzen, vielleicht sogar eines davon lahmlegen können. Stattdessen streckte ihr Kommandant mit anmutiger Verbeugung vor Francis Drakes Ruf die Waffen, dem Feind ein starkes, mit sechsundvierzig Kanonen armiertes Schiff mit einer beträchtlichen Ladung an Waffen und Munition und fünfundfünfzigtausend Dukaten in der Kapitänskajüte schenkend. Vielleicht verdiente Don Pedro nicht unbedingt das, was ein derartiges Verhalten ihm unter Umständen in späteren Zeiten eingebracht hätte — Hängen — aber selbst nach den Maßstäben des sechzehnten Jahrhunderts scheint es seltsam, daß er so etwas wie ein kleiner Volksheld wurde, wie es in England und Spanien tatsächlich eintraf.

Etwas später am selben Tag, an dem Pedro de Valdés sich ergab —, dem 1. August, einem Montag —, erbeuteten die Engländer eine zweite Prise. Gegen Mittag meldete der Kapitän der *San Salvador*, daß er langsam sinke. Die Explosion, der ihre Achterdecks zum Opfer gefallen waren, hatte ihr so viele Lecks zugefügt, daß das Wasser im Rumpf rascher stieg, als ihre Pumpen zu bewältigen vermochten. So wurde ihre Besatzung und ein Teil ihrer Ladung ausgebootet, seltsamerweise aber nicht das in der vorderen Luke gelagerte Pulver und die Geschützmunition; das Schiff selbst ließ man achteraus treiben.

Es hätte versenkt werden sollen, aber entweder wurde der Befehl nicht weitergegeben oder die Engländer rückten zu rasch näher. Lord Howard ging selbst an Bord, nahm jedoch nur eine kurze Inspektion vor; der Gestank verbrannter Leichen war zuviel für seine Nase. Später gelang es Kapitän Fleming, dem Kommandanten der Pinasse, die die erste Nachricht vom Herannahen der Armada überbracht hatte, das voll Wasser gelaufene Wrack nach Weymouth abzuschleppen. Die Neuigkeit von den beiden gekaperten Schiffen stärkte den Mut entlang der gesamten Küste. Das Gefecht des ersten Tages auf der Reede von Eddystone war von zahllosen Zuschauern von Land aus deutlich verfolgt worden, die allerdings kaum zu sagen vermochten, ob die Dinge gut oder schlecht liefen.

Am Spätnachmittag des Montag, als der Wind zu einem Lüftchen geworden war, rief Medina Sidonia zum Kriegsrat, hauptsächlich, um eine neue Taktik zu vereinbaren. Alle Schlachtschiffe wurden in eine mächtige Nachhut, die unter Don Alonso de Leiva stehen sollte, bis Recalde die *San Juan* wieder in Stand gesetzt hatte, und in eine schwächere Vorhut unter dem Befehl des Herzogs aufgeteilt. Der Herzog wählte die Vorhut, weil er jeden Augenblick auf den seiner Vermutung nach unter Hawkins stehenden östlichen Flügel der englischen Flotte –, der jedoch von Seymour befehligt wurde –, zu stoßen erwartete. Nach unablässig herankommenden neuen Schiffen zu schließen, hatte Howard offensichtlich Verstärkungen verlangt.

Als sich jedoch die Gelegenheit zu einer Schlacht bot, kam sie aus entgegengesetzter Richtung. Am Dienstag Morgen war die Flaute von einer frischen, aus Osten wehenden Frühbrise abgelöst worden. Die Spanier hatten nunmehr die Luvstellung.

Howard erfaßte die Lage sofort. Die Spanier sahen ihn zuerst, wie er bei Tagesanbruch seine Schlachtlinie hart am Winde auf Nordnordost Kurs liegend auf die Küste führte, in dem Bestreben, auf den linken Flügel der Spanier zu kommen und so die Luvstellung wiederzugewinnen. Zu der Zeit stand die Armada fast im rechten Winkel zur Landzunge von Portland Bill, und Howard scheint sich um Weymouth gesorgt zu haben wie am Vortage um Tor-Bay. Diesmal lagen die Spanier zu dicht an der Küste und waren zu rasch, um in der Flanke umgangen werden zu können. Sobald Medina Sidonia das

Manöver der Engländer bemerkte, führte er die Galeonen der Vorhut heran, um den Feind abzuschneiden. Da Howard sah, daß er kaum an Portland vorübersegeln konnte, ehe die spanische Vorhut ihm im Nacken säße, ging er auf entgegengesetzten Kurs, und die englische Schlachtlinie begann nach Südsüdwest zu segeln in dem Bemühen, auf die Luvseite des seewärtigen Flügels der Armada zu kommen. Sofort nahm die von Bertendona befehligte Nachhut Kurs, um den Gegner abzuschneiden, und der Abstand zwischen den führenden Schiffen der beiden Kolonnen verringerte sich auf Schußweite der Feldschlangen, dann der Musketen, zuletzt auf halbe Musketenschußweite. Als es sich herausstellte, daß die Engländer wieder abgeschnitten waren, begannen beide Linien Rauch und Flammen zu speien.

So begann eine merkwürdige Schlacht, die den restlichen Vormittag andauerte, und — wie Camden bemerkte, als er die Zeugenberichte prüfte — »ziemlich verwirrt geleitet wurde«. Vielleicht traf dies zu, viele Einzelheiten sind nach wie vor dunkel. Über das Ziel der beiden Befehlshaber besteht jedoch kein Zweifel, und aus anderen Schilderungen, als sie Camden für seinen Überblick zur Verfügung standen, gehen die großen Umrisse ziemlich klar hervor. Die Engländer versuchten mehrmals, auf die Luvseite des seewärtigen Flügels der Armada zu kommen; die Spanier trachteten wiederholt danach, den behenderen Gegner zu entern oder ihn dazu anzureizen. Beide Seiten erreichten ihr Ziel nicht, doch segelten die gegnerischen Linien die meiste Zeit in Kanonenschußweite, bisweilen sogar noch dichter nebeneinander her. Beide Admirale waren von der Wut des Kampfes beeindruckt, beide wählten einige Schiffe zur besonderen Belobigung aus. Der Geschützdonner klang nach den vorliegenden Berichten wie unablässiges Musketenknallen, und der Rauch nahm die Sicht. Die ältesten Soldaten hatten nie eine derartige Kanonade erlebt. Solange der Wind aus Südosten blies, wurden beide auf seewärts verlaufenden Kursen kämpfende Verbände durch die Abdrift nach Westen in die Lyme Bay versetzt.

Mittlerweile war ein kleineres Gefecht in Lee von Portland Bill im Gange. Dort lag Martin Frobisher mit seiner *Triumph*, dem größten Schiff beider Flotten, vor Anker und deckte mehr oder minder fünf mittelgroße Londoner Kauffahrteischiffe, die ihn gleichzeitig unterstützten, während er von den vier Galeassen angegriffen wurde. Mag sein, daß Frobisher und seine Gefährten nach ihrem gescheiterten Versuch in Luv von Bill zu gelangen, außerstande waren, Howards Kurswechsel rechtzeitig mitzumachen und daher keinen anderen Ausweg sahen, als vor Anker zu gehen und abzuwarten, bis die Abdrift des Kampfes in westliche Richtung ihnen Wind und Raum zum Manövrieren gab. Vielleicht hatte Frobisher auch ein listigeres Ziel im Auge. Genau ein paar Seemeilen östlich von Portland Bill steigt eine lange flache Muschelbank, die Shambles, unregelmäßig zum Wasserspiegel auf, und von der Landspitze des Bill läuft ein Gezeitenstrom, bisweilen mit vier Knoten, auf sie zu. Kluge Schiffer machen einen weiten Bogen um diese Todesfalle. Um die *Triumph* direkt anzugreifen, mußte man den Strom kreuzen. Wollte ein Segelschiff herankommen, mußte es die Luvseite aufgeben und mit dem tückischen Strom kämpfen. Die *Triumph* mit ihren hochgebauten Kastellen war weniger wendig als die meisten Engländer, war aber leichter gegen Enterversuche zu verteidigen. Vielleicht war Frobisher es müde, Kegel zu schieben. Wenn dies zutraf, so konnte er sich kaum eine stärkere Rückendeckung gewählt haben.

Als Howard seinen Kurs wechselte, sah Medina Sidonia die Klemme oder das, was so aussah, in der Frobishers kleines Geschwader steckte und schickte die vier Galeassen unter Don Hugo de Moncada los, um ihm den Rest zu geben. Als er etwa eine Stunde später Zeit fand, einen Blick auf sie zu werfen, sah er die vier Galeassen vorsichtig gerade innerhalb der Schußweite der langen Feldschlangen der *Triumph* manövrieren wie erfahrene Jagdhunde, die einen alten, behenden schlauen Bären in seiner Höhle aufstöbern. Nun setzte die Ebbe ein, die Strömung wirbelte und warf die Galeassen zur Seite, aber Medina Sidonia dürfte dies kaum gesehen haben. Er sandte Don Hugo eine Pinasse nach, die ihm gehörig Bescheid sagen sollte.

Kurz darauf sprang der Wind nach Süden um, und Howard, der sich vom Feinde gelöst und die *Triumph* mit halbem Auge beobachtet hatte, gelang es, eine Reihe der königlichen Galeonen und größeren Freiwilligenschiffe zum »Entsatz« Frobishers heranzuführen. Wir wissen nicht, ob Frobisher diesen Entsatz wünschte. Vielleicht wüßten wir es, wenn bekannt wäre, ob Drakes *Revenge* zum Entsatzkommando gehörte, denn drei Wochen später bemerkte der jähzornige Seebär aus Yorkshire, Drake bilde sich wohl ein, er könne ihn und seine Leute um ihren Anteil an der Beute der *Rosario* prellen, aber er, Frobisher, würde sich seinen Anteil schon holen oder »ich werde dafür sorgen, daß er das beste Blut verspritzt, das er in seinem Wanst hat« —, was nicht gerade so klingt, als krümme er sich unter der Bürde unerträglicher Dankbarkeit.

Medina Sidonia sah Howards Entsatz-Aktion und führte sofort seine Vorhut, sechzehn Schiffe, heran, um die englische Linie abzufangen. Bevor aber die Geschwader miteinander in Berührung kamen, schaute der Herzog zurück und sah, daß Juan Martínez de Recalde, der sich mit seiner instandgesetzten *San Juan* dem Tanz angeschlossen hatte, abgeschnitten worden war und von einem Dutzend Schiffe bedrängt wurde. Das Umspringen des Windes hatte die gesamte Armada bis auf das Geschwader des Herzogs auf Recaldes Leeseite gebracht. Sofort ließ der Herzog seine Linie entlang zurücksagen, man solle wenden und dem Vizeadmiral zu Hilfe kommen. Nur die *San Martin* blieb, um die Engländer zu treffen, und als die *Ark* sich anschickte, sie zu passieren, legte sie sich breitseits und strich ihre Toppsegel, um den Engländer zum Rammen und Entern aufzufordern. So ging es in den Seeschlachten zu, die der Herzog aus Büchern kannte: Admiral gegen Admiral, Degen gegen Degen auf einem sandbestreuten Achterdeck; das war der Augenblick, für den er die Gelegenheit des Vortags hatte vorbeigehen lassen.

Anstatt zu rammen und zu entern, feuerte Howard auf nahe Schußweite eine Salve und fuhr vorbei. Desgleichen die nächste englische Galeone, so auch die dritte und alle übrigen von Howards Schlachtlinie. Dann wendeten sie und ließen eine zweite Serie von Breitseiten auf den Gegner niederprasseln, schließlich eine dritte. Mittlerweile schlossen die Schiffe, die Recalde belästigt hatten, einen Ring um den spanischen Admiral, so daß es von Bord von Recaldes *San Juan* aussah, als kämpfe die *San Martin* allein gegen mindestens fünfzig schwere Schiffe. Sie feuerte aus jedem Rohr und erwiderte nach Aussage ihrer Besatzung das englische Feuer so wirksam, daß die Briten gegen Ende der Kampfhandlung weiter von ihr abrückten.

Da die Armada weit leewärts von ihrem Admiral lag, focht die *San Martin* über eine Stunde ganz allein. Dann rückte eine Linie von Galeonen unter Oquendos Befehl vor, so daß die Spanier nach Howards Worten sich um ihr mitgenommenes Flaggschiff »scharten«.

Zu diesem Zeitpunkt zogen die Engländer ab. Die Galeassen hatten die Belästigung der *Triumph* bereits aufgegeben, und da der Wind wieder frisch aus Westen blies und die Engländer in Luv lagen, formierte die Armada ihren Defensiv-Halbmond und nahm ihre gemächliche Fahrt wieder auf. An diesem Nachmittag wurden ein paar Schüsse auf weite Entfernung gewechselt, aber der Entsatz des spanischen Admirals beendete in Wahrheit das Tagesgefecht.

Die bittere Lehre für die Spanier war, daß sie selbst im Besitz des Windvorteils die englischen Schiffe, die so schnell und luvgierig waren, daß sie jeden beliebigen Abstand zu halten vermochten, nicht rammen und entern konnten. Außerdem mußten sie dem Gegner im Grunde auch darin recht geben, daß er sich auf seine Artillerie verließ, denn die Engländer verfügten über zahlreichere Geschütze mit größerer Schußweite und geschulterm Kanoniere, die rascher zu feuern verstanden. In beiden Flotten behauptete jedermann, sie feuerten dreimal so rasch, wenn dies auch schwierig festzustellen gewesen sein dürfte.

Die bittere Pille für die Engländer bestand darin, daß gegenüber der spanischen Disziplin die von ihnen gewählte Taktik sich nicht bewährte. Zwar hatten sie nicht erwartet, gleich beim ersten oder auch beim zweiten Zusammenstoß einen großen Teil der spanischen Flotte versenken zu können, dafür hatten sie jedoch gehofft, die Galeonen nacheinander lahmlegen zu können, so daß diese Formationen ausscheiden mußten und überwältigt werden konnten. Bisher hatten sie nur zwei spanische Schiffe, die *Rosario* und die sinkende *San Salvador* zu kapern vermocht, und wenn die Engländer auch einen Teil ihres Erfolges ihrem Geschützfeuer zumaßen, so waren diese Schiffe eben doch durch Unfälle beschädigt worden. Indessen hatten sie während des zweitägigen Kampfes, zumal in dem wütenden Gefecht auf der Höhe von Portland Bill, nach Howards Worten »eine solche Unmenge an Munition« verbraucht, daß die meisten Schiffe kaum einen Schuß mehr hatten. Der Admiral könne ohne neuen

Nachschub an Pulver und Kanonenkugeln den Kampf nicht mehr aufnehmen — so schrieb er verzweifelt an Land —. Doch konnte er nicht behaupten, daß er den Spaniern Schaden zugefügt habe. Sie hatten ihre Formationen besser zusammengehalten als ihr Gegner und nicht ein einziges Schiff im Lauf der Gefechte aufgegeben. Zwar hatten sie Weymouth nicht genommen, es gab aber auch kein Anzeichen dafür, daß sie dies jemals beabsichtigt hatten, und ihre geschlossenen Reihen rückten so hoheitsvoll vor wie bisher.

IN GEWALTIGER SCHLACHTORDNUNG

Portland Bill bis Straße von Dover,
Dienstag, 2. August bis Samstag, 6. August 1588

Von Portland Bill bis zur Straße von Dover sind es knapp einhundertundsiebzig Meilen. Mit den Engländern auf den Fersen, legte die Armada die Entfernung in etwa hundert Stunden oder etwas mehr zurück. Selbst unter Berücksichtigung von zwei scharfen, aber entscheidungslosen Treffen ergibt dies eine Durchschnittsgeschwindigkeit von weniger als zwei Knoten. Die Schuld daran trug der Wind. Nach dem Gefecht von Portland Bill am Dienstag Morgen gab es wiederholt Flauten, oder leicht wechselnden Wind, die übrige Zeit blies eine sanfte Brise aus westlicher Richtung. Die Spanier hätten sich kein besseres Wetter wünschen können. Es ermöglichte ihnen, ihre enge Formation mit einem Mindestmaß an Gefährdung und Schwierigkeit aufrechtzuerhalten, es beraubte die Engländer immer wieder des Vorteils ihrer überlegenen Wendigkeit und gab dem Herzog von Medina Sidonia Zeit, Parma mit Botschaften zu überschütten. Er riet ihm, seine Truppen auf Abruf einschiffungsbereit zu halten, er bat um weitere Zufuhr und forderte ihn auf, sich der Armada zu einem Angriff auf die Engländer anzuschließen.

Inzwischen rückten die Engländer — unablässig von Freiwilligenschiffen der Kanalhäfen verstärkt, allezeit in der Lage, die Spanier beliebig zum Gefecht zu zwingen, wiewohl außerstande, ihre Kampfordnung zu sprengen — behutsam nach. Dies bewiesen jedenfalls die beiden jähen Kampfhandlungen, wenn die Engländer dabei anscheinend auch günstige Gelegenheiten erwischten.

Am Mittwoch, den 3. August, überraschte die Morgendämmerung ein großes spanisches Schiff, das hinter dem seewärts segelnden Horn des Halbmondes einherzockelte; sofort setzten die Engländer mehr Segel, um es nach Möglichkeit abzuschneiden. Wir haben keinen englischen Bericht über diese Aktion, aber die *capitana*, die die Spanier als erste im Getümmel erkannten, kann nur Drakes *Revenge* gewesen sein. Sein regulärer Platz scheint auf dem seewärtigen Flügel gewesen zu sein, und Howard würde den Kampf sicherlich in seinem Bericht erwähnt haben, wäre er selbst daran beteiligt gewesen. Auf der spanischen Rechten hatte Recalde mit der *San Juan* seinen Platz wieder eingenommen. Unverzüglich führte er eine Gruppe Schiffe der ersten Schlachtreihe heran, um dem nachhinkenden Kameraden beizustehen.

Die Säumige war die *Gran Grifon*, das Flaggschiff der *urcas*, befehligt von Juan Gomez de Medina. Als er sich dieses Schiff zur Verstärkung seines seewärtigen Flügels erbeten hatte, hatte Recalde nicht seine übliche Urteilskraft bewiesen, denn obgleich sie ein fest gebautes Großschiff von sechshundertundfünfzig (spanischen) Tonnen war und achtunddreißig Kanonen besaß, war die *Gran Grifon* ein ungelenker, schwerfälliger Segler und nur soeben imstande, mit den von ihr befehligten Hulks Schritt zu halten. Sobald sie die Klemme erkannte, in der sie saß, eilte sie überstürzt dem Sicherheit bietenden Halbmond nach, aber schon war die englische *capitana* auf ihrer Höhe, verpaßte ihr eine Breitseite, passierte sie und gab ihr eine zweite, ging dann hinter ihrem Heck durch und setzte ihr auf die Entfernung eines halben Musketenschusses zu. Andere englische Schiffe stießen dazu, und schon war die *Gran Grifon* von allen Seiten bedrängt. Kein Schiff jedoch machte Anstalten, sie zu entern, so schleppte sie sich mit tapfer feuernden Geschützen rauchumwölkt weiter, bis sie Recaldes Kolonne erreichte.

Nun war die ganze spanische Rechte in ein hitziges Gefecht verstrickt; Recalde, Oquendo, de Leiva, Bertendona und die große Galeone aus Florenz hatten den Hauptstoß auszuhalten, während Drake hartnäckig auf die *Gran Grifon* einhämmerte, die inzwischen durch nicht genau bestimmbare Schäden an Masten, Takelwerk oder an der Rudereinrichtung manövrierunfähig geworden und in schwerer Seenot war. Medina Sidonia schickte die Galeassen vor, um sie außer Gefahr zu bringen, und einer von ihnen gelang es auch, sie in Schlepp zu nehmen und sie in die Mitte der Flotte hineinzulavieren, während die anderen mit der *Revenge* Schüsse wechselten und ihre Großrahe herunterholten oder es jedenfalls annahmen. Der Kampf zur Rechten tobte immer hitziger, bis der Herzog und die Vorhut nach achtern kamen und zum Zeichen für den totalen Einsatz die Toppsegel aufgeiten. Jetzt wichen die Engländer bis auf Schußweite der langen Feldschlangen zurück, feuerten aber gelegentlich eine Salve und machten bedrohliche Manöver, bis der Herzog entschied, der Gegner beabsichtige nicht, sich zum Kampf zu stellen, sondern wollte ihn nur aufhalten, worauf er seinen Platz wieder einnahm und die Armada ihre Fahrt fortsetzen ließ.

Wenn auch viel weniger als die Hälfte beider Flotten sich an jenem Mittwochvormittag an der Kampfhandlung beteiligte, und die ganze Aktion in wenigen Stunden vorüber war, wurden die Verluste der Spanier offiziell mit sechzig Toten und siebzig Verwundeten bekanntgegeben, also zehn Tote mehr als im Gefecht des Vortags bei Portland Bill, es war der schwerste Verlust aller Gefechtstage im Kanal. Vermutlich geht der größte Anteil der schweren Schäden zu Lasten der *Gran Grifon*, man hat jedoch den Eindruck, daß die Engländer öfters näher herankamen und daß folglich beide Seiten härtere Schläge austeilten und auch einstecken mußten.

Am Mittwoch Nachmittag flaute der Wind vollkommen ab, die beiden Flotten trieben in Sichtweite voneinander im Abstand von kaum einer Meile, nur ein paar Meilen südwestlich von The Needles. Hin und wieder füllte eine Mütze voll Wind die Segel einer oder auch beider Flotten; sie trieb aber die Schiffe voran, die Howard Verstärkungen bringen sollten; als Kampfschiffe waren diese meist unbedeutend; es waren Pinassen, Küstenschiffe und Hafenfahrzeuge, aber voll besetzt mit jungen Herren, die als Freiwillige kämpfen wollten, und beladen mit noch willkommeneren Vorräten an Munition und Pulver.

Howard ergriff die Gelegenheit zu einem neuen Kriegsrat. Er und seine Kapitäne müssen ebenso unzufrieden wie ihre Gegner mit der Art und Weise gewesen sein, in der die Dinge bisher verlaufen waren. Während des Gefechts vor Portland Bill hatte die englische Schlachtlinie sich in drei unzusammenhängende Gruppen aufgelöst, und nur die Behendigkeit der seewärts segelnden Schiffe und Frobishers handfeste Verteidigung hatten sie davor geschützt, ärger mitgenommen zu werden. Die Spanier hingegen hatten ihre Formation in jeder Kampfhandlung bewahrt und trotz ihrer langsameren Schiffe und des Nachteils der nicht mitkämpfenden Hulks mit einer Einheitlichkeit und

Genauigkeit manövriert, die sie wiederholt vor schweren Verlusten geschützt hatte.

Das Ergebnis des Kriegsrats war eine Umgruppierung in Geschwader. Nun hatten sie vier Tage hindurch das spanische System im Kampf beobachten können, überdies mögen Drake und Howard von ihrem redseligen »Gast« Don Pedro noch mehr gelernt haben. Demgemäß teilten sie ihre augenblicklichen Streitkräfte, etwa hundert Schiffe, große und kleine, in vier etwa gleich starke Geschwader auf. Natürlich befehligten Howard und Drake je eines; von den anderen beiden wurde eines John Hawkins, einem altgedienten Seemann und Schöpfer der neuen Flotte der Königin, das zweite etwas überraschend Martin Frobisher, dem kürzlichen Helden von Portland Bill, zugeteilt.

Schon oft haben Heere und Kriegsmarinen Taktik oder Gliederung der Streitkräfte in Nachahmung eines bewunderten Gegners abgeändert, allerdings selten angesichts des Feindes und des Höhepunktes eines entscheidenden Feldzuges. Doch scheint die neue Ordnung besser gearbeitet zu haben als die alte. Ihre Übernahme war das Verdienst des englischen Kriegsrates und eine Huldigung für das Können des Gegners.

Seine erste Probe mußte das neue System am nächsten Morgen bestehen: Seit Mitternacht hatte tödliche Windstille geherrscht, und wieder enthüllte das Morgengrauen spanische Nachzügler –, diesmal deren zwei, die königliche Galeone *San Luis de Portugal* und einen Westindienfahrer des andalusischen Geschwaders, eine *Santa Ana*, die nicht weit voneinander schwammen, aber weit genug von ihrem Platz in der Formation, um ein verlockendes Ziel zu bilden. Diesmal kam jedoch kein Wind zur Hilfe. John Hawkins, der sich am nächsten befand, setzte seine Boote aus und ließ die Schlachtschiffe seines Geschwaders dem Feind entgegenschleppen, voran die *Victory*, bis Musketenkugeln den Ruderern um die Ohren zu pfeifen begannen.

Dies war das richtige Wetter für Galeassen, und Medina Sidonia schickte sie zum Entsatz der beiden Nachzügler aus. Drei von ihnen kamen sofort herbei, als zusätzliche Feuerkraft Don Alonso de Leivas große Karacke *La Rata Coronada* im Schlepptau, und eine Zeitlang sah es so aus, als sei der Teil von Hawkins Geschwader, der in Schußweite gelangt war, geschützmäßig unterlegen. Die *Ark* des Lordadmirals kam jedoch auf Hawkins Backbordseite heran, ihre Bootsmannschaften legten sich mächtig in die Riemen, und gleich dahinter erschien Howards Verwandter Lord Thomas mit der *Golden Lion*.

Eine Zeitlang ballerten die beiden Gruppen aufeinander los, während der Rest der Flotte Zuschauer spielte. Kein Windhauch blähte die Segel, so daß außer den Galeassen kein Schiff manövrieren konnte. »Viele Treffer«, notierte der Lordadmiral stolz, »wurden in Sicht beider Flotten von der *Ark* und der *Lion* auf den Galeassen erzielt«. Zum Schluß wurden die Galeassen beschädigt, so daß »die eine schleunigst (das heißt mit Schlagseite) abgeschleppt werden mußte, eine andere durch einen Schuß von der *Ark* ihre Laterne einbüßte, die herangeschwommen kam, und die dritte ihren Bug«. Howard setzt selbstgefällig hinzu, daß sie danach nie wieder im Gefecht erschienen.

Die spanischen Berichte geben nur an, zwei der Galeassen hätten die *San Luis* und die *Santa Ana* abgeschleppt, worauf die sechs Schiffe sich aus der Mitte der gegnerischen Flotte abgesetzt hätten. Wie andere Befehlshaber nach ihm scheint Howard den dem Feinde zugefügten Schaden etwas überschätzt zu haben. Der Verlust eines Hecklichts und einer Galionsfigur dürfte schwerlich zwei Schiffe außer Gefecht gesetzt haben. Wenn der Rumpf des dritten durchschossen wurde und es deshalb Schlagseite bekam, wird das Leck unverzüglich repariert worden sein, denn die Galeassen waren allesamt etwa eine halbe Stunde später wieder in Aktion und behielten ihren üblichen Platz bis nach Calais hinauf und sogar noch weiter.

Zu diesem Zeitpunkt kam eine Brise auf, und wie vor Portland Bill ergaben sich zwei gleichzeitige, aber vorübergehend »unzusammenhängende« Kampfhandlungen. Die spanische Nachhut wurde von drei englischen Geschwadern angegriffen, während Medina Sidonia seine Vorhut gegen das vierte führte. Um die Lage verstehen zu können, müssen wir einen Blick auf die Küste werfen. Die beiden Flotten waren während der Nacht so weit nach Osten gesegelt oder getrieben, daß sie bei Tagesanbruch auf der Höhe der Südspitze der Insel Wight und etwa eine knappe Seemeile von der Küste entfernt lagen. Sie näherten sich daher der östlichen Einfahrt zum Solent, den König Philipp seinem Admiral als Notankerplatz empfohlen hatte, falls er auf Parma warten müsse; jener arglose Kriegsrat vor Kap Lizard hatte es abgelehnt, ohne Parmas feste Zusage, daß er zur Stelle sein würde, über diesen Punkt hinauszusegeln. Um sich dort festsetzen zu können, glaubten die Spanier lediglich, »die Insel Wight nehmen zu müssen«, was Geheimmeldungen zufolge nicht allzu schwer sein sollte, und ohne die peinliche Gegenwart der Engländer vielleicht auch gelungen wäre. Noch immer hatte Medina Sidonia keine feste Zusage von Parma empfangen, und wir wissen nicht, ob er noch immer den Versuch erwog, einen Brückenkopf auf der Insel Wight und einen Ankerplatz in Spithead zu erkämpfen oder ob vernünftigere Ratschläge die Oberhand gewonnen hatten. Howard scheint jedoch befürchtet zu haben, daß er genau das anstrebte, und wünschte daher in der Nähe der Küste zu bleiben.

Jedenfalls befand sich das unter Land segelnde Geschwader Frobishers näher an der Küste als jedes spanische Schiff und überschnitt so den linken Flügel der Armada. An diesem Tag und zu dieser Stunde lief die Gezeitenströmung stark nach Osten, so daß während der bei völliger Windstille vor sich gehenden Schlacht beide Flotten mit einer Geschwindigkeit von etwas über eine Seemeile in der Stunde ostwärts getrieben sein werden. Überdies wurde die Strömung umso stärker, je näher man der Küste kam, so daß es nicht erstaunlich ist, daß sich Frobishers führendes Schiff auf der äußersten Linken bei Aufkommen des Windes nördlich und östlich der spanischen Vorhut befand. Hätte die erste Morgenbrise am Donnerstag aus der gleichen Richtung geweht wie am Dienstag, so hätte Frobisher die Luvseite gewonnen. Stattdessen blies der Wind aus Südwesten, und Frobisher und die führenden Schiffe seines Geschwaders wurden in der Nähe von Dunnose leewärts der spanischen Vorhut gefaßt.

Im Augenblick, als der Wind aufkam, lag ein halbes Dutzend Schiffe von Frobishers Geschwader, darunter die *Triumph*, bereits im Gefecht mit der *San Martin*, die während der ersten halben Stunde heftig mitgenommen wurde. Als der Wind zunahm, stießen zwölf oder mehr schwere spanische Schiffe vor, um ihren Generalkapitän zu unterstützen. Angesichts der drohenden Gefahr drehten die Engländer ab. Dem größten Teil von Frobishers Geschwader gelang es, um den spanischen linken Flügel herumzuhuschen, die *Triumph,* die am weitesten östlich führte, wurde jedoch abgeschnitten. Medina Sidonia brachte unverzüglich seine Verstärkungen heran, um die zurückweichende Linie zu durchbrechen, und es schien, als werde die *Triumph* leewärts abgefangen. In einem verzweifelten Manöver ließ Frobisher seine Boote zu Wasser und begann, das Schiff abschleppen zu lassen. Auf sein Treiben aufmerksam geworden, sandten ihm andere englische Schiffe ihre Barkassen, bis mit einem Male elf Fahrzeuge die *Triumph* im Schlepptau hatten, während zwei von Howards größten Galeonen, die *Bear* und die *Elisabeth Jonas* in der Flanke aufkreuzten, um den spanischen Angriff zu verzögern. Medina Sidonia blieb jedoch auf seinem Abfangkurs, noch immer hoffend, endlich ein englisches Schiff entern zu können, »die einzige Art, auf die wir einen Sieg erkämpfen können«. Doch frischte der Wind unter Umspringen auf, so daß die *Triumph* vollbrassen, ihre Boote loswerfen und davonsegeln konnte, um ihr Geschwader einzuholen.

In diesem Augenblick wurde Medina Sidonias Aufmerksamkeit von einem Vorgang auf seinem seewärtigen Flügel gefesselt. Dort hatte Drake seinen Angriff auf die äußerste rechte Spitze des spanischen Halbmondes gerichtet. Normalerweise wäre das Recaldes Platz mit der *San Juan* gewesen, aber dieser war bei der Vorhut und damit beschäftigt, Breitseiten mit der *Bear* zu wechseln, und die Spitze des Horns wurde von der *San Mateo,* einer der königlichen Galeonen Portugals verteidigt — einem handfesten Schiff mit einem tapferen Kapitän, jedoch dreihundert Tonnen kleiner als die *San Juan* und mit nur vierunddreißig Geschützen anstatt mit fünfzig bestückt. Schließlich fiel die *San Mateo* in den Halbmond zurück, um von der *Florencia,* einem viel stärkeren Schiff, abgelöst zu werden; wenn diese Bewegung die Formation auch nicht zerstörte, so brachte sie sie doch etwas durcheinander, und als Drake seinen Angriff auf die äußerste Ecke des Halbmonds verstärkte und der Wind zunahm, schien sich der gesamte südliche Flügel ost- und nordwärts zu verschieben.

Dies hätte den Herzog normalerweise nicht beunruhigen dürfen. Doch sah der Lotse, der auf dem Achterdeck seines Flaggschiffs neben ihm stand, etwas Erschreckendes: Allzu nahe an seiner Leeseite deuteten Oberfläche und Farbe der See auf ziemlich flaches Wasser, das sich nach Südosten hinzog, soweit das Auge reichte. Hie und da ragte auch wie ein schwarzer Zahn Fels aus dem Wasser hervor. Francis Drake und John Hawkins kannten natürlich die Owers, und wenn es ihnen gelungen wäre, die Aufmerksamkeit der Spanier noch länger abzulenken und sie weiter nordwärts zu drängen, hätte die gesamte Armada innerhalb zwanzig Minuten auf den Felsen gesessen. So ließ der Admiral einen Schuß abfeuern, um die Aufmerksamkeit der Flotte auf sich zu ziehen, setzte mehr Segel und drehte in südsüdöstliche Richtung ab. Die Flotte gehorchte, die Entfernung vom tödlichen Riff nahm mählich zu, die Insel Wight und die englische Flotte fielen achteraus immer weiter zurück. Die Sache war gerade noch gut gegangen. Der Bericht des ungenannten Augenzeugen über den Admiral, der mit ansehen mußte, wie der Sieg ihm um Haaresbreite entrissen wurde (die Flucht der *Triumph*), und der mit ebenso knapper Not seine ganze Flotte gerettet hatte, war kaum übertrieben.

Die Engländer rückten nach, ohne zu versuchen, nochmals ins Gefecht zu kommen. Zum ersten hatten sie fast alle Munition verschossen. Howard hatte verzweifelte Hilferufe die Küste hinauf und hinunter geschickt, die Ortsbehörden hatten das ihrige getan, aber Kanonenkugeln sind keine Artikel, die gewöhnliche Friedensrichter in unbegrenzten Mengen führen, und Pflugketten und mit Alteisen gefüllte Ledersäcke sind wohl kaum ein gleichwertiger Ersatz. Auch hatte Howard ein Treffen mit Seymour und dem auf der Höhe von Dover liegenden östlichen Geschwader vereinbart, einer sehr erwünschten mächtigen Verstärkung, glaubte er doch, für die nächste Kraftprobe, die wahrscheinlich die entscheidende sein würde, aller nur irgend erreichbarer Schiffe und Mannschaften zu bedürfen.

Da er endlich sicher war, daß die Spanier nicht an der Südküste landen würden, feierte Howard die Donnerstagschlacht, als sei sie ein Sieg gewesen. In der Windstille des Freitagmorgens schlug er Hawkins und Frobisher sowie mehrere seiner eigenen Verwandten auf dem Deck der *Ark* wie auf einem siegreichen Schlachtfeld zu Rittern. Jedoch nach dem zu schließen, wie er sich später äußerte und benahm, war er seiner Sache keineswegs so sicher. Bisher hatten weder seine Schiffe noch seine Männer ernstlich gelitten, auch glaubte er bestimmt, dem Gegner an beiden erheblichen Schaden zugefügt zu haben. Er stand aber einem stärkeren, zäheren, kampfmutigeren Gegner gegenüber als irgendeiner seiner Kommandanten – Drake vielleicht ausgenommen – vermutet hatte. Nach vier Schlachten — jede von ihnen war im Hinblick auf den Einsatz an Schiffen und die Anzahl der gefeuerten Salven leicht die größte Schlacht, die je auf See ausgefochten worden war — ließ die Manneszucht der Spanier um kein Haar nach, die Schlachtordnung wies keine Lücke auf, und die Spanier brannten wie am ersten Morgen vor Eddystone darauf, den Abstand vom Gegner zu verringern und einen Nahkampf zu erzwingen.

Medina Sidonia verspürte weniger Lust zum Feiern. Er war seinem Ziel erfolgreich entgegengezogen und wenn es ihm auch nicht gelungen war, seine englischen Peiniger zu vernichten, so hatten sie doch seinen Vormarsch nicht aufzuhalten vermocht. Nun er sich aber seinem Ziel näherte, gefiel es ihm weniger denn je. Bald würde er in eine Meerenge einfahren, hinter der eine stürmisch-tückische See lauerte, ohne einen einzigen befreundeten Hafen, in dem seine Schiffe vor Anker gehen konnten. Bisher hatte er keine bestimmte Zusage über den Zeitpunkt, an dem Parma einschiffungsbereit sein würde, auch fehlten Angaben über Art und Ort des Zusammentreffens. Zudem sah er keine Möglichkeit, wie er der englischen Flotte auf den Leib rücken könnte. Längsseits kommen konnte er nicht, und obgleich er sicher war, daß er dem Gegner mit seinem Geschützfeuer ernstlichen Schaden zugefügt, einige Schiffe lahmgelegt, vielleicht etliche versenkt und einen Großteil ihrer Besatzung getötet hatte, so bekamen die Engländer doch unablässig von der ganzen Küste aus Verstärkung und erhöhten täglich ihre zahlenmäßige Überlegenheit und setzten seiner Kampfkraft mit ihrem Fernbeschuß immer mehr zu.

Daneben wußte er, daß er dem Feind von nun an wenig Schaden durch Geschützfeuer zufügen konnte. Die ungeheuren, unglaublichen Vorräte an Munition, die er von Lissabon mitgebracht hatte, waren fast aufgebraucht. Nur Pulver war noch genügend vorhanden. Schließlich hatte er seiner Meinung nach genügend Schießpulver für eine ausgedehnte Landeaktion mitgebracht. Einige Schiffe verfügten jedoch über keine einzige Kugel brauchbarer Größe mehr, und in der gesamten Flotte gab es zu wenige davon. In einer ähnlichen Klemme konnte Howard von jedem englischen Hafen neue Zufuhr erwarten, für Medina Sidonia gab es jedoch nur eine Quelle, auf die er zurückgreifen konnte. Daher sandte er unverzüglich einen dringenden Hilferuf an

Parma und bat um eine größtmögliche Anzahl Kanonenkugeln aller Größen, insbesondere jedoch um Zehn-, Acht- und Sechspfünder. Während also Howard an jenem windstillen Freitag Adelspatente an seine Verwandten austeilte, las der Herzog Inventarberichte und hieß die *urcas* und die schwächeren Schiffe alle Kugeln abgeben, die sie hatten oder zu haben vorgaben, um die geleerten Munitionskästen der Galeonen aufzufüllen.

Beide Befehlshaber scheinen die Wirkung ihres Feuers auf den Feind überschätzt zu haben — ein nicht ungewöhnlicher Fehler. Kapitän Vanegas schätzte die spanischen Verluste der vier Kanalschlachten auf insgesamt einhundertsiebenundsechzig Tote und zweihunderteinundvierzig Verwundete. Diese Ziffer schließt freilich nicht die etwa einhundertundfünfzig Toten und Verwundeten der Explosion der *San Salvador* oder die ungefähr vierhundert Gefangenen von der *Rosario* ein. Selbst wenn wir diese in die Verlustrate mit einrechnen, ist der Ausfall bei einer Streitmacht von über zwanzigtausend Mann nicht sonderlich hoch. Kapitän Vanegas scheint mit der Aufstellung der offiziellen Verlustziffer der Flotte beauftragt worden und seiner Pflicht gewissenhaft nachgekommen zu sein; seine Schätzung ist jedoch zu niedrig, und zwar aus zwei Gründen. Zunächst wurden Verwundete nur aufgeführt, wenn sie kampfunfähig waren. Zweitens meldeten spanische Kapitäne, wie alle Kapitäne des sechzehnten Jahrhunderts, ungern Gefallene, weil sie den Sold ihrer Leute empfingen, solange diese auf der Musterrolle standen. »Die Männer sind tot, aber nicht der Sold«, schrieb Burghley resigniert von den englischen Streikräften im selben Feldzug.

Wenn schon Vanegas mit allen Vorteilen spanischer Disziplin und Erfahrung außerstande war, genaue Verlustlisten zu bekommen, so darf keine Verlustliste der englischen Flotte während dieses Zeitabschnitts als glaubhaft angesehen werden. Wenn die spanischen Kanonenkugeln so erfolglos verfeuert wurden, wie die meisten Berichte wissen wollen, gibt es kaum eine Entschuldigung für Howards Weigerung, auf kürzere Schußweite heranzugehen. Immerhin scheint es sicher, daß die englischen Verluste in den ersten vier Schlachten weit unter denen der Spanier lagen, ja vielleicht weniger als die Hälfte betrugen. Obgleich Schiffe beider Flotten Rahen oder zweitrangiges

Takelwerk einbüßten, so verlor doch kein Schiff beider Seiten einen Mast durch Beschuß, oder wurde so stark beschädigt, daß es mehr als einen Tag aus der Schlachtlinie ausscheiden mußte.

Zwei Faktoren bedingen die geringen Ergebnisse all dieser Schießerei. Erstens konnte keine Rede von umfassender Erfahrung im Gebrauch schwerer Geschütze bei Flottenaktionen sein. Niemand wußte, was sie ausrichten würden. Die Engländer — und die Spanier nicht weniger — glaubten, daß eine Flotte mit ausgesprochenem Vorteil in Fernschußwaffen, Feldschlangen und Halbfeldschlangen, in äußerster oder nahezu äußerster Entfernung liegen und die feindliche Flotte ohne eigene Bedrohung in Stücke schießen könne. Diese Annahme sollte sich als Irrtum erweisen. Es war keineswegs sicher, daß die Kugel einer Feldschlange oder Halbfeldschlange des sechzehnten Jahrhunderts auf Entfernungen von drei- bis siebenhundert Metern den dicken Rumpf einer Galeone oder eines festen Großschiffs durchschlug; drang sie aber ein, so verursachte sie nur ein kleines Leck, das von einer behenden Besatzung rasch geflickt werden konnte. Selbst ein einzelnes Schiff auf diese Weise zu versenken, konnte ein langwieriges Unternehmen werden. Später lernten die Taktiker, daß bei Flottenaktionen nur die allerschwersten Breitseiten großer »schiffszermalmender« Kanonen auf kürzeste Entfernung entscheidende Wirkung hatten.

Überdies muß es um die Schießkunst auf beiden Seiten traurig bestellt gewesen sein. Mit Bordgeschützen des sechzehnten Jahrhunderts war das Zielen eine schwierige und das Feuern eine unsichere Sache, so daß falsche Berechnungen, die bei fünfzig Metern keine Rolle gespielt hätten, auf fünfhundert Meter einen völligen Fehlschuß ergaben; bei anständiger Schulung hätten die Geschützmannschaften beider Seiten jedoch erheblich bessere Arbeit leisten müssen. Die meisten der geschulten Kanoniere in der Armada hatten nie einen Schuß von Bord eines Schiffes abgefeuert, und wenn die Engländer auch einige geschickte Schiffskanoniere hatten, so waren es doch viel zu wenige. Die Spanier bewunderten die Schnelligkeit, mit der die Engländer ihre Geschütze bedienten, aber über ihre Treffsicherheit verloren sie kein Wort. Bei den Engländern mochte ein Amateur wie Howard der Geschicklichkeit der englischen Geschützmannschaften Beifall zollen, ein kampfgestählter Berufssoldat wie William Thomas war einfach entsetzt. »Was kann man anderes sagen, als daß unser Versagen die Ursache war«, schrieb er an Burghley nach der Schlacht, »daß soviel Pulver, soviel Munition verbraucht, daß wir so lange im Kampf gestanden und im Vergleich dazu so wenig Schaden angerichtet haben?« Selbst so war die englische Geschützkunst der spanischen noch immer überlegen. Von beiden Flotten mußte nach einer Woche im Kanal die spanische die meisten Schläge einstecken.

Es waren nicht die Schläge, die den Herzog beunruhigten, sondern die bevorstehende Einfahrt in die Nordsee, ohne daß eine Vereinbarung mit Parma getroffen worden wäre. Da gab es nur eines. Als die Armada am späten Samstag nachmittag auf die Straße von Dover zusteuerte, barg sie die Segel und ihre Anker fielen herab. Es war ein geschickt ausgeführtes Manöver, und es bestand die Möglichkeit, daß die Engländer in ihrer Überraschung, und vorwärtsgetrieben von Wind und Strom, sich gezwungen sehen würden, am Ankerplatz vorüberzusegeln und dadurch die Luvseite zu verlieren. Doch schienen die Engländer auf das Signal des Herzogs gewartet zu haben. Bevor die spanischen Ankertrossen ausgelaufen waren, ließen auch die Engländer die Anker fallen, und die beiden vor Anker liegenden Flotten staunten sich bei den Klippen von Calais, kaum auf Schußweite einer langen Feldschlange voneinander entfernt, gegenseitig an.

DIE HÖLLENBRENNER

In der Nähe von Calais, 6. und 7. August 1588

Als Howard in der Whitsand Bucht vor Anker ging, lief Seymours Geschwader, von seiner Blockadestation abgerufen, von Nordwesten her an, und als es einige Stunden später neben Howard ankerte, war die englische Flotte um fünfunddreißig Schiffe verstärkt. Fünf davon waren Galeonen der Königin, und von diesen waren zwei — die *Rainbow* und die *Vanguard* — die neuesten und schönsten von allen. Während der ganzen Zeit, die Howard sich den Kanal hinaufquälte, hatte diese brauchbare Streitmacht zwischen Dünkirchen und Dover hin- und hergekreuzt, auf die Möglichkeit hin, daß Parma versuchen könnte, in See zu gehen.

Es war Kraftvergeudung gewesen, aber weder Seymour noch die Ratgeber der Königin trauten den Holländern restlos, teils wegen der mürrischen Haltung der Generalstaaten während der endlos hinausgezögerten Verhandlungen in Bourbourg, teils weil Seymour trotz Justin von Nassaus Behauptung, er könne Parma in Schach halten, von den Holländern seit Monaten nur eine Handvoll Schaluppen mit geringem Tiefgang gesehen hatte, die näher an der Küste patrouillierten, als die Engländer es zu tun wagten. Nachrichten reisten rasch über die gegnerischen Linien von Brügge nach Vlissingen, und Justin von Nassau war sicher, daß er rechtzeitig benachrichtigt werden würde, sobald Parma sich zum Versuch eines Ausfalls entschließen sollte. Er hatte ernstlich darauf gehofft. Nichts wäre ihm lieber gewesen, als all das furchterregende Fußvolk und seinen unüberwindlichen Befehlshaber in Prahmen auf blauem Wasser schwimmen zu sehen. Je weiter von der Küste weg er sie fassen würde, desto länger würden sie zu schwimmen haben.

So hielt Justin seine Flotte heimlich in Vlissingen oder ließ sie in der westlichen Schelde kreuzen, hoffend, Parma möge den Berichten glauben, nach denen die Holländer auf See unvorbereitet seien. Stattdessen war es Seymour, der ihnen solchen Glauben schenkte und nun zu Justins Verzweiflung die flämische Küste mit hinreichenden Seestreitkräften auf- und absegelte, um ein Dutzend Flottillen wie die von Parma zu versenken. Da die Leiter holländischer Politik es für taktlos hielten, Königin Elisabeth argwöhnen zu lassen, die Plünderung Londons sei der Köder in einer holländischen Mausefalle, hatte Seymour keine Ahnung, was Justin im Schilde führte, und dieser wiederum mußte sich auf die Hoffnung beschränken, daß Seymour vertrieben oder müde würde und sich davonmachte. Mühsame Monate lang auf dem toten Punkt der Mißverständnisse festgenagelt, während die Friedens-Unterhändler in Bourbourg sich in den Haaren lagen und von der Armada kein Sterbenswörtchen verlautete, murrten Holländer und Engländer gegeneinander mit zunehmendem Unmut und Argwohn, wie es bei Verbündeten oft vorkommt.

Das Nahen wirklicher Gefahr brachte alles Nörgeln zum Verstummen. Justin hörte, die Armada stehe auf der Höhe von Kap Lizard, und Parmas seit Monaten wie gelähmte Feldlager summten vor Betriebsamkeit; dann, etwas später, hieß es, daß trotz wiederholter Gefechte zwischen den beiden die Armada nach wie vor den Kanal hinauffahre. Wie verlockend auch die Aussicht klingen mochte, Parma so weitab von der Küste zu schnappen, daß nicht ein Kahn entkommen konnte, so war doch nicht daran zu denken, solange eine ungeschlagene spanische Flotte jederzeit in den nämlichen Gewässern auftauchen konnte. Bis die Armada in die Flucht geschlagen war, mußte jeder Ausfallversuch auf der Stelle aufgehalten werden. Das war die Art der Aufgabe, für die die holländischen Kriegsschiffe gebaut worden waren, und Justin von Nassau führte alle für das Unternehmen benötigten Schiffe ohne Aufhebens an Dünkirchen vorbei. Noch bevor Seymour Segel setzte, um sich mit Howard zu vereinigen, hatten die Holländer ihn bereits abgelöst. Howard erfuhr kein Wort davon.

Als der Admiral an jenem Sonntagvormittag das Flaggensignal für Kriegsrat setzte, gab es Wichtigeres zu besprechen. Calais liegt weniger als dreißig Meilen von Dünkirchen entfernt. Parma und Medina Sidonia hatten bereits Verbindung untereinander oder würden sie bald herstellen. Offensichtlich beabsichtigte die Armada, hier vor Anker liegen zu bleiben, bis Parma bereit war und Wind und Wetter das Vorhaben begünstigten. Die englischen Kapitäne hatten keine klare Vorstellung von Parmas Seestreitkräften; sie wußten nicht, ob er seine Flottille herausbekommen würde, oder bis zu welchem Grade es ihre Arbeit erschweren würde, wenn er es täte. Jedenfalls war es ein Risiko, das sie nicht eingehen wollten. Wenn der augenblickliche spanische Ankerplatz unsicher war, so fanden sie den ihrigen keineswegs besser, dabei waren sie sicher, daß die Leeküste, gegen die sie getrieben werden konnten, sie nicht freundlich empfangen würde. Bisher hatte M. Gourdan, der Gouverneur von Calais, von der Anwesenheit des Lordadmirals von England offiziell keine Notiz genommen, dafür war ein Bootsverkehr zwischen seinem Schloß und der *San Martin* beobachtet worden. Gourdan stand in dem Ruf, mit der Heiligen Liga zu liebäugeln, und da der König Guise nachgegeben hatte, mußten alle Franzosen mit Ausnahme der Hugenotten als mögliche Feinde und somit kaum anders als Spaniens Lehnsmänner betrachtet werden. All das Kommen und Gehen von Booten zwischen der Armada und der Küste konnte nur bedeuten, daß Unheil im Verzug war; so schien es klar, daß die Armada abgedrängt werden mußte, bevor Medina Sidonia seine Pläne, sei es mit dem französischen Gouverneur, sei es mit Parma, abstimmen konnte. Dafür gab es nur eine Möglichkeit: Brander.

Das hatte Wynter erkannt, als er am Vorabend geankert hatte. Wahrscheinlich hatte das jeder erfahrene Offizier der Flotte eingesehen. Die Neuankömmlinge, Lord Seymour, Sir William Wynter und Sir Henry Palmer, waren von der bedrohlichen unter den Klippen von Calais ankernden Streitmacht ebenso beeindruckt wie die Kapitäne, die sich bereits mit ihr gemessen hatten. Niemand wollte sich mit den Spaniern allzu nahe einlassen oder traute einem Beschuß viel Erfolg zu, so daß der Kriegsrat sich vorwiegend mit der Frage der Beschaffung von Brandern beschäftigt haben muß. Sein erster Beschluß war, Sir Henry Palmer mit einer Pinasse um Schiffe und Brennstoff nach Dover zu schicken; erst als Sir Henry losgefahren war, gewannen kühnere und vernünftigere Ansichten die Oberhand. Die Ankunft von Schiffen aus Dover abzuwarten, bedeutete, den Angriff bis mindestens Montag früh aufschieben zu müssen und so das günstige Zusammentreffen einer Springflut und eines auffrischenden Windes aus Südsüdost zu verpassen. Der richtige Augenblick wäre an diesem Abend, Sonntag abend. Drake bot eines seiner Schiffe, die *Thomas* aus Plymouth, zweihundert

Tonnen schwer, Hawkins eines der seinen an; wachsende Begeisterung brachte sechs weitere Schiffe zusammen, das kleinste neunzig Tonnen, die übrigen einhundertfünfzig bis zu zweihundert Tonnen groß. Das Ganze würde eine der Armada würdige Flotte von Brandern abgeben, und die Kapitäne eilten nach allen Richtungen an ihre Arbeit, die Fahrzeuge fertig zu machen und sie mit allem Greifbaren zu füllen, das lichterloh brennen würde. Die Besatzungen retteten natürlich ihr eigenes Hab und Gut, fraglos wurden auch Wassertonnen und Vorräte größtenteils herausgenommen, wenn auch einer der Eigentümer später dem Schatzmeister eine beachtliche Summe für Butter, Salzfleisch und Zwieback aufbrummte, die an Bord geblieben und verbrannt waren. Es wurden aber nicht nur Spieren, Segel und Takelwerk am Platze gelassen, da die Schiffe – wie man hoffte – mit vollen Segeln auf den Ankerplatz zusteuern sollten, sondern auch sämtliche Kanonen, die doppelt geladen wurden, um nach ausreichender Erhitzung loszugehen und den Schrecken, wenn nicht die Vernichtung des Feindes noch zu vergrößern. Diese Brander waren rasch improvisierte Waffen; merkwürdigerweise war an keinem Punkt der Küste dergleichen vorbereitet worden. Wenn die Arbeit aber auch in höchster Eile durchgeführt werden mußte, so scheint nichts, was Erfindungsgabe zu ersinnen oder die Hilfsmittel der Flotte zu liefern vermochten, versäumt worden zu sein.

Howards Herz würde höher geschlagen haben, hätte er erfahren, was das Kommen und Gehen der kleinen Boote zwischen der *San Martin* und dem Land zu bedeuten hatte. M. Gourdans Boot wurde nur als Antwort auf eines des Herzogs entsandt und brachte lediglich die kühle Warnung, die Armada liege auf einem ausgesetzten, gefährlichen Ankerplatz – worauf die Lotsen den Herzog bereits aufmerksam gemacht hatten – so daß es sich empfehle, hier nicht allzu lange zu verbleiben. Der kühle Willkommensgruß wurde kaum wärmer durch eine kleine Gabe von Früchten und anderen Erfrischungen für den Herzog. Calais liegt eine gute Strecke von Chartres entfernt, und wie manch ein Lehnsmann in Frankreich in jenem Sommer mag M. Gourdan sich gefragt haben, was es mit der Versöhnung zwischen dem König und dem Herzog von Guise auf sich habe und mag abgewartet haben, wie der Hase lief. Jedenfalls scheint er sich für eine Haltung korrekter Neutralität entschieden zu haben. So erteilte er den Proviantmeistern der

Armada die Erlaubnis, alle an Land aufzutreibenden Mittel einzukaufen — eine Genehmigung, die größtenteils den von den Engländern beobachteten Verkehr der kleinen Boote erklärt — es besteht jedoch kein Grund zu der Annahme, daß er die gleiche Vergünstigung nicht auch Howard gewährt hätte. Howard und sein Kriegsrat vermuteten, die Franzosen seien feindlich gesinnt, bezüglich des Gouverneurs von Calais liegt dafür jedoch kein Beweis vor.

Howards Herz würde noch höher geschlagen haben, hätte er den Inhalt von Medina Sidonias Botschaften an Parma erfahren. Der Herzog entsandte die erste Mitteilung fast unmittelbar, nachdem er geankert hatte, und machte Parma den Vorwurf, daß er auf die zahlreichen Nachrichten, die ihn täglich auf dem laufenden gehalten hätten, wochenlang keine Antwort gegeben habe. Medina fuhr fort: »Ich liege hier zwei Meilen von Calais vor Anker, die feindliche Flotte dicht neben mir. Sie kann mich nach Belieben beschießen, während ich ihr keinen nennenswerten Schaden zufügen kann. Wenn Ihr mir vierzig oder fünfzig Vlieboote schicken könnt, kann ich mich mit deren Hilfe verteidigen, bis Ihr auslaufbereit seid.«

Vlieboote waren jene schnellen kleinen Kriegsschiffe mit geringem Tiefgang, mit denen die Geusen in den frühen Tagen des niederländischen Aufstands den Kanal in Schrecken versetzt, mit denen die aufständischen Holländer seither ihre Küstengewässer beherrscht hatten. Vlieboote waren aber gerade das, was Parma fehlte. Gar nicht zu reden von vierzig oder fünfzig Vliebooten, hätte er kaum ein Dutzend loszuschicken vermocht, selbst wenn niemand versucht hätte, ihn daran zu hindern. Die von ihm in Dünkirchen und Nieuport gesammelte »Flotte« bestand fast ausschließlich aus Kanalbooten ohne Masten, Segel oder Geschütze. Es waren größtenteils flache, am Bug und Heck gleich gebaute Kähne mit offenem Deck, so wie sie zum Versand von Vieh benutzt werden. Von ihnen standen Parma gerade genügend zur Verfügung, um seine Infanterie unter günstigsten Wetterverhältnissen nach Margate verfrachten zu können, wenn er sie wie Vieh zusammendrängte. Was die Vlieboote betraf, so befanden sie sich da, wo Parma sie vermutete: sie kreuzten zwischen Dünkirchen und Ostende — die kleinen zähen Schiffe Justins von Nassau, die Flanderns tückische Sandbänke und Untiefen mit der sorglosen Vertrautheit von Kindern auf ihrem Spielplatz behandelten.

Daß Medina Sidonia selbst am Samstag, 6. August, abends noch nicht ahnte, wie unfähig Parma zu jeder Hilfe war, scheint sehr merkwürdig. So vermuteten die meisten Geschichtsschreiber zu diesem Punkt, ein wichtiger Bestandteil des »verhängnisvollen Mißverständnisses, das den Feldzug zum Scheitern brachte«, sei Medina Sidonias Weigerung gewesen — aus Panikstimmung oder Torheit heraus — das Nächstliegende einzusehen. Nichts ist unwahrscheinlicher. Medina Sidonia mag bei der Führung seines Seekrieges Fehler begangen haben, er war jedoch keineswegs töricht, und was seine uns bekannten Entscheidungen auch beeinflußt haben mochte, so zeugen sie jedenfalls nicht von panischer Angst. Parma hatte seine Position klar genug dargelegt, freilich nicht Medina Sidonia gegenüber. Parma hatte Philipp im Jahre 1587 häufig geschrieben und es im Jahre 1588 nachdrücklich wiederholt, daß seine Lastkähne sich nicht auf die See hinauswagen könnten, wenn die Armada sie nicht vor feindlichen Kriegsschiffen zu schützen vermöchte. Im April entsandte er zwei Emissäre nach Madrid mit der dringenden Bitte, das Unternehmen, so wie es geplant sei, in Anbetracht der Schwierigkeiten zu verschieben und einen Waffenstillstand abzuschließen, um ihm eine Möglichkeit zu geben, Walcheren und den tiefen Hafen Vlissingen zu nehmen. Als Philipp sich weigerte, seinen Plan abzuändern, gab einer von Parmas Sondergesandten, der spätere Historiker Luis Cabrera de Córdoba, seinem eigenen Bericht zufolge den Kernpunkt der Schwierigkeiten preis. Nach seinen eigenen Aufzeichnungen sagte er zum König: »Euer Majestät müssen verstehen, die Schiffe des Herzogs von Parma werden gar nicht imstande sein, sich jemals mit der Armada zu vereinigen. Die spanischen Galeonen haben fünfundzwanzig oder dreißig Fuß Tiefgang und werden in der Gegend von Dünkirchen auf mehrere Meilen hinaus kaum soviel Wasser finden. Die feindlichen Schiffe hingegen sind soviel flacher, daß sie nahe genug herangehen und jeden Kahn am Auslaufen aus Dünkirchen hindern können. Da also die Vereinigung der Kähne aus Flandern mit der Armada ausschlaggebend für das Gelingen des Unternehmens, aber undurchführbar ist, warum geben wir es dann nicht lieber auf und sparen viel Zeit und Geld?«

Freilich schrieb Cabrera de Córdoba seinen Bericht einige Zeit nach dem Ereignis, so daß er wohl kaum so unverblümt oder mit solcher Voraussicht gesprochen haben wird. Es sollte uns freilich wundern, wenn niemand Philipp im wesentlichen dasselbe und zwar nicht ein-, sondern mehrmals gesagt hätte. Etwas anderes, noch viel Merkwürdigeres, muß erwähnt werden. In den wenigen offiziellen Mitteilungen, die zwischen den beiden Befehlshabern ausgetauscht wurden, hat der Herzog von Parma, vielleicht verständlicherweise, dem Herzog von Medina Sidonia keineswegs all seine Schwierigkeiten enthüllt und auf seine eigenen Seestreitkräfte mit einer hochtrabenden Unbestimmtheit angespielt, die den spanischen Herzog und seinen Stab zu völlig falschen Schlüssen verleitet haben muß. Philipp dürfte jedoch ein ziemlich genaues Bild von Parmas Schwäche zur See gehabt haben. Sollte Philipp in all den langen und ausführlichen Anweisungen, mit denen er Medina Sidonia von der Kommando-Übernahme in Lissabon an, bis lange nachdem es für Ratschläge oder Befehle zu spät war, überschüttete, nie diese grundlegende Schwierigkeit erwähnt haben? Zwar warnte er seinen Generalkapitän vor den tückischen Sandbänken um Dünkirchen, riet ihm indessen wiederholt, sich mit Parma auf See zu vereinigen oder »auf der Höhe des Kap Margate« auf ihn zu stoßen. Daraus konnte Parma nur folgern, daß er lediglich den englischen Galeonen nicht gewachsen war, mit den holländischen Vliebooten jedoch ohne Hilfe fertig werden könnte. Kein Wunder, daß die nacheinander abgeschickten Boten des spanischen Herzogs bei ihrer Ankunft in Nieuport oder Dünkirchen entsetzt und erbost über das waren, was sie zu sehen bekamen.

Medina Sidonia erhielt den ersten Hinweis auf die drohende Katastrophe am Sonntag früh. Kurz nach Tagesanbruch kehrte die Pinasse Don Rodrigo Tellos zurück, die der Herzog zwei Wochen zuvor entsandt hatte, um Parma mitzuteilen, daß er die Höhe von Quessant erreicht habe. Don Rodrigo hatte Parma in Brügge gefunden und brachte von ihm Briefe mit, die den Empfang aller Botschaften des Herzogs bestätigten. Parma schrieb, er sei über die Nachricht von der guten Ankunft der Armada entzückt und versprach, daß in etwa sechs weiteren Tagen alles für sein Auslaufen bei der ersten günstigen Gelegenheit bereit sein würde. Als aber Don Rodrigo Dünkirchen in der vergangenen Nacht verlassen hatte, war von Parma noch nichts zu sehen gewesen, und die Schiffe, die in Nieuport und Dünkirchen lagen, waren armselige Fahrzeuge – bloße leere Kähne ohne Masten, Spieren oder Geschütze, von Proviant und Material ganz zu schweigen. Don Rodrigo konnte sich nicht vorstellen, wie sie früher als in vierzehn Tagen fahrbereit sein sollten.

Es liegt etwas Seltsames in Parmas Verhalten in dieser ganzen Episode. Anscheinend hielt er die Vorbereitung der Kähne für ein nutzloses Unterfangen, den Bau von Vliebooten in Dünkirchen sogar für gänzlich aussichtslos. Die Zimmerleute und Schiffsbauer arbeiteten mit nerventötender Langsamkeit, und sobald die Lohnzahlung stockte, legten sie ihr Werkzeug nieder und weigerten sich rundweg, auch nur einen Streich zu tun. Faules Holz und frische Planken gerieten unablässig unter die abgelagerten Hölzer, so daß mehrere Lastkähne auseinandergenommen und neu gebaut werden mußten; mehrere Vlieboote erwiesen sich als wertlos, und während der Einschiffungsübungen sank eine ganze Gruppe von Kähnen auf den Grund des Kanals, so daß die Männer bis zum Halse im Wasser standen. Kanonen für die Vlieboote zu finden, war selbst gegen gutes Geld äußerst schwierig, und es war unmöglich, genügend erfahrene Seeleute aufzutreiben. Indessen waren derartige Schwierigkeiten für Parma nichts Neues und wurden bisher durch Drohungen, Belohnungen und gutes Zureden, durch Findigkeit, unermüdlichen Fleiß und den Auftrieb, den seine Gegenwart und sein Vorbild gaben, bald überwunden. Diesmal jedoch ließ er die Zügel locker. Zucht und Aufsicht wurden vernachlässigt, das Schneckentempo des Schiffsbaues verlangsamte sich noch mehr. Der Aufschwung, den die Arbeit durch die Nachricht, die Armada befinde sich im Kanal, zu gewinnen schien, verpuffte ziellos. Zwar erteilte Parma die notwendigen Ordern, jedoch rührte er sich bis zum Montag nachmittag, dem 18., nicht von Brügge fort, um die Einschiffung am selben und darauffolgenden Tag, dem Dienstag, mit nunmehr überflüssigem Aufwand an Eile in die Wege zu leiten.

Etwas Unwirkliches liegt über der ganzen Szene dieses stürmischen Dienstag abend in Dünkirchen; ein Vlieboot hat keine Geschütze, sein Mast ist nicht in die Spur gesetzt, bei einem anderen arbeitet das laufende Gut nicht richtig, ein drittes leckt und liegt auf der Seite im Schlamm des Kanals, einige Lastkähne sind nicht kalfatert und lecken von vornherein, andere gehen aus den Fugen, sobald sie beladen werden, und die Soldaten, die in die wenigen brauchbaren Kähne wie Hafersäcke purzeln, lachen ungläubig beim Anblick der leeren sargähnlichen Kisten, in denen sie aufs Meer hinausfahren sollen. Die Nacht bricht herein, das Einschiffen geht bei Fackellicht weiter, Parma steht aschfahl, reglos dabei, immer mehr Männer werden in die Boote gepreßt, obgleich die Barre von Dünkirchen schaumweiß brodelt und die geschlagene Armada schon viele Meilen leewärts vor dem Winde läuft –, es wäre seltsam, wenn das Parma nicht wüßte.

Bei dem ganzen Schauspiel werden wir das Gefühl nicht los, daß der große Befehlshaber eine Art Scharade spielt, daß er eine Reihe von Gebärden nur zum Schein ausführte. »Er handelte so«, sagt Cabrera de Córdoba von der vergangenen Woche, »als glaubte er nicht, daß die Nachricht von der Ankunft der Armada wahr sein könnte.« Vielleicht glaubte er stattdessen einfach das, was Cabrera de Córdoba Philipp schon vor Monaten gesagt hatte. Selbst wenn die Armada die englische Flotte vernichtete, konnte sie den Holländern nichts anhaben, solange diese hinter den Sandbänken liegen blieben. Und selbst wenn er über hundert bewaffnete seetüchtige Vlieboote gehabt hätte anstatt ein lumpiges Dutzend, so hätten sie doch nur einzeln auslaufen können und wären wahrscheinlich eines nach dem anderen von Justin von Nassaus Flotte versenkt worden, bis die Fahrrinne von Wracks verstopft gewesen wäre. Wenn Parma dem Mißlingen des Unternehmens mit eiserner Ruhe entgegenzusehen vermochte, so vielleicht deshalb, weil er seit langem voraussah, daß es zum Scheitern verurteilt war.

Diese merkwürdige Szene spielte sich am Dienstag abend in Dünkirchen ab. Am vorhergehenden Sonntag vormittag hatte Medina Sidonia — selbst nach Anhören von Rodrigos Neuigkeiten — sich noch immer geweigert, an die Aussichtslosigkeit des Unternehmens zu glauben. Vielmehr drängte er alle Schiffe, ihre Wassertonnen nach Möglichkeit aufzufüllen, versuchte vergeblich, von M. Gourdan einige Chargierungen Geschützmunition auszuleihen, und sandte einen ganzen Schwarm von Boten an Parma, die alle mit Beweisgründen, Ersuchen und Ermahnungen gespickt waren. Seit er vor Portland Bill festgestellt hatte, daß er selbst mit dem Vorteil der Luvstellung nicht an die Engländer herankommen konnte, war Medina Sidonia davon überzeugt, daß er nur eine Gruppe leichter schneller Schiffe, wie sie seiner Meinung nach

Parma besaß, zur Unterstützung seiner schweren Segler benötigte, um diesen Sieg zu erringen. Wenn Parma davon zu überzeugen war, würde er sicherlich auslaufen und mit ihm gemeinsam die Engländer von den Meeren vertreiben.

Inzwischen hatte er noch andere Sorgen. Er besaß für die schweren Geschütze seiner Galeonen nur noch so wenig Munition, daß er kaum wagen konnte, ein von den Engländern eröffnetes Artilleriefeuer zu erwidern: der Gegner würde seinen Munitionsmangel bald erkennen und zum tödlichen Nahbeschuß herankommen. Doch war dies nicht einmal die schlimmste Gefahr. Da die Engländer in Luv lagen und ein starker Strom auf die Meerenge zulief, war sein vollgestopfter Ankerplatz ein ideales Ziel für einen Branderangriff. Von allen Gefahren, die eine Flotte aus hölzernen Segelschiffen bedrohen konnte, war Feuer die schlimmste, ihre Segel, ihr geteertes Tauwerk, ihre von der Sonne ausgedörrten Decks und Spieren konnten in einer Minute Feuer fangen, und es war fast nichts an Bord, das nicht brennen würde. Dazu hatte der Herzog Anlaß, weit Schlimmeres als gewöhnliche Brander zu befürchten. Wenn König Philipp ihn vor manchem einmal gewarnt hatte, so fraglos ein dutzendmal davor, daß die Engländer manch seltsames Feuer- und Teufelswerk auf ihn loslassen könnten. Teilweise war diese Warnung das Ergebnis des Nervenkrieges, den Sir Edward Stafford über seine Verbindung mit Mendoza in Paris führte. Dahinter stand mindestens eine feste Tatsache, die Medina Sidonia, wie er glaubte, allein bekannt, jedoch in Wirklichkeit Tagesgespräch der Flotte war. Sie betraf die Erfindung des Teufelsbrenners von Antwerpen, der schrecklichsten Waffen, die je in einem Krieg angewandt worden waren, — Brander, die eigentlich riesige Bomben waren, mit einem Schlag mehr Menschen umzubringen vermochten, als in einer regelrechten Schlacht fallen würden, und einen Umkreis von mehr als einer Meile mit brennenden Schiffstrümmern übersäten. Der Urheber dieser Teufelsmaschinen, der italienische Ingenieur Giambelli, hielt sich zur Zeit angeblich in England auf und arbeitete für die Königin von England, was in der Tat auf Wahrheit beruhte. Im Augenblick ging er freilich einer harmlosen Beschäftigung nach: er konstruierte eine etwas unpraktische Hafensperre, die die Themse bei Gravesend abriegeln sollte. Die einzige wirksame Waffe, die er den Engländern für die Kampagne gegen die Armada lieh, war der Schrecken seines Namens. Das genügte aber.

In seiner Angst vor seltsamem Feuerwerk beobachtete Medina Sidonia voller Sorge am Sonntag nachmittag eine Anzahl Schiffe, die zu Howard stießen. Tatsächlich waren es harmlose Frachter, der Herzog hielt es jedoch für möglich, daß Giambellis Höllenmaschinen endlich eingetroffen waren. Viel konnte er freilich nicht dagegen tun. Er sandte lediglich eine Vorpostenlinie aus Pinassen und Beibooten mit Enterhaken aus, um die Brander abzufangen und an Land zu schleppen. Auch benachrichtigte er die Flotte, daß ein Angriff durch Brander zu erwarten sei, der jedoch durch eine Schutzwand abgewehrt würde. Die Schiffe sollten sich solange nicht von der Stelle rühren, als die Schutzboote ihre Arbeit sachgemäß verrichten. Sollte jedoch dem einen oder anderen Brander durchschlüpfen, so sollten sie ausweichen, ihre Ankertrossen loswerfen, nachdem deren Tampen aufgebojt waren, nach See zu ausweichen, um die Brander mit der Strömung an Land treiben zu lassen. Dann sollten sie so schnell wie möglich vor Anker gehen, um bei Tagesanbruch die Bojen und Trossen am alten Ankerplatz wieder einholen zu können. Das war der Beginn einer bangen Nacht.

Bis kurz vor Mitternacht geschah nichts Besonderes, abgesehen davon, daß der Wind von Süden her auffrischte und die über den Mond hinjagenden Wolken einen stürmischen Morgen versprachen. Dann erschienen Lichter am Rand der englischen Flotte. Nein, keine Lichter, Feuer waren es; erst zwei, dann sechs, dann acht, kamen sie rasch und immer stärker aufflammend näher, bis die Beobachtungsposten des spanischen Ankerplatzes acht große Schiffe, alle Segel gesetzt und Feuerzeilen in die Takelage hinauftanzend, mit Wind und Strömung schnurgerade auf sich zutreiben sahen. Die Brander schienen so genauen Kurs und so dicht nebeneinander zu laufen, daß Pikenträger zweier Schiffe, hätten sie es auf den lodernden Decks ausgehalten, über dem dazwischen rauschenden Wasser ihre Pikenspitzen hätten kreuzen können. Die Posten konnten auch beobachten, wie die Pinassen, schwarz gegen den blendenden Feuerschein, zusammenrückten.

Das war der kritische Augenblick. Die beiden Flotten hatten in so kurzer Entfernung voneinander geankert, daß die Pinassen in Schußnähe des Feindes arbeiten mußten, und die Brander segelten in solch dichter Reihe, daß die Pinassen nur dadurch an sie herankommen konnten, daß sie sie paarweise von den Seiten her wegzogen. Diese flammenden Ungeheuer waren keine bloßen mit Reisig und Stroh gefüllten Fischerboote, die sich mit Riemen wegschieben ließen. Einen Enterhaken auf einem solchen Schiff anzubringen, es herumzuschwenken und auf den Strand zu schleppen, bedeutete daher ein Stück Seemannskunst, das Mut und Muskelkraft und blitzschnelles Handeln erforderte, denn die Feuerlinie kam, getrieben vom starken Wind und von dem in der Straße von Dover bei Springtide besonders starken Flußstrom, so rasch daher, daß sie die gesamte Strecke in wenigen Minuten durchmessen mußte: Anscheinend führte das erste Paar Pinassen sein Manöver recht geschickt aus, denn am nächsten Morgen lagen die verkohlten Gerippe zweier Brander schwelend in nächster Nähe des spanischen Ankergrundes. Allein wenige Sekunden später, gerade als das nächste Paar Pinassen anrückte und als — wie anzunehmen ist — die Männer am Bug sich anschickten, ihre Enterhaken auszuwerfen, begannen die inzwischen weißglühenden Geschütze loszugehen: Sie jagten ihre Schüsse wahllos übers Wasser und verstoben unter der Gewalt des Rückschlags eine Springflut von Funken über die Boote. Verdutzt bogen die Pinassen ab, für eine Sekunde herrschte verwirrtes Durcheinander, und in diesem Augenblick segelten die sechs verbliebenen Schiffe vorüber und auf die vor Anker liegende Flotte zu, und das Getöse ihrer berstenden und böllernden Geschütze übertönte noch das Geprassel der Flammen und die himmelwärts schießenden Funkenfontänen. Nun bestand kein Zweifel mehr: wieder einmal waren die tödlichen Höllenbrenner von Antwerpen am Werk.

DIE ORDNUNG IST GEBROCHEN

Straße von Dover bis nach Gravelines, 8. August 1588

Als er sah, daß seine Schutzwand die Brander durchgelassen hatte, gab Medina Sidonia einen Schuß ab, schlippte die Ankertrosse los und ging hoch am Wind in See. Diesmal richtete sich die Flotte jedoch nicht nach ihm. Stattdessen flog eine Art Panik über den vollgedrängten Ankerplatz. Vielleicht hatten allzu viele unheimliche Geschichten von Höllenbrennern aus dem Munde von Veteranen der flandrischen Kriege die Runde gemacht. Vielleicht – obgleich dies weniger wahrscheinlich ist, – waren Medina Sidonias Anweisungen bei der mündlichen Weitergabe verstümmelt worden. Was auch der Anlaß gewesen sein mochte, die meisten Kapitäne kappten einfach die Trossen und liefen vor dem Wind aus, sich dahin und dorthin zerstreuend, als hätten sie voreinander ebensoviel Angst wie vor den Brandern. Der starke Strom und der aufkommende Sturm trieben die ungeordnete Meute durch die Meerenge auf die Sandbänke der flandrischen Küste zu. Endlich war die furchtgebietende spanische Schlachtordnung gesprengt.

Die *San Martin* machte einen kurzen Schlag nach See zu und den nächsten wieder zurück. Dann ließ sie ihren Rüstanker etwa eine Meile nördlich des alten Ankerplatzes fallen. Gleich dahinter ankerten vier ihrer nächsten Kameraden der vergangenen Nacht. Recaldes *San Juan*, die *San Marcos* und zwei andere – vielleicht die *San Felipe* und die *San Mateo*, alles königliche Galeonen Portugals – wie gewöhnlich auf dem Posten der Ehre und Gefahr. Als der böige Morgen graute, waren von der großen Armada nur diese fünf Schiffe zu sehen, außerdem Don Hugo de Moncadas *San Lorenzo*, die *capitana* der Galeassen, die steuerlos und mit unklarem Großmast wie ein verletzter Käfer auf die Küste zukroch. Sie hatte ihr Ruder an der Ankertrosse eines Nachbarn ziemlich beschädigt und war in der Panik der Nacht mit einem anderen heftig zusammengestoßen. In der Nähe der Mole von Calais schwelten die Gerippe von sechs Brandern. Nach der Explosion des letzten Geschützes war alles still. Am Ende waren es doch keine Teufelsbrenner gewesen.

Südwärts lagen die Engländer nach wie vor auf dem Ankerplatz der letzten Nacht. Nun aber wurde auf Howards *Ark* ein Schuß abgefeuert und Trompeten tönten über das Wasser. Anker kamen aus dem Wasser, Segel wurden gesetzt, Banner gehißt. Die gesamte Seemacht Englands, einhundertfünfzig Schiffe, alle königlichen Galeonen, dazu eine gleiche Anzahl schwerbestückter Kauffahrer und privater Kriegsschiffe, verstärkt von etwa hundert kleineren Fahrzeugen, kurz die Große Flotte dem Aussehen, wenn auch nicht dem Namen nach, schickte sich zum Angriff an.

Medina Sidonia mußte sofort entscheiden, was zu tun war, aber glücklicherweise war dies die Art von Entscheidung, die ihm leicht fiel. Er war der Befehlshaber. Es war seine Pflicht, dem Feind die Stirn zu bieten, allein, wenn es sein mußte, bis seine zersprengte Flotte sich wieder sammeln konnte. Er lichtete Anker und segelte herausfordernd in die Meerenge hinein. Hinter ihm kamen Recaldes *San Juan* und die anderen drei königlichen Galeonen, hart am Wind mit leichten Segeln. Als sie in die offene Meerenge einfuhren, jagten die Pinassen mit dem Befehl, die zerstreuten Schiffe zur Unterstützung des Admirals zurückzuholen, vor dem Winde davon.

Bis zum Tagesanbruch war Howard sich über den Erfolg seiner Brander keineswegs im klaren. Offensichtlich waren zwei von ihnen an Land geschleppt, die übrigen vielleicht auf ähnliche Weise abgelenkt worden, denn bis auf ihre sterbende Glut war kein Anzeichen einer Feuersbrunst zu sehen. Die Spanier konnten ausgelaufen und zurückgekehrt sein, um von neuem zu ankern, sie konnten sich aber genausogut nicht von der Stelle gerührt haben. In beiden Fällen war nichts anderes zu machen, als sie durch Geschützfeuer zu verjagen, und Howard beabsichtigte, den Angriff selbst zu führen. Diesmal wollte er auf vorsichtigen Fernbeschuß verzichten. Der Nachdruck, den alle englischen Berichte über dieses Montagsgefecht auf die Verringerung der Schußweite legen, zeigt, daß jedermann einsah, daß man bisher zu großen Abstand gehalten hatte.

Das sich bei Tagesanbruch bietende Schauspiel änderte Howards Pläne. Die Spanier waren zerstreut. Howard entsandte vier seiner Geschwader, um mit den einzig sichtbaren spanischen Galeonen fertig zu werden, wobei er die Ehre der ersten Salve Sir Francis Drake zuteilte, und führte sein eigenes Geschwader zur Kaperung oder Vernichtung der großen Galeasse. Als das halblahme Ungeheuer die englische Schlachtlinie unter vollen Segeln auf sich zukommen sah, arbeitete es sich verzweifelt auf den Unterschlupf des Hafens von Calais zu. Voller Ebbstrom, schwere Brandung, Ausfall des Ruders und Unkenntnis der Beschaffenheit des Strandes ließen das Entkommen ohnhin fraglich erscheinen und im letzten Augenblick trieben die sich verbissen in die langen Riemen legenden Galeerensklaven die Galeasse nur um so fester auf Grund. Mit unter ihr weglaufender Ebbe krängte sie rasch immer stärker. Ihr Deck holte zur Küste hin über, die Backbordbatterien zielten närrisch himmelwärts, so lag sie da, gestrandet unter den Schloßmauern von Calais.

Für die Engländer war etwas ärgerlich an diesem Vorfall. Englische Galeonen hatten im allgemeinen mehr Tiefgang als spanische, und Galeassen waren viel flacher als irgendeine Galeone. Die *San Lorenzo* war viel zu nahe an der Küste auf Grund gelaufen, als daß sie durch Beschuß hätte vernichtet werden können. So sandte Howard eine Flottille von Beibooten aus, um sie durch Entern zu nehmen, doch war dies gar nicht so einfach. Die *San Lorenzo* lag nämlich so stark auf der Seite, daß keines ihrer Geschütze zu Schuß kommen konnte, dafür bot sie ihrer Mannschaft so besseren Schutz und die Schiffswände waren schwerer erklimmbar. Eine Zeitlang fuhren die Boote behutsam an der seewärtigen Seite der Galeasse auf und ab – das Wasser war zu seicht, um zu dem gefährdeteren landseitigen Schanzkleid herumrudern zu können – und belegten dabei das Schiff mit lebhaftem Gewehrfeuer, das ebenso lebhaft erwidert wurde. Die unentschlossenen Enterversuche, die sie machten, wurden leicht zurückgeschlagen, schon gab es einige Tote und Verwundete in den Booten. Dann fiel Don Hugo de Moncada durch einen Kopfschuß und die Verteidiger, die er bisher auf ihren Posten gehalten hatte und die nun wohl wenig Aussichten in dieser Art des Kampfes sahen, sprangen von der niedrigen landseitigen Bordwand und flüchteten watend an Land. Schon kletterten die englischen Seeleute an der seewärtigen Bordwand durch die Geschützpforten und über die Reeling an Deck.

Durch die Eroberung und laut Kriegsrecht gehörte die Beute der Galeasse ihnen, wie M. Gourdan, Gouverneur von Calais, anerkannte, und es dauerte nicht lange, bis sie alles herausgeholt hatten, was nicht niet- und nagelfest war. Der Gouverneur machte sie jedoch darauf aufmerksam, daß das Schiff mit seinen Geschützen und seiner Takelage ihm gehörte; und als es ihm schien, als würden sie nicht nur seine Warnung mißachten, sondern auch noch die herbeigestürmten Bürger von Calais, die vom Strand aus dem Kampf zugesehen hatten, ausrauben, eröffnete er vom Schloß aus das Feuer auf ihre Boote. Es bedurfte dieser Maßnahme, um die Bootsmannschaften zum Zurückrudern zu ihren Schiffen zu bringen, wo Howard schon darauf brannte, sich von neuem in die sich entfernende Schlacht zu stürzen.

Das Plündern eines gestrandeten Schiffs scheint ein merkwürdiger Grund dafür zu sein, daß ein mächtiges Geschwader sich stundenlang von einem größeren Gefecht fernhält. Freilich muß daran erinnert werden, daß die *San Lorenzo* das größte Schiff einer furchtgebietenden Klasse von Einheiten war, die im Kanal viel Sorgen bereitet hatte. So rechtfertigte sich — nach Howards vorsichtiger, aber vernünftiger Auffassung über seine Aufgabe — der gewisse Zeitverlust, wenn man vor Verlassen des unbewachten Schiffes feststellte, es sei endgültig außer Gefecht gesetzt. Seine zurückkehrenden Boote konnten ihm die Zusicherung geben, daß keine Menschenhand es je wieder flott machen würde. Dies erwies sich als zutreffend; die *San Lorenzo* verrottete im Angesicht des Schlosses von Calais. Mittlerweile steuerte Howard dem Kanonendonner zu.

Von dem letzten Gefecht der Armada auf der Höhe von Gravelines wie von den sich im Kanal abspielenden Kämpfen können wir nur hie und da einen Schimmer erhaschen. Keine der beiden Seiten hat einen befriedigenden Bericht von den Bewegungen auch nur eines einzigen Schiffes hinterlassen. Der gewöhnliche Kriegsdunst auf See, der Lärm, der Rauch, die Gefahr, die Verwirrung, die allzu vielen in allzu kurzer Zeit zu verrichtenden Dinge und die Schwierigkeit, das Tun und Treiben irgendeines anderen zu übersehen, all dies wurde wie bisher schon dadurch erschwert, daß in dieser Kampagne niemand die zum Einsatz kommenden neuen Waffen oder gar die dafür erforderliche Taktik beherrschte; das kam in dem Gefecht vom Montag, dem ersten bei schwerem Wetter, steifem Wind, rauher See und begrenzter Sicht, von neuem zum Ausdruck.

Immerhin scheint einiges klar. Der Wind muß zwar Südsüdwest gewesen sein, vielleicht war es am Morgen nur eine starke Brise, vielleicht auch ein mäßiger Sturm. Die *San Martin* und ihre Gefährten müssen, wiewohl mit halben Segeln, vor dem Wind durch die Meerenge in die Nordsee gelaufen sein, die *San Martin* als letzte, die *San Juan* mit einem oder zwei der anderen ein ziemliches Stück leewärts. Selbst noch jetzt war Medina Sidonia damit beschäftigt, seine zerstreute Flotte von den gefährlichen Sandbänken Dünkirchens weg in tiefes Wasser zu führen. Vielleicht beabsichtigte er, die leewärts verteilten Schiffe auf Recaldes *San Juan* und die näher treibenden auf die *San Martin* zu sammeln. Wer vermag es zu sagen? Jedenfalls zwang seine Bewegung nach Norden die Engländer zu einer Verfolgung aus achterlicher Stellung und verzögerte den Beginn des Angriffs.

Sir Francis Drake auf der *Revenge* gab dem Befehl des Lordadmirals zufolge die erste Salve ab. Das spanische Flaggschiff drehte beim Herankommen der Engländer auf, um seinem Gegner die Breitseite zu zeigen und drehte sogar bei, und während der Abstand zwischen *Revenge* und *San Martin* sich verringerte, hielten beide Schiffe eine Zeitlang ihr Feuer zurück. Diesmal waren die Engländer entschlossen, nur noch Treffer zu landen, und die Spanier mußten treffen, da sie kaum mehr Munition hatten. Erst als die Schiffe sich auf etwa »einen halben Musketenschuß« (knapp hundert Meter?) gegenüberlagen, feuerte die *Revenge* zunächst ihre Bugkanonen, dann ihre Breitseite ab, um eine donnernde Antwort von der *San Martin* zu erhalten. Bei dieser Gelegenheit mag es geschehen sein, daß die *Revenge* »von Geschossen aller Größen durchlöchert wurde«, wie Ubaldini sagt. Fenner auf der *Nonpareil* segelte dicht hinter Drake, gefolgt von dem Rest von Drakes Geschwader; jedes Schiff gab beim Herankommen eine Breitseite ab und zog dabei die Gefahr einer Erwiderung der *San Martin* auf sich. Dann folgte das gesamte Geschwader seinem Befehlshaber auf nordöstlichem Kurs und entschwand damit dem Gesichtskreis überlebender Berichterstatter.

Damit soll nicht gesagt sein, daß sie nicht an mancher Stelle gute Arbeit verrichtet hätten. Corbetts Mutmaßung, das echte taktische Ziel habe in Drakes Augen weiter leewärts gelegen, wo die stärkeren Galeonen von den Sandbänken frei kamen und sich in tiefem Wasser neu formierten, scheint einleuchtend. Dies muß der springende Punkt gewesen sein; die Neugruppierung zu vereiteln und zu zersprengen, wäre ein gewaltiger Gewinn und weit entscheidender gewesen als das Kapern oder Versenken der *San Martin.* Daß Sir Martin Frobisher, der als nächster herankam, diese Ansicht nicht teilte, ist keine Herabsetzung von Drakes taktischer Erkenntnis. Später sollte Frobisher in Harwich in Gegenwart von Lord Sheffield und anderen sagen: »Er (Drake) prahlte zuerst weidlich, dann gab er ihnen Bug und Breitseite, blieb wacker am Wind und fort war er wie ein feiger Wicht oder Verräter — ich zweifle an manchem, aber darauf kann ich schwören.« Frobisher zürnte Drake wegen einer anderen Sache, er war stets ein Hitzkopf und neigte dazu, mehr zu sagen als er eigentlich wollte. Auf jeden Fall war es ihm nicht gegeben, Drakes Bewegung zu begreifen oder gar zu unterstützen. Andernfalls wäre sie vielleicht durchführbar gewesen.

Stattdessen blieb Frobisher und bekämpfte die *San Martin.* Die Kastelle der *Triumph* waren höher und ihr Schiffsrumpf größer. Frobisher lag dicht am spanischen Flaggschiff, wenn er auch nicht vorhatte, zu entern, und beschoß es mit seinen schweren Geschützen, während der Rest seines Geschwaders Bug, Heck und Leeseite umschwärmte und die Aufbauten mit Kugeln durchsiebte. Als für den auf der *Victory* herankommenden Hawkins Platz gemacht wurde, schien es fast, als kämpfe Medina Sidonia allein — oder fast allein — gegen die gesamte englische Flotte. Die *San Marcos de Portugal,* auf der der Marquis von Peñafiel und eine Anzahl anderer Persönlichkeiten erlauchter Herkunft als Herren-Abenteurer dienten, hatte sich meist in nächster Nähe des Admirals gehalten. Ihr war es gelungen, an einen Teil von Drakes Geschwader heranzukommen, seither lag sie bereit, beteiligte sich am Kampf und erwiderte das feindliche Feuer, wie die *San Martin,* zwar nicht mit ihren arg wenigen schweren Geschützen, sondern infolge der geringen Entfernung mit Musketen und Arkebusen.

Als auch die übrigen Schiffe von Hawkins Geschwader herangekommen waren, begannen andere spanische Schiffe sich ins Schlachtgetümmel zu mengen. Es waren vertraute Namen, dieselben Schiffe, die während der ganzen Kanalfahrt den Hauptdruck ausgehalten hatten — die Galeonen von Portugal, die Galeonen von Kastilien, de Leivas und Bertendonas Karacken, die florentinische Galeone, Oquendos Flaggschiff, zwei oder drei der größten und bestbestückten Biscayer wie die *Gangrin*. Zuerst waren es nur sieben oder acht, dann fünfzehn, schließlich zwanzig, nicht der bekannte Halbmond, dafür aber sein zäher Rand, ein Schild, hinter dem die langsameren schwächeren Schiffe sich formieren konnten. Als Seymour und Wynter in die Schlacht eingriffen, stellten sie fest, daß die Spanier fast wieder in alter Formation segelten. »Sie ordneten sich zu einem Halbmond«, sagte Wynter, »Admiral und Vizeadmiral mit der größten Anzahl ihrer Schiffe in der Mitte, auf beiden Flügeln ihre Galeassen, Armados von Portugal und andere gute Schiffe, insgesamt sechzehn auf jedem Flügel, die zu den Besten ihrer Streitkräfte zu gehören schienen.« Die Wiederherstellung dieser großartigen, aber schwierigen Formation in den böigen Morgenstunden des Montags war eine der beachtlichen Leistungen spanischer Disziplin und seemännischen Könnens. Freilich war dies nur möglich durch die Führerschaft des Herzogs von Medina Sidonia und den verbissenen Mut der Nachhut in ihrem Kampf.

Bei großem Mut und kühner Führerschaft auf beiden Seiten fällt der Sieg an die besten Schiffe und besten Geschütze. Die Überlegenheit der englischen Schiffe trat immer wieder überzeugend zutage. Sie umgingen den Feind in der Flanke und belästigten ihn nach Belieben, sie hielten die Luvseite, wählten ihre eigene Schußweite und setzten sich ab, wann sie wollten. Die Überlegenheit der englischen Geschütze und Geschützkunst mußten die Spanier wohl anerkennen, die Hauptüberlegenheit der Engländer auf der Höhe von Gravelines bestand jedoch darin, daß sie noch Munition hatten. Als sie — wahrscheinlich am Sonntag früh — beschlossen, an den Feind heranzugehen, können sie nicht gewußt haben, wie schlecht es bei den Spaniern um Munition bestellt war; in der zweiten Phase des Montagsgefechts, als alle fünf englischen Geschwader den spanischen Halbmond angriffen, hart bedrängten und versuchten, ihn auseinanderzusprengen, stellten sie jedoch fest, daß sie, ohne allzu große Gefahr zu laufen, auf Rufweite herankommen konnten.

Die Engländer überschätzten noch immer die wirksamste Schußweite. »Je näher, desto besser«, sagte Sir Richard Hawkins später. Er hatte die *Swallow* im Geschwader seines Vaters befehligt und aus den Erfahrungen der Seeschlacht gelernt. Doch auf die am Montag übliche Schußweite konnten die Engländer ernsthaften Schaden anrichten. Zwar brachen die starken Lagen spanischer Eiche, die die niedrigeren Rümpfe der Galeonen schützten, dabei nicht auseinander, wurden aber immer wieder durchlöchert. Ehe noch die Schlacht vorüber war, leckten die meisten Armada-Schiffe der ersten Schlachtreihe, einige waren sogar tödlich getroffen. Die Aufbauten waren bestenfalls musketenschußsicher und waren am Abend zu blutigen Splittern zerfetzt. Das Gemetzel auf den oberen Decks muß entsetzlich gewesen sein.

Die Spanier fochten tapfer. Immer wieder bemühte sich die eine oder andere Galeone verzweifelt, zum Entern zu kommen. Schließlich war dies die einzige Chance, mit gleichen Waffen zu kämpfen. Mochte die *San Martin* in der ersten Phase des Kampfes auch noch so übel zugerichtet worden sein, so stürzte sie sich nachher doch mindestens zweimal in das Gewühl, um einem bedrängten Schiff beizustehen. Die Besatzung einer der *urcas* sah Bertendonas große Karacke, ihre Decks in Trümmern, ihre Geschützbatterien verstummt und Blut aus ihren Speigatts rinnend, schräg im Wind liegend vorüberziehen, aber noch immer standen Musketiere schußbereit in den Mastkörben und auf dem Achterdeck und das Schiff kam hartnäckig zurück, um seinen Platz in der Schlacht einzunehmen. Die *San Mateo*, die zweimal umzingelt einen Ring von Feinden bekämpft hatte, war in noch schlimmerem Zustand. Mehr als die Hälfte ihrer Männer, Söldner wie Matrosen, waren tot oder kampfunfähig, ihre schweren Geschütze unbrauchbar, sie leckte wie ein Sieb und lag tief im Wasser; als aber die *San Martin* zu ihrer Deckung heranschwenkte und der Admiral sich erbot, Offiziere und Mannschaften zu übernehmen, weigerte sich Don Diego de Pimentel stolz, sein Schiff zu verlassen. Von solch heldenmütigem sinnlosem Opfermut beeindruckt, steuerte später eine englische Galeone – wahrscheinlich Seymours *Rainbow* – auf Rufweite heran und ließ durch einen Offizier ehrenvolle Bedingungen anbieten. Als Antwort jagte ein Musketier ihm eine Kugel in den Leib, und die *San Mateo* nahm weiter Breitseite auf Breitseite hin und konnte nur mit erfolglosem Geknalle von Handwaffen antworten.

Mittlerweile mußte Medina Sidonia mit ansehen, wie seine mühsam wiederhergestellte Formation vor seinen Augen von neuem auseinanderbrach, wie Schiffe abgetrennt, wie Gruppe von Gruppe abgeschnitten und die gesamte zunehmend hilflose Menge von Schiffen unerbittlich gegen die flandrischen Sandbänke getrieben wurde. Längst war der Lordadmiral auf dem Plan erschienen, und ob er nun Drakes Beispiel folgte oder nicht, so lag der Hauptdruck der Engländer doch auf dem Luvflügel der Armada. Es war vier Uhr. Die Schlacht wütete seit einer oder zwei Stunden nach Sonnenaufgang, man schien noch genügend Zeit zu haben, um der spanischen Flotte noch vor Sonnenuntergang den Rest zu geben.

Dann, gerade, als es so aussah, als würde die Armada in einer weiteren Stunde in alle Winde zerstreut und die meisten Schiffe auf den Sandbänken gestrandet sein, kam ein heftiger Windstoß mit sturzbachartigen Regenböen auf, die die Sicht nahmen. Gute fünfzehn Minuten lang hatten die Engländer mehr damit zu tun, einander aus dem Weg zu gehen, als daß sie sich viel um den Feind hätten kümmern können. Als sie Zeit fanden, nach dem Feind zu sehen, segelten die Spanier bereits außer Schußweite nordwärts und formierten unter den Augen der Engländer ihren Halbmond neu. Bald kürzte die *San Martin* herausfordernd die Segel und die neugeordnete Flotte folgte ihrem Beispiel. Die mitgenommenen Spanier stellten sich von neuem zum Kampf.

DAS VERSPÄTETE WUNDER

Die Sandbänke von Zeeland und die Nordsee,
9. bis 12. August 1588

Die Engländer erneuerten ihren Angriff nicht. Nicht etwa — wie man annehmen könnte — weil die neugebildete spanische Schlachtordnung sie eingeschüchtert hätte. Einmal schon hatten sie sie zersprengt und würden es auch ein zweites Mal fertig bringen. Vielmehr hatte der Augenblick der Loslösung den Befehlshabern Zeit zu der Feststellung gegeben, daß die meisten Schiffe alle oder nahezu alle Munition, Pulver wie Kugeln verschossen hatten. Nach dem Verbrauch der letzten vier Stunden gerechnet, reichten sie kaum mehr für eine weitere Stunde aus. Vorläufig schien es daher zu genügen, die Armada nicht aus den Augen zu verlieren, während man gleichzeitig Nachschub anforderte, um die Aufgabe zu vollenden. Tatsächlich hätte von diesem Zeitpunkt an keine der beiden Flotten ein regelrechtes Artilleriegefecht zu führen vermocht, freilich kannte auch keiner von beiden das Ausmaß der Schwächen des anderen.

An jenem Abend schrieb Howard an Walsingham: »Ich habe Euren Brief erhalten, in dem Ihr darum bittet, daß ich das etwa benötigte Verhältnis von Pulver und Kugeln aufsetze und euch melde«, (oh, diese engherzigen Bürokraten!) »eine Sache, die bei der Unsicherheit der Aufgabe menschenunmöglich ist. Daher bitte ich Euch, mir schleunigst soviel als möglich zu schicken.« Er brauche auch Proviant, schrieb er und fügte nach einer kurzen Zusammenfassung der Tagesereignisse hinzu: »Seit dem frühen Morgen waren wir ihnen bis zum späten Abend kämpfend auf den Fersen und haben ihnen weidlich zugesetzt; aber ihre Flotte besteht aus mächtigen Schiffen und hat gewaltige Kampfkraft.« In einem Nachsatz meint er noch: »Ihre Streitmacht ist überwältigend und herrlich, trotzdem rupfen wir sie nach und nach« — soweit eine ziemlich bescheidene Bewertung der Operationen, und nicht einmal eine fromme Hoffnung darauf, daß sie bald zu Ende sein mögen.

Drake äußerte sich befriedigter über die Ergebnisse des Gefechtes. »Der Himmel hat uns damit, daß wir den Feind so weit leewärts drängen konnten, einen so guten Tag geschenkt, daß ich nur zu Gott hoffen kann, der Fürst von Parma und der Herzog von Medina Sidonia möchten sich in den kommenden Tagen nicht die Hand reichen, und sollte ihnen dies doch gelingen, glaube ich kaum, daß einer von ihnen viel Freude an diesem Tagesgeschehen haben wird.« Sein Briefschluß ist aber noch nachdrücklicher als der Howards. »Es möge größte Sorge dafür getragen werden, daß uns Munition und Proviant zugesandt werden, wohin auch der Feind ziehen mag.« Drake konnte ebensowenig wie Howard voraussehen, daß sie dieser Armada nicht mehr im Kampf gegenüberstehen sollten.

Die spanische Flotte war in der Tat in einer üblen Verfassung. Soweit der Herzog feststellen konnte, hatte sie zwar etwas Pulver übrig, aber fast keine Kanonenkugeln mehr. Zum ersten Mal hatte die Armada eine regelrechte Niederlage einstecken müssen. Die meisten großen Schiffe waren leck, fast alle hatten Spieren und Takelage eingebüßt, die Decks lagen voller Trümmer. Einigen war es noch schlimmer ergangen. Während der Sturmbö sank ein großer Biscayer, die *Maria Juan*, die früh am Tage abgetrennt und übel zugerichtet worden war, doch konnte fast die ganze Besatzung geborgen werden. In der ersten Hälfte der Nacht legten sich die *San Mateo* und die *San Felipe*, die beide so stark Wasser machten, daß sie kaum ein paar Stunden mehr schwimmen konnten, auf die Seite und trieben auf die Sandbänke zwischen Nieuport und Ostende zu, wo sie strandeten. Am Morgen wurden sie von Justin von Nassaus Vliebooten geschnappt. Am darauffolgenden Vormittag ging ein bewaffneter Kauffahrer aus Diego Flores' Geschwader, der hoffnungslos hinterherhinkte, angesichts beider Flotten unter.

In der Nacht frischte der Wind auf, so daß die Armada, verfolgt von den Engländern, blindlings die Küste ostnordostwärts hinaufsegelte. Der Augenblick größter Gefahr kam am Dienstag, den 9. August. Medina Sidonia hielt die von Recalde mit der *San Juan*, von de Leivas Karacke, der getreuen *San Marcos*, einer kastilischen Galeone und den drei verbleibenden Galeassen unterstützte Nachhut. Alle übrigen Schiffe der Armada segelten etwas leewärts; auf der Luvseite der Nachhut – den Schuß einer langen Feldschlange entfernt – folgte das Gros der englischen Flotte. Der Wind hatte etwas nachgelassen, drehte aber auf NW, so daß die Spanier, so hart wie möglich am Wind segelnd, kaum mehr Seeraum gewinnen konnten. Erschreckend war die Veränderung im Auflaufen der Seen und die andere Farbe des Wassers voraus und an Backbord. Bei ihrem augenblicklichen Kurs würde die gesamte Armada in weniger als einer halben Stunde auf den Sandbänken von Zeeland auflaufen.

Lieber im Kampf fallen als kampflos untergehen. Medina Sidonia drehte bei und seine kleine Nachhut folgte ihm. Er sandte Pinassen mit dem Befehl aus, daß die vor ihm segelnden Schiffe liegen bleiben und den Feind erwarten oder womöglich zu ihm zurücksegeln sollten. Einige versuchten, dem Befehl nachzukommen. Inzwischen empfingen Offiziere und Mannschaften Absolution und Abendmahl und schickten sich an, den Feind mit den wenigen Runden Munition, die ihnen für Handwaffen und Geschütze verblieben waren, gebührend zu empfangen. Doch die Engländer standen mit dichtgeholten Halsen in ziemlichem Abstand und es bedurfte kaum der Lotsen, um dem Herzog den Grund dafür anzugeben. Selbst nach dem Beidrehen trieb die Nachhut mit Wind und Strom nach Lee, und in dem losen Sandgrund hielt kein Anker. Für die voraussegelnde Flotte gab es keinen anderen Kurs als den, auf dem sie liefen, und der würde in wenigen Minuten zum sicheren Untergang führen. Die Engländer standen klar, um der Vernichtung ihrer Feinde durch Gottes Hand beizuwohnen.

Die Lotsen überzeugten den Herzog davon, daß es keinen anderen Ausweg gebe, als den bisherigen Kurs beizubehalten und zu versuchen, am Rand der Sande vorbei nach See zu Raum zu gewinnen. Von der Lotleine der *San Martin* las der Lotgast sieben, dann sechs Faden ab. Ihr Tiefgang betrug fünf. Jeden Augenblick mußten die voraussegelnden Schiffe auflaufen, es schien unglaublich, daß dies noch nicht geschehen war. Dann würden die Seen sie gründlicher in Stücke schlagen als jede englische Breitseite. In jenen Minuten muß jeder Mann der Armada, der Augen im Kopf hatte, den Tod gespürt haben. Wir wissen nicht, welche Gebete, welche Gelöbnisse ausgestoßen wurden. Dann, als sie sich schon dem drohenden Aufprall des Strandens entgegenstemmten, sprang der Wind um, rund um den ganzen Kompaß nach Südosten, wie ein begeisterter Augenzeuge feststellte. Wahrscheinlich eher nach Westsüdwest, wie der Herzog berichtete, aber weit und jäh genug, daß selbst die führenden Schiffe die todbringenden Sandbänke zu leeward passieren und tieferes Wasser gewinnen konnten. Der Herzog und sein Kaplan hatten die unbedingte Gewißheit, daß ein Wunder Gottes der Flotte zur Hilfe gekommen war.

Freilich war es nicht genau das Wunder, mit dem König Philipp und sein Admiral gerechnet hatten. Wenn die Armada auch gerettet war, so waren die Engländer doch weniger denn je bezwungen. Und Recalde mag in seiner grimmig-ironischen Laune gedacht haben, daß die göttliche Hand — wenn ein Umspringen des Windes an der Rückseite eines Sturmtiefs so genannt werden durfte — ziemlich spät in die Seeschlacht eingegriffen habe. Recalde war jedoch Seemann genug, um zu erkennen, daß im Hinblick auf die Wetterverhältnisse die Armada seit ihrer Einfahrt in den Kanal mehr Glück entwickelt hatte, als irgendjemand hatte erwarten dürfen.

Die Engländer dürften der gleichen Meinung gewesen sein. Sie waren über das unerklärliche Entkommen der Armada so enttäuscht, daß sie es nie erwähnten, und wenn Drakes Vertrauen in sein Bündnis mit der Gottheit oder sein Eifer, einen zweiten Strauß mit der spanischen Flotte auszufechten, nicht erschüttert wurden, so wurden Hawkins, der Lordadmiral und alle übrigen mehr denn je in dem Verlangen nach weiterer Zufuhr an Pulver und Kugeln bestärkt. Mittlerweile hefteten die Engländer sich »mit prahlerischer Miene« an die Fersen des Feindes, als fehle ihnen nichts.

An diesem Abend wurde auf beiden Flaggschiffen Kriegsrat abgehalten. Der auf der *Ark Royal* war besorgt, aber kurz. Die Schiffe waren alle klar, die Verluste waren unerheblich gewesen, alles war in Ordnung bis auf den Mangel an Munition und den bedrohlichen Rückgang des Proviants. In der Hoffnung, daß der Nachschub nicht auf sich warten lassen würde, wurde beschlossen, daß die Hauptflotte den Spaniern nachsegeln sollte, solange die Gefahr bestand, daß sie in England oder Schottland landen könnten. Seymour sollte indes sein Geschwader zu den Downs zurückführen, um Parma zu beobachten. Dieser brach in wütend-gepeinigten Protest aus: mit dem Dienst, den er bei Gravelines geleistet, habe er sich das Recht erworben, bis zum bitteren Ende dabei sein zu dürfen, er wolle die Spanier von neuem bekämpfen, selbst wenn es Mann gegen Mann mit der blanken Waffe in der Hand sein müsse; vernehmlich beschuldigte er Howard der offenbaren Absicht, allen Ruhm allein einheimsen zu wollen. Aber der Lordadmiral blieb hart. Jemand mußte zur Stelle sein, um Parma Einhalt zu gebieten, falls er die Überfahrt wagen sollte, und Howard hatte anscheinend nie die Absicht gehabt, diesen Teil der Operation den Holländern anzuvertrauen. An dem gleichen Tag, an dem Justin von Nassaus Vlieboote zwei feindliche Galeonen gekapert und dafür gesorgt hatte, daß nicht einmal eine Pinasse die Nase aus Dünkirchen oder Nieuport herausstecken konnte, schrieb Howard: »Kein Holländer oder Zeeländer ist auf See zu erblicken.« Von dem Tun seiner Verbündeten wußte er weniger als von dem des Feindes. Indessen deutet nichts darauf hin, daß er mehr an seinen eigenen Ruhm oder sonst etwas anderes dachte als an Englands Sicherheit. Geduldig, hartnäckig, hatte er nichts anderes im Sinn, als seine Schiffe zwischen dem Feind seines Landes und dessen Grenzen zu halten.

Der Kriegsrat auf der *San Martin* war eine längere, schmerzhaftere Angelegenheit. Fast alle großen Kampfschiffe meldeten schwere Schäden. Alle hatten hohe Verluste zu verzeichnen, manche so schwere, daß sie kaum mehr manövrier- oder kampffähig waren. Munition war äußerst knapp. Es schien kaum möglich, daß die Armada sich in der nächsten Kampfhandlung noch behaupten könne. Trotzdem beschloß der Rat einstimmig, aus nicht angegebenen Gründen, daß man, wenn der Wind in den nächsten Tagen umschlüge, von neuem zum Angriff übergehen, einen englischen Hafen nehmen oder sich durch die Meerenge zurückkämpfen wolle. Einer der nicht genannten Gründe war sicherlich ein bedrohlicher Mangel an Proviant und Wasser, der jede lange Seereise gefährdete. Der Hauptgrund war jedoch vermutlich der gleiche, der Howard sich so verbissen in ihrem Kielwasser halten ließ: solange die geringste Möglichkeit bestand, mußte man versuchen, die übertragene Aufgabe zu erfüllen. Alles war besser, als mit dem Eingeständnis einer Niederlage nach Spanien heimzusegeln. Dennoch einigte man sich trotzig auf folgendes: sollte der Wind vier weitere Tage aus der augenblicklichen Himmelsrichtung blasen – was sie in das norwegische Meer treiben würde, würde man auf der Westroute um die Britischen Inseln herum nach Hause zu kommen versuchen. Geringer konnte man die eigene Sicherheit nicht in Anschlag bringen, und wenn sie nichts anderes ausrichten konnten, so war es zumindest ihre Pflicht, dem König möglichst viele Schiffe heimzubringen.

Der Wind hielt an. Die beiden Flotten segelten nordwärts, über die Breite von Hull, die von Berwick hinaus. Am Nachmittag des vierten Tages, am Freitag, den 12. August, (nach der alten Rechnung dem 2.) auf etwa 56° nördlicher Breite, drehten die Engländer mit Kurs auf den Firth of Forth ab. Howard hatte befriedigt festgestellt, daß die Spanier nicht beabsichtigten, eine Landung zu versuchen, überdies gingen auf seinen Schiffen Proviant und Wasser aus.

Vom Achterdeck der *San Martin* aus beobachtete Medina Sidonia, wie die Engländer an den Wind gingen und immer weiter achteraus sackten. Seit dem ersten beklemmenden Gefecht auf der Höhe von Plymouth vor etwa zwei Wochen hatte er seinen Posten kaum verlassen. Ringsum waren Männer gefallen, ein Musketier, ein Maat und viele der größten Herren Spaniens, aber bis auf ein steifes Bein, das von einer am vergangenen Montag empfangenen Schnittwunde im Schenkel herrührte, war er unverletzt geblieben. Dann und wann ging er nach unten, um sich einen Bissen oder etwas Schlaf zu genehmigen, meist aber aß er oder aß auch nicht, was man ihm auf Deck brachte und lehnte die meisten der kurzen Nächte hindurch an der Heckreling. Auch jetzt stand er wieder so und sah die verwünscht-vertrauten Toppsegel im Westen verschwinden. Er trug nur Wams, Strumpfhose und kurzen Umhang. Seinen großen Bootsmantel hatte er Fray Bernardo de Gongora gegeben, der von der *Rosario* nichts gerettet hatte; sein anderer Umhang wärmte einen verwundeten Schiffsjungen, der in seiner Kabine lag. Es war kalt, dennoch lehnte er an der Reling noch lange, nachdem die letzten Mastspitzen hinter dem Horizont versunken waren. Wenn er sich bei der Auffahrt durch den Kanal bisweilen gefragt hatte, ob die Armada siegreich vorrücke oder vor dem Feind fliehe, so hegte er jetzt keinen Zweifel mehr darüber. Dies war Flucht, auch wenn die Engländer sie nicht mehr verfolgten. Dies war Niederlage. Er hatte sein Bestes gegeben, aber sein Bestes war nicht gut genug gewesen. Hätte ein fähigerer, erfahrenerer Mann die Aufgabe gemeistert? Francis Drake hatte gesagt, er würde dafür sorgen, daß der Herzog von Sidonia sich in seinen Orangenhain zurücksehne. Wir wissen nicht, wo der Herzog sich in dieser Nacht hinwünschte.

»ICH, EUER GENERAL«

Tilbury, 18./19. August 1588

Am Donnerstag morgen, den 18. August (dem 8. nach der alten Rechnung), liefen die Schiffe der Großen Flotte vor den Ausläufern eines Nordoststurms nach Harwich, Margate Roads und anderen die Themsemündung umgebenden Häfen hinein. Sechs Tage zuvor hatten sie etwa auf der Höhe des Firth ihre Jagd abgebrochen und die Armada mit nordnordöstlichem Kurs in das norwegische Meer hineinsegeln sehen. Die englische Flotte hatte seit dem vergangenen Sonntag keinen Nachschub mehr erhalten, so daß wenig Munition, wenig Proviant, und, was am schlimmsten war — fast kein Bier mehr vorhanden war.

Am gleichen Morgen bestieg Ihre Majestät die Königin am St. James Palast die königliche Barkasse und fuhr hinter einem auf silbernen Trompeten hell in den Morgen hineinblasenden Musikkorps an London vorbei. In anderen Booten saßen die Edelleute ihres Hofes — oder alle diejenigen von ihnen, die nicht zum Seekrieg ausgezogen waren — in halber Rüstung mit federgeschmückten Sturmhauben, und das gesamte Aufgebot ihrer königlichen Leibgardisten, so daß die Prozession der großen Boote fast einer militärischen Parade glich. Es war ein tröstlicher Anblick für die Bürger, die winkend den Strand säumten oder aus den Fenstern oberhalb der London Bridge zusahen, wie die Boote pompös mit dem Ebbstrom einherglitten. Ihre Majestät fuhr aus, um ihr in Tilbury liegendes Heer zu besichtigen.

Ihr Statthalter und Generalkapitän, der Graf von Leicester, hatte die Ankündigung ihres bevorstehenden Besuchs entzückt vernommen und sie gebeten, recht bald zu kommen. Noch vor vierzehn Tagen wäre er weniger erpicht darauf gewesen. Am Donnerstag nachmittag vor zwei Wochen, als die in Hampshire geschulten Scharen ihr Lager auflösten, nachdem sie das heiße Gefecht vor der Insel Wight beobachtet und beide Flotten den Kanal hinauf verschwinden gesehen hatten, war in Tilbury noch kein Lager, und bis auf Leicesters

Gefolge nichts, was einer Streitmacht glich, zu sehen gewesen. Selbst die Männer aus Essex hatten sich noch nicht gemeldet, obwohl sie am vergangenen Montag zur Meldung befohlen worden waren. »Wenn es fünf Tage dauert, die Leute aus dem eigenen Ländchen zusammenzutrommeln«, hatte Leicester empört ausgerufen, als sie endlich herbeitrotteten, »wie lange werden wir dann auf die warten müssen, die fünfzig, siebzig und achtzig Kilometer weit entfernt wohnen?« Da dies die Armee war, die Parmas Landetruppen entgegenreiten sollte, falls die Flotte versagte, mußte man auf entfernter stationierte Kontingente zurückgreifen. Nicht einmal die Lebensmittelhändler, an die Leicester sich durch städtische Ausrufer auf jedem Marktplatz gewandt hatte, waren erschienen – vielleicht weil sie wußten, daß aus einem nicht vorhandenen Heer kein Profit zu schlagen war. Auch zur Beschaffung des benötigten Biers war nichts unternommen worden, und Leicester machte sich ernstliche Sorgen, wie dies Problem zu lösen sei. Endlich war nicht einmal die Ernennung des Grafen eingetroffen (tatsächlich war sie noch nicht unterzeichnet worden), und solange sie nicht vorlag, hatte der Generalkapitän keine Vollmacht, einen unfähigen Untergebenen zu entfernen oder seine Bataillone neu aufzustellen.

Vier Tage später, als die Armada auf der Höhe von Dünkirchen lag und Parma für seinen Ausfall eine Springflut hatte, lagen die Dinge noch keineswegs günstiger. Es waren zwar viertausend Mann Fußvolk aus Essex und ein paar hundert Reiter der Grafschaft eingetroffen, dazu tausend Schützen aus London; der schwarze John Norris war noch immer für den Staatsrat unterwegs, und Sir Roger Williams war soeben erst aus Dover zurückgekommen. Mangels genügend erfahrener Offiziere ging im Lager alles mit beklemmender Langsamkeit vor sich, und der Graf mußte – wie er sich ausdrückte – vorläufig für seine gesamte Armee das Mädchen für alles spielen. Die Pontonbrücke, die das Fort von Tilbury mit Gravesend verbinden sollte, damit Leicesters Heer zur Verteidigung des Südufers übersetzen konnte, falls Parma dort zu landen gedachte (was er tatsächlich vorhatte), bedurfte noch manchen Handgriffs, bevor sie brauchbar war, und Giambellis Hafensperre, die die Themse abriegeln sollte, war bei der ersten Flut unter ihrem eigenen Gewicht zusammengestürzt. Und doch war Tilbury, wo Leicester mit der ihm eigenen, wenn auch bisweilen verfehlten Tatkraft arbeitete, noch immer das am stärksten entwickelte Verteidigungszentrum des Königreichs. Das zweitrangige Lager in Kent war kaum mehr als ein starkes Marine-Ersatzdepot, und das große Ersatzheer bei Westminster, das im Falle einer Invasion als Leibwache für die Königin gedacht war, bestand hauptsächlich auf dem Papier.

Neben Tilbury befand sich nur London an dem Tag, als Parma hätte landen sollen, — falls er überhaupt landen wolle, — in einer Art Alarmbereitschaft. Trotz der tausend Mann, die man Leicester abgegeben hatte, waren die geschulten Rotten wieder auf zehntausend gebracht worden; und obgleich der Graben verschmutzt und der Wall stellenweise verfallen waren, hatte man eine innere Verteidigungslinie angelegt, hinter der die Bewohner von London mit den alten, zuletzt gegen Wyatts Aufständische benutzten Ketten bereit standen, ihre Stadt Straße für Straße zu verteidigen. Sie wußten von Antwerpen. Sie beabsichtigten, Parmas Heer eine eventuell reiche Beute teuer bezahlen zu lassen. Mittlerweile machten bewaffnete Spähtrupps Tag und Nacht die Runde, und die strenge Überwachung von Fremden aller Glaubensbekenntnisse durch die Stadtbehörden wurde durch die freiwillige Mithilfe der Lehrlinge, »der geborenen Fremdenhasser«, noch vermehrt. Petruccio Ubaldini, begeisterter Protestant und eingefleischter Feind Spaniens, hatte es besonders schwer. »Es ist leichter«, schrieb er in entsagungsvoller Verbitterung, »Schwärme weißer Krähen zu finden als einen einzigen Engländer (ganz unabhängig von seiner religiösen Überzeugung), der einen Ausländer liebt.«

Jedermann aus der Umgebung der Königin hoffte, daß dies so sein würde, daß die englische Vaterlandsliebe, die so sicher auf Fremdenhaß gegründet war, sich als stärker erweisen würde denn jede religiöse Bindung. Doch war niemand völlig überzeugt davon, auch auf die Verbannten traf es keinesfalls zu. In der spanischen Flotte dienten englische Lotsen, und von englischen Lords und Edelleuten befehligte Kompanien englischer Söldner standen in Parmas Heer. Der hervorragendste Exilengländer, Dr. William Allen, jetzt Kardinal, hatte in Antwerpen das Buch veröffentlicht, das zu schreiben und zu veröffentlichen er seit Jahren ersehnt hatte: *Eine Ermahnung an Adel und Volk Englands im Hinblick auf gegenwärtige Kriege.* Sein Hauptpunkt bestand in der Mitteilung an seine Landsleute, daß der augenblickliche Papst »das Urteil von Pius V. (gegen Elisabeth), nicht nur betreffs ihrer gesetzwidrigen Erschleichung der Krone von England und ihrer Unfähigkeit, sie zu tragen, bestätigt habe, — sondern auch ihre Exkommunikation und Absetzung auf Grund ihrer Ketzerei, ihrer Gotteslästerung und ihres abscheulichen Lebenswandels erneuert habe.« Seine Heiligkeit befiehlt ferner, fährt Allen fort, daß niemand Elisabeth gehorchen oder verteidigen darf, daß sich indessen jeder »für die Ankunft der Streitkräfte Seiner Katholischen Majestät bereithalten soll, um sich diesem Heer anzuschließen und bei der Wiedereinführung des Katholischen Glaubens und der Absetzung der Thronräuberin in der Weise mitzuhelfen, die der General dieses heiligen Krieges bestimmen wird.« Der übrige Teil der Flugschrift war dem Beweis gewidmet, daß die Absetzung Elisabeths, der Tyrannin, nach dem ungeschriebenen Gesetz, und der Ketzerin nach dem göttlichen Recht erforderlich war; ferner sei es die Pflicht aller Engländer, ihr Land von der Schande ihrer Herrschaft zu befreien, dadurch würden sie dazu beitragen, ihre eigene Seele und die ihrer Kinder zu retten, während sie sie auf jede andere Weise der Verdammnis anheimgeben würden. Das Übermaß an Schmähworten, die diese Beweisführung begleiteten, würde sie in den Augen des heutigen Lesers der Schlagkraft berauben, aber William Allens Zeitgenossen fürchteten seine Feder zu Recht. Elisabeths Regierung tat ihr bestes, diese Flugschriften einzuziehen und zu vernichten, aber niemand wußte, wieviele davon insgeheim von Hand zu Hand gingen, wie auch niemand ahnte, wieviel von Allens Seminarpriestern verkleidet von Landhaus zu Landhaus wanderten, um Kron- und Landadel des alten Glaubens an ihre Pflicht zu erinnern, die am Tag der Göttlichen Vollstreckung von ihnen gefordert würde.

In flandrischen Kneipen lautete der übliche Klatsch, ein Drittel aller Engländer — die Hälfte, sagten einige, andere zwei Drittel, aber bestimmt ein Drittel seien Katholiken, und Parmas Landung würde das Zeichen zu einem weitgreifenden Aufstand geben. Unter den obwaltenden Umständen ließ sich der Staatsrat nicht auf das Risiko ein, ob der englische Patriotismus (und Ausländerhaß) tatsächlich stärker sein würde als religiöse Bindungen. Führende Widerspenstige wurden in Schutzhaft genommen. Bei anderen wurden Waffen und Pferde beschlagnahmt, soweit sie solche besaßen, und sie wurden angewiesen, sich nicht aus ihren Pfarrbezirken oder sogar aus ihren Häusern zu entfernen. Die offen erklärten Katholiken Englands, die bekannten Verweigerer waren kaum eine Handvoll. Die geheimen Katholiken und Anhänger der anglikanischen Kirche mit starker Neigung zum Katholizismus waren sicherlich viel zahlreicher. Wieviele es, und bis zu welchem Grade sie unzufrieden waren, wußte niemand, doch fehlte es nicht an Mitgliedern des Staatsrates und Magnaten der Grafschaften, die zu strengen Maßnahmen gegen alle irgendwie verdächtigen Personen rieten. »Es muß jedem schwerfallen, dem Feind mutig ins Gesicht zu sehen,« schrieb einer von ihnen, »wenn er daran denken muß, daß sein eigenes Haus jederzeit hinter seinem Rücken in Flammen aufgehen kann.« Die Furcht vor einer großen katholischen Geheimverschwörung unbekannten Ausmaßes spukte in vielen Gemütern, sie war eine der Hauptgründe für die in jenem unruhigen Sommer des Jahres 1588 herrschende Spannung. Unter diesen Umständen verdient die Regierung uneingeschränktes Lob dafür, daß sie dem Druck von Angstmachern nicht nachgab oder sich während des Ausnahmezustands zum Einschreiten gegen angebliche Verweigerer verstieg. Es war die klügste Maßnahme, aber sie erforderte Mut.

Vermutlich würde das größte Lob der Königin zufallen, wenn alle Tatsachen bekannt wären. Walsingham sah stets schwärzer als es die Wirklichkeit erforderte, und selbst Burghley war beunruhigt. Doch fiel es Elisabeth nicht leicht, an die Religion als beherrschenden Beweggrund zu glauben, außer bei ein paar durchgedrehten Hitzköpfen, die ärgerlich, aber nicht gefährlich werden mochten. Etwas widerwillig hatte sie der Krone zugestanden, Jesuiten, Seminarpriester, ihre Helfershelfer und Mitschuldigen wie Spione und Agenten einer fremden Macht zu behandeln, weiter wollte sie jedoch nicht gehen. Wenn auch Burghley vor »dem geheimen Verrat von Herz und Hirn« warnte, der neue Abwehrmaßnahmen erfordere, so lehnte Elisabeth es ab, sich von den Puritanern zu mehr als dem nötigen

Bespitzeln der Glaubensüberzeugungen ihrer Untertanen oder da, wo man auf gefühlsmäßige Anhänglichkeit an Althergebrachtes stieß, zur Verdächtigung der Papisterei und des Verrats hinreißen zu lassen.

Elisabeth war leicht zu beeindrucken, aber schwer zu ängstigen. Sie mochte schwanken und sich winden oder vor einem unerfreulichen Schritt ein dutzendmal zurückzucken. Sie mochte einen üblen Tatbestand so lange übersehen, bis sie ihre Minister zur Raserei trieb. Aber der Druck echter Gefahr fand sie stark. »Es ist tröstlich zu sehen«, schrieb Robert Cecil in den Tagen, als die beiden Flotten aufeinanderstießen »wieviel Größe Ihre Majestät, die nichts schrecken kann, an den Tag legt.« Unerschrocken führte sie den kriegerischen Bootszug flußabwärts und gewann unterwegs das Empfinden zurück, an großen Ereignissen teilzuhaben, wie sie es nicht mehr erlebt hatte, seit die Initiative von den Diplomaten auf die Soldaten übergegangen war. Es mag noch auf dem Fluß, es mag erst bei der Landung beim Fort von Tilbury und beim Anblick des Lagers gewesen sein, daß sie ihre nächste Entscheidung fällte.

Tilbury war auf die Besichtigung durch die Königin vorbereitet. Wir wissen nicht, wie groß die Streitmacht war, die Leicester zusammenzutrommeln vermocht hatte; sicherlich waren es weniger als geplant oder als die dreiundzwanzigtausend, von denen Camden so zuversichtlich spricht, aber bestimmt mehr als die »zwischen fünf und sechstausend«, über die Skeptiker nicht hinausgehen. Dieser Heerhaufe dürfte Parma zwar kaum aufgehalten, ihm aber wahrscheinlich Kopfschmerzen bereitet haben; und nun, aufgestellt nach Regimentern zu Fuß, die alle — oder fast alle — den gleichen Rock trugen, und Reiterschwadronen in Rüstung mit nickenden Federbüschen, boten sie ein forsches, flottes Bild. Auch das Lager war fröhlich und sauber, endlich waren seine Gräben gezogen, seine Palisaden eingerammt, die bunten Wimpel der Ritter und Edelleute flatterten hell und unverblichen, die grünen Zelte, in denen die Mannschaften schliefen, waren noch nicht abgenutzt und schmutzig. Im Augenblick verband Tilbury den Glanz eines militärischen Schauspiels mit dem harmlosen Frohsinn eines ländlichen Jahrmarktes.

Als ihr Generalkapitän zur Begrüßung auf sie zutrat und ihre Befehle für die Besichtigung und Parade entgegennehmen wollte, gab die Königin ihrer Freude Ausdruck. Sie war gekommen, um die Armee zu sehen (und um sich vor ihren Soldaten sehen zu lassen). Sie hielt nichts davon, daß man einander über die breiten Schultern ihrer Gardisten oder durch das Federgewirr ihrer Edelleute betrachtete. Inmitten von Landsleuten, die in ihrem Dienst die Waffen trugen, bedurfte sie keiner Bedeckung. So wurde die Besichtigung ohne Rücksicht auf etwaigen Einspruch vorgenommen. Zuerst kam der Graf von Ormonde zu Fuß, feierlich das Staatsschwert in Händen haltend, dann folgten zwei Pagen in weißem Samt, der eine den kunstvoll gearbeiteten Silberhelm der Königin auf einem weißen Samtkissen tragend, der andere ihr Pferd führend; dahinter ritten drei Gestalten, die Königin zwischen ihrem Generalkapitän und ihrem Stallmeister; den Schluß bildete Sir John Norris zu Fuß. Das war das ganze Gefolge – vier Männer und zwei Knaben. Die königlichen Leibgardisten und Herren des königlichen Hofstaates stellten sich vor dem Fort von Tilbury auf, und die kleine Gruppe begab sich zwischen die Reihen der Miliz, die in tosenden Jubel ausbrach.

Langsamen Schrittes ging die Königin jeden Winkel des Lagers durch. In der stämmigen Gestalt zu ihrer Rechten, ohne Helm, das rote Gesicht umrahmt von einer Aureole weißen Haupt- und Barthaars, hätte kaum jemand die schelmisch-vorlaute Liebenswürdigkeit und die unbekümmerte Anmut jenes Robin Dudley wiedererkannt, mit dem Elisabeth Tudor vor einigen dreißig Sommern geflirtet hatte, vielleicht fand nur die Königin sie noch in seinen Zügen. Neben der Königin hatten viele die ungewöhnliche Schönheit des jungen Mannes zu ihrer Linken bemerkt – groß, kräftig gebaut, anmutig, mit reiner hoher Stirn, dunklen träumerischen Augen und einem empfindsam-weichen Mund, Robert Devereux, Graf von Essex, mit dreiundzwanzig bereits Ritter des Hosenbandordens und Stallmeister, ein hervorragender Offizier und für eine glänzende Laufbahn bestimmt, da er Leicesters Stiefsohn und Vetter der Königin war.

An jenem Tage dürfte wohl kaum jemand außer Elisabeth die beiden Männer bemerkt haben. Aller Augen waren auf die Königin geheftet. Sie ritt einen weißen Wallach mit einem Rücken wie ein Scheunentor, und – wenn man einem Portrait trauen darf – einem gütig-gezierten Ausdruck. Sie war ganz in weißen Samt gekleidet, trug darüber einen silbernen mit mythologischen Zeichen geschmückten Brustharnisch und hielt in der Rechten einen silbernen, goldgefaßten Feldherrnstab. Wie die Kavaliere auf beiden Seiten ritt sie barhäuptig, in ihrem Haar schimmerten unter einem Federgesteck Perlen, glitzerten Diamanten.

Vielleicht würde ein objektiver Beobachter in ihr kaum mehr als eine abgetakelte, dürre Jungfer Mitte der fünfzig gesehen haben, die auf einem drallen Schimmel gepflanzt, mit schwarzen Zähnen, roter, ein wenig verrutschter Perücke, und herabbaumelndem Spielzeugschwert ihre alberne kleine Paraderüstung wie ein Bühnenrequisit präsentierte. Aber so sahen ihre Untertanen, von mehr als nur dem Sonnenreflex auf ihrem Silberharnisch oder dem feuchten Glanz in ihren Augen geblendet, sie keineswegs. Sie sahen Judith und Esther, Gloriana und Belphoebe, Diana, die jungfräuliche Jägerin, und Minerva, die weise Schirmherrin, vor allem aber ihre eigene geliebte Königin und Herrscherin, die sich in dieser Stunde der Gefahr in aller Schlichtheit zutraulich unter sie mischte. Die rührende Echtheit dieser Geste trieb sie auf einen Gipfel der Begeisterung, der sich nur in einem wilden Ausbruch tobender Heilrufe, Liebes- und Ergebenheitsbezeugungen zu äußern vermochte. Seit langem dürfte Elisabeth nicht mehr so uneingeschränkt mit sich zufrieden gewesen sein.

Der Tag war so erfolgreich, daß sie ihm eine Wiederholung zudachte. So nächtigte sie in einem etwa sechs Kilometer entfernten Landschlößchen und kehrte am nächsten Tag zurück. Diesmal fanden eine Besichtigung und ein Vorbeimarsch statt, daran schlossen sich Reiterübungen, die auf ein Stegreif-Turnier hinausliefen, dann ließ die Königin sich an der im Zelt des Generals vorbereiteten Festtafel nieder, wo sie allen Hauptleuten ihres Heeres die Hand zum Kusse bot. Doch vorher, vielleicht am Schluß der Parade, richtete sie Worte an ihr Volk, die es bewahren sollte.

»Mein geliebtes Volk! Manch einer, dem unsere Sicherheit am Herzen liegt, versucht uns einzureden, wir sollen Vorsicht walten lassen, wenn wir uns bewaffneten Massen gegenübersehen, aus Angst vor Verrat. Ich versichere euch aber, daß ich mein Leben nicht in Mißtrauen gegen mein treu ergebenes Volk hinbringen will. Mag ein Tyrann sich fürchten. Ich habe mich immer so verhalten, daß ich nach Gott meine Hauptkräfte und meinen Schutz in die treuen Herzen und den guten Willen meiner Untertanen gelegt habe. Daher bin ich diesmal, wie ihr seht, nicht zu meinem Vergnügen, zu meiner Zerstreuung zu euch gekommen, sondern mit dem Entschluß, inmitten des Schlachtgetümmels unter euch zu leben oder zu sterben, meine Ehre und mein Blut für meinen Gott, mein Königreich und mein Volk zu geben, und sei es im Staub. Ich weiß, daß ich zwar den Leib eines schwachen kraftlosen Weibes, dafür aber Herz und Mark eines Königs, noch dazu eines Königs von England habe, und ich kann nur darüber lachen, daß Parma oder Spanien oder irgend ein Herrscher Europas es wagt, die Grenzen meines Reiches überschreiten zu wollen. Deshalb will ich lieber selbst zu den Waffen greifen, als daß durch mich Unehre über mein Land komme. So will ich denn euer General, euer Richter und der Lohner jeder einzelnen Tapferkeit auf dem Schlachtfeld sein. Ich weiß, daß allein Eure Kühnheit schon Ruhm und Ehre verdient, und ich versichere euch mit herrscherlichem Wort, daß diese euch zuteil werden sollen.« Der Jubel war ungeheuer.

Im Laufe der beiden Tage war inzwischen die Kunde davon eingetroffen, wie es der Flotte ergangen war und was sie erreicht hatte. Im ganzen fiel das Urteil wenig begeistert aus. Von den Schiffen der Königin war zwar keines verloren gegangen oder ernstlich beschädigt worden, und es schien ziemlich sicher, daß wenigstens sieben oder acht spanische Großschiffe auf die eine oder andere Weise außer Gefecht gesetzt worden waren; jedoch mangelte es an Pulver und Kugeln für die letzte Schlacht, in der man der Armada den Garaus hätte machen können, so daß sie als Flotte groß und furchterregend blieb. »Die ganze Welt hat noch keine solche Streitmacht gesehen«, schrieb Howard mit einem Anflug von Scheu und erinnerte Walsingham überflüssigerweise daran, daß »ein Königreich ein großer Einsatz sei«. Selbst Drake, der den der Armada zugefügten Schaden naturgemäß höher als jeder andere einschätzte, war nicht sicher, daß die Spanier nicht versuchen würden, zurückzukommen, so daß die allgemeine Stimmung ziemlich pessimistisch war. Die Kapitäne sprachen nicht von einem großen Sieg, sondern von einer großen verpaßten Gelegenheit. Henry Whyte schloß seinen Bericht an Walsingham mit den Worten: »Euer Gnaden mögen daraus ersehen, wie sehr die Sparsamkeit zu Hause uns um den größten Sieg gebracht hat, den unsere Kriegsmarine je auf See hätte erkämpfen können.« Am Donnerstag erhielt Walsingham in Tilbury einen ganzen Stapel Berichte und schrieb am selben Abend mürrisch an Hatton: »So zeugt unsere Halbheit nur Unehre und heilt keineswegs unsere Leiden.« Er hätte kaum niedergeschlagener sein können, wenn die englische Flotte besiegt worden wäre. Als am nächsten Tag die Königin mit ihren Feldhauptleuten in Leicesters Zelt beim Essen saß, traf die Nachricht ein, daß Parma bereit sei, bei Springhochwasser auszulaufen, was in den nächsten Tagen jederzeit geschehen könne. Elisabeth zeigte sich eher erregt als bestürzt. Sie erklärte rundweg, sie würde ihr Heer beim Herannahen des Feindes nicht verlassen, sondern dableiben und den Spaniern ins Auge blicken, so daß ihre Hauptleute und Ratgeber alle Mühe hatten, sie davon abzubringen. Schließlich gelang es ihnen, ihr einzureden, was keiner von ihnen glaubte — wenn es auch völlig zutraf —, daß Parma nicht auslaufen würde, bevor er günstige Nachrichten von der spanischen Flotte erhielt. So gestattete die Königin etwas enttäuscht, daß man sie am Freitag abend zum Palast von Saint James zurückbrachte.

Trotzdem verstand es sich von selbst, daß von Demobilisierung zu Land oder zu Wasser im Augenblick nicht die Rede sein konnte. Das Feldlager in Tilbury würde bestehen bleiben, desgleichen jenes, das in der Nähe Londons endlich zustande gekommen war, ohne Rücksicht auf die Kosten. Alle Schiffe der Königin sollten im Dienst bleiben, selbst wenn sich große Schwierigkeiten bei der Verproviantierung, zumal der Bierbeschaffung ergaben, und auf einigen Schiffen, wie der *Elisabeth Jonas*, die Krankenlisten in beunruhigender Weise wuchsen. England wagte nicht, in seiner Wachbereitschaft nachzulassen, bis klar zu erkennen war, was der furchtgebietende Herzog von Parma im Schilde führte und welche Schiffe noch jetzt dem nördlichen Nebel enttauchen mochten.

DRAKE IST GEFANGEN!

Westeuropa, August und September 1588

Wenn im späten August die Engländer und Holländer immer noch nicht mit Sicherheit wußten, ob die Armada geschlagen worden war, so wußte jeder andere an Land noch viel weniger. Von Plymouth bis zur Insel Wight waren die Spanier von der englischen Küste her sichtbar gewesen, als sie dem üblichen Kurs nach Osten bestimmter Schiffe folgten. Tausende von Augen hatten sie beobachtet, und Menschenmengen hatten die Landzungen und Dünen bevölkert, um die vier großen Seeschlachten mitzuerleben, die ihren Vormarsch unterbrochen hatten. Täglich waren Schiffe der englischen Flotte mit Botschaften und Gesuchen in den einen oder anderen Hafen eingelaufen, und einige der Fahrzeuge, die sich mit Nachschub und Freiwilligen Howard anschlossen, hatten eher Vergnügungsfahrten als Verstärkungsunternehmen geglichen. Schließlich waren die Segler Ihrer Majestät und ihre Hilfsschiffe in die Heimathäfen zurückgekehrt und erzählten ihre Geschichte.

Im Gegensatz dazu hatte niemand auf dem Kontinent mit Ausnahme der Holländer bei Calais einen Eindruck von dem Seekrieg gewonnen, und selbst in Calais schien das Geschehen bis auf das Schicksal der *San Lorenzo* keineswegs klar. Freilich hatte Parma täglich Berichte erhalten, seit die Armada Kap Lizard erreicht hatte. Bis zum Sonntag, den 7. August, muß er weit mehr über die Armada gewußt haben als er gezeigt hat, aber selbst er muß, falls er nicht eine reichlich sinnlose Scharade aufgeführt hat, bis zum 10. August, vielleicht auch länger, angenommen haben, daß die spanische Flotte jeden Augenblick zurückkehren und die Holländer auf wunderbare Weise vertreiben könne. Indes machte sich keiner der Herzöge, weder Parma noch Medina Sidonia, die Mühe, den nach ihnen am meisten betroffenen Menschen — Don Bernardino de Mendoza, zu unterrichten.

Mendoza hörte ziemlich bald, daß Medina Sidonia Kap Lizard erreicht hatte, einen oder zwei Tage später, daß ein großer, nicht identifizierter Spanier — die *Santa Ana de Recalde,* wie sich herausstellte — in der Bucht La Hogue vor Anker liege, doch bekam er keinen Hinweis, was dies zu bedeuten hätte. Dann hörte man sechs beklommene Tage lang nichts als Gerüchte von Geschützsalven im Kanal, dazu widersprüchliche Meldungen, die Spanier seien gelandet, die Armada sei geschlagen und flüchte, gefolgt von Drake, den Kanal hinauf, dann, sie habe einen großen Sieg erfochten und steuere triumphierend ihrem Treffpunkt mit Parma entgegen. Mendoza fügte diese Einzelheiten seinen Nachrichtenmeldungen für seinen Herrn und den Grafen Olivarez in Rom bei, doch mit der Bemerkung, die Quelle sei unzuverlässig, ein zurückhaltendes Urteil sei geboten.

Dann meldete am Sonntag, den 7. August, Mendozas Agent in Rouen etwas Genaueres. Aus Le Havre war die Nachricht gekommen, mehrere neufundländische Fischerboote wären dort durch die feindlichen Flotten hindurchgesegelt. Sie berichteten, die Armada sei am Dienstag vor der Insel Wight auf Drake gestoßen. Die Engländer wären aufs Land zugesegelt, so daß die Spanier die Luvstellung wiedergewonnen und sie hart bedrängt hätten. Das Gefecht hätte vierundzwanzig Stunden getobt und die Spanier hätten die Oberhand. Sie hätten fünfzehn englische Galeonen versenkt und mehrere andere gekapert, die sie nach Übernahme der Geschütze vernichtet hätten. Dazu hätten sie eine Anzahl Engländer als Gefangene gemacht, die in die Boote gesprungen seien oder mit den Wellen gekämpft hätten. In dem ganzen Gefecht hätten die Galeassen sich ausnehmend gut geschlagen. Diese Schilderungen wurden — wie der Berichterstatter aus Rouen eiligst hinzufügte — durch Briefe aus Dieppe bestätigt, wo weitere Fahrzeuge der neufundländischen Fischerflotte eingelaufen waren. Ein bretonischer Kapitän behauptete, er sei während der Schlacht in nächster Nähe von Drakes Flaggschiff gewesen. Dieses sei von einer der Galeassen angegriffen worden, die mit der ersten Salve seine sämtlichen Masten umgelegt und es bei der zweiten versenkt habe. Der Bretone — vielleicht ein entfernter Vetter von David Gwynn — hatte Drake in einem Beiboot fliehen sehen, ohne das Ende des Kampfes abzuwarten. Rouen summte von der Neuigkeit des spanischen Sieges, und ein Plakat wurde ihm zu Ehren gedruckt.

All das klingt wie die Blütenlese dessen, was die Neufundländer von den Kämpfen vor Portland Hill am Dienstag und am darauffolgenden Mittwoch vormittag erspäht hatten — nichts davon ist völlig unwahrscheinlich, bis auf die Fülle der genauen Einzelheiten. Kein Fischer dürfte sich mitten in die gewaltigste Schlacht aller Zeiten gewagt haben, um die Feuereinwirkung einer Galeasse auf die *Revenge* zu beobachten oder die versenkten englischen Schiffe zu zählen. Anderseits haben sich Seeleute nie durch Zurückhaltung bei der Weitergabe erhärtender Einzelheiten ausgezeichnet und es stets fertig gebracht, eine dürftige und sonst wenig einleuchtende Erzählung schmackhaft zu gestalten. Aus der Entfernung und durch dichte Rauchwolken mögen die Neufundländer geglaubt haben, etwas dem Bericht aus Rouen Entsprechendes gesehen zu haben. Mendoza dürfte der Urteilskraft seines dortigen Agenten vertraut haben, denn diesmal übermittelte er die Neuigkeiten ohne seine üblichen Vorbehalte und mit allen Zeichen der Freude.

Er tat noch mehr. Er sprach offen von einem Sieg und ließ im Hof seiner Botschaft gegenüber dem Haupttor einen mächtigen Haufen Reisig aufstapeln, der unverzüglich nach der Bestätigung des Berichts aus Rouen emporlodern sollte. Zwei Tage später begab er sich, bewaffnet mit neuen Meldungen, zum königlichen Hof nach Chartres, mit der Absicht, zur Feier des katholischen Sieges um ein Te Deum in der Kathedrale zu bitten und Heinrich III. zu weiterer Unterwerfung unter die Liga zu bringen.

Je näher die Armada England kam, desto fügsamer wurde der König von Frankreich. Sein früherer Günstling, der Herzog von Epernon, hatte seine Statthalterschaft der Normandie und seinen Admiralsposten aufgeben müssen, bei Hof hatte man ihm die kalte Schulter gezeigt und ihn schleunigst aus seiner Stadt Loches gejagt. Schließlich hatte man den König zur Unterzeichnung des Edikts von Alençon gezwungen, in dem er sich den übertriebenen Forderungen der Liga beugte, einschließlich der Klausel, daß kein Ketzer oder Anhänger der Ketzerei je vom König von Frankreich empfangen werden dürfe — eine kleinmütige Aufgabe jenes Grundsatzes monarchischer Thronfolge, dem Heinrich III. stets lebhaft gehuldigt hatte.

Vorderhand waren die Zugeständnisse des Königs jedoch nicht

mehr als ein Blatt. Noch – wenigstens für den Augenblick – regierte Epernon in Angoulême. Noch boten königliche Städte in der Pikardie, einschließlich Boulogne, der Liga die Stirn. Und obgleich Navarra südlich der Loire in Waffen stand, zeigte sich kein königliches Banner. Es hieß, daß die im September nach Blois berufenen Generalstände, die sicherlich von den katholischen Extremisten beherrscht werden würden, vertagt würden, noch bevor sie sich versammeln konnten. Heinrich schien darauf zu hoffen, daß irgend ein Ereignis, vielleicht ein englischer Seesieg, den Kräfteausgleich der Parteien – das einzige, worauf seine Regierung noch fußen konnte – wiederherstellen würde. Er suchte seiner endgültigen Kapitulation mit jeder Ausflucht zu entkommen. Mendoza seinerseits war entschlossen, eine schimpfliche Übergabe zu erzwingen, daß Heinrich seine Freiheit nie zurückgewinnen könne. Der Botschafter wußte, daß, wie der Tag der Barrikaden notwendig gewesen war, damit die Armada in Sicherheit auslaufen konnte, nur ein Sieg über England benötigt wurde, um Heinrich der Liga und Guise zu unterjochen und in der Folge Frankreich zu einem spanischen Lehnsstaat herabzuziehen. Mendoza war nach Chartres gekommen, um den nächsten Schritt in diesem Prozeß zu erzwingen.

Unterwegs erhielt er eine weitere Botschaft. Die Armada hatte Calais erreicht, das Treffen mit Parma hatte stattgefunden. Er durfte sicher sein, daß in diesem Augenblick, da er den Brief in Händen hielt, spanische Truppen in England gelandet waren. Mit grimmiger Genugtuung reihte er dieses Blatt seiner Sendung nach Rom ein, dazu bemerkend, daß es mit den übrigen ihm vorliegenden Meldungen übereinstimme. Er wußte um die versprochene Million Dukaten. Endlich würde Seine Heiligkeit zahlen müssen.

Seine Audienz beim König fand am Morgen des Freitag, dem 12. August, statt. Sobald sich eine passable Gelegenheit dazu bot, gab Mendoza den Kern seiner Nachrichten wieder. Er war davon überzeugt, daß der König zur Feier dieses großen katholischen Sieges einen besonderen Dankgottesdienst im ganzen Reich anordnen würde. Er ließ durchblicken, der König möge nun seine Zugehörigkeit zur katholischen Sache durch Rat und Tat bezeugen, und der wirksamste Beginn hierzu sei die Rückkehr in seine treue Stadt Paris. Heinrich hörte ihn mit teilnahmsloser Höflichkeit an und entgegnete: »Eure Neuigkeiten, träfen sie zu, wären uns hochwillkommen. Indessen haben auch wir Nachrichten aus Calais, die Ihr vielleicht sehen mögt.« Auf einen Wink reichte Bellièvre dem Botschafter einen Brief von M. Gourdan, dem Gouverneur von Calais, datiert vom 8. August.

Mendoza zog sich in eine Fensternische zurück, während sein Sekretär ihm den Inhalt des Bogens ins Ohr flüsterte. Die von den Engländern verfolgte spanische Flotte war in die Straße von Calais eingelaufen. Takelwerk und Aufbauten zeigten Spuren eines heißen Kampfes. Ihr Admiral hatte um Erlaubnis gebeten, Proviant kaufen zu dürfen, was genehmigt, dazu Pulver und Kugeln, was verweigert worden war. Am Sonntag abend war die Armada, von Brandern vertrieben, in die Nordsee geflohen, und zwar sämtliche Schiffe bis auf eine Galeasse, die unter den Batterien des Schlosses auf Grund gelaufen war. Am nächsten Morgen hatten die Engländer in aller Ordnung die Jagd wieder aufgenommen.

Mendoza dankte dem König und gab den Brief zurück, lediglich bemerkend, daß »Unsere Berichte offensichtlich verschieden sind«. Er fuhr nach Paris zurück und schrieb vierundzwanzig Stunden später an seinen Herrn, sein früherer Brief sei zu optimistisch gewesen. So wurde das von der Botschaft errichtete Freudenfeuer doch nicht entzündet. Trotz allem gab Mendoza die Hoffnung nicht auf, Heinrich III. gefesselt an Händen und Füßen, dem Guisen, und diesen gleichermaßen gebunden, Spanien ausliefern zu können; auch ließ er nicht ab von seinem Traum, in Begleitung seiner alten Kameraden aus den niederländischen Kriegen als Eroberer in London einzureiten, wie er es prophezeit hatte.

Noch eine Woche verging, erfüllt von unbestimmt-widersprüchlichen Gerüchten, dessen geheimnisvollstes und verwirrendstes wissen wollte, der Kapitän eines Schiffes der »Hanse« sei durch eine von schwimmenden Mauleseln und Pferden wimmelnde, sonst aber unbelebte See gesegelt. Das einzige, was Mendoza in jener Woche sicher erfuhr, war der Name des vor La Hogue gesichteten Schiffes — die *Santa Ana* —, die Bereitschaft der Franzosen, die Geschütze der *San Lorenzo* in Calais an Spanien auszuliefern, und die Tatsache, daß wenigstens vier große Linienschiffe in feindliche Hände gefallen waren — zwei in die der Engländer, die beiden anderen in die der Holländer.

Plötzlich kam eine Flut von Meldungen. Ein Däne hatte gesehen, wie eine Besatzung ihr Schiff verließ und in die Boote ging. Da den Spaniern keine befreundete Küste winkte, die mit einem Beiboot zu erreichen war, konnte es sich seiner Meinung nach nur um einen Engländer handeln. Eine der von Parma zur Auffindung der Armada ausgesandten Pinassen hatte eine kleine Gruppe englischer Schiffe gesehen, die in voller Auflösung gen England flohen. Antwerpen wollte wissen, Drake sei ein Bein abgeschossen, die *Ark Royal* sei gekapert worden. In Dieppe erzählte man sich, vor der schottischen Küste habe sich eine große Schlacht abgespielt, bis auf einige zwanzig Schiffe sei die gesamte englische Flotte versenkt oder gekapert worden. Die bestimmteste Nachricht kam jedoch aus England. Fünfundzwanzig Schiffe — der Rest der englischen Flotte — hatten sich in die Themsemündung geflüchtet. Am 13. August war vor Schottland eine Schlacht geschlagen worden. Drake hatte versucht, die *San Martin* zu entern und war dabei in Gefangenschaft geraten. Wenigstens fünfzehn englische Galeonen waren versenkt, andere gekapert worden, während viele der übrigen so beschädigt worden waren, daß sie wahrscheinlich in dem darauffolgenden Sturm untergegangen waren. Der Sturm hatte die Verfolgung und Vernichtung der Überreste vereitelt, und der Herzog hatte einen schottischen Hafen angelaufen, um Reparaturen durchzuführen und Wasser und Proviant überzunehmen, während er auf günstigen Wind wartete, der ihn in den Kanal zurückführen sollte. Mittlerweile herrschte bei den Engländern Panikstimmung. Es war streng verboten, über das Schicksal der Flotte zu schreiben oder zu sprechen. Furcht vor einem Aufstand der englischen Katholiken grassierte, und die Königin hatte sich unter den Schutz des Heeres gestellt.

Die Entstehung dieser Geschichten läßt sich unschwer feststellen. Die englische Flotte war, nachdem sie die Verfolgung abgebrochen hatte, am Dienstag von einem Nordost zersprengt worden und hatte am 17. und 18. August Zuflucht in verschiedenen Häfen in und um die Themsemündung gesucht. Die Mannschaften mußten an Bord bleiben, nur hohe Offiziere und offizielle Kuriere durften an Land gehen. Daher kamen Anhänger des Katholizismus oder Überlebende von Mendozas nunmehr jämmerlich zerfetztem Spionagenetz zwangsläufig zu dem übereilten Schluß, daß das, was sie in einem einzelnen Hafen zu sehen bekamen, der Rest von Englands geschlagener Kriegsmarine sei, und ebenso leicht zu der Überzeugung, die verstärkte Zensur und der Besuch der Königin in Tilbury seien Anzeichen von Panik. Inzwischen hatten die früheren Meldungen aus Dieppe und Le Havre de Grâce eine Art Echo ausgelöst — die Wiederholung, im Gefecht seien fünfzehn Schiffe gesunken, kann kaum Zufall gewesen sein — genau wie die englischen Gerüchte vom 16. bis 19. August, die mit Windeseile Brügge, Dieppe und Le Havre erreichten, in Paris widerhallten und Mendoza eine unabhängige Bestätigung des bereits unmittelbar Vernommenen zu geben schienen.

Während der folgenden vierzehn Tage kreisten alle möglichen Geschichten und wurden von unternehmungslustigen Druckern für Plakate oder Schlußkapitel einer neuen Ausgabe ihrer Beschreibung der Armada aufgebauscht, der nach dem 20. August gewöhnlich eine kurze Zusammenfassung über die im Kanal stattgefundenen Kampfhandlungen beilag. Ob katholischer oder protestantischer Urheberschaft, weichen diese neuen Flugschriften in ihrem Bericht bis Calais nur wenig voneinander ab, mit Ausnahme von frommen oder kriegerischen Zwischenbemerkungen, die die Drucker dem Geschmack ihrer Leser schuldig zu sein glaubten, und beiderseitigen optimistischen Überschätzungen der dem Feind zugefügten Verluste. In den von manchen hinzugefügten Gerüchten über das letzte — frei erfundene — Gefecht in der Nordsee herrscht freilich heftiger Widerspruch, und einige der protestantischen Schreiber übersteigern sich bei der Schilderung der von Drake — immer ist es Drake — angerichteten Verheerungen ebenso sehr, wie etwa Mendoza im umgekehrten Sinn.

Auch auf katholischer Seite gab es verschiedene Erzählungen. Manchmal war Drake gefallen, bisweilen nur verwundet. Dann wieder war er im Beiboot aus der Schlacht geflohen und nie wieder gesehen worden. Am beliebtesten war jedoch eine Fassung, die Mendoza aufgriff, an Philipp nach Spanien weiterleitete, in Paris öffentlich verkündete und die ihn endlich auch das feierliche Freudenfeuer entzünden ließ. Drake war bei dem Versuch, die *San Martin* zu entern, gefangen genommen worden. Nun war er ein Gefangener in der Hand des Herzogs von Medina Sidonia. Dies schien das passendste Ende für den schrecklichen Seeräuber.

Drake ist gefangen! Die Nachricht flog von Köln nach Mainz, von dort nach München, Linz und Wien. Drake gefangen! Paris sagte es Lyon, Lyon Turin, Turin ganz Italien, wenn Venedig auch die gleiche Geschichte unter anderen schon in seinen diplomatischen Mitteilungen empfangen hatte. »Drake ist gefangen«, schrieb Mendoza an seinen Herrn. »Noch fehlt die Bestätigung durch den Herzog selbst, aber die Geschichte wird weithin geglaubt und ist sehr wahrscheinlich.« Er fügte ein Bündel Meldungen hinzu. Diese bildeten die Grundlage eines in Madrid mit Genehmigung des Staatssekretärs Idiáquez veröffentlichten Plakats, das auch in Sevilla zu sehen war, begleitet von einer feurigen, der Feder eines blinden Poeten entstammenden Ballade. Für einen Augenblick war die lange Qual des Wartens erleichtert. Kaum ein adliges Haus in Spanien, das nicht einen Sohn, einen Bruder oder einen Vater in der Armada gehabt hätte, viele hatten seit Ende Mai keine Nachricht mehr bekommen. Das Stillschweigen schien unheilvoll; jetzt aber, wenngleich keine offizielle Feier abgehalten und weiterhin für den Erfolg der Armada gebetet wurde, schien endlich der Sieg gewiß.

Don Guillén de San Clemente, der spanische Botschafter in Prag, war des Sieges sicher. Mendozas erster Meldung auf den Fersen war aus den rheinischen Städten — tatsächlich ein Echo der gleichen Geschichten — die Bestätigung eingetroffen, und obwohl der Fugger-Vertreter eine ganz andere Lesart vorlegte, beraumte Don Guillén auf eigene Faust ein Te Deum in der Kathedrale an. Don Guillén begann in der kaiserlichen Hauptstadt die Allüren eines Vizekönigs anzunehmen, vertrat er doch schließlich den ältesten, mächtigsten und rechtgläubigsten Zweig der Habsburger. Den Botschaftern gegenüber bestritt Kaiser Rudolf, die Messe angeordnet oder irgend etwas von einem spanischen Sieg gehört zu haben, doch waren die Botschafter gewohnt, Rudolfs Äußerungen mit Vorsicht zu genießen.

Sobald er Mendozas erste Behauptung eines Sieges erhalten hatte, begab sich Graf Olivarez schnurstracks zum Vatikan, erbat und erhielt eine Sonderaudienz und teilte Papst Sixtus auf eigenen Antrieb unumwunden mit, was er nun zu tun habe. Er sollte ein Te Deum im Sankt Petersdom zelebrieren und ein gleiches für alle römischen Kirchen anordnen. Alles sollte festlich beleuchtet werden. Dem Kardinal von England sollte seine Einsetzung sofort übergeben werden, damit er unverzüglich in die Niederlande abreisen könne. Auch könne die erste Rate der Million Golddukaten sofort ausbezahlt werden, denn mittlerweile dürfte Parma bereits in England gelandet sein.

Sixtus stimmte zu, daß im Falle der Richtigkeit von Mendozas Meldungen all diese Dinge geschehen sollten. Indessen sei es ratsam, meinte er, noch ein paar Tage auf die Bestätigung zu warten, bisher habe er diese Nachrichten von keiner anderen Quelle gehört. Noch sei es zu früh, um zu frohlocken.

Für den Kardinal Allen war es nicht zu früh. Hat man lange gehofft, so fällt Glauben leicht, und das Wort, das Olivarez zur Via di Monserrato gesandt hatte, bevor er sich zum Vatikan begab, war so lange erwartet worden, daß kaum ein Funken Freude, dafür aber der dringende Mahnruf zur Tat mitklang. Allen hatte nach Antwerpen reisen wollen, um die Drucklegung seiner *Ermahnung* selbst zu veranlassen, hatte die Aufgabe jedoch Pater Cresswell übertragen müssen, weil seine Bullen nicht fertig waren und er die Niederlande unbedingt als voll akkreditierter Legat a latere in England betreten wollte.

Seit Mai brannte er darauf, abzureisen, und Graf Olivarez im Audienzzimmer und Pater Parsons im Hintergrund hatten sich so für seine Sache eingesetzt, als sei es ihnen ebenso eilig. Es war den Italienern schwer beizubringen, wie wichtig es war, daß ein Engländer, ein mit der richtigen Vollmacht versehener Mann, möglichst rasch nach der ersten Landung zur Stelle war. Allen fühlte sich in jenem Sommer nicht wohl, doch hätte es nicht mit rechten Dingen zugehen müssen, wenn seine Satteltaschen nicht fix und fertig gepackt gewesen wären, damit er in dem Augenblick, wo die Bullen in seine Hände gelangten, aufsitzen und losreiten könnte. An jenem Abend, dem 28. August, wartete er in der spanischen Botschaft, als Graf Olivarez von seiner Audienz zurückkehrte. Daß es — wenn auch nur noch wenige Tage — warten hieß, hörte er sehr ungern, wenn ein Verbannter auch warten gelernt haben sollte.

Dann lief Mendozas zweite Siegesnachricht ein, aber diesmal war Olivarez noch vorsichtiger, wenngleich Allen wiederum ungeduldig drängte. Mit einiger Reserve übergab er seine Nachricht beim Vatikan, und Seine Heiligkeit zeigte sich durchaus skeptisch. Er hatte vom Bischof von Brescia etwas völlig anderes gehört, und auch die Nachrichten aus Flandern und das, was man in Venedig vom Herzog von Parma wußte, stimmten nicht mit dieser Meldung überein. Zwar behauptete man in Turin, Drake sei gefangen genommen worden, anderswo hieß es, er sei getötet, verwundet oder vermißt; es gab aber auch Stimmen, die wissen wollten, Drake habe einen großen Sieg erfochten und die spanische Flotte sei geflohen. Die Wahrheit über solche Dinge ließ sich nicht verheimlichen. Daher empfahl es sich, zu warten und sicher zu gehen. Dann liefen spärliche Einzelheiten aus England ein.

Zunächst traf aus Paris als Beilage zu Morosinis Depesche vom 17. August ein Manuskript ein, betitelt: »Tagebuch aller Geschehnisse zwischen den spanischen und englischen Streitkräften vom 28. Juli bis zum 11. August 1588, laut Nachrichten aus verschiedenen Quellen.« Die Daten gehörten der neuen Zeitrechnung an, die Sprache war französisch, aber die Nachrichten stammten durchweg von einem Urheber — dem Staatsrat in London, der die Depeschen der Flotte erhielt — und glichen in der chronologischen Anordnung und Auswahl der Ereignisse zum Verwechseln dem »Auszug der Begegnungen zwischen beiden Flotten«, den Howard dem Rat eingesandt hatte. Sie glichen auch dem ohne Orts- und Zeitangabe veröffentlichten »Discours véritable«, einem der frühesten gedruckten Berichte der Armada-Kampagne. Nach Morosinis Warnung, daß die Quelle englisch und daher verdächtig sei, könnte man vermuten, Stafford habe ihm das Schriftstück unmittelbar aus der Botschaft zugesandt, wie man auch anmerken darf, daß Stafford gleichzeitig die Veröffentlichung des »Discours véritable« durch einen Pariser Drucker veranlaßte. Die einzige dem »Discours« unterlaufene Abweichung von der Wahrheit, die dem Geheimen Rat bekannt war, ist die gewaltige Überschätzung der königlichen Landstreitkräfte und die Behauptung, alle bedeutenden Katholiken des Königreichs seien zu den Waffen geeilt. Kein bekannter englischer Katholik trug in jenem Sommer eine Waffe. Die Treue der englischen Katholiken zu der protestantischen Heldin war auch der Hauptpunkt der nächsten Propagandaflugschrift, »Abschrift eines Briefes an Don Bernardino de Mendoza«, die den Besuch der Königin in Tilbury schildert und kurz Englands beachtlichen Seesieg erwähnt. Die Anspielung auf das Geschehen zur See mußte kurz sein, da der Verfasser des Briefes — konnte es vielleicht Burghley selbst sein? — Ende August schrieb und daher noch nicht wissen konnte, was der spanischen Flotte nach Einstellung der Verfolgung durch Howard zugestoßen war.

Kaum hatte jedoch die erste französische Ausgabe die Druckerpressen verlassen — die englische Lesart war noch im Druck — als Meldungen aus Irland einzulaufen begannen. Sie sind auszugsweise in der nächsten englischen »Gewisse Ankündigungen« benannten Flugschrift, ausführlicher im »Öffentlichen Nachrichtenbüro« und auch anderwärts zu lesen. Heute bedeutet ihre Chronik von Schiffbruch, Hunger und Gemetzel eine unerfreuliche Lektüre, für das protestantische Europa war sie hingegen der willkommenste Ohrenschmaus des Jahres 1588. Alle Welt erwartete in jenem Jahr eine gräßliche Katastrophe, eine Erfüllung der in den unheilverkündenden Versen des Regiomontanus enthaltenen Prophezeiung. Nun wußte man, wem die Katastrophe zuteil geworden war. Nun war nicht mehr an dem Ausmaß des englischen Sieges zu zweifeln.

Während die »Ankündigungen aus Irland« noch immer von den Druckpressen liefen, erhielt der Staatsrat eine Abschrift der Sevillaner Ausgabe von Mendozas zweiter, durch die Ballade des blinden Poeten ergänzten Falschmeldung und setzte unverzüglich eine Antwort auf. Die Flugschrift wurde in zwei Spalten gedruckt, die spanischen Behauptungen Absatz nach Absatz auf der einen Seitenhälfte, auf der anderen eine eingehend-geringschätzige Widerlegung, meist um ein vielfaches länger. Das Büchlein hieß »Ein Haufen spanischer Lügen« und wurde in alle wichtigen europäischen Sprachen übersetzt. Es gab Ausgaben in Hoch- und Niederholländisch, in Französisch und Italienisch, und eine Sonderausgabe in Spanisch mit satirischen Versen — vermutlich das Werk eines spanischen Protestantenflüchtlings — als Erwiderung auf die *Romanze* des blinden Sängers.

Diese letzte Propagandaflugschrift war kaum mehr notwendig. Die

Engländer hatten ihre erbeuteten spanischen Banner in der Sankt-Pauls-Kathedrale aufgehängt, die Holländer hatten die Verhöre Don Diego de Pimentels und anderer Gefangener der gestrandeten Galeonen veröffentlicht, der Herzog von Parma hatte sein Feldlager bei Dünkirchen abgebrochen, und die Meldungen aus Irland klangen bestürzend echt. Nur Don Bernardino de Mendoza weigerte sich, die Hoffnung aufzugeben, daß die unüberwindliche Armada wieder aus der Nordsee auftauchen und die englische Küste überfallen würde. Noch am 29. September verfaßte Mendoza optimistische Depeschen. Eine dieses Datums versichert dem König, zuverlässigen Meldungen zufolge steure die Armada nach Beendigung von Reparaturen und der Übernahme von Proviant auf den Shetland- und Orkney-Inseln von neuem auf die flandrische Küste zu, dabei zahlreiche holländische und englische Prisen, darunter zwölf englische Kriegsschiffe, mit sich führend. Seit Wochen hatte Philipp Medina Sidonias düsteres *diario* und den entmutigenden Bericht seines Überbringers, Don Balthazar de Zuñiga, über den Zustand der geschlagenen Flotte in Händen. Lange bevor Mendozas Kuriere den Escorial erreichten, hatte Philipp gehört, daß sein Generalkapitän der Ozeanischen Meere sich mit einem zusammengeschrumpften, übel zugerichteten Geschwader nach Santander geschleppt habe. Auf den Rand von Mendozas Brief kritzelte des Königs müde Feder: »Nichts von all dem ist wahr. Man wird es ihm wohl sagen müssen.«

DIE LANGE HEIMREISE

*Von der Nordsee, etwa 56° nördlicher Breite, über Irland
zu den spanischen Häfen, 13. August bis 15. Oktober 1588*

Am Samstag vormittag, den 13. August, konnte der Herzog von Medina Sidonia zum ersten Mal seit vierzehn Tagen von seiner gesplitterten Heckreling aus nichts mehr von der im Kielwasser verbissen nachsetzenden englischen Flotte sehen. Die Armada lief vor einem Südwest. Die Möglichkeit, in den Kanal zurückzukehren, war verpaßt, und wenn der Herzog auch viel lieber mit seinem Flaggschiff untergegangen wäre als geschlagen heimzusegeln, so hatte er sich doch zu der Einsicht durchgerungen, daß er seinem Herrn nun nur noch damit dienen konnte, indem er eine möglichst große Anzahl Schiffe nach Hause brachte.

Die Entscheidung der Schlacht war unwiderruflich. Seit seiner Einfahrt in den Kanal hatte er wenigstens sieben große Schiffe der ersten Linie, darunter eine Galeasse, verloren, die übrigen großen Schiffe waren durch Beschuß so mitgenommen, daß sie kaum noch seetüchtig waren; ein Fünftel ihrer Besatzung war tot oder kampfunfähig, ihre Munition nahezu verbraucht. Selbst die im Kanal bewiesene Moral ließ nach. Am Morgen des neunten August mißachtete mehr als die Hälfte der Flotte das Signal, beizudrehen und den Feind zu erwarten. Der Herzog tat sein Bestes. Er hielt an Bord der *San Martin* ein summarisches Kriegsgericht ab und verurteilte zwanzig pflichtvergessene Kapitäne zum Strang, die seinen Befehl erwiesenermaßen erhalten, aber absichtlich übergangen hatten. Einen der Schuldigen, einen benachbarten Landedelmann aus San Lucar, ließ er sogar an der Rahnock einer Pinasse aufhängen und diese mit ihrer grausigen Last durch die Reihen der Flotte paradieren. Die übrigen neunzehn wurden ihres Postens enthoben und dem Gewahrsam des Generalrichters, Martin de Aranda, überantwortet. Freilich würde es anderer Dinge als Richter und Henker bedürfen, um der Flotte den Kampfgeist zurückzugeben, der sie noch bei Eddystone beseelt hatte.

War es nun unmöglich, die Armada zum Sieg zu führen, so schien es kaum mehr möglich, sie heimzubringen. Die *San Martin* war von Feldschlangen und halben Feldschlangen reichlich durchlöchert und zeigte kurz oberhalb der Wasserlinie ein großes Leck, das Werk eines Fünfzigpfünders. Trotz fachmännischer Dichtungsarbeit leckte sie wie ein Sieb. Recaldes *San Juan* war unter Deck in kaum besserer Verfassung, dazu war ihr Großmast zu schwach, um Segel zu tragen. Die *San Marcos,* die neben der *San Martin* vor Gravelines gekämpft hatte, war so zerschlagen, daß ihr Kommandant aus Furcht, sie könne auseinanderbrechen, sie — einem verschnürten Bündel gleich — mit unter dem Kiel durchgeholten Trossen gesichert hatte. Dabei schienen diese drei portugiesischen Galeonen weniger beschädigt als drei der großen Levantiner, die jeden Tag etwas tiefer im Wasser lagen und immer achterlastiger zu werden drohten. Tatsächlich waren alle Schlachtschiffe übel zugerichtet, auch einige der alten Hulks sahen jämmerlich aus. Eine von ihnen, nur bekannt als »die Bark aus Hamburg«, ging später so plötzlich unter, daß, wenngleich ihre Besatzung gerettet wurde, ihre Ladung vollständig verloren ging.

Proviantmangel war das vordringlichste Problem. Frische Nahrungsmittel waren natürlich längst verbraucht. Fast aller Zwieback schimmelte oder faulte, ein Gutteil von Salzfisch und -fleisch war ungenießbar. Außerdem verlangte angesichts des großen Wassermangels ohnehin kaum jemand danach. Jedes verfügbare Faß, jede Bütte war in La Coruña aufgefüllt worden, und dieser Vorrat hätte drei Monate ausreichen sollen. Aber immer wieder leckten Fässer; öffnete man sie, so enthielten einige nicht mehr als ein paar Zentimeter grünen Schleims. Nun stellte sich heraus, wie tödlich Drakes vor Kap San Vicente geführter Schlag gewesen war. Angesichts der bevorstehenden langen Heimreise meldete ein Geschwader nach dem anderen, daß das Wasser bei strengster Einteilung bestenfalls einen Monat reichen würde.

De Leiva stimmte dafür, Norwegen anzusteuern, Diego Flores war für Irland, aber diesmal redete der Herzog, anscheinend unterstützt von seinen übrigen »Generalen«, wiewohl ohne Recalde, der in seiner Koje langsam dahinstarb, die Opposition in Grund und Boden, und der Kriegsrat kam zur Übereinstimmung. Die Flotte würde Schottland und Irland im Norden umsegeln und dann, sobald sie genug freien Seeraum gewonnen hatte, auf einem langen Schlag mit Steuerbord —

Halsen La Coruña ansteuern. In der am selben Tag an alle Schiffe ausgegebenen Segelorder betonte der Herzog, daß ein großer Bogen um Irland gemacht werden müsse »aus Furcht vor etwaigen Schäden, die man an dieser Küste davontragen könne«. Auch sonst traf er alle möglichen Vorsichtsmaßnahmen. So ließ er alle Pferde und Maulesel über Bord werfen, um Wasser zu sparen, und bestimmte für jedermann in der Flotte ohne Unterschied eine Tagesration von acht Unzen (224 Gramm) Zwieback, einem halben Liter Wasser und einem Viertel Liter Wein, sonst nichts. Zum mindesten auf der *San Martin,* wo der Herzog das Vorbild gab, wurde der Befehl streng befolgt. In seinem Fall war es kein großes Opfer. Seit man den Tajo verlassen hatte, schmeckte das Essen ihm nur in ruhigen Gewässern. »Auf See«, hatte er einst Philipp erklärt, »bin ich stets seekrank und erkältet.« Seine düsteren Voraussagen schienen sich auf dieser Reise zu bewahrheiten.

So hielt die Armada Kurs auf den »Norwegen-Kanal«, ruhig vor dem Wind bei eingeschränkter Segelführung NNO steuernd, bis die Lotsen glaubten, 61° 30' nördlicher Breite erreicht zu haben, also hoch genug, daß ein Kurs WSW frei von den Shetland Inseln führen würde. Schon hatten sich einige Schiffe abgesondert. Am Morgen des 14. sah man, wie die drei großen Levantiner, die so tief im Wasser lagen, ostwärts abfielen, als beabsichtigten sie verzweifelt die Küste anzusegeln. Sie müssen zu lange gewartet haben: sie wurden nie wieder gesehen. Nach einem Sturm in der Nacht des 17. wurden die *Gran Grifon, capitana* der Hulks, und mehrere Schiffe ihres Geschwaders vermißt. An jenem Tag wendete die Flotte, und da sie nun hart am Wind mit Backbord-Halsen lief, drohten die schwerfälligeren Segler nordwärts abzufallen. Es herrschte Nebel mit häufigen Schauern untermischt, und die ungenügend gekleideten Männer, zumal die Andalusier und die Schwarzen, litten schwer unter der Kälte.

Am 21. glaubten die Lotsen, die Flotte habe den 58. Grad nördlicher Breite erreicht, auf einem Punkt etwa neunzig Seemeilen nordwestlich Achill Head an der Galwayküste, eine Landmarke, die die Spanier nicht ohne Grund, vielleicht wegen der Nähe von Clare Island, mit Kap Clear verwechselten. Hier mußte der Kurs geändert werden, und der Herzog gab der Flotte den Befehl für eine abschließende Musterung durch. Mit Bestürzung vernahm er, daß neben den Verwundeten die Krankenliste während der letzten acht Tage auf die beängstigende Zahl dreitausend angewachsen war. Auch der Wassermangel war schlimmer als erwartet. Entweder hatten einige scheinbar dichte Bütten zu lecken begonnen oder einige Kapitäne führten den Rationierungsbefehl nicht durch. Der Herzog unterstrich noch einmal seine Segelanweisungen und nahm den neuen Kurs auf, nachdem er Don Balthazar de Zuñiga in einer schnellen Pinasse vorausgeschickt hatte, um dem König seine Position zu melden und den trostlosen Bericht über die Kampagne zu überbringen.

Dann begann die Not. Zwei Wochen gab es nichts als Sturm aus SW, dem denkbar übelsten Quadranten, und dauernd umspringende Gegenwinde. Am Samstag, den 3. September, befand der Herzog sich nach Meinung der Lotsen noch immer auf etwa 58 Grad, vielleicht weiter östlich, als er es zwei Wochen zuvor gewesen war. Mittlerweile hatten weitere siebzehn Schiffe das Gros verlassen, darunter die *San Juan* mit Recalde, de Leivas große Karacke, die *Rata Coronada*, und vier andere Levantiner, vier weitere Großschiffe, ein Andalusier, ein Kastilier, und zwei aus Oquendos Guipúzcoan Geschwader, mehrere Hulks und zwei der verbleibenden Galeassen. Der Wind hatte im Augenblick jedoch nach Nordosten umgeschlagen. Medina Sidonia schickte eine weitere Pinasse an den König und führte wiederum die Überbleibsel seiner Flotte auf der weiten Heimreise.

Neunzehn Tage später setzte die *San Martin* auf der Höhe von Santander das Lotsenrufsignal. In den nächsten Tagen wurden sechsundsechzig der nach England in See gegangenen Schiffe in spanischen Häfen zurückgemeldet. Nur ein weiteres lief im selben Jahr noch ein.

Später erfuhr man, zuerst durch die englische Presse, sodann durch Bestätigung Überlebender, daß die schlimmsten Verluste vor Irland eingetreten waren. Fünf Levantiner, angeführt von der *Rata Coronada* mit Alonso de Leiva, unter dem die Blüte des spanischen Adels im Dienst fürs Vaterland gewetteifert hatte, ein großer Biscayer, ein Guipúzcoan, eine portugiesische Galeone und drei Hulks, deren Namen wir nicht kennen, nahmen Kurs auf die Westküste von Irland, in der Hoffnung auf Nahrungsmittel, Wasser und eine Möglichkeit, ihre durchlöcherten Schiffskörper und die Takelage wieder in Stand setzen zu können. Aber nur zweien glückte das Vorhaben. Der portugiesischen

Galeone, Recaldes *San Juan,* gelang es, in Lee der Großen Blasket Insel an der Mündung der Dingle Bay zu ankern, frisches Wasser überzunehmen und wieder in See zu gehen. Sie schleppte sich schließlich am 7. Oktober schwerbeschädigt nach La Coruña hinein, wie einer der letzten Überlebenden berichtete. Eine der Hulks, ein Hospitalschiff, verließ Dingle Bucht mit Recalde, da sie aber daran zweifelte, ihre Kranken noch lebend nach Spanien bringen zu können, segelte sie den Kanal hinauf, in der Hoffnung, einen französischen Hafen, vielleicht auch einfach einen englischen Hafen erreichen zu können. Stattdessen lief sie am Bolt Tail an der Küste von Devon auf. Ihr Proviant und ein Teil ihrer Besatzung wurden gerettet. Alle übrigen Schiffe, die Irland ansteuerten — der Lordstellvertreter sprach von siebzehn, deren Zahl durch genügend unerkannte Fahrzeuge und Pinassen vergrößert worden sein mag — kamen kläglich um. Sie liefen ein ohne Karten und Lotsen, oft ohne Anker, die Schiffe waren so mitgenommen, daß sie kaum mehr seetüchtig waren, und ihre Besatzungen waren von Entbehrungen und Krankheit so geschwächt, daß sie kaum ihren Dienst versehen konnten. Sie rannten auf Felsen auf oder zerschellten an Riffen, sie wurden durch plötzliche Böen von unsicheren Ankerplätzen losgerissen und gegen Klippen geschleudert. Die letzte Überlebende, die Galeasse *Girona,* die die ungastliche Insel mit allem, was sie an Schiffbrüchigen hatte auffischen können, darunter de Leiva und die Überreste seiner Besatzung, fluchtartig verließ, erlitt in der Nähe des Giant Causeway Schiffbruch und ging mit Mann und Maus unter.

Tausende von Spaniern müssen an der irischen Küste ertrunken sein. Das Schicksal derer, die an Land gelangten, war auch nicht besser. Manchen wurde der Schädel eingeschlagen, als sie erschöpft am mit Mühe und Not erreichten Strand lagen. Andere irrten eine Weile in dem trostlosen westlichen Teil der Insel umher, bis sie von Söldnerrotten gejagt und wie wilde Tiere erschlagen oder von ihren irischen Gastgebern wenn auch widerstrebend englischen Schergen ausgeliefert wurden. Eine größere Anzahl von Edelleuten, die vermutlich ein hohes Lösegeld wert waren, ergaben sich gegen das Versprechen, daß ihr Leben geschont werden würde, später wurden sie jedoch über den Einspruch ihres Häschers hinweg auf ausdrücklichen Befehl des Lord-Stellvertreters niedergemacht. Dieser, Sir William Fitzwilliam, verfügte über kaum zweitausend schlecht geschulte und schlecht bewaffnete englische Soldaten, um ein im Augenblick ruhiges, aber selten lange ruhiges Volk niederzuhalten. Eine so beträchtliche Anzahl spanischer Soldaten auf irischem Boden waren selbst als Gefangene ein allzu großes Risiko für ihn. Daher war es das einfachste, sie zu töten, sobald sie dinghaft gemacht werden konnten, was auch meist geschah.

Hier sollten vielleicht zwei Legenden aufgeklärt werden: die von den Engländern fast schon vom Jahr der Armada an verbreitete Geschichte, die Spanier, die an Land gekommen wären, seien von den Iren wegen ihrer Kleider, Waffen und Juwelen niedergemacht worden; und die sich im Westen haltende Sage, daß schwarze Augen und Haare, Adlernasen und gebräunte Wangen das Blut jener Spanier verraten, die von den Schiffen der Armada an Land kamen und blieben. Nicht selten erleichterten die wilden Iren ihre unerwünschten Gäste um ihre Wertsachen. Vielleicht wurde hie und da auch eine Kehle durchschnitten. Indessen wissen wir nur von einem offiziell berichteten Fall, bei dem spanische Schiffbrüchige von nicht im englischen Sold stehenden Iren ermordet wurden, und der erregte allgemeine Mißbilligung. Gewöhnlich beherbergten die Iren die Spanier, statteten sie mit dem Nötigsten aus und halfen ihnen nach Vermögen weiter. Auf diese Weise entkamen mehrere hundert Spanier, meist nach Schottland, und glaubten, höchstens einige Landsleute zurückgelassen zu haben. Vielleicht fand hier und da ein Gestrandeter ein Dach und eine Frau in einem freundlichen Dorf, aber sicherlich waren dies zu wenige, als daß es einen Einfluß auf das Aussehen des Volkes im ganzen gehabt haben könnte. Wenn man immer wieder dem gleichen physischen Typus in Connaught und Galizien begegnet, muß dies andere Gründe haben.

Die in Irland und um Schottland erlittenen Schiffbrüche sind außer der durch Feindeinwirkung erlittenen Einbuße ausschlaggebend für die gesamten Verluste der Armada. Am 30. Juli am Kap Lizard waren es achtundsechzig Schiffe. Am 3. September konnte Medina Sidonia noch vierundvierzig zählen. Diese waren seinem Befehl nachgekommen und seinem Kurs gefolgt. Sie alle gelangten heim, darunter alle zehn Galeonen der westindischen Wachflotte, sieben der zehn Galeonen Portugals, acht der Andalusier, sieben aus Oquendos Geschwader, sechs aus Recaldes. Nur die Levantiner waren zu einem Nichts geschrumpft, von zehn Großschiffen waren gerade noch zwei übrig geblieben. Es war eine besiegte, zerschlagene Flotte, aber manch erfahrener Admiral hatte schon weniger Schiffe bei geringerer Übermacht heimgebracht, und wer ihm auch zur Seite gestanden hatte – und im kritischen Augenblick war es weder Diego Flores noch Recalde – diese Schiffe wurden nur durch die Führung und Tatkraft ihres Befehlshabers gerettet.

Keiner würdigte seine Leistung zu jener Zeit, und allzu wenige haben sie seither beachtet. Der Herzog selbst legte keinen Wert darauf. Als er nach Gravelines die Bitternis der Niederlage gekostet hatte, hielt er es für seine Pflicht, zu retten, was zu retten war. Daß er an Schiffen und Geschützen nahezu zwei Drittel seiner Kampfstärke gerettet hatte, muß ihm zwar als schwache Milderung eines nationalen Unglücks, aber nicht seiner persönlichen Schande erschienen sein. Schob er sich doch die Schuld für alle Geschehnisse zu. Die Engländer hatten bessere Schiffe, bessere Geschütze, einheitlichere und besser geschulte Mannschaften, und sie genossen den erwiesenermaßen entscheidenden Vorteil, in der Nähe ihrer Heimathäfen zu kämpfen. Die Armada war zu schwach und zu schlecht ausgerüstet auf eine unmögliche Mission ausgesandt worden. Als aber ihre Zeitgenossen ihr Versagen auf die Unfähigkeit ihres Befehlshabers schoben und behaupteten, alles wäre anders ausgelaufen, hätten nur Santa Cruz oder Recalde oder Oquendo oder gar jener merkwürdige Held, Pedro de Valdés, den Oberbefehl gehabt, pflichtete Medina Sidonia ihnen bei. Vielleicht ist dieses Urteil deshalb seither so selten angefochten worden.

Wer die zerschlagene Flotte auf der letzten Etappe tatsächlich führte, werden wir nie erfahren. Kapitän Marolín de Juan hätte es tun sollen, aber dieser altgediente Seemann und geschickte Navigator war versehentlich in Dünkirchen zurückgelassen worden. Auf der *San Martin* befanden sich vier Lotsen, darunter ein Engländer. Drei starben den Seetod. Es muß also der vierte gewesen sein, der das Flaggschiff vor einem westlichen Sturm an La Coruña vorbeischleppte und es auf seine Landmarkierung vor Santander zusteuerte. Sein Name ist uns nicht bekannt.

Was den Herzog betrifft, so vergrub er sich am 3. September, als die letzte Entscheidung getroffen war und der Bug endlich heimwärts gerichtet wurde, in seiner Koje und stand nicht wieder auf. Tagelang fieberte er heftig und litt alle Qualen, die die Ruhr einem leeren würgenden Magen auferlegen kann. Für den Rest der nachtmahrischen Reise taumelte er, die widrigen Winde, die plötzlichen Stürme, die verpaßten Landmarkierungen nur halb gewahrend, zwischen Bewußtsein und Bewußtlosigkeit hin und her. Als er vor Santander in das Lotsenboot herabgelassen wurde, war er zu schwach, um aufrecht zu sitzen, fast zu schwach, um seinen Namen zu unterzeichnen, wenn er auch an den König, an den Statthalter seiner Provinz und an den Erzbischof von Santiago unverzüglich eine Reihe von Hilferufen aussandte.

Hilfe war wohl vonnöten. Allein auf der *San Martin* zählte man am 23. September, am Tage ihres Einlaufens, außer den Gefallenen oder den ihren Wunden Erlegenen einhundertundachtzig Todesfälle infolge von Skorbut, Typhus oder Erkältung, verschlimmert durch Hunger und Durst. Weitere starben täglich, sowohl auf der *San Martin* wie auch auf allen anderen Schiffen, während man im unvorbereiteten Landinneren Nahrungsmittel, Kleider, Betten und Bettzeug zusammenzubringen trachtete, um die Übriggebliebenen am Leben zu erhalten. Von den höheren Offizieren war kaum ein Heimgekehrter diensttauglich, und die beiden berühmtesten, Recalde und Oquendo waren gegen Mitte Oktober tot. Viele Schiffsbesatzungen waren in noch schlimmerer Verfassung als die der *San Martin*. Mehrere hatten überhaupt keinen Proviant mehr und verhungerten einfach, obgleich sie in einem spanischen Hafen vor Anker lagen. Ein Schiff hatte während der letzten zwölf Tage auf See keinen Tropfen Wasser mehr gehabt bis auf das Regenwasser, das die durchnäßte Besatzung aus ihren zerfetzten Hemden wringen konnte. Ein Fahrzeug lief im Hafen von Laredo auf, weil es nicht mehr genügend Männer hatte, um die Segel zu reffen und den Anker auszuwerfen. Wochenlang ging das Sterben der Offiziere und Mannschaften weiter, während Nahrungsmittel und Geld zusammengekratzt und Nothospitäler eingerichtet wurden.

Die Schiffe waren kaum besser dran als ihre Besatzungen. Eines sank kurz nach dem Ankern. Einige der schönsten wie die *San Marcos* konnten nur noch abgebrochen werden, um ihr Holz und ihre Kanonen verwerten zu können — dazu gehörte auch die nagelneue Galeone des Herzogs von Florenz. Kapitän Bartoli starb am Tage nach dem Einlaufen. Sein erster Offizier war bei Gravelines gefallen. Der Dienstälteste an Bord, Kapitän Gaspar da Sousa, erklärte, kein Schiff der Armada habe sich besser und öfter im Kampfgetümmel bewährt; dies bestätigte der Herzog von Medina Sidonia später auch in einem offiziellen Brief an den florentinischen Botschafter. Aber ein solches Lob dürfte den Großherzog von Toscana kaum für die Nachricht entschädigt haben, daß es aussichtslos sei, die *San Francesco* zu Reparaturen nach La Coruña zu schleppen, und daß die einzige Galeone seiner Kriegsmarine nie mehr seine Flagge zeigen würde. Soweit wir es beurteilen können, erwies sich nahezu die Hälfte der überlebenden Flotte als unbrauchbar für weiteren Seedienst. Nur ein Wunder — so bemerkte ein Beobachter — hatte diese zerschlagenen Wracks so lange über Wasser gehalten.

Von seinem Krankenbett aus und umgeben von einem zur Hauptsache an Land angeworbenen Reservestab, beschäftigte sich Medina Sidonia weiterhin mit den Sorgen der Flotte und schrieb, sobald er sich kräftig genug fühlte, Briefe und Memoranden — die meisten davon nörgelnd, einige fast zusammenhanglos — an den Sekretär Idiáquez und den König. Er grämte sich wegen des Zustands der Schiffe, noch mehr aber wegen der Not ihrer Besatzungen, die unbesoldet, halbnackt und unterernährt noch immer im Schmutz ihrer stinkenden Schiffsbäuche dahinstarben, weil man sie offenbar an Land weder beherbergen noch entlohnen konnte. Es sollte jemand hergeschickt werden — verlangte er immer wieder — der diesen Angelegenheiten gewachsen sei, ein Mann mit Erfahrung und Fähigkeiten. Er scheint sein Unvermögen, tatkräftiger vorzugehen, nicht auf sein Siechtum geschoben zu haben — obgleich er Tage hatte, an denen ihn das Fieber übermannte und andere, wo er trotz eines klaren Kopfes zu schwach war, um Briefe zu unterzeichnen — sondern auf seine Unerfahrenheit und Untauglichkeit. In einer an Idiáquez gerichteten Note warf er, vom Thema abschweifend, ein, der König habe von vornehereinden Irrtum begangen, ihm den Oberbefehl über die Armada zu übertragen. Er verstehe nichts von See und Seekrieg, sagte er, seinen ersten Einwand gegen die Ernennung wiederholend, wobei er die grimmige Lehre des vergangenen Sommers zu vergessen schien. Er habe den König gewarnt, er sei schlecht bedient mit einem General, der sich in diesen Dingen auf kein eigenes Urteil stützen könne und nicht einmal wisse, auf wen er sich verlassen könne.

Wie war nun alles ausgegangen! Nie wolle er mehr auf See befehligen —
nie, und sollte es seinen Kopf kosten!

Der Herzog wünschte nichts sehnlicher, als seine Orangenhaine von
San Lucar und die Sonne seines Heimatländchens wiederzusehen.
König Philipp, anständiger und großzügiger gegen seinen geschlagenen
Admiral als dessen übrige Zeitgenossen oder die meisten späteren Geschichtsschreiber, entließ Medina Sidonia nach Anhören des Berichts
von Don Francisco de Bobadilla und nachdem er einen Brief des Bischofs
von Burgos und einen weiteren des Leibarztes des Herzogs gelesen
hatte, aus seinem Amt, enthob ihn der Pflicht, die königliche Hand bei
Hof zu küssen und beurlaubte ihn nach Hause.

Im Oktober bewegte sich eine verhangene Pferdesänfte unter Bedeckung der dürftigen Überreste der herzoglichen Dienerschaft südwärts
über die Berge. Die kleine Schar kehrte nicht auf Edelsitzen ein, denn
es gab nur wenige, in denen keine Trauer herrschte. Sie vermied Städte,
die sie mit Schmähungen und Steinen hätten empfangen können. Martinstag war vorüber, bevor der Herzog die Sänfte in San Lucar verließ, und der Frühling verging, bevor er auf seinen Gütern umhergehen
oder -reiten konnte und wieder er selbst schien — wenn er je wieder der
Alte wurde. Er diente Philipp II. weitere zehn, und Philipps Sohn
zwölf Jahre auf hohen, ehrenvollen Posten, aber seine Landsleute vergaßen und vergaben nicht, und ein französischer Diplomat, der ihn
fünfzehn Jahre später sah, glaubte in der schwermütigen Miene und
Haltung des Herzogs die unverheilte Wunde der alten Niederlage erkennen zu können.

In England sahen die Dinge nicht so anders aus, als man wohl meinen
sollte. Zwar hatte die englische Flotte keine lange gefahrvolle Heimreise zu bestehen, als aber — nachdem Parma die Springtide verpaßt
hatte und von der Armada nichts mehr zu sehen war — die Königin
darauf drängte, daß die Schiffe langsam abgetakelt und die Besatzungen entlassen würden, waren ihre Kapitäne und Ratgeber über soviel
Unbesonnenheit entsetzt. Sie überredeten sie, zu warten, und die Schiffe
wurden unter voller Bemannung und Alarmbereitschaft gehalten, bis
die Nachrichten aus Irland einzulaufen begannen. So wurden Seeleute
in Harwich und Margate, in Dover und den Downs krank und starben
fast so rasch wie die Spanier auf See. Vermutlich war hier derselbe

tödliche Schnitter am Werk: Schiffsfieber, Typhus. Nach altem Dienstbrauch des Hauses Tudor schoben Offiziere und Mannschaften jedoch alles auf das schlechte Bier. Es war eben Grundsatz, daß englische Soldaten und Seeleute kerngesund blieben, solange sie genügend gutes Bier bekamen.

Als die Königin endlich ihren Willen durchdrückte und die Demobilisierung begann, setzten die üblichen Geld-, Kleider-, Nahrungs- und Unterkunftssorgen für diejenigen ein, die zu schwach waren, um nach Hause gehen zu können. Hilflose, ausgemergelte, halbnackte Seeleute verendeten in den Straßen von Dover und Rochester ebenso wie in Laredo und Santander. Spannungen entstanden, Frobisher drohte Drake Prügel an, und der alte Held John Hawkins, der Baumeister des englischen Sieges, wenn es überhaupt einen solchen Mann gab, begann einen Brief an Lord Burghley mit den Worten: »Ich bedaure, so lange gelebt zu haben, um von Eurer Lordschaft nun solch einen scharfen Brief empfangen zu müssen« und schrieb später nörgelnd an Walsingham: »Ich wollte bei Gott, ich wäre die Lohnarbeit los... Mein Kummer und Elend in diesem Dienst sind grenzenlos. Ich hoffe zu Gott, daß Er mich in Kürze davon befreien möge, denn eine größere Hölle gibt es nicht.« Ein spanischer Zahlmeister könnte so gesprochen haben, während Howards hilflose Empörung über die wachsende Totenliste seiner Flotte an Medina Sidonia anklingt.

Auch in England murrte man, das Oberkommando habe die Sache verpfuscht. Warum hatte man den Spaniern nicht den Garaus gemacht? Warum hatte der Lordadmiral Angst gezeigt, nahe heranzugehen? (Es scheint absurd, aber in Spanien wurde die gleiche Frage Medina Sidonia betreffend laut.) Und aus der Stimme des Volkes klang die Überzeugung, daß es unter Drakes Führung keine Ferngefechte und keine lahmen Vereinbarungen gegeben hätte, während es gleichzeitig hieß, jedweder erfochtene Sieg sei Drake zuzuschreiben. Howard hatte es nicht so schwer wie Medina Sidonia – schließlich war er der Gewinner. In seinen letzten Jahren, als die Niederlage der spanischen Armada hinter dem goldenen Schleier verschwunden war, durch den die Untertanen Jakobs I. die Regierung der guten Königin Bess sahen, und wie die meisten Ereignisse unter ihrer Herrschaft um so größer und glorreicher wurden, je weiter sie entschwand, wurde auch Howard mit reichem

Ruhm bedacht. Für die meisten Menschen war es jedoch Drakes Sieg gewesen.

In den letzten zwanzig Jahren hat die Geschichtsschreibung Howard mehr Gerechtigkeit widerfahren lassen. Die jüngste Darstellung sagt rundweg: »Es war Howards Schlacht, und er hat sie gewonnen.« Es ist sogar behauptet worden, Howard habe das Seegefecht in der einzig möglichen, weil nicht allzu risikoreichen Weise geschlagen, in der kein Admiral ihn hätte ausstechen können. Auch von Medina Sidonia spricht man seit einiger Zeit gerne freundlicher, man erkennt seinen Mut und seine verwaltungstechnischen Fähigkeiten an, aber niemand hat bisher behauptet, er habe seine Sache gar nicht besser machen können. Immerhin könnte man anführen, daß das niemand gekonnt hätte. Außer daß es ihm nicht gelang, die *Ark Royal* und ihre beiden Begleitschiffe an jenem Montag morgen vor Tor-Bay abzuschneiden, ist ihm schwerlich ein Fehler nachzuweisen, der den Ausgang der Kampagne beeinflußt hätte. Man kann sagen, daß alle seine anderen Entscheidungen einschließlich der Ankerung vor Calais und der Wahl des Rückweges ebenso richtig waren, wie sein persönliches Verhalten mutig war. Nicht, daß ein derartiges Urteil ein Trost für Medina Sidonia gewesen wäre. Was er auch tat, es war immer zu wenig. Auch kann es den Toten gleichgültig sein, ob nachfolgende Generationen ihnen Gerechtigkeit angedeihen lassen. Aber den Lebenden sollte daran gelegen sein, wenn auch verspätet, Gerechtigkeit zu üben.

DAS ENDE EINES GROSSEN MANNES

Blois, 23. Dezember 1588

Im Spätherbst des Jahres 1588 gerieten die Ereignisse im katholischen Frankreich in eine Sackgasse. Als die Armada ihrem Treffen entgegensegelte, hatte Heinrich von Valois Heinrich von Guise immer mehr nachgegeben, freilich nie in wesentlichen Dingen. Im August, als die Gerüchte von einem spanischen Sieg immer lauter wurden, machte er Guise zu seinem Generalstellvertreter, wollte aber nicht mit ihm nach Paris zurückkehren; als aber die Wahrscheinlichkeit eines spanischen Sieges verblaßte, wuchs langsam und heimlich der Widerstand des Königs. Nach und nach, behutsam und auf Umwegen, versuchte er das Verlorene wieder zu gewinnen.

Anfang September, während der »Discours Véritable« gedruckt wurde und Parma sein Lager in Dünkirchen abbrach, entließ der König seine Minister. Alle mußten sie gehen; — sein Kanzler Cheverny; sein *surintendant des finances* — sein Finanzminister — Pomponne de Bellièvre; seine Staatssekretäre Brûlart, Villeroy und Pinart. All diese Karrengäule der Verwaltung, Männer, die Frankreich seit seiner Krönung regiert hatten, Männer, die mit ihm in Polen gewesen waren, Männer, die sich ihre Sporen im Dienst des Königshauses verdient hatten, als er noch in den Windeln lag — sie alle wurden zwar ohne Vorwürfe, aber auch ohne Begründung entlassen, sie wurden »beurlaubt, sich auf ihre Güter«, in Verbannung und politischen Tod zurückzuziehen. In einem Augenblick, wo die Generalstände sich anschickten, in Blois zusammenzutreten und es im Königreich drunter und drüber ging, schien diese Palastrevolution so sinnlos und dem, was von der königlichen Regierung verblieben war, so abträglich, daß die meisten Leute annahmen, die Entlassungen seien von der Partei, die sie am lautesten gefordert hatte, den Radikalen der Liga, erzwungen worden.

Cheverny wußte es besser, desgleichen vermutlich seine Kollegen. Das Schlimme war, daß diese Minister Katharina von Medici lange vor ihrem Sohn gedient hatten. Aus alter Gewohnheit zeigten sie ihr die neuesten Depeschen und nahmen ihre Verbesserungen der Schriftstücke an; sie machten sich ihre Ansichten zu eigen und legten sie in ihren Memoranden nieder. Als Bellièvre in Soissons verhandelte, sprach er täglich bei der Königin vor und befolgte ihren Rat. Später, nach den Barrikaden, schrieb Villeroy auf ihre Anweisung hin ohne Wissen des Königs an Angoulême, und dieser Brief sollte Epernons Tod herbeiführen. Cheverney sprach für eine Rückkehr nach Paris, weil dies Königin Katharinas Wunsch war. Katharina wußte, warum die Minister entlassen worden waren und empfand dieses Vorgehen als gegen sich gerichtet.

So war es auch gemeint. Ihr Sohn wußte, wenn sie selbst es noch nicht wußte, daß sie ihn bereits verworfen hatte, daß sie selbstverständlich und instinktiv vom Gescheiterten zum Erfolgreichen, von Heinrich von Valois zu Heinrich von Guise übergegangen war. Daher hatte sie sich seit über einem Jahr einzureden vermocht, daß alles, was Guise wünschte, für ihren Sohn in Wahrheit das Beste und Sicherste sei. Daher hatte ihr Sohn ihr seit jenem Tag im Louvre, als sie dem Herzog das Leben gerettet hatte, nie wieder getraut. Er konnte nicht den vor ihm liegenden zweideutigen Weg gehen, solange ihre Diener ihn beobachteten.

Der König war sehr allein in Blois. Seine neuen Minister — ehrliche, fleißige Nullen — taten wohl ihre Arbeit, waren aber schlechte Gesprächspartner. Joyeuse und Epernon waren die letzten seiner Lieblinge gewesen — die letzten derer, an denen ihm gelegen war, Zechkumpane und keine Spielzeuge. Nun war Joyeuse tot, und Epernon schmollte in Angoulême in der Überzeugung, sein Freund und Herr habe ihn ermorden lassen wollen. Die Gattin des Königs war in dem Maße zu schwachköpfig und weich, um seine Gedanken zu teilen, wie seine Mutter zu scharfsinnig und hart war. Er hatte nur Werkzeuge um sich, Federn und Dolche. Was er zu tun hatte, mußte er allein tun.

Mitunter war es für ihn zu viel, so daß er sich, versunken in düstere Teilnahmslosigkeit, Stunden um Stunden in sein Gemach einschloß und mit niemandem redete. Aber meistens spielte er seine Rolle mit der gewohnten Anmut. Als die Mitglieder der Stände eintrafen, empfing er sie mit liebenswürdigem Charme. Als sie dann endlich zusammentraten, hielt er eine solch feurige, bezwingende Ansprache, daß die feindselige, mißtrauische Versammlung beifallsjubelnd aufsprang. Er verbrachte viel Zeit mit seinem Vetter, dem Herzog von Guise, dem Generalstellvertreter seines Königreiches und Großmeister seines Haushalts, mit dem er sich in spöttischem Scherz und zweischneidigem Klingenkreuzen des Geistes spielend zu messen vermochte. Als der Winter näherkam, setzte die Kälte der Königin-Mutter empfindlicher zu als sonst, so daß sie viel das Bett hüten mußte. So leistete er ihr täglich Gesellschaft, berichtete ihr das Neueste aus Frankreich und England und ließ geduldig ihre Ratschläge über sich ergehen. Stets war er wachsam, wie ein Mann es sein muß, der mutterseelenallein von Feinden umgeben ist.

Es war ein langsames, mühsames Berganklimmen. Seine parlamentarische Taktik hätte kaum scharfsinniger sein können, wenn sein ganzer alter Ministerstab ihn beraten hätte, doch mit den Ständen kam er nicht voran. Er hatte gehofft, sie nicht nur zur Behebung seiner chronischen Armut zu nutzen, sondern auch mit ihrer Hilfe dem Herzog von Guise die Führerschaft der Liga wegnehmen zu können; es gab jedoch nur sehr wenig Gemäßigte in der Versammlung, und die machttrunkenen Radikalen forderten viel Widersprüchliches. Zunächst verlangten sie eine wirksamere, unter ihrer dauernden Überwachung stehende Zentralregierung. Sie wollten Frieden und Wohlstand, ein Wirtschaftssystem und eine Reform, geringere und gerechtere Steuern und einen sofortigen allgemeinen Kreuzzug zur endgültigen Ausrottung der Ketzer. Sie waren auf all das so versessen, daß sie sich weigerten, von der Überrumpelung des letzten französischen Vorpostens jenseits der Alpen durch den Herzog von Savoyen Notiz zu nehmen. Sie wollten von einer Abstimmung über neue Steuern nichts wissen. Ihre Parole war: Reform vor Geld, und jedes Zugeständnis, das der König ihnen machte, wurde zur Grundlage für neue Forderungen. Es war weiß Gott eine ausweglose Lage, aber Heinrich erkannte nicht, daß den Ständen nicht beizukommen war, weil ein neuer revolutionärer Wind blies. Stattdessen schob er alles auf die Machenschaften der Guisen. Der König war sicher, mit den Ständen fertig werden zu können, sobald der Herzog von Guise aus dem Wege geräumt war.

Auch Guise hatte das Empfinden, gescheitert zu sein. Obwohl die Stände fast nur glühende Ligisten zählten, waren sie ihm entglitten.

Seine Pläne verlangten eine starke Armee. Woher sollte die kommen, wenn keine Gelder dafür bewilligt waren? Inzwischen würden der König und natürlich auch er in Blois bleiben müssen, solange die Stände tagten, es war ihm jedoch kein behaglicher Gedanke, so lange von Paris fern bleiben zu müssen. Er war zwar König von Paris, aber noch nicht König von Frankreich, und er bedurfte nicht erst Mendozas Warnung, um zu wissen, daß im Augenblick kaum mit Spaniens Unterstützung zu rechnen sei. Hätte er das schändliche Versagen der Armada vorauszusehen vermocht, wäre er vielleicht Blois ferngeblieben. Hier, am Hofe des Königs, schwebte er in ständiger Gefahr. Sobald die Sitzungen vorüber waren, würde er den König nach Paris zurückbringen, wenn nicht friedlich, dann mit Gewalt.

Mittlerweile traf er alle Vorsichtsmaßnahmen. Blois wimmelte von bewaffneten Ligisten, und seine eigenen im Schloß untergebrachten Anhänger waren den königlichen Leibgardisten an Zahl weit überlegen. Als Großmeister des Hofstaates besaß er alle Schlüssel und hatte Tag und Nacht zu allen Räumen Zutritt, ohne daß ihn jemand zur Rechenschaft ziehen konnte. Was ihm jedoch die größte Sicherheit gab, war die Überzeugung, daß sein Herrscher ein armselig-geistloses Geschöpf sei, das nie zurückschlagen würde. Als der Erzbischof von Lyon ihn ersuchte, dem König achtungsvoller zu begegnen und ihn nicht zu weit zu treiben, lachte der Guise nur. »Ich kenne ihn besser als Ihr«, meinte er. »Um ihn zu beherrschen, muß man ihn herausfordern. Das ist ein König, der eingeschüchtert sein will.«

Am Morgen des 19. Dezember meldete einer seiner Spione im Schloß, der König habe mehrere Personen darüber befragt, wie er sich seines Verfolgers entledigen könne, und Alphonse d'Ornano sei nachdrücklich auf seinen Vorschlag vom vergangenen Mai zurückgekommen: »Mach' ihn kurzerhand nieder.« Guise wies die Sache von sich, hatte er doch schon Dutzende dieser bedeutungslosen Warnungen erhalten. Beim Abendessen des 22. Dezember fand er in seinem Mundtuch einen zusammengefalteten Zettel mit einer zweiten Warnung. Er las ihn der Tischgesellschaft vor, holte vom nächsten Schreibpult eine Feder, kritzelte auf den Fetzen »Er würde es nicht wagen« und ließ ihn zu Boden fallen. Er hatte seinem Vetter Valois schon so oft Trotz geboten, daß er sicher war, es stets so halten zu können.

In der Tat hatte der König sein Problem einer Gruppe inoffizieller Ratgeber genau so vorgelegt, wie es Guise hinterbracht worden war. Er habe Beweise — bedeutete er ihnen — von einer gegen seine Krone und sein Leben gerichteten Verschwörung. Am Tisch des Kardinals von Guise war auf das Wohl des Herzogs als nächsten König von Frankreich getrunken worden. Einem Mann, der beim Sekretär des Herzogs um einen Geleitschein eingekommen war, war gesagt worden: »Wenn Ihr könnt, wartet ein wenig. Wir werden bald Titel und Stand wechseln.« Er habe zahlreiche Warnungen erhalten — fuhr der König fort — daß er bald entführt und nach Paris geschleppt werden soll, wofern ihm nichts Schlimmeres zustoßen werde. Selbst der Bruder des Guisen, der Herzog von Mayenne, hatte Warnrufe gesandt. »Es geht um mein Leben oder um seines«, schloß der König. »Wozu ratet Ihr?«

Wahrscheinlich gab Montholon, der neue Kanzler, die erste Antwort. Fraglos war Guise des Hochverrats schuldig. Dies konnte weitgehend bewiesen werden. So müsse er unverzüglich angeklagt, verurteilt und hingerichtet werden. Der König lächelte wehmütig. Wo sollte man den Gerichtshof finden, der einen Pair von Frankreich und Generalkapitän der Liga verhören und verurteilen würde? Etwa in Paris?

Marschall Aumont schlug einen direkteren Weg vor, und Alphonse Ornano pflichtete ihm unverblümt bei: »Tötet ihn.« Ornano war bereit dazu, aber Heinrich wußte, daß die Guisarden niemanden mehr fürchteten und verdächtigten. Ornano würde mit einer Waffe in der Hand nie näher als auf hundert Meter an den Herzog herankommen können. Der König sah Crillon an. Der Hauptmann der französischen Gardisten errötete und stammelte. Es sei ihm bisher nie zugemutet worden, einen Menschen ohne Warnung niederzustechen. Er glaubte nicht, daß er dazu imstande sei. Ein Duell, jederzeit. Er würde den Herzog mit Begeisterung zum Zweikampf herausfordern, er sei sicher, ihn dabei töten zu können. Heinrich schüttelte den Kopf. Es war vertane Zeit, Crillon erklären zu wollen, wie der Guise auf eine derartige Herausforderung antworten würde. Er dankte allen, er würde sich etwas anderes ausdenken.

Kaum vier Tage später hatte er einen neuen Einfall. Es gab eine Stunde, zu der die königlichen Gemächer keinen unangemeldeten Besuchen von Guisarden ausgesetzt waren. Der königliche Rat traf in dem Vorraum zusammen, der unmittelbar auf die große Rundtreppe ging, die zu der königlichen Zimmerflucht führte. Während der Beratungen waren alle unerwünschten Personen ausgeschlossen, Ratgeber durften unangemeldet eintreten, die Pförtner des Rates hielten jedoch die Türen bewacht. Es gab eine Körperschaft, auf deren Treue der König sich unbedingt verlassen konnte — die Fünfundvierzig. Epernon hatte sie vier Jahre zuvor zusammengestellt. Es waren lauter Edelleute, dem niederen Adel der Gascogne zugehörig, deren ganzer Reichtum aus einem Pferd, einem Schwert, einem zerschlissenen Rock und ein paar steinigen Morgen Land bestand, von dem man nicht leben und nicht sterben konnte. Sie hatten keine Freunde oder Verbindungen bei Hof, niemanden außer dem König, auf den sie sich verlassen konnten. Fünfzehn dieser Männer mußten dem König Tag und Nacht zur Verfügung stehen, der ihnen hierfür gezahlte Sold schien ihnen fürstlich. Guise hatte sie einmal als eine faule, unnütze, kostspielige Horde von Grobianen abgetan, und eine der von seinen Freunden den Generalständen vorgeschlagenen Reformen zielte auf ihre Ablösung hin. Dies wußten die Fünfundvierzig.

Freilich gab es noch manch schwierige Vorkehrungen zu treffen. Der nach François I. benannte Flügel des Schlosses, in dem der König schlief, war ein Kaninchengehege von gewundenen Treppchen und unvermuteten Gängen. Zwei gewöhnlich offenstehende Eingänge mußten versperrt werden, eine stets verschlossene Tür mußte geöffnet werden, damit einige der notwendigen Mitwirkenden unauffällig auf dem Schauplatz erscheinen konnten. All das erledigte der König eigenhändig.

Am Nachmittag des 22. Dezember hatte er eine lange Unterredung mit Guise, deren einzige überkommene Wiedergabe freilich zu schön ist, um wahr zu sein. Immerhin erwähnte der König dabei, daß er und die Königin das Schloß am nächsten Tag verlassen und Weihnachten im Pavillon des Parks feiern wollten, daß vorher aber noch ein Rat abgehalten werden würde. Später schickte er einen Boten, er brauche die Schlüssel des Schlosses — wegen des bevorstehenden Umzuges. Guise warf sie dem Boten zu. Das geschah vor der letzten anonymen Warnung.

Um sieben Uhr morgens wurde Guise im Schlafgemach seiner derzeitigen Geliebten mit der Nachricht geweckt, um acht Uhr, einer ungewöhnlich frühen Stunde, finde eine Beratung statt. (Der König traf seit vier Uhr seine abschließenden Vorkehrungen und verständigte die Schauspieler des Dramas im letztmöglichen Augenblick, damit kein Wort nach außen dringen könne.) Es war ein düsterer Morgen, draußen fiel graupelig-dünner Regen, drinnen herrschte eine Kälte, die bis ins Mark drang. Guise konnte jedoch nur überstreifen, was er am vorhergehenden Abend getragen hatte — ein Seidenwams, Strumpfhosen und einen kurzen Umhang — und zum Treffen eilen.

Im großen Treppenhaus stieß Guise zu seiner Verwunderung auf eine Gruppe der Bogenschützen der Garde. Sie wollten ein Gesuch übergeben — wie ihr Hauptmann ihm höflich auseinandersetzte — in dem sie um mindestens die Hälfte ihres rückständigen Soldes baten. Einige der Schützen folgten Guise die Treppe hinauf, seine Befürwortung erbittend, ihm erklärend, wie lange die Bezahlung schon ausstehe und in welcher Klemme sie sich befänden. Als sich dann die Tür des Ratszimmers hinter ihnen schloß, machten sie kehrt und versperrten die große Treppe in dichter Reihe von einer Seite zur anderen.

Guise erschien als letzter. Sein Bruder, der Kardinal und der Erzbischof von Lyon, die einzigen anderen Anwesenden seiner Partei waren kurz vor ihm eingetreten, die übrigen schienen etwas früher gekommen zu sein. Guise war unruhig. Er klagte über die Kälte und befahl, Feuer zu machen. Dann ließ er kandierte Früchte kommen (die große Freitreppe war versperrt, so daß die Süßigkeiten aus dem Schrank des Königs kamen). Sein Auge begann zu tränen, das Auge über der alten Narbe, und er stellte fest, daß er kein Taschentuch bei sich hatte. Ein Page brachte ihm eines vom König. Das Kaminfeuer wärmte ihn, er nahm den Umhang ab. Der Rat leierte etliche der gewohnten Geldfragen herunter, als ein Hofmann Guise mitteilte, der König wünsche ihn in seinem Kabinett zu sprechen. Mit einer Entschuldigung drängte sich Guise, seinen Umhang nachlässig über den linken Arm geworfen, durch die Tür in die königlichen Gemächer.

Im Gang lungerten acht der Fünfundvierzig herum. Als er vorüberschritt, folgten sie ihm wie eine Eskorte. Fast vor der Tür zum Kabinett des Königs fuhr Guise plötzlich herum, und der vorderste stach mit einem Dolch zu. Der Herzog versuchte das Schwert zu ziehen, aber der

Griff hatte sich in seinen Umhang verwickelt, und bevor er ihn frei machen konnte, wurden seine Arme von anderen der Fünfundvierzig gepackt, die einer Tür hinter ihm enttauchten. Er war ein kraftvoller Mann, so daß er trotz der Behinderung seine Angreifer auf dem Vorplatz hin- und herzerrte, dabei um sich schlagend, um seine Arme freizubekommen und — während die Dolche auf ihn einstachen — hinausschreiend: »Ach, Freunde! Ach, ach! Herren, Leute! Ach, Verrat!« Dann schüttelte er die Meute einen Augenblick ab, stand allein, schwankte, tat einen Schritt vorwärts und stürzte der Länge nach zu Boden. Als sie ihn später durchsuchten, fanden sie den Entwurf eines unbeendeten Briefes, der so begann: »Zur Aufrechterhaltung des Bürgerkrieges in Frankreich sind siebenhunderttausend Pfund monatlich vonnöten!« Dieser Satz könnte als Grabschrift seinen Lebenslauf umreißen.

In ihrem Schlafgemach einen Stock tiefer vernahm die Königin-Mutter das sonderbare Getrampel und Gescharre über sich und erzitterte. Im Ratszimmer hörte der Kardinal von Guise die verzweifelten Rufe des Bruder und sprang mit dem Schrei »Verrat« auf. Aber schon zuckte Aumonts Schwert aus der Scheide, seine Hand legte sich auf des Kardinals Schulter, und kurz darauf trat das Schützenkorps ein und führte den Kardinal und den Erzbischof von Lyon als Gefangene ab. Ehe noch der Vormittag zu Ende ging, saß eine Handvoll adeliger Guisard-Ränkeschmiede in Gewahrsam, darunter der greise Kardinal von Bourbon, der den Strohkönig der Übergangszeit hätte spielen sollen; die königlichen Gardisten waren in die Sitzung der Generalstände eingebrochen und hatten ihre Anführer, einschließlich der beiden Helden der Barrikaden, den Adelspräsidenten Grafen von Brissac und La Chapelle-Marteau, neuerdings Oberhaupt der Revolutionsregierung von Paris und Vorsitzender des Dritten Standes, festgenommen.

Es gab Einspruch, aber keinen Widerstand. Zunächst einmal war die Partei der Ligisten in Blois eingeschüchtert und aufgelöst; und da Heinrich III. kein Bluthund war, hatte die Angelegenheit überdies nur zwei Menschenleben gekostet. Der Kardinal von Guise starb durch die Piken seiner Gardisten, aber keiner der anderen Festgenommenen erlitt mehr als vorübergehende Haft. Technisch war es die gelungenste politische

Operation, die Heinrich III. je durchgeführt hatte, und Dr. Cavriana vermerkte als interessanten medizinischen Tatbestand, seit Monaten seien der Blick des Königs nicht so klar, sein Teint nicht so frisch und sein Schritt nicht so beschwingt gewesen.

Es gibt keinen zuverlässigen Bericht über Heinrich III. Äußerungen, als er zur Tür seines Kabinetts schritt und seinen Feind tot zu seinen Füßen sah, doch konnten Memoirenschreiber und Chronisten, die Plutarch gelesen und festgestellt hatten, wie oft dieser die Worte seiner Helden bei wichtigen Anlässen wiederzugeben vermochte, nicht der Versuchung widerstehen, ihn etwas sagen zu lassen. Meist legten sie ihm Sätze in den Mund wie: »Endlich bin ich ein König! Kein Gefangener und Sklave mehr!« Tatsächlich mag Heinrich dergleichen ausgerufen haben. Er war stets ein Mann schlagfertig-passender Beredsamkeit gewesen, daran gewöhnt, daß die Leute gern aufschrieben, was er sagte; Dr. Cavriana zufolge soll er auch bei dem zynischen Bericht, mit dem er seine Mutter am nächsten Tag entsetzte, sehr ähnliche Worte gebraucht haben. Es gibt aber noch eine weitere Lesart von zwar geringer Glaubwürdigkeit, dafür aber von jener Inkonsequenz, die so oft der Ausdruck des echten Ereignisses ist. Danach soll Heinrich, auf der Schwelle seines Kabinetts einhaltend, auf den hingestreckten Leichnam herabgeblickt und nach einer Pause gesagt haben: »Wie groß er ist! Ich hätte ihn nicht für so groß gehalten. Tot ist er noch größer als lebendig.«

Die einzige Schwierigkeit, diese anscheinend bedeutungslose Bemerkung als echt anzusehen, besteht darin, daß sie für die nachfolgenden Ereignisse so bedeutsam wurde und daß ihre Bedeutung in Anbetracht des inzwischen verflossenen Zeitraums dem, der sie niederschrieb, aufgegangen sein muß. Denn Heinrich war keineswegs *mehr* König von Frankreich als vor der Ermordung des Königs von Paris, sondern — wie seine Mutter ihm wütend entgegenschrillte — weniger König als je zuvor. Auf die Nachricht vom Tod des Guisen hin erhob sich Paris, Stadt auf Stadt fiel ab, und bevor der König im Frühling gegen die aufständische Liga zu Felde zog, hatte er statt der Vormundschaft des Guisen das kaum weniger peinliche Bündnis mit dem König von Navarra, dem die Mitwisserschaft der Königin von England unterstellt wurde.

Nicht, daß Heinrich von Valois — wie die meisten es taten — die

Ermordung in Blois als einen seiner Mißerfolge angesehen hätte. Als er seiner Mutter sagte, er sei nun wieder ein einziger König von Frankreich, dürfte er mit Sicherheit nicht von dem äußeren Prunk der Königswürde, der Sicherheit, Autorität und Macht, die sie darstellte, gesprochen haben, sondern von ihrem mystischen Kern, von der Idee der Krone, die in Übereinstimmung mit dem Grundgesetz von Generation zu Generation rechtmäßig weitergegeben wird, von dem König als Gefäß der göttlichen Gnade und geheimnisvollem Werkzeug des göttlichen Willens. Heinrich klammerte sich keineswegs mit kleinlicher Selbstsucht an seine Krone. Selbst wenn er der Ermordung entgangen wäre, hätte er nur noch wenige — und nicht gerade erfreuliche — Jahre vor sich gehabt. Nie hätte er einen Nachfolger gezeugt. Hätte ihm der Sinn nur nach Wohlleben, äußerer Ehrerbietung und den Zeichen der Königswürde gestanden, er hätte sie als Entgelt für die Auslieferung der Herrschergewalt an den Guise und das Versprechen der Rückgabe seiner Krone an das Haus Lothringen haben können — demselben Handel, den der alte Kardinal von Bourbon so gerne einzugehen bereit war. Der König aber, der so viele Freunde und so viele Grundsätze verraten hatte, brachte es nicht fertig, die Idee der Königswürde zu verraten, und als er einsah, daß Guise auf keine andere Art an der letztlichen Erschleichung des Thrones gehindert werden konnte, schlug er ihn auf eine Weise nieder, die einer öffentlichen Hinrichtung so ähnlich wie möglich war.

Als Jacques Clements Dolch sieben Monate später seinem Leben in Saint-Cloud ein Ende setzte, vermochte Heinrich von Valois sein Erbe Heinrich von Navarra unangetastet zu übergeben. Der Großprior von Frankreich berichtet, er habe auf dem Totenbett zu Navarra gesagt: »Mein Bruder, nun ist es an dir, die gottgegebenen Rechte, die ich mühsam für dich bewahrt habe, zu besitzen. Dieser Mühe verdanke ich den Zustand, in dem du mich hier siehst. Ich bereue sie nicht, denn die Gerechtigkeit, deren Beschützer ich allezeit gewesen bin, verlangt, daß du mir in diesem Königreich nachfolgst.« Mag er dies geäußert haben oder nicht, so erklärt es doch sein Tun und den letztlichen Sinn seines Lebens. Heinrich III. hat trotz seiner Schwächen und seiner unglücklichen Lage hiemit eine beträchtliche Leistung vollbracht.

An seinem Verfolger und Opfer Guise ist vielleicht nur rätselhaft, wie ein so oberflächlicher Egoist so viele Menschen anzuziehen vermochte. Er war der Typ des Abenteurers, der sich auf einen harten Kopf und ein weites Gewissen verläßt, der Typ des Spielers, der seine Grenzen nicht kennt. Früher oder später mußte ihn das Glück verlassen, und wenn auch Sixtus V. und Philipp II. die übliche Mißbilligung über die Art seines Todes äußerten, so deutet doch nichts darauf hin, daß einer von ihnen sonderlichen Anstoß daran nahm. Guise war zu gierig und zu sorglos gewesen, um bei irgendjemandem den Eindruck zu hinterlassen, daß er der Kirche oder Spanien zu anderen als eigenen Zwecken diente. Vermutlich bedauerte Spanien ihn mehr als Rom, aber Söldner sind zum Verbrauch da. Er war zu einem Ablenkungsmanöver an der Flanke einer umfassenden Operation benutzt worden, und als der Hauptangriff scheiterte, wurde er vorübergehend ohne hinreichende Unterstützung gelassen. Auf gewisse Weise gehörte auch er zu den Verlusten der Armada, wie Hugo de Moncada oder Alonso de Leiva, wenn aber diese Geschwaderkommandanten in der Erfüllung ihrer Pflicht fielen, so hatte Guise — wie Mendoza durchblicken ließ — den Tod hauptsächlich der eigenen Voreiligkeit zu verdanken. Mendoza hatte die Nützlichkeit des Guisen zu schätzen gewußt, wenn es auch keine leichte Partnerschaft gewesen war. Mendoza brauchte seinem Herrn nicht zu sagen, daß sich noch andere Anwärter auf Frankreichs Krone melden würden und andere hohe Persönlichkeiten, die Spaniens Gold nur allzu gerne einstecken würden. Als Philipp II. vom Tod des Guisen hörte, soll er Botschaftern zufolge nach einem Augenblick des Nachdenkens gesagt haben: »Das geht den Papst an.« Als Papst Sixtus davon erfuhr, nickte er, als habe er die Nachricht erwartet und meinte: »So hat der König von Spanien also einen weiteren Feldhauptmann eingebüßt.«

DIE WINDE GOTTES

Escorial, Neujahrstag 1589

Unerschütterlichkeit angesichts von Sieg oder Niederlage gehörte zu den offiziellen Wesenszügen Philipps II., gehörte zur Legende seines Lebens. Als kleines Kind muß er oft gehört haben, daß sein Vater, der Kaiser, die Nachricht vom großen Sieg bei Pavia mit einer Zurückhaltung aufgenommen hatte, die allgemeine Bewunderung hervorrief. Wahrscheinlich hatte er beschlossen, diesem Verhalten nachzueifern und fand dies um so leichter, als er von Natur aus alles andere als hitzig war. Jedenfalls galt Philipp im dreiunddreißigsten Jahr seiner Regierung in den Augen vieler Bewunderer als typisch christlicher Stoiker, und hundert volkstümliche Geschichten sprechen von seiner bewunderungswürdigen Selbstbeherrschung bei mißlichen Begebenheiten. Einige klangen wie die klassisch-komische Erzählung vom neu ernannten Sekretär, den die unvertrauten Pflichten so aufregten, daß er bei der Entgegennahme eines frisch beschriebenen Blattes aus der Hand des Königs statt der Streusandbüchse das Tintenfaß darüber ausleerte. Schon krümmte er sich in Erwartung des königlichen Zorns, wurde aber sanft darauf hingewiesen, daß »*dieses* die *Tinte, dieses* der Sand« sei. Andere ähnelten den ergreifenden Anekdoten von des Königs nimmermüder Geduld mit den zunehmenden Überspanntheiten seines erstgeborenen Sohnes und Erben, Don Carlos. Ein Jahrzehnt nach Philipps Tod waren so viele Geschichten im Umlauf, daß einige ihm wohlgesinnte Chronisten Beispiele genug fanden, um seine eiserne Selbstbeherrschung im Augenblick seiner größten Enttäuschung zu schildern.

Pater Famiano Stradas Bericht zeichnet sich durch höchsten literarischen Glanz aus. Nach seiner Auslegung lebte der König noch in dem Glauben an den Sieg der Armada, als ein Kurier aus Santander — etwa *Maestre de campo* Bobadilla? — mit der Nachricht vom Zusammenbruch im Escorial ankam. Die königlichen Sekretäre Moura und Idiáquez waren entsetzt, und jeder versuchte den anderen zu überreden, die schlimme Kunde zu überbringen. Schließlich betrat Moura das königliche Kabinett, und als der König die Feder niederlegte und aufblickte, stammelte der Sekretär etwas von schlechten Nachrichten von der Armada und schob den Kurier vor. Ohne eine Miene zu verziehen, lauschte der König dem verhängnisvollen Bericht und sagte am Ende: »Ich danke Gott, dessen Hand mich so reich beschenkt hat, daß ich jederzeit eine ebenso große Flotte wie diese verloren gegangene auslaufen lassen kann. Es spielt keine Rolle, daß ein Strom bisweilen versiegt, wenn nur die Quelle frisch nachfließt.« Und ohne einen Seufzer oder andere Äußerung nahm der König seine Feder wieder auf und fuhr im Schreiben fort.

Freilich war Strada Römer von Geburt und Erziehung, und selbst höchste spanische Beredsamkeit ist weniger ausgeschmückt und hat einen tieferen, fast erzenen Unterton. Vielleicht haben spanische Geschichtsschreiber vom späten siebzehnten Jahrhundert an deshalb eine abweichende Lesart vorgezogen. Der ganze Zusammenhang, die ängstlichen Sekretäre, der heiter arbeitende König, die bösen Nachrichten des Kuriers, all das bleibt sich gleich, nur sagt der König, bevor er die Feder wieder aufnimmt: »Ich habe meine Schiffe zum Kampf gegen Menschen ausgesandt, nicht gegen Winde und Wellen Gottes.«

Nichts von all dem dürfte wahr sein. Philipp hatte keine Gelegenheit, angesichts des unerwarteten Verhängnisses seine berühmte Gelassenheit zur Schau zu stellen, weil das volle Ausmaß der Niederlage ihm nur stückweise überbracht wurde. Einige Zeit, bevor der Herzog Santander erreichte, hatte Philipp Medina Sidonias Brief vom 2. August mit dem beiliegenden Tagebuch gelesen und Kapitän Balthazar de Zuñigas vernichtenden Bericht entgegengenommen. Er hatte Parmas Schilderung des verpaßten Treffens und später Gerüchte über den Schiffbruch vor der irischen Küste gehört. Auch ist es kaum glaubhaft, daß Philipp die Schuld so plötzlich auf Wind und Wellen jenes Gottes schob, in dessen Dienst seine Flotte ausgesegelt war, zumal er Medina Sidonias Tagebuch entnehmen konnte, daß die Armada mindestens bis zum 21. August keineswegs über die Wetterverhältnisse zu klagen gehabt hatte.

Daß Philipp die allmählich eintreffenden schlechten Nachrichten würdig und gefaßt entgegennahm, ist wohl glaubhaft, wenn auch die Gelassenheit selbst des größten Menschen ihre Grenzen hat. In jenem

Herbst war er ernstlich krank — eine Krankheit, die nach Ansicht des diplomatischen Korps durch Angst und Enttäuschung verursacht, oder doch zum mindesten verschlimmert worden war. Der neue päpstliche Nuntius meinte, die Augen des Königs seien ebenso gerötet vom Weinen wie von Überarbeitung, wenngleich kein Mensch Philipp je in Tränen sah, sofern er wirklich weinte. Auch meinten einige, die Ereignisse der letzten zehn Monate hätten den König um zehn Jahre altern lassen. Tatsächlich beginnt vom Jahre 1588 an seine Gesichtshaut jene seltsame pilzige Blässe anzunehmen und in schweren Falten herunterzuhängen. Sein weißer Bart verliert die letzten gelben Strähnen, er wächst länger und sieht auf manchen Bildnissen merkwürdig vernachlässigt aus. Nach dem Jahr 1588 ging der König seltener aus, sah immer weniger Menschen, arbeitete immer länger in seinem einsamen Arbeitszimmer.

Wenn Philipp aber den Schicksalsschlag empfand und dieses Empfinden auch zeigte, so erlag er ihm jedoch nicht. Fast im gleichen Augenblick, indem er das Ausmaß seiner Verluste erfuhr, versicherte er die Botschafter, er würde eine neue Flotte bauen, noch mächtiger als die letzte, und wenn er jedes Stück Silber auf seinem Tisch und jeden silbernen Leuchter im Escorial einschmelzen lassen müsse. So weit kam es freilich nicht, aber zusätzlich zu den amerikanischen Silberbarren mußten kastilische Schränke ausgeräumt und neue Darlehen bei Genueser Bankiers aufgenommen werden. Nach einem Gespräch mit seinen Kommandanten erkannte Philipp jedoch klar, daß es nicht nur darum ging, Schiffe zu mieten. Wenn er widerstandsfähige Fahrzeuge haben wollte, mußte er sie selbst bauen. Auch würde er die spanische Geschützproduktion erweitern müssen. Rekrutierung, Geschützgießen, Schiffsbau, Finanzwesen, all das setzte des Königs emsige Feder in Bewegung, noch bevor das neue Jahr begann, und wenn auch alles langsam ging, wie es in Spanien eben zu gehen pflegt, wenn es viel Zeit einzuholen und viele Versäumnisse wettzumachen galt, so daß nur wenige glaubten, daß Philipps neue Flotte im Frühling bereit sein würde, zweifelte doch niemand daran, daß seine Bemühungen zum Ziele führen würden.

Inzwischen mußte Philipp sich mit den Geschehnissen auseinandersetzen. Der erste Schritt war sein Brief vom 13. Oktober an die spanischen Bischöfe. Nachdem er ihnen kurz von dem berichtet hatte, was sie ohnehin wußten, und die Ungewißheit des Seekrieges vor Augen geführt hatte, fuhr er fort: »Wir müssen Gott lobpreisen für alles, was Er wirkt. Und ich danke Ihm für die bezeigte Gnade. In den Stürmen, die die Armada durchsegeln mußte, hätte sie ein schlimmeres Geschick erleiden können, und daß ihr Mißgeschick nicht größer war, verdanken wir den so fromm und unablässig zum Himmel gesandten Gebeten für ihre erfolgreiche Heimkehr.« Freundlich bedeutete er die Bischöfe, dieses Beten möge nun aufhören. Man erwarte keine weiteren Schiffe mehr. Schon jetzt also wurde die Niederlage der Armada in Spanien den Winden Gottes zugeschrieben.

Es ist leicht einzusehen, warum die Engländer und Holländer sie so deuteten. »Gott atmete und sie wurden zerstreut«, heißt es auf einer von Königin Elisabeths Armadamünzen. Eine holländische Medaille verrät eine ähnliche Empfindung, und die gelehrten Poeten, die die siegreiche Bewahrung der jungfräulichen Königin und des protestantischen Glaubens in lateinischen Reimen feierten, priesen so eifrig die göttliche Parteinahme, die einige tausend Spanier durch einen eigens bestellten Sturm entrinnen ließ, daß sie kaum Zeit fanden, die englische Flotte zu erwähnen.

Natürlich hatten die besseren Schiffe und besseren Geschütze die Schlacht gewonnen, bevor das Wetter den Spaniern zu schaffen machte, und selbst die Verluste vor Irland gingen eher auf Rechnung jener von Drake am Kap San Vicente verbrannten Faßdauben als auf die der Seestürme; je mehr man indes in der Vernichtung des Feindes die unmittelbare Einwirkung Gottes sah, desto sicherer war man, daß Gott Protestant und daß die gemeinsame Sache — wie man immer behauptet hatte — die Sache Gottes sei. So gesellte sich der gewaltige Sturm, der die spanische Armada vernichtete, zu den anderen Mären — dem Gemetzel der wilden Iren, den mächtigen spanischen und den winzigen englischen Schiffen, dem feigen spanischen Befehlshaber, der in einem besonders konstruierten Unterstand unter Deck den Drückeberger spielte, und dem beleidigten Kanonier, der eine Galeone in die Luft fliegen ließ und über Bord sprang.

Es ist merkwürdig, daß alle diese Legenden in Spanien ebenso umgehen wie in England, selbst die über den Herzog von Medina Sidonia, der »sich um der Sicherheit willen in den Schiffsbauch verkroch«, ein Märchen, das der Verfasser von *Abschrift eines in Richard Leighs Zim-*

mer gefundenen Briefes sich zur Belustigung seiner Landsleute aus den Rippen schnitt. Dazu die von den winzigen englischen und den riesigen spanischen Schiffen, die in Umlauf gekommen sein muß, als eine literarische Landratte, die dem Geschehen vielleicht von der Insel Wight aus zusah, den Schwarm englischer Pinassen mit den wuchtigen *urcas* verglich und die Schlachtschiffe außer acht ließ. Zunächst am schwersten zu begreifen ist, warum die Spanier den Mythos des Sturmes übernommen haben. Natürlich begrüßten die Engländer einen sichtbaren Beweis dafür, daß Gott mit ihnen war, aber warum sollten die Spanier die Anschauung vertreten, daß Gott gegen sie sei, daß ihre Flotte vergeblich nicht gegen Menschen, sondern gegen Winde und Wellen Gottes gekämpft habe? Doch nur im ersten Augenblick fällt das Verstehen schwer. Ist es doch stets leichter, eine Niederlage aus Gottes Hand hinzunehmen als aus Menschenhand, und die jüdisch-christliche Überlieferung ist erfindungsreich, wenn es gilt, anscheinend vernunftwidriges Gebaren der Gottheit zu erklären. Daß Gott die Spanier diesmal verlieren ließ, bedeutete keineswegs, daß sie nicht für Seine Sache fochten oder daß Er ihnen am Ende nicht zur Seite stehen würde.

Ein weiterer Verfechter des christlichen Stoizismus, Don Bernardino de Mendoza, legte, nachdem er die bittere Pille von der Niederlage der Armada geschluckt hatte, die Katastrophe seinem Herrn und Meister mit bemerkenswerter Beredsamkeit und Spitzfindigkeit aus. Selbst die edelsten Kreuzfahrer, selbst der Heilige Ludwig in Person — bemerkte er mit verzeihlicher Übertreibung — hatten nicht nur Siege erfochten. Unserer Sünden sind so viele und schwere, daß keine Strafe Gottes unbegründet ist, aber Gott straft die, welche Ihn um ihres Heiles willen lieben, zuweilen in diesem, zuweilen auch im nächsten Leben. So mag es wohl sein, daß er die Kämpfer für seine Sache demütigen will, damit sie durch Demut den Weg zum Siege erlernen. Philipp unterstrich diese Zeile und kritzelte ein nachdrückliches Einverständnis an den Rand.

Durch Demut den Weg zum Siege erlernen! Den ganzen Winter untersuchte Philipps Feder die Fehler, die er sich geleistet hatte: die uneinheitliche Flotte — das nächste Mal mußten die Schiffe besser und von einheitlicherem Typ sein; das Fehlen von Fernschußkanonen — das nächste Mal mehr Feldschlangen und Halbfeldschlangen; der geteilte

Oberbefehl, die schlechte Koordinierung, das Fehlen eines Hafens mit Tiefgang; ja die Frage, wie die holländischen Küstengewässer zu beherrschen seien, die Kernfrage, die Parma irgendwie übersehen und außerdem zugelassen hatte, daß alle anderen sie übersahen. Philipp kam zu keinen glänzenden Schlüssen, setzte sich jedoch mit dem Problem auseinander und erkannte, wieviel noch zu tun war. Der Schrecken der Niederlage hatte ihn aus dem schlafwandlerischen Zustand gerissen, in den er nach dem Tod Maria Stuarts versunken war. Während seiner restlichen Regierungszeit war er wieder der kluge König, vorsichtig bis zu scheinbarer Furchtsamkeit, zaudernd, wachsam, dazu neigend, sich alles zweimal zu überlegen, sich gegen jede Möglichkeit absichernd, ehe er sich der Vorsehung anvertraute.

Noch eine Anekdote ist uns überliefert, die echt und zutreffend klingt. Ihr Datum ist uns nicht bekannt, es wäre jedoch seltsam, wenn sie nicht mindestens ein oder zwei Jahre nach 1588 entstanden wäre. Philipp schlenderte im Innengarten von San Lorenzo umher, als er den Gärtner sagen hörte, nachdem er sich soviel Arbeit um die Birnbäume an der Südmauer gemacht habe, könne Gott einfach nicht zulassen, daß die Früchte durch Meltau vernichtet würden. Philipp rief ihm in strengerem Tonfall zu, als er es gewöhnlich unter seinen Mönchen zu tun pflegte: »Bruder Nikolaus, Bruder Nikolaus! Überlegt euch doch, was ihr sagt! Es ist Unfrömmigkeit, ja fast Lästerung, den Willen Gottes kennen zu wollen. Das kommt von der Sünde der Hoffahrt. Selbst Könige, Bruder Nikolaus« — fuhr er sanfter fort — »müssen sich dem Willen Gottes beugen, ohne Seine Absicht erkennen zu wollen. Sie dürfen nie versuchen, ihn zu mißbrauchen.«

KEINESWEGS BESTÜRZT

Richmond, Neujahrstag 1589

In jenem Jahr feierte Ihre Majestät das Weihnachtsfest in Richmond. Der Winter war scheußlich, nichts wie Regen und Hagel, am Neujahrstag wütete sogar ein Gewitter, das Kaminkappen abriß und in allen Inlandsgrafschaften Dächer fortfegte. Im Palast von Richmond loderten jedoch mächtige Kaminfeuer, es wurde gefestet, getanzt und getändelt, die Kinder führten Theaterstücke auf, dazu gab es frohe Spiele, an denen sogar die Königin teilnahm, und der Neujahrstag sah die Verteilung kostspieliger Gaben. Das Geschenk der Königin an den Lordadmiral war prächtig, wenn man Elisabeths üblichen Maßstab anlegte, und Seymour und die anderen Edelleute empfingen hübsche Beweise der Anerkennung ihrer Dienste. Burghley schenkte der Königin einen massiv-goldenen Teller mit eingraviertem Sinnbild zum Gedenken ihres Sieges, Warwick ein Stück kunstvollen Sarsenett, besetzt mit Rubinen, Diamanten und Perlen und schwer mit Gold durchwirkt, Howard ein zweites — wenn auch nicht so wertvoll wie Warwicks, so doch immerhin so kostspielig wie der ziselierte Silberteller, den er empfing.

Inmitten der üblichen Festlichkeiten konnte man unschwer erkennen, daß sich am Hof der Königin eine Wandlung vollzog. Ihr Vetter Lord Hunsdon, der Lord-Chamberlain, den sie nie für viel älter gehalten hatte als sich selbst, hatte plötzlich steife Glieder und ein schneeweißes Haupt bekommen. Ihr Rechnungsführer, Sir James Croft, nur wenige Jahre älter als Hunsdon, schien ersichtlich altersschwach. Vielleicht hatte ihn das Geflüster von Verrat seit seiner Rückkehr aus Flandern altern lassen, vielleicht hatte auch nur die Unsinnigkeit seiner Verhandlungsführung auf seine zunehmenden Jahre aufmerksam gemacht. Auch Crofts Feind Walsingham schien gealtert, wenngleich er in Wirklichkeit ein junger Mann war, kaum älter als die Königin. Die Krankheit, die ihn ans Bett gefesselt hatte, solange Marias Schicksal unentschieden war, schien doch kein Vorwand gewesen zu sein. Burghley blieb selten mehr lange auf; er war froh, wenn seine Gicht ihn die Morgenarbeit am Verhandlungstisch überstehen ließ. Alter, Krankheit und Tod hatten weitere Lücken in die vertrauten Reihen gerissen. Am schwersten empfand man die Lücke, die jene große, selbstbewußte Gestalt hinterließ, die mit zunehmend gerötetem Gesicht und weißerem Bart an Stattlichkeit nur gewonnen hatte und in dem Bühnenstück, bei dem die Königin als Primadonna auftrat, noch immer den Platz des jugendlichen Liebhabers beanspruchte und dank einer gewissen Großartigkeit auch verdient hatte. Anfang September schrieb Leicester auf dem Weg zu den Bädern in Duxton der Königin einige Zeilen frohen Grußes und zärtlicher Besorgtheit. Wenige Tage später erfuhr sie, daß er tot sei. Sie schrieb auf seinen Gruß »Sein letzter Brief« und schloß ihn weg. Wenn Elisabeth Tudor je einen Mann geliebt hat, so war es Robert Dudley. Wenn sie an jenem Neujahrstag in Richmond ein Gesicht vermißte, so war es das seine.

Elisabeth war alten Freunden gegenüber treu. Für eine so berüchtigt wankelmütige, schwankende Königin wechselte sie höchst selten ihre Diener. Neue Gesichter regten sie indes an, und neue Gesichter begannen die Lücken auszufüllen. Da war beispielsweise ihr schmucker Stallmeister, der Graf von Essex. Im Augenblick maßen er und Walter Raleigh sich mit Blicken wie wetteifernde Schulbuben, ein törichtes Verhalten seitens des Grafen, das daran gemahnte, wie jung er noch war. Mit der richtigen Schulung jedoch konnte er das verwickelte Ballett des Hofes wohl durchschauen und seine schwierigen Tanzschritte so anmutig und sicher auszuführen lernen, wie sein Stiefvater Leicester es getan hatte, vielleicht rechtzeitig genug, um gewissermaßen Leicesters Rolle zu übernehmen. Hie und da bedarf eine Primaballerina einer, wenn auch leise stützenden Hand.

Was Elisabeth betraf, so beabsichtigte sie nicht, abzutreten, wer auch neben ihr aus Alter, mangelnder Gesundheit oder Müdigkeit ausfallen mochte. Schon hatte sie die ersten Schritte des neuen Tanzes getanzt und festgestellt, daß sie seine Figuren ebenso gut ausführen könne wie die alten. Am letzten siebten September hatte sie ihren fünfundfünfzigsten Geburtstag begangen, sie fühlte sich jedoch so wohl und leistungsfähig, ja fast so jung wie eh und je. Zum mindesten konnte sie mit den Jungen Schritt halten und beabsichtigte dies zu tun, so lange ein Herzschlag in ihr pulste. Fast zwölf Jahre später, in ihrem siebenundsechzigsten Lebensjahr, sagte sie Höflingen, die über eine von ihr geplante ausgedehnte Rundreise murrten: »Die Alten mögen zurückbleiben und die Jungen und Fähigen mitkommen!«

Die um Weihnachten schon fortgeschrittenen Pläne für die Sommerkampagne waren allerdings auf die Jungen und Fähigen, auf die abenteuerlustigen Jünglinge und Berufssoldaten abgestimmt, die kühne Offensiven begünstigten. Diesmal sollte Drake die Flotte befehlen. Vielleicht war Howard allzu vorsichtig gewesen. Dem schwarzen Jack Norris würde das Heer unterstehen, er und Drake würden zusammen nichts geringeres als eine großangelegte Invasion Portugals unternehmen, deren Hauptziel Lissabon sein würde. Don Antonio de Crato, der portugiesische Thronprätendent, wollte sich beteiligen; dabei würde sich erweisen, ob seine wiederholten Versicherungen — sobald er den Fuß auf portugiesischen Boden setzte, würden seine treuen Untertanen sich wie ein Mann erheben und die spanischen Eindringlinge über die Grenze zurückjagen — auf Wahrheit beruhten. Mit ein bißchen Glück mochte die Unternehmung einen Krieg an König Philipps Schwelle entfesseln und ihn dadurch zu Hause so stark beschäftigen, daß er auswärts keine Unruhe stiften konnte.

So hoffte die Königin. Die Vorbereitungen für den Empfang der Armada, das lange Warten auf den Feind, besonders aber die verlängerte Mobilisierung zu Land und zu Wasser nach der Flucht der Spanier von Gravelines, — all das hatte viel Geld verschlungen. Da half nur ein neues Parlament, und die Eröffnungssitzung war nur deshalb bis zum Februar verschoben worden, weil es taktvoller schien, erst dann um neue Subsidien zu bitten, wenn die alten restlos ausgezahlt worden waren. Wie Elisabeth ihr Unterhaus kannte, würde es weniger erpicht darauf sein, diesen Krieg zu bezahlen als es gewesen war, ihn herbeizuführen; und wenn Drake und Norris und Don Antonio da nicht erfolgreich waren, wo Medina und Parma und William Allen versagt hatten, würde in der bevorstehenden Sitzung bestenfalls eine erste Teilzahlung gewährt werden. Philipp war hartnäckig. Der Krieg mochte jahrelang weitergehen.

Elisabeth war nicht der Mensch, unnötigem Kummer nachzuhängen; wenn der Krieg sich weiterschleppen würde, wie es dem vorsichtigen

Wäger erschien, würde sie sich an diesen Zustand gewöhnen müssen. In vergangenen Zeiten hatte sie den Frieden bisweilen so gehandhabt, daß er sich vom Krieg kaum unterscheiden ließ. In Zukunft würde sie den Krieg so führen müssen, daß er dem Frieden möglichst nahekam. Solange auf englischem Boden nicht gekämpft wurde und die Steuern nicht die Substanz der Bewohner angriffen, würde das Leben auf der wehrhaften Insel sich im Vergleich zu dem Dasein Frankreichs und der Niederlande einigermaßen friedlich ausnehmen. Daß es so bleiben möge, war Elisabeth I. stets wichtiger, als Siege zu erringen.

Nicht, daß sie nicht auch Siege zu schätzen gewußt hätte. Seit Tilbury fühlte sie sich ihrem Volk näher denn je. Nun wanderten sie, die Kinder huckepack, viele Kilometer und warteten stundenlang, um einen Blick von ihr zu erhaschen, wenn sie zur Jagd ausritt oder — womöglich bei Fackelschein — sich von einem Palast zum anderen begab.

Wenn sie über Land reiste, war ihr Wagen oder ihr Pferd stets von einer Menschenmenge umdrängt, die ihr Geleit kaum zu durchbrechen vermochte, und die Luft vibrierte von Segens- und Zärtlichkeitsrufen. Am Sonntag nach dem dreißigsten Jahrestag ihrer Thronbesteigung im Triumphzug in die Sankt Pauls Kathedrale zu ziehen, durch Straßen, in denen Banner und Girlanden fröhlich grüßten und Menschen knieten und jubelten, war fast wie ein zweiter Krönungszug gewesen — in gewisser Weise sogar befriedigender — wie ein gehaltenes Versprechen mehr befriedigt als ein gemachtes. Wenn sie je ihre Fähigkeit, England in Kriegszeiten zu regieren, angezweifelt hatte, jetzt war sie beruhigt.

EPILOG

New York, Neujahrstag 1959

Historiker stimmen darin überein, daß die Niederlage der spanischen Armada eine Entscheidungsschlacht, ja eine der Entscheidungsschlachten der Weltgeschichte war, doch herrscht keineswegs Übereinstimmung darüber, was sie eigentlich entschied. Sicherlich entschied sie nicht den Ausgang des Krieges zwischen England und Spanien. Wenn auch keine Flotte Drake gegenüberstand und nur örtliche Verteidigungskräfte Norris entgegentraten, so endete die im Jahre 1589 gegen Portugal unternommene englische Expedition mit einem fast so verheerenden Mißerfolg wie die spanische Unternehmung des Jahres 1588. Darauf schleppte sich der Krieg noch fast vierzehn Jahre hin — tatsächlich so lange, wie Königin Elisabeth lebte. Er endete bestenfalls unentschieden. Einige Geschichtsschreiber behaupten, die Niederlage der Armada habe den »Verfall des spanischen Kolonialreiches und den Aufstieg des britischen eingeleitet«. Diese Auffassung ist wenig einleuchtend. Um 1603 hatte Spanien keinen einzigen überseeischen Vorposten an die Engländer verloren, während die englische Kolonisation von Virginia auf unbestimmte Zeit verschoben wurde. Auch konnte das Unternehmen der Armada keineswegs »die Herrschaft über die See von Spanien auf England« übertragen. Stets war die englische Seemacht den vereinten Seestreitkräften von Kastilien und Portugal überlegen gewesen und blieb es weiterhin, wenn auch nach 1588 der Grad der Überlegenheit geringer wurde. Die Niederlage der Armada war weniger das Ende als der Beginn der spanischen Kriegsmarine. Die Engländer konnten zwar die spanische Küste belästigen, sie zu blockieren gelang ihnen jedoch nicht. Drake und Hawkins hatten gehofft, Philipp auf die Knie zwingen zu können, wenn sie den Zustrom seiner Einkünfte aus der Neuen Welt unterbanden, tatsächlich aber floß der amerikanische Reichtum in den Jahren von 1588 bis 1603 üppiger nach Spanien als in jeder anderen fünfzehnjährigen Spanne der spanischen Geschichte. Im Krieg Elisabeths beherrschte niemand die Meere.

Bisweilen wird behauptet, die Überwindung der Armada habe die Stimmung schwebenden Optimismus' heraufbeschworen, die die elisabethanische Geisteshaltung kennzeichnete und zu dem gewaltigen Ausbruch literarischen Ingeniums führte, der die letzten fünfzehn Jahre der Herrschaft Elisabeths bestimmte. Das Zitat aus *King John:* »Die drei Ecken der Welt mögen in Waffen kommen, wir werden sie in die Flucht schlagen«, wird gewöhnlich zur Veranschaulichung angeführt. Die Gleichgültigkeit des ersten Teils dieser Behauptung erscheint jedoch selbst für jene in Frage gestellt, die keine Bedenken hegen, die ganze Stimmung und Geistesart eines Volkes mit einem Satz zu umreißen, da kaum zu beweisen sein dürfte, daß England in den fünfzehn Jahren nach 1588 stärker von jenem »schwebenden Optimismus« beherrscht war als in den eineinhalb Jahrzehnten davor. Der zweite Teil, die Behauptung eines ursächlichen Zusammenhanges zwischen der Niederlage der Armada und der Blüte des elisabethanischen Dramas, läßt sich schwer widerlegen, noch schwerer aber beweisen — es sei denn durch die Methode des post hoc, propter hoc. In England ist die Beziehung zwischen der Armada-Kampagne und literarischen Werken viel weniger klar zu erkennen als in Spanien. Einer allgemein akzeptierten Geschichte zufolge brachte ein verstümmelter Kriegsveteran von Lepanto, ein Dichterling, in den wirren Wochen vor der Ausfahrt der Armada von Lissabon seine Aufstellungen für die Flotte so durcheinander, daß niemand zu sagen vermochte, ob er die Krone beschummeln wollte oder nicht; er wurde daher vorsorglich ins Gefängnis gesteckt, bis jemand seine Buchführung entwirren konnte. In seiner unfreiwilligen Muße fand er Zeit, mit der Niederschrift des *Don Quijote* zu beginnen. Vielleicht ist dies ein Beweis dafür, daß die Niederlage das Genie ebenso befruchten kann wie der Sieg, eine These, die die Geschichtsschreibung weitgehend zu belegen vermag. Vielleicht hätten Cervantes und Shakespeare aber auch unabhängig von dem Geschehen um die Armada viel geschrieben.

Die älteren Historiker, Froude und Motley, Ranke und Michelet, die behaupten, die Niederlage der Armada habe entscheidend dazu beigetragen, daß die Gegenreformation nicht in ganz Europa triumphieren konnte, vertreten eine stichhaltigere Sache. Vielleicht hätte Medina Sidonia nichts weiter tun können, um die Seeschlacht zu gewinnen, Howard indes hätte sie zweifellos verlieren können. Wäre dies eingetreten, hätte Parma vielleicht Mittel und Wege gefunden, sein Heer nach England überzusetzen. Wäre Parma gelandet, hätte er Rochester genommen, wie er geplant hatte, und wäre dann mit Hilfe einer in der Themse ankernden siegreichen Flotte auf London vormarschiert, so hätte dies die Geschichte Englands und des Kontinents auf manche Art und Weise ändern können. Selbst wenn Parma die Eroberung Englands oder die Absetzung der Königin mißlungen wäre, würde auch ein begrenzter spanischer Erfolg der Sache des Protestantismus einen ernstlichen, ja womöglich verhängnisvollen Schlag versetzt haben. Indessen scheint es uns, daß selbst im Falle eines spanischen Seesieges das endgültige Bild Europas im Augenblick des Friedensschlusses wohl kaum anders ausgesehen haben würde. Philipp und seine streitbaren Ratgeber träumten von einem gewaltigen Kreuzzug, der die Ketzerei beseitigen und der Christenheit den katholischen Frieden des Königs von Spanien aufzwingen sollte. Drake und seine Mitpuritaner träumten davon, die religiöse Revolution durch ganz Europa auszutragen, bis der Antichrist vom Thron gestoßen sei. Beide Träume waren fern der Wirklichkeit. Weder die katholische noch die protestantische Koalition hatte die notwendige Einheit oder verfügte über die erforderlichen Kräfte. Ideengebilde, wiewohl zumeist in ihrer Wirkung begrenzt, sind schwerer auszurotten als Menschen, ja als Nationen. Von allen Kriegsarten ist ein Kreuzzug, ein totaler Krieg gegen ein Ideensystem, am schwersten zu gewinnen. Seiner ganzen Natur nach konnte der Krieg zwischen Spanien und England nur unentschieden ausgehen, aber da die Menschen einmal so sind, wie sie sind, erwies sich selbst seine Lehre als vergeblich. So mußte der größte Teil Europas einen weiteren, dreißig Jahre währenden Krieg führen, bevor man erkannte, daß Kreuzzüge eine schlechte Methode zur Bereinigung von Meinungsverschiedenheiten sind und daß zwei oder mehrere Ideensysteme ohne gegenseitige tödliche Bedrohung friedlich nebeneinander leben können.

Trotzdem war die Niederlage der spanischen Armada in einem Sinne ein entscheidendes Ergebnis, wenn auch weniger für die Teilnehmer als für die Zuschauer. Für die Fachleute beider Seiten war das überraschendste Ergebnis von Gravelines vor allem die glänzende Leistung der Armada. Die Landbewohner, Engländer wie Spanier, waren hingegen weniger sicher, welcher Seite die Waage des Sieges sich zuneigen würde, und andere waren ihrer Sache noch weniger gewiß. Frankreich, Deutschland und Italien hatten den spanischen Koloß von Sieg zu Sieg eilen sehen. Die Vorsehung, Gottes zunehmend sichtbarer Ratschluß, die Wogen der Zukunft – sie alle schienen auf Spaniens Seite; und so wenig sie die Aussicht auf spanische Vorherrschaft begrüßten, so frohlockten die französischen, deutschen und italienischen Katholiken darüber, daß Spanien der deutlich erwählte Vorkämpfer für Gottes Kirche war, während die Protestanten allerwärts entsprechend beunruhigt und bestürzt waren. Als die spanische Armada die alten Beherrscher des englischen Kanals auf ihrem eigenen Grund herausforderte, nahm der bevorstehende Zwist das Aussehen eines kritischen Zweikampfes an, in dem Gott das Recht verteidigen würde. Die Feierlichkeit des Geschehens wurde durch die unheilverkündenden Voraussagen für das Jahr des Zusammenstoßes noch erhöht, Prophezeiungen, die so alt und ehrwürdig waren, daß nicht einmal der aufgeklärteste Skeptiker sie übersehen konnte. Daher horchte auch ganz Europa auf, als die beiden Flotten sich dem erwählten Schlachtfeld näherten.

Für die Zuschauer beider Parteien war das nach jedermanns Auffassung durch einen außergewöhnlichen Sturm verstärkte Ergebnis in der Tat entscheidend. Die Protestanten Frankreichs und der Niederlande, Deutschlands und Skandinaviens sahen mit Erleichterung, daß Gott in Wahrheit – wie sie stets vermutet hatten – auf ihrer Seite war. Die Katholiken Frankreichs, Italiens und Deutschlands sahen fast ebenso erleichtert, daß Spanien letzten Endes doch nicht Gottes einziger Vorkämpfer war. Von dieser Zeit an war der Höhepunkt seines Glanzes überschritten, wenn auch Spaniens Vormachtstellung noch eine weitere Generation überdauern sollte. Besonders Frankreich begann nach Heinrich III. Staatsstreich in Blois seine Rolle als Gegengewicht gegen das Haus Österreich zurückzugewinnen und somit der Hauptgarant für die Freiheiten Europas zu sein, solange diese Freiheiten durch die Habsburger bedroht waren. Ohne den englischen Sieg vor Gravelines und seine Bestätigung durch die Nachrichten aus Irland hätte Heinrich III. wohl nie den Mut aufgebracht, das Joch der Liga abzuschütteln, und die spätere Geschichte Europas wäre vielleicht unberechenbar anders ausgefallen.

Somit war trotz des langen, unentschiedenen nachfolgenden Krieges die Niederlage der spanischen Armada entscheidend. Sie legte dar, daß den Erben des mittelalterlichen Christentums die religiöse Einheit nicht gewaltsam wieder aufzuzwingen war, wenn sie damit auch nur bestätigte, was bereits der bei weitem wahrscheinlichste Ausgang war — ja, vielleicht haben sogenannte Entscheidungsschlachten nie etwas anderes bewirkt. Ob Parma Holland und Zeeland für Spanien hätte zurückerobern können, wie er die südlichen Provinzen zurückeroberte, werden wir nie erfahren. Nach 1588 hatte er keine Möglichkeit mehr dazu; ein allzu großer Teil seiner schwachen Streitmacht mußte zur Unterstützung der Liga gegen Heinrich von Navarra abgezweigt werden. Das Bild der Territorial- und schließlich »National«-Staaten, welches das moderne Europa kennzeichnen sollte, begann sich bereits abzuzeichnen, und nach 1588 sollte jeder größere Staat nicht nur frei sein, sondern sich auch frei fühlen und seine eigenen Möglichkeiten entfalten, ohne sich äußerlich aufgezwungenen Glaubenssystemen anpassen zu müssen. Da die Mächte Europas nicht stark genug waren und auf Jahrhunderte hinaus nicht stark genug sein würden, um einander nicht wieder gutzumachenden Schaden zuzufügen, durfte man die Frage, wie Freiheit zu erreichen war, ohne daß sie der Sicherheit gegen gänzliche Vernichtung gleichsah, getrost dem Jahrhundert überlassen, in dem sie auftreten würde.

Inzwischen beeinflußte die in der Vergangenheit versinkende Episode der Armada die Geschichte auf andere Weise. Ihre Darstellung, vergrößert und verzerrt von goldenem Nebelschleier, wurde eine heldenhafte Lehrfabel für die Verteidigung der Freiheit gegen die Tyrannei, ein ewiger Mythos des Sieges der Schwachen über die Starken, des Triumphes von David über Goliath. Sie erhob die Herzen der Menschen in düsteren Stunden und brachte sie dazu, einander zuzurufen: »Was wir einmal fertiggebracht haben, bringen wir wieder fertig.« Soweit sie dies bewirkte, wurde die Sage von der Bezwingung der spanischen Armada ebenso wichtig wie das tatsächliche Ereignis — vielleicht noch wichtiger.

ALLGEMEINE QUELLENANGABEN

Archive und Manuskriptsammlungen

England

Das Public Record Office *(P. R. O.)* besitzt die Originale der von Bruce, Laughton & Corbett (siehe unten) veröffentlichten und unveröffentlichten Dokumente über die Landesverteidigung.

British Museum *(B. M.)*. Zusätzlich zu den Yelverton Manuskripten und anderen, seit 1945 erworbenen Sammlungen lieferten die älteren Sammlungen nützliche Daten.

Neben zwei »newsletter« Beiträgen zum Tode von Maria Stuart und anderem zeitgenössischen Material besitzt die Bodleian Library, Oxford *(Bod.)*, einen unveröffentlichten »Commentary on Certain Aspects of the Spanish Armada« von James P. R. Lyell, mit zahlreichen Abschriften spanischer Dokumente, von denen einige aus normalerweise unzugänglichen Privatsammlungen stammen. Solche Abschriften erwiesen sich, wie ich kontrollieren konnte, als verläßlich. In Harvard gibt es eine andere maschinengeschriebene Kopie von Lyell's Essay.

Spanien

Das Archivo General de Simancas *(Sim.)* enthält nicht nur viele Dokumente, die direkt über die nautischen und militärischen Gesichtspunkte der Armada-Schlacht berichten und meist veröffentlicht sind, sondern eine große Anzahl von dazu in Beziehung stehenden diplomatischen und administrativen Akten, vor allem die Korrespondenz von Alexander Farnese und Bernardino de Mendoza, die noch nicht im ganzen Umfang veröffentlicht oder viel benützt wurde für die zur Debatte stehenden Jahre. In den Hauptsammlungen in Madrid fand ich keine unveröffentlichten Papiere, die für die Armada-Schlacht wichtig wären.

Frankreich

Alle drei Hauptsammlungen in Paris erwiesen sich als hilfreich. In den Archives Nationales *(Arch. Nat.)* gibt es neben einem Mikrofilm von Mendozas Korrespondenz vielerlei Dokumente, die sich auf die Liga und den Krieg der Three Henrys beziehen. Das Archiv des Ministère des Affaires Etrangères *(Aff. Et.)* enthält Berichte von London, Rom und Den Haag. In den Manuskripten der Bibliothèque Nationale *(Bib. Nat. MSS.)* fand ich, neben Depeschen von Longlée, die hinreichend veröffentlicht sind, Briefe von Bellièvre und Châteauneuf in England und von Pisany in Rom, die die vom *Aff. Et.* ergänzen, und ein beträchtliches Briefpaket, das sich mit Guise und dem »Tag der Barrikaden« beschäftigt. Es war mir unmöglich, Zugang zu bekommen zu anderen Papieren von Châteauneuf, die jetzt in Privatbesitz sind.

Die Niederlande

Das Rijksarchief in Den Haag besitzt viele Dokumente der Admiralitäten in Amsterdam und Zeeland, und in Provinzarchiven gibt es zusätzliches Material, viel mehr, als ich benützen konnte.

Italien

Alle größeren Staatsarchive besitzen aufschlußreiches Material. Dokumente in Genua, Mailand, Neapel und Palermo berichten meist über die Verteidigung des Mittelmeeres, Ergänzung und Hilfe, aber durchaus nicht mehr, als in diesem Buch erwähnt ist. Das Airchivio di Stato di Venezia *(Ven.)* ist reich an politischen Aufzeichnungen. Da der Großherzog von Toscana der Armada unfreiwillig eine Galeone zur Verfügung gestellt hatte, war er an deren Ergehen sehr interessiert und sein Nachfolger ebenso. Das Archivio di Stato di Firenze *(Flor.)* enthält deshalb eine große Anzahl von Berichten über die spanischen Seefahrtsangelegenheiten, die meist noch unveröffentlicht sind.

Die Vatikanischen Archive *(Vat.)* waren jedoch die Hauptquellen von neuem Material. Sixtus V. erhielt wahrscheinlich umfangreichere und ausführlichere Berichte aus allen Teilen Europas als jeder andere Herrscher seiner Zeit. Er hatte ein besonders scharfes Auge auf seinen Leidensgefährten in dem Unternehmen von England, Philipp von Spanien. Da alle brauchbaren Dokumente über dieses Thema in den *Lettere delle Nunziature I* enthalten waren, habe ich sie einfach mit Abschnitt und Bandnummer, z. B. *Spagna,* 34, bezeichnet.

Veröffentlichte Quellen

Die einzigen vollständigen Publikationen diplomatischer Korrespondenz, die für diese Studie aufschlußreich waren, sind die *Dépèches diplomatiques de M. de Longlée, Résident de France en Espagne* (1582–90), Herausgeber A. Mousset (1912); die *Négociations diplomatiques de la France avec la Toscane,* Herausgeber G. Canestrini und A. Desjardins, Band IV (1872); und die *Relations politiques de la France et de l'Espagne avec l'Ecosse,* Herausgeber A. Teulet, Bände IV und V (1862), wobei der letzte etwas willkürlich ausgewählt ist. Der *Calendar of State Papers, Foreign* XXI (4 Teile) und XXII gibt eine vollständige und brauchbare Zusammenfassung aller Dokumente im

Bereich des *Public Record Office*, die größtenteils nur wenig gekürzt ist. Der *Calendar of State Papers, Venetian* exzerpiert geschickt aufschlußreiche Dokumente der Venezianischen Archive, und der *Calendar of State Papers, Spanish, Elizabeth*, Band IV (1899) ebenso etwas weniger verläßlich der Archive von Simancas.

Die Schiffahrtsdokumente für die Schlacht der Armada wurden für England mit unterschiedlicher Qualität von J. K. Laughton, *State papers relating to the defeat of the Spanish Armada*, 2 Bände (Navy Records Society, 1895) und J. S. Corbett, *The Spanish War, 1585–1587* (Navy Records Society, 1898) veröffentlicht, für Spanien von C. Fernández Duro, *La Armada Invencible*, 2 Bände (Madrid, 1885) (F. D.) und E. Herrera Oria, *La Armada Invencible* (Valladolid, 1929) (H. O.). G. P. B. Naish gab in Band IV von *The Naval Miscellany* (Navy Records Society, 1952) eine kleine Sammlung spanischer Dokumente vom National Maritime Museum, Greenwich, heraus und eine Übersetzung von Ubaldinis Sekundärbericht vom Manuskript im British Museum, die beide die spanischen und englischen Publikationen ergänzen. Der Herzog von Maura veröffentlichte mit einer Einleitung eine bis jetzt nicht benützte Anzahl von Dokumenten aus den Familienarchiven der Herzöge von Medina Sidonia, die neue Aufschlüsse geben über die Beziehung von Medina Sidonia zu Philipp II: Gabriel Maura Gamazo, Herzog von Maura, *El designio de Felipe II* (Madrid, 1957).

Für die Landesverteidigung und die Auswirkungen der Schlacht der Armada in der Heimat ist der *Calendar of State Papers, Domestic*, II (1581–90) ein Schlüssel zu wertvollem Material im Public Record Office Dasents *Acts of the Privy Council* und H. MSS. C. *Salisbury MSS*, Band II (1899) sind ebenso nützlich.

Zeitgenössische Berichte

Ich habe gegen 70 oder 80 zeitgenössische Pamphlete, Artikel etc. eingesehen, die direkt mit der Armada im Zusammenhang stehen, gedruckt in den Jahren 1587–90. Das ist wertvoller als irgendein bibliographisches Verzeichnis, das ich kenne, aber ich zweifle nicht, daß weitere Nachforschungen noch mehr erschließen würden. Einige sind nur Nachdrucke und Übersetzungen, die meisten aber enthalten irgendwelche unabhängigen Variationen. Einige verbinden Angaben aus zwei oder mehr früheren Pamphleten. Einige sind reine Phantasiegespinste. Einige sind reine Propaganda. Aber da der Standard dieser Art von Journalismus im 17. Jahrhundert sich nicht wesentlich von späteren Ausprägungen unterscheidet, scheinen mir diese Pamphlete nicht so unwichtig zu sein, wie Sir Julian Corbett sie fand. Manchmal enthalten sie Details, die man auch in den Berichten der Kämpfenden antreffen kann, und manchmal erweitern und erklären sie solche Berichte oder betrachten sie von einem anderen Gesichtspunkt aus. Zumindest berichten uns diese Pamphlete von den Vorstellungen, die sich die Leute von den tatsächlichen oder möglichen Ereignissen machten, oder von dem, was irgendjemand wollte, daß sie sich denken sollten. Ich benützte sie gerne und zitierte sie ganz individuell, wann immer es mir wichtig erschien.

In diesem Sinne benützte ich auch andere Artikel, Zeitungsberichte und politische Pamphlete, sooft ich sie finden konnte, die zeitgenössischen Chronisten und die Proto-Historiker, besonders William Camden, *Annales ... regnante Elizabetha*, Herausgeber Hearne, 3 Bände (1717); L. Cabrera de Córdoba, *Felipe II, Rey de España* (1877); A. de Herrera, *Historia general* (1602); B. Porreño, *Dichos y hechos del señor rey Don Felipe segundo* (Cuenca, 1628); E. van Meteren, *Histoire des Pays Bas* (La Haye 1618); C. Coloma, *Las guerras de los estados Baxos* (1625); F. Strada, *De bello Belgico* (1647); J. A. de Thou, *Histoire Universelle* (Basle, 1742).

Jüngere Zeugnisse

Der Bericht über die Armada-Schlacht in Band II von Sir Julian Corbett's *Drake and the Tudor Navy* (1899) bleibt ein Klassiker der Seegeschichte, auch wenn man viel davon nur mit großen Vorbehalten annehmen darf. Corbett stützte sich hauptsächlich auf Ubaldinis Bericht (B.M.Reg. 14, A. XI. In Italienisch. Eine Übersetzung wurde kürzlich herausgegeben von G. P. B. Naish in *The Naval Miscellany*, IV) und neigte dazu, alle Interpretationsschwierigkeiten zu lösen, indem er annahm, Drake müsse bei jeder Gelegenheit gehandelt und beraten haben, als ob er eine Verbindung von Horatio Nelson und A. T. Mahan wäre. J. A. Williamsons Kapitel über die Armada in *The Age of Drake* (1938) liefert ein ausgleichendes Korrektiv zu Corbett und dann hat Michael Lewis' »Armada Guns« in *The Mariner's Mirror*, XXVIII(1942), XXIX (1943) neues Licht gebracht in die Taktik beider Flotten. Die jüngsten Abhandlungen über die erste Phase des Anglo-spanischen Seekrieges, die ich las, sind D. W. Waters, »The Elizabethan Navy and the Armada Campaign« in *The Mariner's Mirror*, XXXV (1949), der von der Wirkung der Gezeiten Gebrauch macht, A. L. Rowse, *The Expansion of Elizabethan England* (1955) und Thomas Woodrooffe, *The Enterprise of England* (1958).

Übrigens soll das Fehlen solcher Standard-Werke wie J. B. Blacks *The Reign of Queen Elizabeth* oder A. L. Rowses Elisabethinische Studien in den folgenden Quellenhinweisen nicht bedeuten, daß ich versäumte, sie zu benützen, sondern daß ich annahm, jeder, der die Hinweise benützt, sei damit vertraut, und es sei nicht nötig, Tatsachen zu dokumentieren, die aus den allgemein bekannten Gebieten der Geschichte belegt werden können.

Einige Schulden jedoch sind zu groß und schwerwiegend, um nicht anerkannt zu werden. Wer immer sich mit der Seekriegsgeschichte der Tudor-Zeit beschäftigt, verdankt dem Werk von J. A. Williamson vieles. Im besonderen waren seine Studien über die Laufbahn von John Hawkins, vor allem *Hawkins of Plymouth* (1949) sehr nützlich für dieses Buch.

Aufschlußreich und gewinnbringend war auch jedesmal die Lektüre von Conyers Read's *Mr. Secretary Walsingham,* 3 Bände (1925). Es ist schade, daß der zweite Band seiner Biographie von Cecil nicht rechtzeitig erschien.

Leon van der Essen's *Alexandre Farnese,* 5 Bände (1937) übertrifft alles frühere Wissen über Parma's Schlachten in den Niederlanden, und obwohl ich dem Werk nicht blind folgte, wich ich nie ohne Bedenken davon ab.

Das Studium der Briefe und Staatspapiere Philipp II. begann ich zuerst unter der Anleitung von R. B. Merriman, solange dieser noch an seinem Werk *Philip the Prudent* (1934) arbeitete. Meine Meinung über den vielschichtigen Charakter des Monarchen war zwar nicht die gleiche wie die meines Meisters, doch sicher beeinflußt nicht nur von Roger Merriman's Veröffentlichungen, sondern von unseren gemeinsamen Korrespondenzen und Unterhaltungen mehr als 20 Jahre hindurch.

Fast ebenso wurden meine Vorstellungen von Elisabeth I., von ihrem Charakter, ihren Schachzügen und ihrer Politik, wie bei den meisten Studierenden der Tudor Geschichte während der letzten 25 Jahre weitgehend beeinflußt von Sir John Neale, von seiner Biographie der Königin, von seinen drei großartigen Werken über ihr Parlament, von seinen Spezialstudien über ihre Finanzen und ihre Diplomatie, und von seinem persönlichen Rat. Möge diese allgemeine Anerkennung anstelle von Einzelaufführungen gelten, die in den Anmerkungen zu jedem Kapitel, in dem der Name der Königin erwähnt ist, erscheinen sollten.

KAPITEL-ANMERKUNGEN

Der Vorhang hebt sich

Die Anzahl der »Berichte« über die Hinrichtung der Königin Maria von Schottland, die Anspruch auf Zuverlässigkeit erheben, ist groß, aber mit Ausnahme des von Shrewsbury und seinen Mitarbeitern unterzeichneten offiziellen Berichts (Bod. Ashmole 830 f. 18) und Bourgoing's in R. Chantelauzes *Marie Stuart* (Paris, 1876) abgedruckten *Journals* stellen uns ihre Herkunft und Echtheit, sowie ihr Verhältnis untereinander und zu den erstmalig gedruckten Berichten, *Mariae Stuartae ... supplicium et mors* (Köln, 1587) und *La Mort de la Royne d'Ecosse* (n. p. n. d. Paris? 1587?) (Siehe Jebb, *De Vita ... Mariae*, Band II, London, 1925) vor manches Problem. Neben dem offiziellen Bericht und Bourgoing scheint man wenigstens vier Augenzeugenberichte zu unterscheiden, die zwar in den meisten Einzelheiten miteinander übereinstimmen, in einigen jedoch voneinander abweichen. Einige vorhandene Aufzeichnungen berufen sich auf eine einzige Quelle, andere sind gemischt. Z. B. Bod. Ashmole 830 f. 13; Tanner 78; B. M. Lansdowne 51 f. 46; Yelverton 31 f. 545; *Aff. Et. Corresp. pol. Angleterre*, XXII f. 471 (Châteauneuf); XX f. 454 (Bellièvre); (Beides erschienen in Teulet, *Relations); Bib. Nat. MSS. Fds. Fr.* 15890 f. 27; *Vat. Francia* 21. Vergleiche Ellis *Orig. Letters* 2. Reihe III, 113, und M. M. Maxwell-Scott, *The Tragedy of Fotheringhay*, Anhang. Man könnte sagen, daß zwei der Zeugen ihren Sympathien nach Protestanten, zwei Katholiken waren; die kleinen optischen Einzelheiten jedoch, in denen sie voneinander abweichen, scheinen nichts mit ihren Neigungen zu tun zu haben. Zum Beispiel wird die Farbe von Marias Unterkleid unterschiedlich beschrieben als »crimson« (karmesinrot), »cramoisie« (karmesinrot), »pourpre« (purpurrot), auch als »schwarzes Leibchen mit braunem Unterrock«, manchmal mit, manchmal ohne »scharlachrote Bänder«. Sicherlich war die Beleuchtung des großen Saals schlecht, der letzte Zeuge muß jedoch farbenblind gewesen sein.

Ich habe mich für karmesinrot entschieden, nicht so sehr, weil frühere Manuskripte vor anderen davon sprechen, sondern weil, wenn Maria karmesinrote Unterkleider besaß (was uns zuverlässig überliefert ist), sie diese meiner Meinung nach getragen haben wird.

Einfachheit einer Stadt

Châteauneuf und Bellièvre, wie oben. Mendoza an Philipp, 28. Februar 1587 (Sim.); *Fugger News Letters.*

Verlegenheit einer Königin

Wie oben. Auch *Calendar of State Papers... Scotland,* IX, 1586–1588 (1915); *The Warrender Papers,* I (1931); R. S. Rait und A. I. Cameron, *King James's Secret* (1927); *Bagot Papers* (HMSSC. IV); N. H. Nicolas, *Life of William Davison* (1823), besonders der Anhang.

Das Ende einer fröhlichen Zeit

Mendozas Briefwechsel, 1584–87, in Simancas; De Lamar Jensen's unveröffentlichte Dissertation: *Bernardino de Mendoza and the League* (Columbia University, 1957); *Journal d'un curé liguer,* Herausgeber Barthelemy (1866); Dolfin an den Senat, 13. März 1587 (Ven.); Staffords Briefwechsel in *Cal. State Papers, Foreign,* Eliz.; P. de L'Estoile, *Journal du regne de Henri III,* hg. v. L. R. Lefèvre (1945); G. Ascoli, *La Grande-Bretagne devant l'opinion française* (1927).

Operationspläne

Mendoza an Parma, 28. Februar 1587 (Sim.); L. Van der Essen, *Alexandre Farnese;* Parmas Briefwechsel, 1584–87 (Sim.) besonders Parma an Philipp II, 14. Februar 1587 und 22. März 1587; *C. S. P. F.* (Holland und Flanders, 1586–87).

Das bittere Brot

Mendoza an Olivarez, 28. Februar 1587; Olivarez an Philipp II., 25. und 30. März 1587, und William Allen an Philipp II., 25. März, alle in Simancas und verzeichnet in *Cal. Span.,* IV. Der ganze Stoß des Olivarezschen Briefwechsels *(Sim. Estado, Roma, 950),* der unzulänglich registriert ist, ist für die Lage der englischen Exilierten und manchen politischen Aspekt der Unternehmung von großer Bedeutung.

Für die englischen Exilkatholiken ist A. O. Meyers *England and the Catholic Church under Elizabeth* (London, 1916) noch immer unentbehrlich. Desgleichen, wenn auch in geringerem Maße aufschlußreich, ist Robert Lechat

Les refugiés anglais dans le pays bas (Louvain, 1914). Die meisten, wenn auch nicht alle von William Allens Briefen sind veröffentlicht in *Letters and Memorials of William Allen* (1882) mit einer biographischen Einführung von T. F. Knox. Was Parsons betrifft, so finden wir »The Memoirs of Father Robert Parsons« von J. H. Pollen in *Cath. Rec. Soc. Misc.*, II (1905) und IV (1907). Es gibt eine umfangreiche und anwachsende Bibliographie besonderer Studien über englische Katholiken unter Elisabeth. Neben flüchtigem Blättern in diesen Schriften hatte ich das Glück, zwei bisher unveröffentlichte Dissertationen: »Spain and the English Catholics Exiles« von Albert J. Loomie, S.J. (Universität London) und »Robert Parsons, English Jesuit« von John Edward Parish (Columbia University) benutzen zu können.

Die Folger-Shakespeare-Bibliothek in Washington, D. C. besitzt eine Anzahl gebundener Briefe, die aus der Sammlung von Sir Thomas Philipps stammen, anscheinend einst zum Archiv der spanischen Botschaft in Rom gehörten und alle mit den Angelegenheiten englischer Katholiken zu tun haben. Viele dieser Schriftstücke sind heute weder in Rom noch in Simancas zu finden, und Philipps Privatdruck *De conquestu angliae per Hispanos* (Middlehill 1869) veröffentlichte nur die annähernd lesbaren dieser Briefe. Allens Wunschtraum vom Aufstand der englischen Katholiken umschrieb lediglich sein Brief (vom September 1585) an Papst Sixtus V. in den Folger-Manuskripten G.b. 5. Siehe meinen Artikel in *Aspects de la propagande religieuse* (Travaux d'Humanisme et de Renaissance, XXVIII. Genf, 1957) Seite 325–39.

Ich bin Schwester Joseph Damien vom Saint Josephs College, Brooklyn, N.Y., für Einzelheiten über die englische Schule und anliegende Gebäude in Rom verpflichtet.

Gottes offensichtlicher Ratschluß

Mendoza an Philipp II., 28. Februar 1587 (Sim.). Auch in Simancas unter dem 31. März, 1. und 2. April in den Abteilungen *Estado (Francia, Flandes, Roma, Estados Pequeños de Italia, Guerra Antigua, Mar y Tierra usw.)* der plötzliche Schwarm von Befehlen, einige davon veröffentlicht bei Hume, Fernández Duro und Herrera Oria. R. Altamira, *Felipe II, Hombre de Estado* (Mexico City, 1950) ist abgerundet und hat eine wertvolle Bibliographie. Über den Escorial, José de Sigüenza, *Fundación ... de Escorial* (Madrid, 1927); Lorenzo Niño Azcona, *Felipe II y la villa de Escorial* (Madrid, 1934); Louis Bertrand, *Philippe II. à l'Escorial* (Paris, 1929).

»Der Wind befiehlt mich hinweg«

Für dieses und die nächsten drei Kapitel finden sich die englischen Unterlagen zum größten Teil in *The Spanish War*, hg. v. J. S. Corbett (Navy Rec.

Soc., 1897) und der klassische, da und dort verbesserungsbedürftige Bericht in Corbetts *Drake and the Tudor Navy*. Über Drake gibt es viele Biographien. Unter den neueren gefiel mir die von A. E. W. Mason. Was bei einer Schilderung Drakes schwer fällt, ist den Menschen von seiner Legende zu trennen.

Ein Bart ist versengt

Zur englischen Anschauungsweise vom Überfall auf Cadiz wie oben, dazu *News out of the coast of Spain* (London, 1587); »A briefe relation of ... Drake ... in the Road of Cadiz« bei R. Hakluyt, *Voyages*, IV, und Robert Lengs Erzählung in *Camden Misc.*, V (1863).

Beim spanischen Blickfeld wären außer den von Fernández Duro und dem Herzog von Maura gedruckten Unterlagen Novaras Bericht an Sixtus V. (Vat. *Spagna* 34) und ein von seinem Botschafter an den Großherzog der Toskana gesandter Stapel Schriftstücke, Alamanni (Flor. *Arch. Med.* 4919 ff. 313-33), zu nennen. Außer einer Zusammenfassung und einer Liste spanischer Verluste, die Fernández Duros ähnelt, gibt es »Abschrift eines Briefes aus der Hand des Kammerherrn des Bischofs von Cadiz vom 1. Mai 1587« (in spanisch), 3 Seiten, und ein anonymer *Relatione sopra le cose de Drac* (in italienisch), 5 Seiten, völlig unabhängig von jedem anderen Bericht und sicherlich von einem Augenzeugen, vielleicht dem florentinischen Konsul.

Das aufschlußreichste Dokument indessen stammt von William Borough und ist sein Bericht über die Operationen vor Cadiz, im englischen Staatsarchiv (S.P. 12 Eliz. 202 f. 20), der allerdings in seiner Originalgröße, 17½ auf 13½ Zoll eingesehen werden sollte. Auf einer Tafel wie in Corbetts *Drake*, II., ist es vollkommen sinnlos. Unter anderem ist er im Hinblick auf die Anzahl der Galeeren erschöpfend und stimmt mit dem Bericht aus Cadiz überein.

»Nichts von Bedeutung«

Wie oben. Wiederum zusätzliche Briefberichte im florentinischen Archiv.

Faßdauben und Staatsschatz

Wie oben größtenteils aus Corbetts *The Spanish War*.

Ein Arm wird abgehackt

Van der Essen, *Farnese* und dort zitierte Hinweise, besonders F. Strada und *C.S.P.F.*, XXXI. Auch Hauptmann Alonso Vasquez »Los sucesos de

Flandes« in C. D. I. E., Band 75. In Parmas Briefwechsel in Simancas befindet sich ein anonymer, undatierter Bericht über »Juan Visaguerde flamenco«, der gegen Ende Juni 1591 abgelegt und dem Inhalt nach aus dieser Zeit stammen muß. Parmas Briefe aus dem Juli 1587 enthalten militärische Einzelheiten, desgleichen der Bericht von Oberst Groenevelt »De ce qui s'est passé durant le siège de l'Ecluse«, in Yelvertons Manuskripten XIV f. 502 ff. Roger Williams Briefe sind in den P. R. O., ausführlich in *C. S. P. F.,* XXXI.

Der glückliche Tag

Über den politischen Hintergrund: siehe Anmerkungen zum 4. Kapitel. Dazu Joseph de Croze, *Les Guises, les Valois et Philippe II*, 2 Bände (1866); Comte Henri de L'Epinois, *La Ligue et les Papes* (1886); V. de Chalambert, *Histoire de la Ligue* (1898); M. Wilkinson, *A history of the League* (Glasgow 1929); Van der Essen, *A. Farnese*, III, 236 ff. Jensen, *Mendoza* (ut. supra) wirft neues Licht auf den Vertrag von Joinville.

Über die Schlacht: François Racine, Sgnr. de Villegomblain, *Memoires* (1668) in Band II. »Voyage de M. le duc de Joyeuse... 1587«; Agrippa d'Aubigné, *Histoire Universelle*, Buch XI; Sully, *Memoires*, Buch II. Alle drei Augenzeugen – Villegomblain mit Lavardins Pferd, d'Aubigné bei Navarra, Sully mit den Geschützen – sind wie üblich wegen der verflossenen Zeitspanne nicht sehr zuverlässig. De Thou, Buch IXXXVII; Père Matthieu, Buch VIII; und du Plessis Mornay, Buch I, haben mehr oder weniger zeitgenössische Berichte von einigem Wert. Gute moderne Erzählweise bei Sir Charles Oman, *Art of War in the Sixteenth Century* (1937) und Pierre de Vaissière, *Henri IV* (1928).

Der Nutzen des Sieges

Wie oben. Dazu über den Feldzug der Reiter diplomatische Quellen, besonders Stafford in *C. S. P. F.*, Cavriana in Canestrini, *Négociations*, IV, Mocenigo (Venedig), Morosini (Vat. *Francia*, 20) und natürlich Mendoza. Davila, *Guerre Civile de Francia*, Buch VIII, vermittelt einen klaren gewissermaßen zeitgenössischen Eindruck von der Kampagne. Louis Maimbourg, *Histoire de la Ligue* (Paris, 1686), schöpft aus inzwischen erloschenen Quellen, ist vielsagend und im allgemeinen verläßlich.

Das unheilvolle Jahr

Bei Leslie Hotson, *Shakespeare's sonnets dated* (N. Y., 1949) findet sich eine gute Zusammenstellung über den Einfluß der Prophezeiung des Regiomontanus in England. Die beste zeitgenössische Besprechung darüber ist Harvey's *Discoursive Problem*.

Über Spanien neben Fernández Duro, I, passim, Novara, 11. Dezember 1587, und 8. Januar 1588 (Vat. *Spagna*, 33) und Canciano an den Herzog von Mantua, 17. Januar 1588 (Mant. *Esterni*, 601).

Rom: »Merlin«-Prophezeiung in Vat. *Francia*, 20 f. 379.

Prag: San Clemente an Philipp II., Oktober 1587 bis Februar 1588, passim. Brief aus Deutschland an den Kardinal Montalto, Vat. *Germània*, 108, 109, und Erzbischof von Bari, III.

Paris: Diplomatische Korrespondenz von Mendoza, Stafford, Cavriana und Morosini. Auch l'Estoile, Pasquier, De Thou und Curé Liguer.

Holland: *Corte Prophetie van tgene int Jaer MDLXXXVIII dragen ende gesekieden*. Amsterdam: Cornelis Claezoon; *Praedictis Astrologica: Die Grote Prognostication ... van dat wonderlijke year ... 1588*. Amsterdam: A. Barentz (1587); *Een wonderlycke nieu profecije op dit wonderlyck Schuckeljaer ... 1588*. (n. p.) alle drei in der Sammlung Knüttel.

England: W. Gray, *An almanacke and a prognostication für Dorchester*. 1588 (STC, 451); Thos. Tymme, *A preparation against the prognosticated dangers of 1588* (STC, 24 420).

Die Gesellschaft jener edlen Schiffe

J. K. Laughton, *The Defeat of the Spanish Armada*, 2 Bände. (Navy Record Soc.) 1894, beginnt am 21. Dezember 1587 und gibt die hauptsächlichsten Marinedokumente des Seekriegs wieder. Andere Quellen wie oben, besonders Van der Essen, *Farnese* und *C. S. P. F.*

»In der Hoffnung auf ein Wunder«

Für diese Periode sind Herrera Oria und Herzog von Mauras *El Designio* besonders wertvolle Ergänzungen zu Fernández Duro. Es gibt noch unveröffentlichte Briefe und andere aufschlußreiche Dokumente in Simancas (siehe *Guerra Antigua*, 197, 199), in der Hauptsache über Artillerie und Nachschub.

Die Geschichte der *San Francesco* in Flor. *Arch. Med.* 4918, Alamanni an den Großherzog und 5042, der Großherzog an Alamanni und Philipp II. Auch in 4918 Streiflichter über die Lage bei Lissabon, anscheinend in der Hauptsache von Kapitän Bartoli. Die Zustände in Lissabon in größeren Einzelheiten in Vat. *Spagna*, 34, 38 und besonders bei Monsig. Mutio Buongiovanni an Kardinal Montalto, aus Lissabon, Januar bis Mai 1588 in *Spagna*, 36.

C. Ibáñez de Ibero, *Santa Cruz: Primer Marino de España* (Madrid, 1946) ergänzt A. de Altolaguirre, *Don Alonso de Bazán* (Madrid, 1888).

Die Dokumente, die Professor Michael Lewis' Behauptung, die Stabsoffiziere der Armada hätten im Winter 1587–88 die Armierung ihrer Schiffe erhöhen wollen, erhärten, lassen jedoch Zweifel darüber aufkommen, ob sie so erfolgreich waren, wie Kommandant Walters annimmt. (*MM*, XXXV, 126 ff.). Im Ganzen glaube ich, *La felicissima Armada* (siehe Anmerkungen zu Kapitel 20 unten) gibt mit annehmbarer Genauigkeit die *Zahl* der Ende April vorhandenen Geschütze an. Schließlich fußt das Werk auf einem offiziellen Bericht. Es findet sich keine Zeugenaussage darüber, daß später zusätzliche Geschütze montiert wurden. Vielleicht wurden etliche von den Küstenbatterien von La Coruña ausgeliehen, was freilich unwahrscheinlich ist. Ich hatte Professor Lewis' Behauptung, die Armada habe mehr schwere Geschütze (Kanonen und andere vom »Perier«-Typ) für Nahbeschuß als die Engländer und weit weniger Feldschlangen für Fernbeschuß gehabt, für fast sicherlich richtig, hege aber ernste Zweifel über die Anzahl der ganzen Feldschlangen, die er der spanischen Flotte zuschreibt (*MM*, XXIX; Tafel 12, gegenüber Seite 104), und neige zu der Auffassung, daß die endgültige Armierung, wie sie auch ausfallen mochte, eher das Ergebnis der beschafften Geschütze war als das einer bestimmten Politik.

Der Tag der Barrikaden (I)

Mendozas Briefwechsel (Sim.). Auch Venedigs *Amb. Francia*, 1588; Jensen, *Mendoza;* Nicolas Poulain, »Histoire de La Ligue« in Cimber und Danou, *Archives curieuses de l'histoire de France,* erste Reihe XI (1836), 289–323; Canestrini, *Negociations; C. S. P. F.;* und Vat., *Francia*, 1584–88, passim. Siehe auch oben, Kapitel IV, XIII und XIV.

Der Tag der Barrikaden (II)

Für Kapitel 18, besonders Mendozas Bericht vom 9. bis 13. Mai (Simancas, *Estado*, K 1568 f. 31) und *Bib. Nat. Mss français*, 15909. Dazu die üblich veröffentlichten Berichte über den »Tag der Barrikaden«, besonders l'Estoile, *Journal* und *Archives curieuses* (wie oben) XI, 324–448. Wie erwartet stimmten die zeitgenössischen Mitteilungen nicht immer überein, ich sah mich daher gezwungen, die Widersprüche so gut wie möglich zu überbrücken. In großen Zügen habe ich versucht, mich an denjenigen Erzähler zu halten, der den besten Beobachtungsposten innehatte, besonders wenn ich keinen Beweggrund zu Entstellungen entdecken konnte. Z. B. für Ereignisse im Blickfeld des Haushaltes der Königin Mutter, Dr. Cavriana (in Canestrini, IV), und A. C.

Davila *(Guerra Civile de Francia)*; über die Zustände in den Straßen, besonders um die Place de Grève und die Rue Saint-Anthoine gegen neun Uhr vormittags, J-A de Thou *(Memoires,* und *Histoire Universelle,* Buch XC), weil er Guise um diese Zeit besuchte; über Begebenheiten auf der Place Maubert, in der Nachbarschaft von Nôtre-Dame und über die Hauptleute der Schweizer, die dort waren (»Lettres des Capitaines des Suisses à la Reine Mère« in *Bib. Nat. Mss français,* 15909, f° 98 ff.), und über die Umstände der Flucht Heinrichs III. aus Paris, Cheverny und Bellièvre, die ihn begleiteten. Der Brief des Guisen vom 13. Mai an d'Entragues findet sich in *Memoires de la Ligue,* II, 313.

Die Unbezwingbare setzt die Segel

Mit Bezug auf das 17. Kapitel oben, meist Fernández Duro, Herrera Oria und Herzog von Maura. Eingehender offizieller Bericht über die Stärke der Armada bei Herrera Oria, Seite 384–435 des gedruckten Exemplars (Lissabon, 9. Mai, 1588 von Antonio Alvarez) im Simanca-Archiv ist genauer als das bei Fernández Duro, das Laughton wiedergibt. Dieser läßt zwei kleine Pinassen von der Liste von Oquendos Geschwader aus, so daß sie nur 128 Namen aufweist, obwohl die genaue Anzahl sich auf 130 Schiffe beläuft, worüber seither alle Historiker gestolpert sind. Andere Ausgaben: P. de Paz Salas, *La felicissima Armada,* usw. (auch Lissabon: Alvarez); *Relacion verdadera del Armada* ... juntar en Lisbon... salir ... 29 de mayo (Madrid: viuda de Alonso Gomez 1588), die Quelle der meisten nachfolgenden Ausgaben. *Le vray discours de l'armée,* etc. (Paris: G. Chaudière, 1588); *Warhaftige Zeytung und Beschreibung* (Cölln, 1588); *Relatione vera dell'armata,* usw. (Roma: Vicenzo Accolti, 1588). *Die wonderlijcke groote Armada* ... van Spaengien (Gent, 1588); aus früherer Zeit stammt auch ein unabhängiger Text, dessen Aufstellung der spanischen Streitkräfte auf der obigen Madrider Ausgabe zu fußen scheint.

»Der Vorteil von Zeit und Ort«

Hauptsächlich Laughton, dazu Ubaldinis zweiter Bericht, soweit übereinstimmend.

Eintritt in die Arena

Für dieses Kapitel und den restlichen Teil des Seekriegs finden sich die brauchbaren englischen Unterlagen bei Laughton. »Howard's Relation«, I,

1-18, ist die einzige lückenlose, streng zeitgenössische Schilderung, zwar unvollständig, aber anscheinend ziemlich zuverlässig.

Dies trifft für das spanische Blickfeld auf Medina Sidonias *Diario*, F. D., II, Nr. 165, zu; es wird ergänzt durch Kapitän Vanegas, daselbst Nr. 185, und Fray Bernardino de Gongora in J. P. Lyell, *A Commentary* (MSS. Bod. und Harvard), beide vom Flaggschiff. F. D. hat wenigstens sechs andere ziemlich vollständige »relations« von anderen Schiffen, neben Briefen, die einzelne Episoden schildern, H. O. eine siebte. M. Oppenheim veröffentlichte einen weiteren Bericht aus den Calthorpe Manuskripten. (Navy Record Soc., XXIII); *Cal. Span.*, IV, hat zwei andere, Calderon, Seite 439-450, eine von der Galeasse Zuñiga, 459-462, neben einigen, aber nicht allen von Mendozas Berichten über besondere Episoden. Die meisten der »relations« und Briefberichte aus Spanien, die in europäischen Archiven gefunden wurden, scheinen auf einem der genannten Schriftstücke zu fußen, am häufigsten auf dem *Diario* des Herzogs, siehe CDIE, XIV, 449-461 und XLIII. 417, ff., oder auf zeitgenössischen Flugschriften (siehe unten), z. B. Paris, *Aff. Etr. Espagne*, 237, f. 76 ff. In Florenz befindet sich jedoch ein Stapel Dokumente (Flor. *Arch. Med.*, 4919, ff. 477-521), die neben den üblichen Varianten zwei Briefe von Medina Sidonia und eine unabhängige Version in italienisch, anscheinend von der *San Francesco* des Großherzogs, einschließen.

Über die Manöver von Recaldes *Santa Ana*, siehe F. D., I, 170-1, II, 229, 371; *Cal. Span.*, IV, 425, 431, 457, 498. In Mendozas nicht registrierter Korrespondenz finden sich weitere Hinweise, aber selbst aus veröffentlichten Schriftstücken geht deutlich hervor, daß die *Santa Ana*, das Flaggschiff von Recaldes Geschwader, erst in der Bucht La Hogue, dann vor Le Havre lag und nie am Kampf teilnahm. Während der ganzen Kampagne befand sich Recalde stets an Bord der *San Juan de Portugal*, der *almiranta general*. Außer der *Santa Ana* sagt Kapitän Vanegas, dem die Musterung unterstand, »eine der urcas« (nicht genannt) sei an dem auf den Freitag gelegten Treffpunkt nicht erschienen und habe sich der Flotte vermutlich nie mehr angeschlossen. Dies mag die *David*, die von Spanien niemals absegelte, aber auch ein anderer Frachter gewesen sein. Sonst wird der Versager von niemand anderem erwähnt, allerdings dachte kein Offizier der ganzen Armada gerne an die *urcas*.

Fray Juan Victoria's Version des Kriegsrates, die er angeblich einem von Oquendos Kommandanten verdankt, erschien zuerst in *Colección de Documentos Ineditos*, LXXXI, Seite 179 ff., später wurde sie von einem anderen Manuskript von F. D., II, Nr. 186 übernommen. Victoria sagt, er habe die Geschichte von einem gewissen Julian Fernández de la Piedra, einem von Oquendos Kapitänen, dessen Name indes nicht identifizierbar ist. Wie so jemand wissen wollte, was bei einem Kriegsrat vor sich ging, ist nicht klar, und wie die Quelle der Geschichte auch beschaffen sein mag, so klingt diese auf den ersten Blick absurd, dazu weicht der Bericht von der nachfolgenden

Kampfhandlung vor Plymouth so stark von allen anderen Meldungen ab, daß man die Anwesenheit des Zeugen an Bord eines Armada-Schiffes rundweg bezweifeln möchte.

Mehrere italienische Botschafter erhielten Abschriften des Entwurfes für eine »Halbmond-Formation« der Armada (Flor. *Arch. Med.* 4919, f 340); Novara an Montalto, 4. Juni, 1588 (Vat. *Spagna*, 38); Canciano an den Herzog (Arch. di Stato, Mantova, Esterni, 601). Eine davon muß die Grundlage von Filippo Pigafetta, *Discorso sopra l'ordinanza dell'armata catolica* (Rom, 1588), siehe Corbett, II, 220 ff., gebildet haben. Pigafettas ziemlich umständliche Beschreibung ist kunstvoller und unhandlicher als die Skizzen, jedoch geht aus den spanischen Berichten hervor, daß die Armada gewöhnlich in einer der in Adams Zeichnungen gezeigten Halbmondform segelte, wenn auch die Hörner weiter nach hinten herausragten.

Erstmals Blut

Don Alonso Martinez de Leiva, Generalkapitän der Mailänder Kavallerie, wird in der abgedruckten Gefechtsorder als einfacher Gentleman-Freiwilliger aufgeführt. Er segelte auf der *Rata Santa Maria Encoronada*, einem Schiff des unter dem Kommando von Martin de Bertendona stehenden Levante-Geschwaders. Seine hohe Abkunft und seine militärische Erfahrung gaben ihm von Anfang an eine Vorrangstellung im Kriegsrat der Armada, die sich mit der der Geschwaderkommandanten messen konnte. Der Herzog scheint ihn auf dem Weg nach Plymouth zum Befehlshaber der Vorhut gemacht zu haben, später hat sich das Levante-Geschwader anscheinend nach ihm gerichtet, so daß es oft heißt, er habe es befehligt.

Über den Verlust der *Nuestra Señora del Rosario* gibt es zwei Versionen. Die eine steht im *diario* des Herzogs, die von drei unabhängigen Augenzeugen an Bord des Flaggschiffs, Vanegas, Miranda und Gongora bestätigt und erweitert, dazu von allen anderen Berichten, die den Vorfall erwähnen, erhärtet wird. Die andere stammt von Don Pedro de Valdés in Person (Laughton, II, 133–136), sie gewann Gültigkeit in Spanien, weil Don Pedros Briefe lange vor der Rückkehr der Armada die Heimat erreichten (vergl. F.D., II, 427–8, 445, 448) und wurde von vielen der Heimkehrer übernommen (H. O., Seite 352). Ich habe mich an die erste gehalten, weniger, weil sie stichhaltiger zu sein scheint, sondern eher wegen der Widersprüche in Don Pedros Bericht.

Don Pedro sagt, er sei mit einem Biscayer zusammengestoßen, als er Recalde zu Hilfe eilen wollte. Kein anderer Berichterstatter bringt indessen Don Pedro mit Recaldes Rettung in Zusammenhang. Alle behaupten, er sei mit der *Santa Catalina* seines eigenen Geschwaders mehrere Stunden vor Recaldes Entsatz kollidiert. Keines der andalusischen Geschwader kam während des Gefechts auch nur in Recaldes Nähe.

Don Pedro sagt, der Herzog habe seiner mißlichen Lage keine Beachtung geschenkt. Im nächsten Satz deutet er jedoch an, die Galeone des Herzogs habe einige Zeit lang in seiner Nähe gelegen, auch habe er ihm zweimal Nachrichten zugehen lassen.

Don Pedro läßt unmißverständlich durchblicken, daß der Herzog ihm nicht nur die Hilfe der *San Martin*, sondern auch die Zusage verweigert habe, ihm Hilfe von anderen Schiffen der Flotte zukommen zu lassen. Als die Offiziere der *Margaret and John* jedoch kurz darauf herankamen, sahen sie eine Galeasse, eine Galeone und mindestens eine Pinasse, die ihn ins Schlepptau zu nehmen versuchten, und stellen somit unparteiliche Augenzeugen dieses Teils der herzoglichen Version dar. Einige andere seltsame Punkte finden sich noch in Don Pedros Bericht, so die Geschichte mit dem Großmast und die Art, in der die *Rosario* »die ganze Nacht hindurch« gegen den Angriff mehrerer Feinde verteidigt wurde; am deutlichsten tritt jedoch seine Animosität gegen den Herzog zutage. Es sei denn, daß Don Pedro – wie es tatsächlich eintraf – voraussah, daß jedweder gegen den Herzog vorgebrachte Vorwurf auf seinen Vetter und Feind, Diego Flores, zurückfallen würde.

Ungeheure Mengen Munition

In der Hauptsache Laughton und Fernández Duro. Siehe auch J. A. Williamson, *Age of Drake*, Seite 325.

In gewaltiger Schlachtordnung

Die Kampfhandlung des Mittwoch in F. D., II, 235, 258, 268, 275, 334–86. Die Annahme erübrigt sich, Howard habe sich darüber ausgeschwiegen, weil er auf Drake eifersüchtig gewesen sei. Auf der spanischen, Howard gegenüberliegenden Seite sprechen Beobachter, die den Kampf überhaupt erwähnen, nur »von einem gegenseitigen Fernbeschuß«. Howard mag ihn kaum höher bewertet haben. Er scheint über seine Untergebenen nicht so gut informiert gewesen zu sein wie Medina Sidonia, so daß bei ihm die Disziplin also lascher war.

Corbetts Rekonstruktion der Schlacht vor der Insel Wight, *Drake and the Tudor Navy*, II, 232–42, finde ich überzeugend.

Die Höllenbrenner

Bezüglich der holländischen Seetätigkeit sind englische Berichte bei Laughton und *C. S. P. F.* mit wichtigen Dokumenten der holländischen Archive verglichen worden. Besonders Rijksarchief, Den Haag, Admiraliteitsarchief: Resolutiën Admiraliteit Zeeland, Port. 2447 (1584–90); Admiraliteitscolleges, Inkomende brieven admiraliteit Zeeland, Port. 2667 (1587); Rijksarchief in Zeeland te Middelburg. Ingekomen stukken, Port. 1201 (1587) und Port. 1202 (1588); Register van Acten en brieven, Port. 1625 (1586–8). Trotz der Lücken, die durch die Schäden der Zeit entstanden sind, vermitteln die Unterlagen der Admiralität ein ziemlich vollständiges Bild der holländischen Seestreitkräfte und ihrer Bewegungen in den Jahren 1587–8 und werfen einiges Licht auf Justin von Nassaus Absichten. Ortel gab aus London den Behörden in Zeeland zu verstehen, daß das Mißverständnis wegen der Dünkirchen-Blockade bei der englischen öffentlichen Meinung einen schlechten Eindruck hinterlassen habe (Port. 1203, 22. August 1588), es war jedoch schon zu spät. Diese Dokumente enthalten auch umfassende Geheimdienstberichte über Parmas Streitkräfte und ziemlich genaue Meldungen über die Fortschritte der Armada. Siehe auch J. B. van Overeem, »Justinus van Nassau en de Armada (1588)«, in *Marineblad*, LIII, 821–31 (Oktober 1938).

Über Parmas Tätigkeit hauptsächlich Van der Essen, abgestimmt mit Berichten von Medina Sidonias Boten, bei Fernández Duro und Herrera Oria; zusätzliche Einzelheiten bei Middelburg Ad., Port. 1202 (siehe oben), erhärtet von Cabrera de Córdoba und Coloma, die beide als zuverlässige Zeugen gelten dürfen.

Über die Brander, außer den veröffentlichten Quellen, »una carta sobre l'Armada enviada al Cardinal de Sevilla (nicht im Zusammenhang mit HMC, *Salisbury*, MSS., III, 351), Flor. *Arch. Med.*, 4919 f. 487 und »Relazione... de Cales«, *ibid.*, ff. 532–3. Auch Gourdan an Bellièvre, 10. August 1588, mit anonymen Briefberichten aus Calais, *Bib. Nat.* MSS fr. 15809, f. 111; auch Mendozas Briefwechsel (Sim.) und Morosinis (Vat.).

Die Ordnung ist gebrochen

Wie oben, in der Hauptsache Laughton und Fernández Duro, ergänzt durch holländische Admiralitätsberichte, wie in den Anmerkungen zu Kapitel 26.

Das verspätete Wunder

Wie oben, in der Hauptsache die vier Berichte von der *San Martin*.

»Ich, euer General«

Die Seeleute zumeist bei Laughton, die Landtruppen meist in P. R. O. Staatspapiere, CCXIII und CCXIV, wie registriert in *C. S. P. D.*, II. Ein

Teil davon voll abgedruckt bei Laughton oder bei John Bruce, *Report on the arrangements... for defence* (1798). Die Morgan Library, N. Y. und die Folger Shakespeare Library besitzen unveröffentlichte Dokumente von Interesse, den Monat August 1588 betreffend. Bezüglich Verweigerer siehe auch Folger MS. G. a 1, »Der Rat des Lord Grey, usw.«

Über Tilbury, »Richard Leigh«, *The copie of a letter,* usw.; Thomas Deloney, »The Queen... at Tilsburie« in Ed. Arber, *An English Garland,* VII; James Aske, *Elizabetha Triumphans* (London 1588) (Siehe Miller Christy, »Queen Elizabeth's visit to Tilbury« in *E. H. R.,* XXXIV [1919], 43–61); Nichols, *Progresses,* II, 536 ff. enthält Askes Gedicht. Auch Ubaldini, und *Copije van een Brief uit Engelandt vande groote Victorie die Godt almachtich de Conuncklijcke Majestat ven Enghelant vorleent heeft* (Delft, 1588, 36 pp.) (Länger und teilweise unabhängig von »The copie of a letter«. Keine Beziehung zu dem Middleburgh *Cort verhael* mit der Prüfung von Don Diego Pimentel.) Diese Flugschrift und die von Morosini und Mendoza eingesandten Berichte verführten mich zu der Annahme, daß wenigstens einer, vielleicht auch mehrere Briefberichte über den Besuch der Königin in Tilbury schon vor dem 15. September (neue Zeitrechnung) auf dem Kontinent zirkulierten. Wie üblich treten Abweichungen zutage, die ziemlich willkürlich überbrückt worden sind. Vielleicht war Aske – wie Miller vermutet – ein Augenzeuge, er war jedoch auch Dichter, so daß ich ihm nicht blind glauben möchte.

Über die Echtheit der königlichen Rede in Tilbury, J. E. Neale, *Essays in Elizabethan History* (London 1958), pp. 104–6.

Drake ist gefangen!

Diplomatische Berichte wie oben, dazu Flor. *Arch. Med.,* 4344, Briefe aus Prag. *Copie d'une lettre envoyée de Dieppe* ([Rouen?] le Goux, 1588). Eine andere Ausg. (Paris: G. Chaudiére, 1588). *Les regrets de la Royne d'Angleterre sur le defaitte de son armée navale* (Verse) (Rouen 1588). *Relacion de lo que hasta hoy a los cinco de Septiembre de 1588... se ha sabido... de la Felice Armada.* Ein Nachrichtenplakat (n. p. [Madrid]), Kopie in Real Acad. de Hist., Madrid (Vergl. F. D., Nr. 166, 172); *Relacion de lo sucedido a la Armada... treze de Agosto* (Seville: Cosme de Lara, nd.), 4 ff. Eine weitere Ausgabe mit einer Ballade (Siehe F. D.). Zahlreiche Echos in französisch, italienisch und deutsch, einschließlich: *Warhafte Relation Überschlag und Inhalt* etc. (Nürnberg 1588). Nachdruck mit zusätzlichen Nachrichten bis zum 13. August ähnelt F. D. 166. Auch *Spanischer Armada oder Kriegsrüstung wahrhafte Relation* (Cölln: Gottfried von Kempen [Sept.?] 1588). Nachdruck wie oben in Etzingers Übersetzung der Lissaboner Ausgabe, dazu Berichte beider Seiten bis zum 22. August mit Bezug auf einen Briefbericht und eine Übersicht über wahrscheinlichen spanischen Sieg aus Antwerpen. Fußt nicht auf Mendoza.

Gewisse und warhaftige Zeitung von der Engelendischen und Spanischen Armada (Amsterdam, 20. August 1588). Drakes Kriegstaten im Kanal, vor Calais und in der Nordsee. Teils tatsächlich, teils erfunden. Beeinflußte andere Flugschriften.

Discours veritable de ce qui s'est passé entre les deux armées ... depuis 29 juillet 1588 jusques à 11 Aoust ([Paris?] n. p. 1588.) Vergleiche Morosini, 17. August in Vat. Francia, XXXVII.

Anscheinend aus der gleichen Presse: *La copie d'une lettre ... à Don Bernardin de Mendoza* ([n. p.] 1588.) Englische Fassung: *The copie of a letter ... found in the chamber of Richard Leigh* (London: I. Vautrollier für R. Field, 1588). Italienische Übersetzung. London: J. Wolfe. Holländisch, Amsterdam: Cornelis Claeszoon, Oktober 1588.

Certain advertisements out of Ireland (London: R. Field, 1588), oft auf französisch und englisch, abgedruckt mit »*A copie of a letter*«.

A Pack of Spanish Lyes (London, 1588). Auch in Harleian Misc., II.

Die lange Heimreise

Archiv- und Druckquellen wie oben.

Über die Episode in Irland fand ich neben den registrierten Dokumenten in *C. S. P.* Irland, IV, und den von Laughton wiedergegebenen in William Spotswood Green, »The Wrecks of the Spanish Armada on the Coast of Ireland« in *The Geographical Journal*, XXVII (1906), 429–51, nützliche Anhaltspunkte; Cyril Falls *Elizabeth's Irish Wars*, Seite 166 ff. vermitteln einen guten Überblick.

Die Verluste der Armada während der Kampagne werden gewöhnlich als 65 aus 130 oder 64 aus 128 Schiffen angegeben. Die ganze Sache ist unklar: erstens wegen mangelhafter Rechnung, die bei zeitgenössischen Dokumenten und Ausgaben der *Felicissima armada* beginnt, zweitens deshalb, weil nicht nur viele Schiffe der Armada den gleichen Namen haben – es gibt allein sechs *San Juan*, dazu zwei *San Juan Bautista* und acht *Concepción*, größtenteils Pinassen – sondern auch viele von ihnen mitunter unter einem, bisweilen unter einem anderen Namen bekannt sind. In Recaldes Geschwader liefen beispielsweise zwei *Concepción*, beides große Schiffe, zeitweilig sind sie als *Concepción Mayor* und *Menor*, dann wieder als *Concepción* de Zubelzu und *Concepción* de Juanes del Cano bekannt. F. D., Nr. 180 meldet *Mayor* und *Menor* im Heimathafen (II, 329). In Nr. 181 auf der nächsten Seite werden die *Concepción-Schiffe* von Zubelzu und Juanes del Cano als verloren gemeldet.

Dokument Nr. 181, auf das Fernández Duro seine Schätzung spanischer Verluste gründete, ist selbst eine Hauptquelle der Verwirrung. Es muß auf Grund fehlerhafter Informationen, dazu zu einem früheren Datum als Nr.

180 zusammengestellt worden sein, da es sieben als unbeschädigt eingelaufene
Schiffe als »verloren« meldet, ein anderes, dessen Verlust bekannt ist, zu nennen versäumt und zum Schluß sagt: »Verloren: 41 Schiffe, 20 Pinassen
(patajes), drei Galeassen und eine Galeere, insgesamt 65«, obgleich die Liste
nur dreiundsechzig Namen aufführt. In seiner Einführung (Band 1, 140)
übernimmt Fernández Duro diese Schätzung, von der er lediglich zwei Schiffe
abzieht, von denen bekannt ist, daß sie nach dem Einlaufen verloren gingen
(das eine verbrannte, das andere ging unter). Das ergibt eine Gesamtziffer
von 63 verlorenen Einheiten, davon 35 mit »unbestimmtem Geschick«; dies
nennt Laughton eine »möglichst genaue Schätzung«.

Jedermann scheint diese Schätzung anzunehmen, obgleich man leichter auf
die Ziffer kommt, wenn man einfach die in Nr. 180 aufgeführten Schiffe, die
den Heimathafen erreicht haben sollen, von der bekannten Stärke der Armada, die von Lissabon absegelte, abzieht. Zusätzliche Dokumente, denen wir
bei Fernández Duro, Herrera Oria und Hume begegnen *(Cal. Span., IV)*,
lassen weitere Abzüge notwendig erscheinen.

Eine korrektere Verlustliste per circa 10. Oktober würde folgendermaßen
lauten:

Drei Galeassen, aufgelaufen vor Calais, Geschütze gerettet, eine vor der
irischen Küste zerschellt, eine in Reparatur in Le Havre, später sicher heimgekehrt.

Eine Galeere vor Bayonne eingebüßt.

Zwanzig (F. D. sagt sechsundzwanzig) Galeonen und Großschiffe wie folgt:
eine bei Le Havre aufgelaufen, Geschütze und Ladung gerettet; zwei von der
englischen Flotte im Kanal gekapert; zwei von den Holländern am Strand
erbeutet; fünf nach Gravelines in der Nordsee untergegangen, darunter drei
Levantiner; zehn vor Irland verloren, einschließlich fünf Levantiner, der
einzige Zweifel besteht nur darüber, welche Levantiner wo verloren gingen;
selbst hier sind nur zwei Namen zweifelhaft, der eine ging in der Nordsee,
der andere in irischen Gewässern verloren.

Elf Hulks. (F. D. sagt dreizehn, eine davon, die *David,* wurde am 13. Juli
als dienstuntauglich gemeldet und lief nicht aus, die andere, die *Falcon Mayor,*
wurde im Januar 1589 von den Engländern im Kanal auf ihrer Rückreise
nach Hamburg gekapert, Laughton, II, 386).

Also elf Hulks. Von diesen sank eine in der Nordsee durch Brand, den Beschuß hervorrief, zwei gingen um Schottland, Fair Isle und Mull herum verloren, zwei weitere namentlich bekannte vor der irischen Küste, endlich eine
vor der Küste von Devon, noch eine andere vor der Bretagne. Somit bleiben
vier übrig, deren Geschick tatsächlich unbekannt bleibt, demnach mögen sie
alle oder teilweise vor der irischen Küste zerschellt oder auf See untergegangen sein. Andererseits mögen sie auch wie die *Falcon* heimgekehrt, aber nicht
gemeldet worden sein. Zwei befanden sich wahrscheinlich in Gesellschaft von
Juan Gomez de Medina, als seine *capitana, El Gran Grifon,* vor Fair Isle

zerschellte. Da diese nach Osten lief und die beiden anderen Hulks Deutsche waren, können sie ebenso gut heimgesegelt sein. Niemand hat sich je für den Verbleib dieser vier Schiffe interessiert, aber selbst wenn kein Bericht vorhanden ist, so beweist das noch lange nicht ihren Verlust.

Zwanzig kleine Fahrzeuge *(zabras* und *patajes),* die mit der Armada von Lissabon aussegelten, werden nicht als mit dieser zwischen dem 22. September und 10. Oktober heimgekehrt aufgeführt, so daß F. D. sie als »verloren, Schicksal unbekannt« bezeichnet. Dies ist freilich lächerlich. Wir wissen, daß mehrere mit Depeschen heimkehrten; mehrere wurden mit Depeschen für Parma nach Dünkirchen geschickt und blieben dort; fünf, darunter zwei, die Brander an den Strand schleppten, lagen noch im November in Calais, wie Mendoza wissen will. Pinassen segelten fortwährend hin und her, und sobald sie von einem Geschwader detachiert wurden, wurden sie nach durchgeführter Mission entweder entlohnt oder neu verwendet. Es besteht kein Grund dafür, daß viele von ihnen gesunken oder während der Armada-Kampagne verloren gegangen sein sollen. Mit Ausnahme der beiden portugiesischen *zabras,* die heimkehrten, waren sie für Gefechtshandlungen zu klein, auch waren sie schneller und wendiger als die großen Schiffe und gleichfalls seetüchtig. Wenn wir F. D.'s Schätzung »zwanzig verloren, Schicksal unbekannt« auf zehn vermindern, überschätzen wir die Verluste noch immer weitgehend.

Somit gingen höchstens 31 Schiffe (und nicht 41) verloren, dazu höchstens zehn Pinassen (und keine zwanzig), dazu zwei Galeassen (nicht drei), eine Galeere. Insgesamt nicht über 44 (und nicht 65), vermutlich fünf oder sechs, vielleicht sogar ein Dutzend weniger.

Dafür darf man nicht den erbärmlichen Zustand außer Acht lassen, in dem die Schiffe heimkehrten. Viele von ihnen waren von englischem Beschuß so mitgenommen, daß sie künftig nicht mehr eingesetzt werden konnten.

Das Urteil Howards und Medina Sidonias in diesem Kapitel wird von der Autorität J. A. Williamsons in seinem *The Age of Drake* (1938), Seite 304–34, erhärtet. Das zitierte Urteil Howards stammt von T. Woodrooffe, *The Enterprise of England* (1958). Woodrooffe läßt auch Medina Sidonia Gerechtigkeit widerfahren.

Bevor Williamson Medinas Ruf wiederherstellte, hatte dieser besonders durch die merkwürdige Abweichung von den Armada-Dokumenten, deren sich der erste spanische Herausgeber, Cesáreo Fernández Duro schuldig machte, zu leiden gehabt. Wenngleich nicht der ideale Herausgeber, so hat Fernández Duro nichtsdestoweniger eine bewunderungswürdige unentbehrliche Zusammenstellung fertig gebracht und sie mit einem durchweg höchst wertvollen Kommentar ausgestattet. In seiner Würdigung des Armada-Befehlshabers wiederholt er grundlos üble Nachrede, sonderbarerweise manche englischen Ursprungs, wenngleich diese von den echten Unterlagen, die Duro veröffentlicht, widerlegt wird. Auch die moderne spanische Geschichtsschreibung neigt dazu, Medina Sidonia Gerechtigkeit angedeihen zu lassen. Siehe besonders

Herzog von Maura, *El designio de Felipe II.*, eine Arbeit, die auf den Privatpapieren des Herzogs fußt.

Das Ende eines großen Mannes

Unter den Diplomaten, hauptsächlich Dr. Cavriana in Canestrini, *Négociations*, IV, 842–53 (Blois, 24. und 31. Dezember) und Morosini (Vat. *Francia*, XXXVII, auch »Relazione di quel ch'è successo in Bles« in *Francia* II fo 153 ff.). Mendoza faßt sich kürzer und unverbindlicher.

Unter den Memoirenschreibern und Chronisten, in der Hauptsache l'Estoile, d'Aubigné, De Thou und Palma Cayet; dazu Dokumente in *Archives curieuses*, XII. Wilkinson zählt eine Anzahl zeitgenössischer Flugschriften über die Ermordung des Guisen auf, die meisten darunter in der *Bib. Nat.* und keine von ihnen sonderlich zuverlässig.

Die Winde Gottes

Diplomaten wie oben, Historiker wie in den Anmerkungen zu Kapitel VII.

Keineswegs bestürzt

Hauptsächlich Nichols, Dasent und Schriften, die in *C.S.P.D.* registriert sind. Der bestinformierte und ausgeglichenste, wenn auch keineswegs lesbarste Bericht des Überfalls auf Lissabon und des weiteren Kriegsverlaufs ist noch immer bei Edward P. Cheyney, *England from the defeat of the Armada to the death of Elizabeth*, 2 Bände (London 1926) zu finden.

REGISTER

Schiffsnamen erscheinen in Schrägdruck.

Acuña, Don Pedro de – 114–117, 126
Algarve 113, 140
Allen, Dr. William –, Kardinal 68, 71–84, 98, 198, 362–363, 378–379, 413
Amsterdam 66, 194, 203, 268
Anjou, Francis, Herzog von – 20
Anna Boleyn 17
Antwerpen 22, 58, 59, 65, 151, 153, 162, 192, 213, 231, 342–344, 362, 375, 378
Aranda, Martin de –, Generalrichter der Armada 382
Aranjuez 87, 111, 142
Ark Raleigh (später *Ark Royal*) 219
Ark Royal 297, 309–311, 318, 324 bis 325, 328, 346, 357, 375, 393
d'Aumont, Sire Jean –, Marschall von Frankreich 252–254, 258, 398, 401
Ausschuß der Sechzehn, Pariser – 45, 239–243, 254–256, 259, 262
Azoren 92, 106, 143, 222, 230, 232
Babington, Anthony – 16, 29
Bartoli, Kapitän – 231–232, 389
Bayonne 288
Bazán, Don Alonso de – 137–138
Bazán, Don Alvaro de – s. Santa Cruz
Beale, Robert – 15–19, 30
Bear 309–310, 327
Bellièvre, Pomponne de – 44, 54, 245, 248–249, 260, 374, 394–395
Bellingham, Kapitän Henry – 107
Bergen-op-Zoom 66
Bergerac 166
Bertendona, Martin de – 267, 292, 298, 316, 322, 350, 352
Bethune, Maximilian von –, Baron von Rosny, Herzog von Sully 179

Biron, Armand de Gontaut, Baron de –, Marschall von Frankreich 252–253, 255, 260
Biscaya 95, 97, 120, 233, 275, 283, 287
Blankenberghe 152, 157–161
Blois 373, 394–404
Bobadilla, Don Francisco de – 305, 391, 405
Borough, Kapitän William – 107, 111–113, 121–124, 130–134, 145, 279, 291
Bothwell, James Hepburn, Graf von – 56
Bouillon, Henri de la Tour – d'Auvergne, Vicomte von Turenne, Herzog von – 178, 182, 183
Boulogne 150, 245, 265, 373
Bourbon, Charles, Kardinal von – 401, 403
Bourbourg 333–334
Bourges, Renaud de Beaune, Bischof von – 52
Brabant 22, 58, 60, 203, 211
Brasilien 86, 117
Brill 59, 62
Brissac, Charles de Cosse-Brissac, Graf von – 254–255, 258–259, 262, 401
Brügge 150–153, 155, 157, 333, 339–340, 376
Brüssel 54, 56–66, 67
Brûlart, Pierre –, franz. Staatssekretär 48, 394
Buchanan, George – 32
Buckhurst, Thomas Sackville, Lord 33, 151–152
Burghley, William Cecil, Lord 20,

31, 33, 40, 41, 74, 77, 109, 193,
208, 211, 219, 269, 277, 330, 332,
364, 380, 392, 411
Burgund 47, 189
Buys 193
Cadiz 106, 111–129, 139, 141, 143,
146, 147, 149, 224, 227, 230, 278,
279
Cadzand, Insel 153–160
Calais 22, 215, 245, 325, 332, 334 bis
337, 344, 345, 347, 370, 373–374,
376, 393
Camden, William – 36, 316, 365
Campion, Edmund – 79
Caraffa, Antonio –, Kardinal 69, 71,
98
Cartagena 40, 97, 141
Cascaes 136–138, 239
Cattewater 291
Cavriana, Dr. Filippo – 240, 261, 402
Cecil, Robert – 365
Cespedes, Don Alonso de – 227
Chartres 186, 189, 263, 336, 372 bis
373
Coligny, Gaspard de –, franz. Admiral 29, 245
Condé, Henri de Bourbon, Prinz
von – 166, 177, 178, 180
Conti, François de Bourbon, Fürst
von – 190
Corbett, Sir Julian – 129, 349
Coutras 166–177, 178–186
Crillon, Louis de Balbes de Berton
de – 248, 252–259, 398
Crucé, Maître – 254, 262
Darnley, Henry Stuart –, Lord 16, 56
Davison, William –, Sekretär 30–37,
41
Delft 28, 58, 268
De Loo, Andrea – 109
Deventer 40, 63–66, 82
Devereux, Robert –, Graf von Essex
s. Essex

Diana 287–288
Dieppe 371, 375, 376
Dixmuiden 149–151
Dodman Point 292
Dohna, Fabian Freiherr von – 178,
180–190
Dordogne 167, 171
Doughty, Thomas – 133
Dover 106, 212, 219, 269, 292, 328,
333, 335, 361, 391, 392
Dover, Straße von – 321, 332, 345
bis 352
Downs 357, 391
Drake, Sir Francis – 40, 84, 95, 99
bis 149, 207, 216–218, 224, 230,
232, 265–266, 270, 273, 276 bis
285, 289–293, 298–299, 302, 307
bis 314, 318, 321–328, 335, 346,
349–350, 353–355, 357, 359, 368,
371, 375–379, 383, 392–393, 408,
413
Dreadnaught 112, 124, 230
Dronne, Fluß 166–167, 172
Dünkirchen 93, 192, 219, 266, 282,
292, 333–334, 337–341, 349, 358,
361, 381, 388, 394
Duro, Fernández – 290
Eddystone 286, 292, 294, 296, 315,
329, 382
Elizabeth Bonaventura 107–108, 111,
112, 114, 120, 122, 124, 133, 134,
140, 144, 146, 219–220
Elisabeth Tudor, Elisabeth I. von
England 17–43, 46, 53, 56, 70 bis
71, 74, 103, 151, 167, 178, 182,
183, 188, 202, 204, 207–220, 277
bis 286, 334, 342, 360–369, 375
bis 376, 380, 391–392, 402, 408,
411–414
Epernon, Louis de la Valette, Herzog
von – 182–184, 190, 191, 241, 244
bis 246, 264, 265, 372–373, 395,
399

Escorial, San Lorenzo de – 85–98, 381, 405–410
Espichel, Kap 137–138, 270
Essex 292, 361
Falmouth 293
Farnese, Alexander – s. Parma, Herzog von
Fenner, Kapitän Thomas – 107, 142, 147, 349
Ferdinand I., Großherzog von Toskana 233, 390
Finisterre, Kap 109, 112, 147, 271, 284
Flandern 22, 58, 62, 66, 151, 192, 203, 211, 213, 379
Fleming, Kapitän Thomas – 284 bis 286, 315
Fletcher, Francis – 133
Florencia 231–233, 267, 327, 389 bis 390
Florenz 25, 53, 231
Fotheringhay 15–19, 31, 35, 37, 44, 45, 69, 103
Fowey 293
Franche Comté 86
Franz, Großherzog von Toskana 231 bis 232, 240
Frobisher, Martin – 234, 298–299, 312, 316–318, 323, 324, 326–327, 328, 350, 392
Gallikaner 51
Galway 45
Genua 97
Gibraltar 114, 141
Gibraltar, Straße von – 117
Golden Hind 39, 100, 133, 284
Golden Lion 111, 112, 121, 123 bis 124, 134, 145, 146, 147, 325
Gongora, Fray Bernardo de – 302, 359
Gourdan, Girault de Mauléon 335 bis 337, 341, 347, 374
Gran Grifon 322–323, 384

Gravelines 303, 348, 351, 357, 383, 388, 389, 413
Gravesend 102, 106, 342, 361
Greenwich 30–43, 99, 102, 106, 208 bis 220
Gregor XIII., Papst 67, 76
Groenevelt, Arnold de – 158, 164
Groningen 65, 66
Guise, Heinrich von –, s. Heinrich von Guise
Guise, Louis de Lorraine, Kardinal von – 398–401
Guisen, Geschlecht der – 41, 46, 49 bis 52, 57
Guyenne 178, 180, 186
Haarlem 22
Harwich 350, 360, 391
Hatton, Sir Christopher –, Lordkanzler 20, 33, 369
Hawkins, John – 99–100, 104, 207, 213, 215–220, 234, 265, 280, 283 bis 284, 298, 315, 324–325, 328, 336, 350, 357, 392
Hawkins, William – 218
Heinrich von Bourbon, König von Navarra 46, 104, 165, 166–189, 241, 373, 402, 403
Heinrich von Guise, Herzog 32, 45, 54, 62, 68, 167, 169, 180, 182 bis 191, 194, 239–264, 265, 335–336, 373–374, 394–404
Heinrich III., König von Frankreich, Herzog von Valois 36, 44–55, 68, 74, 104, 167–170, 178, 180, 191, 194, 201–202, 238–264, 335–336, 372–374, 394–403
Heinrich VIII., König von England 210, 215, 277
Hohenlo, Philipp, Graf – 63
Holland 59, 60, 65, 103, 202, 211
Howard von Effingham, Charles, Lord 33, 105, 160–161, 218–219, 265, 269, 277, 280–286, 291–299,

302, 307–337, 343, 346–349, 353
bis 359, 368, 370, 379, 380, 392
bis 393, 411, 413
Hugenotten 46, 47, 51, 69, 97, 166
bis 190, 194, 202, 241, 244, 259,
335
Huntley, Georg Gordon, Graf von –
16
Idiáquez, Juan de – 255, 377, 390,
405
Irland 75, 192, 282, 380–381, 383
bis 387, 391, 408
Isle, Fluß 166–167, 172
James VI., König von Schottland 31,
32, 84
Jesuiten 45, 53, 54, 168, 201, 242, 364
Joinville, Geheimbündnis von – 168,
240
Joyeuse, Anne, Herzog von – 166
bis 179, 182, 245, 395
Juan d'Austria, Don – 56, 57, 210
(Don Juan v. Österreich)
Judith 101, 122
Karl V. 58
Katharina von Aragon, Königin 17
Katharina von Medici 44, 240, 244,
247–251, 260–263, 394–396, 401,
403
Katholiken, englische – 45, 51–52,
56, 64, 67–84, 93–95, 193, 363 bis
364, 373, 379
Kent 362
Kent, Anthony Grey, Graf von –
17
La Chapelle-Marteau, Michel Marteau, Sngr. de – 401
La Coruña 272–276, 283–284, 287,
289, 291, 383, 384, 386, 388, 390
Lagos 131, 134, 140, 144
La Hogue 289, 371, 374
La Rochelle 171
Lancaster 22
Lands End 284

Le Havre 371, 376
Leicester, Robert Dudley, Graf 20,
40, 41, 59, 62, 63, 64, 95, 151–152,
155–157, 160–164, 193, 202, 360
bis 369, 412
Leiva, Don Alonso de – 272, 275,
289, 297, 315, 322, 324, 350, 355,
383, 385, 386, 404
Leng, Robert – 127, 129
Lepanto, Schlacht von – 56, 92, 221
Liga, Heilige 45, 47, 49, 51, 52, 54,
62, 104, 167–170, 180–187, 239 bis
262, 335, 372–373, 394–402
Lissabon 94–95, 97, 105, 106, 112,
117, 127, 129, 136–139, 142, 144,
192, 197, 207–208, 221–237, 265
bis 276, 278–281, 339, 413
Lizard, Kap 276, 287–292, 325, 334,
370, 387
Loire 22, 171, 182–188, 373
London 283, 292, 334, 360, 362, 369,
374
Louvre 50, 191, 248–252, 257, 259,
261–264, 395
Lyme, Bay 316
Lyon, Pierre d'Espinac, Erzbischof
von – 397, 400, 401
Madrid 54, 67, 74, 85, 90, 224, 228
bis 229, 232, 244, 268–269, 271,
289, 338, 377
Malaga 97, 141
Marchant, Kapitän John – 134, 145
Margaret and John 308, 314
Margate, Kap 192, 222, 266, 277,
337, 339, 391
Margate Roads 360
Maria von Lothringen 17
Maria Stuart 15–98 410, 411
Marolín de Juan, Kapitän 227, 304,
388
Mary Rose 309–310
Mary Tudor, Mary I., Königin von
England 17, 21

Matignon, Jacques Goyon de – 178, 180–181
Mayenne, Charles de Lorraine, Herzog von – 52, 187, 398, 400
Medina, Juan Gomez de – 322
Medina Sidonia, Alonso Perez de Guzmán el Bueno, Herzog von – 121, 124, 126, 142, 224–236, 245, 264–276, 280–284, 287–307, 310 bis 346, 349–352, 355–359, 370, 375, 377, 381–393, 406, 408, 413
Mendoza, Don Bernardino de – 36, 44–56, 67–71, 85, 86, 94, 97, 104, 105, 106, 109, 111, 181, 191, 192, 238–251, 264, 265, 342, 370, 381, 397, 404, 409
Merchant Royal 106, 120, 122, 124
Meuse, Fluß 59
Mexico 86, 96, 100, 226
Moncada, Don Hugo de – 267, 289, 310–311, 317, 345, 347, 404
Montaigne, Michel Eyquem de – 179 bis 182
Moritz, Prinz von Oranien 160
Nassau, Justin von –, Admiral von Zeeland 160–161, 163, 202, 333 bis 334, 337, 341, 355, 358
Nassau, Moritz von – 163
Neapel 97, 222, 233
Needles, The – 323
Niederlande 39, 40, 56–66, 71, 74, 96, 103, 209–211, 264, 378, 414
Nieuport 93, 192, 337, 339, 355, 358
Norfolk, Thomas Howard, Herzog von – 16
Normandie 22, 372
Norris, Sir John – 59, 62, 361, 366, 413
Nottingham 292
Ojeda, Augustín de – 305, 308
Olivarez, Enrique de Guzmán, Graf von – 67, 69, 71, 82, 83, 98, 236, 245, 371, 377–379

Oquendo, Miguel de – 224, 227, 267, 302–303, 319, 322, 350, 385, 387, 388, 389
Oranien, Prinz von –, s. Wilhelm der Schweiger
Orléans 47
d'Ornano, Alphonse – 248–250, 397 bis 398
Ostende 66, 150–153, 160, 161, 211 bis 213, 337, 355
Pallavincino, Sir Horatio – 183
Palmer, Sir Henry – 335
Paris 22, 44–55, 68, 74, 185, 190–191, 200, 238–264, 268, 342, 374, 376, 377, 379, 394, 397, 398
Parma, Alexander Farnese, Herzog von – 56–68, 82, 93–94, 97, 103, 108, 149–165, 168, 192–193, 202, 207–209, 212–214, 218–219, 222 bis 224, 239, 244, 245, 263–266, 274, 278, 281, 289, 301, 321, 325 bis 326, 329–342, 355, 357, 358, 361–375, 378–381, 391, 394, 406, 410, 413
Parry, William – 28
Parsons, Robert –, S. J., Pater 79–84, 96, 198, 378
Pau 171, 179, 194
Paulet, Sir Amias – 34, 35
Pelham, Sir William – 161, 164
Peru 86, 96, 100, 226
Petersborough, Dr. Richard Fletcher, Dekan von – 18, 19
Philipp II., König von Spanien 24, 36, 39, 41, 53, 55–68, 70–71, 82, 85–98, 100–101, 104, 111, 127, 129, 138, 142, 144, 148, 156, 166 bis 168, 191–194, 197, 200, 207 bis 212, 216–217, 221–236, 239, 240, 242, 245, 265–266, 273–274, 278, 279, 283, 289, 325, 338–339, 341–342, 357, 363, 371, 376, 381, 384, 385, 390–391, 404–410, 413

Pimentel, Don Diego – 352, 381
Pius V., Papst 74–76, 363
Plymouth 100, 101, 105, 108, 111, 112, 145, 194, 207, 208, 218, 265, 277–286, 287, 289–294, 301–302, 359, 370
Polen 45, 199
Portland Bill 315–317, 319, 321, 323, 324, 325, 341, 372
Portugal 86, 91, 96
Puental 115, 119, 120, 121, 122, 124
Puerto Real 114, 119, 120
Puritaner 52, 64, 73, 78, 209, 365
Quessant 283, 287, 339
Rainbow 112, 123, 333, 352
Raleigh, Sir Walter – 103, 412
Rame Head 100, 286–287, 292
La Rata Coronanda 292, 297–298, 324, 350, 355, 385
Recalde, Juan Martínez de – 113, 129, 137, 224, 227, 236, 267, 272 bis 273, 288–289, 292, 294, 298 bis 300, 315, 318, 322, 327, 345–346, 355, 357, 383, 385, 386, 387, 388, 389
Regiomontanus 195–198, 203, 205, 262, 380
Revenge 230, 298–299, 307, 309, 311 bis 312, 314, 318, 321–322, 349, 372
Richmond 411–414
Rizzio, David – 16
Rochester 218, 392
Roebuck 312, 314
Rom 21, 13, 54, 67–84, 97, 99, 194, 197, (205), 268, 371, 373
Rosario, Nuestra Señora del – 302, 304–309, 312–314, 318, 319, 330, 359
Rouen 371–372
Rudolf II. 198–200, 377
Russell, William-, Lord 152, 154
Sagres 129–136, 140–141

San Clemente, Don Guillén de – 199, 377
San Felipe 144–148, 345, 355
San Francesco s. *Florencia*
San Juan de Portugal 289, 298–300, 315, 318, 322, 327, 345–346, 349, 355, 383, 385–386
San Juan de Ulua 99, 101
San Lorenzo 289, 345, 347–348, 370, 374
San Luis de Portugal 324–325
San Marcos de Portugal 345, 350, 355, 383, 389
San Martin 267, 269–270, 287, 289, 300, 302–304, 318–319, 326, 335 bis 336, 345, 349–353, 356, 358 bis 359, 375, 376, 382, 383, 384, 385, 388, 389
San Mateo 327, 345, 352, 355
San Salvador 302–304, 307, 314, 319, 330
Sander, Nicholas 75
Sankt-Anns-Insel 155, 158
Santa Ana 324–325
Santa Ana de Juan Martínez 288 bis 289, 371, 374
Santa Cruz, Don Alvaro de Bazán, Marquis von – 92, 93–94, 97, 120, 127, 129, 136–139, 141, 142, 148, 207–208, 221–235, 244, 268, 281, 388
Santa Maria, Puerto de – 117, 119, 123, 124
Santander 381, 385, 388, 389, 392, 405, 406
São Miguel (Azoren) 144, 145
Schelde 61, 66, 159, 231
Scilly-Inseln 269, 276, 283, 284, 288
Sevilla 142, 377
Seymour, Henry-, Lord 220, 265, 302, 315, 328, 333–335, 351, 352, 357, 411
Shambles, The – 317

447

Shetland-Inseln 381, 384
Shrewsbury, George Talbot, Graf von — 15, 17
Sidney, Sir Philip — 40, 59
Sixtus V., Papst 57, 67, 68, 69, 70, 71, 83, 95, 98, 168, 201, 236, 247, 377–379, 404
Sluis 66, 149–167, 192, 202
Soissons, Charles de Bourbon, Graf von — 166
Sorbonne 46, 191
Sousa, Kapitän Gaspar da — 232, 390
Spithead 326
Stafford, Sir Edward — 45, 50, 52, 104, 109, 182, 342, 379
Stanley, Sir William — 40, 64, 65, 82
Start Point 308–309
Teller, Dom Hernan — 132, 134
Thomas 144, 335
Tilbury 360–369, 376, 380, 414
Tor Bay 309, 311, 312, 315, 393
Triumph 233, 298–299, 316–319, 326 bis 328, 350
Ubaldini, Petruccio — 278–279, 282, 303, 349, 362
Utrecht 66
Valdés, Diego Flores de — 227, 230, 267, 305–306, 313, 355, 383, 388
Valdés, Pedro de — 227, 267, 275, 288, 290, 302, 306, 308, 312–314, 324, 388
Valladolid 90
Vanegas, Kapitän Alonso — 289–290, 330
Vanguard 333
Venedig 25, 53, 194, 197, 377, 379
Vicente, Kap San — 114, 117, 126, 128–149, 273, 383, 408

Victoria, Juan de — 290
Victory 298–299, 324, 350
Vlissingen 59, 62, 66, 151, 155, 157, 159–160, 162, 194, 219, 265, 333, 338
Walcheren 192, 202, 213, 338
Walsingham, Sir Francis — 20, 25, 32, 33, 35, 40, 41, 53, 102, 104, 105, 107–108, 109, 127, 141, 142, 149–151, 156, 163, 193, 208, 213, 219, 268, 302, 354, 364, 368–369, 392, 411
Warnsfeld 59
Weymouth 281, 315, 320
Whitsand Bucht 333
Wight, Insel 289, 325–326, 328, 360, 370–371, 409
Wilhelm der Schweiger, Prinz von Oranien 29, 40, 41, 57, 58, 59, 62, 168
Williams, Sir Roger — 152, 154, 162 bis 165, 361
Wyatt, Sir Thomas — 22, 362
Wychegerde, Jan — 149–150, 155–157
Wynter, Sir William — 216, 219–220, 335, 351
Xerez 117, 121
York 292
York, Rowland — 40, 64
Yssel 66
Zeeland 59, 60, 65, 151, 155, 160, 193, 211–212, 356, 358
Zuñiga, Don Balthazar de — 381, 385, 406
Zutphen, Brückenkopf von — 40, 60, 63, 64, 65
Zwyn 151–154, 158, 160

John Bowle

Geschichte Europas
Von der Vorgeschichte bis ins 20. Jahrhundert
Aus dem Englischen von Hainer Kober. 720 Seiten. Serie Piper 424

Dieses Werk des Oxforder Historikers ist eine umfassende, ungemein spannend erzählte Darstellung der Geschichte Europas in einem Band, für die es auf dem deutschen Markt kein zweites Beispiel gibt. Gestützt auf eine Fülle von Quellenmaterial und reiche Literaturkenntnis gelang Bowle eine meisterhafte Beschreibung der miteinander verwobenen Strömungen der verschiedenen Kulturen Europas. Wir erleben die stete Wechselwirkung von Politik und Kultur. So entfaltet sich vor unseren Augen das ganze Spektrum der europäischen Geschichte von prähistorischer Zeit bis hin zur neuzeitlichen Entwicklung von Nationalstaat und Demokratie nach der industriellen Revolution. Bowle endet seine Darstellung mit dem Jahr 1939.

»Bowles Fähigkeit, anschaulich und engagiert Tatsachen und Zusammenhänge zu verdeutlichen, der trockene Witz seiner historischen Porträtkunst, die Entschiedenheit des Urteils, aber auch die keineswegs nur den Deutschen geltende Skepsis machen sein Werk in einer Zeit ›maschinenseliger Neobarbarei‹ vor allem als Einführung junger Menschen in die Geschichte so wichtig.
Denn seine ›Geschichte Europas‹ ist nicht nur beschauliche Lust an Altem und Anekdotischem, ein Karneval der Kuriositäten, ein Führer zu großen Kunstwerken, eine Entdeckungsreise zu fernen und fremden Kontinenten der Zeit, sondern ebenso und vor allem ein Memento der Macht: Erinnerung an Versäumtes, Abrechnung mit blinden Gewalten und verblendeten Gewalthabern, Mahnung für die Zukunft, die einem Kontinent gilt, der einst der Welt die Gesetze gab und jetzt nur noch die Klinken- und Schuhputzer der Supermächte zu stellen scheint.«

Der Spiegel

PIPER

Richard Friedenthal

Das Erbe des Kolumbus
Novellen. 256 Seiten. Serie Piper 355.

Vom gleichen Autor liegen vor:

Diderot
Ein biographisches Porträt. 159 Seiten. Serie Piper 316

Goethe
Sein Leben und seine Zeit. 669 Seiten. Serie Piper 248
(Auch als gebundene Ausgabe lieferbar)

Jan Hus
Der Ketzer und das Jahrhundert der Revolutionskriege.
478 Seiten. Serie Piper 331

Karl Marx
Sein Leben und seine Zeit. 652 Seiten,
33 Abbildungen auf Tafeln. Leinen

Leonardo
174 Seiten mit 105 Abbildungen. Serie Piper 299

Luther
Sein Leben und seine Zeit.
681 Seiten mit 38 Abbildungen. Serie Piper 259
(Auch als gebundene Ausgabe lieferbar)

P<small>IPER</small>

Sten Nadolny

Die Entdeckung der Langsamkeit
Roman. 359 Seiten. Leinen
(Auch in der Serie Piper 700 lieferbar)

»Die Entdeckung der Langsamkeit« ist auf den ersten Blick zugleich ein Seefahrerroman, ein Roman über das Abenteuer und über die Sehnsucht danach, und ein Entwicklungsroman. Bei näherer Betrachtung erweist sich, daß dieser scheinbar unzeitgemäße Ansatz die Handlung nur äußerlich strukturiert, daß die inneren Abenteuer des Helden fast noch mehr zur Spannung beitragen.

»Was Nadolnys Schilderung zu einem literarischen Ereignis macht, ist eine Erzähltechnik, die konsequent aus der Perspektive verzerrter, das heißt hier: verlangsamter Wahrnehmung operiert... Diese Technik erzeugt bedrückendere, suggestivere Wirkungen als jeder erzählerische Illusionismus... Innere und äußere Vorgänge werden bei Nadolny nicht beredet, nicht analysierend umkreist und damit um ihre sinnlich-poetische Existenz gebracht, sondern durch eine genau kalkulierte Optik anvisiert.«   Süddeutsche Zeitung

»›Die Entdeckung der Langsamkeit‹ ist insofern eine Rarität, als dies ein freundlicher, geschichtenreicher, unterhaltsamer Roman ist, fern jener narzißtischen Selbstbespiegelung und depressiven Psychologie, von der viele Autoren nicht loskommen.«   Die Zeit

»Dieses Buch kommt, scheint's zur richtigen Zeit. Nadolnys heute ganz ungewöhnliche ruhige Gegenposition im gehetzten Betrieb der Politiker und Literaten hat etwas Haltgebendes und unangestrengt Humanes.«   Der Tagesspiegel

PIPER